U1005737

中国警学理论

罗　锋　李健和　主编

中国人民公安大学出版社
群众出版社
·北　京·

图书在版编目（CIP）数据

中国警学理论/罗锋，李健和主编.—北京：中国人民公安大学出版社，2017.8

ISBN 978-7-5653-2719-3

Ⅰ.①中… Ⅱ.①罗…②李… Ⅲ.①警察学—研究—中国 Ⅳ.①D631

中国版本图书馆 CIP 数据核字（2016）第 221103 号

中国警学理论

罗 锋 李健和 主编

出版发行：中国人民公安大学出版社
地　　址：北京市西城区木樨地南里
邮政编码：100038
经　　销：新华书店
印　　刷：北京兴华昌盛印刷有限公司

版　　次：2017 年 8 月第 1 版
印　　次：2017 年 8 月第 1 次
印　　张：33
开　　本：787 毫米×1092 毫米 1/16
字　　数：627 千字

书　　号：ISBN 978-7-5653-2719-3
定　　价：115.00 元

网　　址：www.cppsup.com.cn　www.porclub.com.cn
电子邮箱：zbs@cppsup.com　zbs@cppsu.edu.cn

营销中心电话：010-83903254
读者服务部电话（门市）：010-83903257
警官读者俱乐部电话（网购、邮购）：010-83903253
法律图书分社电话：010-83905745

本社图书出现印装质量问题，由本社负责退换
版权所有 侵权必究

中国特色警学理论体系课题编委会

主　任	罗　锋	中国警察协会副主席，中国警察协会学术委员会主任委员
副主任	程　琳	原中国人民公安大学党委书记、校长，中国警察法学会会长
	李健和	中国人民公安大学副校长，教授
	马维纲	中国警察协会秘书长
委　员	黄新春	中国警察协会理论研究部主任
	陈小波	中国警察协会对外交流部主任
	张　光	中国人民公安大学科研处处长，教授
	任士英	中国人民公安大学公安基础部（犯罪学学院）院长，教授
	张子荣	山西警察学院院长，教授
	张兆端	吉林警察学院院长，教授
	程小白	江西警察学院院长，教授
	王大伟	中国人民公安大学公安基础部（犯罪学学院）教授
	王世卿	中国人民公安大学公安基础部（犯罪学学院）副院长，教授

主　编　罗　锋　李健和
副主编　任士英　张　光
撰稿人　（按篇章顺序）
李健和　任士英　詹　林　黄　冬　张子荣
申智军　胡　雁　曹　英　李姝音　张　光
魏永忠　刘忠轶　王毅虹　张兆端　张　玲
段林萍　程小白　项金发　章　剑　王世卿

前　言

《中国警学理论》和《外国警学理论》是公安部“公安理论及软科学研究计划项目”重点课题“中国特色警学理论体系研究”的最终成果。“中国特色警学理论体系研究”于2010年立项，由中国警察协会牵头，中国人民公安大学、江西警察学院、山西警察学院、吉林警察学院等相关领域的学者、专家组成课题组。其间，在中国警察协会举办的“中国警学论坛”上，连续三届分别以“中国特色警学理论体系”、“中国警学理论体系基本框架”、“中国警学理论范畴”、“中国特色警学理论”等为主题（之一），进行了广泛深入的研讨。至今，终告一段落。

警学，即警察学，在我国也可称为公安学。“警察学”最初由德国人提出，中国清末建警时被引入，中华民国时期有一定发展。中华人民共和国建立后，虽然对公安（警察）工作及其理论的研究并不鲜见，但长期没有人从科学或学科的方面对其予以关注。1983年，中国人民公安大学筹建并准备开展本科学历教育，率先提出“公安学”。彼时，还局限于对“中国社会主义公安工作”的研究。之后，不断有学者提出公安学应当研究警察（公安）工作的规律和理论，应当涵盖古今中外的警察（务）行为，进而主张应当称警察学，也有主张公安学即警察学。

经过30多年的建设，我国对公安（警察）工作（警务）的研究有了长足发展。2011年，“公安学”和“公安技术”被国家学位委员会和教育部确定为我国学位授予和人才培养中的“一级学科”。为了加强学科建设，促进公安（警务）工作的开展，亟须在总结、概括国内外警察学理论的基础上，系统论述警学的基本理论。

对警学基本理论的范围和内容进行科学、合理界定，是一个比较困难的事情。这不仅因为各国警察及其警务行为的内涵不同，而且我国“警察”的范围也不限于公安机关，“警务行为”的内涵则更加宽泛；同时，从不同视角和不同标准看待警学，警学理论的体系架构和逻辑关系也不同。本课题以我国公安机关警察及警务行为为主，尝试从与其他系统或要素的关系角度论述和展开有关警学理论，并尝试构建其历史与逻辑相统一的系统。

我们认为，警学理论的具体范围应当包括（但不限于）以下内容（见《中国警学理论》相关篇章）

（1）警察产生（起源）与发展阶段（分期）的理论（警察与社会的关系）；

（2）警察及警务发展（条件）的理论；

（3）警察与政党（主要是执政党）和政府关系的理论（警察与国家的关系）；

（4）警察与社会、公众关系的理论（警察与民众的关系）；

（5）警察的本质及社会功能的理论（警察的政治、社会属性）；

（6）警察体制的理论（含组织结构）；

（7）警察职能和权力的理论；

（8）警察（警务）战略和策略理论（含警务政策）；

（9）警务运行方式（模式、风格）的理论（含警务合作）；

（10）警察文化理论（含“警察亚文化”）；

（11）警察队伍建设理论（含教育培训）；

（12）警察（警务）保障理论（含警察法制）；

（13）警察（警务）监督理论；

（14）警务绩效和治安效益（治安状况）评价理论；

（15）警察（警务）改革理论（警察与历史发展的关系）；

（16）警察各专业应用理论（略）；

（17）警学交叉学科的理论，如：警察政治学、警察经济学、警察伦理学、警察心理学等（略）。

本课题的阶段性研究成果包括：《中国警学（公安学）理论研究综述》（另行出版）、《中国警学理论论文集》（内部编印）、《我国历代领导人论公安保卫工作汇编》和《改革开放以来公安会议、文件有关理论与研究题目汇编》（内部编印）、《中国特色警学理论体系研究报告》等。

尽管历经多年，课题组也作了较大努力，但是呈现给读者的《中国警学理论》无论在内容、结构上还是在对有关理论的概括和阐述上，仍然存在不少遗憾，特别是由于掌握外国的相关资料不足，未能实现“从世界警察（警学）的一般到中国警察（警学）的特殊”这一目标；《外国警学理论》由于国内多年来的相关研究局限于以英、美国家为主，在介绍的范围上代表性不够，概括和论述上也难免偏颇。这些，都有待专家和同行进一步研究和探讨。

在本课题前期研究中，重庆市人大法制委员会副主任委员、西南政法大学科研处原处长但彦铮，中国人民公安大学学报主编仇加勉编审、中国人民公安大学治安学院院长宫志刚教授等，提出了有价值的意见；中国警察协会学术委员会秘书长、原福建警察学院院长熊一新教授等对《中国警学理论》书稿进行了初审；公安大学公安学 2012 级博士研究生邓宁、比较警察研究方向 2011 级硕士研究生殷海然、马红和 2012 级硕士研究生赵恒志等参加了《外国警学理论》德国、韩国、日本、俄罗斯等国家有关材料收集和文稿撰写工作，贾迪同学承担了反恐导向警务的部分内容的写作。借此，对上述人士给予我们的帮助表示衷心的感谢！

作者

2017 年 3 月

目　录

第一编　警察基本理论

第二编　警察组织与运行理论

第三编　警察建设理论

第四编 台湾地区警学理论

第一编　警察基本理论

第一章　警察与警察学

第一节　警察的概念

“警察”，是警察学一个最基本的名词，也是研究警察学的逻辑起点。研究警察学首先须明确警察的概念。

一、警察概念的两种维度

分析警察概念可从两种思路进行：一是从词源的角度，分析其原始含义；二是从该词包含内容的产生与发展过程，分析其实际含义。

（一）“警察”一词的来历

在中国古代典籍中，从字义而言，“警”指的是警备或事先预防之意，同时又有警戒之意；“察”含有调查考虑之意，大致是在事物真相未明时，有步骤地进行勘验之意。“警察”两字合并解释，可以说“警”是警备于前，以期达到预防危害的目的，“察”是查察于后，以决定危害生命财产者的责任。①

“警察”在英语中为 police，一般认为起源于希腊文和拉丁文中的 politia，起初是指国家一般政务，涉及范围较广。17 世纪后，警察专指内务行政，后来又逐渐演化为内务行政中的一部分。②

因此，从词源的角度来说，东西方警察一词的含义并没有太多共性。直到清末时期，我国出使西洋和日本的大臣才将日本汉书书写的“警察”一词带到中国。意大利当代汉学家马西尼在《现代汉语语汇的形成》一书里对此做过详细的考辨。他指出，光绪十年（1884 年），清廷的总理衙门指示翰林院及六部，拟订了一份派遣高级官员前往国外访问考察的名单，要求他们撰写考察报告，并作为改革的基础。这一波大臣出洋考察以傅云龙为始，他去了日本、美国、秘鲁和巴西四国，为时两年。傅云龙归来后写了许多考察记，关于日本的有《游历日本图经》和《游历日本图经余记》两册，书中将日本

① 余秀豪：《现代警察行政》，中国文化服务社 1946 年版，第 1 页。

② 陈允文：《中国的警察》，商务印书馆 1934 年版，第 6、7 页。

以汉字书写的“警察”带了回来。接着，中国第一代日本问题专家黄遵宪又在其所著的《日本国志》里简单介绍了日本的警察制度，“警察”这个现代名词开始在我国出现。[①] 彼时，警察的现代概念在世界各国范围内才开始统一，它既代表着一种职业身份，也代表着一种职业行为。

（二）“警察”一词包含内容的产生与发展历程

关于警察的起源，历来就有多种学说，在我国主要有自然起源说与马克思主义国家起源说之争。争论的关键点在于，是否认同国家的产生与是否认同警察是国家的组成部分。就笔者观点而言，警察行为未必就是一种暴力行为。在原始社会，部落成员之间的各种社会关系，如婚姻嫁娶、财产继承、产品分配、矛盾调解，均需依赖部落首领的个人权威和长期形成的社会习惯予以协调。部落首领虽然没有警察之名，社会习惯虽然没有法律之名，但部落首领的决断、个人权威和社会习惯作用的发挥，均可以理解为一种没有警察之名的警察行为。因此，这个时候警察是一个动词，是调节人与人之间社会关系的一种行为和过程。

在世界各国的历史长河中，在现代意义上的警察诞生之前，均有各种人员和职业在实质上实施着警察行为，如中国封建社会的捕快，西方保卫要人和维护社会治安的护卫官、治安官，以及居民自己组成的巡逻队等。每一个历史时期虽然具有不同的表现形式，但不可否认的是这些人员和行为均是在履行维护社会既定秩序的职责，这种维护社会秩序的人员和行为也可以被认为是警察（行为）。因此，警察的概念是广泛的。

二、警察概念的时空性

依据马克思主义国家起源观，警察属于国家行政的一部分，而国家行政又是立国理念、政策、政治制度与文化习俗的结晶。因此，国家与国家之间，如果其所奉行的理念、政策，其所实施的政治制度或其传统文化与民间风俗等各不相同，其警察的概念自然也不会相同，这种因国家地域不同而引起的警察概念的互异，即警察概念的空间性。另一方面，在同一国家，由于政权的更迭、国体政体的变迁，警察的概念也会随之变更，这种因时代演进而引起的警察概念的变化，即警察概念的时间性。[②]

20 世纪初期，我国警察人员的素质不高，履行的职能更多的是维护割据军阀的利益，社会地位也较低下，处于民众的对立面。[③] 面对此境，1936 年，为革新警政、提升警察素质，国民政府出台了诸多措施，改革警政机构，统

① 转引自章光明、黄启宾：《现代警政——理论与实务》，台湾扬智文化事业股份有限公司 2003 年版，第 9 页。

② 梅可望等：《警察学》，台湾警察大学出版社 2008 年版，第 2、3 页。

③ 梅可望：《从忧患中走来——梅可望回忆录》，台湾天下文化出版社 1998 年版。

一警察教育，培养现代警官，强调为民服务的角色。但在当时的特殊历史背景下，警察只是军队的附庸，很难有所成就。抗战胜利之后，一些有识之士提出了诸多有建设性的建警计划，也未能有效运行。但在这一历史时期，国民政府作为当权者，已经认识到警察并不单纯只是为政府统治保驾之工具，而开始注重警察与民众的关系。在理念上，警察已从部分当权者的“爪牙”意图发展为维护社会秩序的力量，警察的概念发生了变化。

在这段历史时期，欧美发达国家警察的地位却大不相同。在美、英、法等国家，警察被视为执法官员；在日本更被民众视为“人民的保姆、社会的导师”。[①] 这些国家的警察实际扮演的不同角色，也深深影响着国民政府当权者和普通民众对于警察概念的认知。

当代，随着民主和法制的进步、各种现代科技手段的广泛运用、各种新型服务理念的贯彻与落实，民众对国家的期望也日益增加，警察部门在现代化社会中所扮演的角色也不断发生着改变，警察的概念自然也在不断进化着。以美国为例，学者们认为美国警察的发展，一般分为三个历史时期：一是1840年至20世纪初的政治干涉时期，二是20世纪20年代至20世纪60年代改革时期，三是20世纪70年代至今的社区警政时期。[②] 三个时期警察的角色具有明显的不同：政治干涉时期具有明显的政治属性，警察可以理解为当权者谋取利益的政治工具；改革时期强调高科技手段的运用，警察可以理解为打击犯罪的战士；社区警政时期意图提升民众的安全感和满意度，更强调警察为民谋福利，提升民众的生活品质。三个时期警察的职能不同，警察概念也存在着诸多差异。[③] 因此，警察概念的时空性非常明显。

三、现有的警察概念评析

中外学者基于不同的国度和维度给出了不同的警察概念，下面列举具有代表性的概念予以评析。[④⑤]

摩尔（Moore）认为：警察包括内务行政之全部，即警察为增进社会共同生活之利益，而预防接近危害为目的。

查特恩（C. Chaterm）主张：警察为维持共同秩序安宁，而防止其他危

① 章光明、黄启宾：《现代警政——理论与实务》，台湾扬智文化事业股份有限公司2003年版，第19页。

② 王宽弘等：《警察学总论》，台湾五南图书出版股份有限公司2001年版，第222页。

③ 章光明、黄启宾：《现代警政——理论与实务》，台湾扬智文化事业股份有限公司2003年版，第8~21页。

④ 邱华君：《警察学》，台湾千华图画出版事业有限公司1997年版，第2、3页。

⑤ 梅可望：《警察学原理》，台湾警察大学出版社1987年版，第1、2页。

害之国家行为。

莫质克（J. Mozecode）认为：警察是对于身体财产之限制，以防止对国家及人民之安全幸福加以危害为目的之行政行为。

苏顿（Sadem）说：警察是用以增进公共利益，而预防接近所发生的危害为目的的政务。

伯伦智齐（Bluntchi）说：国家为保护公益，以强制力限制人民的自由，以行使其行政行为，这是警察；如果没有强制力之必要，就不是警察。

史丁格尔（Stengel）说：警察是对于身体财产的限制，以防止国家及人民的安全幸福之危害为目的的行政行为。

苏亚拉（Suarez）说：维持公共安宁和秩序，防止一般人民和个人迫近所发生之危害，这是警察的职务。

松井茂说：警察者，以防止社会民众之危害、限制人民之自由、维持正义、保护公众安宁秩序为目的之国家重要权力关系也。

韦瑞墀认为：警察为国际行政之一部，其主要目的，在乎公共治安之维持，与犯罪行为之侦查预防，并执行国家之一切政令。

范扬说：警察者，以维持社会公共安宁秩序为目的，依一般统治权而限制人民之自由作用。

以上各学说均来自于德国、日本和南京国民政府早期的警政学者，欧陆国家的警察制度属于大陆法系的范畴，强调国家并限制人民的自由，这与英国、美国明显不同。在英国，警察是社会的公仆，这是1829年罗伯特·比尔的建警理念一以贯之的结果。在欧陆国家，包括我国在南京国民政府统治时期，警察是统治阶级政权的组成部分，其存在目的即维护国家统治，民众须让渡自己的权利和自由来更多地维护国家的利益。因此，限制人民的自由似乎是警察履行职责的唯一手段。

但到了南京国民政府中后期，随着警政学者游历欧美，他们对欧美警政理论与实务有了切实理解与深入学习，对警察的认知也产生了变化。这些学者以李士珍与梅可望为代表。

李士珍说：警察者，以直接防止公共危害、维持社会安宁秩序、指导民众生活、促进一般福利为目的，基于国家统治权执行法令，并协助诸般行政之行政行为也。

梅可望说：警察者，是依据法律，以维持社会秩序、保护社会安全、防止一切危害、促进人民福利为目的，并以指导、服务、强制为手段的行政作用。

李士珍是南京国民政府时期的知名警政学者，梅可望从当时的中央警官学校毕业后即留学海外，两人观点如出一辙。他们认为：不能仅以限制自由为手段，还要有指导、纠正、保护、救助等手段，这样才能达成警察的职能。

同时，不能仅以法律的观点解释警察，因为这样会拘泥于法律的范围不易认清警察的真姿全貌；而以职能的角度来解释警察，会较为宽泛。基于这些认知，他们提出了以上的警察概念。①

当代大陆警察学学者和相关著作提出了如下警察的概念：

《辞海》认为：警察，是为维护社会秩序而设置的武装性质的国家治安力量，也指构成这力量的人员。主要担负保障社会治安，预防、制止危害社会行为的发生，侦察、逮捕犯法者等责任，是阶级专政的主要工具。在不同类型的国家，警察的阶级性质不同。

《公安学概论》认为：警察是国家政权中按照统治阶级的意志，依靠暴力的、强制的、特殊的手段维护国家安全与社会秩序的武装行政力量。

《公安学基础理论研究》认为：所谓警察，指的是在国家的统治与管理中，运用武装的、行政的、刑事的手段维护国家安全与社会治安秩序的行为。②

尹春生认为：警察是依法维护和管理国家治安（社会秩序）的国家行政武装力量。

李坤生认为：警察是由国家组织，归政府管辖指挥，以执行法律、实施社会秩序管理为手段，保护公民、社会组织的合法权益，打击、改造违法犯罪分子，控制国内矛盾冲突，镇压被统治阶级的反抗，巩固国家政权的内卫武装力量。

张兆端认为：警察是国家或政府依法设立的专门负责履行社会治安行政管理和刑事司法职能的机关、人员及其职务活动。③

以上学者和相关著作提出的警察概念，并不是基于某一特定时空的警察实践，而更多的是从理论和逻辑的角度进行推理归纳，着重强调其阶级性和国家性，通过一定的手段达到警察的职能和目的。区别在于：有些学者认为警察是一种行为，有些认为是一种力量。

以上对于警察概念的观点均具有代表性，在不同的历史时期具有相对的科学性，能被众多人所认可。只是其表述方式和思维角度有所差异，但都在一定程度上揭示了警察的本质特征。

从上述警察概念可以看出，一个概念的界定具有一个历史发展过程。随着人们对“警察”这一事物认识的不断深化，随着经济、政治、社会的发展，警察职能和履行职能手段的不断更进，警察概念的界定也会越来越科学。

---

① 李秀生：《中国警察行政》，台湾警官学校第四分校 1946 年讲义，第 5 页。

② 以上三个概念均转引自李坤生：《论警察的概念》，载《公安大学学报》1995 年第 3 期，第 9~16 页。

③ 张兆端：《警察学原理》，中国人民公安大学出版社 2007 年版，第 15 页。

四、当前语境下对于警察概念的认知

既然警察的概念并非一成不变，具有较强的时空性，学者们的立足点和出发点也存在差异，那么本书探讨的警察概念就以世界当下时代背景为前提。根据前述概念的逻辑思路，笔者对于警察概念的界定主要从以下三个角度进行，即警察的性质、警察的职能和警察的手段。

（一）警察的性质

无论哪个国家、哪个时代、哪种社会制度，警察的创建者都必然是在经济、政治上占统治地位的当权者。因此，警察从诞生之初便天然地要为其创建者即统治阶级的政权服务。与军队、监狱、法庭一样，警察的本质是维护统治阶级政权的工具。

同时，警察是一种行政作用。政府是行政机关，区分于立法机关、司法机关、军事机关，警察机构作为政府的组成部分，属于国家内务行政的范畴。内务行政部门有很多，如教育、税务、民政等，而警察部门区别于其他内务行政部门的一个重要特征，就是其具有武装性质。

警察需要依据法律履行职务，而法律将统治阶级的意志上升为国家条文的形式，实际上警察作为执法者还是间接说明了警察权力是由当权者创建的国家所授予的。

简而言之，警察的性质可以表述为国家授予的、维护统治阶级（当权者）利益、具有武装性质的行政行为。

（二）警察的职能

警察的职能实际上是达成警察目的的实现形式。从逻辑上看，界定警察的职能可以将四个方面内容作为其依据：以过去和当前警察实际承担和履行的职能为依据、以法定的警察职能为依据、以民众希望的警察职能为依据、以逻辑推理和理论分析为依据。

我国 1995 年颁布的《人民警察法》对于警察职责列举了 14 条，但此种列举方式弊端明显，如不同条款之间存在内容交叉、重复表述、标准不一、遗漏不全等问题。具体罗列方式不宜充分揭示警察的职能，而更应采取抽象的概括方式。同时，警察具有时空性，对其职能的探讨也应与时俱进，当下探讨警察职能就只能基于当前警察履行职务的现状和未来的发展趋势作分析概括。如果基于古代封建社会和中国近现代动乱时期的警察角色，我们就只能观测到警察保护统治者、镇压异己和维护社会秩序的角色，这显然有失偏颇。就当前时代环境而言，基于世界各国警察的发展趋势，今天的警察多了一份服务民众的职能。笔者认为，当今的警察职能可以概括为：执行法律、维护秩序和服务民众。其理论立足点在于 3 种不同的情形：执行法律，是在危害行为已经发生时；维护秩序，是在混乱情况已经发生且有可能发生危害行为时；服务民众，是在没有任何危害行为发生时。对照当今各国警察承担的任务，此种表述更为严谨，符合实际情形。

无论警察职能如何表述，均指向同一归宿，即它要达到的目的。职能是“表”，揭示归宿才是“里”。执行法律、维护秩序和服务民众是警察职能的抽象概括，其目的即统治阶级所要求的社会的秩序安定和社会成员生活品质的提升。之所以将社会成员生活品质的提升作为警察职能的目的，就在于警察作为触角延伸最广的机构，在政府职能机构全面完善之前，经常充当着万能者，即小政府的角色。政府的作用在于提升社会成员的生活品质，所以今天的警察履行的职能无论是在实际中还是在理论层面上，要达到的目的之一，都是提升社会成员的生活品质，这体现了风靡全球的第四次警务革命——社区警务的实质。

（三）警察的手段

在明确警察职能之后，如何确保其实施便是手段的问题。如前所述，古代封建社会实施警察行为的机构采取的手段主要是暴力，或者说是强制性方式。而在民主社会，单纯的暴力方式在诸多情况下非但不能达到应有的效果，反而会让事态升级，招致相反的后果。当今的警察在对待违法犯罪者时，为了惩治犯罪，要采取武装暴力的方式。但警察面对的对象还有民众。为了有效地预防犯罪，构建和谐警民关系，警察的手段还应有其他的方式，即指导与服务。

指导是对人民不合规定或妨碍他人的行为予以教导、纠正、制止、劝告或说服，使其合乎规定，不致影响他人。这实际上体现了维持秩序的职能。

警察服务的内涵和外延在今天已经发生了很多变化，不仅要在警务工作范围内服务民众，还要在本职工作外服务民众，这体现为关爱、尊重和帮助弱势群体。

我们发现，暴力手段有明确的法律依据，即各种治安和刑事法律法规，而指导和服务则往往没有具体的依据，需要更多地依赖警察发挥自身的主观能动性，或者说这也是警察自由裁量权的发挥领域。因此，从这个角度看，警察手段的革新不仅体现在法律的完备和技术装备的硬件水平上，更体现在警察人员的工作理念与执法观念等软件水平上。

基于以上分析，本书给出的警察概念是：警察是基于国家统治权而产生的，具有武装性质的，利用强制、指导和服务的手段，达成特定的社会安宁秩序和提升社会成员生活品质的一种行政作用。此种概念的得出，主要是基于当前的时代特征。

第二节 警察学的研究对象和范围

准确界定研究对象与研究范围是一门学科发展之关键，警察学也不例外。

警察学是一门年轻的科学。警察的历史渊源可以追溯到古代，在历经数千年的人类警察实践和警察学思想的积累之后，作为独立学科的警察学才于19世纪末正式诞生。警察学的研究对象和范围也是随着警察学思想的不断积累和警察学学科的逐渐形成与发展而逐步确立起来的。

一、外国（西方）警察学的产生和发展

在英语中，至今没有公认的与中文相对应的“警察学”这一名词，西方警察学可称为警察科学（Police Science），或称为警察研究（Police Studies）。西方警察科学产生于1829年，迄今已有180年的历史。①

西方公认的世界上最早的现代警察是1829年英国内政大臣罗伯特·比尔所创建的英国伦敦大都市警察。尽管古代西方就曾有过一些关于警察行为的论述，并深刻地影响着近代警察学的发展，但系统的警察研究应是始于1829年现代警察建立之后。

总体来讲，欧美的警察研究可分为三个阶段：

起步期（1829—1950年）。伴随着现代警务实践的发展，这时有关警察研究的专门著作已经大量出现。

发展期（1950—1970年）。这一时期欧美警察逐步完成了以扩编、装备为标志的警察专业化。警察研究从理论与实践方面都有了巨大的发展，上百种的学术杂志创刊、有关的学术著作问世。

繁荣期（1970年至今）。欧美在20世纪70年代后期逐步完成了警察现代化。在警察学科基本理论方面出现了诸侯蜂起、百家争鸣的繁荣局面。

纵观现代西方警察科学的历史，其发展趋势为：研究的对象逐步分化专一；学术著作飞速增长；从偏重应用技术的研究向重视基本理论的方面发展；警察科学虽与犯罪学、刑事司法学紧密相关，但已有独立的趋势。

二、中国警察学的产生和发展

我国关于警察科学的研究由来已久。通行的说法是，南宋宋慈所撰的《洗冤集录》是世界上最早的一部关于法医与现场勘查的专门著作。五代后晋时期和凝、和蒙父子编著的《疑狱集》，在世界警察科学史上有相当重要的地位。

但是，以警察行为为专门研究对象的警察学的诞生，则是在近代建立了现代警察制度和警察行政以后的事。目前所见最早的警察学专著，为光绪二

---

① 王大伟：《西方警察科学的引进与启迪》，载《中国人民公安大学学报》2013年第2期，第103~107页。

十九年，即1903年《政法类典》中所附的《警察学》，当时在上海的作新社出版。[①]

20世纪30年代以后，南京国民政府的一批前往欧美和日本考察警政的警察学学者和官员在归国前后写了诸多警察学著作。仅在1928年以后至抗日战争爆发之初的这段时期，出版的警察学与警察行政相关的专门著述就达几十部之多。[②] 另外，还有数种专门的警察学期刊刊载了大量警察学研究的文章，这些著作和文章对新中国成立后公安学的研究也产生了一定的影响。这足以说明，在新中国成立前警察学研究就已经有了一定的基础。

国民党政府迁台之后，警察学研究传统在台湾地区坚持了下来，在以警察大学为研究平台的基础上，诞生了一批批的警察学专家、学者，在警察学基础理论、警察勤务、警察业务与鉴识科学等方面贡献了诸多研究成果，引导着台湾地区警察实务的现代化发展。

在我国新民主主义社会和社会主义社会的历史时期，警察学作为一个学科是在改革开放后被冠以“公安学”开始进行研究的。其发展历史在后文中将作进一步阐述。

三、警察学的研究对象

每一门科学都有自己独特的研究对象。在警察学中，研究对象问题是一个最根本的问题，它规定着警察学的研究范式，规定着警察学的学科性质。科学地确定警察学的研究对象既给警察学提供了赖以建立的基石，也为警察学提供了与其他科学知识相区别的理论根据。

（一）关于警察学研究对象的代表性观点

关于警察学研究对象主要有以下几种观点：

警察学要研究的是人类社会中的警察现象和与警察职能相关的其他社会现象，以及它们之间的矛盾运动规律；[③]

警察学是以警察行为为专门研究对象的；[④]

警察学是通过对警察现象与事实作有组织、有计划的研究而获得原则、

---

① 任士英：《略论〈警察学〉与清朝警察行政创立时期的警察教育》，载《中国人民公安大学学报》2003年第4期。

② 详见任士英、王大伟：《公安学基础理论研究论集》，中国人民公安大学出版社2016年版，第1页。

③ 汪勇、李健和：《试论警察学的时空范围》，载《公安大学学报》1989年第1期，第58、59页。

④ 公安学基础教程编写组：《公安学基础教程》，中国人民公安大学出版社2012年版，第5页。

法则和系统的学问；①

警察学是研究警察这一社会领域的内在规律和外在关系的科学，其研究对象涵盖了古今中外所有类型的警察现象及其规律；②

警察学是一切警察学术的基础科学。③

也有将中国特色的警察学——公安学作为研究对象的：

公安学研究对象是我国人民公安机关在中国共产党及人民政府的领导下，依靠广泛的社会力量，保障国家安全、维护社会治安秩序的工作规律、对策及其历史与现状；④

违法犯罪活动的预防、制止、打击，国家安全的保护、公共秩序和社会治安的维护是公安学的主要研究对象；⑤

研究运用公安机关职能与违法犯罪活动和治安灾害事故之间的这种特殊矛盾，构成了公安学的研究对象和基本内容；⑥

公安学所特有的研究对象是公安现象，所谓公安现象就是在一定的社会环境中由公安主体与公安客体（公安工作的惩治、维护、管理、抢救的对象）的关系所形成的社会现象。⑦

还有诸多学者针对警察学的子学科，如犯罪学、比较警察学、警察学基础理论、治安学、警察伦理学等，探讨其研究对象。

从对警察学研究对象，到公安学研究对象或警察学子学科研究对象的探讨中，形成了较多的学术观点，但均缺乏有力的论证。它们的根本缺陷在于未能揭示出警察的实质。犹如各种各样的灯，虽然可以用一个抽象词汇“灯”来涵盖，但它并未揭示出灯的本质：灯的本质是“照明工具”。⑧ 或者只是揭示了警察的职能，但缺乏抽象概括性，形成了现象的罗列。

（二）警察学研究对象的确立

探讨警察学的研究对象应将警察置于科学的大背景下去考察，看这门学科所研究的内容对于整个人类社会的发展和社会生活具有怎样的价值和意义，

① 邱华君：《警察学》，台湾千华图画出版事业有限公司 1997 年版，第 14 页。

② 张兆瑞：《警察学原理》，中国人民公安大学出版社 2010 年版，第 1 页。

③ 梅可望等：《警察学》，台湾警察大学出版社 2008 年版，第 21、22 页。

④ 张建明等：《公安学基础理论》，中国人民公安大学出版社 2011 年版，第 5 页。

⑤ 刘新力、刘兆友：《试论公安学的研究对象及其结构形态》，载《公安论坛》1986 年第 4 期，第 29~34 页。

⑥ 羽中：《有关公安学研究的几个问题——与肖剑鸣等同志商榷》，载《公安大学学报》1988 年第 3 期，第 53~59 页。

⑦ 康大民：《浅议公安学的学科地位》，载《公安教育》2002 年第 7 期，第 40~42 页。

⑧ 王子舟：《图书馆学研究对象的认识过程及范式特征》，载《江西图书馆学刊》2002 年第 3 期，第 4~8 页。

看这门学科在社会中究竟扮演了怎样的重要角色。揭示研究对象，应透过事物的现象挖掘事物的本质问题。警察学中研究的警察本质和警察运行规律都只是研究范围，而不应理解为具有抽象意义的研究对象。

那么警察学的研究对象究竟是什么？根据本书定义的警察概念，笔者认为，警察学研究对象的本质在于维护统治阶级（当权者）所要求的社会安宁秩序和提升社会成员生活品质。这种对于警察学研究对象的界定摆脱了从警察实体和行为出发确定警察学研究对象的方式，致力于抽象研究对象的本质特征，这对打破传统警察学研究封闭的思维模式、推动本学科科学化将起到积极的促进作用。但这种界定也存在一些不足之处，即理论层次较高，它能涵盖与警察学相关的一些学科，但最后如何返回警察及警察学中，用于揭示警察本质和内部活动的机理，却显得较为乏力。因此，为了规避这一问题，笔者认为，警察学是以警察维护统治阶级（当权者）所要求的社会安宁秩序和提升社会成员生活品质的原理和规律为研究对象的一门科学。以警察为限定词使得警察学的研究对象更为精确，在此框架与基础上，再去具体探讨警察学的研究范围才更具有科学性。

四、警察学的研究范围

警察学的研究范围和警察学的研究对象是两个密切相关的问题，因此，不少教科书和学术著作都把两者不加区分地含混地放在一起阐述。从严格意义上讲，这是不够严谨的。在现代汉语中，对象是指行动或思考时作为目标的人或事物，而范围则是指周围界限。作为研究对象的一个事物，由于研究者研究的侧重点不同、这一事物与其他事物的关系不同，以及研究的手段和方法不同，就可能形成不同的研究范围，因此，研究范围是研究对象的具体表现。在明确了警察学的研究对象之后，界定其研究范围就显得相对简单一些。

警察学的研究对象是警察维护统治阶级（当权者）所要求的社会安宁秩序和提升社会成员生活品质的原理和规律。那么以此为出发点，警察学的研究范围则包括警察主体、警察客体和具体警察行为，这也符合大陆学者提出的“H型理论”。[①] 由此展开，具体来看，警察学的研究范围可引用警察组织内外部关系理论予以概括：

（一）警察组织内部关系研究

研究警察组织内部的组织与管理，对警察组织内部的人、财、事、物等资源作最合理有效率的管理，以达到既定的组织目标。包括警察发展与角色、

① 魏东：《建立公安学基础理论新体系——兼谈警察学研究的基本观点》，载《政法学刊》1996年第3期，第14~19页。

警察管理、警察组织与结构、警察行为、警察领导、警察人力资源管理、警察勤务、巡逻与侦查、警察绩效等。

（二）警察组织外部关系研究

探讨警察组织与外在环境的互动关系，厘清警察在当今社会中所扮演的角色功能，并确定警察组织的任务和目标。包括警政问题、警察职能、警察与犯罪、刑事司法、警察与政治、警察与民众关系、社区警政等。

（三）警察组织外部法律规章研究

探讨警察组织在法治原则下，如何行使权力打击犯罪，维持社会安宁秩序，保障人民权益。包括警察法、犯罪学、刑事政策学、警械使用等。

（四）警察组织内部行政规则研究

探讨警察在执法过程中，如何正确行使裁量及遵守标准程序的规范，提升执法品质。包括警察执法政策、警察裁量权、警察实务及标准作业程序等。①

另外，警察学的重点内容应是警察行为规律，即主体对客体的作用规律，或者说主客体关系内容。这里面就涉及相关各学科的知识，包括组织学、行政学、军事学、社会学、犯罪学、法学、数学、物理学、化学、医学、心理学、精神病学、工程学等在警察学中的融合和应用。

第三节　警察学的学科体系

一、警察学学科体系

警察学学科体系是由警察学学科之间的合理组合与学科内部各概念之间的合理组合所构成的有机整体。据此构建起来的警察学学科体系应当具有层次性和整体性。学科体系的层次性是指按学科研究范围的大小和抽象程度的高低划分为不同的等级。学科体系的整体性是指虽然该体系可以分解为多个学科，但它并不是这些学科的简单集合，而是一个有着特定功能的有机整体。其各组成部分相互依存、相互渗透、相互促进、相互制约，具有丰富性、多样性和完整性。②

警察学学科体系一般包括两个方面，一方面是指警察学的知识体系，另一方面是指警察学所包括的学科群体系。本书探讨的警察学学科体系只限于后者，即警察学的学科群体系。

---

① 王宽弘等：《警察学总论》，台湾五南图书出版股份有限公司 2001 年版，第 26、27 页。

② 王彦吉：《公安学科体系研究初论——〈公安学科体系研究〉项目研究的若干意见》，载《中国人民公安大学学报》2003 年第 1 期，第 1~5 页。

（一）西方警察学学科体系

从英美等西方国家的警察研究文献来看，其研究历程大体为：从一般的历史性、地域性、叙述性警察研究，到以行为科学对警察行为及警察工作的相关事项从事较广泛的科学研究，英美等国并没有一门称之为警察学的学科。尽管从警察研究的发展趋势来看，其似乎在呼唤着警察学的诞生，但从西方国家的政治、社会与教育制度来看，或者从警察学科历史短、社会需要面窄等现实因素来考量，又限制了警察学的问世。例如，英美两国所设之大学，多半以培养通才为主，并没有一所专门教育、培养基层警察人员的大学。[①] 警察的养成教育，部分分散于综合性大学，因此其关于警察的学术研究，尽管较为丰富但却呈现出零散的状态，不成学科体系。同时，他们关于警察学术的研究重点在于警察业务方面，如美国政府在 20 世纪 60 年代末和 70 年代初为应对社会治安局面，设置了五个全国性的警政研究机构（即“总统执法与司法行政委员会”、“全国社会脱序咨询委员会”、“全国暴力原因及预防咨询委员会”、“校园骚扰总统委员会”和“全国刑事司法标准及目标咨询委员会”），它们专门针对与各种治安有关的议题，进行了广泛的研究。在英美等国所有的研究成果中，以“警察学”为名的书少之又少。参考美国大学刑事司法学院的课程设置，其开设课程名称多为“警察专题研究”、“警察与社会”、“社区警政”等。尽管英美模式只是代表海洋法系国家警察教育和警察学研究的模式，以德国和日本为代表的大陆法系国家，部分拥有系统的警察学历教育，但将警察学作为一门独立的大学科来进行研究，依然不是主流。这两种类型的国家日益呈现出相互借鉴和交融的趋势，即重视实务研究，轻视理论研究，重视局部问题导向，忽视整体学科架构。因此，从这样的角度看，警察学在西方国家并没有形成为一个独立的学科，而只是一个专业的研究领域。既然没有学科，就更谈不上学科体系的设置了。[②]

（二）我国警察学学科体系

1. 台湾地区警察学学科体系。

相较于大陆在改革开放后才真正开始公安学的研究，我国台湾地区目前的警察学研究历史与研究成果较为可观。尽管警察学的学科地位依然处于争论之中，但一所独立的警察大学研究平台与其学生就业的充分保障让台湾地区的警察学学者们并未因学科合法地位的缺乏而停止他们的研究，反而形成了一支强大的学术研究群体。

在台湾地区尽管没有警察学学科体系的提法，但其对警察学科分类展开

---

① 王宽弘等：《警察学总论》，台湾五南图书出版股份有限公司 2001 年版，第 107 页。

② 王宽弘等：《警察学总论》，台湾五南图书出版股份有限公司 2001 年版，第 10~13 页。

了探讨和研究。台湾地区的较多警察学学者针对警察学与警察行政的分合问题进行了较多的探讨，而两者的研究内容均有相应的具有较高认可度的学术著作作为支撑，如梅可望的《警察学原理》、酆裕坤的《警察行政学》。多数学者赞同将警察学与警察行政作为两个相互关联但又相对独立的研究领域。比如，梅可望认为两者是一种体用关系，警察学是警察行政之体，警察行政是警察学之用。“学”是理论，也是抽象，“行政”是理论的具体运用。① 需要明确的是，台湾地区的警察学学者在此处所指的并不是广义的警察学概念，而是相对狭义的，即警察学基础理论或者警察学原理部分。因此，可以将台湾地区警察学学者认可的警察学学科体系分为两类：警察学原理和警察行政学。

警察学原理包括：警察研究方法、警察史、警察权、警察裁量行为、比较警察（警察制度、警政类型、警察行为）、警察行为、警察角色和功能、警察职业伦理、警察文化、警察与犯罪、警察与社会、警察与法律等。

警察行政运用行政学或公共行政的基本架构及理论，来建立警察可资运用之理论或原则，并据以检视、探讨警察机关如何有效地运作。② 内容涵盖警察行政的起源与发展、警察组织、警政革新、警察人力资源、警察领导与监督、警察管理、警察政策、警察执行与评估、警察公关关系、警察资讯管理、巡逻与犯罪侦查、警察勤务、各警察业务等。③

另外，也可根据台湾警察大学的院系所设置来对警察学学科体系作一个参照性思考。台湾警察大学包括以下教学与研究单位：行政警察学系暨警察政策研究所、刑事警察学系（所）、鉴识科学学系（所）、公共安全学系（所）、犯罪防治学系（所）、消防学系暨消防科学研究所、交通学系暨交通管理研究所、资讯管理学系（所）、外事警察学系（所）、国境警察学系（所）、行政管理学系（所）、水上警察学系（所）、法律学系（所）、通识教育中心、移民研究中心、恐怖主义研究中心（详情请登录该校网页）。尽管院系所的分类与学科分类存在较大的不同，但其在一定程度上代表了警察学科的研究方向与领域，因此也就在某种程度上反映了台湾地区警政界和警察学界对于警察学科分类的认识。

还有学者对警察学的部门与范围作过分类（见图 1）。通过图 1，可以窥见部分学者对于警察学学科体系的认识。

---

① 王宽弘等：《警察学总论》，台湾五南图书出版股份有限公司 2001 年版，第 124~130 页。

② 王宽弘等：《警察学总论》，台湾五南图书出版股份有限公司 2001 年版，第 101 页。

③ 王宽弘等：《警察学总论》，台湾五南图书出版股份有限公司 2001 年版，第 14 页。

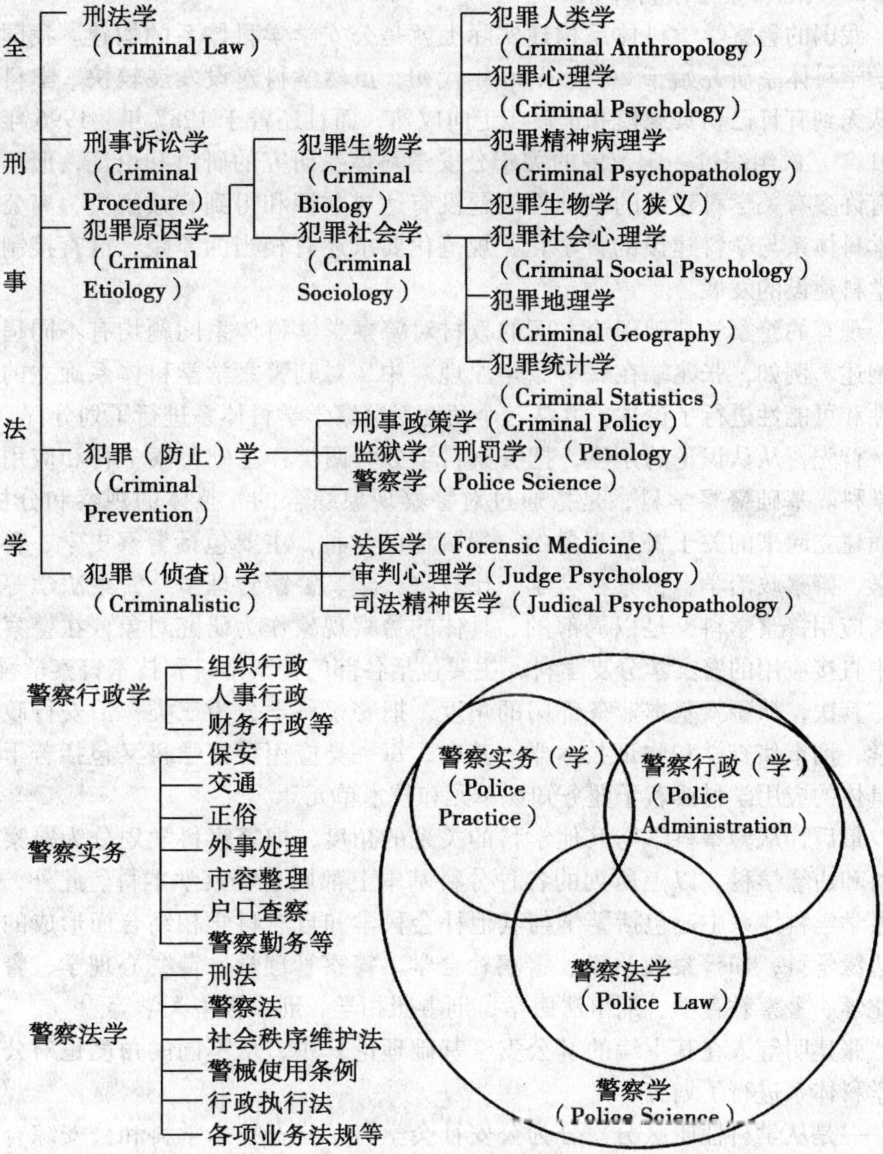

图1　警察学部门与分类①

① 邱华君：《警察学》，台湾千华图画出版事业有限公司1997年版，第20页。

2. 大陆警察学学科体系。

我国的警察学学科体系构建实际上就是公安学学科体系的构建。我国公安学学科体系研究始于20世纪80年代初，虽然学科建设发展较快、学科体系从无到有且已初具规模并正逐步走向成熟，而且还曾于1987年、1996年和2001年三次组织过一定范围的关于公安学科体系研究的研讨和论证，但至今还有许多有关学科建设的基础性问题没有达成共识和得到有效解决，离公安学学科体系与学科建设的科学化、规范化要求还有相当的差距，这直接制约着学科建设的发展。

现有的警察学基础理论方面的教材对警察学学科体系问题均有不同程度的阐述。例如，张兆端在《警察学原理》中，对其警察学学科体系确立的必然性和可能性进行了论述，并从三个角度对警察学学科体系进行了划分：

首先，从认识论的角度，把警察科学分为两类：基础警察学科和应用警察学科。基础警察学科，是指通过对警察现象综合的、整体的观察和分析，从而建立起来的关于警察现象的一般规律的学科，主要包括警察史学、警察哲学、警察政治学、警察社会学、比较警察学、警察管理学、警察法学等学科。应用警察学科，是以局部的、具体的警察现象作为研究对象，在警察实践中直接应用的警察学分支学科，主要包括各部门警察学科和技术警察学科。

其次，从警察基本业务部门的角度，把警察科学分为三类：治安行政管理学、刑事侦查学和物证技术学。其中，每一类应用警察学科又包括若干更加具体的应用学科或若干业务知识单元和技术单元。

最后，从警察科学与其他学科的关系的角度，把警察科学划分为警察学本科和边缘学科。以上所列的各种分科基本上都属于警察学本科。此外，在警察学学科体系中还包括警学与其他社会科学和自然科学相结合而形成的一些边缘学科，如警察政治学、警察社会学、警察管理学、警察心理学、警察文化学、警察教育学、刑事法医学、刑事照相学、刑事被害人学等。[①]

张建明等人在其主编的《公安学基础理论》中，从不同的角度也对公安学学科体系进行了划分。

一是从学科性质区分。分为公安社会学科、公安技术学科和公安综合应用学科。公安社会学科包括公安学基础理论、公安管理学、公安法学等有关公安工作社会关系及运用公安对策对社会关系进行有效调整的知识体系。公安技术学科有公安计算机应用、刑事物证检验学、警察查缉战术等应用公安科学技术和警察技能解决公安工作问题所形成的知识体系。公安综合应用学科包括现场勘查学、交通管理工程学等多学科渗透融合而形成的综合性边缘学科。

---

① 张兆瑞：《警察学原理》，中国人民公安大学出版社2010年版，第4页。

二是按学科层次和地位进行区分。分为公安基础学科和公安专业学科。公安基础学科主要研究有关公安工作的普遍性规律，如公安学基础理论、公安史、公安信息学等；公安专业学科主要研究公安机关专门职能工作的特殊规律，如刑事侦查学、消防管理学、警卫学、刑事技术学等。①

李坤生构建了多层次的学科体系。警察学一级学科下设社科二级学科和科技二级学科。科技二级学科名称为警察科技学；社会二级学科分为反间谍警察学、武装警察学、治安警察学、狱政警察学、警察史学、比较警察学、警察法学、警察政治工作学、警察社会学、警察心理学、警察公共关系学和警察教育培训学。各二级学科再下设三级学科，如治安警察学二级学科下设犯罪侦查学、社会秩序违警治理学、治安情报学、审讯学、治安勤务学、治安勤务指挥学、户政管理学、治安警察机关行政管理学、治安警察勤务保障学、要人警卫学和警察统计学。各三级学科再下设四级学科、五级学科……②在此不再一一列举。

李健和构建的公安学学科体系结构，见图 2。③

2006 年中国人民公安大学牵头完成的公安部重点项目“公安学科体系研究”的相关研究成果，可以说基本上奠定了公安学学科体系的基本框架，也为 2011 年“公安学”与“公安技术”在法学和工学学科门类下分别成功确立为一级学科打下了基础。公安学与公安技术两个一级学科的分类方式代表了学术界对于公安学学科分类的一致认知，本书也将以“公安学科体系研究”的研究成果为理论依据，在公安学与公安技术学基本框架下构建警察学的学科体系。

限于篇幅，本书只列出公安学与公安技术学的二级学科，如表 1 所示。公安学和公安技术学分别下设 11 个和 5 个二级学科，基本符合两学科的研究对象、研究内容、研究方法、理论基础与科学体系的要求，下一步将继续深入挖掘各二级学科的内在属性与研究方向，探索与其他一级学科、二级学科之间的关联，进一步完善警察学的学科体系。

随着警察学科理论研究的不断深化，学科制度化建设的日渐完备，警察学学科建设还需要进一步完善。尽管如此，我们仍然有理由相信，在不久的将来，警察学学科将具备一个成熟学科的所有要件，会得到学界的广泛认同，并屹立于学科之林。

---

① 张建明等：《公安学基础理论》，中国人民公安大学出版社 2011 年版，第 7 页。

② 李坤生：《对警察学及其学科体系建设的构想》，载《公安大学学报》2001 年第 4 期，第 109~112 页。

③ 李健和：《试论公安学学科体系》，载《公安学基础理论探讨》中国人民公安大学出版社 1988 年版。

公安学学科体系结构

- 基础公安学
  - 公安学原理——警察的本质、职能，公安工作的性质、任务、职责、方针、政策、原则、规律、特点、权力、手段等
  - 公安法学
    - 宪法、刑法、刑诉法及其他有关部门法
    - 警察法等基本法律规范
    - 治安行政管理法规
    - 有关治安处罚、逮捕拘留、劳动教养等方面的法律规范
    - 公安工作的其他规范性文件
  - 公安史学
    - 警察制度史
    - 治安思想史
    - 犯罪学说史
    - 刑事侦查史
    - 警察科学技术史
    - 间谍（特务）史
    - 人民公安保卫史
- 应用公安学
  - 公安管理学
    - 公安组织行政管理学
      - 公安指挥学
      - 公安秘书学
      - 公安档案管理学
      - 公安教育管理学
      - 公安科研管理学
    - 公安政治工作学
      - 公安人事管理学
      - 公安政治思想工作学
    - 公安后勤管理学
  - 治安管理学
    - 重点场所、行业管理学
    - 违禁物品管理学
    - 治安勤务学
    - 治安灾害事故对策学
    - 治安案件事件对策学
    - 户口管理学
    - 道路交通管理学
    - 消防管理学
    - 公安外事管理学
  - 保卫学
    - 经济文化保卫学
      - 要害保卫学
      - [安全预防学]
    - 交通保卫学
      - 铁道运输保卫学
      - 民用航空运输保卫学
      - 水上航行保卫学
    - 军事保卫学
    - 警卫学
    - 边防保卫学
  - 犯罪对策学
    - 犯罪学
      - 犯罪心理学
      - 犯罪社会学
    - 犯罪侦查学
      - 犯罪情报学
      - 犯罪勘查学
      - 案件侦查学
      - 预审学
      - [刑事科学技术]
    - 罪犯改造学
  - 技术学科
    - 公安专业技术
      - 交通管理科学技术
      - 消防管理科学技术
      - 安全预防技术
      - 刑事科学技术
    - 公安后勤保障技术
      - 警察通信技术
      - 警察交通技术
      - 警察武器、器械、装备技术
  - 边缘学科
    - 公安心理学
    - 公安统计学
    - 警察体育学
    - 计算机应用
- 世界公安（警察）学
  - 各国公安（警察）学
  - 国际警察组织
- 比较公安（警察）学
  - 警察理论比较
  - 警察制度比较
  - 警察方法比较
  - 警察手段比较
  - 警察管理比较

图2　公安学学科体系结构

表1　公安学、公安技术学二级学科体系

一级学科	序号	二级学科
公安学	1	公安学基础理论
	2	公安管理学
	3	治安学
	4	侦查学
	5	犯罪学
	6	公安情报学
	7	国内安全保卫学
	8	边防管理学
	9	涉外警务学
	10	警务战术与指挥学
	11	警卫学
公安技术学	1	刑事科学技术
	2	安全防范技术与工程
	3	交通安全执法技术
	4	网络保卫执法技术
	5	消防工程与技术

二、警察学交叉学科

交叉学科是指两门或两门以上学科融合而形成的一种新的综合理论或系统学问。警察学自身就是一门跨社会科学、人文科学与自然科学以及工程技术的交叉学科。警察学既是调整社会关系的学科，也包括人文、自然科学技术方面。它研究有关的人文、社会及自然规律，服从警察对策的要求，受警务实践的促进，需要自然、人文和社会学科所构成的知识平台的支撑。从学科的最基本分类来看，警察学是应用学科，不属于基础学科。警察学有特别强的实践性和可操作性，着重研究犯罪和治安问题的对策、方法、手段，以及各种措施和多种具体的应用技术。

警察学具有广泛的综合性。由于警察工作的广泛社会性和犯罪与治安问题的极端复杂性，警察学科必须综合应用人文社会科学和自然科学的成果。在人文社会科学方面，警察学与政治学、法学、社会学、管理学、行政学、军事学、伦理学、逻辑学和经济学等有着十分密切的关系。它的发展除具有涉密性的内容以外，还应当借助其他学科来加强学科建设。在侦破案件、治安管理、预防犯罪等工作中，常常要综合运用这些学科以及现代科技、警体技能等多方面的知识与技能，而这些都需要社会科学与自然科学的结合，需要高科技与警察行为的结合。这种综合性，相对其他社会科学更为突出。其中，涉及组织行为学、行政学、军事学、法学、数学、物理学、化学、生物学、医学、心理学、工程学等，但其不是这些学科的混合，而是有机的结合。警察学需要将这些学科的理论知识予以消化吸收，融合为警察学不可分割的部分。①

警察学是一门交叉学科，构成警察学学科体系的二级学科同样带有交叉学科的性质。也就是说，警察学交叉学科包含两个方面，一方面是指警察学内部由各学科交叉而形成的子学科，另一方面是指警察学作为独立的学科，与其他学科发生交叉形成的新学科。本书所探讨的交叉学科属于第二个方面，即警察学与其他学科交叉形成的新学科。根据现有的学科发展和研究现状，以下学科尽管刚刚产生不久，或仅有学者冠以学科名称，发展尚处于萌芽状态，但其有着独立的研究对象和范围。随着学科的发展，未来有可能正式演化为一门成熟的交叉学科。

（一）警察法学

自20世纪80年代以来，我国警察法学研究从潜滋暗长，到由隐而显、由点及面，继而蓬勃兴起和快速发展，形成了一个独立的研究领域，表现出盎然的生机。随着我国警察法治建设和社会管理创新的深入推进，创建具有中国特色的警察法学学科，是警察法学界广大理论工作者的一项光荣而艰巨的任务和使命。关于警察法学的学科定位、研究对象和范围、知识体系结构等，主要有两种观点：一种观点认为，警察法学是“警察法——学”，研究对象是警察法；另一种观点则将警察法学界定为“警察——法学”，研究对象是警察法律制度和警察法治实践活动。有学者认为，警察法学是关于警察法律制度和警察法治实践活动的科学，是以警察职能为标准而产生的一门新兴的交叉学科。②

（二）警察经济学

警察经济学，是以警察学作为研究对象，以经济学作为研究工具，通过学科交叉研究，对相关警务现象和问题进行经济学研究，并通过归纳、抽象的逻辑思维方法、有针对性地总结概括出特定警务领域的经济学理论。研究警务经济理论的目的，是以经济学的视角来解决警务活动中的各种经济矛盾，从而分析和认识警务效益最大化的问题。警务经济理论研究所要解决的警务

① 《公安学科体系研究》课题组：《公安学科体系研究报告》（公安部项目）2006年，第41、42页。

② 《促进学科交叉融合创新发展警察法学》，载 http://www.cpd.com.cn/n907228/n10258251/c10703078/content.html,2014-7-25。

问题甚多，而经济学又是一门博大精深的社会科学，因此从不同的经济学理论角度均可找到相关警务问题进行分析。但在众多研究角度及出发点中，有学者认为应该主要以警务供给需求理论、警务比较优势理论、警务成本收益理论、警务市场理论以及警务策略理论作为警务经济理论的分析方法和研究思路。①

（三）警察政治学

警察政治学的研究是将警察现象和过程置于政治学框架内，这一研究在为警察研究找到政治学的研究视野和角度的同时，也为政治学找到了警察这一研究对象。警察政治学通过对警察进行政治分析，通过用政治学比较成熟的理论和方法，对警察进行学理的研究和解释，内容包括警察的政治学探源、警察与政治关系的梳理、用政治学理论解读警察与自由的关系、警察权与公民权的和谐、用政治学的分析范式分析警务模式的传承与变迁等。②

（四）警察社会学

警察社会学是研究警察系统良性运行和协调发展的条件与机制，以及它在社会良性运行和协调发展中的作用与功能的综合性应用学科。它的研究对象，即警察系统良性运行和协调发展的条件和机制，以及它在社会良性运行和协调发展中的作用与功能。这一研究对象构成了警察社会学研究的主要内容，也回答了警察社会学是研究什么的学科的问题。警察社会学研究的主要内容，李坤生认为应包括以下方面：①什么是警察系统；②什么是警察系统的运行；③什么是警察系统运行的动力；④什么是警察系统良性运行的条件和机制；⑤什么是警察系统的协调发展；⑥什么是警察资源，如何开发；⑦警察文化；⑧警察群体与互动；⑨警察个体的继续社会化；⑩警察系统与社会的交换；⑪警察规范；⑫警察系统运行的问题与对策分析；⑬警察系统良性运行与协调发展对社会控制，以及对社会良性运行与协调发展的作用与功能；⑭警察社会学研究的手段；⑮警察系统良性运行和协调发展的保障；等等。③

（五）警察伦理学

警察伦理学是关于警察道德问题的学说，是以警察的全部道德现象为研究对象，并从中揭示警察道德的产生、本质、作用及其发展规律的一门科学，它是警察道德的理论化和系统化。它以社会现象中的警察道德现象作为自己的研究对象。警察道德现象内容包括警察道德意识现象、警察道德规范现象

① 《警务经济理论》，载 http://baike.baidu.com/view/3248046.htm，2014-7-23。

② 《〈警察的政治属性〉试读：序》，载 http://book.douban.com/reading/10587771/，2014-7-23。

③ 李坤生：《加速创立警察社会学的若干构想和议题》，载《公安建设》1999 年第 2 期，第 5~11 页。

和警察道德活动现象。警察伦理学的任务是：①探讨警察道德的形成、本质及其发展规律；②概括和阐述警察道德的基本原则和主要规范；③研究警察道德实践的途径和方法；④分析警察道德中的精华和糟粕，完成批判、吸收、借鉴和扶植等任务。[①]

（六）警察文化学

在全面系统地研究警察文化理论与实务方面，当以张兆端的《警察文化学》为代表。《警察文化学》在国内首次尝试将“警察文化”作为一门学科对象来对待，提出并界定了警察文化学、警察文化、警察亚文化、警察精神文化、警察行为文化、警察制度文化、警察物质文化、警察文化关系、警察文化建设、警察文化战略、警察文化理念、警察文化管理、警察文化传播与交流、警察文化创新与警察现代化等一系列概念范畴。[②]

第四节　警察学与公安学

一、公安与公安学

（一）公安的词义

中国古代没有警察或治安意义上的“公安”概念，仅有县名（即湖北省公安县）和明末的文学流派名（即以当时湖北省公安县人袁宗道三兄弟为首的文学流派——公安派）两解。在《现代汉语词典》中，“公安”是指：“社会整体（包括社会秩序、公共财产、公民权利等）的治安：~局、~人员。”从字面上看，“公安”主要指“公共安全”、“公共安宁”。在《现代汉语词典》中，“公共”指“属于社会的；公有公用的”，“安宁”指“秩序正常，没有骚扰”、“（心情）安定，宁静”，“安全”指“没有危险；不受威胁；不出事故”。总体来说，社会秩序正常运转，国家安全、公共财产、公民权利（包括公民的人身安全、人身自由和合法财产等）不受威胁和侵害之稳定发展的状态，就是“公安”。但是，由于中国共产党自革命战争年代起，特别是新中国成立以来，就统一以“公安”命名警察机关和治安保卫工作，因此，在社会上和警察机关内部又赋予了以“公安”指代“警察”或“治安”的惯用含义。

在西方语言中，没有直接与警察意义上的“公安（人员、队伍、机关、工作）”相对应的词语。据《法国警察》的英译本，法国历史上的所谓“公

---

① 《自考警察伦理学笔记》，载 http://wenku.baidu.com/view/6168823a5a8102d276a22f12.html，2014-7-24。

② 张兆端：《警察文化学》，中国人民公安大学出版社2010年版。

安委员会”，其原文为 General Safety，译为“总体安全”、“总体平安”。这与中国习惯在警察含义上使用的“公安”一词既有联系，又有区别。至于英国独有的 Constable，有学者认为可译为“公共安全”。同时，由于 Constable 是英国基层警察的名字，应译为“公安员”。但查阅我国出版的大多数英汉词典，一般都将 Constable 译为警察、警官、巡警。我国的“公安”一词在译成英文时统一为 Public Safety，即公共安全。现代西方语言中的 Public Safety Officer（即“公安员”）主要指从事环保工作的人员。为避免在对外交流中发生误解，我国警察意义上的“公安”一词对外一般直接翻译为英文的“police”（警察）。[①]

（二）公安作为机构名称使用

在西方的政治史中，公安多次被用于政府机构和治安机关的名称。典型的有：

1. 美国独立战争期间，为反对英国殖民主义的领导机构“大陆会议”，1776 年根据美利坚合众国《独立宣言》，各州议会成立了公安委员会，负责保卫新政权和维护社会秩序。

2. 法国资产阶级大革命期间，1793 年 8 月建立的雅各宾专政政权设立了公安委员会作为强力专政机构，保卫新生政权。同时，还设立了社会保安委员会专门同反革命进行斗争。

3. 1871 年，巴黎公社设立了公安委员会，负责保卫新生的无产阶级政权。马克思在他的《法兰西内战（初稿）》中专有一节题为“公安措施”。马克思认为巴黎公社的“公安措施”意味着“废除了‘独立警察’，以公社的勤务员代替这些贼匪”。[②]

中国近代史上第一次引用公安局的名称并不是在共产党系统内，而是在 1921 年孙科任广州市市长时，建立了广州市公安局，维护社会治安。随后，南京国民政府内政部于 1928 年 10 月 3 日公布了《各级公安局编制大纲》，并规定各省会、市、县警察机关一律改称为公安局。虽然 1936 年又改回警察局，但是在当时解释这次改动时，便说明了“公安”实际上就具有警察的含义。1931 年金国珍著《市公安》时讲到：随着现代都市生活的发展，出现了卫生不良、贫民救济、交通阻碍、火灾等问题，这些是“都市公安问题”，有些城市，因“消防行政占公安之一部……故公安问题云者，实包括警察与消防”。北伐战争时期，北伐军所到之处，纷纷将警察机关改为公安机关，即所谓：“北伐以后，天日重光，各项建设逐渐进行，各市政府与特别市政府相继

---

① 张兆端：《“警察”、“公安”与“治安”概念辨析》，载《政法学刊》2001 年第 4 期，第 34~36 页。

② 康大民：《公安词论——兼论“公安”与“公共安全”不完全同义》，载《辽宁警专学报》2004 年第 6 期，第 1~4 页。

成立，大有励精图治之概，易警察厅为公安局，耳目一新。”该书第二章列举了以下情况：“汕头市、广州市……设公安局，管辖警察与消防等事；上海市公安局负责警察、消防、调查户口。”①

中国共产党历史上第一次出现“公安”的名称是在1939年2月，为了从名称上与伪政权警察机关有所区别，在中央书记处发布的《关于成立社会部的决定》中，要求各边区行署设公安局或保安处，在各县设公安局。新中国成立后，在1949年10月15日召开的第一次全国公安会议上确定使用“公安”的名称。

目前，除中国外，世界上还有少数几个国家存在名称为“公安”的机构。例如，日本公安委员会为日本地方的自治事务机关，为管理日本各都道府县警察的上部行政组织团体，于各都道府县皆有设置。在中央则有国家公安委员会，其成员由首相经日本国会同意而任免。都道府县的公安委员会，在都道府县知事（首长）的管辖下设置。它们的职责不包括对警察的经营及直接指挥命令。越南公安部是越南政府的重要部门，是越南人民公安力量的最高首脑机关，担负着维护国家政治稳定和社会治安、打击各类犯罪、保护人民生命财产安全的任务。

（三）公安的含义争辩

关于公安的含义，一直存在争议，没有达成共识。起初，公安被更多地理解为公共安全之义，与警察相区别。后来，学者们针对“公安”一词的内涵与外延展开了深入的研究与阐释，由此得出了一些不尽相同的结论。

有学者认为，从学科学术性的要求出发，“公安”一词应该被理解为社会安全，更全面一些则是人类社会安全。据此，公安应当英译为 Social Safety。②。

有学者将公安区分为广义公安与狭义公安。狭义公安，是指由现行公安法规所确认的“公安”含义，即人民警察的一种。广义公安，是指从科学词义上阐明的“公安”含义，指国家所固有的保卫国家安全、维护社会安定、保障人民安宁的内务职能。③

也有人认为，公安是一个具有多义性的概念，其包括如下含义：①从最初国民政府用公安命名警察机构及当时的社会背景来看，公安反映公的一面，以区别于以往的旧警察机构；②公安是作为一种新的社会治安的理念而提出的，是孙中山在领导革命过程中历经无数次的失败后提出的新的治安理念；

---

① 康大民：《警察学？公安学？》，载《公安教育》1998年第4期，第35、36页。

② 卜安淳：《公安学、警察学及其相互关系》，载《公安大学学报》2001年第6期，第113~117页。

③ 康大民：《广义公安论与公安学基础理论研究》，载《公安大学学报》1999年第6期，第20~26页。

③公安是一种目的和要达到的状态，不能作为维护的对象，因此就其字面将其简单理解为公共安全是不正确的；④公安发展成为中国共产党的人民公安理论。[①]

也有人认为，公安是中国的特殊概念，而警察则是一个一般的普遍概念。按照特殊之中存在一般、特殊与一般可以相互转化的马克思哲学观点来理解，公安就是警察，是中国的警察概念[②]。

本书认为，目前所称的公安即中国大陆范围内公安机关的警察。尽管从词源来解释，公安有公共安全、社会安全等含义，但真正表述公共安全、社会安全等含义时，也并不用“公安”一词来指称。当前，我们无论在日常生活中，还是在学术术语中所提到的“公安”一词，均是指公安机关的警察机构或警察人员，而且仅是在我国大陆范围内使用。因此，将公安理解成中国大陆范围内公安机关的警察更符合当前的使用习惯。

（四）公安学

以往围绕公安学的概念、研究对象和研究范围等相关问题的争辩，主要基于大家对公安概念、警察概念的认知差异。既然本书已明确将公安简单定义为中国大陆范围内公安机关的警察，那公安学的相关问题以警察学相关理论为依据即可。公安学的研究对象，就可理解为我国大陆公安机关的人民警察维护人民民主专政的国家政权所要求的维护国家安全、维护社会治安秩序和提升社会成员生活品质的原理和规律。为区别于警察学，公安学的研究范围限定为我国大陆公安机关的人民警察主体、人民警察客体和人民警察的行为或对策。

二、我国公安学的建设与发展

新中国真正把公安工作作为一个学科并冠以“公安学”加以研究始于1983年。当时，中央人民公安学院曾两度向公安部提出建立“公安学”的建议，得到了公安部领导的高度重视。1984年，随着中国人民公安大学的成立，公安部教材编委会决定编写《公安学概论》，这是我国历史上第一次出现以“公安学”命名的著作。与此同时，属于公安学科分支的40余种教材的编写工作也全面展开，并且在不长的时间内付梓。这是我国公安学科建设史上辉煌的一页。但是，一个学科特别是一个新学科的建立并不仅仅是简单的教材编写，而是需要经过科学的论证、精心的培育、实践的检验和社会的承认。其中最不能忽视的是这个学科有没有基础理论，因为基础理论就是决定该学

① 石启飞：《公安、警察关系之争应休矣》，载《辽宁警专学报》2006年第5期，第53~56页。

② 衣家奇、姚华：《对警察与公安含义的再认识》，载《公安大学学报》1997年第6期，第38、39页。

科能不能成其为一个学科的最重要的基础性分支学科。例如，它要解决学科名称问题、学科地位问题、研究对象问题、学科性质问题、学科体系问题、与其他学科的关系问题、逻辑起点问题、概念体系问题以及研究方法问题等。换言之，没有基础理论的学科是不能成立的。为了解决这一关键性问题，1987年由中国人民公安大学主办在上海召开了第一次全国性的“公安学研讨会”，这次会议是我国首次召开的以公安学科作为研究对象的专门性学术研讨会。会议就公安学科的一系列基本问题展开了广泛的讨论，特别是对公安学基础理论问题进行了专题研究，并对基础理论的内容、框架达成了初步的共识。随后，1988年4月成立了由中国人民公安大学牵头的公安学基础理论研究课题组，同年8月经中国社科院批准立项为国家社会科学基金项目，并定名为《公安学基础理论研究》。经过3年的努力，课题最终成果《公安学基础理论研究》专著正式出版，这标志着我国公安学基础理论研究有了雏形。为了深化基础理论研究、推动公安学术发展，在中国警察学会成立后，其分支机构公安学基础理论专业委员会于1993年宣告成立。该专业委员会以研究公安学基础理论为主要职责，并先后于1994年、1996年、1998年、2001年和2002年召开过5次学术研讨会，每次研讨会都在研究某一个专题的同时对公安学基础理论进行深入探讨。1995年，公安部规划教材《公安学基础理论教程》出版，这又标志着公安学基础理论这个分支学科作为大学课程正式步入了高等教育殿堂。

在基础学科持续论证公安学独立的学科地位的同时，以侦查学、治安学、刑事科学技术等为主干学科的几十门分支学科也如雨后春笋般地出现在公安学科之林，且不断走向成熟。[①]

经过长期坚持不懈的努力，2011年3月8日，国务院学位委员会和教育部联合印发了《学位授予和人才培养学科目录（2011年）》，正式批准在法学和工学门类下设立“公安学”、“公安技术”2个一级学科。

三、警察学与公安学的关系

在对公安概念进行清晰认知的基础上，在此对警察学与公安学两者之间的关系进行探讨。

关于警察学与公安学的关系，学者们的观点分歧较大。比较有代表性的观点有：

公安学是关于人类社会安全问题的学问，警察学是关于如何守护人类社会安全的学问。公安学研究人类社会安全问题的性质、原因、变化及其解决

① 《公安学科体系研究》课题组：《公安学科体系研究报告》（公安部项目）2006年，第15、16页。

的途径、方式、手段等，是对社会安全问题本身的研究；警察学研究的只是实现人类社会安全的一种途径。公安学对如何实现人类社会安全这一问题的研究涉及很多的途径，但警察学只是就警察这一种实现人类社会安全的途径展开研究。公安学是警察学的基础学科，公安学为警察学提供了理论上的准备；警察学对人类社会安全的实现途径进行展开研究，是对公安学研究在一个很重要的具体方面的深入和延伸。所以，警察学是公安学的延展性学科，警察学理论有助于使公安学知识真正运用于实现人类社会安全的行动中。①

从法定意义上来讲，警察学的研究对象是“警察一般”，其研究范围应当包含对各国警察的研究。从现行的公安法规和《人民警察法》的规定出发，公安学专门研究公安机关及其工作，这可以称为“狭义公安学”。从学理意义上讲，公安学的研究对象是公安现象，不但要研究警察——公安主体，还要研究警察的工作对象——公安客体，并在进一步研究它们两者关系的基础上开发公安对策。警察学，从名称上就限制在公安主体的研究上。②

不论是哪种观点，均是建立在较早时期学者们针对警察和公安两者含义的不同认知基础之上的。近年来很少有学者围绕警察、公安、警察学和公安学的关系问题进行争论，也许是意识到对此问题的争论本身并不会对警察学或公安学学科研究本身具有什么价值。既然任何一个国家都有警察，中国警察只是作为各国警察中的一个普通个体，没有本质属性的不同（国际上少有“公安”一词，而“police”是一个通用名词），那么争论公安与警察实在没有什么根本性的意义，无非是仅在称呼上不同而已。前文已对公安作了明确的界定，即中国的警察，那么本书所提到的公安学自然也就是研究中国警察相关问题的一门科学。

警察学具有公安学的一般属性，公安学是警察学的一个特殊研究对象，两者是一般与特殊的关系。具体来说，两者均是研究警察维护社会安宁秩序和提升民众生活品质的原理和规律的一门科学，这是两者的共性；只不过公安学是研究中国公安机关的人民警察在人民民主专政国家政权下如何维护国家安全、社会治安秩序和提升人民群众生活品质的一门科学，这是其特殊性。

第五节　警察学的理论体系

以学科标准衡量一门学科的独立地位，关键在于它是否形成了独特的概念系统和运用这些概念进行逻辑推理的命题，构成严密的理论体系。因此，

① 卜安淳：《公安学、警察学及其相互关系》，载《公安大学学报》2001 年第 6 期，第 113~117 页。

② 康大民：《警察学？公安学？（续）》，载《公安教育》1998 年第 4 期，第 35、36 页。

若要为警察学成为独立的学科在内涵上找到合法性依据，就必须不断深入和加强警察学理论体系建设。

一、西方警察学的主要理论

西方警察学有着百余年的发展历史，但警察学的学科地位一直未受到足够的重视，或者说它独立的学科地位在西方并没有得到广泛的认可。西方警察学更注重单一问题或者说业务问题的实证研究，缺乏对学科基础理论包括学科理论体系问题展开广泛而深入的研究和探讨，因此，尽管西方产生了一系列的警察学理论，但尚未形成完善的警察学理论体系。比较有代表性的警察学理论主要涉及警察起源与本质、警务方式等角度。在警察起源与本质的角度上有：福利警察论、警察中立论；在警务方式的角度上有：无形警务论、惩罚警务论、反应警务论、镇压警务论、先发警务论、社区警务论、满意决定警务论、最小动用武力论、无增长改善论等。

（一）福利警察论

福利警察论普遍地充斥于资产阶级的警察学说中，其代表人物德国的弗·尤施塔尔在他写的《法哲学》一书中说，警察就是“提供公共福利”的。德国的苏顿说：“警察为增进公共利益及预防接近所发生之危害为目的之任务。”这些观点着力宣传警察为民众谋福利的一面，有意淡化资产阶级国家警察维护其政治统治的本质特征。

（二）警察中立论

警察中立论，是西方国家警察在处理同政党的关系中比较普遍实行的原则，即警察在多个有资格执政的政党中实行中立。因为在西方资本主义国家中，资产阶级内部各个集团的利益是互相冲突的，集中表现为政党的斗争。如果警察被某一政党所控制，势必会损害其他政党或政治派别的利益。因此，西方警察学家主张：“警察武力是国家的，决不可受党派的威胁利诱，卷入政治斗争的漩涡。”有些西方警察学家还认为，“警察中立”有利于防止警察成为某些政治家的工具。必须指出的是，“警察中立”是资产阶级民主制度的产物。在这个制度下，警察越是中立，就越能有效地保证国家政权牢牢地掌握在资产阶级手中。①

（三）无形警务论

无形警务论（Informal Policing），又称非正式警务，是古代西方社会的一种警务方式。无形的社会控制、传统的抑制曾经是控制犯罪最有效的手段。在正式警务形成之前，甚至在关于警务的基础法律产生之前，传统的宗教、迷信、习俗和禁忌支配着人们的道德和价值标准。因为家庭曾经是西方文明

① 汪勇：《论政治建警的必要性》，载《公安研究》1999年第4期，第44~50页。

的核心，所以家庭控制是无形警务的重要组成部分。在控制社会行为方面，宗教、迷信、习俗和禁忌起着十分重要的作用。在原始社会，宗教、迷信、习俗和禁忌也许是最初的非正式社会控制手段。道德控制是无形警务中的另一个重要因素。非正式警务论是西方警务专家进行警务改革的传统思想基础，是社区警务、邻里守望制等新型警务实践和理论的出发点。一方面，非正式警务形式在利用社会、家庭控制犯罪方面，确有其独到之处和令人回味的地方；另一方面，西方警学专家又过分渲染了这个所谓的理想社会。实际上，非正式警务只是人类警务活动最原始的初级形式。

（四）惩罚警务论

惩罚警务论（Punitive Policing）是17世纪前后流行于西欧的警务形式，它与古典犯罪学派中的惩罚理论有着密切的联系。惩罚警务论的理论基础是“即将而来的恐惧”（Suspended Terror），以恐惧抑制犯罪。该理论的假设是对犯罪施以重刑，杀一儆百，其效果会抑制其他人走上犯罪的道路。这种假设不仅在实践中容易被理解，也曾在欧洲作为主要的预防犯罪政策实施了几百年，其中以“严惩制”（Severity of Punishment）为代表。19世纪维多利亚女王统治下的英国，是这种政策最大的实验基地。当时，约有300种罪名可被判处死刑，其中包括在皇家园林打猎等，然而这一措施并没有收到预期的效果。

（五）反应警务论

反应警务论（Reactive Policing）是一种伴随着警察装备现代化而产生的警务风格，20世纪30年代至60年代兴起于英、美等国家。它强调接报警后警察的快速反应，把反应时间作为衡量警务工作效率的主要标志。因而，又被称为“消防队”式的警务。就公众的评价而言，警察对突发事件的反应能力是很重要的。反应时间是从接报警电话至警察到现场的时间。如果警察反应时间短，公众评价就高，反之就会招来不满。不可否认，反应警务对于快速打击现行犯罪具有重要的作用。但它也存在着明显的局限性，并产生了一些消极后果。一方面，不能把反应警务视为包治百病的灵丹妙药。这种“消防队”式的警务，不能从根本上解决预防犯罪的问题。另一方面，随着警察装备的现代化，警察变成了“三种机器人”，即计算机、对讲机和汽车，装备条件的改善使得警察逐步脱离了社区公众，导致警民关系疏远，不利于预防犯罪。

（六）镇压警务论

镇压警务论（Repressive Policing）是一种以大陆派（法国、德国）警察为代表的警务风格。镇压型警察存在于君主制国家或殖民地国家，特别是西欧大陆国家，如法国警察模式，即国家警察和宪兵。镇压型警察只对君主或殖民主负责，它缺乏人民的理解和支持，主要依靠武装来维护统治。殖民政府要想站稳脚跟，也必须以武力解决问题。在这种情况下，镇压型警察必须树立绝对尊严的形象。他们不需要了解人民，只需要严格的纪律、先进的装备以及军事化的训练。

（七）先发警务论

先发警务论（Proactive Policing），又译为主动提前警务，是20世纪60年代末至70年代初兴起于欧美国家的一种警务风格。它包括人类任何减少犯罪的努力、行为与活动。先发警务以预防为主，强调社会各界的合作，从根本上减少犯罪的社会根源。先发警务属于初级预防警务论的范畴，它旨在唤起社会与社区的各种努力以减少犯罪，试图寻求一套最完美的预防犯罪形式，如强调整个社会教育的重要性、加强社会控制、增进整个社会的彼此信任与合作等，调动一切社会积极因素减少犯罪，保护被害人。

（八）社区警务论

社区警务论（Community Policing）是一种新型的警务改革方式。在西方，社区警务还有多种名称，如社区服务模式或社会预防等。社区警务，是指以社区为主要单位的警务活动，它充分体现了主动先发警务论的精髓。社区的英文含义为：住在一个特定地区的所有的人，或特别的地区，也包括这一地区的居民；或拥有共同宗教及职业等的一组人群。在这里，社区既指人，又指地区（小到自然村落街区，大到城市、国家乃至大陆如欧洲社区）。有专家认为，社区警务是警察装备现代化之后的又一场警务革命，即所谓的第四次警务革命。它源于英国古代的“太兴”保甲制。现代社区警务提出于美国，繁荣于英国。20世纪70年代后，许多欧、亚国家都采用社区警务模式。社区警务与传统警务的区别在于：社区警务以调查犯罪现状与其他社会问题为先导，以公众为防控犯罪的主体，以社会为根治犯罪的主战场，以宣传、组织、教育公众为警务工作的中心，是世界警务改革的重要趋势之一。①

（九）满意决定警务论

满意决定警务论（Police by Consent），又译作公众的满意决定警务工作的方向。其主要观点为：在西方自治体警察中，如美国与英国，警察的合法性源于地方政府，如果没有公众的支持，警察就会遭到抵制。因此，警察不仅是维护社会治安的力量，还应成为公众的助手、向导和朋友。满意决定警务论是西方国家试图协调警察与公众关系的基础理论。早在20世纪初，英国人奎特显就在《泰晤士报》上指出：“伦敦的警察不仅是和平的卫士，而且应是群众最好的朋友，因为他们没有别的顾问或保护者。”英国警察在创建初期就一直在力图塑造“宝贝”的良好形象。到20世纪50年代，英国警察创建了

① 张兆端：《警察哲学——哲学视阈中的警察学原理》，中国人民公安大学出版社2008年版，第540~542页。

警民关系最好的黄金时代。摩尔根给满意决定警务论下的定义是："警务是公众的事情，违法犯罪不仅伤害了个人，而且伤害了国家的安宁。满意不是指对特定警务决定的满意，而是指对整个警务政策的满意。"英国警学界对满意的含义规定了两个范围：一个是警务让法律满意，一个是警务让政治满意。然而究竟何种满意更重要，仍在辩论之中。

（十）最小动用武力论

西方警务理论之一，也是实践中的警务原则之一。在理论研究上，强调坚持盎格鲁-撒克逊警察模式的特点（即英国模式）：平民化，非武装性质和服务职能。强调英国警务风格中的预防为主，重视警察与公众关系的历史遗产。在实践中限制动用武力，特别是在对待治安事件时要保持克制、冷静，力图捍卫文职化力量的形象。20世纪80年代对技术镇压的反思，直接导致了英国警方对最小动用武力论在理论与实践上的研究。[①]

（十一）无增长改善论

无增长改善论（Improve Without Growth），指警察在不增长人员编制、器材装备的前提下改善与提高警力和警务效益。安德逊在他的著作《从人力资源到观念的转变》中提出了新的警察哲学——无增长改善论。该理论的要点如下：①警力远远超过了社会承受力，大幅度增加开支是无益的、危险的；②警察现代化不应该走警力高比例的模式；③社区警务是改革方向，以社会为警力后备，以质量胜数量。[②]

二、我国警察学的理论体系

虽然我国在清末就成立了现代意义上的警察，也开展了一些警学研究，甚至试图建立警察学，但我国警学（公安学）的研究是在新中国成立尤其是在改革开放之后才得到繁荣和发展的。

袁广林将新中国警察学的理论研究划分为"术"、"理"和"学"三个阶段。20世纪50年代至80年代初为"术"的阶段。"术"是一种感性描述，主要是事实判断在起作用，它着重对工作方法、技巧等技能性、操作性经验进行总结，在教育上表现为在职民警经验知识的传授和技能的训练。20世纪80年代初至90年代中期，公安教育被列入国民普通教育序列，相继建立起一批本专科高等公安院校，出版了一系列专业教材，对公安工作经验、成就进行了初步归纳、整理和提炼，初步总结出了一些概念和理论，这一时期可称为"理"的阶段。第三阶段为"学"的阶段。虽然康大民教授早在1983年就

---

① 王大伟：《英美警察科学——热点、改革与启迪》，中国人民公安大学出版社1995年版，第90、91页。

② 王大伟：《欧美警察科学原理——世界警务革命向何处去》，中国人民公安大学出版社2007年版，第455页。

提出和倡导建立公安学，但警察学学科建设还是在公安高等教育开办研究生教育后才被提到议事日程并受到高度重视。中国人民公安大学 1994 年开创硕士研究生教育，2003 年获得博士学位授予权，2007 年建立博士后科研流动站，2002 年（四川泸州）、2009 年（北京）、2011 年（杭州）召开公安学学科体系建设研讨会，2001 年、2003 年、2010 年承担公安部重点课题《公安学学科体系建设研究》、《公安学科体系研究》和《中国警学理论体系研究》，出版了《公安学学科论文选编》等一批具有标志性的研究成果。尤其是 2011 年 3 月，公安学与公安技术被正式列为一级学科，更是表明警察学由“量的积累”到了“范式转换”，警察学学科理论体系研究受到了空前的重视。2011 年，在北京召开的全国性公安学、公安技术一级学科建设研讨会，就学科建设、二级学科设置展开热烈的讨论，表明公安学科建设有了较快的发展。

20 世纪后期，警察学界已经开始尝试运用科学的方法论建构自己的理论体系，如 1991 年由戴文殿主编的《公安学基础理论研究》提出了“以公安客体为一方，公安主体为一方，以及它们之间相互作用的关系为联结点的‘H 型’基本框架”。这是对公安学基础理论研究的一个重大突破。它将公安控制的行为者即公安主体，与公安控制对象即公安客体之间的矛盾关系，作为公安现象中最基本的矛盾，并从这个最基本的矛盾出发，研究了矛盾诸方面的基本关系，找出其规律，进而研究公安对策系统，最终构建了自己的理论体系。这种创造性的理论体系，通过这个结构框架，从整体上反映了公安工作中基本范畴之间最基本的关系。H 型理论深刻影响着后续警察学的理论研究。① 姚华教授以警察（公安）为逻辑起点，构筑了警察（公安）学原理的理论体系，包括警察史论、警察体制论、警察行为论、警察法制论和警察救济论；② 王大中教授以犯罪行为为“胚胎”与“萌芽”，建构了侦查学的理论体系；③ 宫志刚教授以秩序为逻辑起点，沿着这个逻辑起点内在矛盾性的自然展开，发现了治安理论丰富的内涵，并试图以此构建治安学的理论体系。④ 无论是警察学，还是其二级学科侦查学和治安学等，也有其他学者提出不同的逻辑起点，逻辑起点不同，建构的理论体系也将不同，不同观点、体系的对话、争辩，将把讨论引向深入，深化人们的认识。这些研究无疑会丰富人们

---

① 孙万镇：《登上理论体系台阶的一本好教材——〈公安学基础理论研究〉评介》，载《公安大学学报》1994 年第 5 期，第 79、80 页。

② 姚华：《警察学原理体系之构建——以警察制度为逻辑起点》，载《中国人民公安大学学报（社会科学版）》2004 年第 6 期，第 151~155 页。

③ 王大中：《论侦查学的逻辑起点——兼论学科逻辑起点及其价值》，载《中国人民公安大学学报（社会科学版）》2006 年第 1 期，第 66~71 页。

④ 宫志刚：《秩序：治安学的逻辑起点》，载《中国人民公安大学学报（社会科学版）》2008 年第 5 期，第 107~111 页。

对公安学学科理论体系的认识，促进警察学学科理论体系建设的深入和完善。

从警察学大学科的理论体系层面而言，虽然取得了一批理论成果，但理论之间尚待进一步整合。从“术”、“理”到“学”的过程是警察学理论发展的一个质的飞跃，即由经验过渡到理论再过渡到理论体系的过程。但到目前为止，许多看似“体系化”的论著，往往还是概念、范畴、原理的简单罗列，缺少由浅入深的概念发展，缺乏撞击理论思维的逻辑力量，与其说是理论体系，倒不如说是经验体系或者教材体系。因此，借公安学与公安技术上升为一级学科的契机，潜心基础理论研究，用科学的方法论重组、再造警察学学科知识、理论，建构理论体系，将是警察学理论研究者迫在眉睫的任务。①

三、本书研究的目的与视角

本书的研究主题是中国特色警察学理论体系，它在继承中外警察学遗产的基础上发展而来。马克思主义中国化的最新成果为“中国特色警察学理论体系”提供了指导和支撑，西方警学理论为“中国特色警察学理论体系”提供了丰富多彩的参照材料，而最根本的是当今中国的警务实践为“中国特色警察学理论体系”注入了强大动力。但必须看到，中国特色的警察学形成和发展的时间还只有短短几十年，本身也远未成熟。因此，“中国特色警察学理论体系”与其他诸如“社会学”、“法学”、“政治学”等相对成熟的学科体系不同，目前还有些若明若暗，其内在特征与规律亟待系统揭示。要建构一个学科理论体系并不简单，需要几代人的不懈努力。当前，警务实践中需要研究和解决的问题有很多，许多新情况、新问题需要在理论上作出回答，“中国特色警察学理论体系”建设是一项紧迫的任务，亟待推进。②

贯穿中国特色警学理论体系研究的一条思想经线，就是如何在中国特色警学理论体系研究中突出和把握“中国特色”。中国特色警学理论体系研究中的“中国特色”起码应当包含这样几个方面：一是中国的国体，即宪法所确定的“中华人民共和国是以工人阶级为领导的、以工农联盟为基础的人民民主专政的社会主义国家”。这是中国特色警学理论体系研究必须遵循的政治原则。二是马克思主义、毛泽东思想、邓小平理论、“三个代表”重要思想和科学发展观重大战略思想以及构建社会主义和谐社会的战略目标，这是中国特色警学理论体系研究的根本指导思想和奋斗目标。三是中国的改革开放和现代化建设，这是中国特色警学理论体系研究的时代背景和服务对象。四是依法治国、建设社会主义法治国家，这是中国特色警学理论体系研究的重要依

---

① 袁广林：《构建公安学学科理论体系的方法与策略》，载《中国人民公安大学学报（社会科学版）》2012 年第 3 期，第 31~36 页。

② 《“中国特色社会主义警学体系”形成的政治历史背景》，载 http://blog.sina.com.cn/s/blog_4e73e9310100agfc.html, 2014-7-30。

据。五是社会主义初级阶段的国情、治安情及警情，这是中国特色警学理论体系研究的根本出发点。六是新世纪新阶段中国警察建设和公安工作改革与发展的基本问题，这是中国特色警学理论体系研究的核心内容。我们所倡导的中国特色警学理论体系研究主要强调从中国的实际出发，在其政治立场、指导思想、时代背景、法治依据、出发点和落脚点等方面充分体现中国特色，目的是研究解决当代中国警察建设和公安工作的基本问题，构建符合当代中国国情、治安情及警情的警学理论体系。从横向（纬线）上看，中国特色警学理论体系研究主要包括学科建设、现实需要、历史根基和世界眼光等四个方面。[①] 其中，研究中国特色警学理论体系最根本的就在于厘清警察学的逻辑起点和基本问题或基本矛盾。所谓警察学的逻辑起点，即整个警察学的理论支撑点；而警察学的基本问题或基本矛盾则是对警察学逻辑起点的具体分解与展开，它贯穿于整个警察学理论体系，对构建警察学理论体系具有决定性的影响，可以说，后者是前者的必然延伸和扩展。只有把握了警察学的基本矛盾，才能准确、深刻地把握警察学的对象、性质、任务及其他矛盾关系，也才能找到构建警察学理论体系的总纲和轴心。因此，要使警察学理论体系建构在一种深层次的理论警察学的基础之上，从而使其成为一种科学、严密的理论体系，最主要的工作就是要科学地确定警察学的逻辑起点，准确地把握警察学的基本问题或基本矛盾。

因篇幅限制，本书不可能在中国特色警察学理论体系的所有问题上作完整的研究，而只能是在一些涉及警学的基本理论问题上作深入的讨论，主要研究内容是警察主体的有关理论，基本不（直接）涉及警务工作客体（如社会政治稳定、治安秩序与社会公共安全、违法犯罪）和警务行为（警察专业）。基本理论主要包括：

（一）关于警察产生（起源）的理论（警察与社会的关系）

本理论包括：①警察是何时产生的以及是如何产生的；②现代意义上的警察（职业制警察）产生的条件是什么；③警察（职业）会不会消亡。研究警察产生（起源）的理论，其意义在于：正确认识警察对于社会发展的作用。

（二）关于警察发展阶段的理论

本理论包括：①警察的发展分为哪几个阶段以及为何这样划分；②警察发展的不同阶段有何特点；③不同阶段当时的社会条件是什么，这些条件如何影响了警察的发展。研究警察发展阶段的理论，其意义在于：了解警察发展的历史和历程，把握警察发展的阶段性特征，认识警察与社会的互动性。

（三）关于警察及警务发展（条件）的理论

本理论包括：①在上述理论的基础上，进一步认识警察与警务发展应当

① 张兆端：《中国特色警学理论体系研究之经纬》，载《江西警察学院学报》2011年第1期，第15~17页。

具备的基本条件；②这些条件对警察及警务发展各自所起的不同作用；③在当今社会，警察和警务的发展需要哪些条件，以及如何利用、处理、把握、创造这些条件。研究警察及警务发展（条件）的理论，其意义在于：正确认识和科学对待警察与警务发展应当具备的条件，既可以能动地推动警察和警务的发展，又不使警察与警务的发展不顾条件、脱离时代和地域条件、超越条件，或者滞后于时代的发展。

（四）关于警察与政党和政府关系的理论（警察与国家的关系）

本理论包括：①警察与政党（主要是执政党）的关系；②警察与政府的关系；③警察如何处理与执政党（执政党一般通过政府政策实现政治意向）的关系；④警察在实施警务中如何处理与政府相关部门的关系；⑤执政党和政府如何领导警察、如何保障警务的正常运行。研究警察与政党和政府关系的理论，其意义在于：正确认识和科学把握执政党与政府和警察的关系，促使警察与警务的良性发展。

（五）关于警察与社会（公众）关系的理论（警察与民众的关系）

本理论包括：①警察与公众（群众）的关系；②警察与社会组织和社会团体的关系；③警察与公民（居民）的关系。研究警察与社会（公众）关系的理论，其意义在于：正确认识和处理警察与人民及社会组织和社会团体的关系，科学把握警察在社会中的角色，营造有利于警察发展和警务运行的社会与公众环境。

（六）关于警察的本质及社会功能的理论（警察的政治、社会属性）

本理论包括：①警察在国家统治管理和社会治理发展中的地位；②警察及警务对国家统治和社会治理有哪些功用；③不同性质的国家以及不同历史时期的警察，其本质和作用有何不同，为何不同；④警察的社会角色定位与角色冲突。研究警察的本质及社会功能的理论，其意义在于：历史性地认识警察在社会进程中的作用及其发展演变特点和规律，科学把握警察的政治及社会属性，既可以充分发挥警察的功能，又没有不适当地夸大警察的作用。

（七）关于警察体制的理论（含组织结构）

本理论包括：①警察的领导体制；②警察的管理体制；③警察的组织体制；④警察的组织架构；⑤这些体制的政治与社会条件；⑥这些不同体制的利弊优劣。研究警察体制的理论，其意义在于：科学认识不同警察体制的合理性、有效性，在我国社会发展的变革中，推进警察体制的变革与发展，促进警察效能的发挥和提升。

（八）关于警察职能和权力的理论

本理论包括：①不同国家警察的职能和职责；②不同历史时期和社会发展阶段警察的职能和职责；③警察职能与职责的关系；④警察权力与警察职能及职责的关系；⑤警察权力与警察职权的关系；⑥警察权力的来源；⑦警

察权力的类别（类型、种类）与结构；⑧警察权力的配置、授予和依法、有效行使。研究警察职能和权力的理论，其意义在于：科学认识和把握警察的职能与权力，合理划分和配置警察的权力，使警察权力与职能及职责协调匹配。

（九）关于警察（警务）战略和策略理论（含警务政策）

本理论包括：①警察（警务）战略目标与国家政治和社会发展战略的关系；②警察（警务）战略实施的条件和制约因素；③警察（警务）策略选择和实施的原则；④警察（警务）战略与警务政策的关系。研究警察（警务）战略和策略理论，其意义在于：科学地制定警察（警务）战略，合理选择和运用警务策略，有效地实现警务目标。

（十）关于警务运行方式（模式、风格）的理论（含警务合作）

本理论包括：①警务方式（模式、风格）的发展和演变；②不同警务方式（模式、风格）的产生、形成条件；③各种警务方式的运用、选择原则；④现代警务（区域、国际）合作的理论基础和法理依据；⑤警务合作中警察权力的行使原则和方式；⑥警务合作的救济（如负面后果承担）。研究警务运行方式（模式、风格）的理论，其意义在于：正确认识和把握警察的职业性和警务的规范性，科学合理地设定和运用警务方式，有效发挥警务效能。

（十一）关于警察文化理论（含“警察亚文化”）

本理论包括：①警察文化的含义和特征；②警察文化的组织功能和社会功能；③警察文化与其他行业文化（如军队文化、企业文化）的区别；④警察文化的构成和演变；⑤警察伦理与警察职业道德；⑥警察亚文化的作用。研究警察文化理论，其意义在于：正确认识警察文化的功能，发展警察职业文化，保障警务工作运行和警察良好的职业生涯发展。

（十二）关于警察队伍建设理论（含教育培训）

本理论包括：①警察队伍的构成；②警察员额（编制）的分配原则和标准；③警察的教育培训制度；④警察的思想政治工作原则；⑤警察的奖惩与晋升；⑥警察的抚恤、退休和淘汰。研究警察队伍建设理论，其意义在于：正确把握警察队伍建设的规律和特点，科学、合理地建设警察队伍，有效实现警察战略目标。

（十三）关于警察（警务）保障理论（含警察法治）

本理论包括：①警察（警务）保障的原则、方式；②警察（警务）保障的实施；③常规保障与应急保障；④平时保障与战时保障；⑤警察立法、执法保障。研究警察（警务）保障理论，其意义在于：科学认识和把握警察（警务）保障的特点和规律，正确、合理、充分地实现警察（警务）保障，有效实现警察战略与警务策略目标。

（十四）关于警察（警务）监督理论

本理论包括：①警察（警务）监督的原则；②警察（警务）监督的方式

和类型；③警察（警务）监督的实施与评价。研究警察（警务）监督理论，其意义在于：正确认识和把握警察（警务）监督的特点和规律，科学实施警察（警务）监督。

（十五）关于警务绩效和治安效益（治安状况）评价理论

本理论包括：①警务绩效与治安效益的含义和指标；②警务绩效与治安效益的评价方法；③警务绩效与治安效益的联系和区别。研究警务绩效和治安效益（治安状况）评价理论，其意义在于：正确认识把握警务绩效和治安效益（治安状况）及其评价的特点与规律，科学评价警务工作和治安状况，为制定警务政策和目标、措施以及开展警务保障提供依据。

（十六）关于警察（警务）改革理论（警察与社会发展的关系）

本理论包括：①警察（警务）改革的发展与阶段划分；②警察（警务）改革的特征和条件；③警察（警务）改革与社会发展和社会变革的关系；④警察（警务）改革的原则；⑤世界警察（警务）改革的趋势。研究警察（警务）改革理论，其意义在于：科学认识和把握警察（警务）改革的规律和特点，利用和创造警察（警务）改革的条件，正确实施警察（警务）改革，保持警察及警务与社会发展同步。

第六节　警察学与有关学科的关系

警察学具有广泛的综合性。由于警务工作的广泛社会性和犯罪与治安问题的极端复杂性，警察学必须综合应用人文社会科学和自然科学的成果。

警察学的建立和成熟，与现代其他新学科一样，离不开吸收其他学科的成果、借鉴其他学科的基础理论，并和其他学科发生密切的关系。同时需要说明的是，警察学与其他学科存在着不同的研究对象，有着形成独立学科的相关条件。

（一）警察学与社会学的关系

社会学以人类社会生活及其发展为研究对象，揭示存在于人类各历史阶段的各种生活形态的结构及其发展的过程和规律。由于社会学的研究范围涉及人类活动的各个方面和各个历史阶段，因而具有很强的综合性。然而，随着人类社会活动的日益扩大和发展，人们的研究必然要更加深入和细化。人们不断地对社会活动的某一领域或某一阶段进行专门研究，也就不断地产生了许多专门的新学科。警察学就是对社会安宁秩序这一专门领域进行研究的新学科。警察学和社会学的关系，如同社会学和其他社会学科的关系一样，作为对社会总体或整体进行研究的社会学，不能取代对社会某一领域或某一阶段进行研究的专门性学科；作为专门研究社会安宁秩序领域问题的警察学，也不能替代社会学对社会总体的研究。对社会安宁秩序专门领域的研究，需要运用社会学的一般原理和基础知识，如治安问题产生的社会根源、社会控制理论解决治安问题、社会分层与流动对治安问题带来的影响等。警察学的研究成果，也必然会为社会学的研究和发展提供特定的内容和资料。

（二）警察学与法学的关系

法学是以法为主要研究对象的科学。警察学同样和法学有着密切的关系。两学科都以某些社会现象为研究对象。两学科所研究的社会现象，有不同的范围，也有相同的范围。法学所研究的法律关系，有与社会安宁秩序发生直接关系的，也有相当多的没有与社会安宁秩序发生直接关系。警察学与法学研究的出发点和归属点不同。法学以法为主要研究对象，研究法与人们的社会活动的关系、法与法之间的关系，从而提供人们从事法律活动的理论和规范依据。警察学则以与社会安宁秩序活动有关的社会活动为研究对象，研究维护社会安宁秩序与国家、社会、自然界以及人们个人或组织活动之间的关系，从而为维护社会安宁秩序提供理论依据和手段。例如，涉及社会安宁秩序中公共安全内容较多的刑法学，其基本内容是犯罪和刑罚，研究对象是对实施了危害社会行为的主体依据刑事立法如何正确定罪和量刑。而对犯罪的动机、个人因素和社会因素的分析，如何及时发现和掌握犯罪各个阶段的信息和证据，如何及时制止犯罪活动，如何将犯罪嫌疑人缉拿归案，如何从犯罪嫌疑人处掌握更多的犯罪线索和信息，如何将与犯罪作斗争的经验和教训转化为社会安宁秩序方面的管理制度和策略、方法，如何建立一支与犯罪行为作斗争的队伍等问题，法学并不研究，而这恰恰属于警察学的研究范围和内容。警察学还需利用部门法学科知识解决警察学的若干问题，如利用宪法原理保障警察权益、利用行政法原理规范警察行为与警察行政执法程序、运用国际法规则有效开展国际警务合作等。

（三）警察学与管理学的关系

管理学是横跨自然科学和社会科学的综合学科，涉及生产关系和上层建筑，包括对生产力的组织和利用，以及与现代化大工业生产和现代科学技术相适应的科学的管理组织、方法、手段。社会越是向现代化迈进，管理学的作用越为突出。作为以社会安宁秩序为主要研究对象的警察学科来说，其有涉及社会管理或公共行政管理以及警察队伍内部管理活动的内容，需要现代管理学的基础理论和专业知识，如警察组织效率的提升、警察激励机制的构建、警察管理体制的改革、警察机关绩效考核等问题，均需借助管理学原理进行研究。然而，由于管理学研究的范围涉及社会各种活动，包括生产、经营、国家各方面的行政管理和公共管理等，对于涉及社会安宁秩序方面的管理问题，还需要有专门的学科去深入研究。

（四）警察学与政治学的关系

政治是上层建筑的核心部分，是以阶级关系为基本关系的一种社会关系，是以国家政权为中心的一种社会现象。警察则是人类政治生活的有机组成部分，是一种重要的政治关系和政治现象。警察和政治的关系在理论上和现实中都是无法截然分离的。同时，警察（务）也是一种满足社会共同需要的公共产品，是一种提供给人们安全和秩序的公共管理和公共服务，能体现出鲜明的公共性。警察与政治的关系还表现在警察与各种政治主体或构成之间的紧密关系上，如警察与国家的关系、警察与政党的关系、警察与公民自由的关系、警察权力与公民权利的关系、警察制度与政治制度的关系等。警察与政治的密切关系直接反映了警察学与政治学的密切关联。对警察进行政治分析，通过将警察纳入政治学的分析框架，通过用政治学已经比较成熟的理论和方法对警察进行符合学理的研究和解释，这是当前学者们正在探讨的交叉学科——警察政治学的研究范畴。①

（五）警察学与军事学的关系

军事学是研究战争的本质和规律，并用于指导战争的准备与实施的综合性科学。警察部门与军事机关均是带有武装性质的国家机关，军事学和警察学均是一门研究如何维护国家安全的学科，这是两者的共性。但警察部门与军事机关的实施对象不同，警察之于国内，军队之于国外。警察学与军事学的另外一个共性在于它们存在共同的学科在本学科中的应用，如情报学、地理学等，从而形成军事情报学、警察情报学、军事地理学、警察地理学等。此外，非战争军事行动如反恐国际维和等，也是军事学和警察学研究的共同课题。

（六）警察学与有关自然技术的科学的关系

自然科学是研究自然界的物质形态、结构、性质和运动规律的科学，包括数学、物理学、化学、天文学、气象学、地质学、生物学等基础学科，以及材料科学、能源科学、农业科学、医学科学等应用学科。由于警察学在涉及犯罪问题和社会安全管理方面，都需要研究对象事物的发生因素和过程因素，因此这些因素的存在和变化也都需要自然科学与技术的理论和专门知识，自然科学技术便为警察学的发展提供了强大的武器。

总之，警察学学科所研究的内容是其他学科不能替代的，具有独立学科的特殊性。但同时警察学学科也要注意吸收其他学科的理论成果，逐步形成自己独特的“学术槽”。②

---

①　张永桃：《警察与政治的关系及警察政治学的学科内涵》，载《江苏警官学院学报》2007 年第 2 期，第 146~148 页。

②《公安学科体系研究》课题组：《公安学科体系研究报告》（公安部项目）2006 年第 41~45 页。

第二章　警察的起源与发展阶段

第一节　警察的起源

一、西方资产阶级的警察起源理论——警察与人类同步产生的自然起源观

警察的自然起源观主要源自自由主义的国家理论，也就是社会契约论。它认为，“在国家诞生前，人们处于‘自然状态’。在‘自然状态’下，每个人都有惩罚犯罪、保卫自己的‘自然权利’，但由此也导致每个人的生活没有保障。这时，所有人便放弃自己的‘自然权利’，把它让渡给一个公共机构，这就是权利的相互交换和转让”。[①] 受这种思想的影响，许多西方学者和旧中国警察学学者认为，警察是人类社会自然发展的结果，即社会政治、经济、文化进步的结果。自然起源观的代表人物，美国警察学专家黑伦认为：“人类日益文明，居住在同一社会的人们因彼此间互助而组成各个团体，互相约定负有驱逐和逮捕罪犯的义务，并采用互相呼应的制度。但时间一久，人们感到这种制度也有弊端，就是平时用于看护财产的时间过多，影响大家的工作生活，便建立起新的制度，雇佣专职人员在夜间担负守望之责。以后，这种雇佣专职卫士的组织日渐完备，并穿着特制的服装，以便于人们一旦有事，容易寻找和报警。在实践中，又发现这种专职卫士有时还必须穿着便衣进行秘密侦查。这样一来警察和组织便日益发展、趋向完备，并分为公开的和秘密的两种警察。”[②] 台湾警察大学教授胡存忠在《中国警察史》讲义中称：“唐虞时代之中国，已脱部落而成国家，内政全简，决不能无实质警察之存在……唐虞，为中国警察之萌芽时代和分权时代，也为中国司法警察成立时代。”[③]

但是，“社会契约论是一种虚构，它是以关于个人权利的形而上学假定为

---

① 万川：《中国警政史》，中华书局2006年版，第33页。

② 姚华：《公安学若干基本理论问题研究》，中国人民公安大学出版社2006年版，第35页。

③ 同上

前提的。到了20世纪，大多数学者已经摒弃了社会契约论”,[①] 以之为基础的警察自然起源论也就不攻自破了。

二、马克思主义的警察起源理论——警察与国家同步产生的国家机器起源观

（一）警察与国家词源接近

马克思主义认为，警察是一个历史范畴，是人类社会达到一定历史阶段的产物。警察和警察机关不是从来就有的，也不是永世长存的。它随着国家的产生而产生，也必将随着国家的灭亡而灭亡。

（二）警察与国家本质相同

在原始社会里，“由于生产力低下，生产资料归全体成员所有，没有私有财产，平均分配产品，没有多余的产品可以被私人占有或被盗窃，没有阶级剥削和压迫，也就不可能有国家和警察”。[②] 警察与国家实质上都是统治阶级利益的代表。

（三）警察与国家功能相同

在原始社会后期，“由于私有财产出现，由习惯的力量和族长的威信调节人们行为的规范和维持社会秩序逐渐失去了作用，原始社会开始解体，社会分类为对立的阶级。当阶级矛盾发展到不可调和的时候，就产生了奴隶制国家。国家这个作为组织管理、镇压被统治阶级的暴力机构产生后，作为国家机器重要组成部分及镇压工具的军队、警察、法庭、监狱等暴力机关也就随之出现了”。[③]

当然，这里所说的还只是萌芽时期的警察，是属于行政、军事、司法等力量之中的执行警察职能的力量。

三、警察产生的历史条件

（一）经济条件：生产力的发展和私有制的产生

原始社会生产力的发展为私有制的出现创造了物质前提，促进了商品交换的出现，交换的发展又促进了私有制的形成。私有制的产生使财产纠纷问题大量出现，利益差别的扩大与对立需要一种强制性的权威力量来保护私有财产，这时，警察产生的经济环境就应运而生了。

（二）阶级条件：阶级矛盾和统治阶级内部矛盾的不可调和性

“在奴隶社会，奴隶主阶级和奴隶阶级在物质利益上是根本对立的。奴隶

---

① 万川：《中国警政史》，中华书局2006年版，第33页。

② 张兆端：《警察学原理》，中国人民公安大学出版社2007年版，第28页。

③ 张兆端：《警察学原理》，中国人民公安大学出版社2007年版，第29页。

主阶级如果没有一支镇压奴隶起义、追捕逃奴、强制奴隶劳动、惩罚奴隶反抗的武装力量，就将丧失一切特权，警察就成为奴隶主维护政治统治和经济特权的一支特殊武装力量。同时，在统治阶级内部也存在着种种不可调和的斗争，对最高统治者来讲，最直接、最具威胁的力量也来自于身边那些拥有权势、拥有武装的贵族”，① 这时，使奴隶们臣服并为自己劳作与防范、控制、打击反对派这两种需要交织在一起，构成了警察产生的阶级条件。

（三）社会条件：维护统治秩序与惩罚犯罪的客观需要

原始社会末期，个人自觉与习惯性规范的控制力日渐式微，个人意志与社会共同利益的矛盾日益凸显，危害统治秩序和统治阶级利益的行为大量出现，这些行为被统治者认定是犯罪行为，这时，作为专门打击犯罪、维护社会秩序力量的警察就有了产生的必要。

（四）政治条件：国家机器的形成

“军队、警察、法庭、监狱、管理机构是国家机器的重要组成部分，它们相互依存、互为前提，依赖相同的社会历史条件萌生，同步形成，这些权力性机构齐备才有国家。国家与警察是整体与部分的关系，不可分割。”② 警察随着国家的产生而产生，也必将随着国家的消亡而消亡。

第二节　警察与社会诸现象的关系

一、警察与社会的关系

丹尼尔·肯尼迪指出：“我们最好将今天的警察理解为一种人道服务机构。依据这种观点，执行法律仅是警察提供的一种服务。承认警察是一种具有一般服务职能的机构，就明确了警察具有多种职能的原因。”③ 显然，他在社会服务的维度上来理解警察的职能。构成现代警务活动的社会背景条件已经发生了显著的改变，我们需要据此来重构警察的职能，建立一个以社会服务为核心，集打击犯罪、保护人民于一体的警察职能体系。

警察服务群众，警务工作需要得到群众的支持，发动社会力量是提高破案效率的必由之路。这一现状也即警事社会化。

所谓国家警事社会化是指在警察机关专业化的警务活动的同时，动员社

---

① 姚华：《公安学若干基本理论问题研究》，中国人民公安大学出版社 2006 年版，第 36 页。

② 姚华：《公安学若干基本理论问题研究》，中国人民公安大学出版社 2006 年版，第 38 页。

③ ［美］罗伯特·兰沃西、劳伦斯·特拉维斯：《什么是警察——美国的经验》，尤小文译，群众出版社 2004 年版。

会组织和公众共同参与防控违法犯罪行为、维护社会治安秩序的过程。警事社会化，则是警察机关与社会力量合力再现社会安宁、增进社会治安秩序的过程；也是警察与公众对社区安宁的合作管理，是警察与社区及公众的一种新颖关系，是两者的和谐状态；同时，它又是警察这一公权力的权能在向社会释放方式上的改变，是警察机关通过警察与公众的良好合作来实现警察权向社会的归依，力求“全民皆警”的过程。

总而言之，在警事社会化中警察与公众的关系不再是前者对后者单向度的高高在上的管理，与国家在治理中的作用一样，警察机关既是多中心的警事社会化中平等参与的一方，也在警事社会化中充当社会治安秩序维护活动的最主要的组织者和协调者。也就是说，警察机关可以为参与警事社会化的社会自治组织及公众提供制度性的规范，使他们的参与也能对社会自治组织和公众在社区警务管理中的失效和缺陷进行弥补，对自治组织及公众的矛盾和冲突进行调节。

国家警事社会化的诸般模式是基于公众参与的警务模式变革，它在警察的主体参与之外，强调社会组织和公众对公共安全维护的责任和功用。依这样的标准考察，国家警事社会化的具体模式包括社区警务战略的推进、治安自治组织和保安公司的发展、社会治安综合治理的强化、辅警制度的推广以及私人侦探业、警事志愿者的普适等。①

警察与社会的关系是警察作为社会群体的有机组成部分，担当着维护社会稳定的职责，本质上是一种服务者的角色，既然是服务，就决定了其社会化的属性。

二、警察与国家的关系

警察职能同样具有根据自己的本质而产生的方式和方法。警察的出现与国家的出现紧密相关，警察是国家权威、统治和控制符号的一种表达，即警察有鲜明的阶级属性。警察与国家职能紧密相关，剔除警察的国家职能，警察就没有存在的意义。

警察职能是警察科学的基本内容，但在这个问题上存在着种种歧见。从警察哲学的高度研究警察职能，有助于在理念形态上辨析警察职能的本质内涵及其边界。警察职能有国家职能和公共服务职能的分别，而且二者应该具有统一性，其统一的逻辑基础是社会性。在社会主义制度条件下，这一社会性基础具有最广大的人民性，正是社会主义制度下警察职能的社会性，划定了警察职能的国家性和公共性统一的基本原则，确定了警察的打击犯罪、紧

---

① 王智军：《警事治理——国家警事社会化的新理解》，载《中国人民公安大学学报》2005年第1期，第62~68页。

急救险的双重意义。由此出发，社区警务首先代表着一种走向社会性和人民性的理念，其次才体现为一种警务模式。作为一种理念，它不仅反映了警察职能上的“返璞归真”，而且，它与当代政治回归其促进社会生活的意蕴一致，在此意义上，警察职能的统一观折射的是人类文明走向新的历史高度的境界。[①]

三、警察与政治的关系

国家赋予警察执法权和行政权力，属于国家政治体系中的一部分。

西方国家对政治建警的把握主要涉及两个基本观念：社会秩序观念和社会控制观念。[②] 它基于两点：其一，警察中立论，即警察没有党派性，它只从属于代表公共利益的社会秩序；其二，警察功能论，即警察为确保公共安全、维护社会秩序而实现有力的社会控制。从社会秩序出发而不是从政治秩序出发，避谈政治建警问题，强调社会控制，这似乎显示西方政治建警问题具有更多的社会性内涵，其实不然。由于社会秩序与政治秩序具有不可分割的联系，从而政治建警问题在西方亦存在。在西方，用社会秩序代替政治秩序，以及依托通过法律授权而合法地使用武力这一基础来实现社会控制，具有非常重大的意义。对于前者，我们常常批判其掩盖了阶级统治的实质；对于后者，我们常常批判其法律的虚伪性。但是这种简单的批判由于并没有切入问题的本质，从而失去了批判应有的意义。因为，它所包含的很多丰富的有价值的思想未引起我们足够的重视。

从国家的概念出发，可以发现警察与政治的深层关系。首先，以国家概念为出发点，可以发现警察是国家的历史伴生物，这种伴生表现为三个层次：一是警察的发端共生于国家的起源，警察的出现伴随着氏族公共权力嬗变为国家权力即国家诞生的过程，而且警察在出现后又成为国家权力的特征和标志，是国家权力权能释放的保证。二是警察的性质、功能及制度变迁也与国家的发展相生相随：警察的性质由“暴力工具”渐变为“依法维持秩序的强制性力量”正对应了国家政权由专制到民主的过程；警察功能从国家所包含的王权、军权和裁判中独立出来正对应了国家事务由简而繁的演化；警察制度从古代警察制度向现代警察制度的演变也正对应了国家机构由小而大的变迁。三是同属于公共权力的警察和国家，在理论上会逐渐回归社会从而走向消亡。其次，以国家概念为出发点，可以发现警察与公民自由的悖论正是国家这一公权力与公民私权利间的冲突；警察与自由的均衡实现也正是国家公

① 程金生、王彬：《警察国家职能与公共服务职能的内在统一性》，载《政法学刊》2003 年第 1 期，第 50~55 页。

② 何增科：《中国社会管理体制改革路线图》，国家行政学院出版社 2009 年版，第 344 页。

权力和公民私权利协调的结果。①

警察的政治性即警察的政治属性，是指警察在政治生活中所表现出的内生的政治性质、外在的政治特征和当下的政治状态等。警察的政治性质内生于警察与国家的同起同源，与国家发展的相生相随；警察的政治特征外在于警察作为公共权力对每个公民的自由和权利进行限制与保护的过程中；为实现警察权与公民权的和谐，为实现警察在现时代的政治合法性，才有警察政治性的当下表现：国家警事的社会化，即警事治理。②

警察现象应该这样认识："警察既是维护公共安全的重要力量，又是实施阶级专政的工具"；既具有暴力特征，又不能简单地归结为暴力。应当把警察的性质从"专政工具"转述为"依法维护公共秩序的强制性力量。"③

四、警察与文化的关系

社会治安实践总是推动着警察文化的扩展，丰富着警察文化的内涵。警察文化的理论与实践之间具有相互生成的意义。

在现代社会转型的条件下，警务实践活动遭遇新的挑战，社会生活秩序状态遭遇新的危机，传统的警务模式已经不能满足现实的需要。警察文化的功能指向应该满足以社会治安治理达成的现实和理想状态为核心的人类社会生活的基本需要。警察文化的功能是多重维度的，主要表现在认知功能、传播功能、化育功能、凝聚功能、调控功能和整合功能几个方面（具体见"警察文化"一章）。

五、警察与犯罪的关系

制度不合理、流动人口失序、贫富差距扩大、生活基本保障无法落实、社会矛盾错综复杂等诸多社会问题滋生了犯罪。警察是维护社会秩序，预防和控制犯罪的国家力量。

在任何时代，在任何地方，犯罪总是存在的。警察存在的意义在于犯罪的存在，从本质上看，犯罪危及的对象不仅是国家利益，也危及公众的利益。一言以蔽之，犯罪危害的国家利益和公众利益说到底是社会利益。犯罪本质上是对一种常态生活秩序的破坏，在社会学上可被定义为一种失范现象。

警察的本职工作与犯罪的关系——遏制犯罪。警察的本职工作是使潜在

---

① 周西蓉、颜卫青：《政治建警论纲》，载《政法学刊》2011 年第 5 期，第 99~104 页。

② 王智军：《警察的政治性研究论纲》，载《江苏警官学院学报》2005 年第 5 期，第 134~140 页。

③ 汪锡奎、桑玉成、李冉、卜安淳、王智军：《关于警察政治学的学术讨论》，载《江苏警官学院学报》2005 年第 1 期，第 136~142 页。

的犯罪人不犯罪，使正在犯罪的人中止犯罪，使正在实施的犯罪的危害降到最低的水平，使已经犯罪的人重新回归社会，使潜在的被侵害对象不被侵害，这种工作具有非常鲜明的服务色彩。特别是使潜在的犯罪人不犯罪，使有可能导致犯罪的情势不会进一步向前发展，使潜在的被犯罪侵害的对象不被侵害，使被犯罪侵害的对象的社会情境得到改善，最能体现警察的职能。

警察的本职工作与社会的关系——对社会公众服务。犯罪的可避免性和不可避免性是讨论警察职能和社会公共服务职能统一性的一个基本出发点。这个出发点的本质正是指出警察的工作对象是社会性对象，社会性是焦点所在。恰恰是在此意义上，我们把它当作警察的国家职能和公共服务职能的统一性的一个重要根源。犯罪会对国家统治秩序和利益以及社会公共秩序和社会公共利益产生极大的破坏，警察运用国家赋予的强制力、运用法律武器对犯罪进行打击，保护国家利益和社会公众利益，是天经地义的。

警察通过自己的工作，如治安复杂地区的设施改造、标牌提示、安全防范知识的宣传教育，能够增强被侵害对象的安全防范知识，改善社会治安环境，这就可能提高社会整体的安全水平，而当警察如此来做，并达到这一结果时，警察的工作就具有了社会服务的意义。

第三节　警察的发展阶段

一、警察发展阶段的划分

由于警察赖以存在的社会条件是不断发展的，并显现出一定的阶段性，故警察的发展史也随之显现出一定的阶段性。对于警察发展阶段的划分，各学者观点不尽相同，主要有“两阶段说”、“三阶段说”、“四阶段说”。

倾向于“两阶段说”的，如于燕京在其主编的《公安学基础理论》（群众出版社，2007 年）中将警察的发展阶段分为古代警察时期和近（现）代警察时期；陈和权、徐红川在其主编的《公安学基础理论》（中国人民公安大学出版社，2006 年）中将警察的发展阶段分为古代警察时期和近代警察时期。

支持“三阶段说”观点的有：《公安学基础教程》编写组在其编著的《公安学基础教程》（中国人民公安大学出版社，2012 年）中提出，警察的发展阶段一般可分为警察的萌芽时期、古代时期和近代时期；公安部教育局在其编著的《公安学基础理论教程》（群众出版社，2007 年）中认为，警察的发展阶段可以分为古代警察、近代警察和现代警察。

认为警察发展为“四阶段说”的主要是：程琳在其主编的《公安学通论》（中国人民公安大学出版社，2014 年）中将警察的发展阶段分为警察的萌芽阶段、古代警察阶段、近代警察阶段、现代警察阶段。笔者认为，警察的发展分为四个阶段比较科学合理，以下论述将主要围绕警察发展的“四阶段说”展开。

二、警察发展的四个阶段

（一）警察的萌芽阶段

这一阶段主要指原始社会氏族公社瓦解到奴隶制国家基本形成，而我国警察制度的萌芽，始于原始社会解体和第一个奴隶制国家——夏王朝确立的时期，私有制的发展和奴隶制国家的建立促成了警察的产生。

萌芽期警察，是指在氏族公社、奴隶制国家中执行内部管理职能的武装力量。“在原始氏族公社向奴隶制国家过渡的过程中，氏族武装力量被用于干预本氏族内部关系的功能逐渐增强，即意味着警察制度的萌生和逐渐强化。”①

“萌芽期警察具有以下特点：

1. 从‘半兵半民’向专业武装力量过渡；

2. 领导权逐步集中至首领、贵族之手；

3. 对氏族、奴隶制国家内部的管理职能逐步强化；

4. 伴生有‘监禁’、‘审判’行为的萌芽。”②

例如，“夏朝就制订了我国最早的以‘禁民为非’和‘折民’为目的的‘禹刑’。建立了夏台、臣台等监狱”。③

（二）古代警察阶段

古代警察，是指在奴隶社会和封建社会中执行警察职能的机构和官吏。“我国夏、商、周三朝都设置了许多专门行使或者兼使警察职能的机构，综合行使着镇压反抗，保卫京师，维护公共秩序，保护公共安全，管理山川道路、民政户籍及狱政的警察性职能。”④ 另外，维护与祭祀有关的公共秩序也是这一时期警察职能的重要内容。

进入奴隶社会后，监狱及其司法官员就随着奴隶制国家的产生而产生了。随着社会的向前发展，警察职能在国家中的地位和作用不断得到强化和提升，具有警察职能的机构也有了一定的分工。在我国，从秦始皇统一中国至清末2000多年的封建社会时期，国家机关的分工越来越细，行使警察职能的机构日趋完善，人员分工愈渐细腻。

古代警察具有以下特点：

---

① 姚华：《公安学若干基本理论问题研究》，中国人民公安大学出版社2006年版，第39页。

② 公安部政治部：《公安基础知识》，中国人民公安大学出版社2008年版，第3页。

③ 万川：《中国警政史》，中华书局2006年版，第44页。

④ 姚华：《公安学若干基本理论问题研究》，中国人民公安大学出版社2006年版，第47页。

1. 警察职能分散。

警察行为尚未能集中于一个统一的专门机关，而是由军队、审判机关和行政机关共同行使。虽然警察行为对于国家与社会来说是绝对必需的，但那时还没有形成集中统一的、结构稳定的专门警察机关，也没有出现近代意义上的“警察”称谓。

2. 职权行使失范。

警察行为在法律上是不严格的，皇帝的意志、“神灵”的意志、长官意志具有主导作用。

3. 私刑、私狱泛滥。

奴隶主、地主、宗教首领、宗族头人有权使用私刑执行惩罚。大量违背统治阶级意志和统治秩序的问题依靠私刑解决，有权使用私刑者成为古代警察制度的阶级基础和补充力量。

这一时期的警察现象表现出一些值得我们重视的历史特点和意义。“虽然警察是私有制和阶级统治的产物，但不能就此简单地认为警察无论从形式上还是从实质上都是国家统治阶级新创造的事物，它是演化的结果。‘警察’一词最古老的含义是相对于社会秩序而言的，警察的出现是人类社会文明进步的象征。”① 古代时期的警察带有浓厚的时代特点，与近现代警察制度相比有很大的差别。

（三）近代警察阶段

1. 欧洲近代警察。

近代警政发端于欧洲。早期的警政发展有：1789 年，法国在县级地区设置保安官维持当地治安秩序；1790 年，法国根据《人权宣言》建立市政警察；1800 年，在拿破仑统治时期又创建了巴黎警察厅；1829 年，英国的罗伯特·比尔建立伦敦大都市警察厅。

对欧洲各国而言，“近代警察制度是西方资本主义工业化国家在资本主义政治体制与资本主义市场经济条件下，面对犯罪问题和社会治安问题空前严重，原有的依靠国家的军队、司法和一般行政力量兼管治安的方式难以奏效，依靠民间的传统更夫、巡夜人员更无济于事的情况下，逐步建立起来的一种新式警察制度。它的产生和发展是直接为维护和巩固资本主义社会制度服务的，是资本主义政治体制的一个重要组成部分”。②

2. 中国近代警察的建立和发展。

在中国，“鸦片战争失败、帝国主义入侵中国以后，清政府在自身的治安

---

① 姚华：《公安学若干基本理论问题研究》，中国人民公安大学出版社 2006 年版，第 47 页。

② 李宁：《略论促成清政府建立近代警察制度的主要原因》，载《河北法学》2004 年第 1 期，第 22 页。

机构基础上，仿照外国人在中国设置的警察机构的模式，逐步建立了半封建半殖民地性质的近代警察机构”。[①]

戊戌变法时期，维新派人物黄遵宪在“官民合办警察”思想的指导下，“参照日本警视厅和上海等地租界的巡捕制度，于维新高潮期间的光绪 24 年（1898 年）7 月在省城长沙创设了湖南保卫局”。[②] 这是中国第一个近代意义上的警政机构。

1905 年 9 月，光绪皇帝下诏成立巡警部，下设警政、警法、警保、警学、警务五司及警察习艺所。这是近代中国第一个全国性统一的中央警察机关。

清朝民政部设立后，“巡警部缩编为警政司，警政司下分行政警务、司法警务、高等警务和警学四科，行政警察和司法警察从此有了明确的职责划分，其他如警察教育、新闻出版、集会结社等，均有了专门的管理部门。清末还出现了水上警察、消防警察、铁路警察、侦探警察等专业警种，警政机构内部分工更加科学，职能也更加专门化”。[③]

1912 年 1 月 1 日，中华民国成立，将民政部改为内务部，继续统辖警政司。将巡警改为警察，由内务部统一管理。由于军阀混战，各地警政并未统一，但“‘统一教育、集中警政、注重实用，以期整饬地方警政’，是历届北洋政府推行警察教育的基本方针”，[④] 其提出的大力兴办警察教育、培养警学专门人才的观点，至今仍有十分重要的意义。

1927 年“四·一二”反革命政变后，蒋介石主导的国民政府将内务部改为内政部，警政司职属不变，各地警察机关受内政部警政司和省民政厅警政处的监督指导，由当地政府管辖。后又参照和仿效德国法西斯的模式，将军队、警察、宪兵、特务职能结为一体，形成了高度紧密、白色恐怖式的国家机器。

相对于古代警察而言，近代警察的特点较为明显：警察职能独立化、警务工作系统化、警务活动法制化、警察着装规范化。[⑤]

（四）现代警察阶段

20 世纪初以来的警察制度建设和警务工作发展历程，可以视为现代警察阶段。这一时期警察制度的发展有多方面的成就，“主要表现在五个方面：

1. 社会主义国家新型警察的诞生，即俄国十月革命胜利后，创建的新型人民警察。

2. 1914 年，摩纳哥公国王子普林茨·阿耳贝特一世倡议，召开了第一次

---

① 张兆端：《警察学原理》，中国人民公安大学出版社 2007 年版，第 34 页。

② 黄晋祥：《论清末警政演变的历史轨迹》，载《社会科学家》1997 年第 2 期。

③ 万川：《中国警政史》，中华书局 2006 年版，第 370 页。

④ 程琳：《公安学通论》，中国人民公安大学出版社 2014 年版，第 97 页。

⑤ 程琳：《公安学通论》，中国人民公安大学出版社 2014 年版，第 97 页。

国际刑事警察会议，设立国际刑事警察组织。1923 年，在此基础上成立了‘国际刑事警察委员会’。

3. 加强警察专业化建设。以 20 世纪初美国发起的警察专业化运动为先驱，通过开展专业化运动，一些警察局达到了很高的专业化水平。

4. 自 20 世纪 30 年代至 70 年代末，欧美国家率先发起的警察现代化建设，在很大程度上提高了警察部门侦查和打击犯罪的快速反应能力。

5. 广泛推行社区警务战略。20 世纪六七十年代起，英、法、加、澳等发达国家的政府和警察局率先实验并逐步波及世界各大洲，从而推动了从专业化、现代化警察向社区服务的警察的转变。”①

三、外国警察的发展阶段

（一）外国警察的萌芽期

1. 产生背景。

私有制的发展和奴隶制国家的建立。氏族社会后期，随着生产力的发展，出现了三次社会大分工，出现了私有制和商品交换，氏族公社逐渐瓦解，社会日益分裂为对立的阶级。

2. 基本情况。

民众的法律意识觉醒，开始出现自觉的警察行为。

3. 主要特点。

（1）自觉性与自发性。

（2）没有出现独立的警察机构和法定的警察行为。

（二）外国警察的古代时期

1. 基本情况。

（1）英国古代警政。

欧洲的警察制度最早是在英国萌芽的。8 世纪时，英国就建立起了一种教区治安制度“太兴制”，即十户人家组成一组，由“十户长”管理，集体维护当地的法律和秩序，并向“百户长”汇报工作，而“百户长”则向郡的地方长官负责。1066 年，诺曼人入侵后，在“太兴制”的基础上建立了“十户联保制”，要求十户区内的所有户主负责防止本区内犯罪的发生，并抓获罪犯送交法官审判，否则所有户主都要连带抵罪。后来，“十户联保制”被“教区治安官制”代替。郡“治安官”是最有权势的郡皇家官员，并监督法庭。因此，英国有地方负责治安的自治传统。

中世纪时期，随着城市的出现和城市人口的不断增加，犯罪问题日益严

---

① 姚华：《公安学若干基本理论问题研究》，中国人民公安大学出版社 2006 年版，第 51 页。

重。1285年，英王爱德华一世颁布了《温彻斯特法令》，建立了三种制度：一是巡夜看守制，即在城镇设立的看守从日落到日出要在每个城门口站岗，拘捕陌生人，以弥补传统的治安员日间巡逻制度；二是恢复了“大喊大叫”制度，这是传统的盎格鲁-撒克逊人的做法，即居民在发现和追捕罪犯时都必须大声呼喊，听到的人必须停止手中的工作，加入追捕，否则会被视为支持逃犯而被逮捕，这主要是为了对付巡夜看守在逮捕陌生人时遭到拒捕的情况；三是武器保有法令，即要求每个15到60岁的男性公民必须在家中保有武器，并由专人半年检查一次，看武器是否到位，这主要是为了保证上述措施的实现。并且创设了警务官，由百户区的居民推举出两名守法居民作为警务官，带领居民和巡夜看守维护本地区的法律和治安。

随着封建王权的发展，国王希望能加强对地方的控制，以维护王室的利益。1361年，爱德华三世颁布了《治安法令》，规定英格兰每个郡任命一位爵士和三四名郡内知名人士为治安法官，并让一些熟知法律的人协助他们。治安法官指挥并监督巡夜看守和警务官的工作。这种制度一直延续到1829年职业警察组织的诞生，在少数地方一直到维多利亚中期才销声匿迹。

警务官创立的初衷是为了协助巡夜看守，防止违法事件的发生，他们都没有报酬。当教区警务官受到治安法官的监督以后，只有富裕和受人尊敬的男子才能担任这一职位，这是一种荣誉。但后来，不太高贵、不太受人尊敬和不太富裕的人也被推荐担任这一职位，警务官也开始为他们的服务收费。这样就导致了一种腐败的体制，因为可能会出现这样的情况：有人被指控犯罪，但结果却是给警务官带来收益。18世纪时，被推荐为警务官的人可以雇佣他人来代替他的职位，这种制度的有效性就完全依赖于被挑选来代替被推荐人的人员的能力和意愿。而大多数自愿服务这个岗位的人报酬都很低，没有什么技能，资格令人怀疑。

（2）法国古代警政。

古罗马警察在法国得以继承，成为日后大陆派警察的主要发祥地。

首先，国家宪兵有悠久的历史，它源于法国大革命前国家君主的骑警队。法国国王雨果·卡佩在其执政时（987—996）任命了法国历史上第一个宪兵司令并同时建立了第一支警察部队。在当时，宪兵司令兼任法庭庭长、武装部队司令和警察局局长。这种三权合一的方式借鉴了古罗马帝国时期的做法。在以后的几个世纪里，法国都沿用这种做法。

在巴黎，宪兵司令手下有一个炮兵连、一个骑兵巡逻队、一个步兵巡逻队和“值夜人”供他调动。除这些机动部队之外，宪兵司令手下更多的是负责城市各区治安的警察和夜间巡逻的哨兵。在法国历史上，国王对除首都以外地区的统治是薄弱的。因此，各省的贵族用他们自己的军队来维持地方的治安。这种巴黎和各省的双重执法制度一直维持到了17世纪。

17 世纪，法国的王权得到了极大的加强。此时，国王路易十四的财政部部长科尔贝尔建立了第一个全国性的警察组织，并且由巴黎开始，推广至全国。当时负责城市治安的警察总长叫作司法长官，由法国国王亲自任命。司法长官既是法官又是警察总长，这种司法和执法权力合一的方式一直持续到了近代。

1791 年，拉菲特侯爵将当时佩带弓箭的警察和治安警察合并，组建了国家卫队，后改为国家宪兵队。

1799 年雾月政变，拿破仑执政，他用警察局局长代替了原来的司法长官并把他们派往全国新成立的 95 个治安区，他在中央建立了高度集权的警察体制。1829 年，巴黎警察厅厅长德伯雷姆创建了一支百余人的现代制服警察，是世界上最早的文职警察，但其影响力远不如伦敦大都市警察。

与英国和美国的警察不同，法国警察历来是中央政府的一部分。而且，它和军队的关系十分密切，是一个准军事组织。此外，法国警察还有权在必要的情况下介入公民的生活，这是阻止犯罪的一个重要方面。这可能是受了法国著名思想家卢梭的影响，即公众的利益大于个人的利益。另一个与英美警察的重要不同是，法国警察历来和司法部门关系密切。在历史上，司法长官和警察局局长都兼任法官，而法国公民也不像英美公民那样，将司法和执法严格区分。

其次，巴黎公社在成立后推翻了包括旧警察机关在内的法国资产阶级国家机器，成立了担任警察职能的公安委员会。马克思说："警察不再是中央政府的工具，而成为公社的勤务员。"公安委员会的职责有：打击反革命，维护治安，清除内奸，等等。

2. 主要特点。

（1）突显法律的作用；

（2）在警察制度上以"太兴制"为典型。

所有的社会成员都有责任维护社会秩序，没有专门的警察组织和专业的警务人员。警务活动主要是维护社会治安，一般不涉及行政管理。

（三）外国警察的近代时期

1. 产生背景。

（1）无产阶级与资产阶级的斗争日益尖锐。无产阶级反对资产阶级的斗争不断高涨，资产阶级需要加强对内的镇压力量。

（2）加强城市治安管理、维护社会秩序需要有专门的警察力量。资本主义生产社会化的高度发展，市场经济的建立，社会财富空前积累，摆脱了封建专制的公民权利需要法律的有力保障，对社会治安秩序的要求比封建社会高得多。

（3）对付迅速发展的犯罪现象需要依靠专门的警察。犯罪现象的急剧增长，使治安问题成为社会的焦点之一。

（4）警察行政纳入资产阶级“法治”轨道的需要。资产阶级的人权思想和法制观念、平等要求，排斥古代的私刑制度，要求对人身强制统一，由国家专门的警察力量依法施行。

2. 基本情况。

第一，英国近代警察。

英国建立近代警察制度的诱因是1825年爆发的第一次经济危机，为了镇压此起彼伏的工人运动，维护资产阶级统治秩序，英国议会在内务大臣罗伯特·比尔的提议下通过了《伦敦大都市警察法案》，在伦敦建立了大都市警察厅，下设17个分局，编制约3000人，并提出了建警的12条基本原则：

（1）警察应以军队为榜样，建成一支稳定的行之有效的队伍；

（2）警察必须在政府的控制之下；

（3）以减少犯罪来证明警察的效率与效益；

（4）发布犯罪统计是警察的基本工作；

（5）以时间和地域科学分配警力；

（6）制怒、宁静、有礼是警察质量的根本保障；

（7）以形象赢得尊重；

（8）招募、训练适当人选是执法之本；

（9）公众安全需要每个警察挂牌服务；

（10）警察首脑机关必须接近公众；

（11）警察需先见习，后上岗；

（12）以警察掌握的犯罪记录作为分配警力的依据。①

时至今日，这12条基本原则仍被作为警察建设、管理、培训的金科玉律，为世界各国所仿效和借鉴。

第二，法国近代警察。

法国资产阶级共和国的警察行政制度的进程是由1789年的制宪会议开始的，在县级地区设置了保安官，维持当地治安秩序，1790年，市政警察成立，1800年，在拿破仑统治时期又创建了巴黎警察厅，这是第一个专设的近代警察机构；1801年，法国在各市、县建立起专门警察机关，形成较完备的、统一的警察体系，对其他资本主义国家近代警察的建立和发展产生了深远的影响。

第三，美国近代警察。

最初，美国警察是以县级司法官和地方保安官的形式出现的。当时，殖

① 王大伟：《英美警察科学原理——世界警务向何处去》，中国人民公安大学出版社2007年版，第443页。

民地总督会任命一名官员为县司法官，并为他配置几名半职业化的警察，除了维持正常的执法活动，还负责征税、指导选举，甚至还要负责桥梁修理、道路维护等工作，这就是当时北美英国殖民地警察组织的基本形式。随后，在一些初具规模的城镇，出现了与现代警察极为相似的民兵巡逻队。巡逻队通常由居民发起成立，它主要在夜间活动，旨在打击犯罪、维护社会治安、预防火灾。例如，1634 年，波士顿就建立了民兵巡逻队，每一个男性市民都有参加巡逻队的义务。

19 世纪三四十年代，美国资本主义获得了长足的发展，也使美国的社会矛盾趋于激化。当时，美国的情形被描述为“暴动、骚乱和一般犯罪的浪潮席卷各个城市”。[①] 此外，除工业化带来的冲击之外，美国社会还有着一个独特的动乱因素，那就是大规模的移民浪潮。移民给美国社会带来了不同的种族和宗教，种族之间、教派之间的冲突和骚乱给社会秩序的稳定带来了巨大的压力。在当时美国的很多地区，特别是在南部，暴力犯罪司空见惯，社会处于“无法”状态，人民习惯于在街上行走都随身带枪。在北部，骚乱也是频频发生。[②] 原先的警察制度已经不能满足维持社会治安的需要，迫切要求有一种产生于社会又凌驾于社会之上的阶级统治的暴力机器，以及日益同社会脱离的公共权力机关。

1838 年，美国国会通过决议，决定依照英国模式，在大城市设立正规化的警察队伍。同年，波士顿建立起一个全新的机构，虽然仅有 9 名警察，但却开美国现代城市警察制度之先河。在此之后，1845 年纽约市警察局建立，1854 年费城警察局建立。

第四，日本近代警察。

1869 年 3 月，作为幕府特使访问巴黎的栗本锄云在他的见闻录《晓窗追录》中，最早向日本人民介绍了欧洲警察制度：“‘警察’是市中巡逻的小官。他们从陆军兵士中选拔。头戴远山形的帽子，穿着蝉翼样的外套，腰间佩带着铁鞘刀。人们一眼就看出他们是警察。”[③] 而日本正式建立自己的近代国家警察，是在 1870 年年底。是年 11 月，发生了“英人暗杀”事件。以此事件为契机，政府内部开始讨论向西欧学习设置近代警察的问题。当时，福泽谕吉翻译了警察法的相关部分，向政府提交了名为《取缔之法》的文书。同年 12 月 23 日，东京府参照福泽的《取缔之法》，向太政官递交了申请书，提出了学习西欧的新式警察制度、创建首都治安机构的设想。[④]

---

① 马亚雄：《世界警察导论》，中国人民公安大学出版社 2003 年版，第 20 页。

② 夏菲：《论美国警政的发展与特点》，载《贵州警官职业学院学报》2005 年第 2 期。

③ ［日］大日方纯夫：《官僚制·警察》，日本岩波书店 1999 年版，第 468 页。

④ ［日］大日方纯夫：《官僚制·警察》，日本岩波书店 1999 年版，第 469 页。

1871年7月14日，日本实行废藩置县。8月，以废藩置县后权力集中为前提，政府领导层开始讨论警察设置的具体步骤。10月23日，认定警察的名称为“逻卒”，从鹿儿岛县招募2000人，其他府县招募1000人，建立了以萨摩藩士为中心的“逻卒制度”。同年11月，日本确定全国分为三府七十三县，实行县治职制。各县在中央政府的指令下，可自订或变更“逻卒制度”。同时，在县设置听讼课，掌理警察事务和裁判事务。这样，日本的地方警察制度开始启动。

1872年7月，由当时的司法卿江藤新平主导，制定了《地方逻卒兼逮部职制捕亡章程》，正式将逻卒纳入司法省管理，由司法省的检事统一指挥。[①]同年8月，在司法省设置了警保寮。“捕亡章程”之制定，意味着司法警察观念的出现；而警保寮的设置，则实现了中央对地方警察权的掌握。近代日本警察制度开始出现。

1872年，日本政府派川路利良等考察欧洲警察制度。[②]川路利良认为，以法国为代表的欧洲大陆国家的警察制度更适合日本国情，其在归国后于1873年（明治六年）9月向政府提交《警察制度的建议》，条陈改革日本警察制度的意见，政府接受其建议，以法国警察为样本，开始建立近代警察制度。1874年1月14日，制定了《警保寮事务章程》，将司法警察与行政警察分离。1月15日，又设置了东京警视厅，由川路利良为警视总监、大警视。1月27日，将以前的“逻卒”改为“巡查”。1875年3月，制定了全国共通的警察组织法——《行政警察规则》。此规则的制定，使警察制度在日本全国迅速确立起来。从10月到12月，警察费用的国库支出额、警察官的等级、薪金、采用方法、警察分所的设置法等相关法律相继出台。

主管警察事务的警保寮由司法省转归内务省管辖，标志着警察已经逐渐脱离了“藩伐对付政敌”的性格，开始步入以“预防性质为主”的近代警察的行列，也表明警察事务之重点，由以前的抓捕事务转向防范业务。

在地方上，于1875年设置警察分所和屯所，1877年改称警察署和警察分署。1886年7月，明治政府制定了地方官官制，各府县的知事秉承内务大臣的指挥，掌理管辖区域内的一切警察事务。各府县设置警察本部，警部长作为其长官。警察署原则上在各个郡区设置一所，其下设置警察分署。

警察署管辖区内设高等警察、行政警察、司法警察，监督法律、卫生、治安的实行。高等警察即政治警察；司法警察负责犯罪搜查事宜；行政警察在与普通民众日常生活密切相关的风俗、交通、卫生等领域，行使警察署的权力。这样，配置在全国各个地域的基层警察组织警察署，就掌握了广泛而

---

① 日本警察制度研究会：《现代日本警察》，群众出版社1990年版，第16页。

② 李英：《日本警察制度》，商务印书馆1936年版，第1页。

强大的权限，与各个地域居民的日常生活紧密相连。警察署下辖最前线的警察组织是驻在所和派出所。根据 1898 年 10 月内务省训令《警察官吏配置及勤务概则》之规定，警察署的巡查分为内勤与外勤，在街村每 1500~3000 人配置 1 名外勤巡查。警察署将所管辖的街村划分为数个区，每一个区由 1 名管片巡查常驻担当区内，其住所称为“驻在所”，巡查 1 个月要对所受持区（责任区）进行 15 回以上的巡逻检查。同时，根据地方的状况，认为在必要时也可设置派出所。

从 1888 年到 1889 年，日本在全国范围内设置了巡查驻在所。将以前巡查集中在警察署勤务、到分担区巡逻的方式，转变为直接将巡查分散到各个担当区内。至此，日本近代警察实质上是采用直接隶属于内务大臣的知事指挥下的警察本部——警察署——驻在所这样的机构配置，从而确立了警察高度中央集权的国家性格。

3. 主要特点。

（1）警察行政职能独立。

军队、审判机关、地方行政长官不再直接行使警察职能；行使治安行政权力的警察与行使其他行政权力的国家机关有了明确分工。①

（2）形成了专门的警察组织。

从中央到地方都设有警察专门机构，组成了从上到下、多部门、多层次行使治安行政权力的强大的国家机器。②

（3）强调法治。

警察机关的设立、体制、任务、职权等，都以国家法律为依据。③

（4）有统一的制式服装。

警察都身着不同于其他行政机关、具有国家权力机关象征意义的统一制式服装，佩戴表示管辖范围和职权大小的警种、衔级符号。④

（四）外国警察的现代时期

1. 产生背景。

就西方现代警察制度的发展而言，美国走在了世界其他国家的前列。19 世纪晚期，美国的大城市相继建立起自己的近代警察机构，但是警察内部普遍存在着贪污腐败、执法不公、效率低下、缺乏有效管理等问题。“20 世纪初，美国警界奥古斯特·沃尔默（1876—1955）等人发起了影响深远的警察专业化运动。”⑤

---

① 程琳：《公安学通论》，中国人民公安大学出版社 2014 年版，第 86 页。

② 程琳：《公安学通论》，中国人民公安大学出版社 2014 年版，第 87 页。

③ 同上。

④ 同上。

⑤ 程琳：《公安学通论》，中国人民公安大学出版社 2014 年版，第 89 页。

2. 现状。

第一，美国现代警察。

美国的警察基本因循了 1829 年大伦敦警察厅的设计模式，但是，作为当今世界上经济最发达、社会治安最复杂的国家，美国与此相应地也拥有世界上最为复杂的警察体制，执法权力高度分散。从组织机构来看，美国现行警察的组织体制极为庞杂，按行政区划分排列，美国的警察机构可分为联邦警察、州警察、城市警察、县级警察，这构成了现代美国警察体制的基本格局。在这 4 种警察机构中，除联邦警察直接受联邦政府或联邦部级中央部门的统一领导外，其他 3 种警察机构均直接受地方政府的领导。

第二，英国现代警察。

（1）警察体制。

最高领导是内政部部长，拥有通过财政预算、对警察局局长任免的批准权、制定全国的警务工作目标、发布有关警务工作条例、要求报告工作等手段，代表中央政府对全国的警务工作进行政治控制。全国警察实行分散制，43 个郡均设立了警察局，下面有若干个分局，另有一些专门警察机构，如交通警察、原子能警察等 7 个警种。英国警察只孝忠于女王，不受政府领导（只听取意见建议），名义上是中立的。

（2）地方警察机构。

最高层由警察局局长、联席会议、财务机构组成，是一个相对制约的三角组织体系。警察局局长主要负责警察部队的战略策划、每年的预算、投诉办理、任免高级警官等，日常主要关注社会需要什么样的服务、如何保障警察效率；联席会议由当地议员、法官、社区代表组成，负责警察部队的组建、制定地方警务政策和年度警务计划并监督执行等；财务部门负责财务预算、管理。

第三，法国现代警察。

法国警察受中央政府的 3 个部管理、指挥和控制：国家警察受内政部部长管理、指挥；国家宪兵是法国的第一兵种，受国防部部长的管理、指挥；当国家警察和国家宪兵的工作涉及刑事司法时，则由司法部部长对刑事侦查和刑事证据实行控制。①

警察体制实行垂直领导。国家警察和国家宪兵自成系统，它们设在地方的机构分别属于各自的派出或者分支机构，警察与地方政府的关系是合作关系，不属于地方政府领导。“在国家警察和国家宪兵系统内部，甚至各对口业务部门，如国家警察的司法警察、本土治安、共和国保安队、国土监视等部

---

① 马亚雄：《世界警察导论》，中国人民公安大学出版社 2003 年版，第 34 页。

门，国家宪兵的驻省宪兵和机动宪兵等部门也都自成体系，实行垂直领导。”[①]

第四，日本现代警察。

根据1954年《日本警察法》的规定，日本警察组织分为国家警察机关和地方警察机关两部分。作为国家警察机关的是国家公安委员会和国家警察厅，作为地方警察机关的是都道府县公安委员会以及首都警视厅和都道府县警察本部。国家公安委员会“由1名委员长及5名委员组成合议制行政委员会，受内阁总理大臣（首相）的监督”。[②] 国家警察厅“则是独立性行政机构的性质”，[③] 两者具有相对独立性，在执行警察法所确定的职责时，分别处于管理机构和实施机构的位置。地方警察机关间的关系，与国家公安委员会和国家警察厅的关系相似。

3. 主要特点。

（1）警察研究的系统化、理论化。

对警察工作进行全方位的科学研究，运用科学的方法、原则来设计、规划警察的工作及职责，管理警察人员。

（2）警察录用培训的规范化。

建立严格的、正规的警察人员录用制度与教育培训制度，使警务人员的职业素质有了明显的提高。

（3）警务工作的科技化。

能够将科技成果运用到警务实际工作中，极大地提高了警务工作效率，使警察工作有了革命性的变化。

（4）重视国际警务合作。

各国在对付跨国犯罪、走私、恐怖及严重暴力犯罪等方面广泛合作，成立国际性组织，探讨共同话题，开展交流培训。[④]

第四节　我国警察的发展阶段及特点

一、中国警察的萌芽期和古代时期

（一）产生背景

我国警察制度的萌芽，始于原始社会解体和第一个奴隶制国家——夏王朝的建立，私有制的发展和奴隶制国家的建立促成了警察的产生。

---

① 马亚雄：《世界警察导论》，中国人民公安大学出版社2003年版，第36页。

② 公安部外事局：《日本国警察及部分执法机构概况》，群众出版社2002年版，第6页。

③ 同上。

④ 程琳：《公安学通论》，中国人民公安大学出版社2014年版，第89页。

进入奴隶社会后，监狱及其司法官员就随着奴隶制国家的产生而产生了。随着社会的向前发展，警察职能在国家中的地位和作用不断得到强化和提升，具有警察职能的机构也有了一定的分工。

（二）基本情况

1. 先秦时期的警政。

我国古代警察始于原始社会的解体和第一个奴隶制国家——夏王朝的建立。“在夏朝，国王总揽治安大权。国王之下，设有六卿。其中，司马、士、司徒兼管治安。在这个时期，警察职能尚未同军队职能严格区分开来，带有私人豢养特点的武人和谋士是萌芽状态下的警察。夏朝还设士卒昼夜巡逻，逮捕破坏社会安宁的作恶者，行使巡警的职能。”①

商代时期，“军警合一，既用于警卫，亦用于征战。商代的军事武官‘卫’负责商王的安全警卫工作”。

西周虽然是奴隶制国家，但其统治方式明显发生了重大变化。“商周阶段，我国古代警察的职能开始从警政不分、刑狱不分、法刑不分、兵刑不分的混淆状态朝着机构健全、分工明确、职责专业化的方向迈出了第一步，从而进入了古代警察的少年阶段。”②“春秋时期的警政，在很大程度上具有开创性。管仲的定民之居、什伍联防等措施，对我国古代社会结构的形成具有重大而深远的影响。从那时起，就形成了一种治安模式：以保卫王权、保卫私有制为目标，以城市管理为中心，以人口地著为原则，以血缘关系为纽带，融神权、政权、族权为一体，编织覆盖整个社会的行政网络，管理以户，管理到人。”

战国时期，“以中央集权为基础的郡县制，建立了覆盖全国的行政网络与治安网络，各级政府自觉承担治安管理职能，将国家管理一直延伸到社会底层，成为我国古代治安的一大特色”。③

2. 秦汉时期的警政。

秦朝建立了从中央到地方的各级警政机构，其警政职能涉及皇帝与皇室的安全警卫、户籍管理、交通管理等诸多方面。这种完备的警政机构与职能设置，对后代的影响很大。

3. 三国及魏晋时期的警政。

三国时期的警政机构处于其由秦汉向隋唐过渡的时期，既有对秦汉时期警政机构的继承，同时又进行了调整和发展。在继承方面，如保留了前代的一些警政机构的名称和部分职能，继续维持了前代的乡里制度。在发展方面，

---

① 万川：《中国警政史》，中华书局 2006 年版，第 43 页。

② 郑中午：《中国警史源流（一）》，载《公安大学学报》1998 年第 3 期。

③ 万川：《中国警政史》，中华书局 2006 年版，第 69 页。

主要表现在中央警卫制度发生了较大的变化上。秦汉以来，以光禄勋、卫尉为轴心的中央警卫制度的职能大大弱化，逐渐被领军将军、武卫将军、中垒将军和武校尉所取代。在户籍制度方面，最大的变化是出现了与战乱年代相适应的军户、民户相区别的户籍制度。①

十六国北朝时期是我国历史上少有的动荡不安的时期，社会治安也不稳定。十六国北朝创立了很多富有特色的警政措施，特别是在警政法律的制定和击鼓报警制度方面卓有成效。②

4. 隋唐时期的警政。

隋朝采用“大索貌阅、强令析籍”等措施防止户口隐漏，成效显著。“唐朝设立的完备的住所制度以及登记和管理制度，符合当时社会实际情况，能够满足当时维护治安的需要，对严禁脱籍浮浪和强化人口管理非常有效。”

5. 宋元时期的警政。

“宋是在五代动乱之后出现的统一王朝，治安机构方面较为突出的变化是在京师设左、右军巡司和在全国遍置巡检司。”③“宋代设置的巡检司‘巡逻州邑，捕捉盗贼’，属我国历史上最早警察性质的机构。起初带有监视地方之意，后则发展为专一维持社会治安的机关。它除巡逻、捕盗、缉私外，还负责救火、边防，已具备现代警察的某些分工。”④

6. 明清时期的警政。

特务政治横行天下，是明朝警政的突出特点。明朝除在各级行政部门设有统领或专职行使警察职能的公开常设机构外，还另设了一整套以内治外的公开办公、秘密侦缉的特务机构。

“清军入关后，沿袭明代五城兵马司的巡警等组织，顺治时改为‘提督九门巡捕三营步军统领’，简称‘步军统领’；乾隆时改为‘巡捕五营’，掌京师正阳、崇文、宣武、安定、德胜、西直、东直、朝阳、阜成九门内外的守卫巡警等职，并皆以亲信之满族大臣兼任，通常称‘九门提督’。”

“京城以外的地方政权机关，分省、道、府和县四级。府县之警务由知府、知县统理。”⑤

清朝的保甲制度经过不断地深化扩展，成为稳定社会基层秩序的重要支柱。

这一时期，警察的职能尚未能集中于一个统一的专门机关，而是由军队、

---

① 万川：《中国警政史》，中华书局2006年版，第116页。

② 万川：《中国警政史》，中华书局2006年版，第148页。

③ 刘海年：《中国警察制度发展史略》，载《公安大学学报》1985年第4期。

④ 萧忠文：《论宋代“巡检司”设置的作用及意义》，载《江西公安专科学校学报》2000年第1期。

⑤ 万川：《中国警政史》，中华书局2006年版，第257页。

审判机关和行政机关所共同行使。

二、中国警察的近代时期

（一）主要内容

1. 清末近代警察制度的创立。

戊戌变法时期，维新派人物黄遵宪在“官民合办警察”思想的指导下，“参照日本警视厅和上海等地租界的巡捕制度，于维新高潮期间的光绪 24 年（1898 年）7 月在省城长沙创设了湖南保卫局”。[①] 这是中国第一个近代意义上的警政机构。“《湖南保卫局章程》开篇明文第一条就表明：‘此局名为保卫局，实为官绅商合办之局。’章程中还规定了绅商参与管理保卫局的具体权力：从巡查的选拔、荐举、考核到保卫局资金的筹集、开支以及诸如户口管理、消防等等其他的一些管理事务，普通绅商都有职有权。”[②]

“清朝政府正式建立警察制度，是仿照外国侵略者在中国设立的警察机构，首先从京师开始的。光绪二十七年（1901），八国联军退出北京，‘安民公所’自然解体之后，清政府仿照其模式，设立了‘善后协巡营’，不久改称‘工巡总局’，作为维持京师治安，执行警察职能的机构。”[③] “到光绪三十二年（1906 年），京师内外城巡警总厅成立，负责京师内外城的巡逻、守望、户口管理、街道整顿、消防、卫生等事宜，京师的治安事权最终统一。光绪三十三年（1907 年）制定了《各省巡警道官制并分科办事细则》，规定各省设巡警道，各重要城市和商埠设警察局，各厅州县设巡警局，并规定了各级警政机构与地方政府的隶属关系。虽然这些机构的设立并未彻底改变地方各自为政的局面，但警政机构统一化的趋势是显而易见的。”[④] 与湖南保卫局相比，“清末新政时期的警政是在中央政府推动下，在全国范围内普遍举办的，并且取得的成效大得多，因此其影响更为广泛，对中国警政近代化发展的作用也更为突出，具体表现在促进了警政机构统一化、警察职能专门化和警察人员的专业化等几个方面”。[⑤]

清朝民政部设立后，“巡警部缩编为警政司，警政司下分行政警务、司法警务、高等警务和警学四科，行政警察和司法警察从此有了明确的职责划分，其他如警察教育、新闻出版、集会结社等，均有了专门的管理部门。清末还出现了水上警察、消防警察、铁路警察、侦探警察等专业警种，警政机构内

① 黄晋祥：《论清末警政演变的历史轨迹》，载《社会科学家》1997 年第 2 期。
② 袁小红：《黄遵宪警政思想述略》，载《公安大学学报》1999 年第 1 期。
③ 杨玉环：《论中国近代警察制度的开创》，载《辽宁大学学报》2003 年第 6 期。
④ 万川：《中国警政史》，中华书局 2006 年版，第 369 页。
⑤ 万川：《中国警政史》，中华书局 2006 年版，第 368 页。

部分工更加科学，职能也更加专门化”。[①]

此外，清政府还举办警察教育，强调从警察学堂毕业生中录用警官和巡警，中央和地方对各级警察学校教员的资格也有限制，使得警察人员向专业化方向发展。

2. 为时不长的资产阶级警政。

1912 年 1 月 1 日，中华民国成立，“临时政府一成立，便把警政建设作为进行资产阶级民主主义革命的一个重要内容列入议事日程”。[②]

首先建立了总控警务的内务部，作为中央警政管理机关。实行了巡警路工总局和卫戍总督府相互交叉负责南京治安秩序的措施，同时对各起义省区的警察机构进行了不同程度的改造。为了保障首都和居民群众的安全，巡警路工总局和卫戍总督府在南京设立了检查过往行人的稽查所；为防歹徒潜逃和坏人图谋不轨，还加强了对旅馆业的管理，以及对僧道寺院的整顿；特别是《严加约束士兵令》、《卫戍总督及各军警告示》和《军律十二条》的发布，整顿了军队纪律，约束了士兵的行动，对南京光复后的社会秩序、对临时政府的警务建设和警政管理起到了不容否定的作用。应当提及的是，临时政府认为：民国成立，百废待兴，欲将巩固其基础，必先修明内治。内治机关首重警政，欲求整顿，尤须以改良警学、养成警才为前提。临时政府大力推行警察教育，特别是对警政重要作用的认识、培养警学人才的观点，至今仍有其进步的重要意义。

南京临时政府在其存在不足一百天的时间里，根据孙中山的命令，先后发布了《关于禁止刑讯致内务、司法两部令》、《令内务、司法两部通饬所属禁止体罚文》、《内务部通饬禁烟文》、《巡警拔用佩刀规则》、《保护人民财产令》以及关于查禁赌博等危害治安的社会陋习的决定。虽然这些资产阶级民主主义性质的警务革命、制定的警察法令，在没来得及完全推行落实之时便中途夭折，但却顺应了时代大潮，在中国警察史上占有一席之地，其历史功绩及所代表的历史阶段不容忽视和否定。

3. 北洋军阀时期的警政。

袁世凯上台后立即对全国警政进行了“整顿”，“颁布了《违警罚法》、《治安警察法》、《预戒法》等多部治安管理法规，加强了对人民的控制。军阀为了维持既得利益，在警察队伍建设方面仍采取了一些举措。主要表现为：初步建立了比较完整的警察网络，加强中央警政机构，整顿地方警政机构，建成了一套比较完整的警察系统，特别是县一级警察力量得到了加强”。[③] 警

① 万川：《中国警政史》，中华书局 2006 年版，第 370 页。

② 郑中午：《中国警史源流试探（三）》，载《公安大学学报》1998 年第 5 期。

③ 万川：《中国警政史》，中华书局 2006 年版，第 401 页。

政机构除了负责维持治安之责，其对人民的“镇压”职能更为突出，其警政机构还运用特务手段迫害人民。

总体来看，这一时期的警政建设有以下主要特点：在中国警察史上首次初步建立起了以中央集权为指导方针的全国警察网络，警察的分工趋向细腻，各种专业警种、专业警察队伍诸如司法警察、卫生警察、消防警察和矿业警察相继组建，使传统的封建警察管理体制彻底解体。将巡警改为警察并由内务部统管全国警察组织，在京师、省城和内河水上设置警察厅，在省会和商埠设警察局，县市设警察所等做法，标志着我国近代警察体制已初步形成。“北洋政府在近代警察制度的确立和完善进程中，起到了一定的积极作用。”①另一方面，“由于当时国内军阀混战，派系倾轧，最高统治者和各派系军阀重军事而轻警政，穷兵黩武，倒行逆施，破坏宪政，无视法规等现象的存在，使这一时期的警政发展，受到了不少消极的影响”。②

4. 南京国民政府时期的警察制度。

南京国民政府参照和仿效德国法西斯的模式，将警察的镇压职能、控制作用、警察制度的建设推上了畸形发展的道路。其所组织起来的公开的和秘密的特务组织，精实严密，遍布全国；所实行的是军警结合，警察、宪兵、特务三位一体的白色恐怖。其警政有以下主要特点：

（1）警察组织更加完善，警察职能更为全面。首先，南京国民政府建立了从中央到地方、从城市到乡村的更加严密完善的警察网络。中央为内政部，省为警务处，市县为警察局，区为警察所，乡镇设派出所，保设警士，层层隶属，体系严密。其次，南京国民政府时期，警察种类已臻齐全，警察职能更加全面。

（2）军、警、宪、特四位一体，镇压职能更加突出。“中统”和“军统”的相当一部分特务具有警察身份，把持了很多警察要害部门。军队、警察与特务、宪兵的职能相互交叉。1948 年，南京国民政府下令在全国各省设置省保安司令部，这实际上是一个军、警、特合一的机构。各地方保安团属军队编制，但实际上行使军队和警察的双重职能。

（3）保甲组织地位加强，辅助维护地方秩序。南京国民政府时期，保甲制度受到当局的高度重视，并得以在全国恢复。保甲在许多方面直接执行警察的职能，辅助警察维持地方秩序，如清查户口、稽查出入境人员、检查奸宄、参与搜捕犯罪、负责编制门牌等。③

这一阶段，“是我国警察行政职能独立化、组织系统化、行为法制化、服

---

① 夏敏：《北洋政府时期的地方警政建设》，载《江苏警官学院学报》2003 年第 6 期。

② 郑中午：《中国警史源流试探（三）》，载《公安大学学报》1998 年第 5 期。

③ 万川：《中国警政史》，中华书局 2006 年版，第 437 页。

装统一化和行政管理手段、警务职能力量的发挥逐渐走向严密化的时代。同时也是我国警察制度、行政管理和服务工作与世界逐渐接轨的年代。这一时期的警察发展，不论在我国还是在世界警察发展史上，都有着一定的历史价值、学术价值和研究价值”。①

（二）主要特点

1. 警察职能独立化。

“过去寓于军队及多种行政机关、审判机关之中的警察行为，主要集中于专门的警察行政机关。开始从组织上对行政警察和司法警察进行区分，警察职能日益从其他国家职能中独立出来，警察立法活动频繁起来，警察组织也开始相对独立。”②

2. 警务工作系统化。

“从中央到地方形成多层次的专门工作系统，警察势力大大增强，普遍采用了先进的装备与技术，成为一支人数众多，综合军事、行政、刑事多重功能的警察组织。”③

3. 警务活动法制化。

警察工作日益强调法制，相关法律规范逐步完善。“资产阶级警察机关的设立，确定体制及其职权，都以宪法或其他法律为依据。强调法制成为近代警察的一大特点。”④

4. 警察着装规范化。

“为便于行使职权，警察都穿着与其他国家公务人员所不同的统一制式服装，警察公开的以国家名义执行任务。同时，统一制服有利于公民要求警察提供保护和协助。”⑤

三、人民公安机关的建立和发展

（一）新中国成立前

1. 国家政治保卫局——第一个人民公安机关。

“1931 年 11 月，中国共产党在江西中央苏区成立了中华苏维埃共和国临时中央政府，下设国家政治保卫局，负责苏区革命政权保卫工作、军队保卫工作和社会治安工作。国家政治保卫局下设分局和特派员，实行上下对口的

---

① 郑中午：《中国警史源流试探（三）》，载《公安大学学报》1998 年第 5 期。

② 姚华：《公安学若干基本理论问题研究》，中国人民公安大学出版社 2006 年版，第 51 页。

③ 姚华：《公安学若干基本理论问题研究》，中国人民公安大学出版社 2006 年版，第 52 页。

④ 同上。

⑤ 同上。

‘垂直领导’体制，分别建立侦查、执行、检察、预审等部门，在革命根据地担负着侦查处理反革命和一切重大刑事案件的工作，以及出入境检查、水陆交通检查等治安行政管理工作，在打击反革命活动、维护根据地秩序、保卫土地革命和武装斗争成果等方面作出了重要贡献。国家政治保卫局是中国历史上第一个人民政权的公安机关，本质上完全区别于一切反动政权的警察机关。”①

国家政治保卫局是全国苏维埃政府肃反保卫工作的最高领导机关。“国家政治保卫局的司法权限从设立初期的对反革命案件的侦查、逮捕和预审检察权，到1932年增加了有限的审判和处决权再到1934年增加了紧急处置权，几乎囊括了所有的司法权，集公安、检察、法院的权力于一身，到达了司法权力的顶峰。”②

国家政治保卫局在第二次国内革命战争时期，“维护了中央苏区的革命秩序，打击了严重危害新生红色政权的各种反革命势力，镇压了一批罪大恶极、坚持与人民及革命政权为敌的反革命分子，也挖出了钻进革命队伍中的一些人，从而安定了后方，保护了人民，保卫了苏维埃政权，为中央苏区的发展起到了重要的作用”。③

2. 陕甘宁边区人民警察和延安市警察队——最早的一支较正规的公安队伍。

1937年1月13日，毛泽东率中共中央机关从保安进驻延安。当时，敌特活动十分猖獗，土匪地痞也经常出没。为保证中央和地方党政军机关的安全、维护当地社会治安秩序，1938年5月，党中央决定成立延安市警察队。该警察队起初编制为35人，设正副队长2人、政治指导员1人，下设3个班。④他们“统一着黑色警察制服，负责维护治安和交通秩序、清查户口及重要党政会议的警卫工作。这是最早的、较正规的、着装的人民警察队伍”。⑤ 1935年8月，延安市公安武装警察队经过扩编，人员增加到140多人，增设3个区队。⑥ 扩编后装备一新的警察队，将内卫、特勤、交通、户籍、治安任务一肩

① 张兆端：《警察学原理》，中国人民公安大学出版社2007年版，第41页。

② 龚春英、朱云平：《论国家政治保卫局在中华苏维埃共和国司法机关中的地位》，载《承德民族师专学报》2007年第1期。

③ 朱云平：《论中央苏区时期的国家政治保卫局》，载《鸡西大学学报》2007年第1期。

④ 王光荣：《诞生于延安的中共第一支武警部队》，载《党史文汇》2008年第1期，第34~38页。

⑤ 张兆端：《警察学原理》，中国人民公安大学出版社2007年版，第41页。

⑥ 王光荣、李鑫：《揭秘中共第一支警察队》，载《湘潮》2005年第5期，第50~52页。

挑，凡是延安城镇的公安业务没有不管的。具体任务可分为三大项：一是在有中央和边区党政军领导参加的各种活动及演讲、聚会等场合负责安全警戒。二是在市区各主要道口和十字街口设置固定及游动的警哨，调解纠纷、维持秩序，以保证城市秩序井然有序。三是配合公安局查市场、查旅店、查户籍，力争把险情、敌情消灭在萌芽状态中。①

3. 根据地和解放区公安局——新中国公安机关的雏形。

“1939 年 2 月，中央书记处为加强公安工作作出了《关于成立社会部的决定》，指出：在人民政权中设立保卫机构或公安局。所制定的《公安局纲要》明确规定：‘公安局是抗日民主政权维护治安的机关。要在保卫抗日政权、保障一切公民的民主权利与保障各抗日党派的合法民主自由的原则下，坚持镇压敌探汉奸与少数阴谋破坏分子，以达到社会安宁、巩固抗日根据地之目的’。”② 因此，在抗日根据地和解放区，公安机关普遍建立起来。至建国前，东北、华北地区还成立了大区公安部。为新中国的公安机关建设奠定了基础，探索了经验。

（二）新中国成立初至“文化大革命”前

中央人民政府公安部的前身是中共中央军委公安部，而军委公安部又是在华北人民政府公安部的基础上建立的。1949 年 11 月 1 日，中央人民政府公安部宣告正式开始办公，启用印信。11 月 5 日，罗瑞卿主持召开了中央人民政府公安部成立大会。到会科员以上干部 300 余人（全部共有干部 486 人）。中央人民政府公安部成立后，确定公安部内设机构设六局一厅：政治保卫局（一局）、经济保卫局（二局）、治安行政局（三局）、边防保卫局（四局）、武装保卫局（五局）、人事局（六局）和办公厅。另外，有公安干部学校、新生公学和一个监狱。

地方公安机关：在省、自治区建立公安厅（局）；在直辖市设立公安局；在县、市建立公安局。省、自治区公安厅在各地行政公署设立派出机构——公安处；直辖市、省辖市在各区设派出机构——公安分局；各县、市公安局和分局在街道、城镇设立公安派出所；乡村设立公安特派员；工矿、企业、文化、教育等部门和重要机关设立保卫局（部）、处、科或特派员。逐步完成了包括“政保、经保、行政、武装、内卫、边防、刑事、治安、户籍、交通、水上、铁路、消防、外管、司法、劳改等警种的较健全的警种划分”。③

这一时期，人民公安工作在继承、发扬优良传统的基础上，取得了新的

① 王光荣、李鑫：《揭秘中共第一支警察队》，载《湘潮》2005 年第 5 期，第 50~52 页。

② 郑中午：《中国警史源流试探（四）》，载《公安大学学报》1998 年第 6 期。

③ 许新源：《我国公安机关和人民警察组织机构历史沿革》，载《公安研究》1999 年第 3 期。

发展，在坚持人民民主专政、全面发挥公安机关的职能作用、坚持围绕党和国家的中心任务开展公安工作、坚持党对公安工作的领导、实行依靠广大群众和专门机关相结合的方针、加强公安队伍自身建设等方面，创造和积累了一些成功的经验。

（三）“文化大革命”时期

“文化大革命”是一场灾难性的内乱，给新中国刚刚成长壮大、走向成熟的公安工作也带来了空前的浩劫。在“砸烂公检法”的口号下，公安机关和人民警察的职责、权力和任务一度化为乌有，冤假错案频频出现，刑事犯罪活动日益猖獗，整个社会的正常秩序陷于一片混乱。

（四）改革开放的新时期

在粉碎“四人帮”反革命集团后，1977 年 12 月，中央召开了第十七次全国公安会议，会议联系公安实际，揭发批判了“四人帮”及其帮凶“砸烂公检法”所造成的严重恶果，分清了是非，认清了形势，确定了整顿公安队伍、落实党的政策、纠正工作方法等任务。

1978 年，以中共中央十一届三中全会为标志，中国进入了改革开放和现代化建设的新的历史发展阶段。在这之后，经过拨乱反正、纯洁组织、端正思想路线、开展教育训练、整顿纪律作风，公安队伍的建设逐步加强，恢复和建立了刑侦、治安、户籍、内卫、边防、交通、消防、外事等各警种组成的公安队伍和人民武装警察队伍。1983 年，根据新的历史时期保卫社会主义现代化建设的需要，从有利于公安机关集中精力搞好社会治安和国内安全保卫、有利于加强对外情报和反间谍工作、有利于加强劳改工作和劳动教养工作出发，六届人大第一次会议根据党中央的提议，确定在国务院下设国家安全部，原公安部所属对外情报和反间谍机构划归安全部领导，劳改、劳教工作机构划归司法部领导，从而进一步拨正了我国公安工作的航向。

这一时期，公安工作的重心调整为为经济社会发展服务，同国内外敌对势力和严重刑事犯罪作斗争的能力以及社会治安防控能力不断提高；提出并实施了依法治警、从严治警的方针，以《人民警察法》为核心的警察法律、法规体系逐渐健全，公安队伍的正规化建设取得显著成效，公安机关不断推进内部组织机构改革和警务工作运行机制改革，公安机关的警察管理水平和执法效率得到很大的提高。①

经过多年来的公安工作实践，全国公安机关从中国国情出发，探索和积累了许多宝贵的经验，走出了一条中国式的发展道路，形成了突出的中国特色。集中表现为以下基本经验：

第一，坚持党对公安工作的绝对领导。公安工作只有自觉地置于党的绝

① 张兆端：《警察学原理》，中国人民公安大学出版社 2007 年版，第 43 页。

对领导之下，坚决贯彻执行党的路线、方针、政策，在思想上、政治上、行动上与党中央保持高度一致，才能始终保持正确的政治方向，经得起任何风浪的考验。

第二，坚持服从服务于经济建设这个中心。公安工作必须紧紧围绕全党和全国工作大局，自觉服务经济建设，积极促进全面、协调、可持续发展，努力为现代化建设创造稳定和谐的社会环境。

第三，坚持全心全意为人民服务的宗旨。坚持人民的利益高于一切，把维护好、实现好、发展好最广大人民的根本利益作为全部公安工作的根本出发点和落脚点，切实做到人民公安为人民。

第四，坚持把维护稳定置于公安工作的首位。维护社会稳定是公安机关的神圣职责。能否积极主动、扎实有效地维护国家安全、政权安全和社会稳定，是检验公安工作成效的重要标准。

第五，坚持打防结合、预防为主的方针。维护社会治安大局稳定，必须坚持“严打”方针不动摇，把严打、严防、严管、严治有机地结合起来，大力加强治安防控体系建设，切实提高公安机关的专业防范水平，及时治理突出的治安问题，牢牢控制社会治安局势。

第六，坚持专门工作与群众路线相结合。做好新形势下的公安工作，必须坚持和发扬公安机关的特色和优势，自觉强化群众观众，依靠群众做好公安工作的新思路、新办法，把公安工作深深地扎根于人民群众之中，打牢公安工作的群众基础。

第七，坚持与时俱进、改革创新。主动适应时代发展要求，增强改革创新意识，不断创新体制、机制障碍，是激发公安队伍活力，推动公安工作自我完善和发展的必由之路。

第八，坚持科教强警战略。坚定不移地走科教强警之路，大力推进公安工作的信息化、现代化，充分依靠科技进步和教育培训，提高公安队伍的战斗力。

第九，坚持从严治警、依法治警。加强公安队伍建设是做好公安工作的根本保证。必须始终把队伍建设放在突出位置，严格要求、严格训练、严格纪律，努力造就一支政治坚定、业务精通、作风优良、执法公正的公安队伍。①

① 郑中午：《中国警史源流试探（四）》，载《公安大学学报》1998 年第 6 期。

第三章 警察与国家、政党和政府的关系

第一节 政党与政府及其关系

现代政治从某种意义上说是政党政治，现代政府都是一种政党政府。在当代世界，绝大多数国家都存在着名目繁多的政党组织，政党已经成为当今政治舞台上最为活跃、最为关键的角色和力量。无论是执政党还是在野党，都对政府产生着一定的影响。执政党掌握了国家政权，拥有实际的政治力量。执政党可通过各种途径和方式影响政府、组织政府、控制政府和领导政府，最大限度地维护其所代表的阶级、阶层和集团的利益。在野党则通过宣传本党的施政纲领、批评政府的施政行为，对政府起着监督制约作用。本节将从政党的产生、形成、特征进行分析，重点揭示执政党与政府的关系，进而为分析政党与警察的关系提供理论依据。

一、政党的产生和作用

（一）政党的定义与特征

政党一词源于拉丁语“pars”，意为一部分，引申为一种社会政治组织。近代以来，西方诸多政治学家从政党的组成、外部特征、作用和目的、地位等角度给政党下过定义，比较有代表性的观点有：保守主义政治学家柏克认为，政党是实现某种主义的团体。当代美国政治学家哈罗德·D. 拉斯韦尔认为，政党是选举的工具。美国政治学家索拉福认为，政党是一种政治权利的组织机构。美国现代政治学家戴维·杜鲁门认为，政党是人们挑选政府公职人员的工具。[①] 这些关于政党的定义虽然在一定程度上反映了政党的一些属性，但由于其忽视了政党的阶级属性，甚至把政党等同于一般的社会团体，显然是不够科学的。

马克思主义揭示了政党的本质。马克思主义认为：“政党本质上是特定阶级利益的集中代表者，是特定阶级政治力量中的领导力量，是由各阶级的政

① 王浦劬：《政治学基础》（第二版），北京大学出版社 2006 年版，第 209、210 页。

治中坚分子为了夺取或巩固国家政治权利而组成的政治组织。”① 从这个定义出发，可以概括出政党具有以下特征：政党具有鲜明的阶级性，政党的建立是为了满足阶级的共同利益；政党是阶级的先锋队，政党一般是由本阶级当中在政治上最活跃、最积极和最有能力的人员组成的，代表本阶级的利益，充当本阶级的政治领导者和组织者；政党具有特定的政治目标和政治纲领，夺取政权是政党的首要目标；政党具有特定的组织和纪律。

（二）现代政党的产生

现代政党最初诞生于英国。1679 年，英国议会在讨论詹姆斯十世能否继承王位问题时发生激烈冲突。代表资产阶级和新贵族利益的议员极力反对，在议会内部被反对派骂作“辉格”（“辉格”意为强盗，是苏格兰人骂人的话）；代表地主贵族利益的议员则大力赞成，在议会内部被骂作“托利”（“托利”意为歹徒，是爱尔兰人骂人的话）。此后，辉格党被正式命名为自由党，托利党被正式命名为保守党，形成了两个资产阶级政党。②

随着资本主义的发展，各国资产阶级政党纷纷建立。美国建国初期在讨论和批准 1787 年宪法时，形成了联邦党和反联邦党，后来又出现过别的党派。经过长期的分化改组，到 19 世纪中期南北战争后，正式形成了民主党和共和党长期轮流执政的两党制。日本在明治维新后，产生了改进党和自由党。1894 年孙中山先生创建的“兴中会”是中国第一个现代意义上的政党。

苏联共产党，于 1889 年由弗拉基米尔·列宁创立。该党前身为俄国社会民主工党，1903 年俄国社会民主工党分裂为布尔什维克和孟什维克两派。布尔什维克 1918 年改称俄国共产党（布尔什维克），简称俄共（布）；1925 年改称全联盟共产党（布尔什维克），简称联共（布）；1952 年改称苏联共产党，简称苏共。1921 年 7 月，中国一批先进的知识分子将马克思主义同中国工人运动相结合，成立了中国共产党。1949 年 10 月至今，中国共产党都是我国的执政党。

（三）政党的作用

政党是近代社会阶级利益冲突的产物，政党作为阶级利益的代表者和阶级利益的领导者在现代政治生活中发挥着日益重要的作用。总体来看，这些作用主要体现在以下几个方面：

1. 制定一整套路线、方针、政策，代表阶级利益，表达政治诉求。

制定路线、方针、政策是政党活动的基础，也是政党活动的基本依据。政党的路线方针政策一般以政党的纲领、宣言、党的代表大会上的工作报告和政治报告作为表现载体。政党的理论纲领和方针政策，能够集中、深刻、

---

① 王浦劬：《政治学基础》（第二版），北京大学出版社 2006 年版，第 209、210 页。

② 王邦佐等：《新政治学概要》，复旦大学出版社 2006 年版，第 153 页。

明确、系统地表达某一阶级的利益要求和政治意识。恩格斯指出："一个新的纲领毕竟总是一面公开树立起来的旗帜，而外界就根据它来判断这个党。"①

2. 通过宣传和动员，集合和发展阶级政治力量。

政党是阶级利益的集中代表者，但阶级利益的实现不能仅依靠政党自身，还需要最大限度地壮大自己的政治力量。无论是无产阶级政党还是资产阶级政党，都把宣传自己的主张作为壮大自身力量的重要手段。"任何一个代表着未来的政党的第一个任务，都是说服大多数人民相信其纲领和策略的正确。"②无产阶级政党通过宣传教育发动群众，使他们认识到自己的利益所在，自觉投身到社会主义革命和社会主义建设中去。资产阶级政党往往通过宣传、鼓动，甚至拉拢和欺骗等手段，维护资本主义制度和本阶级统治，是为了一部分人的利益和政治目的。

3. 影响和领导社会政治生活。

政党虽然不是国家机关，也不是国家组织，但政党活动已经深深影响着国家的社会政治生活。政党影响和领导国家政治生活的方式随着政党地位的变迁会有很大的变化。在获得政权之前，政党通过制定路线、方针、政策，组织党员和群众开展议会内和议会外的政治斗争来影响国家的政治生活，使之朝着有利于自身的方向发展。政党在取得政权之后，就会以执政党的身份将本党的路线、方针、政策上升为国家意志，并通过国家政权的力量予以实施。执政党还可以通过派遣党员担任国家机关职务，直接参与国家政策的执行，来影响国家的政治生活。在这两种方式中，掌握国家政权之后影响和领导社会政治生活更为可靠、有力。

4. 培养、挑选、配备各级领导人。

政党要实现自己的政治纲领，不仅要制定好的路线、方针、政策，还要有一大批优秀的干部去贯彻执行。"一个政党，如果不能从政治上正确地提出和解决问题，不能从组织上保证路线和政策的稳定性与连续性，就不能维护和加强它的执政地位。"③ 各个政党为了自身的生存发展必须要培养、挑选和配备后备干部。政党往往会成为一个阶级培养自己政治优秀人才的机构。政党培养的这些优秀政治人才除了要充实到党内发挥作用之外，还要把他们输送到其他社会政治团体和政府中去，从而更加深入、直接、有效地发挥政治影响力。

---

① 《马克思恩格斯文集》（第三卷），人民出版社 2009 年版，第 415 页。

② 《列宁专题文集：论社会主义》，人民出版社 2009 年版，第 82 页。

③ 《十五大以来重要文献选编（中）——胡锦涛在全国培养选拔年轻干部工作座谈会上的讲话》，人民出版社 2001 年版，第 1209 页。

二、执政党与政府的关系

“执政党是指代表统治阶级掌握或领导国家政权、负责组织政府的政党。代表一定阶级利益的政党通过一定形式取得和掌握领导国家的权力以后，便成为执政党。”[①] 目前，世界上90%的国家都实行政党政治，随着政党政治的普遍实行，政党的作用日益明显，研究执政党与政府的关系成为学者关注的热点话题。由于受到各国政党政治、政府体制等因素的影响，执政党与政府的关系呈现出不同的特点。概括起来主要有以下几种类型：

（一）外国执政党与政府的关系

政党活动的主要目的是获得政权并控制政权。因为，政党只有成为执政党，即只有取得政治上的统治权力和控制政权机关，才能实现自身的政治理想。政权机关通常是指政府。政府有广义和狭义之分。广义的政府是指国家的立法机关、行政机关和司法机关等公共机关的总和，代表着社会公共权力。狭义的政府是指国家权力机关的执行机关，即掌握行政权力的机关。尽管各国政府的组织形式和名称不尽相同，但都是阶级专政的重要工具之一，与政权的性质相适应。政府在政治上担任着保卫国家的独立和主权、保护公民的生命安全及各种合法权益等职能。在经济方面，政府要为国家经济的发展，对社会经济生活进行管理。在文化方面，政府组织和发展教育、科技、文化、卫生、体育等各项事业。在服务方面，政府要为社会提供社会公共服务职能。总之，政府是国家公共行政权力的象征、承载体和实际行为体。我们所研究的执政党与政府的关系，是指执政党和狭义上的政府即作为行政机关的政府之间的关系，主要探讨执政党对政府的控制方式。

1. 执政党直接控制政府的组成。

政党活动的主要目的是要夺取政权和控制政权，只有政党成为执政党取得政治上的统治权力，才能控制政府机关进而实现自身的政治理想。执政党对政府控制最直接有效的方式，就是控制或主导政府的组成。执政党对政府组成的控制，往往因政治体制的不同而不同，这在实行议会内阁制的国家和实行半总统制的国家中表现得较为典型。

在实行议会内阁制的国家，如果一个政党在大选中获胜，取得议会多数席位成为执政党，它就拥有组阁权并实施组阁，执政党领袖自然被推选为内阁首相（总理）。例如，在实行议会内阁制的英国，内阁首相（总理）在全党充分参与的基础上，提出内阁成员和各部大臣的名单，一般都会得到议会的同意并得到国王的批准任用。除此之外，调整、更换或内阁改组，都由首相（总理）来决定，其本身又是党的领袖，权力非常之大。在英国的宪政体

① 权伟太：《执政党论》，中共党史出版社2004年版，第35页。

制下，内阁是最高的行政机关，是英国社会的组织和领导机关，更是国务的决策中心。普通文官无论政治信仰如何，都必须无条件地服从内阁的命令。英国执政党一旦控制了内阁的组成，就能够达到控制整个政府的目的。

在实行总统—内阁混合制的国家（如法国），议会选举的结果和总统职位没有直接关系。当总统所在的党是议会中的多数党时，总统就会任命本党成员担任总理，总统所在的党就属于执政党。而如果总统所在的党是议会中的少数党，总统往往不得不接受议会选举的现实，任命议会多数党的领袖为总理。① 这种体制下的执政党对组阁的指导和影响是比较松散和微弱的。

2. 执政党通过进入政府的党员个人间接控制政府。

执政党一旦把自己的代表送入政府机关，就掌握了实现本党目标的手段，党的政策和主张就要通过这些党员个人来实现。但为了维持政府是全体公民代表的形象，执政党不会以组织的名义给政府中的党员个人发号施令，而是通过他们对党的忠诚和依赖关系来约束和控制党员。因为在选举制下党员如果失去了党的信任是很难当选的，而党员为了当选就必须依赖于执政党，执政党也因此可以控制党员进而间接控制政府，从而形成了相互依赖、相互依存的关系。

执政党只决定大政方针，给进入政府的党员留下充分的余地。西方国家的执政党通常只制定基本的政策主张，而不去干预进入政府的党员的具体行政行为。在一般情况下，执政党在执政期间会根据竞选的纲领来制定政策，很少会发生重新改变纲领要求在政府机关工作的党的官员执行的情况。②

（二）中国共产党与政府的关系

中国共产党与政府的基本关系可以概括为：中国共产党全面领导中国政府。党对政府的领导应该遵循以下基本原则：第一，坚持党的核心领导地位原则。第二，党政分开。党是政治组织，其职能与政府的职能不同，党不能代替政府或包办政府的职能，党和政府要在法律规定的范围内履行自己的职责。第三，民主集中制原则。党的机关对于重大问题，要在民主讨论的基础上集体作出决策，并组织实施。第四，依法活动原则。党章规定“党必须在宪法和法律的范围内活动”，这是加强和改善党的领导、正确处理党和政府关系的一项重要原则。中国共产党作为我国的执政党，对政府的领导方式主要有以下几个方面：

1. 直接领导方式。

政党对政府直接领导最显著的标志，是政府的总施政目标和总任务必须

---

① 商爱玲、周振超：《执政党与政府关系的比较分析》，载《云南行政学院学报》2008 年第 4 期。

② 王长江：《现代政党执政方式比较研究》，上海人民出版社 2003 年版，第 79 页。

符合执政党的路线、方针、政策。政府在编制国家（地方）经济社会发展规划或计划、起草政府工作报告、提出议案、出台新的方针政策时，一般都事先请中共中央政治局（党委）及其常务委员会进行讨论，经过修改并获得同意后，再提请人民代表大会及其常务委员会审议表决。党对政府的直接领导的另一种重要手段，是政府在决定任用有关干部时，事先经过党委组织部门的审查，或直接请组织部门拟出名单，经政府审议决定。党在政府内建立党的组织，党直接向政府里的党组织和党员发出指示和命令，发挥党对政府的影响。

2. 间接领导方式。

党对政府的间接领导表现在党通过领导人大来对政府进行间接领导上。中共中央（各级党委）在调查研究的基础上，经过党内的决策程序，就国家（地方）的发展问题作出重大的决策，并以建议的形式向人民代表大会或其常务委员会提出，由后者依法定程序进行审议。由于执政党党员在人民代表大会及其常委会中占有绝大多数，加上人大常委会党组的努力工作，从而确保这些建议案能够在审议中通过，之后再交由政府贯彻落实，以此来实现执政党对政府的间接领导。

第二节　警察与政党的关系

现代政党及其政党制度是社会政治体系的基本构成部分。其中，执政党及其政党制度是执掌社会公共权力的组织和方式，是政治权力的特定组织和制度形态。在执政状态下，政党的意志、权利一般会试图转化为国家权力，并以国家权力的形式展现。在非执政状态下，则以表达利益诉求、实现政治权利、影响国家权力为其基本活动。[①] 一般来说，由于各国国家及其政治制度不同、政治发展水平不同，各国政党尤其是执政党参与和影响国家政治制度、影响国家权力运作的深度和广度也不同。

政党的性质决定了无论是执政党还是非执政党都会以自身的理想、信念、抱负为内核，以民意为载体，按照法定的渠道和方式，影响国家政治制度、国家权力的运作。由于政党及其政党制度对警察制度、警察权力运作的影响力是客观存在的，因此，政党及其制度下的警察与政党的关系研究，成为了警察政治范畴研究的重要内容。

① 孙关宏等：《政治学》，复旦大学出版社 2006 年版，第 121 页。

一、西方警察与政党的关系

（一）西方警察与执政党的关系

1. 执政党对警察的直接影响和制约。

在一些实行政党与政府内阁共进退的国家，如英国、日本等，[①] 由于执政党实际掌握了现有国家制度、国家权力的运行，其完全可以以自身的理念影响、规范和改造警察的职能、权限、组织等重要环节。执政党甚至可以直接安排其领袖或与其政见一致和相近的党派领袖担任警察的实际领导者，具体操控警察制度、警察权力的运作。由此可见，只要国家政治制度的设计允许，执政党都有意愿影响、规范，甚至直接规定和操控警察制度、警察权力的运作。深层次的原因在于，警察制度、警察权力对政党实现自身的理想、信念和抱负有着非常重要的意义和作用。

2. 执政党对警察的间接影响和制约。

如果国家政治制度的设计不允许，执政党也要通过议会、政府间接加强对警察的领导与控制。其会通过政党议员的议案、通过参加多党联合政府以及自身所拥有的批评建议等合法政治权利的渠道和形式，实现领导与控制警察的目的。以美国为例，美国两党是非常松散的政治组织，党员身份的确定只是在总统大选时，以投票来确定是民主党或共和党党员身份。但这并不等于美国执政党对警察无所作为，一是因为所有政府部门的行政长官都由总统提名，包括司法部在内的所有行政机构都要向总统负责，并接受总统的指令和监督；二是因为投票投的就是政党治理国家的理念、方式以及政党对社会公众期待的回应。[②] 美国执政党对国家权力运作产生影响的另一个重要渠道，是通过两党议员在参、众两院的提案实施。通过提案促使政府采取相应的政策措施，影响和制约警察权力的运作。

综上所述，执政党与警察的关系可以归纳为以下几点：

第一，不论国家性质如何，执政党都十分重视对警察的领导和控制。这是由警察在国家权力系统的重要地位决定的。警察在任何一个国家都起着维持公共秩序、维护国家安全利益的作用，以确保政权得以存在和维持。

第二，由于各国执政党的执政方式不同，警察体制、执政党领导和控制警察的方式也都不同。不论领导方式如何，警察都是执政党实现其政治目的的重要力量，在一定程度上为特定的阶级、阶层利益服务。

第三，执政党对警察的领导和控制必须严格按照国家的宪法和相关的法律法规进行。执政党对警察的领导和控制是一种组织行为，必须严格按照宪

---

① 赵可：《国外警察研究集萃》，中国人民公安大学出版社 1999 年版，第 45 页。

② 王大伟：《英美警察科学》，中国人民公安大学出版社 1995 年版，第 106 页。

法和法律法规规定的程序和范围进行，防止对警察的控制落入个人之手，确保警察沿着依法维持公共秩序的轨迹前进。

（二）西方警察与在野党的关系

在西方国家，凡是执掌了国家行政大权的党就被称作执政党，没有获得执政地位的党被称作在野党或反对党。在野党不能利用国家政权的力量来影响警察的职能、权限、组织人事，也不能直接安排政党领袖担任警察的实际领导者。但在野党在议会中能通过各种途径和方式对执政党及其政府发挥监督和制约作用，以此来体现对警察的影响与控制。

在英国，在野党时刻紧盯着执政党及其政府的执政行为，一旦发现有缺点或者疏漏，就会通过大肆渲染来抵制执政党，同时宣传自己的政策主张，千方百计争取选民。在野党抵制执政党最厉害的方式就是组成“影子内阁”。在下院选举中失败的在野党，可以对照现任内阁的编制，组成一个预备性的内阁，其党的领袖任首相，其他资深议员担任各部大臣，有财政大臣、国防大臣、外交大臣和大法官等。组成“影子内阁”之后，一旦执政党倒台，他们就能顺利上台。执政党内阁中的内务大臣被称为“女王与她的臣民之间联系的渠道”，掌握着警察和监狱事务，主管英国最大的警察力量——大伦敦警察厅，拥有厅长人选的推荐和提名权。[①] 内务大臣在执政党的内阁中是一个位高权重的职位，在野党的“影子内阁”同样设置了内务大臣。他的主要工作就是研究、评论和批判现任内务大臣负责制定的有关警察的政策、法令，并通过媒体宣传自己的政策主张，以此来提高自身的权威，发挥自身及政党对全国警察事务的影响力。

在美国，在野党可以利用在国会的议案审议权，对联邦政府实施牵制。如果在野党在国会中占多数议席，而联邦政府某部门的某些政策引起社会的广泛不满，并触犯了在野党的利益，它们就会施加压力把内阁部长赶下台。美国有 10 余个部级机关，掌握联邦警察系统的是美国司法部。[②] 虽然司法部部长由美国总统提名、参议院批准，但在野党有时也可左右司法部部长的去留，以此来达到影响联邦警察事务的目的。例如，2005 年，共和党人小布什当选总统之后，任命他的心腹干将冈萨雷斯就任美国司法部部长。参议院在对他的部长任命进行审核时发现，冈萨雷斯因为制定了一部指导美军在伊拉克虐待战俘的酷刑备忘录，成为议员们的重点拷问对象。2006 年，美国司法部在没有明确理由的情况下，解雇 8 名联邦检察官。民主党人怀疑，这是司法部为排除异己而做出的“清洗”运动，要求司法部部长对“解职风波”负责。虽然总统小布什几番出面力挺这位爱将，但迫于在野党的压力，他还是

① 胡大成等：《警察政治学》，南京大学出版社 2006 年版，第 111 页。
② 胡大成等：《警察政治学》，南京大学出版社 2006 年版，第 113 页。

接受了冈萨雷斯提出的辞呈，解除了他的司法部部长职务。[①]

二、我国警察与政党的关系

党对公安机关的绝对领导是中国共产党与中国警察的根本关系。我国实行的是中国共产党领导的、以工农联盟为基础的国体。中国共产党与国家的关系不同于一般意义上的政党与国家的关系，中国共产党与警察的关系也不同于一般意义上的政党与警察的关系。其最大的特征是“党指挥枪”，也就是中国共产党对公安机关的绝对领导。

（一）我国警察与政党关系的预设前提和基础

1. 坚持党对警察的领导是公安机关履行职责的重要保证。

首先，我国的国家机关和国家事务毫无例外地接受中国共产党的领导，党对警察的领导处在特殊重要的位置。我国警察是国家政权的重要组成部分，是实施阶级统治、保卫国家政权的重要力量。“人民警察的主要任务是维护国家安全，维护社会治安秩序，保护公民的人身安全、人身自由和合法财产，保护公共财产，预防、制止和惩治违法犯罪活动。”[②] 切实加强党对警察的领导，进一步加强和改进公安工作，对全力维护好国家安全和社会稳定有着决定性的作用。其次，把警察置于党的直接领导之下是公安工作取得胜利的根本保证。事实证明，公安工作只有置于党的直接领导之下，才能坚持社会主义方向，才能充分发挥人民民主专政的作用。[③] 最后，把警察置于党的绝对领导之下是政法工作适应新形势的要求。习近平同志在 2014 年中央政法工作会议上指出，“中国特色社会主义最本质的特征是坚持中国共产党领导”，“中国社会稳定的最大压舱石就是中国共产党的领导”，“政法机关作为人民民主专政的国家政权机关，是党和人民掌握的刀把子”。公安队伍是党领导下的一支武装纪律部队。公安机关必须毫不动摇地坚持党的领导，牢牢把握正确的政治方向，始终保持思想上的清醒和政治上的自觉，坚定政治立场、增强政治定力，确保公安队伍对党的绝对忠诚、绝对纯洁、绝对可靠。

由此看来，无论是从公安机关的职能定位，还是从新时期政法工作提出的新要求来看，公安工作做得怎么样，都直接关系到广大人民群众的切身利益，直接关系到党和国家的工作大局，直接关系到党和国家的长治久安，直接关系到实现“两个一百年”奋斗目标和中华民族伟大复兴的中国梦。公安机关作为人民民主专政的国家政权机关，作为党和人民掌握的“刀把子”，必

---

① 《美刊：为布什解围，美司法部长冈萨雷斯引咎辞职》，载中国新闻网，http://www.chinanews.com/gj/hsdgc/news/2007/08-29/1013687.shtml。

② 引自《中华人民共和国人民警察法》。

③ 胡大成等：《警察政治学——警察的政治分析》，南京大学出版社 2004 年版，第 117 页。

须旗帜鲜明、毫不动摇地坚持党对公安机关的绝对领导，坚决捍卫中国共产党的领导。

2. 坚持党对警察的领导符合“党指挥枪”的基本原则。

“党指挥枪”的思想是毛泽东同志在创建人民军队、领导中国革命的历史进程中提出的。毛泽东同志在“三湾改编”中开创性地提出“支部建在连上”，初步建立起了党在军队中的组织体系。毛泽东同志在1929年12月的古田会议决议中指出，“中国的红军是一个执行革命的政治任务的武装集团”，[①]“军事只是完成政治任务的工具之一”，[②] 绝不允许枪指挥党，强调了人民军队必须置于党的绝对领导下的重要意义。毛泽东批判了那种主张把红军的政治工作机关隶属于军事机关，提出“司令部对外”的脱离党的领导的错误倾向。他指出：“这种思想如果发展下去，便有走到脱离群众、以军队控制政权、离开无产阶级领导的危险，如象国民党军队所走的军阀主义的道路一样。”[③] 1938年1月，毛泽东同志在《战争和战略问题》一文中指出，“我们的原则是党指挥枪，而决不容许枪指挥党”，[④] 明确提出了人民军队必须永远置于无产阶级政党的领导之下的建军思想。警察是具有武装性质的纪律部队，执行武装性质的任务，配备武器装备，“党指挥枪”的原则在一定程度上可以适用于党对警察的绝对领导。

3. 坚持党对警察的领导是历史的必然选择。

公安机关从产生之初就接受中国共产党的领导，党对公安机关的领导有着历史发展的必然性。中国共产党在建党初期，没有设立专门的保卫组织。1927年，蒋介石、汪精卫先后发动“四·一二”、“七·一五”反革命政变，大肆镇压革命活动，屠杀共产党员和革命群众，中国共产党的生存和发展受到严重威胁。为了生存、发展和革命战争的需要，1927年12月，党中央在特务工作处的基础上建立了党的第一个保卫机关——中央特科。中央特科由时任中央军委书记的周恩来同志亲自领导和主持。1931年，中央苏区建立了我党第一个人民公安保卫机关——国家政治保卫局，负责苏区革命政权、军队的保卫工作和社会治安工作。国家政治保卫局直接接受中国共产党的领导，这是中国历史上第一个代表人民大众利益的公安保卫机关。抗日战争、解放战争时期，人民公安工作虽然经历了陕甘宁边区政府保安处、延安市警察队、中央社会部等不同的组织机构变化，但不变的是公安机关始终坚持党的领导。在中国共产党的领导下，公安保卫工作在建立和保卫人民民主政权的斗争中发挥了极其重要的作用。1949年，中华人民共和成立，在原中央军委公安部

---

① 《毛泽东选集》（第一卷），人民出版社1991年版，第86页。

② 《毛泽东文集》（第一卷），人民出版社1993年，第79页。

③ 同上。

④ 《毛泽东选集》（第二卷），人民出版社1991年版，第546页。

的基础上建立中央人民政府公安部，并撤销中共中央社会部，统一了党对人民公安机关的领导。在中国共产党的领导下，公安机关在保卫新生政权、维护社会秩序方面取得了显著的成绩。在党的十一届三中全会之后，公安机关在党的领导下紧紧围绕经济建设这个中心，改革公安机关体制，不断完善法律体系，加强公安队伍建设，先后开展了打击严重刑事犯罪活动、社会治安综合治理活动，为经济建设创造了安全稳定的社会环境、公平正义的法治环境和优质高效的服务环境。公安机关取得这些成就最宝贵的经验就是坚持党的领导，自觉为党的中心工作服务。同时，也用事实证明了党对警察的领导是历史的必然选择。

（二）党对警察的领导方式

从政党及其政党制度的层面上考察，我国的警察制度充分体现出了中国共产党对人民警察的绝对领导。所谓“统一领导、分级管理”，一是将公安工作和队伍建设的指导思想、大政方针、路线政策统一到党和国家的整体规划中来，要求各级公安机关必须以此为基本要求开展工作；二是将公安工作和队伍建设置于地方党委和政府的绝对领导之下，并对中共中央和国务院负责。所谓“条块结合、以块为主”则进一步强化了地方党委和政府对公安工作和队伍建设的责任。条块领导既有分工又有合作，甚至还有交叉。更具特色的是，在公安机关中建立了共产党基层组织，拥有对警察的实际领导权与控制权，以确保警察制度、警察权力的运作在思想上、政治上、行动上与党中央保持一致。同时，中国共产党还根据需要，通过人民代表大会制度、各级政府，规定和改造警察的职能、权限、组织。中国共产党对警察的领导，具体体现在以下几个方面：

1. 确定原则、方向和目标、任务，确保公安工作与党的政治路线方针政策保持一致。

党中央把有关我国警察的方针、政策通过全国人大以法律的形式转变成为国家意志，以此来体现党对警察实施宏观整体的路线、政策、决策的领导。《人民警察法》是1995年2月28日第八届全国人大常委会第十二次会议通过的，2012年10月26日第十一届全国人大常委会第二十九次会议修订，自2013年1月1日起施行。新修订的《人民警察法》是我国警察的行为规范，各级公安机关必须坚决贯彻实施《人民警察法》的各项规定，也就是服从党的领导，执行党的方针、政策，体现了坚持党的领导与依法治国的统一。公安部作为国务院主管全国公安工作的职能部门，必须接受党中央和国务院的领导，按照有关法律和中央的指示，修订各类法规条文，制定各项工作纪律、规范等来实现对公安工作的宏观领导。《公安机关人民警察内务条例》规定，新录用的公安民警，应当在初任培训合格后、上岗前，由所在单位或者培训学校组织宣誓。誓词中明确：“我志愿成为一名中华人民共和国人民警察。我保证忠于中国共产党，忠于祖国，忠于人民，忠于法律。”警察宣誓是每一个人民警察进入公安队伍时在规定的仪式下当众说出表示忠诚和决心的话。警察宣誓誓词中明确保证忠于中国共产党，就是表明把自己交给了中国共产党及其附属组织监督和处理，确保警察的职业行为与党的政治路线方针政策保持一致。

2. 在公安机关中建立共产党基层组织，实际领导与控制警察。

我国国家机关一般通过设立党组来保证党的路线、方针、政策的实施，而全国各级公安机关内部都设立党委，实施党对公安工作的直接领导。公安机关内部各级党委对公安工作的领导主要以政治领导为主，通过加强公安机关的政治工作落实党对公安工作的政治领导、组织领导、思想领导。各级公安机关内部实行党委集体领导下的行政首长负责制，重大事项要经党委集体讨论才能作出决定。各级公安机关内部党委向同级地方党委负责，确保党对公安工作的统一领导。

3. 中央和各级地方党委设立党的政法委员会，具体实施党对同级公安工作的领导。

公安机关是人民政府的重要组成部分，是国家的行政机关，同时它又担负着刑事案件的侦查任务，因而它又是国家的司法机关之一。党的各级政法委员会主要通过以下几个途径对公安工作进行领导：一是根据党的路线、方针、政策以及同级党委和上级政法委员会的部署，统一公安部门的思想和行动。二是协助同级党委对一定时期内的公安工作作出全局性部署，并督促贯彻落实。三是支持、监督公安部门依法行使职权，指导协调政法、公安部门在依法互相制约的同时密切配合，统一执法思想，督促推动大案要案的查处工作，研究协调有争议的重大、疑难案件。四是研究指导公安队伍和领导班子建设，协助同级党委及组织部管理公安部门领导干部。五是不断完善政法体制，加强对公安工作和队伍建设的监督力度。同级政法委员会实施党对公安工作的直接领导，是中国执政党领导警察的一种特殊的有效形式，但是这种形式必须在宪法和法律的监督下进行，不能作出任何违背宪法和法律的决定和举措。

4. 通过警察队伍中的党员间接领导与控制警察。

充分发挥警察队伍中党员的作用，是贯彻实施党对警察领导的重要保证。党的路线、政策、决定最终要通过党员干部和广大党员去执行，警察队伍中党员的模范作用发挥得怎么样，直接关系到党领导公安工作的成果能否实现，关系到党对公安工作领导的权威性，关系到整个警察队伍在人民群众中的形象。

我们强调中国共产党对警察的直接领导，并不意味着警察可以脱离各级政府的领导和管理。在我国，警察与军队都是党和国家掌握的武装力量，但警察是武装性质的国家治安行政力量和刑事司法力量，党领导军队的方式和党领导警察的方式是有区别的。我国军队属于党的权力系统，按照“党指挥枪”的原则，“中华人民共和国的武装力量受中国共产党领导”，国务院领导和管理国防建设事业，而不能干涉军队事务，所以党对军队的领导是真正意义上的“绝对领导”。警察情况则不同，党中央和地方党委虽然可以直接领导警察，但并不排斥公安机关接受同级政府的领导和管理。2007 年 1 月 1 日正式实施的《公安机关组织管理条例》（草案）第 2 条明确规定：“公安机关是人民民主专政的重要工具，人民警察是武装性质的国家治安行政力量和刑事司法力量。”也就是说，公安机关属于政府的一个职能部门，是各级地方人民政府的重要组成部分。公安机关的这种机构性质决定了其在服从地方党委领导的同时，也要接受地方政府的领导。而且接受党的领导与接受政府的领导从根本上说并不矛盾，因为政府工作也是在党的领导下进行的。

在公安系统的垂直领导与地方党委、政府领导的关系上，根据《人民警察法》和《公安机关组织条例》的有关规定，地方各级公安机关一方面要接受上级公安机关的领导，另一方面要接受当地党委和政府的领导，主要以地方领导为主，即“条块结合，以块为主”。地方公安工作的重大决策、公安干部的任免和升降、公安经费保障主要由地方党委和政府决定；上一级公安机关和公安部主要负责对下级公安机关在业务上的领导和指导。

（三）我国警察与民主党派的关系

人民政协所具有的政治协商、民主监督、参政议政的“三大功能”构成了中国特色政党制度的重要特征，对我国国家和社会政治生活产生着极为重要的影响和作用。政治协商的主要内容是国家和地方的大政方针及政治、经济、文化和社会生活中的重要问题，在决策之前和决策执行过程中要与政协组织进行协商。民主监督的主要内容是国家宪法、法律法规、重大方针政策的贯彻实施和国家机关及工作人员的工作情况，政协组织以民主监督的形式向中共中央或国务院及地方党委、政府提出建议案、建议或有关报告，也可通过委员视察、提案、举报的方式提出批评和建议，或是参加党政部门组织的调查和检查活动。人民政协制度对我国公安机关及其人民警察同样具有影响和制约作用。

首先，公安机关必须接受人民政协的民主监督。根据《公安部关于听取全国人大代表政协委员意见建议接受监督的办法》，公安机关听取政协委员的意见、建议，接受民主监督的方式主要包括：公安机关的主要领导列席政协会议，听取政协委员对公安工作和公安机关自身建设的意见、建议，并接受询问。对政协委员提出的与公安工作和公安机关自身建设有关的意见、建议的询问，能够当场答复的，应当当场认真答复；不能当场答复的，应当解释清楚，并在会后及时办理。公安机关向各级政协会议及其专门委员会专题汇报有关公安工作和公安机关自身建设情况，必要时可以走访听取政协委员的意见、建议。公安机关聘请部分政协委员为公安机关的特邀监督员，适时召开特邀监督员座谈会，听取特邀监督员对公安机关执法执勤、遵纪守法等情况的意见、建议。在特邀监督员进行监督的过程中，各级公安机关和公安民警应当予以积极配合，认真答复特邀监督员的询问，及时纠正违法违纪行为。

其次，政协委员可选择群众关心、党政重视的有关公安工作方面的课题，组织调查研究，提出建设性意见，充分发挥委员的作用，积极建言献策。近年来，公安部承办的政协委员的提案主要涉及道路交通管理、户政管理、边防出入境管理、打击违法犯罪、社会治安管理与防范、互联网安全等方面。其中，在深化户籍管理制度改革、打击拐卖妇女儿童犯罪、提高出入境管理和服务水平、打击网络色情等违法犯罪活动、加强超高层建筑防火、放宽残疾人驾车条件、推动醉驾入刑等方面，取得的成效尤其明显。

从人民政协的功能及实现渠道分析，不难发现，其对我国社会政治生活包括警察权力运行的影响，既全面广泛又持久深刻。事实上，公安机关及其人民警察在履职过程中，深受人民政协的影响和制约。这种影响和制约主要表现在警察权力的运行方面，是警察权力正确规范、有效运行的保障。同时，也间接地对警察制度、职能、权力、权限产生监督制约作用。

第三节　警察与政府的关系

警察机关是国家机器的重要组成部分，属于上层建筑，警察机关的性质是由国家性质所决定的。研究警察与政府的关系是警学理论研究的重要内容，对于正确履行警察机关的职责、行使警察的权力、提高警务工作水平都具有重要的现实意义。

一、西方警察与政府的关系

专职警察制度是人类进化到近代社会后，首先在西方资本主义国家建立的。英、美、法、德、日等发达的资本主义国家，属于所谓的“西方世界”，就其警察制度的本质而言，也属于同一类型——资本主义国家类型，都是用来维护资产阶级经济和政治统治必不可少的强大工具。[①] 但近代西方各国由于政治法律制度、警察历史传统、治安状况等社会环境和社会背景的不同，所建立的警察制度在形式上又有很大差别。不仅是警察机构的设置不一样，警察和政府的关系也不尽相同。

---

① 马亚雄：《关于西方国家警察制度分类的几个新问题》，载《河南警察学院学报》1994 年第 6 期，第 48~51 页。

在西方国家，警察机关与政府关系的不同主要表现在两个方面：一是表现在警察机关的设置上，二是表现在政府对警察机关的领导方式上。其中，政府对警察的领导方式或者领导体制的不同是它们的本质区别。西方警学界一般将西方国家警察制度分为两种类型：一种是以法国为代表的欧洲大陆警察制度，强调集中统一的领导和管理，属于中央集权的警察制度；另一种是以英国和美国为代表的自治型或分散型的警察体制，警察不实行中央集权制，而是分属地方政权管理。也有学者把介于分权和集权之间的警察管理体制，即分权和集权有机结合的警察管理体制称为第三种类型的警察管理体制，如日本的警察制度。

（一）以法国为代表的欧洲大陆型警察与政府的关系

法国警察属于大陆警察模式，[①] 法国警察管理体制是大陆法系的典型代表，与英美法系分权式的警察体制不同，它是集权式的警察体制。在这种警察体制的国家，警察与政府的关系表现在：

第一，中央政府对警察的高度控制。在实行大陆型警察制度的西方国家，警察机关受到中央政府的高度控制。垂直领导、条条管理是法国国家警察体制的根本。[②] 全国警察由中央实行垂直领导，实行中央集权式的管理体制。[③] 法国中央设国家警察总局，隶属于内政部，日常的管理工作由国家警察总局局长负责。全国警察机关服从中央警察机关的指挥监督，上级警察机关对下级警察机关实行垂直领导。除了负责两万人口以上城镇治安的国家警察外，负责所有农村地区、公路以及两万人口以下的城镇治安的国家宪兵隶属于国防部，也受国防部的直接管理和指挥，受到中央的高度控制。

第二，政府在警察立法方面的控制权。在实行大陆型警察制度的国家，警察制度的立法权及这些法令的执行权集中于中央政权机关。一些具体的、不便中央政权直接管理的警察制度的立法权和这些制度所规定的要求和规范，由中央政权机关交给地方政府执行。

第三，警察对政府职责的过度分担。在警察的职责和任务上，大陆警察模式国家的警察承担了政治和行政的多种任务。警察承担着广泛的行政管理和社会福利保障职责，政府的一切强制性活动几乎都与警察有关。早在1666年法国创设警察总监的诏令中，就列举了其广泛的职责：维护巴黎及其周边地区的安全及水灾、火灾现场的秩序；管理食品供应、物价、市场集市、旅馆、出租房屋和赌博场所等。进入近现代后，这些广泛的职责分别由巴黎警

---

① 王大伟：《英美警察科学》，中国人民公安大学出版社1995年版，第106页。

② 苏传庚：《聚焦法国警察》，《海外警世》2002年第17期，第56页。

③ 程小白：《法国警察管理概述——赴法国研修考察报告之一》，载《江西公安专科学校学报》2002年第5期，第67页。

察厅不同的职能部门所继承。[①] 直至今天，法国国家警察总局下仍设有：行政管理局、培训局、司法警察中央局、本土警戒局、边防警察中央局、情报警察局、公共安全局、监察局、治安部队总局、警察国际技术合作局、高级人士安保局等机构，承担着政府很多的政治和行政任务。

第四，中央政府对警察的经费保障。与高度的中央集权相适应的是警察的经费也由国家财政负担，地方政府基本不干预警察事务。大陆型国家的警察教育由中央统一管理，教育经费由国库负担。例如，法国内政部高度重视警察的培训工作，把培训作为提高队伍整体素质的治本之策，其培训经费在国家警察总局的预算中占第三位。当然也有特例，巴黎警察局的经费保障为双重渠道：人员经费由国家财政支付，警务活动经费由巴黎市政府负担。

大陆警察模式国家的警察体制的优势是有利于在全国范围内统一调度、统一指挥，工作效率高，标准统一，有利于财力、物力的集中使用，也有利于警察的领导和交流。当然，这种体制的弱点是一旦警察管理层出了问题或决策失误，就容易造成较大范围的影响和损失。

（二）以英美为代表的海洋型国家警察与政府的关系

海洋型警察体制的各国实行的是中央与地方分权的警察体制，与大陆型警察制度的国家相比较，这种分权制的警察体制所体现的警察与政府的基本关系主要有：

首先，在组织体制方面，实行海洋型警察制度的国家实行中央和地方分权的警察体制。警察制度的立法权及这些法令的执行权分别由中央政权机关和地方政权机关掌握。全国没有统一的警察组织，各级政府或各政府部门各有自己的警察组织，各警察组织之间没有或仅有部分指挥监督关系。联邦警察向联邦议会和政府负责，地方警察向地方议会和政府负责。[②] 例如，根据美国联邦宪法之规定，在属于联邦政府管辖的范围内，可由联邦政府各部门设警察机构管辖；各州的警务归属州的主权，由州政权机构独立行使，联邦政府无权过问和干预。在地方，州、县级警察组织由州议会立法设立，各城市警察局由市镇议会立法设立；州、县、市警察组织分别隶属于同级政府，相互间没有指挥、监督和管辖关系。[③] 同样，所有联邦级警察组织与州、县、市等地方警察之间也不存在任何行政或业务隶属关系。

其次，实行海洋型警察制度的国家，政府对警察的权力实行严格限制。在美国，政府为最大限度地保证公民自由，不惜削弱警察对社会的控制。警

---

① 马亚雄：《大陆型和海洋型警察制度的特征、演变和影响》，载《公安大学学报》1993 年第 4 期，第 28 页。

② 任磊石：《国外警察体制简述》，载《公安研究》2003 年第 4 期，第 95 页。

③ 马亚雄：《大陆型和海洋型警察制度的特征、演变和影响》，载《公安大学学报》1993 年第 4 期，第 28 页。

察没有类似于大陆型国家警察那样的规则权（警察依法制定规章限制公民的行为和活动的权力）和违警处罚权（对违反警法的人施以处罚的权力），任何违法行为的处罚权都属于法院或法庭，甚至连交通违章的罚款也由法庭裁决。

最后，在警察的职责方面，提供警察职责的主体主要是地方政府。警察对社会的管理和服务职能主要是由地方管理。美国虽然设有联邦警察机构、州警察机构和地方警察机构，但是大部分警务工作是高度分散的，并且警察所承担的职责比较简单。在海洋型警察制度的国家，警察职责主要集中在治安巡逻、犯罪侦查和交通管理三个方面。

另外，在警察的经费保障方面，实行海洋型国家警察制度的国家，警察的各项经费一般是由中央和地方两级负担。在英国，警察的财政预算由中央和地方两级共同负担，其中中央内政部支付 51%，地方郡市政府支付 49%。地方警察局的开支由警察局局长控制。

需要注意的是，大陆型与海洋型警察制度的模式还具有复合性，也有学者把这称为警察管理体制的第三种类型。这类国家的警察制度兼具两大类警察制度的特征。例如，日本政府与警察的关系紧密程度，介于大陆型和海洋型国家警察制度之间，这种警察体制集大陆型与海洋型警察制度的长处于一身。

二、我国警察与政府的关系

（一）我国警察与政府基本关系的预设前提和基础

根据《人民警察法》的规定，我国警察包括公安机关、国家安全机关、监狱、劳动教养管理机关（已取消）的人民警察和人民法院、人民检察院的司法警察，以公安机关及其人民警察为基本构成。在我国，政府主要是指国家行政机关，包括中央国务院以及地方各级人民政府。

1. 警察是我国政府的职能部门，是政府的重要组成部分。《公安机关组织管理条例》第 2 条规定："公安机关是人民民主专政的重要工具，人民警察是武装性质的国家治安行政力量和刑事司法力量。"第 3 条规定："公安部在国务院领导下，主管全国的公安工作，是全国公安工作的领导、指挥机关。县级以上地方人民政府公安机关在本级人民政府领导下，负责本行政区域的公安工作，是本行政区域公安工作的领导、指挥机关。"[①] 这就以国家立法的形式，对公安机关和人民警察的性质进行了全面、科学的界定。公安机关是国家行政机关，与外交部、国防部、国家发展和改革委员会、教育部等政府其他职能部门一样，都是政府机构的组成部分。但它又不同于一般的行政机

① 《公安机关组织管理条例》，2006 年 11 月 1 日国务院第 154 次常务会议通过，2007 年 1 月 1 日起施行。

关，它因担负着刑事案件的侦查任务，因而又是国家司法系统的有机组成部分。从职能分工的角度来说，我国公安机关主要承担维护国家安全，维护社会治安秩序，保护公民的人身安全、人身自由和合法财产，保护公共财产，预防、制止和惩治犯罪活动的职能和任务。公安机关是政府的一个职能部门，公安机关具有的行政方面的组织属性是公安机关和政府基本关系形成的基础。

2. 警察是人民民主专政的重要工具，与政府、军队、法庭、监狱等共同组成了国家机器。恩格斯指出："国家无非是一个阶级压迫另一个阶级的机器。"[①] 列宁指出："常备军和警察是国家权力的主要强力工具。"[②] 国家就是阶级矛盾不可调和的产物和表现，是掌握政权的统治阶级进行阶级统治的暴力工具。这就是说，国家机器是由政府、军队、警察、法庭、监狱等部分共同组成的，每个部分都起着不同的作用，共同保证了国家这部机器的正常运转。警察是阶级专政的重要工具，反映了警察最根本的本质属性，同时也要求警察必须与国家意志保持一致。我国人民民主专政的国家性质决定了政府的宗旨是为人民服务，原则是为人民负责。我国的国家性质也决定了公安机关的性质和宗旨。公安机关是人民民主专政的工具，必须发挥好民主和专政的两大职能，维护国家安全，维护社会治安秩序，保护公民的人身安全、人身自由和合法财产，保护公共财产，预防、制止和惩治犯罪活动，践行"全心全意为人民服务"的根本宗旨。

3. 国家职能决定了政府和警察的职能。警察的职能指的是警察的社会效能和作用。警察的职能是由国家职能决定的。马克思主义认为，国家既有政治统治职能，又具有社会管理职能。吉登斯认为，"日常用语'国家'具有双重含义。'国家'有时指政府机构或权力机器，有时却又指归这种政府或权力所支配的整个社会体系"。吉登斯用"国家机器"特指政府的行政机构，并视其为单一的组织。[③] 作为政府的职能部门，警察职能与政府职能表现出高度的一致性，政府机构有政治、经济、文化、社会等方面的基本职能。为适应新的形势，政府机构不断改革，政府职能也在不断转变，党的十八届三中全会提出："必须切实转变政府职能，深化行政体制改革，创新行政管理方式，增强政府公信力和执行力，建设法治政府和服务型政府。"国务院及各部门正在加快转变政府职能，全面履行经济调节、市场监管、社会管理和公共服务职能。作为政府职能部门的公安机关要自觉承担起历史责任，对内要维护社会的和谐稳定，对外要坚决反对任何颠覆我国政治统治和政权稳定的一切违法活动。公安机关必须加快转型，努力提高工作效率，提高办案水平，争取建

① 《马克思恩格斯选集》（第三卷），人民出版社 1995 年版，第 13 页。

② 《列宁选集》（第三卷），人民出版社 1972 年版，第 178 页。

③ 宫志刚：《试论公安机关的角色定位》，载《公安教育》2003 年第 10 期，第 10 页。

设一个与“高效政府”、“透明政府”、“服务政府”相匹配的“高效警察”、“阳光警察”、“亲民警察”。

4. 警察权在本质上属于行政权。警察权是国家依法赋予警察机关及警察的，使其可以在其职责范围内运用一定的手段和采取必要的措施。警察权是体现国家职能的一项国家权力，警察权是执法权力的一种，它与立法权、军事权等组成国家权力的主体。[①] 从国家权力的分类来看，它属于国家行政权的一种，是国家赋予行政机关行使的一项权力。公安机关的权力实施目的与政府的施政方针相一致，《人民警察法》第 2 条规定：“人民警察的任务是维护国家安全，维护社会治安秩序，保护公民的人身安全、人身自由和合法财产，保护公共财产，预防、制止和惩治违法犯罪活动。”作为国家固有权力的警察权，其目的和作用就是执行国家法律和政策，预防、制止和惩罚犯罪，保护人民。警察行政权在本质上属于行政权的范畴，这一定位为科学、合理地配置警察行政权奠定了基础。既然是行政权，对警察行政权的配置就必须符合法律规定，公安机关在运用警察权时必须符合及时、高效、适度、准确的原则。

综上所述，从组织属性上看，警察是政府的组成部分，是国家治安行政机关和刑事司法力量，是政府的一个职能部门；从阶级属性上看，警察是人民民主专政的工具，与我国国体保持一致，与政府一样都是为国家统治服务的。从警察权力的角度分析，警察权属于行政权，行政权是政权的组成部分；从警察职能的角度来看，警察职能是由国家职能决定的，政府职能和警察职能是国家职能的具体化。因此，在我国，警察是政府的一个职能机构，警察机关必须接受政府的领导和管理。这些是警察和政府基本关系的预设前提和基础，决定了警察和政府基本关系的内容和形式。

（二）我国警察和政府的基本关系

警察体制是国家政治和社会制度的外延，有什么制度的政府，就有什么体制的警察为其服务，以保证国家政权的实现。[②] 新中国成立以后，我国公安机关的领导管理体制是在总结新中国成立前的公安保卫工作实践经验基础上逐步建立起来的。在新中国成立之初，我国就确立了以“统一领导、分级管理、条块结合、以块为主”为特点的公安管理体制。我国政府是国家权力的执行机关，党的路线、方针、政策和重大决策贯穿于国家的全部行政工作之中，由政府去贯彻执行。公安机关的治安行政是国家行政的重要内容，是在各级政府领导下实行的。政府对公安机关的领导是依法实行的行政领导，主

① 胡大成、周家骧：《警察政治学——警察的政治分析》，南京大学出版社 2004 年版，第 138 页。

② 范春玲：《警察行政权探析》，中国政法大学 2004 年硕士学位论文，第 12 页。

要内容有：

1. 政府部门制定公安方面的行政法规和规章。根据宪法的规定，县级以上地方人民政府依照法律规定的权限，管理本行政区域内的经济、教育、科学、文化、卫生、体育事业、民政、公安、民族事务、司法行政、监察、计划生育等行政工作。政府部门通过制定行政法规或者规章，发布或者批准发布有关公安工作的命令和有关规范性文件。政府加强对公安工作的领导，党的有关公安工作的路线、方针、政策才能落实。为深入贯彻落实《中共中央关于进一步加强和改进公安工作的决定》，政府部门要结合地方实际制定本地区加强和改进公安工作的实施意见或者规范性文件。政府部门除了要领导公安机关贯彻执行人民代表大会和人大常委会制定的所有有关公安工作的法律和决定，还要领导本地区的公安立法（或制定地方性规章）工作，根据同级党委的意见或政府的决定向人民代表大会或人大常委会提出立法提案。地方政府可以根据地方实际情况制定和发布地方性的有关公安工作的法令性文件。

2. 警察机构设置要坚持行政对应原则。公安机关的性质决定其机构设置和组织管理必须被纳入法治轨道，这样才能保证公安机关组织管理的科学、高效运行。我国《宪法》第 27 条规定："一切国家机关实行精简的原则……"公安机关作为政府的一个职能部门，也必须遵循这一原则。公安机关的组织机构只能由国家来确定，这样既保证了组织机构的权威性，又能充分发挥公安机关的职能作用。首先，各级公安机关的设置要与国家行政区划相对应。其次，各级公安机关的设置要与政府机构管理体制相对应。《公安机关组织管理条例》第 3 条规定："公安部在国务院领导下，主管全国的公安工作，是全国公安工作的领导、指挥机关。县级以上地方人民政府公安机关在本级人民政府领导下，负责本行政区域的公安工作，是本行政区域公安工作的领导、指挥机关。"乡镇一级政府只是执行上级国家行政机关的决定、命令并进行管理，不单独设置公安机关。我国有些行业由于工作性质的特殊，须由国务院有关部门按系统集中统一管理，如铁道、交通、民航、林业、海关等。与此管理体制相对应，在这些部门设专业公安机关，并领导下属相当于县级以上管理部门的公安机关。

3. 政府对警察的人事和编制管理。在人事管理方面，党委、政府主要负责公安机关领导班子的配备、调整以及干部队伍的管理工作。公安机关可以根据党委的推荐，依法任免或者依法提请本级人大常委会和政府任免公安机关的领导干部。在人民警察招录方面，为纯洁公安队伍，广泛吸纳高素质人才，《公安机关组织管理条例》第一次通过国家立法的形式，规定公安机关在录警时必须实行统一招考制度。其中，第 25 条规定："公安部机关及其实行公务员制度的直属机构人民警察录用考试，由中央公务员主管部门负责组织。县级以上地方人民政府公安机关人民警察录用考试，由省、自治区、直辖市公务员主管部门负责组织。县级以上地方人民政府公安机关按照国家规定，承担相应的录用工作。”这样的规定，强调了国务院和省级人事部门作为考试主管机关的地位，但是也并不排除用人单位（公安机关）对录用考试过程的参与。上级公安机关主要承担对下级公安机关领导班子的协管职责以及人民警察的录用审核工作。经考试主管机关的同意和委托，用人单位可以独立对考试合格者进行考核，并向主管人事部门提出录用建议。

我国公安机关编制管理体制基本上是“统一领导、分级管理”。对公安机关人民警察使用的国家行政编制，实行专项管理。公安部根据工作需要，向国务院机构编制管理机关提出公安机关编制的规划和调整编制的意见，由国务院机构编制管理机关审核，按照规定的权限和程序审批。省、自治区、直辖市人民政府根据工作需要，可以向国务院机构编制管理机关提出调整公安机关编制的申请。国务院机构编制管理机关对省、自治区、直辖市人民政府调整公安机关编制的申请，在征求公安部意见后进行审核，按照规定的权限和程序审批。

4. 政府对公安经费的管理和保障。为建立和完善公安保障机制，《中共中央关于进一步加强和改进公安工作的决定》明确指出，按照收支脱钩、全额保障、突出重点、分步实施的原则，建立公安经费保障机制。《公安机关组织管理条例》第23条规定：“公安机关应当按照国家规定，将各项罚没收入和行政事业性收费收入全额上缴财政。县级以上人民政府按照国家规定的经费项目和标准，将公安机关经费列入财政预算，实行全额保障，并对经济困难地区的公安工作给予必要的经费支持。”根据《中共中央关于进一步加强和改进公安工作的决定》关于建立和完善公安经费保障机制的精神，财政部、公安部研究制定了《关于制定县级公安机关公用经费保障标准的意见》：研究制定公安机关装备配备、各项经费开支定额等标准，并按照“事权划分”的原则，由中央财政和地方财政分别予以保障；加大中央财政对中西部地区县级公安机关的补助力度，保障基层公安机关办公、办案的经费支出。

5. 政府对公安工作的领导和监督。公安工作是政府工作的组成部分，政府要把公安工作列入政府工作的议程。政府机关要讨论、部署、检查公安工作，听取、审议公安机关的工作报告，作出相应的决定、决议。政府部门既要领导公安机关贯彻上级和本级政府以及上级公安机关的决定、指示和工作部署，也要领导公安机关贯彻执行上级和本级人民代表大会及其常委会的决议、决定。另外，政府部门还要协调公安机关与其他行政机关的关系，以便分工负责，各司其职。

中央政府领导全国公安工作，国务院领导和监督全国公安机关贯彻执行宪法、法律、行政法规，地方政府领导和监督地方公安机关贯彻落实党和国家有关公安工作的方针、政策和法律法规，但是不具体领导和指挥执法办案活动。从国务院的角度来看，国务院通过依法行使对行政机关的领导权，来监督有关警察法律、法规的实施。这种通过行政领导的法律监督，是保障人民警察准确执行法律的重要手段。为了完善公安机关监督机制，保障公安机关及其人民警察依法履行职责、行使职权和遵守纪律，《人民警察法》第42条规定："人民警察执行职务，依法接受人民检察院和行政监察机关的监督。"行政监察机关是人民政府行使监察职能的专门机关，负责对国家机关及其工作人员和国家行政机关任命的其他人员执行国家法律、法规和决定、命令的情况以及违法违纪行为进行监督。这使得政府对警察的监督权进一步明确了。

（三）我国警察与政府相关部门的关系

公安机关是各级人民政府的重要机构之一，是国家的行政机关，同时，它又担负着刑事案件的侦查任务，是国家司法系统的有机组成部分。警察机关是行政机关，但是又不等同于一般的行政机关。因此，警察机关在日常工作中与政府相关部门的联系也非同一般，警察机关与政府相关部门的关系主要体现在以下三个方面：

1. 警察机关与政府其他职能部门在工作中相互配合、相互协作，共同完成政府的各项职责。在具体的日常工作中，警察机关只有通过和政府其他职能部门的相互协助、相互配合，才能保证政府工作的顺利完成。例如，2013年，国家为严厉打击各机关单位虚开增值税专用发票、骗取出口退税和制售假发票违法犯罪活动，按照国务院的统一部署，全国公安、税务机关联合开展了为期6个月的打击整治发票违法犯罪专项行动并取得了显著战果。①

2. 警察机关是政府其他职能部门顺利开展工作的坚强后盾。随着改革开放的不断深入和社会主义市场经济的纵深发展，社会成分日趋复杂化，各种新问题、新情况不断涌现，由此产生了数量不断上升的治安案件和社会群体性事件，造成纠纷与冲突的范围扩大，影响了社会稳定，极大地影响着政府各职能部门的工作环境和工作效率。《治安管理处罚法》、《刑法》、《人民警察使用警械和武器条例》等相关法律，对公安机关在处置聚众扰乱国家机关、非法集会游行示威、聚众械斗、暴乱等情况时应当采取的措施进行了明确规定。警察是国家专政机器的一个组成部分，是国家实行政治统治和社会管理的一种特殊的专门力量。它拥有国家法律赋予的权力，在一般的行政手段不足以解决矛盾时，警察以其强制性的力量来保障国家统治与管理活动的顺利进行。

3. 警察机关对政府相关部门发生的违法犯罪案件进行立案侦查。根据《刑事诉讼法》的规定，公安机关负责对刑事案件被告人进行立案、侦查、拘

---

① 《公安部、税务总局联合打击发票违法犯罪战果显著》，载 http://www.mps.gov.cn/n16/n1237/n1342/n803715/3968626.html。

留、预审和执行逮捕；查明犯罪事实，获取犯罪证据，惩罚犯罪分子，维护受害者权益。公安机关与人民检察院、人民法院分工负责，互相配合，互相制约，公安机关独立行使刑事侦查权。这就以法律的形式明确了公安机关国家刑事执法主体机关的性质和地位。

另外，当社会上出现一些突发事件时，警察机关也扮演着不可忽视的重要角色。《人民警察法》第21条规定：“人民警察应当积极参加抢险救灾和社会公益工作。”自2003年“非典”之后，我国就开始了建设突发公共事件的应急体制。2007年，《国家突发事件应对法》正式实施，明确我国要建立统一领导、综合协调、分类管理、分级负责、属地管理为主的应急管理体制。《公安机关处置群体性治安事件规定》更是进一步明确提出了公安机关在面对群体性突发事件时要承担的包括依法采取相应的强制处置措施、控制局势、平息事态、恢复正常秩序在内的四项重要任务。

第四节　警察与司法机关的关系

关于对司法内涵的理解，大体分为三派：[①] 一是以三权分立学说为基础，以英美法系为典型，将司法等同于审判；二是将司法视为国家办理案件的诉讼活动；三是将司法理解为广义的解决纠纷，强调司法的社会性，将诉讼和一些社会组织的活动，如仲裁、民间调解都看成司法。本文采用把司法理解为国家的一项职能活动，是国家行使司法权活动的观点，认为其指的是国家通过司法机关及相关机关处理案件、解决争讼、惩治犯罪、实施法律的活动。而社会组织的仲裁及民间调解则不具有国家活动的性质。我国《刑事诉讼法》第3条规定：“对刑事案件的侦查、拘留、执行逮捕、预审，由公安机关负责。检察、批准逮捕、检察机关直接受理的案件的侦查、提起公诉，由人民检察院负责。审判由人民法院负责。除法律特别规定的以外，其他任何机关、团体和个人都无权行使这些权力。”

在将司法看作国家职能的前提下，司法机关也就是行使司法权的国家机关。那么，司法机关又包括哪些国家机关呢？狭义的观点是将司法等同于审判，则司法机关仅指法院及相关组织或机构；如果将司法广义地界定为国家处理案件、解决争讼、惩治犯罪、实施法律的诉讼活动，其包括的就不仅仅是法院。以我国刑事诉讼活动为例，参与诉讼的国家机关不仅有法院，还包括公安机关、检察院及其他国家专门机关，如安全机关、监狱等。因此，从诉讼的角度看，我国的司法机关主要是指具有侦查、检察、审判、监管职能

---

① 陈光中：《刑事司法论坛》（第一辑），中国人民公安大学出版社2008年版，第4页。

的法律授权机关。对此,《刑法》第94条规定:“本法所称司法工作人员,是指有侦查、监察、审判、监管职责的工作人员。”《未成年人保护法》第50条规定:“公安机关、人民检察院、人民法院以及司法行政部门,应当依法履行职责,在司法活动中保护未成年人的合法权益。”

公安机关是各级人民政府的重要机构之一,是国家的行政机关;同时,它又担负着刑事案件的侦查任务,因而它又是国家司法系统的有机组成部分。作为国家行政机关,公安机关依法管理社会治安,行使国家的行政权,同时公安机关又依法侦查刑事案件,行使国家的刑事司法权。因此,公安机关的性质具有双重性,即既有行政性又有司法性。对此,《公安机关组织管理条例》第2条规定:“公安机关是人民民主专政的重要工具,人民警察是武装性质的国家治安行政力量和刑事司法力量……”本书将以公安机关及其人民警察为分析对象,探讨我国警察与司法机关在诉讼活动,尤其是刑事诉讼活动中的基本关系。

一、我国警察与司法机关基本关系的预设前提和基础

《刑法》第2条规定:“中华人民共和国刑法的任务,是用刑罚同一切犯罪行为作斗争,以保卫国家安全,保卫人民民主专政的政权和社会主义制度,保护国有财产和劳动群众集体所有的财产,保护公民私人所有的财产,保护公民的人身权利、民主权利和其他权利,维护社会秩序、经济秩序,保障社会主义建设事业的顺利进行。”《刑事诉讼法》第2条规定:“中华人民共和国刑事诉讼法的任务,是保证准确、及时地查明犯罪事实,正确应用法律,惩罚犯罪分子,保障无罪的人不受刑事追究,教育公民自觉遵守法律,积极同犯罪行为作斗争,维护社会主义法制,尊重和保障人权,保护公民的人身权利、财产权利、民主权利和其他权利,保障社会主义建设事业的顺利进行。”从上述规定可以看到,《刑法》、《刑事诉讼法》的实施,在完成其各项任务的同时,整体上要实现“保卫国家安全,保卫人民民主专政的政权和社会主义制度……维护社会秩序、经济秩序”、“维护社会主义法制……保障社会主义建设事业的顺利进行”的预设目的。

习近平同志在2014年中央政法工作会议上强调:政法工作要把维护社会大局稳定作为基本任务,把促进社会公平正义作为核心价值追求,把保障人民安居乐业作为根本目标,坚持严格执法公正司法,积极深化改革,加强和改进政法工作,维护人民群众切身利益,为实现“两个一百年”奋斗目标、实现中华民族伟大复兴的中国梦提供有力保障。

由此看来,无论是法律层面上的规范性要求,还是新时期政法工作政策层面上的阶段性要求,我国司法机关都必须将维护社会大局稳定(国家安全、社会公共安全)、促进社会公平正义、保障社会主义建设事业顺利进行、实现

中国梦作为自身的核心任务和基本价值追求。这是由建设中国特色社会主义的本质要求所决定的。进一步讲，包括警察在内的我国司法各机关，在履行法律法规及政策赋予自身的职责和任务的同时，也必须相互配合，共同实现这个核心任务和价值追求，并以实现这个核心任务和价值追求作为履行自身职责和任务的预设前提和基础。或者说，我国警察与司法机关如果忽略了这个预设的前提和基础的实现，其履行自身的职责和任务将失去共同的政治方向和目标。

在拥有共同的基本政治方向和目标的前提下，根据法律法规和政策的规定和要求，我国警察与司法机关之间形成了各司其职、各尽其责，既相互联系，又相互制约、相互促进的制度化关系。

二、我国警察与司法机关的具体关系

我国警察与司法机关在诉讼活动中的规范的制度化关系是由相关的法律法规所规定的。《宪法》第131条规定："人民检察院依照法律规定独立行使检察权，不受行政机关、社会团体和个人的干涉。"《刑事诉讼法》第3条规定："对刑事案件的侦查、拘留、执行逮捕、预审，由公安机关负责。检察、批准逮捕、检察机关直接受理的案件的侦查、提起公诉，由人民检察院负责。审判由人民法院负责。除法律特别规定的以外，其他任何机关、团体和个人都无权行使这些权力。"《刑事诉讼法》第4条规定："国家安全机关依照法律规定，办理危害国家安全的刑事案件，行使与公安机关相同的职权。"《刑事诉讼法》第7条规定："人民法院、人民检察院和公安机关进行刑事诉讼，应当分工负责，互相配合，互相制约，以保证准确有效地执行法律。"《刑事诉讼法》第8条规定："人民检察院依法对刑事诉讼实行法律监督。"因此，根据法律规定，我国警察与司法机关在刑事诉讼活动中的关系，就是"分工负责，互相配合，互相制约，互相监督"。根据《行政诉讼法》之规定，在行政诉讼活动中，行政机关包括公安机关的相关行政与执法活动，也要接受我国司法机关的审查与裁决。

（一）我国警察与检察机关的基本关系

根据我国相关法律规定，人民检察院依法独立行使检察权，有权对国家公务人员履行职务进行监督，对公安机关的侦查、人民法院的审判工作、司法行政机关的监狱工作进行监督。

从司法职权的配置上看，我国现行警察与检察机关的制度化关系主要表现在以下三个方面：

一是人民检察院独立行使对国家公务人员履行职务的情况进行监督的权力，由此形成了检察机关对警察机关及人员的法律监督。例如，《刑事诉讼法》第18条规定："……贪污贿赂犯罪，国家工作人员的渎职犯罪，国家机关工作人员利用职权实施的非法拘禁、刑讯逼供、报复陷害、非法搜查的侵犯公民人身权利的犯罪以及侵犯公民民主权利的犯罪，由人民检察院立案侦查。对于国家机关工作人员利用职权实施的其他重大的犯罪案件，需要由人民检察院直接受理的时候，经省级以上人民检察院决定，可以由人民检察院立案侦查。”《刑事诉讼法》第55条规定：“人民检察院接到报案、控告、举报或者发现侦查人员以非法方法收集证据的，应当进行调查核实。对于确有以非法方法收集证据情形的，应当提出纠正意见；构成犯罪的，依法追究刑事责任。”

二是在刑事诉讼活动中，我国警察与检察机关构成了分工负责、相互配合的关系。我国公安机关行使侦查权，安全机关行使特别侦查权，司法行政机关行使刑罚执行权（含狱内侦查权），我国检察机关则主要负责对国家工作人员的贪污贿赂、渎职犯罪及其他法律规定的犯罪行为行使侦查权。在分工负责的基础上，我国警察与检察机关在刑事诉讼活动中必须相互配合。《刑事诉讼法》第78条规定：“逮捕犯罪嫌疑人、被告人，必须经过人民检察院批准或者人民法院决定，由公安机关执行。”

三是侦查机关与检察机关职能相互制约，强调检察机关对我国警察机关在刑事诉讼活动中的司法审查，最典型的表现体现在立案、逮捕和不起诉的环节上。在立案环节上，《刑事诉讼法》第111条规定：“人民检察院认为公安机关对应当立案侦查的案件而不立案侦查的，或者被害人认为公安机关对应当立案侦查的案件而不立案侦查，向人民检察院提出的，人民检察院应当要求公安机关说明不立案的理由。人民检察院认为公安机关不立案理由不能成立的，应当通知公安机关立案，公安机关接到通知后应当立案。”在逮捕环节上，《刑事诉讼法》第90条规定：“公安机关对人民检察院不批准逮捕的决定，认为有错误的时候，可以要求复议，但是必须将被拘留的人立即释放。如果意见不被接受，可以向上一级人民检察院提请复核。上级人民检察院应当立即复核，作出是否变更的决定，通知下级人民检察院和公安机关执行。”同时，《刑事诉讼法》第98条规定：“人民检察院在审查批准逮捕工作中，如果发现公安机关的侦查活动有违法情况，应当通知公安机关予以纠正，公安机关应当将纠正情况通知人民检察院。”在起诉环节上，《刑事诉讼法》第175条规定：“对于公安机关移送起诉的案件，人民检察院决定不起诉的，应当将不起诉决定书送达公安机关。公安机关认为不起诉的决定有错误的时候，可以要求复议，如果意见不被接受，可以向上一级人民检察院提请复核。”由此，形成了侦查机关与检察机关在刑事诉讼活动中的权力制衡。

（二）我国警察与审判机关的基本关系

我国的审判机关指人民法院。《宪法》第123条规定：“中华人民共和国人民法院是国家的审判机关。”由此，依法确立了人民法院作为审判机关履行国家审判职能的性质。

从司法职权的配置上看，我国现行警察与审判机关的制度化关系主要表现为以下两个方面：

第一，我国警察与审判机关在诉讼活动中构成了相互配合的关系。在庭审环节，《刑事诉讼法》第 57 条规定，在对证据收集的合法性进行法庭调查的过程中，人民法院可以通知有关侦查人员或者其他人员出庭说明情况。有关侦查人员或者其他人员也可以要求出庭说明情况。在执行环节，《刑事诉讼法》第 261 条规定："没收财产的判决，无论附加适用或者独立适用，都由人民法院执行；在必要的时候，可以会同公安机关执行。"依据《刑事诉讼法》的规定，对刑事案件，经检察院批准或法院决定，公安机关负责侦查、拘留、执行逮捕等。在保障诉讼权益上，《刑事诉讼法》第 14 条规定："人民法院、人民检察院和公安机关应当保障犯罪嫌疑人、被告人和其他诉讼参与人依法享有的辩护权和其他诉讼权利。"

第二，在诉讼活动中，我国警察与审判机关构成了侦查与司法审查的关系，主要体现在审判过程中和最终裁决上。在我国，人民法院独立行使审判权，其他国家机关不能分享。《宪法》第 126 条规定："人民法院依照法律规定独立行使审判权，不受行政机关、社会团体和个人的干涉。"在法治国家，司法审查具体表现为：一是实体审查，主要是刑事诉讼中对犯罪嫌疑人是否有罪的裁决；二是程序审查，主要是对逮捕行为是否合法的审查，裁决程序是否合法的审查；三是违宪审查，主要是以宪法为依据，对诉讼案件作出最后也是最高的裁决。我国审判机关的司法审查以刑事侦查活动的实体审查与程序审查为主。《刑事诉讼法》第 12 条规定："未经人民法院依法判决，对任何人都不得确定有罪。"《刑事诉讼法》第 94 条规定："人民法院、人民检察院和公安机关如果发现对犯罪嫌疑人、被告人采取强制措施不当的，应当及时撤销或者变更。公安机关释放被逮捕的人或者变更逮捕措施的，应当通知原批准的人民检察院。"同时，我国审判机关也对一些包括公安机关在内的机关进行的行政执法活动进行司法审查。

司法体制是中国政治体制的重要组成部分，在中国司法体制的发展中，逐步形成了在人民代表大会制度这一根本政治制度体系下，以人民法院和人民检察院为核心的各有关机关之间各司其职、各尽其责，既相互联系，又相互制约、相互促进的司法体系。从维护社会公平正义的最终防线以及改革的角度看，审判机关、检察机关是我国司法体制改革中极为重要的核心领域。为此，党的"十七大"报告指出："深化司法体制改革，优化司法职权配置，规范司法行为，建设公正高效权威的社会主义司法制度，保证审判机关、检察机关依法独立公正地行使审判权、检察权。"我国的司法体制改革与经济体制改革、政治体制改革具有同等的地位，其互动关系决定了①在推行司法体制改革的同时，还应当积极推行政治体制改革。② 因此，司法体制改革，尤其是审判改革、检察改革对系统外的政治体制改革、经济体制改革可能产生影响和促进，对系统内的侦查、监管等机关势必也会产生影响和推动，并进而推动审判机关、检察机关与侦查、监管等机关关系的进一步演化。

第五节 警察与军队的关系

新中国警察从其来源与组成的角度看，与我国军队有着天然的联系。新中国成立前后，我国警察组织与骨干人员主要来自于中国人民解放军，直到今天，我国警察人员的构成，仍以吸收录用军队转业、复员军官和士兵作为一个重要的渠道和途径。中国人民解放军的优良传统对新中国警察的理念、纪律作风以及警察文化的形成产生了重要影响。随着依法治国方略的实施，我国警察和军队在依法治警、依法治军的现代化过程中，在制度化层面形成了相对成熟、稳定和规范的关系。独立、协作或共同承担着维护国家安全、维护社会安全、应对突发事件、参加社会公益活动、履行国际维和的职责和任务，发挥着人民民主专政工具的功能和作用。

一、我国警察与军队关系的预设前提和基础

根据《人民警察法》的规定，人民警察包括公安机关、国家安全机关、监狱、劳动教养管理机关的人民警察和人民法院、人民检察院的司法警察。根据《国防法》的规定，中华人民共和国的武装力量，由中国人民解放军现役部队和预备役部队、中国人民武装警察部队、民兵组成。我国警察与军队作为党和国家的武装力量（人民警察是武装性质的国家治安行政力量和刑事司法力量），其关系的形成和制度化，是中国特色社会主义制度核心内涵的展开，具有深厚的社会政治历史渊源和明确清晰的逻辑基础。

（一）我国警察与军队具有共同的政治性

《国防法》第19条规定："中华人民共和国的武装力量受中国共产党领导。武装力量中的中国共产党组织依照中国共产党章程进行活动。"我国现行警察领导和管理体制的运行实践，是将公安机关置于中国共产党的绝对领导之下，而且具体将公安机关置于各级党委的实际领导之下。《公安机关人民警察内务条令》明确要求在入警、晋升及相关庆典活动时，公安民警必须宣读誓词，做到"忠于党、忠于祖国、忠于人民、忠于法律"。这些规定和实践，

① 钱卫清：《关于设置司法改革委员会的构想》，载《综合来源》2004年第6期。

② 张卫平：《司法改革与政治体制改革》，载《综合来源》2005年第6期。

无疑都显示出了我国警察与军队的政治性，而且也显示出了我国警察与军队具有共同的政治性，其核心内涵是我国警察与军队的阶级性，即我国警察与军队的无产阶级属性。同时，在新中国的革命与建设的实践中，也充分体现了“党指挥枪”的基本原则，彰显了我国警察与军队的政党属性。

（二）我国警察与军队的人民性特征

我国警察与军队都秉承和实现着全心全意为人民服务的唯一宗旨，被称为人民警察、人民军队。《人民警察法》第4条明确要求，人民警察必须“全心全意为人民服务”；《国防法》第17条规定：“中华人民共和国的武装力量属于人民。它的任务是巩固国防，抵抗侵略，保卫祖国，保卫人民的和平劳动，参加国家建设事业，全心全意为人民服务。”这体现了我国警察与军队的人民性特征，即警察与军队的一切事务都以人民群众的利益为出发点、着力点和落脚点，以人民群众的满意为检验和评价自身活动的最高标准。

（三）我国警察与军队的国家职能

在论述国家（政府）的政治统治职能和社会职能的关系时，恩格斯指出：“政治统治到处都是以执行某种社会职能为基础，而且政治统治只有在它执行了它的这种社会职能时才能持续下去。”① 我国警察与军队作为国家设置的制度化的武装强制力量，必须要有助于由统治职能和社会职能为基本职能所构成的国家（政府）职能体系的功能与作用的发挥。当然，在不同的社会发展阶段，国家（政府）职能的发挥是有所侧重、有所强调的。在现阶段，在强调我国警察与军队必须牢记并充分发挥国家的政治统治职能、维护国家安全和社会大局稳定的同时，要更为强调我国警察与军队为改革开放、经济建设、人民群众安居乐业的保驾护航。前者是我国警察与军队的政党属性或阶级性、政治性的内在规定，后者是我国警察与军队的人民性、社会公共性的内在规定。由此，对于新时期我国的国家（政府）建设，有学者指出要“能够比较自如地处理国家的阶级职能与社会职能的辩证关系，特别是在社会发展的平稳时期对阶级职能做隐性处理；在处理社会关系时，强调构建和谐社会”。②进一步讲，我国现代国家（政府）建设，包括警察与军队建设，并不是要取消其“政治统治职能”，而是要强调现代国家（政府）职能向“以公共服务为主导”的转变，并且要科学地处理好两者的“辩证关系”，全面、系统、有效地发挥国家职能体系的整体功能和作用。

二、我国警察与军队的基本关系

我国警察与军队是由法律法规设置的制度化的武装力量，两者之间具有

① 《马克思恩格斯选集》（第三卷），人民出版社1995年版，第219页。

② 朱光磊、于丹：《建设服务型政府是转变政府职能的新阶段》，载《中国政治学与中国政治发展30年学术研讨会论文集》2008年，第84页。

内在的逻辑关系，独立、协作或共同发挥着相应的国家职能。同时，两者在发挥职能的领域、范围、内容、时空条件、方式方法等方面又各有其侧重。

（一）我国警察与军队的价值追求

首先，国家安全、社会稳定是任何政府都关心的首要价值。我国警察与军队就是这种首要价值的重要保障和维护者，即以其武装性特征，强制性地有时甚至是以暴力性的手段共同维护和保障国家与社会的安全与稳定。

《人民警察法》第2条规定，“人民警察的任务是维护国家安全，维护社会治安秩序”；《国防法》第2条也明确地将我国国防及军队的任务规定为：保卫国家的主权、统一、领土完整和安全。《国防法》第22条同时也规定，中国人民解放军现役部队和预备役部队在“必要时可以依照法律规定协助维护社会秩序”，民兵在军事机关的指挥下“协助维护社会秩序”，中国人民武装警察部队“担负国家赋予的安全保卫任务，维护社会秩序”。

对此，我国一些学者进一步强调，在国家安全中，政治安全是国家安全最根本的象征，是国家利益的最高目标，其表现形式是国家主权独立，领土完整，民族尊严不受欺辱，政治权力坚实稳固。我国政治安全的显著特征是必须保证中国共产党的绝对领导，必须以军事安全为保障，以经济安全为基础，以科技安全、生态安全、社会安全、文化安全为支撑。①

其次，法治是现代国家（政府）追求的又一重要价值。《国防法》第18条规定：“中华人民共和国的武装力量必须遵守宪法和法律，坚持依法治军。”《人民警察法》第4条规定：“人民警察必须以宪法和法律为活动准则……”因此，依法治警、依法治军既是依法治国方略的原有之意和重要有机构成，也必将对依法治国方略的实施共同作出巨大的贡献。

（二）我国警察与军队履行职能的时空条件

我国警察与军队履行保障和维护国家安全和社会稳定职能的时空条件是有区别的，或者说，警察与军队在不同的时空条件下，各自独立履行法律法规规定的职责和任务。从国家对内对外的职能划分上看，警察主要维护和保障一国内部的秩序和稳定，包括政治秩序、社会秩序、经济秩序，其具体职责和任务指向主要是对内的；而军队则主要维护和保障国家主权，领土、领海、领空，国家安全和发展，其具体职责和任务指向主要是对外的。就两者的对内职能而言，警察是天天要用的，而军队则是备而不用的，或“用在一时”的。对此，1949年10月30日周恩来在接见参加第一次全国公安会议的代表时说：“国家安危公安系于一半，国家安危你们负担了一半的责任，军队

---

① 季正矩：《国家至要——当代国家政治安全新论》，重庆出版社2006年版，第1页。

是备而不用的，你们是天天要用的。”①

（三）突发事件应对中的警察与军队

一般而言，在突发事件应对中是最需要警察与军队的协作和配合的，而且在突发事件应对中也能够更为明显地体现警察与军队之间的关系特点。《突发事件应对法》第14条规定：“中国人民解放军、中国人民武装警察部队和民兵组织依照本法和其他有关法律、行政法规、军事法规的规定以及国务院、中央军事委员会的命令，参加突发事件的应急救援和处置工作。”第28条规定：“中国人民解放军、中国人民武装警察部队和民兵组织应当有计划地组织开展应急救援的专门训练。”

有关警察在突发事件中的地位和作用，《突发事件应对法》第49条规定：自然灾害、事故灾难或者公共卫生事件发生后，公安机关和人民警察要采取紧急处置措施，“依法从严惩处哄抢财物、干扰破坏应急处置工作等扰乱社会秩序的行为，维护社会治安”；第50条规定：社会安全事件发生后，“严重危害社会治安秩序的事件发生时，公安机关应当立即依法出动警力，根据现场情况依法采取相应的强制性措施，尽快使社会秩序恢复正常”。

根据上述法律层面的制度性规定，在突发事件应对中，第一，我国警察与军队必须在国务院、中央军委的统一领导下，依法履行各自的职责，完成各自的任务。《突发事件应对法》第8条同时还规定，“县级以上地方各级人民政府设立由本级人民政府主要负责人、相关部门负责人、驻当地中国人民解放军和中国人民武装警察部队有关负责人组成的突发事件应急指挥机构，统一领导、协调本级人民政府各有关部门和下级人民政府开展突发事件应对工作；根据实际需要，设立相关类别突发事件应急指挥机构，组织、协调、指挥突发事件应对工作”。第二，我国军队主要是承担大规模的紧急救援任务。第三，我国警察主要是承担维护社会治安、恢复正常社会秩序的任务。第四，警察与军队在某些情况下，还需要发挥各自优势，共同承担控制、减轻和消除突发事件引起的严重社会危害，保护人民的生命财产安全，维护国家安全、公共安全、环境安全和社会秩序。

作为义务，在非紧急状态下，我国警察与军队还要按照相关法律法规的规定，在各自的职责范围内，参加相应的社会公益活动。对此，《国防法》第58条规定：“现役军人应当发扬人民军队的优良传统，热爱人民，保护人民，积极参加社会主义物质文明、精神文明建设，完成抢险救灾等任务。”《人民警察法》第21条规定：“人民警察应当积极参加抢险救灾和社会公益工作。”

（四）中国人民武装警察部队

武装警察部队是国家武装力量的组成部分，是介于我国警察与军队链条

① 《罗瑞卿论人民公安工作》，群众出版社1994年版，第265页。

之间的一个重要环节。《人民警察法》第 51 条规定：“中国人民武装警察部队执行国家赋予的安全保卫任务。”《人民武装警察法》第 2 条规定：“人民武装警察部队担负国家赋予的安全保卫任务以及防卫作战、抢险救灾、参加国家经济建设等任务。”从宏观上讲，人民武装警察部队由国务院、中央军事委员会领导，实行统一领导与分级指挥相结合的体制。根据《国防法》、《人民武装警察法》的相关规定，人民武装警察部队是我国现役军队的重要组成部分，与我国军队一样担负着“防卫作战”的职责和任务；同时，人民武装警察也是我国警察系统的重要组成部分，担负着大量的国内安全保卫任务。

一是独立或配合我国其他机关包括警察机关担负国家规定的警卫对象、目标和重大活动的武装警卫、监狱和看守所的外围武装警戒、重点区域、特殊时期的武装巡逻等安全保卫任务。

二是协助公安机关、国家安全机关、司法行政机关、检察机关、审判机关依法执行逮捕、追捕、押解、押运任务，并根据协助机关的决定，协助搜查犯罪嫌疑人、被告人、罪犯的人身和住所以及涉嫌藏匿犯罪嫌疑人、被告人、罪犯或者违法物品的场所、交通工具等。

三是参加处置暴乱、骚乱、严重暴力犯罪事件、恐怖袭击事件和其他社会安全事件以及国家赋予的其他安全保卫任务。

四是按照县级以上人民政府公安机关的部署执行安全保卫任务。《人民武装警察法》第 10 条、第 11 条对此作了具体的规范和明确。因此，各级公安机关主要负责人担任相关武警部队的“第一政委”。

五是接受执勤目标单位对在本单位担负执勤任务的人民武装警察进行执勤业务指导。

六是人民武装警察执行任务，应当接受人民政府及其有关部门以及公民、法人和其他组织的监督。

七是负责边防、海防和空防的人民武装警察部队应遵守《国防法》第 27 条的规定，即“中央军事委员会统一领导边防、海防和空防的防卫工作。地方各级人民政府、国务院有关部门和有关军事机关，按照国家规定的职权范围，分工负责边防、海防和空防的管理和防卫工作，共同维护国家的安全和利益。”此项规定典型地解读了人民武装警察与一般警察和军队的异同以及相互关系。

目前，我国警察除维护国内社会治安秩序外，已发展到承担国际维和警察任务的层面；随着我国与世界各国相互融入的程度和范围的拓展，国际警务合作任务的国内和国外（境外）的联系越来越密切，其相互影响和互动越来越深、越来越频繁。警察与军队的相关职能的拓展、配合和合作地在日益发展。

第四章　警察与公众的关系

第一节　一般意义上的警察与公众的关系

一、"警即民、民即警"传统理念的兴与衰

（一）非正式警务

警察与公众的关系并非是现代社会独有的现象，如中国古代社会的"保甲"制，人们早已熟悉。同样，在英国古代社会的警务实践活动中，也始终伴随着"警即民、民即警"的思想。这种指导思想下的警察与公众的关系，实际上就是警察即公众、公众即警察。当然，此时的警察并不是现代意义上的职业警察，而是履行警察职责的普通公众，这种现象是与英国警察发展的历史息息相关的。从公元前1世纪开始，罗马人、盎格鲁-撒克逊人先后成为英伦三岛的征服者。罗马军团入侵后，首先把希腊管理城市的做法引入了英伦三岛以维持社会秩序。盎格鲁-撒克逊人占领英伦后，进一步完善了这种制度，使它成为一种实际而有效的统治方式：即划分以百户区、十户区为单位的地方行政区域并实行上级对下级检查、下级向上级汇报的地方管理制度，而十户区的居民在共同负责的原则下对所居住区域的治安承担责任。[①] 这种制度以动员公众参与预防犯罪为主要目标，实行的是社区治安责任制，集中体现了集体预防警务的特点，其组织活动方式也直接体现了公众的愿望和需求。诺曼征服以后，社会问题已经突破一般的刑事犯罪和简单的民事纠纷，"十户联保制"逐渐被"教区治安官制"所代替，并推举看守人担任义务守夜巡逻员。治安官以"公家人"的身份管理治安，他的主要职责是逮捕罪犯，在高级警务官和低级警务官（继续履行百户长、十户长职责的人）的配合和协助下开展工作。1361年，英王爱德华三世颁布了《治安官法》，把这种职务以法律的形式固定下来，并冠以"治安法官"（Justice of the Peace）的头衔。根据规定，治安法官兼有警察、检察官、审判官等多种职责，他们有权管束罪

① 胡雁、李姝音：《英国警务的演变与警察职能的发展》，载《江苏警官学院学报》2005年第6期，第123页。

犯、暴徒和不法分子，并根据这些人的罪行依照法律和惯例，决定对他们的跟踪、逮捕和适当的处罚。治安法官不仅被赋予了处理警察事务的行政管理权，还被赋予了刑事司法权。由此可见，新警务是由社区居民、看守人和治安法官组成的治安组织模式，实际上是一种“以民为主、以官为辅”的警务模式，它既强调预防犯罪，也重视对犯罪的制裁。这种司法型警务制度对依然处于以农业占主导地位的英国社会来说应该是相当有效的。

“警即民、民即警”、“以民为主、以官为辅”，实际上所反映的是英国当时社会中警察即公众、公众即警察，警察与公众基本上是彼此不分的一体化关系。[①] 这种关系至少表明，在英国当时的社会条件下，既没有专门的警察机构，也没有专门的警察人员，而维护公共安全与社会秩序的责任和义务基本上是由普通公众来承担的。

（二）正式警务

随着资本主义时代的到来，“警即民、民即警”的警务观念开始淡化，“警即民、民即警”的警务模式也开始瓦解。由于出现了农民向城市的迁移运动，城市的地位日渐重要，在成为政治、经济、金融和财富中心的同时，也成为社会问题最集中的地方。尤其是 17 至 18 世纪，以伦敦为代表的一些大城市的治安状况十分糟糕，重大刑事案件层出不穷，特别是侵犯有产者生命和财产的犯罪活动尤为突出。[②] 在汹涌的犯罪浪潮面前，非正式警务显得软弱无力。于是，英国开始进入正式警务准备阶段。正像罗伯特·兰沃西、劳伦斯·特拉维斯指出的那样，此时在一些城市里，警察活动已经从普通居民的轮值中分离出来，以依赖奖励和报答他们的金钱为生的抓贼员应运而生，他们的工作类似于当代警探。[③]

职业警察的产生，从实体上宣布了“警即民、民即警”的警务模式的解体，但是“警即民、民即警”的警务观念却没有就此逝去。警务思想者和实践者亨利·菲尔丁兄弟和帕特里克·科奎豪恩等人在职业警察建立伊始就已经意识到，仅仅依靠侦缉队伍和警察机构打击和预防犯罪是不够的，警察的工作还必须得到公众配合。他们通过著书立说或撰写与犯罪或治安有关的报道，努力吸引公众对预防犯罪和侦破犯罪的注意力，增强公众对警察的了解、

---

① 胡雁、李姝音：《英国警务的演变与警察职能的发展》，载《江苏警官学院学报》2005 年第 6 期，第 124 页。

② 胡雁、李姝音：《英国警务的演变与警察职能的发展》，载《江苏警官学院学报》2005 年第 6 期，第 124 页。

③［美］罗伯特·兰沃西、劳伦斯·特拉维斯：《什么是警察——美国的经验》，尤小文译，群众出版社 2004 年版，第 63 页。

理解和支持。[①] 这些先驱者知道，在警察开始形成一种专门职业的情况下，加强与公众的沟通和联系、努力争取公众的理解和支持是十分必要的，一旦脱离了公众，他们的处境将是困难的。罗伯特·比尔对这一理念也十分认可。他在建立伦敦大都市警察时就提出了著名的“比尔原则”，指出“警察就是公众，而公众就是警察”。其要旨之一是让警察更多地为公众所认可，而不是与法律联系起来。[②] 上述警务观念和警务实践，反映了英国警务既继承传统又善于变革的务实作风。

然而，在警察专业化过程中，这一理念逐渐被摒弃。19 世纪末，世界各国大都效仿英国建立起了现代职业专业警察。但是，由于处于初创时期，加之对警察训练不足，各国警察普遍效率低下、腐化严重。因此，在 19、20 世纪交替之际，以美国为首的警界以建设专业化警察为目标，开始了专业化运动，历时 70 多年。为了体现警察是社会中一个专门的、不可替代的职业，彰显“控制犯罪是一项只有警察负责的工作”这一理念，专业化运动着重塑造警察的职业信念和使命是打击犯罪，并通过媒体向社会和公众宣传警察的社会角色是揭露和证实犯罪的专家、打击犯罪的战士。[③] 然而，警察专业化运动虽然使警察打击犯罪的能力增强了、警用装备的水平提高了、快速反应的时间缩短了，但是它带来的最大弊端就是使警察脱离了公众，其结果是不仅破案率没有提高，公众的安全感没有明显改善，反而使公众对警察产生了信任危机，警察与公众的关系出现了紧张，甚至是恶化的现象。王大伟在其《第五次警务革命——十论世界警务大趋势》一书中提到了英国老百姓为警察编的一个顺口溜：平时看不到，电话来呼叫。来时急如火，去时一溜烟。[④] 这非常形象地反映了警察与公众关系的冷漠。警察与公众关系的恶化，究其原因有两点：一是警察与公众交流的机会减少了；二是公众要求增加警察服务的呼声越来越高，而警察却用更多的时间去处理案件，而不是警民关系。因此，传统的以打击犯罪为核心的警务工作已无法与基层警察的特殊服务目标相适应。

20 世纪 70 年代，西方国家警察重新认识了“比尔原则”的价值，开始追本溯源、返璞归真，让警察与社区重新结合，鼓励社区居民和团体参与警务活动，共同交流信息、研究社情，与警察进行密切合作，建立良好的合作

---

① 胡雁、李姝音：《英国警务的演变与警察职能的发展》，载《江苏警官学院学报》2005 年第 6 期，第 125 页。

② 沙万中：《关于西方国家社区警务理论与实践探讨》，载《上海公安高等专科学校学报》2001 年第 2 期。

③ 袁广林：《美国警察专业化论述》，载《公安教育》2006 年第 4 期，第 54 页。

④ 王大伟：《第五次警务革命——十论世界警务大趋势》，中国人民公安大学出版社 2012 年版，第 47 页。

关系，同时要求警察共同采取这项战略，并寻求政府与其他机构的支持配合。加拿大原皇家骑警总监诺曼·D. 英克斯特尔在《社区警务的本质》一文中指出，要将“比尔原则”作为现代警察警政思想的基本指导原则，密切警察与公众的关系并以预防为主。警察完成他们的职责——预防犯罪和打击犯罪，必须依靠公众的支持，而取得公众的支持，就必须要密切警察与公众的关系。具体来说，密切警察与公众关系的实质是预防犯罪，警察与公众关系的好坏直接影响着警察工作的成效，最终影响着社会治安形势。至此，形成了自 20 世纪 70 年代以来愈演愈烈的社区警务改革，其也成为当今世界警政的主流。

二、警察与公众关系的理论依据

自 20 世纪 30 年代起，美、英等国进入警察专业化时代。警察专业化的典型特征是追求增加警力和装备现代化，强调快速反应。警察专业化虽然在历史上产生过积极的作用，但是随着时间的推移，其弊端也日益显露。过分强调专业化的结果是警察虽然付出了艰苦的努力，但只是疲于应付，不仅没有遏制严峻的犯罪势头，还远离了公众，逐渐成为一支孤独的力量。[①] 20 世纪 60 年代末 70 年代初，美国和英国的一些政治家以及警察管理者开始认识到警察专业化并不像人们想象的那样有效，在处理现代社会中的犯罪与秩序的问题时，职业警察存在着自身固有的局限性。为转变被动局面，美、英警学研究者开始探讨一种重视改善警察与公众关系、广泛发动公众参与的新警务模式，而此时被西方广泛应用的社会行为等相关理论为促进警察与公众的合作提供了依据。

1. 社会契约论。

社会契约论的主要表述是探究是否存在合法的政治权威，“人是生而自由的，但却无往不在枷锁之中”。政治权威在我们的自然状态中并不存在，所以我们需要一个社会契约。在社会契约中，每个人都放弃天然自由，而获取契约自由；在参与政治的过程中，只有每个人同等地放弃全部天然自由，转让给整个集体，人类才能得到平等的契约自由。社会契约论是西方国家重要的哲学思想。美国哲学家约翰·罗尔斯认为，社会契约理论足以表明一个政治理论，即政府如果忠实而且实现了它对公民的义务，人们就应该遵守行为规范。警察工作具有一种政治功能，警察既是政府的道德和法律代表，同时也是公众的公仆，因而公众有权利要求警察提供服务。但警察也有权利要求公众实现他们的契约，这样才符合所有人的最大利益。根据“社会契约论”理论，民众授权政府组建警察，使其与社区居民共同维护秩序。警察从社区居

① 胡雁、李姝音：《英国警务的演变与警察职能的发展》，载《江苏警官学院学报》2005 年第 6 期，第 126 页。

民中获得权力，在接受权力时警察不但要同意发挥符合社区社会道德标准的功能，并且要同意发挥符合法律标准的功能，维护社区的社会治安秩序，满足社区居民的各种治安需求，社区居民则同意以支援警察的财政、法律及感情为交换条件。此外，当警察执行限制居民自由行为及以正当理由行使合理的侵入权时，他们仍应对大众负责，民众也应给予积极的配合，不能因为是其授予权力而对警察行为妄加干涉。由于民众是国家真正的主人，是警察服务质量的最后裁判，因此，警察服务应以民意为依据。

由于社会契约理论超越了部族、宗教和种族的界限，特别是它避开了阶级这一敏感的话题，有利于在西方各国开辟不同文化、不同传统的多元化社会的警察工作，从而在西方国家赢得了广泛的支持，并在警察科学中得以借鉴和利用，罗伯特·比尔警务原则中的永远和公众保持水乳关系就是在恢复历史传统。[①]

2. 社会控制理论。

美国社会学家、犯罪学家特拉维斯·赫胥认为，任何人都是潜在的犯罪人，个人与社会的联系可以阻止个人进行违反社会准则的越轨与犯罪行为，其主张人类之所以不犯罪是外界环境的陶冶、教养和控制的结果。而在社会化过程中，人与社会建立了大小不同的社会键。如果一个人的社会键很强则除非有强烈的犯罪动机将键打断，否则他便不容易犯罪；反之，若其社会键甚弱，则一个很弱的犯罪动机即有可能导致其犯罪。因此，犯罪的原因基于个人与社会间所建立的键：键强则犯罪少，键弱则犯罪多。

把社会控制理论运用于警察与公众的互动关系具有重要的指导意义。社区的凝聚力减低或是社区的意识低落，是社区不良秩序行为产生的原因之一。要减少社区的犯罪或不良秩序行为的产生，就要从加强社区民众的联系开始。加强警察与公众之间的互动，树立靠“大众的关系”而非“少数人的努力”来维护社区秩序的意识，将社区中的民众组织起来，通过社会接触和社会互动来增加彼此间的凝聚力，这种凝聚力的表现，就是社会键的象征。从这层意义上来说，警察与公众互动的过程就是社会控制理论的运用。[②]

3. 变革管理理论。

德国人利温提出的变革理论在西方的变革管理与企业发展领域中的影响持续了近半个世纪，并被应用到所有的组织系统内。其基本内容为，在全球性的竞争环境里，科技、竞争和顾客的需要都在不时地改变，组织只有不断地对自身进行变革，才能生存于市场。组织变革就是在组织遭到外部冲击时，

---

① 熊一新、王太元：《最新社区警务工作指南》，群众出版社 2003 年版，第 16 页。

② 程文亮、徐晓平：《警民互动的理论基础研究》，载《湖北警官学院学报》2005 年第 9 期。

配合内在环境需求，调整内部的状况，维持本身的均衡，从而达到组织生存与发展的目的。成功的组织变革需要三个阶段：第一阶段是环境分析和预诊断阶段，主要是对当前组织的相关情况进行简要的介绍和分析，明确组织的使命，识别组织的状态和要达到的目标等；第二阶段是诊断阶段，阐述组织所期待的未来状态是什么，确定变革的相关系统，分析组织的内外部环境；第三阶段是变革阶段，对变革的模式进行评估，与目标相联系，规范新产生的模式和行为，巩固变革后的成果。

警察机构同其他组织一样，也会因环境的变化而导致变革。警察组织是一个开放性的系统，通过资源（人力、物力、财力）输入的警察活动的展开，经过社区居民的支持与参与，逐渐与社区产生互动，通过警察与公众之间的充分合作，输出警察组织所追求的目标（秩序稳定、社区安定、安全感增强、警民关系融洽、警察形象改进）。组织的变革管理理论对警民互动有重要的指导意义。要正确地确定警察组织的目标、选择组织的战略，就必须了解人们的治安需求，这必须通过警察与公众的互动才能实现；要完成组织目标，必须完善警务的运作流程，必须让公众参与到警务决策和活动中来。通过警察与公众的互动，赢得公众的信赖和支持，充分利用、发掘和整合社区资源。要克服警察机关“包打治安”的思想，只有通过警察与公众的互动，实现警务再造，输出组织成果，完成警察组织的既定目标。[①]

4. 破窗理论。

破窗理论的思想最初是由美国学者比德曼等在研究犯罪被害恐惧感时提出来的。1982 年，詹姆斯·威尔逊和乔治·凯林以“破碎的窗户”为题发表了一篇论文，提出了破窗理论。该理论的核心是，残破或破败的社区会使人们担心自己的安全，会使人觉得这一地区是“缺乏控制”的，因此是危险的，人们担心的根源并不是他们实际上可能遭到侵害，而是一种无助感。破窗现象会发出一个明显的信息：它告诉守法的公众，这里是个没人管理的地方；而对违法犯罪人员来说，这里则是进行非法活动的好场所。破窗理论提出后，随即引起了人们的广泛注意。凯林和科尔斯在 1996 年详细论述了破碎窗户的理论。其结论是，警察与社区共同维持秩序有可能控制犯罪。[②] 罗伯特·兰沃西、劳伦斯·特拉维斯也认为，由物体的损坏和人际间的不礼貌所表现出来的混乱，创造了一种滋长犯罪的气候。而对警察机关来说，对付“破窗”最有效的策略就是“零容忍”：对各种反社会行为和犯罪不论大小，均毫不犹豫、绝不妥协地进行彻底的斗争。使各种潜在的犯罪者因明了警察机关的态

① 程文亮、徐晓平：《警民互动的理论基础研究》，载《湖北警官学院学报》2005 年第 9 期。

② ［美］罗伯特·兰沃西、劳伦斯·特拉维斯：《什么是警察——美国的经验》，尤小文译，群众出版社 2004 年版，第 365 页。

度，而不敢为所欲为，社区居民也由于警察的及时干预，而增加了与犯罪作斗争的信心，从而密切了警察与公众的关系。①

破窗理论对警察与公众关系的重要指导意义在于：一方面，秩序的恶化是有预兆的，对社会秩序恶化的预兆最先感受到的是社区的居民，如果社区的居民对“随意打破的窗户”漠不关心、熟视无睹，那么这个地区的居民很快也将面临犯罪的侵扰。因此，居民为避免犯罪的侵扰应承担起维护社区秩序的责任。另一方面，警方应在“窗户破碎”之初，就将导致“窗户破碎”的行为纳入警方的视线，制定有效措施，与居民共同采取行动，加强社区秩序的控制力，维持社区的有序状态。

5. 社区警务理论。

20 世纪 80 年代以后，对警察与公众关系影响最广泛、最深入的应属社区警务理论。它直接导致世界上许多国家的警务活动发生了重大变革。社区警务理论认为，犯罪的产生有着广泛的社会原因，因而遏制和控制犯罪还要依靠社会、依靠广大公众。而社区警务就是在警方和社区之间建立一种联盟，目的是通过双方的努力，创造更美好的邻里关系。

社区警务理论的主要内容有：①注重寻求原地解决问题，同时又重视解决问题的过程。具体到日常工作中就是发现问题、分析问题、解决问题。②体现了公众直接参与影响邻里生活安全和邻里关系事务的警务观点。③由于不同的邻里有不同的关注点、要求和优先解决的问题，所以应该充分考虑各个邻里的不同需要。要做到这一点，警察必须与居民建立密切的联系，使他们了解警方在打击和预防犯罪方面所做的努力。随着交流的加强，警方和社区之间出现了一种互相合作和互相有利的关系，这种关系包含着警方使居民对他们的活动心中有数，使社区和警方都明确各自的职责。④权力和机构的分散。在合法的伙伴关系建立后，决策的职责是由警方和社区共同承担的。这种伙伴关系不仅能让居民积极参与警务工作，而且还有促进作用。权力的分享意味着社区有权参与决策制定的全过程，除非是法律特别规定为警方独享的权力。⑤新的巡逻线路更多的是按照街区之间的自然分界线重新规划，而不只是根据警方的需要任意决定。如果某个居民所在的街区发生了问题，该居民就有义务帮助警方作出正确的决定。⑥新招募的警察首先要进行训练，以了解社区的复杂性和工作中的动力以及警方如何与之相适应。⑦邻里犯罪的最佳解决方法是通过居民获得情报。②

---

① 陈小波：《破窗理论与社区治安》，载《山东警察学院学报》2000 年第 5 期。

② 宋万年等：《外国警察百科全书》，中国人民公安大学出版社 2000 年版，第 347、348 页。

6. 公安群众路线理论。

1945年5月，党的“七大”明确指出：一切为了人民群众的观点，一切向人民群众负责的观点，相信群众自己解放自己的观点，向人民群众学习的观点，这一切，就是我们的群众观点，就是人民群众的先进部队对人民群众的观点。概括起来包含两个方面：一是群众观点，二是群众路线的领导方法。[①]

党的群众路线理论的确立，为公安群众工作提供了理论依据。公安群众路线，是公安工作实行的一切为了群众，一切依靠群众，从群众中来，到群众中去的工作路线。其主要内容是服务群众、保护群众、宣传群众、组织群众、依靠群众。[②]

一切为了群众，是公安工作的出发点和归宿，是公安工作的宗旨和职责的有机结合。一方面，公安机关依法打击违法犯罪，满足人民群众的安全预期，为人民群众提供安全保障；另一方面，实施有效的社会管理，维护正常的社会秩序，为人民群众提供良好的秩序环境，使人民群众能够安居乐业。公安机关及公安民警本着对人民群众负责的精神，坚持以民为本、以民为重、以民为先，以群众满意为最高标准，管理治安，切实保障群众的权利和权益。

一切依靠群众，是公安工作的根本态度。依靠群众，首先要尊重群众，尊重人民群众的主人翁地位，尊重人民群众的首创精神；其次要相信群众，充分相信群众中蕴藏着积极参与维护社会秩序的智慧和力量，信任人民群众既是公安工作最坚实的基础，也是公安工作最可靠的坚强后盾。

从群众中来，到群众中去，是公安工作的基本方法。公安机关及公安民警要深入到人民群众中去，广泛听取人民群众的意见和建议，把人民群众在维护社会治安实践中创造出来的经验进行总结推广，并将成熟的经验法律化、制度化，长期坚持下去。

7. 综合治理理论。

社会治安综合治理，就是在党委、政府的统一领导下，充分发挥政法部门特别是公安机关的骨干作用，组织和依靠各部门、各单位和人民群众的力量，综合运用政治的、经济的、行政的、法律的、文化的、教育的多种手段，加强打击、防范、教育、管理、建设、改造工作，实现从根本上预防和治理违法犯罪，化解不安定因素，维护社会治安持续稳定。通过全社会的共同努力，实现社会稳定、重大恶性案件和多发性案件得到控制并逐步有所下降、社会丑恶现象大大减少、治安混乱的地区和单位的面貌彻底改观、治安秩序

---

① 胡雁：《公安群众工作发展概要》，中国人民公安大学出版社2009年版，第5页。

② 《公安学基础教程》编写组：《公安学基础教程》，中国人民公安大学出版社2012年版，第122页。

良好、群众有安全感的目标。①

社会治安综合治理是公安群众路线理论在新的历史时期的丰富和发展，突出强调解决社会治安问题是全社会的共同任务。它要求各级党委和政府切实加强对综合治理的领导；政法机关要充分发挥职能作用；各机关、各部门、各社会团体要齐抓共管，要履行自己在社会治安中的职责，管好本部门、单位的治安；要把群众组织起来，充分发挥他们的作用。

三、警察与社会、公众及社区的关系

（一）警察与社会的关系

警察与社会至少存在三个层面的关系：首先是在宏观层面，社会间接赋权于警察。社会契约理论认为，社会赋权于国家，而世界各国警察体制的建立都依赖于国家的权威，国家权力也是警察权力的来源，社会通过国家实现了对警察的间接赋权。其次是在中观层面，警察通过执法与服务实现社会控制，同时社会对警察的工作实施监督，并开展必要的合作。最后是在微观层面，警察与社会诸要素间存在一种公共关系，之所以把公共关系定位在微观层面，是因为这种公共关系同人与人之间的人际关系类同，它是警察与社会要素间的一种“人际关系”。

警察的出现与国家的建立紧密相连，掌握国家权力的社会精英阶层为了维持社会现状，建立警察来实现社会控制，警察反映了社会中各种相互冲突、相互矛盾的力量的均衡，其权力来源于国家，是国家权力的延伸，警察只是社会控制力量体系中的一种。警察通过执行法律和维持秩序来实现社会控制，有时警察提供的社会服务也可视为一种社会控制行为。② 而警察在社会中存在的意义，在于整合社会机制，维护政治统治下的社会生活秩序，并整合社会各阶层的文化规范和价值体系间的冲突。

（二）警察与公众的关系

警察与公众关系的主要形式，美国学者威尔逊认为，在必须履行执行法律、提供服务和维持秩序三种职能的情况下，对于如何执行职能存在法治式、服务式与看守人式三种形式。法治式警察机构的警察经常正式地干预公众，强调执法，他们与公众的交往方式是：警察是法律的使者。服务式警察机构的警察以非正式的形式干预公众，他们并不以法律界定警察应该管的事，强调警务为公众提供服务职能，他们与公众的交往方式是：警察是政府的守门

① 《公安学基础理论教程》编写组：《公安学基础理论教程》，中国人民公安大学出版社 1995 年版，第 234、243 页。

② 参见北京警察学院迟松剑执笔的“中国警学理论体系课题”第六章《警察与社会的关系》。

人，经常为公众指导在何处提供何种服务。看守人式警察机构的警察很少干预公众，很少主动与公众联系，他们的首要任务是维持秩序。影响警务风格的因素与警察机构所处地域的政治文化有关，同时与警察周围的三种人有关，他们分别是警察机构的警察、警察机构的所有者——政府，以及顾客——通常可以理解为公众。警务风格与以上三种人对其的相对影响有关：当警察机构的所有者政府居于主导地位时，可能采取法治式警务；在公众的利益居于主导地位时，服务式警务居于主流地位；而当警察机构的成员也就是警察个体最具影响力时，更可能是看守人式的警务。①

无论何种形式，警察都需要与公众有互动过程，这一过程的实际效益是：警察与个人、群体相互传递可以包容的共同意识，以达到社会生存与发展的目的，即通过协同实现彼此共同的社会利益，这正是警察存在的基本价值。

（三）警察与社区的关系

社区的本意为“关系密切的伙伴和共同体”，是社会的重要存在形式之一。社区有不同的分类形式，具体有两类：一类是功能意义上的社区，如商业社区和居住社区；另一类为地缘意义上的社区，是由生活或工作在同一地域的居民所组成的共同体。社区的这种共同体应包括所处某一特定地缘意义上的社区内的个人、家庭、邻里、学校、地方政府、组织、企业等。

英国现代警务改革的旗手约翰·安德逊把社区警务比作一棵大树：树干和枝叶是警察机关及其各个部门，而大树赖以存活的土壤就是社区 。它反映了抑制犯罪离不开社区、警务工作依赖于社区的基本原理。社区警务树形象描绘了“警察根植于社区”的理论。因此，警察的工作要充分考虑社区的需要，在履行国家赋予的基本职能的前提下，依据其所处地区的特点进行调整，在这一过程中，地区特点也就融入了警务工作，警务也就反映了其所属地区的特点。

社区警务树理论意在表明，在警务实践中，警察与社区共同致力于建设一种伙伴关系；警察与社区伙伴关系建设的目标，是控制社区的违法犯罪行为，解决社区内的现实问题，提高社区生活质量。

四、影响现代警察角色的相关因素

（一）政治因素

政治是上层建筑领域中各种权力主体维护自身利益的特定行为以及由此结成的特定关系，是人类历史发展到一定时期产生的一种重要社会现象；而警察则是政府、政党、利益集团在权力分配和利益交换的过程中，出于生存

---

① 参见北京警察学院迟松剑执笔的“中国警学理论体系课题”第六章《警察与社会的关系》。

和发展的需要通过集体授权的方式建立的。警察对于掌握和操控社会系统的人更有利，受益者将他们的特权渗入到警察的领导体制和组织结构中，那些行使权威和控制的人运用他们的权力维护自己的利益。

有一种观点认为，警察应在政治中保持独立，以彰显现代社会的民主和自由。这一主张曾在20世纪初美国警察专业化改革运动中被定为总目标，即把政治从警察中清除出去，把警察从政治中解脱出来。[①] 而事实是，第二次世界大战以后，美国警察，更准确地说是联邦调查局已经成了美国各政治团体争夺和控制的对象，政治领袖和他们代表的政治团体以维护国家安全和国家利益的名义用调查的方式对政治上的反对派或反对者进行控制，以此来推行自己的利益主张，警察成了政治领袖和他们代表的政治团体的御用工具。

政治对警察角色的影响是本质的、内在的。警察依附政治而存在，同时又为政治服务，这是警察的价值所在。警察为政治服务主要体现在两个方面：一是为政治集团在权力分配、利益交换过程中的强势一方提供帮助，二是为政治集团提供适合其生存和发展的有序的社会环境。

（二）法律因素

法律是政治的另一种表现形式，但又不是同一个概念。如果说政治对警察的影响是内在的，那么法律对警察的影响则是外在的。一般国家的通行做法是，制定法律对警察的职能、职责、权力等作出明确规定，将警察在社会系统中的角色定位为秩序的维护者、犯罪的查处者、公众的服务者，[②] 使警察的角色与其职业相匹配。

法律对警察角色的规定虽然具有相对的稳定性，但也不是不变的，这是因为法律可以对警察角色产生影响，警察角色也会对法律发挥作用。当警察角色与其目标不匹配并与人们期望的角色相距甚远以致人们表示怀疑时，适当修订或颁布新的法律对警察角色具有调整作用。

（三）警务模式因素

在警务发展的历史上，许多国家的警察都经历了警察专业化和社区警务这两个变革时期，不同的警务模式对警察角色有着不同影响。

在警察专业化时期，技术产品被广泛使用，目的是提高警察的工作质量和效率。现代化的装备提高了警察打击犯罪的能力，技术产品的投入和使用最大限度地为提高警察快速反应提供了技术支持和保障，快速反应的战略思想也逐渐在警务工作中占据了主导和支配地位，人们认为快速反应一定能有效打击犯罪、遏制犯罪、降低犯罪率。强调技术的结果是深化了打击犯罪的

① 胡雁：《关于影响警察形象若干因素的分析研究》，载《公安教育》2004年第11期。

② 胡雁：《关于影响警察形象若干因素的分析研究》，载《公安教育》2004年第11期。

警务思想，强化了警察犯罪打击者的角色。技术产品的运用在打击犯罪方面的作用虽然得到了社会各界包括公众在内的首肯，但是技术产品的广泛使用并没有带来人们预期的结果，犯罪率没有因此降低，而警察与公众的关系却日渐疏远。人们开始反思“武装到牙齿”的警察是否能带来安宁、安全和秩序，是否能真正打击、遏制犯罪，给公众以安全感。包括警察在内的社会各界通过反思认为，技术产品可以提升警察的战斗力，但打击犯罪只是遏制犯罪的一个方面，遏制犯罪必须打防并举，警察不仅是打击犯罪的战士还是社会的服务员，在继续保持英雄本色时还应加强亲民形象的建设。[①]

社区警务的兴起是警察专业化带来的结果，是在反思警察专业化的基础上建立的适应社会发展需要的民意导向型警务模式。在社区警务模式中，警察角色强调的是社区服务员，通过为公众服务，谋取社会与各界的支持。

（四）组织文化因素

警察作为一种职业和一个特殊的群体，有其独特的组织文化。这种文化是警察组织在长期的警务实践中形成的，是具有共同价值观念的行为准则，并表现出意识性、系统性、凝聚性、导向性、可塑性的特征。

警察组织文化对于组织中的具体警察而言，其功能包括：第一，能够产生知识分享的效果。知识分享对警察的职业行为运作状态，甚至是地位的确立都价值斐然，因为警察地位确立的关键要素之一就是知识的占有。警察同事之间的价值理念、专业技能、经验的分享，有利于警察之间的彼此沟通，从而能一致地实现警察组织的目标，减少警察在具体执法过程中的目标替换或偏差行为。第二，具有内化或者固化警察职业风格的作用。正向组织文化包括以理性为制约的警察英雄主义精神、以社会疾病治疗为己任的医生诊断理念、以法律为依据的忠诚的法律仆人思想。对于负向的警察组织亚文化而言，其中包括玩世不恭的犬儒主义精神、感觉深陷野蛮势力之中的悲观主义精神，以及最不能接受的腐败亚文化。在警察组织文化中，即使是正向的警察组织文化也不能保证一定能够使警察达到良性内化的结果，就像是警察亚文化不一定能使警察组织中的个人都职业自控性失灵一样。[②]

警察组织文化虽然对警察的行为、认知和思维等价值取向具有潜移默化及深远持久的影响，并成为影响警察行为方式和警务风格的因素之一，但是，警察的角色更多的还是受到政治、法律的制约以及政策、制度的约束，组织文化只是诸多影响因素中的一种而已。

---

① 胡雁：《关于影响警察形象若干因素的分析研究》，载《公安教育》2004 年第 11 期。

② 宋远升：《论警察的组织角色》，载《犯罪研究》2014 年第 1 期，第 40 页。

五、警察与公众的互动形式与效果

（一）警察与公众的互动形式

1. 广泛接触。

警察与公众特别是社区居民的互动一般必须基于一定的平台，这一平台往往是由政府组织或非政府组织搭建的。它们是警察与公众广泛接触、互相了解、征求或反映意见和建议的窗口，也是推动双方互信、互助的舞台。

在社区警务开展得比较好的国家，这类组织较多。在美国，纽约市警察局所属的社区警务局，其具体工作就是与各种社区和公众保持互动，增强警方与社区的联系。市局下属的巡警局、公屋警察局、地铁警察局的基层组织均设有社区事务警察。在各警种中，巡警系统的基层组织是最健全的，不但设有社区警察，还设有社区理事会。理事会每月举行一次会议，并鼓励社区成员参加，同时为警察和居民提供直接交流的论坛，居民可以定期与警察见面交流社区的公共安全问题。为更好地掌握社区情况，纽约市警察局还建立了一些社区警务特别行动小组，如分局联络小组、神职人员连线小组、新移民服务小组、特别需求小组等，基本可以覆盖社区的各种人群，与他们打交道，为他们提供服务。为使社区警务富有成效，纽约市警察局设立了许多警务活动项目，如少年活动、公民教育与训练、社区节庆等，吸引不同层次的居民广泛参与，通过对话、参观、体验等方式建立交流渠道，达到推广社区警务的目的。

日本国家警察厅在全国范围内也开展了形式多样的互动活动，其具体活动包括：①发挥社会自愿服务组织的积极作用；②支持残疾人的安全联防活动；③开展自治体自主活动，进行辖区居民安全意识调查；④搞好环境安全设计，修建重点防范道路；⑤成立“区域社会安全联防协会”。为有效开展区域安全联防活动，他们还建立了相应的警察内部机制，主要包括：在警察本部增设“区域安全联防对策办公室”；在各警察署内配备区域安全联防活动专职人员；建立安全联防聘用制，聘请女警或退休警察为“联防顾问”，担任联防活动的联络员；建立刑事犯罪统计业务联机系统；建立促膝谈心制等。①

我国浙江省湖州市公安局的“警务广场”，是公安机关依托广场、公园等公众活动场所和互联网，搭建公众参警议警、警务协商、民主监督的平台，建立开放、参与、合作、共赢的民意导向型警务新模式，最大限度地保障公众的知情权、参与权、表达权、监督权，推进警务民主化，营造警务共同体，使公安工作充分体现民意、广泛汲取民智、更好保障民安、促进平安和谐。

---

① 尹伟巍、戚丹、张铁岩：《关于推行社区警务的几点思考》，载《辽宁警专学报》2003 年第 1 期，第 4~8 页。

概括来说，民意是基础，民意导向型警务新模式是核心，警务民主化是根本保障，警务共同体是力量源泉，公众满意是第一标准。①

除此以外，还有许多国家通过各种组织开展各类活动，其目的都是通过互动，增进警察与公众的感情，促进警察与公众之间建立起密切的联系。

2. 互通情况。

在社区警务模式中，警察与公众共同关心的问题是社区的公共安全、社区居民的生活质量。警察与公众互动的一个重要任务，就是及时发现社区中存在的治安问题、隐患问题以及影响社区生活质量的其他问题。双方共同鉴别和分析犯罪的破坏性行为，寻求、制定长期解决这些问题的方法。

在澳大利亚，邻里联防是实施社区警务的一项重要措施，其中有两点做法颇有特色。一是“情况交流”。“情况交流”是警方分发给居民刊登有当地犯罪活动的情况、预防犯罪的措施及建议等内容的材料，供居民参考，以达到降低犯罪率的目的。二是设立社区警务联络官。联络官的职责有三项：与社区的各组织、协会、学校、俱乐部等建立和发展关系；与当地的警察组织或人员建立联系，向当地高级警官提供可能导致犯罪的情况信息，为高级警官决策提供帮助；促进警察与媒体的关系，扩大影响。②

而新加坡的邻里警局和邻里警岗人员，则是通过经常性的入户走访向居民传达预防犯罪的有关知识，并听取他们对社区提出的意见。邻里警局还与居民委员会、邻里委员会、公民咨询委员会及社区发展理事会等社区基层组织合作，及时了解社区动态，特别是社区在公共安全方面的问题。

此外，我国各级公安机关也建立了局长接待日、民警入户走访等警民联系制度，通过恳谈、议事等形式，听取群众意见，了解群众的诉求。同时，根据当地的治安现状及趋势，向社会及公众发布治安警情、资讯；通报易发、高发刑事、治安案件，特别是本地区违法犯罪人员的来源和构成、违法犯罪类型、侵害目标、作案手法的特点及规律；让群众了解突出治安问题、发生的原因及解决的办法，提示群众提高警惕，加强安全防范；让群众掌握治安防范的基本手段、方法、途径和措施，增强报警意识，掌握报警的方法、途径和要求以及如何保护现场、保全证据等；提出相应的安全防范建议，加强警民协作。③

3. 共担职责。

警察与公众的伙伴关系，不仅体现在交流沟通方面，更重要的是通过交

---

① 金伯中：《警务广场——民意导向型警务新模式》，群众出版社 2011 年版，序。

② 刘进国：《澳大利亚的社区警务工作》，载《人民公安报》2010 年 6 月 12 日第 8 版。

③ 《公安群众工作教程》编写组：《公安群众工作教程》，中国人民公安大学出版社 2013 年版，第 51 页。

流沟通达成共识，并逐渐形成一种互相监督、互相协调、共同承担解决问题的责任。

在澳大利亚，邻里联防除了互通情况，更重要的是在此基础上，通过邻里联合行动，保护财产和他们自身的安全，使之不受犯罪活动的侵害，达到共担职责的目的，这是警方开展社区预防犯罪活动最显著、最实际的一项工作。顾名思义，邻里联防不但促使邻里之间进行合作，有事互相援助，而且使居民与警察之间也能基于共同利益，密切合作，友好相处。各州的邻里联防通常是应当地居民的要求由警方发起组织的。警方负责划分邻里联防的区域范围，召集会议，帮助推选居民代表及负责人，分发预防犯罪小册子等宣传品。澳大利亚创造了一种较复杂的互联、互助结构，这种结构有利于提高公众的热情使其积极参与。

在我国，各地公安机关根据当地的经济发展水平和群众的实际能力水平，在辖区街道、乡镇、居（村）委会及机关、企事业单位的支持下，因地制宜，建立多种群众性治安保卫组织。例如，招募来自社会各界的治安志愿者，组建禁毒、消防、交管、治安等志愿者队伍，开展多种形式的义务治安服务活动；将辖区内的失业人员和无业人员组织起来，给予一定的报酬，成立专门的社区巡逻队，推进联户联防、看楼护院、邻里守望活动；而护厂队、护校队、单位内部联防队，则以本单位为目标对象，维护单位的工作、生产、经营、教学和科研秩序。它们在警察的指导下，共同维护区域内正常的工作和生活秩序。

（二）警察与公众互动效果的评估

警察与公众的互动，既遵循警察与公众关系的原则，又受警察能力和素质的制约，对其效果的评估能反映出警察与公众互动的实际状况。美国根据警察与公众互动关系的实际情况，对其成效进行了评估，大致有两种评价意见：

1. 对警察与公众的互动关系持肯定观点。

警察与公众的互动关系有效地动员了社会力量参与维护社会治安，密切了警察与公众之间的关系。在实行社区警务战略的地区，公众和社区普遍认为社区警务对解决治安难题发挥了积极作用。纽约实施社区警务后，要求市长解决问题的电话大大减少，甚至那些曾经怀疑社区警务的市政官员也认识到，实行社区警务后很多矛盾和问题都化解了。社区警务战略增进了警察与公众之间的沟通和理解，使警察赢得了社会的信任和支持，同时也为有效解决美国的社会治安问题探索出了一条成功的道路。①

---

① 孙萍：《美国的社区警务战略及其启示》，载《公安研究》2002 年第 12 期。

2. 对警察与公众的互动关系持否定观点。

据2000年冬至2001年上半年对美国9个州的9个城市或郡进行的一项调查，有2010人接受了问卷调查，有76人接受了面谈调查，所有被调查对象都是社区委员会、社区警察事务委员会、大学及其他公共聚会中的组织者。也就是说，被调查对象都是比较积极参与公共事务的人。调查的结果在不同的地区有一定的差异，但也有一些共同的特征，其中之一就是社区居民对社区警务的参与程度仍较低。虽然被调查者大都参加社区会议，而且他们也有参与警务工作决策的愿望，但实际上他们在这方面几乎没什么作用。在警察看来，社区会议只是居民反映社区问题、了解警察可能采取的措施的途径，并非是让居民来决定警察的工作方式与组织管理。所谓的社区警务改革只是形式上的而非实质意义上的，社区居民并没有真正参与到社区问题的解决工作中，警务仍然是以警察为主导。[①]

第二节　我国警察与公众的关系

一、公安群众工作的历史考察

（一）新中国成立前的公安群众工作

早在土地革命战争时期农村根据地的初创过程中，安全保卫部门就开始依靠群众开展各项安全保卫工作。中国共产党在建立之初，基于当时自身的地位和内外部生存环境，提出要实现自己的奋斗目标必须联系群众，发动群众，开展群众运动的思想主张。1927年，毛泽东率领秋收起义的队伍进入井冈山，建立了革命根据地。工农革命政权建立以后，根据地安全保卫部门在成立伊始就紧密依靠群众，发动工友、农友建立工人武装纠察队、农民赤卫队等群众性保卫组织，依靠广大群众镇压反革命、打击土豪劣绅，开展肃反工作，维护根据地秩序，开安全保卫工作发动群众、依靠群众的先河。1931年，中华苏维埃共和国中央临时政府成立了国家政治保卫局，在《国家政治保卫局工作原则》中规定：肃反之进行，是要依靠广大工农群众为基础的，公开号召发动群众参加肃反工作，宣传教育群众。这一规定首次将群众工作作为公安保卫工作的重要原则和工作内容提出，并以规范性文件的形式确定下来。它的意义在于明确了群众工作是公安保卫机关重要的工作内容，确定了群众工作的领导关系和工作方法，对公安保卫机关开展群众工作起到了规范和指导作用。公安保卫机关在国家政治保卫局的领导下，根据国家政治保卫局的有关规定，在根据地组建了侦探队、秋收队等群众安全保卫组织，开

---

① 夏菲：《论美国社区警务的理论与实践》，载《河北法学》2005年第12期。

展深入敌区了解敌情、保卫生产、监视地主豪绅、扫除烟赌黄等丑恶现象等活动，而站岗放哨、警戒国民党的军事进攻和敌特的破坏则是当时最广泛、作用最显著的群众保卫工作。事实上，群众组织在专门机关的领导下，在配合军事斗争、保卫革命根据地政权方面，发挥了很好的作用。①

抗日战争开始后，中国共产党对群众路线在理论上进行了系统的总结，明确了群众路线的重要指导思想，并运用这一思想加强对于锄奸保卫工作的领导。1938 年 9 月，党的六届六中全会报告指出：锄奸工作必须发动群众，依靠群众；锄奸工作“要唤起前线与后方一切军民人等的警惕性”。并在《反奸细斗争的决议》中进一步要求：“党与军队的负责人要在各种会议中，军人大会中，公开演讲锄奸运动的重要性，动员全党全军来担负反奸细斗争的任务。有政权的地方，则要公开动员全体革命人民、学校学生进行锄奸运动。”根据这一指示精神，中央社会部在《群众锄奸组织纲要（草案）》中规定：锄奸工作不仅要依靠安全保卫机关的专门工作，而且必须依靠广大群众开展锄奸运动。明确规定安全保卫机关在锄奸斗争中必须贯彻党的群众路线。1940 年下半年，中央社会部就各抗日根据地政府建立公安局的工作制定了《公安局组织纲要》，对公安机关开展锄奸工作作了进一步规定。该纲要规定：“公安局负有该地一切锄奸工作之完全责任”，“军队锄奸部管军队锄奸工作，公安局管地方锄奸工作”。该纲要规定了发动群众锄奸是公安机关的职责，划分了公安机关与军队锄奸部门的职责分工，并赋予了县以上公安局动员民众锄奸的职权。由于此时群众路线已经成为党的普遍思想原则，故在公安安全保卫工作中强调依靠群众，事实上也是一种必然的趋势和要求。各根据地公安机关在群众工作中主要开展以下工作：一是开展锄奸、禁烟、反对封建迷信的宣传工作；二是广泛发动民众，依靠群众的力量，建立锄奸小组、锄奸团、自卫队等群众锄奸组织；三是开展群众性的锄奸反特、边区剿匪、维持秩序等工作。②

抗日战争胜利以后，公安保卫机关的主要对象由锄奸转为反特。公安保卫的主要任务是在肃清日伪残余反动势力的同时，教育和发动群众，认清形势，揭露国民党特务机关的阴谋，防范和打击特务分子的破坏活动，巩固解放区，准备迎击国民党反动派的军事进攻，支援自卫反击战争。以清剿武装匪特、摧毁潜伏特务组织为重点，积极发动群众配合军事剿匪、开展反特锄奸、取缔会道门、强化解放区治安管理以及重要的企业和公共设施等安全保

① 《公安群众工作教程》编写组：《公安群众工作教程》，中国人民公安大学出版社 2013 年版，第 32 页。

② 《公安群众工作教程》编写组：《公安群众工作教程》，中国人民公安大学出版社 2013 年版，第 32 页。

卫活动。[①] 公安保卫工作在人民的大力支持下，取得了全面的胜利，为全国解放后的经济建设和城市建设的恢复与发展打下了良好的基础。

（二）新中国成立后的公安群众工作

新中国成立以后，中国共产党十分重视贯彻执行群众路线，对群众路线的认识也在深化，并从事关党的生死存亡的高度指出了坚持群众路线的极端重要性，一再强调要紧紧地依靠群众，密切联系群众，把群众工作作为党一切工作的出发点和归宿。公安机关在党的领导下，坚持专门工作与依靠群众相结合，积极开展各项安全保卫工作。

新中国成立初期，出于巩固新生革命政权的需要，中国共产党在全国范围内掀起了轰轰烈烈的镇压反革命运动。在这次斗争中，各级公安机关根据党中央关于同反革命和各种犯罪分子作斗争的全部工作，必须放在全党动员、全体人民动员的基础之上的指示，提出在不断加强专门机关工作的同时，还要不断提高广大群众的警惕性和积极性，并使两者密切结合，不可偏废。[②] 公安机关根据党的要求，在实际贯彻执行中，既发挥公安机关专门力量的作用，也发挥各种群众组织基础力量的作用，同时处理好专门工作与依靠群众之间的关系，避免了公安机关在运动中重犯单打独斗的错误。在镇反运动中，公安机关一方面坚持严厉打击各种反革命分子，一方面在城乡指导建立群众性的治安保卫组织。在广泛发动群众的基础上，充分发挥公安机关专政职能的作用。经过镇反运动，全国形势基本稳定，社会秩序普遍好转。此后，在全面建设社会主义中，在全国范围内形成了警爱民、民爱警的良好社会风尚，马天民式的民警大量涌现，警民合作得到空前的发展，社会治安人人有责也切实落到了实处。浙江省诸暨市枫桥镇干部群众创造了“发动和依靠群众，坚持矛盾不上交，就地解决。实现捕人少，治安好”的枫桥经验，成为新中国专门工作与群众路线相结合的典范。然而，在“文化大革命”及以后的一段时期里，公安群众工作失去了往日的辉煌，长期形成的公安群众工作的优良传统由于主客观原因被人为地割裂开来，导致治安基层基础工作薄弱，治安形势日益恶化。[③] 1971 年，各级公安机关贯彻第十五次全国公安会议精神，城市各革命委员会治保会和居民委治保会、农村公社各大队治保会及各单位内保组织由点到面逐步恢复，特别是在各级公安机关恢复以后，也开始着手恢复和整顿治安保卫组织，一些社、镇还配备专职保卫干部。这一时期，虽

---

① 《公安群众工作教程》编写组：《公安群众工作教程》，中国人民公安大学出版社 2013 年版，第 33 页。

② 胡雁：《当代公安群众工作的传统和现实》，载《江苏警官学院学报》2008 年第 5 期，第 156 页。

③ 胡雁：《当代公安群众工作的传统和现实》，载《江苏警官学院学报》2008 年第 5 期，第 156 页。

然治保会的组织得到了恢复，但真正发挥作用的却十分有限，由于治保会成员心有余悸，没有或很少开展实际性工作，多数农村基层治保组织基本上仍处于瘫痪或半瘫痪状态，只有部分村庄成立夜间巡逻队，少数村治保干部自觉坚持工作。①

改革开放以后，在各项改革措施的不断推进和逐步落实过程中，社会原来的平衡被打破，新的平衡尚未完全建立起来，诱发违法犯罪的因素在增多，违法犯罪主体多元化成为刑事犯罪问题日益严重的突出标志。面临严峻复杂的社会形势，过去许多行之有效的管理措施、控制手段已失去原有的作用。公安机关加强安全防范与控制工作的紧迫性，以及原有警务模式已经不能适应动态社会经济发展要求的现实，使公安机关重新审视了公安群众工作的价值，强调在新的历史时期坚持群众路线的重要性，恢复和发扬了专门工作与依靠群众相结合的优良传统。公安机关在严厉打击刑事犯罪的同时，建立健全以治保会为骨干的群众治安组织，落实法制宣传教育、治安巡逻防范、帮教违法青少年、疏导调解矛盾纠纷、预防灾害事故等职责，并依靠各级党委和政府动员全社会力量，发挥公安机关在社会治安综合治理中的职能作用，努力为社会主义现代化建设创造良好的社会环境。随着经济改革的不断深化，党和国家对公安群众工作提出了新的要求。1991 年，《中共中央关于加强公安工作的决定》提出坚持专门工作与依靠群众相结合的公安工作方针。公安机关加大公安群众工作的改革力度。一是积极推进社区警务改革。把依靠和利用社区资源，组织、发动群众开展群防群治，构建治安防控网络作为中心任务，建立健全以社区警务室为龙头、各种群防群治力量为依托的治安防范机制，建立和完善打防结合、专群结合、人防物防技防结合的社会治安防控体系，加强群众基础工作。二是参与安全文明小区的建设和管理。在党委政府的统一领导下，形成综治部门组织协调、公安机关担当主力、部门单位各负其责、广大群众共同参与的安全文明小区建设工作机制。公安机关通过参加创建安全文明小区，改进工作作风、密切警民关系、深化公安群众工作，推进专门工作与依靠群众相结合上了一个新台阶。

进入新世纪，我国进入全面建设小康社会、加快推进社会主义现代化建设的新阶段。为保持长期和谐稳定的社会环境，保障全面建设小康社会的顺利进行，2003 年，《中共中央关于进一步加强和改进公安工作的决定》出台，指出："在新的历史条件下，要正确处理好公安机关与人民群众的关系。各级公安机关和全体公安民警要继续坚持走群众路线，相信和依靠群众，学会做群众工作，同群众打成一片，做群众的贴心人。要积极探索新形势下发动群

① 胡雁：《公安群众工作发展概要》，中国人民公安大学出版社 2009 年版，第 174、175 页。

众、依靠群众做好公安工作的新思路、新办法，把公安工作深深地扎根于人民群众之中，打牢公安工作的群众基础。”这既是对公安群众工作的新期待，也是对公安群众工作提出的更高要求。为切实做到“权为民所用、情为民所系、利为民所谋”，树立群众观点、站稳群众立场，提高公安民警的群众工作能力，公安机关要深入研究形势和任务的发展变化对群众工作提出的新要求，积极探索加强和改进公安群众工作的新途径、新办法，深刻认识到公安群众工作的本质就是密切警民关系，公安工作的核心就是正确处理人民内部矛盾。要解决好人民群众最关心最直接最现实的利益问题，把知民情、解民忧、化民怨、暖民心作为经常性工作，健全群众权益保障机制、完善矛盾纠纷排查化解机制、健全联系和服务群众制度。紧扣公安群众工作主题，从思想意识、具体措施到行动落实，从化解矛盾、调处纠纷、主动服务到宣传发动等各个环节，真抓实干，扎扎实实练就群众工作的过硬本领，提高驾驭群众工作的能力。探索创新社会管理措施，把群众工作贯穿到公安业务工作的各个方面，努力维护社会稳定，促进社会和谐。

二、公众在社区治安中的诉求

（一）我国社会阶层的现状

社会阶层是指全体社会成员按照一定的等级标准划分为彼此地位相互区别的社会集团。同一社会集团成员之间态度以及行为模式和价值观等方面具有相似性，不同集团成员存在差异性。社会阶层的快速分化是中国当代社会的基本特征。改革开放以后，我国实现了计划经济向市场经济的转化，社会结构发生了全方位的变化。社会结构的变化推动了社会阶层的变革，打破了计划经济时代按身份划分的社会阶级阶层结构。社会阶层由原来的主要由工人、农民、知识分子和干部组成的结构，逐渐转变为由国家与社会管理者、经理人员、私营企业主、专业技术人员、办事员、个体工商户、商业服务业人员、产业工人、农业劳动者、城乡无业失业、半失业人员构成的阶层结构，并出现了多样化和复杂化的趋势。

我国社会阶层的变迁，打破了原来的利益均衡，社会资源进行了新的再分配，各阶层的利益格局不断进行分化和重组，引发了不同利益主体之间的矛盾，并呈现出贫富差距扩大、博弈程度激烈、官民关系凸显、矛盾结构复杂的特点。在这一过程中，原有的一些工人、农民阶层逐渐被边缘化，成为社会中的弱势群体，

（二）公众在社区治安中的诉求

当前，各阶层在社区治安中的诉求具体表现为：一是治安问题。在治安形势依然严峻的形势下，重大刑事案件如杀人、伤害、抢劫、盗窃、诈骗、强奸、拐卖人口等以及金融犯罪、网络犯罪、侵犯知识产权犯罪比较突出，

这些犯罪数量多、影响大、危害严重，仍是当前和今后一个时期内影响公众生命财产安全和社会稳定的主要因素。二是执法问题。公众反映强烈的执法问题包括：滥用强制措施、超期羁押、刑讯逼供等限制、剥夺公民人身自由，侵犯公民人身权利的问题；执法不公、徇私枉法，办理金钱案、关系案、人情案等问题；随意执法“乱作为”，执法程序不规范，执法主体不合格，案件定性不准确，适用法律错误，越权处罚、降格处理，随意罚款和没收财物、保证金，插手经济纠纷，违反规定扣款扣物以及非法办理保外就医等问题；接处警不及时，调查取证不认真，案件查处不力，对涉及人民群众切身利益的事项长期不予解决的问题；对在信访核查中发现的问题和错误久拖不纠，执法过错追究制流于形式的问题。三是民生问题。与衣、食、住、行及环境等有关的安全问题，尤其是食品安全问题、环境污染问题，事关人民群众身体健康和生命安全，事关社会和谐稳定，是当今社会各界和广大公众广泛关注的重大民生问题之一。衣、食、住、行及环境，不仅关乎着寻常百姓的利益，在很大程度上，也关乎着国家的安定繁荣。

（三）公安机关对公众的回应

警察在社会中存在的意义，在于建立政治统治下的社会生活秩序，并整合社会各阶层的文化和价值体系间的冲突，充当社会的调节阀和稳定器。针对公众反映的突出问题，公安机关应在职责范围内着力解决；无力解决的，应向公众说明，争取公众的理解；同时，将有关问题及时向政府有关部门反映。

针对公众在治安方面的诉求，公安机关应坚持打击是主业、防范是基础、管理是手段的理念，以严厉打击破坏稳定、阻碍发展、危害民生、扰乱秩序的违法犯罪为重点，开展严密防范，健全社会治安防控体系，构建巡特警、派出所、交警、武警、边防等多警钟联合执勤模式，完善快速反应机制；加强村居（社区）防控、街面治安防控、重点人员管控、矛盾纠纷排查化解等，挤压犯罪时空；积极稳妥地推进户籍制度改革，加强流动人口、出租房屋和场所行业管理，提高精细化管理水平，确保公众平安。

针对公众在执法方面的诉求，公安机关应探索“阳光执法”建设，主动公开执法依据、执法过程和处理结果，充分保障公众的知情权、参与权和监督权，提高公安机关的执法公信力。在推行各类警务公开、法律知识宣传教育的基础上，从细化自由裁量权入手，着重抓好执法依据、案件查处、行政管理、行政许可等的公开化。让各类执法活动在不违背职业保密的前提下，广泛接受社会监督。

针对公众在民生方面的诉求，公安机关在履行职责时若遇涉及与民生问题有关的违法犯罪活动应“零容忍”，保障人民的生命、健康、财产安全；打击食品、药品、环境污染领域的违法犯罪活动；整治交通秩序，排查火灾隐患；做好破案返赃工作。

（四）建立有效的诉求渠道

疏通群众利益诉求渠道，是让公众知道有诉求“向谁说、谁来办、怎么办”。畅通渠道有利于了解民意，下情上达；有利于化解各种矛盾，保持社会稳定。公众利益诉求渠道归纳起来主要有三个方面：

第一，面对面接触渠道。面对面通常是采取定时定点、不限内容、不限对象，坚持“原生态、全开放”的方式，警方与公众在零距离条件下畅所欲言，这是最常见、最直接，也是最有效、最有感染力的接触方式。在接触中，公众可以与警察面对面，表达自己的诉求，警察则可以从中了解公众对警方及政府政策的意见，做到及时落实、反馈，使公众的意见和建议充分反映到社区治安治理的公共决策中去。

第二，利益代言人渠道。发挥社区能人、专家学者、非政府组织等公众代言人表达和传递信息的作用，维护公众的权益。此外，完善居（村）民自治组织，让居（村）委会干部真正成为公众利益的代言人，把更多与公众日常生活密切相关的利益问题在基层加以解决。

第三，大众媒介渠道。在充分发挥广播、电视、报纸、期刊新闻媒体的主渠道作用的同时，还应特别借助互联网、手机等新兴媒体，建立“网上公安局”、“网上派出所”、“网上警务室”和民警“微博”、QQ群等平台，解决公众与公安机关信息不对称的问题。

三、社区治安中的非政府组织

非政府组织（Non-Government Organization，简称NGO），是指在国际范围内从事非营利活动的政府以外的所有组织。[①] 我国官方一般将非政府组织称为民间组织。

改革开放以后，我国出现了大量的非政府组织，特别是参与治安活动的非政府组织，它们在公安机关的指导下，对社会治安稳定起到了积极的作用。随着现代社会政治、经济活动的发展，人们的民主参与意识不断增强，但如果参与渠道不畅，人们的政治要求就得不到满足。[②] 塞缪尔·亨廷顿认为，“政治稳定依赖制度化和参与之间的比率。如果要想保持政治稳定，当政治参与提高时，社会政治制度的复杂性、自治性、适应性和内聚力也必然随之提高”。[③]作为中介组织，非政府组织在公众与政府之间通过开展与社会发展相

① 《联合国宪章》第71条。

② 孙晓红：《试论非政府组织与社会治安稳定的关系》，载《铁道警官高等专科学校学报》2007年第2期，第57页。

③ ［美］塞缪尔·亨廷顿：《变动社会中的政治秩序》，张岱云译，上海译文出版社1989版，第73页。

协调的各项活动，为公众参与社会活动提供平台，也间接地扩大了政府公共管理的社会化，在一定程度上消除了一些利益群体特别是处于边缘和低层的社会群体的不满情绪，协调了社会利益关系，减少了社会矛盾。在社区治安发挥作用的各类非政府组织主要有：

（一）治安保卫委员会

治安保卫委员会（简称治保会），是具有法律地位的群众性治安保卫组织，在计划经济时期是主要的群众性治安保卫组织形式，于1952年普遍建立于我国城乡。治保会在基层政府、单位的领导及公安机关的指导下，协助公安机关维护治安秩序、缓解社会矛盾、打击违法犯罪、帮教青少年等，是公安机关与广大群众之间的纽带和桥梁。改革开放以后，公安部颁布《关于新形势下加强城乡治保会工作的意见》，要求公安派出所在辖区范围内除在居民区建立治保会外，还应在一些经济比较发达的地方建立以街道（乡）、繁华场所、贸易市场为活动区域的专业治保会和旅馆、出租汽车等行业的行业治保会，以及个体经营者治保组织及其他群众性治安组织。几十年来，我国的经济体制由计划经济转型为市场经济，而治保会依然是群众性治安保卫工作的重要力量，是我国城乡群众性治安保卫组织的主要形式之一。

（二）企事业单位等内部治安保卫组织及力量

企事业单位的保卫组织及保卫人员，来自本单位，接受本单位的党政领导，在业务上接受公安机关指导。实行“预防为主、单位负责、突出重点、保障安全”的方针，以本单位为目标对象，维护单位的工作、生产、经营、教学和科研秩序。主要有：保卫处（科）、护厂队、护校队、单位内部联防队、门卫、夜间值班人员等。

（三）保安及物业服务企业

保安及物业服务企业，是按照市场经济机制运行，有一定组织形式，提供安全保障的服务性企业。保安及物业服务企业是顺应市场经济发展以及政府管理需要的形势产生的，迄今已逐渐发展成为一支规模日益庞大的治安保卫力量，在维护社会治安秩序中逐渐成为缓解警力不足的有效手段。保安服务企业作为一支较为专业的一线治安保卫力量，其服务的对象主要是机关、团体、企业事业单位、居民生活区等，其中不乏党政机关、城市标志性建筑、大型公众聚集场所、重要市政建设工程、金融证券机构等。保安服务人员通过提供检查、登记、巡逻、守护等措施，防止或中止危及业户生命财产安全或影响业户身心健康的外界因素，避免损失或将损失降至最低限度；发生突发事件后及时妥善处理，以便确保业户生命财产的安全，维护区域内正常的工作和生活秩序。经过多年实践，保安服务企业已经被认为是一支积极有效的治安防范力量，在协助打击违法犯罪、治安联防、商业楼宇治安防范、单位内部治安防范、居民社区治安防范和校园周边治安防范中发挥出重要作用。

物业服务是保安服务的组成部分，也是城镇居民生活小区、居民楼院治安防范的一种形式。物业服务对于解决小区的车辆出入管理、人员进出管理、治安巡逻等方面，起着安全保障的作用。

（四）志愿者组织

志愿者组织，在志愿者联合会、社区（村）党团组织和公安派出所的领导下，在社区、行政村内参与社会治安巡逻防范，协助开展群防群治工作，维护社会治安秩序；协同开展矛盾纠纷排查调处工作，调解处理社会稳定中的热点、难点问题，及时、有效地化解社会矛盾；协助开展预防青少年违法犯罪和刑释解教人员的帮教工作，净化青少年的成长环境，预防、减少重新违法犯罪；协助开展安全和治安隐患排查整治活动，维护社会公共安全；协助开展法制宣传教育，普及法律法规知识，不断提高公民的法律意识和维权意识；了解掌握社情民意，及时向有关部门反映群众的建议、意见、要求，积极为群众排忧解难；是推动综治工作社会化的重要力量和组织形式。

第五章　警察的本质和社会功能

就个体与社会分工而言，警察是一种职业，与教师、工人、农民等各种以自己技能、知识来取得合理报酬与激励从而获得社会地位的职业性工作并无本质上的不同，只是警察职业有着特定的专业性、行业性，从属于国家权力的一部分，在职业任务、职业权限、职业保障和职业要求等方面有显著特点。但在整体性权力安排上，却呈现出国家暴力的有机构成，显性地表现出政治权力强制性的一面，与公民的自由、生命、财产等基本权利息息相关，是最能反映政治权力属性的组成部分之一，这也成为分析警察属性与本质的逻辑起点。换言之，在分析警察本质时，对于其社会属性的界定是确定警察本质的缘起，政治属性的界定则是权力历史性范畴的合理延伸。

第一节　警察权力的一般理论

一般认为，现代警察制度形成于 19 世纪 20 年代的英国，其主要职责在于打击犯罪，维护社会治安秩序，呈现出典型的政治权力统治特征；到百年后的 20 世纪 30 年代开始的警务革新运动时，除倡导警察权力的暴力强制特征之外，还期望以参与社会管理、提供社会服务以赢得民众的支持，有较强的提供公共产品与公共服务的公共性特征。

无论是统治型权力还是公共性占主导的权力模式，警察权力作为一种政治权力都是建构警察理论的逻辑起点，如欲分析警察权力的本质属性，从政治权力的概念展开，有能自洽的理论逻辑与现实逻辑。

一、政治权力

警察权力是指一定的警察机关和警察人员从事警务活动的权力，[①] 属于国家权力的一部分，包括关于警察机构及人员的设置、训练、调配、指挥、监督及运行过程等方面的机构、规则。在这个概念的确定中，包括两个方面：一是关于警务机构与人员的权力部门的实体设施建设；二是关于其基本规则

---

① 李健和：《我国警察权力配置的现状、问题与原因——警察权力专题研究之二》，载《中国人民公安大学学报》2007 年第 5 期。

的规定，即制度设施安排。

（一）政治权力的构成

警察权力的产生基本与人类对公共权力的设置同步，在阶级社会中首先从属于统治阶级的意志，与政权需求高度一致，与军队暴力共同构成国家统治的主要力量。马克思、恩格斯将军队、警察、官吏、法官、部长、教士等统一地称为国家（政府）的主要构成，以为其是镇压的工具、权威的机关。[①]这与马克思习惯表述的“是一个阶级用以压迫另一个阶级的有组织的暴力”[②]的政治权力定义是一贯的。

与权力的概念一样，政治权力的概念界定一直有争议，但大多数学者还是接受这样一种看法，即“权力基本上是指一个行为者或机构影响其他行为者或机构的态度和行为的能力”。[③] 德国著名学者马克斯·韦伯给出了另一个经典的定义：权力是“在社会交往中一个行为者把自己的意志强加在其他行为者之上的可能性”。简言之，权力是二者间的一种不平衡关系，主体有对客体改变其意愿、迫使其服从的影响力，二者间构成控制—服从关系。公共权力与政治权力等义，是指关涉公共事务的权力，主要体现为在政治关系中控制社会资源、从事社会活动、实现预期目标、影响相关者的能力。[④]

关于政治权力的构成，学界亦有争议，目前通常的划分是将观念与制度的影响控制力亦归结为政治权力，即应包括意识形态权力、军事权力、法律权力和行政权力等类型，[⑤] 和以往约定俗成的立法、行政、司法权力表述有所不同。将政治权力要素扩大为社会价值（社会资源）的多方面，既能解释政治权力组成的多重面相、对社会生活的绝对影响力与控制力；亦能启示社会成员、组织在接受政治权力影响与威胁时可以对抗性取舍的资源，在进行对政治权力约束时应采取的防御性选择。一般来说，政治权力的要素构成，包括暴力、财富、知识、道德、公义、身份与能力等。其中，如果简约化地表述：在古代专制社会中，暴力是决定性的权力；在近代粗鄙的资本主义时代，则是金钱财富对权力的形成有广泛的决定性；在扁平化的全球化时代，知识

---

① 《马克思恩格斯选集》（第一卷），人民出版社 1995 年版，第 452 页。

② 《马克思恩格斯选集》（第一卷），人民出版社 1995 年版，第 294 页。

③ ［英］戴维·米勒、［英］韦农·波格丹诺、邓正来：《布莱克维尔政治学百科全书》（修订版），中国政法大学出版社 2002 年版，第 640、641 页。

④ 罗伯特·达尔称，权力是使他人不得不按照某种方式去做某事的能力，见 Dahl. R.（1957）“the concept of power”，Behavioural Science（2）201—215，转引自燕继荣：《政治学十五讲》，北京大学出版社 2004 年版，第 125 页。

⑤ 孙关宏、胡雨春、任军锋：《政治学概论》（第二版），复旦大学出版社 2008 年版，第 43 页。该书认为，这一权力构成源自美国历史社会学家迈克尔·曼的社会权力四构成说。

价值更能制约权力的走向。

（二）政治权力的本质

对于政治权力本质的分析，学界也是莫衷一是。马克思等经典作家依据经济发展导致政治权力产生与变革的社会发展逻辑，论证国家权力有组织暴力的特质，揭示出政治权力的阶级属性。他们始终认为，国家是阶级压迫的工具，其依赖的力量是合法的暴力，占有政权是获得统治效力的最佳方式，凭借军队、警察、监狱等物质力量施及于被统治阶级的强制性约束力，是统治阶级压迫被统治阶级的有组织的暴力，① 国家政权是“一种维护秩序、即维护现存社会秩序从而也就是维护占有者阶级对生产者阶级的压迫和剥削的权力”。②

但这只是马克思等经典作家论证政治权力特性的一面，另一面就是政治权力的公共性。在论证权力来源的经典著述《家庭、私有制和国家的起源》一文中，恩格斯将国家的本质特征概述为“和人民大众分离的公共权力”。③他认为国家源于氏族社会部落与氏族组织的扩大化，产生了不再由氏族居民自己掌握的武装力量，并出现公民缴纳费用的捐税现象。“国家是承认：这个社会陷入了不可解决的自我矛盾，分裂为不可调和的对立面而又无力摆脱这些对立面。而为了使这些对立面，这些经济利益互相冲突的阶级，不致在无谓的斗争中把自己和社会消灭，就需要一种表面上凌驾于社会之上的力量，这种力量应当缓和冲突，把冲突保持在‘秩序’的范围以内；这种从社会中产生但又自居于社会之上并且日益同社会相异化的力量，就是国家。”④ 于此，恩格斯确定的国家来源指出了国家本质特征的一个表现，即代表整个社会、对公共事务进行管理的公共性。⑤“政治统治到处都是以执行某种社会职能为基础，而且政治统治只有在它执行了它的这种社会职能时才能持续下去。”⑥

马克思经典作家的论断为我们分析警察权力、政治权力提供了基本的路向，这也与政治权力产生的历史进程是一致的。在对人类政治文明演生的历史实证和理论假设过程中，社会契约理论关于政治权力起源的论证范式被认为是规范、理性、有证明力的。

按照这一理论的分析，政治权力源于人类在追求自我最大化利益过程中

---

① 李延明、刘青建、杨海蛟：《马克思恩格斯政治学说研究》，人民出版社 2002 年版，第 68 页。

② 《马克思恩格斯选集》（第三卷），人民出版社 1995 年版，第 118 页。

③ 《马克思恩格斯选集》（第四卷），人民出版社 1995 年版，第 116 页。

④ 《马克思恩格斯选集》（第四卷），人民出版社 1995 年版，第 170 页。

⑤ 李延明、刘青建、杨海蛟：《马克思恩格斯政治学说研究》，人民出版社 2002 年版，第 69 页。

⑥ 《马克思恩格斯选集》（第三卷），人民出版社 1995 年版，第 523 页。

的理性选择，是各方利益博弈的结果。在经历同态复仇、赎金购买等方式的双败结局后，人类接受了牺牲部分自我权利而建立公共权力的选择，实现了政治权力（国家权力）的构建。在这个过程中，公民权利具有先在性、第一性，政治权力的产生与维持仅在保障公民权利的实现时才具有合理性、正当性。质言之，政治权力源于公民权利的让渡，其正当性源头在于其公共性，即最大限度地实现最大多数公民的最大幸福。

政治权力来源于公民权利的假说，证实了政治权力必须服务于民、必须接受民众监督、必须由民众选择的基本原则。因为权力源于权利，导致权力设置的第一原则在于公平地处置社会纠纷、公正地分配社会资源、公开地设置社会规则，于此，组成司法权力、行政权力与立法权力等国家权力。概言之，公共权力的设定是为了社会成员权利更好地行使和实现，权力的运行以实现、保障权利为目的，权力必须始终满足权利的要求和主张，并最终接受权利的衡平和监督；权力一旦为权利的异化，就必须受到权利主体的定期改造。换言之，公民对国家具有决定性，权利对权力具有优先性。这种以社会契约为基础的理论推导出“人民主权理论”。所以，恩格斯说：“国家是整个社会的正式代表，是社会在一个有形的组织中的集中表现。”①

公共性是政治权力的本质属性，既是基于人类知道以最小代价实现自我利益最大化的自利性与理性判断之上，亦是以人类文明有向善追求、能克服理性盲区、人性盲点的幽暗意识为假说基础。② 在公共性的属性规定中，要求政治权力以社会整体的代表名义，执行社会公共管理的职能，对社会资源进行权威性分配。在本质属性的规定中，则是指这种政治权力具有：①普遍性，即对社会所有成员具有普遍的约束力；②至上性，在与诸如经济权力、道德权力等的对比中，具有最高的控制效力；③排他性，是社会权力的唯一正式代表，在全社会范围内排除其他同等权力的存在；④超然性，是社会纠纷的最终裁决者，处于利益冲突各方的“第三方”。

公共性的假设，是确定政治权力社会管理职能的主要依据，表明在统治性特征之外，政治权力获得社会支持、保障政权稳定及政府效率，需要以对公共事务的有效治理、民众权利的有效保障为前提，在民权得到较大发展的现代社会中，权力的公共服务、社会治理能力得到了更大的体现、更高的要求。

---

① 《马克思恩格斯选集》（第三卷），人民出版社 1995 年版，第 631 页。

② “幽暗意识”是以人之自我为思考面向，将人之自我、人性局限性等种种内部条件作为反省对象，尤其是关注人本身可能拥有的破坏性，从而出现人性光明与乐观未来的期许。“幽暗意识一方面要求正视人性与人世的阴暗面，另一方面本着人的理想性与道德意识，对这阴暗面加以疏导、围堵与制衡，去逐渐改善人类社会。”参见张灏：《幽暗意识与民主传统》，新星出版社 2006 年版，第 310、311 页。

二、警察权力

警察权力是一种政治权力没有疑义，而且应是一种行政权力，从属于一般所谓的政府机关，主要是对国家意志的执行。但与一般行政权力有别的是，警察权力有着更强的政治性要求，有司法性与军事性权力的一般属性，呈现出独特的警察权力特征。[①]

（一）警察权力的四个边界设定

对于警察权力的规定，我国台湾地区学者梅可望等人的界定亦可参考。他们认为，警察权是国家为维持社会安宁秩序得对人民行使命令强制之权力，包含四个要素：①警察权为国家所享有，属于治权（统治权）的一种；②警察权的行使有其特殊目的，即维持社会安宁秩序；③警察权对人民有命令强制的效果，人民不得抗拒；④为达到警察目的不一定要行使警察权，在必要时才可行使。[②] 其界定这一概念的首要前提是预设权力的权利本位论，即警察权的设置与行使在于保障公民权利的实现，而非警察权力至上，这在台湾这个一度崇尚暴力稳定的地区具有十分明显的进步意义。在大陆法系国家，因为笃信警察权力（政府权力）的善性，习惯性赋予警察更多干预社会的自由裁量权力与法律解释、保留权力，并以限制公民、当事人基本权利达到警察权力提升的目的。其次是对自由主义的解释取中庸主义，即不是完全地限制警察权力以纵容社会自由，导致社会秩序的匮竭，而是将公民自由局限于政府有效管辖范围内，达到警察权力与公民权利、政治控制与社会自由的合理张力。这又与传统中国的社会控制思想较为合拍，必要的政府控制是社会自由的基本保障，一直是传统中国基本的政治权力思想。

由此观之，在对警察权力界定时，需要确定以下几个边界：①法律边界，即警察权力来源的法定原则、行使的依法原则；②目的边界，即警察权力的存在目的在于保障社会秩序、维护社会治安，一旦行使，即应迅速达到秩序维持的目的，且其目的仅在于此，不得越权出现非警务性行为；③正义边界，即警察权力在维护正义，有确定的权力正当性，而非权贵的爪牙与鹰犬；④道德边界，即警察权力在行使时应使当事人的权利保护与警察手段间保持适当限度，非是警察任意行为，警察权力应公平行使。这也可以归纳为法治原则、公共原则、目的原则、责任原则、比例原则与平等原则。

---

① 李健和：《论我国警察权力的属性和类别——警察权力专题研究之一》，载《中国人民公安大学学报》2007 年第 3 期。该文认为，警察权力具有政治性、行政性、司法性和军事性。其中，政治性为核心，行政性为基础，司法性为附属，军事（武装）性为保障。

② 梅可望等：《警察学》，台湾警察大学出版社 2008 年版，第 97 页。

（二）警察权力的基本原则

1. 法治原则。

是指警察权在设置与行使时应该遵循权力法定、依法行使。作为最能体现统治阶级意志的警察权力，其现代价值的最重要体现之一，就是权力法定与依法行使。这又体现在依法、限权与程序三个子原则上。

（1）依法原则。一是法律优先原则，即警察机关的一切活动，都应直接根据法律而作出或者间接根据法律而作出，优先适用法律，不得与法律相抵触；二是法律保留原则，即涉及公民权利限制而法律规定较为模糊的，只能由法律予以规定，或者必须在法律明确授权的情况下再行规定；三是禁止越权原则，即警察权力的活动范围必须有明确的法律授权，不得超越其法定权限范围。

（2）限权原则。权力必须受到制约，是现代权力的基本观念，无制约的权力必然导致专横与腐败，这是权力的运行铁律。警察权力有限原则，即警察权力必须受到法律的限制、当事人权利的限制和其他权力的限制。限权原则，就是权力制约原则，凡只能由法律规定的事项，必须由法律保留；权力设定时应授予相对人相应的权利；非有法律依据，不得使公民负担义务或侵害其权利，不得免除特定人的法律义务或赋予特定人专门权利；权力设定应有相应的行政责任的规定；[①] 在使用侦查手段时，遵从司法机关的审查条件，在司法、检察机关许可的范围内活动，不得随意扩大重大侦查手段的适用范围；尊重律师的介入权利，慎重使用强行侦查手段，严禁使用刑讯逼供等非法方式，确立非法证据为无效证据的法制观念。

（3）程序原则。又称程序正当原则，警察权力的行使必须依据法定的规则、遵循正当的程序，不得依仗目的的正义而采取不当甚至是违法的程序，以获得最有效的行政效果。程序是指一般性的工作流程、工作步骤和工作机制，对相关当事人具有普遍的规范性。程序是否正当，不仅影响工作成效，而且直接关系到社会公平正义价值能否实现，是事关全局的原则性问题。程序的正当性，包含程序的中立、理性、排他、可操作、平等参与、公开。[②] 所谓中立，就是指“任何人均不得担任自己诉讼案件的法官”，在涉及利益纠纷的规则制定时，要确保各方参与者受到裁判者平等的对待，如果警察机关及相关人员与程序法律结果有牵连，就不能成为程序的主持者、参与者，应予回避；所谓程序理性，是指警察机关在权力行使、政策制定、程序设计的过程中，要以确定、可靠和明确的认知为基础而非随机性、随意性的个人意志，

---

① 孙笑侠：《法律对行政的控制——现代行政法的法理解释》，山东人民出版社 1999 年版，第 181、182 页。

② 李龙、徐亚文：《正当程序与宪法权威》，载《武汉大学学报》2000 年第 5 期。

避免独断性、盲目性，在规则制定时，要有各方理由的陈述，并记录在案，在有争议的案件处置时，要让各方尤其是当事人充分表达自己的意见，避免程序主持者享有不必要的自由裁量权；所谓程序排他，是指法律、制度是行为结果唯一的决定过程，没有法律依据，排斥其他任何社会主体参与程序主持；所谓可操作性，是指程序有着规范、明确、具体、相互衔接的行为模式，概念明晰，步骤明确，环节紧凑；所谓平等参与，是指程序涉及的各方权利义务相当，不允许出现无义务的权利和无权利的义务，当事人有相等的辩解、质证机会和权利；所谓公开，是指工作的流程、机制公开，工作的结果公开，在处置之前对利益关系人提前告知，让对方知晓事情将来可能发生的情况，有自我防御的机会；在争议出现时，举行听证，让相关人提交、陈述证据，并知悉对方的各种证据。公开程序还包括长期公开、阶段性公开和临时公开等方式。

2. 公共原则。

此处的公共原则，非指公共权力的社会属性的公共性原则，而是指警察权力所处的界域，即只在警察权力应该出现的公共区域原则。

政治权力划定基本的权力边界，是现代政治文明的最重要的成果之一。在传统社会，由于对权力主体的善性期待和圣贤假定，权力主体尤其是绝对主体的无边界权力占有与行使被视为理所当然，甚至是天经地义。基于人性善假设建立的国家主义崇拜是导致政治全能主义的思想基因，全能主义政治观建构的权力格局则会导致专制政治与独裁政治，这又与掌权者的自利性假设一脉相承。所以，只要假定权力拥有者（即使是行使者）有自利之心，就应对掌权者进行基本的权力监督，这属于权力理论的题中应有之义。

对于权力监督的思想预设，其前提之一是政治权力只是社会要素的一种，可能有相当的社会控制功能，但社会范围内的要素、事务远非政府权力能操控与包揽的，而且亦不应全有这些自利权力的染指，于是，划定政治（政治权力）与社会间的界限，是建设正常社会秩序的基本要求。公权力只负责提供一般社会成员无法自我实现的积极权利，及提供保障社会秩序所需的公共产品与公共服务；社会成员的消极权利是自我实现的基本权利，其对自由的需求决定着社会成员自我生产与对制度规则的再生产。二者相安无事构成必要的互生互荣的和谐关系。换言之，设定政治权力的必要边界，是政治权力存在与不得不造福社会的基本条件。如果权力无边界，恣意介入社会领域，则会造成难以估量的后果。由于权力的自利性，必然会造成对社会资源的自利性占有、社会纠纷的自利性处置，有违权力必需的公平、正义与公正追求；同时，在强大的权力（尤其是垄断性占有国家暴力）面前，不以法定的规则划定权力边界，个体根本无法抗衡，其权利保障则成为奢望。

近代政治文明的初步，即在确认个体权利的正当性与平等性，使公权力不得不进入由私权利建构起来的公共机器牢笼，将公权力以国家名义设定边界牢笼，进而形成立法、行政、司法权力的相互制约，加上公民社会自由舆论的广泛监督，建设一个既有权力相互制衡的“钢筋铁骨”，又有舆论公意的“天罗地网”，使得权力文明步入现代制度的轨道。而警察权力作为一种武装性质的司法力量与治安力量，其对社会成员的限定性、威胁性与危害性可能更甚于一般性的政治权力，设定其边界范围，更是现代政治文明的基本要义。因此，在现代国家的警察权力规定中，均明确其设置的目的在于维护公共秩序，而非包揽所有事务，更非为了政府权力的控制而恣意行使，即“以维护公共秩序为必要，除此以外，警察权不得干涉”。①

对于警察权的公共原则的边界，日本《刑事诉讼法》规定，包括不可侵犯私人生活原则、不可侵犯私人住所原则以及不干涉民事原则。② 其中，私生活自由是个体自由权利的基本表现，为个体尊严的日常体现；私人住宅自由权利则是抵制外来风险与威胁最后庇护所，承担着公民权利最后底线的保护者角色；民事纠纷为社会成员通过法律程序、私相处置的行为，这些如果介入公权力就会造成剥夺或威胁个体基本尊严与利益，直接促成社会成员失去抵御沦为他人奴役的恶性状态。因而，公共原则实际上是强化社会成员自我卫护能力的一种权利法则。

3. 目的原则。

指警察只对负有责任者行使警察功能，即只对那些破坏公共秩序进行违法犯罪活动的责任者，为维护法律实施、维持公共秩序，才能对其行使警察权。③

目的原则，是专指警察权力与其他行政权力的关系区分。在很多时候，因为警察权力经常性地介入社会生活的各个方面，且是公职人员分布最广泛的类型，有将警察定位于所有公共权力涉及的事务均应由或可由警察代理的倾向，导致警察从事本应由很多其他行政机关从事的业务活动，即所谓“非警务性活动”。这是一种对警察权力泛化、无知的定位。任何现代行政权力的安排与设置，均有其直接的权力目的，并没有无所不包、无所不在与无所不能的“万能权力”，专业化、精细化与职业化权力分工是现代行政理性的体现，有利于提升权力效益。警察权力的“万能化”，不仅使警察的本职工作精

---

① 陈兴良：《限权与分权：刑事法治视野中的警察权》，载《法律科学》2002 年第 1 期。

② ［日］田口守一：《刑事诉讼法》，刘迪、张凌等译，法律出版社 2000 年版，第 37 页。另可参见陈卫东：《刑事诉讼法再修改后刑事警察权与公民权的平衡》，载《法学家》2012 年第 3 期。

③ 陈兴良：《限权与分权：刑事法治视野中的警察权》，载《法律科学》2002 年第 1 期。

力难以集中，而且专业性事务的职业化、精细化功能弱化，也不利于事务的恰当处置，降低行政效率；同时，过多介入社会事务也会使警察陷入社会问题和民众情绪的焦虑、紧张与冲突中，激化警民关系。通俗言之，警察权力管不好、管不了也不该管不属于自己职责范围的事务。

4．责任原则。

警察在面对违反社会秩序的行为时主动介入，甚至使用命令、控制等强制性手段，以排除危险状态、保障社会安全与秩序。

责任原则与目的原则的区别差异明显。责任原则是主动作为，目的原则是主动不作为。后者尊重行政权力的差异理性，以限制警察权力介入社会事务的边界；前者则是确定警察权力的第一责任，要求警察权力必须在社会成员安全遭遇危险时提供基本的保障。这种“责任原则”即警察权力设置目的的体现，既包括排解有违公共安全的行为人的“行为责任”，亦包含威胁社会安全的动物或物体的“状态责任”。

5．比例原则。

指警察权力行使的强度、硬度仅止于维持公共秩序必要的最低限度的原则。

比例原则是现代行政法则法治化的重要体现，常称为宪法原则的体现之一，在强调公权力行使时得照顾到当事人的利益，不因行政权力的便利而任意扩大权力烈度，致使当事人权利受到损害。包括适当性原则、必要性原则与相称性原则三个下位子原则。

适当性原则，又称妥当性原则、妥适性原则、适合性原则，是指所采行的措施必须能够实现行政目的或至少有助于行政目的之达成并且是正确的手段，即目的具有正当性；必要性原则又称为最少侵害原则、最温和方式原则、不可替代性原则，是指在能达成法律目的的诸方式中，应选择对当事人利益侵害最小的方式，即手段节省性；相称性原则，又称狭义比例原则、均衡原则，即行政权力所采取的措施与其所达到的目的之间必须合比例或相称，在面对多数可能的选择时，应就方法与目的的关系权衡更有利者而为之，应遵循“人性尊严不可侵犯”、公益的重要性和手段的适合性程度三个基本准则。①

比例原则，主要是从警察权力行使时与当事人权利进行比较的角度而设置的对弱者保护的人道主义原则。警察权力行使时，对绝大多数社会成员均是绝对的强势，一旦只考虑自己的便利而不考量当事人的权益，即会形成权

---

① 湛中乐：《行政法上的比例原则及其司法运用——汇丰实业发展有限公司诉哈尔滨市规划局案的法律分析》，载《行政法学研究》2003 年第 1 期。另可参见余凌云：《警察行政权力的规范与救济——警察行政法若干前沿性问题研究》，中国人民公安大学出版社 2002 年版。

力暴政，从而伤害到当事人的利益，进而损害警察权力设置的正当性。因此，警察权力行使时的比例原则要求警察权力即使具备正当目的也仍须注意手段的恰当，使处罚程度与违法程度相适应。

6. 平等原则。

可理解为“相同的事物应为相同之处理，不同的事物应为不同之处理”，是指在行使警察权力时，对于不同的当事人的纠纷应以公平、公正的态度与方式进行平等的处置。

仿照司法权“平等原则”的内涵，警察权力的平等原则应包括：当事人权利能力一律平等；当事人适用同一法律规则，地位平等；当事人纠纷处置时须平等协商；当事人合法权利平等受法律保护，并给予平等的法律救济。

概言之，依托前述六个原则实行的警察权力设置与行使，可以规定为“警察权力理性”，这是与国家自主性、国家理性对应而借用的概念，即在权力与伦理、自然与精神、政治与道德间的道义取舍、人本本位、价值至上，而非纯粹的权力冲动、利益角逐，是以法治、权利与伦理为基础的“权力理性”。①

第二节　警察的政治属性

作为政治权力的一种表现形式，警察的本质实际上与政治权力的本质具有一致性。政治权力的本质，与政治权力的来源、权力的存在形态具有一致性，这既有应然的假设，也有实然的存在。在应然假设中，政治权力源自个体权利的让渡，当然应具有公共性，应在公共物品、公共服务的供给上；在实然存在中，掌握权力的实体与个人当然会以其为凭借，最大限度地谋取利益，甚至不惜以伤害其他人的最基本权利来实现。换言之，前者是公共权力，后者是自利性权力。当然，自利性权力并不一定是对其他人的伤害，也可能仅是权力自我维系的某一时期的特殊需求而已。

在政治学上，对于政治权力前述两种特性的分类，大致称为统治型权力与治理型权力；本书在分析警察的属性时，称之为政治与社会属性。

一、政治权力统治性理论

如前所述，政治权力的属性有公共性的一面，但是政治权力的存在永恒地具有权力主体主宰性的一面，即成为掌握权力主体的个体自利性利益角逐工具的可能，其主要功能不在于社会价值的增殖，而更多的是既有秩序格局

---

① 裴自余：《国家与理性：关于“国家理性”的思考》，载《开放时代》2011 年第 6 期。

的维持，笔者将之规定为统治性属性。

(一) 统治性权力

所谓统治性（型）权力，即权力主体自我实现其价值的权力。在控制与服从的权力关系中不论客体的意愿，只是主体意志表现，特别强调权力主体地位、既有社会秩序维持与主体利益实现，实际上是主体单向权力运动的过程。

1. 统治性权力以控制、约束为基本特征。

权力关系是主体、客体的博弈过程，但权力主体对客体的影响导致的控制、主宰、支配，成为二者关系的主要表现形式，即主体的控制、客体的服从是基本的存在。

但在这种不对等的权力关系中，主体与客体的利益交换与平衡却是分界政治权力类型的主要指标。统治性权力只是强求主体利益的实现，保障主体的主宰地位，不愿顾及甚至根本不考虑客体的利益，因此，只是一种单向的权力运动，即使是在矛盾异常尖锐的情况下，权力主体也仍强调其地位、利益的主宰性，而不予承担相应的义务，从而成就特权利益。

权力主体强制性的控制，在传统社会政府权力远高于社会权利的情况下，体现的是政府全能主义的特点，高压政治、暴力控制与独裁专制成为常态；在社会开放、信息交换多元的近现代社会，要求平等权利优先，政府权力的绝对控制往往被赋予非道义的标签，迫使统治性权力进行合理性转换，在与客体分享利益的同时，还必须承担相应的义务。此时的统治性权力有向治理型权力转轨的可能。

2. 统治性权力以安全为第一原则。

权力设置的原则，一般可以分为正义、安全与效率三个方面。

正义原则，是指权力设置的公共性原则，即权力设置是社会价值权威性分配的公平与公正，这既包括社会资源利益分配的合理性，也包括社会纠纷处置的合理性，还有社会规则设置的合理性，按照现代政治权力分工，即行政、司法与立法权力的公平、公正与公开。正义原则体现权力的道义性、公共伦理的正当性与合法性（legitimacy）。

安全原则，是指权力设置的秩序原则，即权力设置是为实现主体地位的稳固、主体利益的维护和既定分配格局的维持。安全原则的第一要求是消灭任何威胁到主体地位的势力，保证主体控制局面。常态的表现方式是控制社会政治冲突、消除威胁隐患与力量，在马克思经典著作的描述中，这就表现为政治权力的阶级性。马克思说："一个社会的现实秩序都是通过一定方式分配权利、义务而形成的既定状态。因而围绕权利、利益的冲突也就不只是对个体权利的侵害，而是表现为对整个原有的社会秩序的侵扰。极端的冲突形式就是孤立的个人反对统治关系斗争。作为社会的统治阶级就不能不对冲突进行遏制，以实现社会的有序化。”①

效率原则，是指权力主体实现个体意志的有效性原则，即权力主体为达到自己的目的、行使政治权力，而在较短时间内、以较小代价取得较大成果。权力的目的在于利益，主体行使权力的目的在于掌控更多的资源、取得更多的支配权，因此效率原则往往与行政权力的行使相关，以政策的方式实现。效率原则体现出权力的有效性。

在权力设置的三原则中，如果仅是统治性权力，则会造成安全第一，统治阶层的意志具有决定性；如果有主客体双方利益的协调与互动，则会强调正义性优先，这时就是近现代的治理型权力；在行政权力主导社会的时候，效率优先的政府与安全稳定秩序优先的政府具有一致性。

安全第一的权力，如没有其他力量的制衡，自会习惯性地使用专制暴力。权力主宰谋求最大效益的诉求，就永恒地具有扩张权力边界、无限制行使权力的冲动，因而专权就是权力的直接目的。专制即专权的最坏结果，也是权力劣性的必然结果。

3. 统治性权力以秩序供给为基本内容。

秩序是生物界存在与运行的最重要构成要素之一，基于人与人关系的规范化与制度化状态的秩序，是人类文明理性的主要成就。任何社会状态下都有秩序，任何文明的最终成就仍是秩序，只是秩序的具体形态在不同文明下有不一样的理解。

关于秩序的基本状态，英国社会学家科亨概括为四个方面：①社会的可控性，即社会体系中存在着各种可调控因素，包括限制和禁止性因素等；②社会生活的稳定性，如某一社会持续地维持某种状态的过程；③行为的互动性，这是指人们的行为具有相互引起、相互补充和配合的特点，因而不是偶然的、无序的；④社会活动中的可测因素，因为在无序状态中，人们无法预测社会活动的发展变化，难以进行各种活动。②

秩序的形态，可以简化为习惯、道德、制度与法制规范。只要某种行为方式，无论是外在的他律还是内在的自律，演化为一种自动机制，就会对社会成员产生导向与制约作用，迫使其进入在社会范围内能够接受的存在，这就表明秩序已经产生，这种秩序可能是日常的生活秩序，亦可能是规范化、制度化的政治经济秩序，③ 也因是否符合人性分为恶秩序与善秩序、正义秩序与非正义秩序。如此，自由与秩序并没有本质的矛盾，而是一种相互包容的

---

① 《马克思恩格斯全集》（第三卷），人民出版社 2002 年版，第 37 页。

② 参见［英］科亨：《现代社会理论》，转引自邢建国、汪青松、吴鹏森：《秩序论》，人民出版社 1993 年版，第 2 页。该书没指出科亨原著的英文及译文出处，只标明是伦敦英文版 1986 年版，第 18、19 页。

③ 邢建国、汪青松、吴鹏森：《秩序论》，人民出版社 1993 年版，第 10~13 页。

圆融，因为自由就是人类最终的善秩序。库利由此说："只有糟糕的社会秩序才是和自由对立的。自由只是在通过社会秩序或在社会秩序中才可能存在，而且只有当社会秩序得到健康的发展，自由才可能增长。"① 柏克"有序的自由"（ordered liberty）亦是此意。在《法国大革命反思录》（1790）中，柏克强调："我所指的自由是与秩序联系起来的自由，自由不仅与秩序和美德并存，而且没有后两者就没有自由。"对此，刘军宁解释说："若社会中没有作为个人与国家之间的中间结构，个人的自由是没有保障的。另一方面，人的知识和智慧是有限的，故必定会对人享有的自由度产生限制。因此，柏克的自由概念是有限的自由，没有限制的自由必然要导致无秩序和放纵。因此，如果秩序是合法、正当的，自由必须服从于秩序，秩序必须最大限度地保障自由。"②

但在对比性分析中，本书仍将秩序的内涵浓缩化，限定为政治权力主体的自我意志的实现状态，并与自由与正义等善原则区分，是一种对既定利益格局的维护、保持与坚守。如果有客体参与（大众参与），这种秩序可能是善的，但如果只是强制性推行主体意志，这种秩序则极有可能是主体利益的最大化，会伤害客体利益，形成利益鸿沟、社会创伤。确保既定利益格局的绝对化，必然导致权力主体意志的绝对化，于是，强制性暴力、绝对控制的操作性权力都会出现。

4. 统治性权力以暴力控制为基本方式。

统治性权力过于注重秩序控制，忽略乃至无视道义正当的特性，必然导致暴力控制的冲动。政治权力分为强制型、功利型、操纵型与信仰型四类，统治型权力就是一种典型的强制型权力，习惯于使用强制方式达至对客体的控制，形成权力关系。当然，这种强制不仅是物理的，亦有精神的。

（二）统治性权力的效度与限度

由于统治性权力的暴力控制倾向，在分析其力量效果（能力）时，可以从暴力强制的效度与限度方面展开。一方面，统治性权力能快速形成秩序，结束利益纠纷甚至是极端的利益争夺、战争与动乱。另一方面，暴力强制达成的利益格局却是有限的，这体现在下述几个方面：

1. 暴力强制的服从难以被确证为正义。

社会成员对个人自在性追求的意识与能力的多寡是判断社会文明高低的主要标准，自由度主要是指个人处理自己权利的量度，这种处理既是认知，亦是获得。认知是自我的意识觉醒，获得是自我的行动结果，因此权利是个

---

① ［美］查尔斯·霍顿·库利：《人类本性和社会秩序》，华夏出版社1989年版，第278页。

② 刘军宁：《保守主义》，中国社会科学出版社1998年版。

体认识、行动与反抗的一致性结合，是个体幸福与愉悦等体验的来源和动力。

但暴力强制要求的服从，是不度量个体感受的行为，完全是权力意志的表达，甚至是对个体尊严的蔑视与侵犯，与人性需求存在本能的抵触。换言之，人是反对强制限制的，只是在理性范围内两害取轻的一种不得已的选择。当不得不接受外在强制时，就必然有心灵的抗拒、思想的反对和行为的抵抗，并在这种反对正当性理念的支撑下不断强化。

2. 暴力强制既低效又代价高昂。

暴力强制的权力目的是建立外在制约的权力关系，即主体意志必须得到客体的顺从。客体会在本能上抵触与抗拒这种控制，主体就不得不加强其使用的硬度与强度，如加强暴力机器建设、频繁使用与增加使用时的烈度，但强化暴力的结果并不能确保客体服从程度的正比增强，反而会适得其反：

(1) 权力主体为制造足够的威慑效力，须不断强化暴力机器，统治成本增加是应有之义；

(2) 客体出于对后果的恐惧而非利己的服从，会制造各种方式来消解统治压力，如故意损毁公共物品、拖延服从进程、集体性的对抗等，使生产效能大大降低；

(3) 权力主体为强化控制力，又会增设行政机器，增强统治烈度，与客体的本能抗拒形成恶性循环，导致强制暴力统治无效率。

3. 暴力制造暴力。

暴力强制的持久、经常性使用，表面上看会增加统治效果，民众无原则的服从成为国家政权稳定与秩序的表现，但暴力却有一个致命的恶果——暴力制造暴力。

一方面，强制暴力因为无其他力量制衡，暴力主体能最大限度地占有、享用社会资源，享受“暴力红利”，甚至是暴利，对社会其他成员有着巨大的诱惑力；另一方面，暴力控制造成的社会财富的严重分配不公，使民众不满又成为常态，在暴力暴利的诱惑与示范效应下，经常性的反抗也就成为必然，权力关系无规则的转换只能是暴力性解体，以暴制暴即强制型权力统治的最后结果。

所以说，暴力强制性统治成本昂贵、代价巨大，且作用持续性差，是最有效的控制、消灭冲突的方式，也是代价最大的方式，还是最难以预料结果、遭到最大报复的方式，因此也是最危险、最后的方式。

所以，正常的统治权力，不仅是暴力的维系，也有社会财富的累积、社会管理的绩效和民众心理的认同，是多管齐下的综合权力行使，这其中统治权力设置的道义正当性、统治过程的正当性与统治结果的正当性成为统治权力是否正当的关键。秩序诉求让位其次，正义诉求成为首当其冲的目标，这样的权力秩序也就转换为了现代社会的理性权力秩序。

二、警察权力的秩序功能

警察权力作为强制性政治权力的典型表现，其基本职能体现在秩序维护、法律执行与公共服务三个方面。一般来说，警察权力的这三种功能所占比例与国家现代性强弱成正比。在转型期国家，因为政府权威更多的来自政绩支持和暴力控制，其秩序维护作用要求更高；反之，在现代化完成的国家，更多的是依托法治实现执法与服务功能。但无论在哪种国家，警察的政治性功能（秩序维护功能）均是其主要职能之一。

警察权力的秩序功能，是指警察权力在行使时以外在强制的方式，迫使社会成员与组织对社会规范的遵从，这种外在方式可能是言语教导、训诫、劝告与说服，也可能是物理手段的强制、命令，甚至是暴力的制止。

对警察权力的秩序功能的体现进行分析，首先须分析警察权力设置的目的。简单说来，暴力机器、政治权力的设置目的就是分配有限的社会资源、形成可控的资源分配格局，不致因社会成员对有限资源的争夺而出现持久的暴力混乱。在人类文明史进化过程中，战争动乱是不利于任何阶层的最劣资源配置方式。为使对人类欲望的控制限制在一个较为可控的范围内，一定的暴力尤其是为某一暴力机器垄断的暴力的出现是符合社会进化的，因此，国家垄断性的暴力就产生了。国家暴力的垄断性是人类进化过程中不得已的理性选择，一方面会威胁甚至伤害到个体自由，另一方面又会保障绝大多数人的利益选择与冲突不致突破社会规范的基本界限。如果社会成员的利益争端出现无法用和平方式控制的状态，一定的暴力控制也就会产生。在国家常态的统治过程中，警察权力作为基本的暴力维系手段，其主要职责就是控制社会成员破坏社会规范的底线，保障统治阶层的意志、既得利益阶层的固有利益格局，这种职责就是秩序维护功能的体现。

警察功能与警察职责、任务密不可分。关于警察权力的基本构成，有不同的总结层面。例如，我国大陆学者张兆端对其的总结包括 4 个方面：①治安行政管理权，包括治安行政处置权、治安行政处罚权、治安监督检查权、治安行政强制权；②刑事司法权，包括刑事立案权、刑事侦查权、刑事强制权、刑罚执行权；③警械武器使用权；④紧急状态处置权，包括紧急优先权与征用权、紧急排险权、管制权、戒严执行权。[①] 我国台湾地区学者梅可望则将警察业务归为 10 类：①国家安全保卫；②犯罪预防；③犯罪制压；④交通管制与交通事故处理；⑤公共安宁秩序保护；⑥善良风俗维持；⑦灾害的防

---

① 张兆端：《警察哲学——哲学视阈中的警察学原理》，中国人民公安大学出版社 2008 年版，第 250~252 页。

止与抢救；⑧家户访查；⑨为民服务；⑩诸般行政的协助与其他行政执行事务。[①] 美国学者贝利（Bayley）综合世界100多个国家的警察业务，将之分类为10项：①处理进行中的犯罪行为；②已发生犯罪的告发与侦查；③处理进行中的非犯罪行为；④犯罪预防；⑤照顾弱势人口；⑥处理口角争执事件（如邻居吵架）；⑦回答路人询问；⑧交通整理；⑨群众事件处理（crowd control）；⑩调查非犯罪事件。[②]

上述三人的分类，贝利的分类过于零碎，有列举行为、无法分别的弊端。梅氏分类有显著的台湾特色。依我国台湾地区"警察法"第9条及"警察法施行细则"第10条的规定，我国台湾地区的警察职权为7项：①发布警察命令；②违警处分（依照"违警罚法"规定的程序为主）；③协助侦查犯罪、执行、搜查、扣押、拘提及逮捕（依"刑事诉讼法"、"调度司法警察条例"之规定行）；④行政执行（依"行政执行法"之规定行）；⑤使用警械（依"警械使用条例"之规定行）；⑥有关警察业务之保安、交通、卫生、消防、救灾、营业、建筑、市容、整顿、户口查察、行政处理等事项；⑦其他应执行法令事项（指以上各款未列举之有关警察业务）。

美国警察依联邦和地方分别行使职权，没有统一的警察法，但美国律师协会提出的《关于城市警察职责的标准》将美国警察的实际职责列为：①认定犯罪分子与犯罪活动，在适当场合逮捕罪犯并参加随之进行的法庭诉讼过程；②通过预防性巡逻或其他措施来减少某些犯罪的机会；③帮助处于受到人身伤害危险的人；④保护宪法保护的人；⑤疏通人员与车辆；⑥帮助不能自理的人；⑦解决纠纷；⑧鉴别哪些属于潜在的严重执法问题，哪些是行政管理问题；⑨维护社区的安全；⑩促进和维护国内秩序，以及提供其他紧急情况下的服务。"美国警务……是防止公民遭受强大的州和联邦政府的迫害……依然把限制警察权力作为一种对公民的有效保护。"[③]

按我国《人民警察法》的规定，公安机关的人民警察按照职责分工，依法履行下列职责：①预防、制止和侦查违法犯罪活动；②维护社会治安秩序，制止危害社会治安秩序的行为；③维护交通安全和交通秩序，处理交通事故；④组织、实施消防工作，实行消防监督；⑤管理枪支弹药、管制刀具和易燃易爆、剧毒、放射性等危险物品；⑥对法律、法规规定的特种行业进行管理；⑦警卫国家规定的特定人员，守卫重要的场所和设施；⑧管理集会、游行、示威活动；⑨管理户政、国籍、入境出境事务和外国人在中国境内居留、旅

① 梅可望等：《警察学》，台湾警察大学出版社2008年版，第70~72页。

② 梅可望等：《警察学》，台湾警察大学出版社2008年版，第72页。

③ 赵可：《国外警学研究集粹》，中国人民公安大学出版社1999年版，第95页。参见刘贵峰：《我国警察权研究》，中国政法大学2006年博士学位论文。

行的有关事务；⑩维护国（边）境地区的治安秩序；⑪对被判处管制、拘役、剥夺政治权利的罪犯和监外执行的罪犯执行刑罚，对被宣告缓刑、假释的罪犯实行监督、考察；⑫监督管理计算机信息系统的安全保护工作；⑬指导和监督国家机关、社会团体、企业事业组织和重点建设工程的治安保卫工作，指导治安保卫委员会等群众性组织的治安防范工作；⑭法律、法规规定的其他职责。所以有学者将之归纳为司法护法性职责、治安行政性职责、武装性职责、社区服务性职责，已经超越了完全的秩序维护功能，包括法律执行与公共服务的公共性职能。

警察的秩序维护功能，包括：①政权稳定的支持性力量，对于可能威胁到政权稳定的各种反抗与对抗力量有暴力打击、镇压与惩罚的职能；②社会生活秩序的保护性力量，对影响社会成员基本生活的违法犯罪行为、对他人生活造成威胁的不良状态，有强制性制止、预防与管制；③善良风俗的维持力量，对为普通大众所广泛接受的社会良俗有保护或破坏性行为矫正的义务。这种政治性、经济性、社会性与文化性的秩序维护功能，是警察职能的显要构成，但如何实现则是判断政治权力文明理性的重要方面。前述暴力维护的功能性缺陷，是指警察权力的暴力维持的不可依赖性，并非指警察权力不应行使秩序控制与格局维持，因为依公共权力设置的基本目的，警察权力无论在何种意识形态下，均有强调其秩序维护的基本功能。

第三节 警察的社会属性

警察权力的社会属性，是指警察运用法定权力对社会公共事务进行管理的特质。这就是我们通常所说的国家机器社会职能，是国家机器阶级意志的另一种表现，受特定的政治制度、法律制度与经济基础所决定。

警察权力的社会属性，通常是指警察权的公共性。“公共性”（publicity）是指警察权力的公共资源的公益性，即警察权力作为一种公共资源对社会整体利益（公共利益）的承担，在公共事务中担当的均等化公共产品与公共服务的供给。

一、公共性

公共性本是权力的应然根本属性之一，即权力源于民众权利的让渡，按政治学“权力必须对权力来源负责”的基本原则，权力必须以对民众权益的保障为起点与归宿。

公共性也是现代政治学、社会学、伦理学与行政学广泛使用的概念，其内涵主要包括两个方面：一是公共领域。相对于私人领域而言，公共性进入的是集体利益共担的空间。在讨论公共领域的空间范围时，与私人隐私权利得到充分尊重的基本尊严领域不同，公共领域应该是各种力量可以自由讨论、批评与参与的空间。在不同的语境中，对公共空间的讨论有不同的重点。例如，在讨论公权力的边界时，强调的是公权力必须尊重、保护私权利的自由，不得越界行使，否则就是公权力的专横；在讨论公民责任尤其是知识分子的责任时，要求知识人担当起批评不道德现象尤其是意识形态操纵下的谄媚世俗、抵御自由的社会恶劣，强调的是知识人对集体交往时的权利启蒙与道德提升。二是公共利益。公共性是对社会大众利益的要求、支持与保护，以最大多数人的最大幸福为取向。在讨论公共利益时，强调的是强势集团对社会利益的分配不公正，这时的公共性有社会正义的性质。所以，作为使“公共性”进入学术公共议题的代表性人物，康德在《论永久和平》中，从否定性与肯定性两个视角对公共性进行了规定。康德说，公共性是公共权利或者公法的形式属性，存在两个先验原则。一个是否定性原则，“凡是关系到别人权利的行为而其准则与公共性不能一致的，都是不正义的”。①这一原则是伦理的、法律的，具有无需证明的公理意义。另一个是肯定性原则，“凡是（为了不致错失自己的目的而）需要有公开性的准则的，都是与权利和政治结合一致的”。“因为如果它们只能通过公开性而达到自己的目的，那么它们就必须符合公众的普遍目的（即幸福），而政治本来的任务就是要使之一致的（使公众满意自己的状态）。然而如果这一目的只有通过公开性才能达到，那么它那准则也就必须与公众的权利相一致；因为惟有在这一点上联合一切人的目的才是可能的。”②“所有要求公共性的准则，如果在它们所要实现的目的上不想失败，就必须与权力和政治结合起来。”③康德的论述，有深刻的启蒙理性的意蕴，至少包括言论的公开与自由、公开批判的理性、公意和合法性的基础三个内涵。“从公共性的要求来看，政治与道德、公共权力和民众公意应该是一致的。这样，公共性就意味着权力不是无限的，公共权力的运用必须遵循公共权利的先验而肯定的原则，也就是先验的公意。只有如此，政治权力才是合法的，才有广泛的民意基础。这是由人类自由地运用理性的天然本性所决定的，也是人类自由地进行意愿表达和自由决定自己行动的天赋权利。”④

警察权力的公共性，简要言之，应包括以下几个方面：

1. 大众性，即警察权力的设置与行使的目的与结果应是实现“最大多数

① ［德］康德：《历史理性批判文集》，何兆武译，商务印书馆 2005 年版，第 148 页。

② ［德］康德：《历史理性批判文集》，何兆武译，商务印书馆 2005 年版，第 154 页。

③ ［美］詹姆斯·施密特：《启蒙运动与现代性：18 世纪与 20 世纪的对话》，徐向东、卢华萍译，上海人民出版社 2005 年版，第 270 页。

④ 杨仁忠：《论康德的“公共性”及其理论价值》，载《学海》2009 年第 1 期。

民众的幸福与利益”。这也就是常说的公益性。一般说来，警察权力的公益性，要求警察权力能够提供公共安全、权益保障与权力公正。

2. 民主性，即警察权力的安排与行使，应汲取民意，扩大民众参与。警察权力的行使主要体现在政策输出上。政策输出的前提是政策问题的设定与方案规划，核心在利益分配。若要保障民众权益在政策方案中得以体现，必须实现民众进入利益分配的资格，确保其话语权、知情权、参与权、表达权、监督权。在话语权实现时，方能达到利益的博弈、立场的协调，最大限度地达成警民合作，建立和谐的警民关系。民主性要求是实现公益的基础性保障条件，也是公共性的主要内容之一，在警务决策过程中，主要表现在民意的收集、反馈与政策吸纳，以及政策全程参与和政策结果的有效监督上。

3. 正义性，即警察权力资源配置时的公正性、公平性。这里包括两个指向：一是警察权力在公共产品与公共服务供给时，在政府利益与民众利益矛盾冲突时，优先保障民众权利；二是在强势利益与大众利益发生冲突时，优先保护弱势群体利益。此特性主要体现在分配正义上，“分配正义所关注的是在社会成员或群体成员之间进行权利、权力、义务和责任配置的问题。”[①] 强调对社会关系的和谐安排、弱者权利的关注与保障、强势权力的约束与限制，是政治学、公共政策的首要价值，也是警察权力公共性的主要体现。

4. 公民性，即警察个体成员的道德素质与职业素养的公共道德。公共道德的规设，是在确立私权利的边界，即作为一个社会成员在基本权利追逐过程中，应在权利与义务、道德与责任间作出合理的选择，应是义务优先、服务他人优先、责任优先。这有一个底线，即以不伤害他人为最低标准，这就要求独立的人格精神、社会公德意识、自制自律的行为规范和善待生命的慈悲情怀。

二、警察权力的价值

警察权力是行政权力、司法权力的重要组成部分，是社会主义法治事业的建设者和捍卫者。警察权力的良好运行，对于维护社会稳定与政治稳定、保障民众安居乐业、促进社会经济发展，均有着重要意义。

（一）促进社会主义法治建设

社会主义法治建设是当代中国现代化的核心目标与内容之一，是治国理政的基本方式。法治的核心是限制政府权力，依法治国，实现科学立法、严格执法、公正司法和全民守法。警察权力作为执行法律的专门力量，其自身依照法定权限、法定程序、公正执法如何，对法治建设的效果影响极大。

---

① ［美］E. 博登海默：《法理学——法律哲学与法律方法》，邓正来译，中国政法大学出版社 1999 年版，第 265 页。

（二）维护社会政治稳定

警察权力的设置目的之一在于打击犯罪、保障社会秩序，公共安全秩序的维护是警察权力设置的直接目的。稳定是指秩序的良性运行样态，是利益格局的维持，阶层、群体利益的常态化有序分配；是人与人之间关系的制度化、规范化。稳定包括四个特点，一是社会的可控性，社会体系中各种力量的分布、运行，均在既定社会力量与规则的控制范围内；二是社会生活的稳定性，社会成员的基本诉求与欲望能得到基本的满足，社会活动有基本的安全感；三是社会交往的相互性，社会成员间的互动是双向的，相互补充与合作；四是社会发展的可预测性，面对社会不可知的危险，人类利用已知信息与条件，合理配置资源，使不确立的风险造成的伤害避免或降低到最小限度。①

稳定在当今语境下，可以规定为：政治稳定，主要是指政局的稳定和大政方针政策的稳定；社会稳定，主要是指社会阶层变动不致突破既定格局，出现阶层的裂变与撕裂；社会生活的安定，民众对于生活的未来有可掌控的预期，有可靠的就业、福利等基本生活条件与社会保障；社会秩序安宁，犯罪率可控；道德秩序平和，基本道德伦理观念得到遵从，形成制度化、规范化的社会过程、社会结构和社会规范。警察权力依赖暴力强制、社会管理和公共服务，对于暴力犯罪和危害社会秩序的恶性破坏行为予以打击、惩罚，保障法律、社会规则能得到有效执行，处罚、制止和引导社会成员的行为，促成良俗的形成。因此，警察权力是社会政治稳定重要的保障性、支持性力量。

（三）促进社会发展

社会发展是任何社会的根本目标，主要体现为社会成员权利的实现。社会成员权利的实现需要社会成员的积极行为，也需要社会秩序与公共权力的保障。

警察权力在执行过程中，得到内部与外部的有效监督，可以成为公平正义价值实现的坚强力量。警察权力是定分止争、权利救济的强力手段，能有效地控制资源过度不公正，避免社会冲突突破可控范围，保障公民基本权利，形成民众信仰，进而节约社会控制成本，形成道德的人际关系。

另一方面，警察权力的良性运行，也能对其他公权力与社会成员形成较好的示范效应与辐射效应。警察作为公务员系统最大的一个构成元素，其制度设施、行为规范能成为社会的标杆，促成行政体系的规范化，并促成公民文化的培育和生长。

---

① 邢建国、汪青松、吴鹏森：《秩序论》，人民出版社1993年版，第2、3页。

第六章　警察的职能和职责

第一节　警察的职能及其发展

一、警察职能的含义

职能，是指一定的人员、事物和组织机构所具有的功能和应起的作用。功能，立足点在于应当如何，而不涉及其在实际中怎样；作用，是对事物产生的各种影响的总称。

警察职能，是警察机关或警察自身所具有的功能以及在其职责范围内应发挥出来的维护国家和社会成员利益的效能或作用。

对于任何一个社会来说，警察职能都是不可或缺的，它是国家职能的重要组成部分。从宏观上讲，警察职能属于国家的一般权力，其内涵、外延的变化与一定时期的政治、经济、社会结构、人们的价值观念有密切的联系。警察的性质决定着警察的职能，而警察的职能又决定、影响着警察的职责和警务。实践证明，警察能否成功地维持社会治安，主要取决于警察机关是否能够适时调整自己的警务方针，更好地发挥警察的职能作用，以适应社会变化与发展。在未来警务发展的过程中，准确认识和把握警察职能，对于明确警察的目的、任务、要求，认真履行警察的职责与义务，以及推进现代警务的运作，都会起到积极的指导作用。因此，对警察职能的探讨将始终是一个最基本、最核心的问题。①

二、警察职能的类型和内容

在西方发达国家，关于警察的基本职能有着截然不同的两种观点。海洋法系的英、美等国认为，警察的基本职能是为社会和公民提供服务；大陆法系的法、德等国则认为，警察的基本职能是打击犯罪。然而，曾有一个跨国科研项目小组历时4年对欧洲5个国家的28个警察局作了跟踪调查。研究发

---

① 程文亮：《现代警务的发展趋势》，载《上海公安高等专科学校学报》2003年8月。

现，在警察人员的工作中，60%以上的工作属于“公民非受害求助”，只有15%的工作“与犯罪侵害”相关。这表明，警察传统的职能（打击犯罪）已经或正在发生很大变化。[①]

警察职能具有多层次性，从处理国家的内外关系看，警察有对内的职能和对外的职能；从警察业务工作的不同作用看，警察有侦查职能、保卫职能、治安管理职能等；从警察工作的不同手段看，警察有打击惩罚犯罪职能、预防控制犯罪职能、行政管理职能、教育改造职能、服务救济职能等；从调整国家根本政治关系的作用看，警察有政治镇压职能和社会管理职能。在我国，从人民警察担负的总体任务的作用看，警察具有打击敌人、保护人民、惩治犯罪、服务经济等多方面的职能。下面分析几种主要观点：

1. 传统职能说。传统观点认为，警察的基本职能是政治镇压职能与社会管理职能。根据政治学原理，国家职能具有双重性，即政治统治职能和社会管理职能。任何一个国家不仅要对自己所代表的统治阶级承担义务，而且也要对本国的社会发展承担责任；既要从本阶级利益出发管理社会，又要靠社会的安定与发展来巩固自己的政治统治。国家职能的这种双重性，决定了警察职能的双重性。[②] 警察作为一种阶级社会的社会现象，具有社会性和阶级性相统一的特征。警察的阶级性，突出地表现在其政治镇压职能上；警察的社会性，表现为它对社会的管理职能。[③]

警察的政治镇压职能，是对威胁统治阶级与国家安全的政治势力实行干预、镇压。这一职能具有鲜明的阶级性，主要用于对付国内被统治阶级的政治反抗，在一定情况下，也用于对付本阶级内部政治上的反对派；并且，它以相当的力量对付国外的政治破坏势力。

警察的社会管理职能，表现为维护一定社会制度下的社会秩序。这一职能包括对危害社会公共利益、破坏社会秩序行为的制裁，以及对社会生活秩序的指导、服务、组织和管理。警察的社会职能，从根本性质来看，是为了维护统治阶级的利益，但在一定程度上也维护着广大社会成员的利益，因为它调整着不同社会地位和不同阶层的社会成员都参与的一定领域的社会生活秩序。警察在众多的公共事务中，只是履行其所承担的维护社会公共安全和社会公共秩序的那部分职能。这两种职能有着密切的联系，它们互相依存、互相渗透，经常是被结合在一起使用的。因为政治势力会利用社会的不安定因素，而社会的不安定往往会引发某种政治势力的滋生或扩展。传统观点强调，在警察职能中，政治统治职能常常被置于首要地位，因为这与国家政权

---

① 李健和：《关于公安机关职能问题的思考》，载《公安教育》2003年第7期。

② 蔡诚：《公安学概论》，中国人民公安大学出版社1985年版，第30页。

③ 同上。

的安危、统治阶级的根本利益有着直接的关系。但是，社会管理职能同样是不可或缺的，它是加强政治镇压职能的基础和条件。警察的这两种职能，在不同的社会制度下，二者的地位、作用是有差异的。①

2. 三重职能说。持此观点的学者在传统的警察政治镇压职能和社会管理职能的基础上，又提出并列的第三个警察职能——社会服务职能。此观点认为，警察不仅仅是阶级专政的工具，也不仅仅是社会生活的“管理者”，更应该是社会的“公仆”，为社会、为公众提供公共安全服务。全面、准确地认识警察的职能，并且随着社会的发展和变化适时调整职能重心，才是辩证唯物主义和历史唯物主义的基本要求。②

3. 社会的政治性警察职能理论，即警察的国家职能和公共服务职能的内在统一性。社会的政治性警察职能理论从社会性和政治性两个方面的结合来理解警察职能。所谓警察职能的社会性，是指警察活动归根到底是一种社会系统内部的活动，其根本目的是维持社会公共安全秩序，从而维护生生不息的社会生活的安定和正常进行。社会性规定了警察活动的基础和边界，并因此使警察的国家职能和服务职能实现统一。因此，社会性是理解警察活动的基本视野。所谓政治性，是指警察活动作为社会系统的活动，在性质上属于社会控制手段，其社会性并不排斥它是一种以国家权力形式出现的社会整合方式。因而，政治性也是理解警察职能的一个基本点。社会的政治性警察职能理论认为，政治性和社会性都是其内涵，但其重点是社会性，社会性是其鲜明的色彩，而政治性是以社会性来予以理解并加以诠释的。警察在保持自己固有的政治性的同时，将通过社会性、科学性和价值共赢原则，体现出与人类文明发展一致的共同趋势。③

4. 理想类型说。基于未来警察职能的走向，在国家警察与社会警察并存的基础上，④ 构建警察的三个职能：

（1）侧重国家利益的政治性国家警察职能。可以用政治镇压、国家控制、武装暴力表现其特征。

（2）侧重公众利益的人民性的地方（辅助）警察职能。可以用公共秩序管理、公共服务表现其特征。

（3）国家利益、社会公众利益并重的社会性的警察职能。它具有人性的、

---

① 冯德文：《警察学概论》，中国人民公安大学出版社 2005 年版，第 58 页。

② 刘孝云：《试论我国警察职能的转变》，载《上海公安高等专科学校学报》2003 年第 1 期，第 37 页。

③ 程金生、王彬：《警察国家职能与公共服务职能的内在统一性》，载《政法学刊》2003 年第 1 期。

④ 汪勇：《第五次警务革命——国家警察与社会警察并存》，载《人民公安报》2003 年 4 月。

公益性的、服务性的特点。[①]

在上述警察职能观中，传统观点和其他类型观点的区别关键在于，传统观点认为警察的公共服务职能没有独立的地位，是从属于社会管理职能的。因此，强调警察作为国家机器维护国家利益的意义，把警察的阶级性和政治性摆在首位，忽视其社会性和人民性，甚至否认、不敢强调警察的公共服务职能，因为害怕强调公共服务职能会导致否认警察的阶级属性进而导致警察中立化。而其他类型观点都表达这样一个认识，即警察的公共服务职能是独立于社会管理职能的，当今更应强调社会性的警察职能。

警察机关的职能必须随着社会历史条件的变化而进行相应的调整。只有这样，警察机关才能在社会发展进程中有效发挥自己维护社会秩序的作用。随着社会的发展、科技的进步、文明程度的提高，警察职能必然会朝着服务社会、服务公众的职能转变。这是当前警察职能转变的一种趋势。

三、警察职能的历史和发展

根据警察发展阶段的“三阶段说”观点，警察发展经历了警察的萌芽时期、古代警察时期和近代警察时期三个阶段。古代警察政警不分、军警一体，警察职能不独立。到了19世纪，随着资本主义经济、政治发展的需要和一系列社会问题的出现，新型警察制度即近代警察行政制度才应运而生。相比较古代警察职能混杂于军权、审判权之中，近代警察职能相对独立，专门围绕维护社会治安和打击违法犯罪展开工作，形成了刑事侦查、治安管理、查缉技术、警察管理等专业。

（一）国外警察职能的历史和发展

从1829年罗伯特·比尔在英国建立起现代警察制度至今，大体可以将警察职能的历史发展概括为四个阶段：

第一次警务革命（1829年到19世纪末），以1829年伦敦大都市警察机构的建立为标志。该机构已完全从军队、司法、社会福利中分离出来，成为了一支独立行使警察职能的力量。

第二次警务革命（19世纪末到20世纪前期），以美国警察专业化为标志。其核心是通过专业化摆脱地方政治集团对警察的控制，使警察成为一支独立的、高效的队伍，采取一种更职业化的模式开展工作。在此阶段，其打击犯罪的职能逐步突出，开始脱离公众。

第三次警务革命（20世纪30年代到20世纪70年代），以欧美各国警察现代化为标志。这个时期的警察过分依赖通信、车辆等警用装备，被认为是

---

① 叶氢、黄辉：《警察职能研究再思考》，载《江西公安专科学校学报》2004年3月。

“打击犯罪的战士”，忽略了服务职能，由此疏远了公众，失去了公众的支持。

第四次警务革命（20世纪70年代至今），是现代化后欧美各国的“新警察模式改革”，主要内容是建立社区警务，注重公众的需求和感受，是一种以服务职能为核心的警务。

（二）中国警察职能的历史和发展

1. 清末警察职能。

光绪二十四年（1898年）六月九日，湖南长沙创设了湖南保卫局。保卫局的职责为“去民害，卫民生，检非违，索罪犯”。在工作上把清查户籍作为“第一要义”。保卫局的职能已完全从军队中分离出来，同审判机关和其他行政机关的分工，也有使警察职能趋向独立的苗头。①

清政府正式建立警察制度，是光绪二十七年（1901年）仿照外国设立的“善后协巡营”，不久改称“工巡总局”，成为维持京师治安、执行警察职能的机构。工巡总局一方面掌理京师警察事务，同时兼管工程设施。它不是权责专一的警察机构，而是市政、司法和警察混合为一的机关。但是，其警察职能已经十分突出，其中“执行京师城内的警察事务”居于其他警察职能之首。②

光绪三十一年（1905年）九月，清政府在中央设置巡警部，从而产生了中国最早的中央警察机关。光绪三十二年（1906年）九月，清政府实行官制改革，改巡警部为民政部，除巡警部原掌职务外，将步军统领衙门的职掌、户部掌管的事项以及工部所掌的各项工程，都划归民政部管理，并相应设立民治、警政、疆里、营缮、卫生五司。由于警政只是民政部综理的事项之一，因而警察事务实际上成为内务行政的一部分。清末预备立宪期间，从重要的中央警察立法来看，警察职能主要以户口、违警、结社集会、言论控制四个职能为中心。③

2. 北洋军阀统治时期的警察职能。

1912年，中华民国成立，南京临时政府废除了“巡捕”、“巡警”的名称，正式改称“警察”，以内务部警政司管辖全国的警察行政。不久，进入北洋军阀统治时期。这个时期警察机构的特点：第一，直接服务于北洋军阀的军事独裁统治，往往同赤裸裸的军事镇压相互联结，警察职能带有强烈的军事色彩。第二，鉴于辛亥革命后人民反帝反封建斗争不断高涨，民主观念日益深入人心，警察机构把扼杀民主生机、镇压人民革命运动作为突出的任务。

---

① 宫言：《中国近代警察制度的萌芽》，载《文史杂志》1990年第5期，第20页。

② 常兆儒、俞鹿年：《中国警察制度史初探》，载《学习与探索》1983年第2期，第61、62页。

③ 何洪涛：《清末警察制度研究（1894—1911）》，西南政法大学2011年博士学位论文，第126页。

不仅公开禁止人民群众集会、结社、讲演、游行，而且连集体游戏、张贴文书图画也要严加取缔。第三，充当租界巡捕房的附庸，疯狂迫害从事反帝爱国斗争的进步人士，不遗余力地保护帝国主义列强的在华利益和殖民统治。第四，强化司法镇压职能，警察官署可以不履行法定程序，擅自判决由其查获的人犯。①

3. 国民党统治时期的警察职能。

随着国民党政权的建立，一个中国历史上空前庞大和严密的警察系统迅速形成和发展起来。这个警察系统，不但以维护帝国主义和封建买办阶级的利益为己任，而且是推行独裁统治的重要工具，这是它不同于清末和北洋军阀时期警察系统的最显著的特点。首先，国民党政权的警察机构从建立时起，其锋芒就始终指向共产党领导的革命事业。这不仅体现在它的全部活动中，也具体表现在警察机构的设置上。其次，警察、宪兵、特务结成三位一体的势力。特务制度以特殊的活动方式破坏革命、迫害人民，并且通过各种渠道打入包括警察机关在内的各个部门，发挥其特有的作用。最后，警察与保甲制度密切结合。一方面，保甲组织直接执行警察职能，如清查户口、稽查出入境居民、监视人民言行、实行“联保连坐”，甚至在未设警察的乡村代行警察各项事务；另一方面，警察对它则负有指导协助之责。这样，就使得警察能够依靠保甲组织在基层实行严密的控制。②

4. 人民公安的职能。

在新中国成立之前，无论是在土地革命战争时期，还是在抗日战争时期和解放战争时期，中国共产党领导的革命政权均建立起了自己的公安保卫组织或机关，如中央特科、国家政治保卫局、社会部和公安局等，其主要职能就是开展情报工作、锄奸反特和维护根据地的治安。

新中国成立以后，建立了与国体一致的人民公安机关。公安机关的基本职能就是专政职能和民主职能。在人民政权建立初期，公安机关的专政职能色彩浓厚，主要任务就是在城市搜捕特务、镇压反革命破坏，在农村和新解放区清匪反霸、取缔各种反动会道门。这种专政威慑力在随后持续的各种运动中得以强化，在“文化大革命”期间达到顶峰。

任何一个组织的特定职能都是在特定社会历史条件下产生的，当社会历史条件发生变化时，这一组织必须对其职能进行相应的调整，以使自己适应变化了的社会历史条件。“文化大革命”结束后，党和国家的工作重点转入经济建设，公安机关的任务转向保卫社会主义经济建设、维护改革开放。公安

---

① 常兆儒、俞鹿年：《中国警察制度史初探》，载《学习与探索》1983 年第 2 期，第 61、62 页。

② 常兆儒、俞鹿年：《中国警察制度史初探》，载《学习与探索》1983 年第 2 期，第 64 页。

机关的专政职能也回归到与当时社会相适应的状态。后来，在社会治安严峻的情况下，公安机关再次强化专政职能，在 1983 年开展“严打”，即从重从快严厉打击严重刑事犯罪。

随着改革开放的深入，公安机关维护社会稳定的警务思想也在适时调整。1997 年 4 月，公安部在苏州召开全国公安派出所工作会议，提出以“防范和管理”为公安机关的主要职能和工作重点。这种向服务与权变警务模式的靠拢，西方用了 200 多年的时间，而中国只用了 50 年的时间。[①] 2002 年 3 月，公安部召开“杭州会议”，以“发案少、秩序好、社会稳定、群众满意”为目标提出在全国范围内推广社区警务建设。这种以预防为主的警务模式，完全是适应社会发展趋势的选择，这也直接导致公安机关职能结构发生转变，即由过去注重专政性职能到强化警察服务性职能的转变。公安机关作为政府的重要职能部门之一，必然随之改革，并打造一支与新时期执政理念相符合的服务型公安队伍。

第二节 警察职责及其依据

一、警察职责的含义

一般认为，职责的基本含义是职务和责任。承担一定职务的人要行使一定的权力，就必须首先取得合法的地位，依法确定其职责。职责相当才能较好地保证职务权力得以顺利实现，同时，也能保证在履行职责、行使权力时接受监督。[②] 一般意义上的警察职责的概念主要有如下表述：

1. 人民警察的职责是指国家依法律规定的管辖范围和应承担的责任、义务。警察有不同的警种，各警种应依照法律、法规的规定履行自己的职责。警察的职责是由警察的性质和任务决定的。[③]

2. 警察的职责是国家赋予警察的任务，是由警察职能所规范的职务和责任来体现的。同时，警察的职责又是通过警察条例、警察法等法规、法律的形式加以规定的。警察的职责既是向国家承担的法律义务，同时又是一种法律责任，警察在实现这一任务和目的的过程中，必须尽职守责。[④]

---

① 胡建刚：《中国警务五十年实践的回溯及改革前瞻》，载《贵州警官职业学院学报》2004 年第 2 期，第 78 页。

② 张开贵等：《公安学基础理论新编》，中国人民公安大学出版社 2004 年版，第 113 页。

③ 李荣坤：《警察学》，中国人民公安大学出版社 1998 年版，第 108、109 页。

④ 顾柏荣：《论警察的本质、职能与职责》，载《上海公安高等专科学校学报》2003 年 10 月。

3. 职责即职业责任，故人民警察职责是指国家依法规定的警察工作范围和应尽的责任。[①]

二、警察职责的特点

1. 警察职责是由警察任务决定的，是警察任务的具体化。警察任务决定警察职责，警察职责的履行直接关系到警察任务的完成。虽然各警种工作性质不同、分工不同、职责各异，但都是警察共同任务的体现，是警察任务的具体化。

2. 警察职责的法定性。所谓法定性，是指警察的职责是由国家法律明文规定的，具有法律的严肃性，是国家权力机关依照国家意志而确定的，依法履行职责是对警察的基本要求。

3. 警察职责的强制性。警察职责的强制性是与其法定性紧密相连的。首先，法律规定了警察的工作范围，这表明警察职责不是可有可无、可履行可不履行的，而是应尽的天职。其次，警察履行职责必须依照法定的程序和方式，不能想怎么干就怎么干。最后，警察不履行法定职责、超越职责范围，或不依法律规定的方式和程序履行职责，应根据所造成的后果承担相应的刑事责任或行政责任；其行为对公民、法人的财产及其他合法权益造成损害的，应当进行必要的赔偿。

三、国外主要国家警察职责的内容

1. 英国警察职责。

英国警察法中并没有明确列举警察职责的条款，警察职责的内容只在法律所规定的警察就职宣誓词中有所体现。1996 年《警察法》第 29 条和 2002 年《警察改革法》第 83 条规定，警察就职宣誓内容为，“……我宣誓，我将公正、廉洁、勤勉、公平地履行警察职责；保障基本人权，给予所有人同样的尊重；我将在我权力范围内尽忠职守，维护治安，预防各种侵犯公民人身和财产权利的犯罪；我将尽我所能，忠诚地依法履行各项职责”。[②]

从英国一个城市的《警察手册》中，可以具体看到英国警察的职责：

维护治安；制止犯罪；调查和逮捕罪犯；镇压暴乱、聚众滋事和叛乱；驱散阻碍了公共街道、路边和公园等地方行人自由的非法和危险集会；保护公民人身和财产的权利；维护公共安全；保持选举和会议的秩序；指挥公共街道、走道或者公共区域的人群和汽车的移动方向；移走公共街道、公园或

---

① 冯德文：《警察学概论》，中国人民公安大学出版社 2005 年版，第 65 页。

② 夏菲：《论英国警察的职能》，载《新疆警官高等专科学校学报》2010 年第 2 期，第 56 页。

者高速公路上的所有障碍物；逮捕所有街道上的乞丐和流浪汉；在火灾中提供正确的警察帮助；在公共街道或者火车站为陌生人或者旅游者提供帮助、建议和保护；认真观察和检查获得授权的商业领域，或者按照法律要求对坏名声的、妓女寄居的房子以及赌博点、彩票点、斗鸡场、舞场等地方进行检查；压制或者阻止所有非法的、不符合秩序要求的行为或者行动，防止这座城市里面所有对法律法规规定的违反和侵犯。①

2. 美国警察职责。

美国的警察机关分别隶属于联邦、州、县、市镇四级政府。美国联邦负有警察职能的机关多称为执法机关。主要的执法机关分别隶属于司法、财政、内政和国防四个部。

联邦调查局（FBI）隶属于司法部，其职责是：调查违反联邦犯罪法的行为，支持法律；保护美国，调查来自于外国的情报和恐怖活动；在领导阶层和法律执行方面对联邦、州、当地和国际机构提供帮助；同时，在响应公众需要和忠实于美国宪法的前提下履行职责。对内，全权负责维护国家安全和防范有组织的恐怖主义活动；对外，积极协助美国国防部军事情报局及美国中央情报局，防范并打击一切可能危害到美国国家安全的情报和军事活动。②

美国的州警察机关主要有三种模式。第一种是巡警模式，或称巡警型警察机关。这种州警察机关的主要职责是实施州交通法规，调查和预防交通事故，纠正和处罚交通违章行为，保障公路安全。加利福尼亚州的公路巡警队就是这种模式的代表。第二种是执法模式，或称执法型警察机关。这种州警察机关负有完全的执法职责，包括犯罪侦查、维护治安、实施法令、公路巡逻等。伊利诺伊州警察局就是这种模式的代表。第三种是两元模式，或称巡警、执法模式。这种州警察机关分为两个独立的实体，一个负责公路巡逻，一个负责一般执法工作。例如，佛罗里达州的公路巡警队负责州公路的巡逻和发生在州公路上的轻微刑事案件的侦查；而佛罗里达州执法局则负责一般性执法工作，包括发生在州公路上的严重刑事案件的侦查。③

城市警察是美国警察机构中最庞大、最重要的组成部分。在美国，一提到警察，大多数人首先联想到的就是城市警察。城市警察机构的职责是处理严重的刑事犯罪和维护治安，并对市民的酗酒、吸毒、家庭纠纷等社会问题最先作出反应并着手给予解决。由于城市人口集中、情况复杂，治安形势相对严峻，凶杀、抢劫、强奸等恶性案件多发，城市警察肩负着更加繁重的维

---

① 陈晓辉：《英国警察制度研究》，吉林大学出版社 2012 年版，第 191 页。

② 《美国联邦调查局（FBI）》，载 http://www.360doc.com/content/13/1202/15/14887363_333895520.shtml，2013-12-2。

③ 《浅谈美国的警察机关》，载 http://news.9ask.cn/gaga/gaga/201105/1192120.shtml，2011-05-17。

护社会治安，保卫市民生命财产安全的任务。他们必须每天24小时不间断地连续巡逻，以及时发现并严厉打击各种违法犯罪活动。[①] 美国律师协会制定的《城市警察职责规范》提出，警察职责包括11个方面：预防犯罪、保护公民人身和财产免受侵害、保护公民享有宪法赋予的权利、保障交通便利、帮助不能自卫的人们、调解纠纷、查明对政府和执法机构有危害的问题、保障社会具有安全感、维护社会秩序、紧急救援、为老百姓提供帮助。[②]

县级警察机构在美国警察机构中所占的数量最多但规模最小，其中多数分布在广大的乡村地区，而且警员大都不超过10人。县级警察机构的职责各不相同：有的不仅担负执法工作，还担负司法和教养工作；有的只担负执法工作；有的只承担与法庭事务有关的民事司法任务；有的不承担执法任务，只担负有关司法和教养工作。各县警察局局长一般是由选举产生的。以加州为例，加州有58个县，每个县的警察局都要履行三种不同的职责：警务职责，押送、拘留次要罪犯和候审疑犯的职责以及保证法庭安全的职责。县警察局还在没有设立警察局的地区或自治市执行警务工作。[③]

此外，美国还有特种警察，即独立于地方警察和联邦警察的一种警察机构。在业务上它由地方警察部门指导和协助，在行政上受所在部门最高行政长官领导。例如，公园警察、校园警察、地铁警察、旧金山的湾区快速交通警察、机场警察等，它们各自在自己的管辖范围内履行职责。

3. 日本警察职责。

《日本警察法》（2004年6月18日修订）第2条第1款规定："警察担负着保护个人生命、身体、财产安全的责任，以一切预防犯罪、打击犯罪、侦查犯罪、逮捕嫌疑人、管理交通等维护公共安全与秩序的任务为自己的责任和义务。"第2款规定："警察活动应严格限制在前款规定的职责范围内，在完成其职责时，以不偏不倚公平公正为宗旨，不允许有任何滥用职权、干涉日本宪法所保护的个人权利与自由的行为。"[④]

4. 俄罗斯警察职责。

俄罗斯对警察职责的规定非常详细，2003年修订的《俄罗斯警察法》有30多项。[⑤] 2011年，俄罗斯修改制定了新的《俄罗斯联邦警察法》，该法第3

① 刘芳：《美国市、县、州警察机构概述》，载《公安学刊》2004年第1期，第87页。

② 《西方警察职能改革的主要内容——向服务型转化》，载 http://www.tygabmfw.gov.cn/010109/public/showinfo.aspx? id=2013012209002977010101。

③ 刘芳：《美国市、县、州警察机构概述》，载《公安学刊》2004年第1期，第87页。

④ 刘伯祥：《外国警察法》，中国法制出版社2007年版，第1页。

⑤ 阎如恩：《俄罗斯警察法简介》，载《俄罗斯警察法》2004年第1期，第70页。

章以专章规定了警察的职责，涉及39项具体内容。主要包括：受理案件；迅速出警制止不法行为，保护现场并收集证据；给予受伤人员以紧急救助；保证公共场所秩序，保证集会、游行、示威等公共事件秩序；刑事立案；刑事侦查；紧急侦查；刑事鉴定；预防、查明和制止极端主义活动；采取措施打击恐怖活动；对道路交通安全进行检查和管理；对民用枪支、武器的经营和持有进行管理和检查；对私人侦探和私人保安进行管理和监督；开展国家指纹库和基因库登记；维护竞选、投票以及竞选活动秩序；等等。①

除上述国家对警察职责的具体规定外，还有一些国家在相关的法律中对警察职责作了原则性规定。例如，《韩国警察法》（2004年12月23日部分修订）第3条规定："警察的任务是保护国民人身和财产安全，预防和侦查违法犯罪活动，收集治安情报，维护交通秩序以及其他公共治安秩序。"《法国国家警察职业道德准则法令》（1986年3月18日通过）第1条规定："国家警察在法国境内承担保障自由、捍卫共和国制度、维护和平和公共秩序、保护人民生命和财产安全的责任。"《芬兰警察法》（1995年颁布，2001年4月15日修订）第1条规定："警察的责任是保持法律的尊严和社会的稳定，维护公共秩序和安全，预防和调查犯罪，并把罪犯送交司法部门起诉和量刑。为确保社会安全，警察的工作需要社会其他政府部门、地方居民和组织的配合。除上述职责外，警察也依据法律执行其他任务并在职责范围内帮助任何需要帮助的人。"②

四、中国警察职责的内容

（一）从管辖范围认识公安机关职责

管辖的本义是管理、统辖。法律意义上的管辖决定了其是否具有职责。公安机关的管辖可以从警种管辖、案件管辖、地域管辖、指定管辖和协同管辖等方面认识。

1. 警种管辖。《人民警察法》第2条规定，人民警察包括公安机关、国家安全机关、监狱管理机关的人民警察和人民法院、人民检察院的司法警察。由此，可将我国人民警察分为五大类警种，每一类各有职责管辖范围。例如：

根据《国家安全法》的规定，国家安全机关的人民警察主要履行以下职责：执行《国家安全法》及其有关法律、法规，维护国家安全，防范和制止危害国家安全的行为；侦查境外机构、组织、个人实施或指使、资助他人实施的，或境内组织、个人与境外机构、组织、个人相勾结实施危害中华人民

---

① 周艳萍、黄波：《俄罗斯联邦警察法评析》，载《中国人民公安大学学报》2014年第3期，第82页。

② 陈晓辉：《英国警察制度研究》，吉林大学出版社2012年版，第60、660、663页。

共和国国家安全行为的案件；履行法律、法规规定的国家安全机关的人民警察的其他职责。

根据《监狱法》的规定，监狱管理机关的人民警察主要履行以下职责：依法执行刑罚，对罪犯进行惩罚、教育和改造；依法对监狱实施行政管理；组织罪犯参加生产劳动；对未成年罪犯进行教育改造；履行法律、法规规定的监狱及其人民警察的其他职责。

根据《人民法院组织法》及有关法律、法规的规定，人民法院的司法警察履行下列职责：警卫法庭，维护法庭正常的审判秩序；押解犯罪嫌疑人；依法传唤当事人，执行拘传、司法拘留、搜查、诉讼保全等强制措施；协助执行人员执行发生法律效力的判决、裁定；执行死刑；执行法律、法规规定的其他职责。

根据法律和有关规范性文件的规定，人民检察院司法警察主要履行以下职责：配合检察人员提解、押送、遣送、提讯犯罪嫌疑人；传唤当事人；配合检察人员依法执行搜查和采取强制措施；送达法律文书；履行法律、法规规定的其他职责。

在公安机关这个大系统内，根据其内部具体职责分工的不同可将警察分为刑警、治安警、户籍警、交警、巡警、外事警、消防警、边防警、缉毒警等，还有铁路、交通、民航、森林、海洋等专门公安机关的警种。这些警种各有分工，各有自己的职责范围。

2. 案件管辖。根据有关法律法规，不论刑事案件还是行政案件，都有管辖上的职责分工。例如，根据《刑事诉讼法》的规定，刑事案件除了由人民检察院、法院、军队、监狱等管辖的案件，大部分由公安机关管辖，这从大方面对侦办刑事案件的职责进行了划分。另外，公安机关内部对刑事案件的管辖，按照警种的职责分工予以确定。

3. 地域管辖。例如，《刑事诉讼法》规定，刑事案件由犯罪地的公安机关管辖。如果由犯罪嫌疑人居住地的公安机关管辖更为适宜的，可以由犯罪嫌疑人居住地的公安机关管辖。对于行政案件，在管辖上也由相关法律予以规定。

此外，对管辖不明确或者有争议的刑事案件，可以由有关公安机关协商，协商不成的，由共同的上级公安机关指定管辖；对于情况特殊的刑事案件，可以由共同的上级公安机关指定管辖。公安机关与检察院、军队等的互涉案件，需协同配合，即协同管辖。

（二）从责任义务认识公安机关职责

《人民警察法》第6条对公安机关及其人民警察的职责作了详细的规定，具体列举了14项职责。几乎每一条都至少对应着一个警种的职责。第14项，即“法律、法规规定的其他职责”，这是一个弹性条款。它是考虑到随着社会的不断发展，还会出现许多新的问题，从而赋予警察新的职责。例如，后来设立的网安警、缉毒警等，以及一些地方设立的环境警察和食品药品监督警察。

不可忽视的是人民警察在非工作时间的职责。《人民警察法》第19条规定，人民警察在非工作时间，遇有其职责范围内的紧急情形，应当履行职责。这一规定一方面指出人民警察在遇到职责范围内的紧急情形时，即使在非工作时间也必须履行职责，不得借口不在工作时间而逃避履行职责，另一方面也确认了人民警察在非工作时间对紧急情形履行职责的合法性。这时的职责范围就变成大职责，即所有警察的职责，不管是什么警种的警察，也不管是什么地方的警察，在非工作时间都应履行职责。

人民警察在紧急情况下应当履行的职责。一般来说，“紧急情况”具有四个特点：一是突发性，为人所始料不及；二是严重性，其后果比较惨重；三是临界性，具有一触即发、千钧一发的危险特性；四是复杂性，稍有不慎易扩大事态。在紧急情况下，人民警察必须作出快速反应，采取果断措施，迅速消除威胁。

履行法定义务也是人民警察的职责。《人民警察法》第21条规定，人民警察遇到公民人身、财产安全受到侵犯或者处于其他危难情形，应当立即救助；对公民提出解决纠纷的要求，应当给予帮助；对公民的报警案件，应当及时查处。人民警察应当积极参加抢险救灾和社会公益工作。这一法条规定了人民警察在救护、扶助、调解等公益方面的责任义务。

相比较英国、美国、俄罗斯等国家，我国人民警察职责规定过于分散、不够具体。因此，需要综合全面地理解公安机关及其人民警察职责，防止失职和越权行为的发生，避免引起行政诉讼，避免造成不良的社会影响，以致损害公安机关的形象和公信力。

五、警察职能、警察职责及警察职权的关系

警察职能，是警察机关或警察自身所具有的功能以及在其职责范围内应发挥出来的维护国家和社会成员利益的效能或作用。警察职能由警察功能和警察作用两部分组成。警察功能是警察机关内在的，从警察产生时就具有的功能量度的规定性效能；警察作用则是将警察功能发挥得好与坏的结果。只有当两者目标接近时，警察职能才能发挥至最好。警察职能决定着警察具体的职责，通过警察职责的具体规定，可以归纳、反映出警察的职能。

警察职责是设定警察职权的基础，警察职责是警察职权实现的保障。有权必有责，警察在拥有职权的同时还必须拥有职责，没有警察职权的职责和没有警察职责的职权都是法治的精神所不允许的。不仅如此，警察职权和警察职责还有密切的对应性，有多少警察职权就必须设定相应的警察职责，不

允许警察超越法定职责自我授权。

第三节 警察权力

警察作为国家机器的一部分，从其诞生之日起就与权力紧密联系在一起。警察既拥有国家赋予的行政执法与刑事侦查方面的权力，同时也享有自由裁量的权力和各种强制手段。

一、警察权概述

马克思主义的观点认为，警察的起源与国家一样古老。而与警察相依附存在的警察权，在成为维护社会公共秩序与安全的必要手段之前，同样经历了一个漫长的发展过程。在不同的历史阶段，其内涵、性质与具体的表现形式有着与时代相呼应的鲜明特征，并随着人类文明的演进和人们对社会发展规律认识的深化变得更加丰富、成熟。作为社会公共权力的一种，警察权是公民权利得以实现的保障；另一方面，“警察权力与公民权利在一定条件下成反比例关系，即警察权的扩大意味着公民权的缩小，警察权的滥用往往使公民权化为乌有”。[①] 警察权的这种两面性，也使得如何揭示其本质，维持它与公民权之间的相对平衡变得尤为重要。根据警察机构的组织形式、权力大小等可以将世界警察分为两大派系：以美国为代表的海洋派和以法、德、日为代表的大陆派。海洋派强调“警权民授”，推崇对警察权力的限制；而大陆派的警察权配置则主要采取中央集权的方式。

（一）警察权的概念

1. 广义警察权。

在我国，警察权一般是指国家有关警察活动的一种权力，它属于国家基本权力的组成部分，包括国家关于警察工作的立法权、决策权和执行权。另有学者认为，广义的警察权是指国家警察机关的一切权力，包括履行警察刑事职能和行政职能时所运用的一切权力。[②] 抑或警察权是指国家赋予公安机关、国家安全机关、监狱、劳动教养（现在已经取消）管理机关的人民警察和人民法院、人民检察院的司法警察的一切权力，包括履行警察刑事职能和行政管理职能时所运用的一切权力。[③]

---

① 陈兴良：《限权与分权：刑事法治视野中的警察权》，载《法律科学》2002 年第 1 期，第 52、53 页。

② 高文英：《我国社会转型期的警察权配置问题研究》，群众出版社 2012 年版，第 20 页。

③ 胡平、刘秀琼：《中国警察权思辨》，载《上海公安高等专科学校学报》2002 年第 6 期，第 58 页。

权力的内容和表现形式是由国家性质和国情决定的。英美国家将警察权的概念定义为：警察权（police power，又称治安权）是指在一个主权国家所享有的，为维护公共安全、公共利益、公共卫生、公德和社会正义，由法律规定的内在和绝对的权力。它是政府所必需的一项基本权力，不能为立法机关所放弃或从政府中转移。[①] 或者是，警察权属于国家基本权（或称固有权）中的自卫权和管辖权，又属于一般的统治权和管理权。[②]

2. 狭义警察权。

狭义警察权主要有以下几种观点：

（1）狭义警察权是指由国家宪法、法律赋予警察机关及其警察人员执行警察法律规范、实施警务活动所拥有的权力。通常所说的警察权，是指狭义的警察权。[③]

（2）所谓警察权，是指由国家宪法、法律赋予警察机关执行警察法规范、实施警务活动的权力。警察权源于国家的赋予，是国家权力的组成部分和分设形态，是警察机关依法取得并依法在警务活动中实施的权力。[④]

（3）狭义警察权是指法律赋予警察机关及其警察人员实行警务活动时拥有的权力。通常所说的警察权是狭义的警察权。这种狭义的警察权是一种抽象的国家权力。但在现实生活中，警察权是以具体形态存在的，它的行使往往由具体的警察机关来落实，这种被配置到警察机关的权力就是所谓的警察职权。[⑤]

综合上述各种观点，警察权是指国家权力的重要组成部分，由宪法和法律所赋予的，用于打击各种违法犯罪行为，维护社会安全和公共秩序，由警察机构在警务活动中所行使的各项权力的总称。其内涵具体应包括以下几部分：①属于国家权力的一种。由于警察机构是国家暴力机器的组成部分，是强制性的国家权力，因而自警察诞生之日起就深深地烙上了政治工具的烙印。②从历史发展来看，警察权具有动态性，有一个不断发展演进的过程。在不同的历史时期和不同的国家地区，警察权的大小和具体形式存在差别。例如，大陆派国家警察的权力大于海洋派国家的警察。③从法律方面来看，警察机关是法律的执行机构，它是法律的实施者和捍卫者。警察的权力是由法律规定的，这就决定了警察权力来源的合法性和正当性，同时也决定了警察权是

---

① 安徽省合肥市公安局包河分局课题组：《论我国警察权行使的法律规制》，载《第二届中国警学论坛文集》2011 年，第 874 页。

② 王屏：《论警察权的本质》，载《湖北警官学院学报》2006 年第 4 期，第 70 页。

③ 李锋：《构建我国有限警察权的困境及对策》，载《江苏经管学院学报》2011 年第 2 期，第 146 页。

④ 惠生武：《警察法论纲》，中国政法大学出版社 2000 年版，第 127、128 页。

⑤ 王屏：《论警察权的本质》，载《湖北警官学院学报》2006 年第 4 期，第 70 页。

不可以随意变更的，在一定的时期内具有稳定性和持续性。

（二）警察权与警察职权

要厘清警察权与警察职权二者的关系，首先应当确定警察职权的概念。我国台湾地区学者古奠基认为：警察职权为国家所赋予，由法律加以规定，警察机关与警察人员在法律规定范围内，依法定的程序行使其职权，则其行使职权之作为即为对外所为公法的意思表示，并发生公法上的效果。① 大陆学者张兆端认为，警察权具体到某个具体警察职位上则称之为警察职权。② 综合以上观点，可以认为公安机关及其人民警察正确履行工作职责，需要国家以法律法规的形式予以明确，具体到不同的岗位和部门，就是警察职权。也就是说，警察职权是国家警察权的法律转化形式，是警察机关实施国家警察行政事务管理活动的资格及权能。③

警察权与警察职权既有区别又有联系，不能简单地认为警察职权就是警察权。二者的关系体现在两个方面：一方面，警察权与警察职权来源相同，共同服务于国家和人民，完成国家赋予警察的任务。国家通过立法的方式设定了警察权，并规定了警察职权的具体内容以维护国家统治。另一方面，职权是职责与权力的有机统一，承担一定的职责，必须赋予相应的权力作为保障，有责无权只能导致权责尽失。警察职权来源于警察权，是警察权的具体化。警察权作为抽象、原则上的国家权力，只有通过明确具体的任务和职能转化为部门职权，才能实现现实意义上的警察权。

二、警察权的特点

对于警察权的性质、特点，存在行政性与行政、司法双重属性的争论，也有阶级性与职能性的看法。这些观点都从不同的角度讨论了警察权的本质，但是从警察权来源的人民性、政治性与国家性出发，警察权的性质应是国家行政权力，行使特点表现为：目的是完成一定的任务，手段是命令、强制，时机是必要时行使。

（一）政治性

随着社会民主与法治的进步，人们也越发关注自身权利的实现与保障，犹如警察的阶级性说法一样，有关警察权政治属性的讨论也逐渐淡出普通民众的视野，成为理论研究的“专利”。同时，出于获取公众对警察与警务工作

---

① 张洪波：《警察职权的范式构建》，载《江苏公安专科学校学报》2001 年第 6 期，第 122 页。

② 张兆端：《警察哲学——哲学视阈中的警察学原理》（第二版），中国人民公安大学出版社 2010 年版，第 253 页。

③ 王缨军、付俊华：《浅论警察权与警察职权》，载《铁道警官高等专科学校学报》2002 年第 51 期，第 80 页。

支持的需要，在警察公共关系建设与警察文化建设中，警察机构更加突出服务职能，主动淡化警察权力中的政治属性。人们期望警察机构作为法律的执行者，要为了维护社会的公平与正义而使用警察权。但是，警察权作为一项国家权力，只有在特定的社会政治环境下才能运行。

以政治性为核心的警察权是国家权力，国家权力即政治权力，因此，警察权具有政治性。但是，这里所说的警察权的政治性不仅在于警察权的国家权力属性，更在于其政治统治性。当出现危及统治行为的情形时，国家就会动用警察予以镇压。英国警察权的演变给予我们的启示是：警察不可能摆脱行政权的控制，即使是强调独立的英国警察，实际上也是受内政部制约的。[①]因而，从某种程度上来说，政治统治职能是警察的根本职能，政治性则是警察权的根本属性。

（二）法定性

警察权的内容由国家法律、法规加以明确规定，警察权与国家法律是融为一体的，不存在无法律规定的警察权。警察权同时与警察机关的法定职能、警务人员的法定职责密切相连，警察权只能由法定的警察机关和警务人员行使；警察机关及其警务人员在行使警察权时，必须严格依法，按照法定的目的、内容、方式、程序等进行，不得越权和违法。

（三）单方性

在警察权运用和实施过程中，为体现国家的意志，警察机关往往以命令、指挥等形式实施权力，并不以征得权力作用对象的同意为条件。因为这种权力关系是由法律事先加以规定的，一旦出现权力行使的状态，这种法律关系便形成。例如，警察机关依法作出命令，依法对违法行为人进行处罚、采取强制措施等，都是警察权的具体体现，相对人不能拒绝。

警察权的单方性基于两个前提条件：一是警察权的主体是由国家确定的，警察机关行使警察权代表着国家，因此警察机关不得抛弃或转让职权，也不存在它与相对人协商如何行使权力的问题；二是警察权的法定性决定了职权内容不仅相对人应当遵守和服从，而且警察机关也必须严格依法行使。警察机关行使权力的过程，也是执行法律的过程，是对国家承担的一种法定职责和义务。

（四）强制性

强制性是一切权力的根本属性，对于警察权力来说更加显而易见，警察权经常是以强制方法和手段实现其权力内容的。警察权的强制性，是指警察权以国家强制力为后盾，执行与实施以国家强制力作为保障，相对人有必须

① 高文英：《我国社会转型期的警察权配置问题研究》，群众出版社 2012 年版，第 42 页。

服从的义务，有关机关有协助的义务。与其他行政执法部门不同，警察不仅具有强制传唤、使用警械武器等强制手段，还可以对执法客体采取包括拘留等在内的限制人身自由的强制措施。警察权相对于其他职权来说，更能突出地反映出强制性的特点，如警察处罚、强制措施、紧急处置、逮捕、拘留等警察行为，均带有比较鲜明的强制性。

人们需要警察来处理冲突、暴乱以及因为复杂而受物质利益驱动的社会秩序不协调所引起的问题。① 警察权的强制性是由国家权力的政治统治性决定的，是实现国家意志与维护公共安全的基本手段。

三、警察权的类型与种类

当今，各国虽然都设有警察机构用于维护社会治安、保障公民权利，但在普遍性之下，不同的政治体制、民族习俗与文化传统所形成的多样化的国家权力构成形式，也造就了不同的警察体制。

对警察体制的划分主要有英国人梅拜的四分法、美国人 R. D. 亨特的三种类型理论，以及邱华君的海洋派与大陆派观点。② 受警察体制的影响与国家权力结构的制约，警察权也呈现出不同的类型。

（一）警察权的类型

按照警察权集中的程度，大体可分为集权型警察权、分散型警察权、复合型警察权。这三种类型，基本上囊括了世界上大部分国家的警察权类型。

1. 集权型警察权。

集权型警察权多与单一制政权结构形式和中央集权型政府相联系。单一制政权结构通常表现为权力集中于中央，国家具有统一的宪法和法律制度，各地方政府和部门在中央政府的统一领导下工作。

单一制国家在中央通常设有警察机构，统一领导和指挥全国的警察机关及其各项警务活动。集权型警察权表现为中央政府（警察机关）对全国警察有领导、指挥权，警察法规统一、编制预算统一（或基本统一）、警察招募训练（标准）统一，上级警察机关对下级警察机关有人事任免权，等等。单一制国家的警察体制易采用集权型警察权，如法国、意大利。③

集权型警察权的特点是：警察权力较大，职责范围较广，通常享有较多的自由裁量权。集权型警察权对地方警察机关有较强的控制力，有利于国家对于警察力量的掌控和各项法规、条例、政策等的制定与实施，有利于协调

---

① ［英］罗伯特·雷纳：《警察与政治》（第三版），易继苍、朱俊瑞译，知识产权出版社 2008 年版，第 41 页。

② 王大伟：《欧美警察科学原理》，中国人民公安大学出版社 2007 年版，第 79、80 页。

③ 马亚雄：《世界警察导论》，中国人民公安大学出版社 2003 年版。

各地方警察力量侦办重大案件。但是，中央警察权力过大容易导致地方警察机关缺乏活力与自主性，造成思想观念僵化。同时，警察权过大也意味着警察权对公民权侵害风险的增大，需要通过监督等方式进行规制。

2. 分散型警察权。

与集权型警察权相对的是分散型警察权，也有学者称之为“地方自治型”警察权。采用分散型警察权的国家通常在历史上具有悠久的地方自治传统，由于人们害怕一个庞大的有组织警察机构有滥用权力，因而建立了地方自治的警察机构。[①] 从而削弱了中央政府对于全国警察权的控制，将警察权掌握在地方政府手中。

分散型警察权的国家，其中央政府（警察机关）对全国警察没有领导、指挥权，各级警察机关之间互不隶属，没有统一的编制和预算，甚至没有统一的警察法规和警察招募训练标准，在需要采取共同警务行动时是一种协作关系。联邦制国家的警察体制多采用分散（自治）型警察权，如美国、澳大利亚等。[②]

分散型警察权的特点是：在中央缺乏统一的警察机构，或者是虽有但权力较小。警察权力相对分散，职能较为单一。警察大多没有处分权，并且在执法过程中对武力的使用有严格限制。一方面，分散型警察权有利于保护公民权利，防止“国家警察”的出现，同时也提高了地方警察机关的活力与自主性；另一方面，分散型警察权在控制犯罪方面显得有些力不从心，在全球一体化以及有组织犯罪、跨国犯罪等日益猖獗的形势下，分散型警察权不利于各地、各国警察机构之间的协作与配合。

3. 复合型警察权。

复合型警察权是介于集权型与分散型之间的一种类型，也被称为“轻度分散体制”、“结合体制”或是“妥协体制”，是中央集权与地方自治相结合的警察权力结构类型。

从纵向上看，采用复合型警察权的国家，从中央到地方设立各层级的警察机关，同时各等级的警察机关享有的权限不同，上级警察机关对下级进行管理和指导。从横向上看，各地警察机关享有一定的自主性，既接受上级机关的领导，同时还接受同级政府的领导，并在上级机关的协调下开展区域警务协同与配合。以日本为例：首先，实行中央集权制警察体制，警察权高度集中于中央，中央警察机关（警察厅）对地方警察机关进行指挥与监督；其次，地方警察享有高度的自治性，管理体制是条块结合，以块为主。[③] 采用复

---

① 李荣坤：《警察学》，中国人民公安大学出版社 1998 年版，第 46 页。

② 向党：《中国警务改革战略》，中国人民公安大学出版社 2010 年版，第 126 页。

③ 高文英：《我国社会转型期的警察权配置问题研究》，群众出版社 2012 年版，第 59 页。

合型警察权的国家还有中国等。

复合型警察权既兼顾了警察权作为国家权力的政治属性，同时又对警察权进行了平衡与制约，防止“一方独大”，打消了人们对警察权过大的顾虑。警察权一定程度的集中有利于发挥国家在打击违法犯罪行为中的统筹协调作用，同时也保证了地方警察机关根据本地区实际开展警务活动的权力，发挥了中央与地方两方面的积极性。

在现代社会，不论是集权型、分散型还是复合型警察权，本质上都是维护公共秩序、保护公民权利的工具，因而也就无优劣好坏之分，最重要的是适合国情、符合民意。根据社会民主法治的进步，适时对警察权进行调节与配置，使其符合国家和人民的需要，是今后警察权发展的一个重要方面。

（二）警察权的种类

警察权的内容是丰富的，但是依据法治原则的要求和现行法律的规定，警察权的种类概括起来主要有以下几个方面。

1. 警察规范性文件制定权。

这是指警察机关依法制定和发布具有普遍约束力的规范性文件的权力。在现代法治国家中，国家权力机关以法律、行政法规的形式制定的警察法律规范一般比较抽象，不可能事无巨细地规范警察权力行使的每一个环节和领域。警察机关作为警察法律规范的执行者，在执行中需要将警察法律规范规定的原则具体化，使之成为具体标准、具体规定，因此由一定级别的警察机关制定相应的警察规范性文件就成为一项极为重要的警察职权。

2. 警察职权。

世界许多国家和地区的警察学，都把警察职权问题放在突出的地位进行研究。警察法规在规定警察任务和职责的同时，也赋予了警察相当的权限。因此，警察职权是警察体系中内容最为丰富的。

（1）警察刑事司法职权。

我国法律规定，在刑事诉讼中公安机关与人民检察院和人民法院分工负责、相互配合、相互制约，以保证准确有效地执行法律。2012 年新修订的《刑事诉讼法》规定，对刑事案件的侦查、拘留、执行逮捕、预审，由公安机关负责。此外，根据《刑法》、《公安机关办理刑事案件程序规定》（以下简称《规定》）以及其他文件中的有关规定，人民警察在刑事方面的权力主要有：

第一，刑事立案权与侦查权。刑事立案权，是指公安机关对认为有犯罪事实、需要追究刑事责任、符合刑事案件立案标准的享有管辖权的案件，依法定程序确定为刑事案件的权力。刑事侦查权，是指在办理刑事案件过程中，依照法律采取的专门侦查工作和有关强制性措施的权力，如有权收集各种证据、进行侦查实验、采取技术侦查措施等。[①]

第二，刑事强制权。刑事强制权，是指在刑事诉讼过程中，若符合法定情形且依法定程序呈请批准，可对犯罪嫌疑人、被告人依法实施强制措施的权力。主要有拘传、取保候审、监视居住、拘留、逮捕。

第三，刑罚执行权。刑罚执行权，是指根据法律规定，依照法院作出的生效判决执行刑罚的权力。这些刑罚包括拘役、暂予监外执行、剥夺政治权利等。

（2）警察治安行政职权。

由于治安管理权是国家行政权的一部分，因而治安方面的警察权也被认为是警察治安行政管理权。而治安行政管理方面的警察权主要分为治安行政处置权、治安行政处罚权与监督检查权等。[②] 这些具体职权是警察进行行政执法工作、维护社会治安的基础和保障。

第一，治安行政处置权，是指在道路、交通、消防、危险物品、特种行业和出入境等治安行政管理活动中，为了维护社会秩序和公共安全，依法对特定的人、物、事、场所采取的一种权力行为，通常包括命令、取缔、许可等具体权力。[③]

第二，行政处罚权，是指警察机关对违反警察行政法的当事人，依法予以制裁的权力，是由警察机关行使的一项法定权力。处罚的对象是违反警察行政法规定义务的相对人，是对相对人违法行为的处罚。警察行政处罚在警察行政管理过程中适用较广，涉及警察行政管理的各个主要方面。例如，对违反治安管理行为人的处罚、对违反消防管理行为人的处罚、对违反道路交通管理行为人的处罚。警察行政处罚的具体处罚形式包括警告、罚款、拘留、没收、吊销证照、停业整顿、限期出境、驱逐出境等。

第三，监督检查权，是警察通过定期或不定期检查的方式，对治安行政管理客体活动场所、建筑物、许可证等监督检查的权力。通过监督检查，发现违法行为，依法处置或制裁；发现治安隐患，要求被监督对象限期整顿改进，保证预防治安问题的发生，增强其自治、自防、自卫的能力，创造安全的生产和工作环境。[④]

第四，治安行政强制权，是指警察在依法进行治安行政管理和实施治安行政处罚时，为保证行为人履行法定义务或者接受处罚，对不履行法定义务

---

① 张兆端：《警察哲学——哲学视阈中的警察学原理》（第二版），中国人民公安大学出版社 2010 年版，第 253、254 页。

② 公安学基础理论教程编写组：《公安学基础理论教程》，中国人民公安大学出版社 1995 年版，第 123~131 页。

③ 同上。

④ 同上。

或者不服从处罚的人的人身和物品采取强制手段的权力，如强制传唤、强行带离现场、强制拘留、强制戒毒等。[1]

（3）警察民事裁决职权。

这主要指警察机关依法对在警察行政管理过程中所发生的部分民事争议进行行政处理并作出决定的权力。例如，在治安管理中对因违反治安管理造成对方损失而赔偿各种费用的裁决，在道路交通管理中因交通事故造成损失而赔偿各种费用的裁决。警察民事裁决权是法定的权力，要求由一定的警察机关来行使，并且依照法定程序行事。例如，所裁决的民事纠纷必须是法律规定的民事纠纷，并且这些民事纠纷只能由特定的警察机关进行裁决。

（4）其他职权。

此外，警察职权还包括警察行政许可权、警察行政确认权、警察行政调查权等。具体而言，警察行政许可权，即警察机关依法对符合条件的行政相对人赋予从事某种事项的权利或资格的权力；警察行政确认权，即警察机关依法认可或否认某个法律事实或法律关系的权力；警察行政调查权，即警察机关出于治安行政管理的目的，对治安信息的收集和处理的权力。

3. 紧急状态下的警察权。

紧急状态，是指国家在全国或部分地区的安全和社会秩序受到严重威胁或破坏时（如战争、内乱以及严重自然灾害等）宣告的危急状态。通常由国家元首按照宪法规定发布，紧急状态宣布以后，一般就立即实行军事戒严停止宪法某些条文的实施，甚至公开限制或禁止公民行使法律规定的自由权利，以严格控制社会秩序。紧急状态分为战争状态下的戒严、公共安全危机、自然灾害、突发紧急卫生事件等。[2]

警察权是国家固有权力自卫权之内卫权，同国家军事权一起构成维持国家生存的基本条件。军事权是对外维护国家安全，抵御外国入侵；警察权是国家对内职能的强制权。警察在执法活动中可能会遇到的重大暴力犯罪、重大治安事件、大规模群体性事件、重大灾害等紧急状况和危机事态，需要采取非常措施和手段，国家在配置警察权时特别设置了优先通行权、优先征用权、紧急避险权、交通管制权和戒严执行权等紧急状态方面的警察权，以方便履行职能，维护国家和人民的利益。

4. 警察自由裁量权。

警察自由裁量权，也叫警察自决权。警察在执行公务时，要自行决定和处理许多事情，这便是警察自由裁量权。它是在法律、法规对警察机关行使

---

① 张兆端：《警察哲学——哲学视阈中的警察学原理》（第二版），中国人民公安大学出版社 2010 年版，第 253 页。

② 肖毅、但彦铮：《警察学》，群众出版社 2010 年版，第 96 页。

权力只作了笼统规定而无具体明确规定的情况下，警察机关和警察人员根据情况因地制宜、自行斟酌选择作出具体警察行为的一种权力。也就是说，警察机关在法律、法规没有具体规定，或即使有具体规定但不能适用于某一事实的情况下行使自由裁量权。警察的自由裁量行为实际上也是一种处分行为，这种处分行为要能达到公正合理，就必须在行使裁量时，遵循合适性、必要性、比例性和确定性的原则。

警察自由裁量权存在的原因：一是警察工作的环境条件特殊。二是法律法规本身的特点。法律只能对各种违法犯罪行为作出原则性规定，而把具体适用选择的权力留给执法人员。三是警察部门内部管理工作的限制。

四、警察权的有效行使

（一）警察权有效行使的要求

警察的权力是国家授予的，也是人民授予的。因而，警察权的行使需要高度的政治责任感，必须坚持以下要求：

1. 合法。警察权的行使一定要合乎法律的规范。

2. 准确。以事实为依据，以法律为准绳，这同时也是行使警察权的基本原则。认定事实与适用法律依据的客观、准确，是弘扬社会公平正义、保障人权、合理合法使用警察权的基本原则。

3. 及时。及时主要是针对行使警察权的时机而言的。一方面，应当严格遵守法律法规中有关时限的要求，确保警察权的行使及时有效。另一方面，在确保警务质量的前提下不断提高行使警察权力运行的各个环节的效率，并与司法机关密切协同配合。

4. 适度。警察权的适度性与行使中的比例原则和自由裁量原则在本质上是一致的，都是关于警察权使用的尺度和程度问题。

（二）警察权行使的原则

对于警察权行使的原则，众说纷纭，莫衷一是，但大部分观点都包括了以下几个方面：公共原则、责任原则、平等原则、比例原则、目的原则、程序原则、直接原因原则。

1. 公共原则。

公共原则是指警察权的行使要有一定的界限，以维护国家安全和社会公共秩序为必要，除此以外警察权不得干涉。[①] 对于警察权的忧虑之一就是警察权可能会因为扩张而从公共领域延伸至公民的私人生活，影响公民私权的实现。警察权的公共原则源于警察权力的国家性。警察权是提供社会公共安全

---

① 陈兴良：《限权与分权：刑事法治视野中的警察权》，载《法律科学》2002 年第 1 期，第 52~68 页。

服务，实现公共利益的国家权力。只有在发生违反社会治安秩序、危害国家及社会成员安全和利益的行为时，警察权才能根据职责对公民权进行干涉。

从警察权公共原则可以延伸出三项具体原则：不可侵犯私人生活原则、不可侵犯私人住所原则和不干涉民事原则。①

2. 责任原则。

权力与责任是共生的，警察在享有权力的同时，也必定要履行相应的职责。“只要是公权力，就具有支配私权力的能力，因之也就无法消除其不法的可能性，所以国家责任的主体应当是全方位的。不论是哪种权力主体，也不管它是自己执行或受委托执行，只要启动了权力，就应当预设责任于其运动之后，以使权责成为不可分的整体。”②

警察权的责任原则，也可以称为权责一致性原则，是指警察在独立行使警察权的过程中，必须以承担相应的责任作为行使权力的前提和基础。一是警察权使用的主体必须是警察机关及其人民警察，不得转让与委托，否则就要承担渎职与失职的责任。二是在享有权力的同时，还必须对行使警察权负有法律责任。如果警察权行使不当或是违法行使，警察必须为此承担违法责任，并对此造成的损害负有赔偿责任。执法不作为、越权执法、以权谋私都是违背警察权行使的责任原则的行为。

3. 平等原则。

平等是一个基本的社会价值，也是人们享有的基本权利，各国通过写入宪法的方式对其予以确认。作为法律执行者的警察人员，在行使警察权时，必须秉承平等执法理念，一视同仁，才能坚守社会公平正义的底线。

警察权中的平等原则主要针对执法对象和执法行为而言。第一，对于执法客体坚持法律面前人人平等，反对歧视与特权。第二，坚持执法行为的平等性，反对执法标准与执法依据随意变更。“类似情况类似处理”，司法者和执法者都应该对所有的公民给予公平的和平等的对待。③

4. 比例原则。

比例原则也称“适当原则”、“最小损害原则”，该原则被誉为行政法的“皇冠原则”。广义的比例原则主要是指行政机关实施行政行为应兼顾行政目标的实现和保护行政相对人的权益。如果为实现行政目标可能会对行政相对人权益造成某种不利影响，应使这种不利影响限制在尽可能小的范围和限度内，保持二者适度的比例。④

---

① ［日］田口守一：《刑事诉讼法》，刘迪译，法律出版社 2000 年版，第 37 页。

② 张文显：《法理学》，高等教育出版社、北京大学出版社 1999 年版，第 190 页。

③ 姚大志：《罗尔斯》，长春出版社 2011 年版，第 107 页。

④ 姜明安：《行政法与行政诉讼法》（第二版），北京大学出版社、高等教育出版社 2005 年版，第 71 页。

警察权的比例原则是指警察在应对社会公共安全情况时，为了达到排除违法犯罪行为的效果，所采取的手段应当与实际需要之间形成比例，即起于必要，止于适当。警察权的比例原则主要有适当性原则、必要性原则与狭义比例原则三部分，并由此衍生出“最小使用武力原则”。其包含的思想是，在实施警察权（使用武力等）的过程中，必须与危害行为的性质、程度、违法犯罪的情势相适应。一方面，使用的程度不能远超出必要的限度，达到制止违法行为即可；另一方面，使用的目的是停止侵害，而不是以惩处违法（犯罪）嫌疑人为目的，避免造成超出违法行为危害程度的伤害。

5. 目的原则。

目的原则，即警察权使用的意图与动机。由于权力必须通过相应的媒介才能发挥作用，因而，权力使用的目的直接决定了权力的效能。

以近代正式警察机构的建立为标志，警察权的目的性及其表现形式发生了重大变化。正式警察出现之前，承担警察相关职能的机关，其目的非常简单明确，就是利用暴力手段维护专制统治。正式警察机构成立之后，实现国家意志仍然作为警察的根本任务，支配着警察权的行使与发展。但是，其表现形式与之前相比更为含蓄，主要是通过提供公共安全服务的形式间接达到统治的目的。

警察权在具有国家性特点的同时，也具有强烈的人民性。警察权来源的国家性与人民性的统一，使得警察权的目的性在于确保权力的行使符合国家和人民的利益，建立警察权使用监督与制约机制，避免警察权目的性的异化，成为谋取个人利益的工具。

6. 程序原则。

警察权的程序原则是指警察权的发动与行使必须依照法定的程序。一方面，警察权力的行使涉及对公民个人自由与权利的限制，只有经过法定程序才能保证警察权力行使的正当性。[①] 另一方面，警察权的权威性和公信力来源于其使用的合法性与正当性，而依照法定程序办案不仅赋予警察权以正当性，而且也维护了警察的执法权益与公民的合法权利。

警察权的程序性体现在：一是在行使警察权作出行政决定时，应按照内部和外部的有关审批程序进行；二是在行政执法和刑事执法过程中严格按照程序行使警察权，应当按照表明身份、指出违法行为、调查取证、作出决定等程序进行，并告知当事人应当享有的听证、复议等权利，履行法定的程序。

7. 直接原因原则。

直接原因原则，是指只有当充分的证据表明危害社会公共安全和社会治

---

① 黄立：《权为民所用——警察权行使中的几个问题》，载《湖南公安高等专科学校学报》2003 年第 15 期，第 17 页。

安秩序的行为是由公民或组织的行为直接引起的，也就是公民行为与治安（或刑事）事件存在直接的因果关系时，才能使用警察权对该行为的发出者予以控制。直接原因原则与责任原则、目的原则等都是为了对警察权进行制约，保护公民的个人生活不受非法干涉。

与司法权“不告不理”的消极被动相比，行政权的特点就是积极主动性，行政权的行使不以冲突、纠纷的存在为前提，可以主动甚至在许多情况下必须主动介入公民的工作、生活和社会管理之中，有权根据具体情形实施管制、命令、组织、许可、行政强制措施等多种行为。① 从被动反应式警务到主动先发式警务、社区警务，警察权的使用更加注重建设社会治安防控网络进行安全防范，消除违法犯罪行为产生的社会条件。

五、警察权的配置

在法治的视域下，社会推崇法律在其各方面的统治地位。因而，警察权的运行和使用也必须作出相应的调整与完善，统筹维护社会秩序与保障公民权利之间的关系。

（一）警察权配置的概念

对于警察权配置的概念，既有从现实问题出发以探索警察权重塑的路径来定义的，也有从警察权的来源、依据与功能方面进行定义的，还有以警察权与国家同构性为基础进行界定的。

第一种观点认为，所谓警察权力的分解配置，是指针对某一警种、某一部门集权过重而又缺乏有效制约的情况，按照科学、合理的原则，重新配置权力，使一个单位、一个部门不能完整地行使某一项权力，或在行使的过程中受到其他环节的检查、监督和制约，从而达到遏制或减少职务违法违纪行为的发生。② 第二种观点认为，警察权不仅是立法问题，也是涉及国家、因地因时的临机处断等的问题，是政府与社会、行政与司法、中央与地方、政府部门之间的博弈与制衡。因而，所谓警察权的配置，就是指以立法的形式优化警察权力组合和结构，是指立法机关授予警察权、划分警察权限以及构建控制机制的权力分配体系。③ 第三种观点认为，警察权力配置，即将警察权力按照一定的标准予以设定、分配、安排和调整，以满足国家维护社会治安需要的过程。据此，警察权力配置应当包含以下要素：①一定范围和结构的警察权力。②按照某种标准（原则）进行划分。③这种设定、分配、安排和调

① 陈卫东、石献智：《警察权的配置原则及其控制——基于治安行政管理和刑事诉讼的视角》，载《山东公安专科学校学报》2003 年第 5 期，第 18~23 页。

② 戴伟：《合理配置警察权》，载《人民公安报》2003 年 11 月 13 日第 11 版。

③ 高文英：《我国社会转型期的警察权配置问题研究》，群众出版社 2012 年版，第 23 页。

整是一个过程，并且不是一成不变的，而是动态变化的。④警察权力配置的目的，应是满足国家在一定时期维护社会治安的需要。①

以上三种定义，基本上代表了有关警察权配置概念的大部分观点。不论是问题导向型，还是学理分析型，警察权配置的定义都涵盖了以下几个方面：①警察权配置的对象、形式、内容，须经过国家和法律认定，具备相应执法资格，并通过立法的形式被授予警察机构及其工作人员。②警察权配置与其他国家权力的关系，警察权属于国家公共权力的一部分，在进行配置的过程中需要综合考虑与其他权力制衡、制约等的因素。③警察权配置的目的是通过不断地优化得到维护社会公共秩序与保障公民权利之间的关系，即实现"秩序"与"自由"的协调统一。

因此，警察权配置，是指国家根据维护社会公共安全和秩序、保障公民权利的需要，以及与其他国家权力之间制衡的需要，依法对警察权的内容、结构进行调整。

（二）警察权的授予

1. 国家授予。

首先，警察权属于国家，不论是广义的警察权还是狭义的警察权，都是国家意志的体现；其次，警察权的行使代表着国家意志，并且必须依法行使。②

国家授予警察权主要通过两方面体现出来：第一，警察权属于国家，国家授予为警察权提供政治基础。马克思主义的观点认为，警察的本质属性是实行阶级专政的暴力工具，是执行统治阶级的国家意志，以国家所赋予的特殊强制手段对被统治阶级实行专政。③ 第二，国家授予决定了警察权的独占性、特许性。作为武装性、强制性相结合的国家权力，国家在授予警察权的过程中，同时也对警察权使用的主体作出了明确规定，其他任何单位和个人都无权行使。

2. 依法授予。

警察权的依法授予，即警察权行使的主体、依据、原则、内容等由法律法规授予，并予以确认和保障。第一，法律法规通过规定警察权使用的目的、任务、主体的形式进行授权。国家通过法律规定确定警察组织任务与目的的方式对警察权进行授权，确保授予的警察权按照国家的意志与法律的精神行使。第二，通过制定专门法律的形式授予警察权以及警察职权。法律是一切权力合法化的途径。因而，国家通过创制法律的方式，对警察权以及警察职

① 向党：《中国警务改革战略》，中国人民公安大学出版社 2010 年版，第 126 页。

② 向党：《中国警务改革战略》，中国人民公安大学出版社 2010 年版，第 113 页。

③ 李荣坤：《警察学》，中国人民公安大学出版社 1998 年版，第 95 页。

权的具体内容进行规定。第三，依法授权并保障警察的合法权益。警察的权益包括作为公民的基本权益和在执行公务时的执法权益。警察的执法成效受制于执法对象配合程度与执法环境的好坏，为了保障警察权的顺利实施与警察的人身安全，法律在授予警察权时也对执法权益的保护进行了规定。

（三）警察权配置的原则

警察权的“控”与“扩”都需要以一定的社会现实为依据，综合考量各方面的因素，遵循一定的原则作为其基本的准则和价值取向，通过配置不断进行调整和优化。

1. 自由与秩序平衡原则。

自由被认为是人生而有之的一项自然权利，是人们追求的一种人生价值。卢梭认为，“人生来是自由的，却无处不受枷锁的束缚”。同时他又说：“为了社会公约不至于成为一个空洞的法则，社会公约就要在责任中默示——这种责任只能给予所有其他人以强力——任何拒绝服从公意的人都将由整个主体迫使其这样做……”[①] 社会契约论认为，人们追求自由，但这种权利却很脆弱，很容易受到他人的侵害。人人追求自由，那么便无自由可言，因而人们通过让渡一部分自由权利形成公共权力，建立社会秩序以保护自由。秩序与自由二者互为前提：没有秩序，自由就无法得到保障；而没有自由的秩序，也将失去其存在的价值和意义。

维护社会秩序、提供公共安全服务是警察权的基本任务。自由与秩序的关系，从某种程度上来说也是个人利益与社会共同利益的关系，有时警察权出于维护公共利益和秩序的需要对个人自由采取限制等措施。国家的行政执法权（特别是警察权）随着社会的发展有一种最为明显的扩张趋势。[②] 警察权的扩张性主要是源于两方面的原因：一是行政权自身的扩张性。“行政权具有天生的扩张性和不可避免的负效应。”[③] 而警察权配置中的大部分权力来源于上一级行政权中授予的治安管理权，因而警察权也天生地带有扩张性的色彩。二是维护社会秩序的现实需要。警察权的盲目扩大将会伤害自由，而对警察权的过度弱化则会使得社会安全遭到破坏，秩序与自由也将被殃及。追求自由与秩序的动态平衡，对警察权的设置来说，就是既要改变“唯秩序至上”的观念，同时也要避免对自由的放任，通过警察权的合理配置平衡二者的关系。警察权配置的核心并非警察权范围有多大，只要警察权符合维护秩

① ［法］让-雅克·卢梭：《社会契约论》，［英］莫里斯·克兰斯敦英译，高黎平汉译，中国对外翻译出版公司 2010 年版，第 16 页。

② 黄金兰、周赟：《论警察权的属性》，载《江西公安专科学校学报》2006 年第 3 期，第 11 页。

③ 王学辉等：《行政权研究》，检察院出版社 2002 年版；张国庆等：《行政管理学概论》，北京大学出版社 1990 年版，第 237 页。

序的价值要求，且其行使程序受到了应有的控制，警察权范围广或狭都可能是法治。①

为了防止警察权“一方独大”，国家势必会在警察权力配置过程中对其加以限制，方式之一就是权力制衡，通过权力制约权力。警察权配置中的权力制衡主要包括外部制衡和内部制约两部分。第一，警察权与其他性质权力之间的制衡，也就是外部制衡。西方国家在政体中普遍采用的方式是“三权分立”，通过立法权、司法权与行政权之间的相互制约关系，抑制权力的扩张。我国对不同权力的分工则是，检察院行使检察权，人民法院行使审判权，二者与警察权相互配合、相互约束。第二，不同警察职权之间的相互独立，即内部制约。广义上的警察权，包含具有不同职能的警察职权，根据分工隶属于不同的部门和警种。在警察权配置过程中对警察权进行有效的制约，需要预先进行制度设计，防止权力扩大可能导致的异化。警察权配置中的“权力制衡权力”，或是“分权制衡”原则是社会发展的趋势，可以根据社会发展的阶段和维护国家与人民利益的具体需要适时进行调整。

2. 法治与权利保障原则。

警察权配置中的法治性原则，是指以维护基本社会秩序为最低限度，以宪法和基本法律为基础对警察权的范围进行调整，合理划分警察机关不同部门之间的职权，建立包括依法授权、警察权法律救济、监督机制等在内的一套完整的警察权力法律体系。第一，警察权配置的宪政基础。“宪法既是警察权的来源，也为警察权的运行设立了基本的边界。”② 宪法为警察权力的存在提供了正当性，因而，警察权法律的制定、警察权力的授予、警察权的法律救济与监督等配套法律都应当以此为基础，不得与之冲突。第二，警察权力配置内容的调整必须经过法律程序。警察权配置是一个涉及国家公权、公民私权等多方主体、影响广泛的系统权力体系，同时警察权还拥有国家和法律赋予的特殊强制力，因而警察权配置内容的调整需要经过严密的理论论证、审慎的制度考量，严格按照程序法的有关规定推进，体现法律的权威，彰显法治精神。

法治社会追求公民获得最大限度的自由，强调对公权力作必要的限制，公权力必须以尊重自由、保障人权的方式进行社会管理和控制，因而，自由价值是构建法治社会的必然选择。③ 人民赋予警察一定的权力维护社会秩序、

---

① 谢川豫：《社会转型期的警察权配置研究》，载《江西公安专科学校学报》2009年第5期，第97、98页。

② 陈晓济：《警察权与公民权的平衡——兼论“平衡理论”在警察权研究中的确立》，载 http://www.cancasky.com。

③ 谢川豫：《社会转型期的警察权配置研究》，载《江西公安专科学校学报》2009年第5期，第97页。

保护公共利益，从而建立一个安定有序的社会环境。而公民在发展中也在不断寻求自身自由的最大化，形成对社会有序状态的威胁，警察出于履行职责的目的对这种行为加以干涉，从而构成二者之间对立统一的状态，并呈现出此消彼长的关系。

警察权与公民权之间关系的构成形式可分为三种。第一种是警察权力配置过大侵犯公民的正当权利，引起公民的不满。警察权力对公民权利的过多干涉，会导致公民私权范围的不断缩小，并有可能助长警察滥用职权等行为的发展，造成二者之间互不信任。一方面公民试图摆脱警察权的影响，另一方面警察会试图获取更多权力防范这种行为的发生。第二种是在配置中警察权被严重削弱，导致社会失序。如果一味强调保护公民私权，对警察权的行使和配置严加限制，就会使得警察难以获得维护社会所需的基本控制力，导致警察权效率低下，有可能引起个人主义的泛滥和无政府状态的产生，最终影响公民权的实现。第三种是警察权与公民权之间维持一个相对平衡的状态，这同时也是警察权配置的最理想状态。很明显，这一状态需要在警察权与公民权之间划出明确的界限，并通过双方的努力保持这一平衡不被打破。对国家来说，就需要在警察权的配置过程中，做到既能达到对社会秩序的有效控制，又不会因为发动警察权造成对公民正当权利的损害。“社会秩序的维持和人权的保障不仅是设立警察权的初衷，也是矫正警察权运行状态的标尺，更是警察权运行的终极目的。”[①] 因此，在警察权配置的过程中，应当保持警察权对公民权的“谦抑性”，实现警察权的自律。

3. 公正与效率兼顾原则。

当代法治国家将程序正义与实体正义放在同等重要的地位，通过“正当程序”使犯罪嫌疑人得到公正的审判是伸张正义不可或缺的重要环节。警察是法律的维护者和执行者，同时也以国家机构的形式存在。作为服务性的部门，与其他社会机构和组织一样，同样也要遵循效率的基本规则。尤其是在新公共管理理论被引入警务改革之后，对于控制警务成本提高工作效率的影响很大。在警察权配置中，不论是“效率模式”还是“公正模式”，公正与效率之间都不应存在绝对的排斥，两者之间的平衡与协调是警察权配置和运行所追求的内在价值。[②]

关于控制犯罪的研究推断：对警察实践（对分析他们的政治重要性至关重要）研究的最终方向的问题是警察在有效执行法律和维持秩序中是否公

① 刘硕：《警察权与公民权平衡初论》，载《政法学刊》2009 年第 1 期，第 127 页。

② 高文英：《我国社会转型期的警察权配置问题研究》，群众出版社 2012 年版，第 23 页。

正。[①] 在行使警察权的过程中，有时公正与效率是相得益彰的。一方面，警察公正履行职责，将有利于树立警察权威，增进警民之间的信任，在群众的积极配合下有助于提高警察权使用效率；另一方面，警察权效率的提高，通常与严格按照程序行使、公正透明地处理案件密不可分。公正与效率兼顾的必要性还在于，在使用警察权的过程中，还存在着官僚主义现象和特权思想，导致效率低下与案件处理有失公允。因而，在警察权配置中应当兼顾公正与效率，寻求二者的最佳契合点，“既可以最大限度地减少官僚武断和超越权限的危险，又可保持行政部门需要的有效采取行动的灵活性”。[②] 虽然公正与效率不绝对排斥，但并不意味着二者之间不会发生冲突。因此，在警察权配置中也只能通过制度设计扩大两者之间的包容性与协调性。

4. 结构与功能比例原则。

在警察权的定义中，广义的警察权包含了关于警察工作的立法权、决策权和执行权，即实现了抽象权力与具体权力的统一。警察机构的庞大复杂性与警察权力的广泛集中性结合在一起，使得整个机构的运转难免会出现权力滥用、效率低下等问题。根据警察机构的上下层级与不同部门的功能，配置以与之相称的权力，改变警察权“大一统”的局面，既可以明确具体责任，解决权力过大等问题，也是在警察机构推行“简政放权”的有效途径。

在结构性权力配置上，抽象警察权应呈倒三角形，即层级越高的警察机关其抽象警察权越大，层级越低的警察机关其抽象警察权越小；具体警察权则应呈菱形，层级最高的和最低的警察机关其具体权力小，而处于中间层次，特别是中下层次的警察机关其具体警察权应当多。[③] 而对于行政、刑事不同功能性的权力，则应严格按照法律规定分属于不同层级和不同职能的警察部门。治安行政管理权主要用于维护社会秩序、预防犯罪，因而配属于较低层级的警察机关，形成点、线、面一体的治安防控网络，充分有效地发挥基层警察机构在维护社会秩序中的权力。而刑事侦查、戒严执行权等具有重大影响性的权力，以及警察权中的强制性措施的使用等，则应向上收拢，由特定级别的警察机构统一行使。警察权的结构与功能比例原则，旨在将警察权的配置与警察机构的设置达成比例关系，改善权力与权力之间、部门与部门之间关系混乱的局面，提高警察权力运行的效率。

---

① ［英］罗伯特·雷纳：《警察与政治》（第三版），易继苍、朱俊瑞译，知识产权出版社 2008 年版，第 146 页。

② ［美］欧内斯特·盖尔霍恩、罗纳德·M. 利文：《行政法与行政程序概要》，黄利译，中国社会科学出版社 1996 年版，第 2 页。

③ 向党：《中国警务改革战略》，中国人民公安大学出版社 2010 年版，第 135 页。

第二编　警察组织与运行理论

第七章　警察体制

按照现代管理理论的语境，体制（system）一般是指国家机关、企事业单位在机构设置、职责权限和领导隶属关系划分等方面的体系、制度、方法、形式的总称，如政治体制、经济体制、科技体制、文化体制等。警察机关作为国家机器的重要组成部分，必须依托一定的体制框架才能有效发挥职能作用。

第一节　警察体制的源起

一、警察体制的内涵

一般认为，警察体制的产生源于现代社会对警察权力实施的客观需求，作为现代政府组织的重要成员，警察权力的“落地”依托于各层级的警察机构，而警察机构的有效运行又离不开警察体制的支撑，因此，警察体制的科学与否决定了警察权的行使质量和其自身职能的有效发挥程度。所谓警察体制，是指警察机关在机构设置、职责权限和领导隶属关系等方面的体系、制度、方法、形式的总称。其基本内涵是：第一，机构设置方式是前提。警察机关职责作用的发挥是依托各级各类警察机构及警察个体来实现的，警察机构作为警察权力行使的“物质”载体，是警察体制存在与发展的前提。第二，职责权限设定是基础。任何警察组织，仅有组织机构而无各层级、各岗位的职责权限，都是一个缺乏“灵魂”的组织，是难以履行自身使命、完成既定目标的。警察机构只有明确其职责定位并配置相应的权限才能成为“真正的”组织。这里，警察机构中的职责、权限是相伴共生的，职责和权限的任何不匹配，均会造成警察机构的病态运行，从而难以有效发挥作用。第三，领导隶属关系是核心。领导隶属关系从制度层面上明确了各级各类警察机构间的指挥命令关系，隶属关系合理才能指挥协调顺畅，才有利于警察机构正确履行职责。

二、警察体制与相关体制的关系

（一）警察体制与政治体制的关系

作为政府行政体制的重要组成部分，警察体制与行政体制具有内在的一致性。而行政体制又受到政治体制的影响与制约，因而政治体制对警察体制的形成与发展也有着直接的决定性作用。这里，政治体制主要包括政党、政权机关和其他政治组织的结构体系、职能划分及其运作方式，一般分为两个层面：一是国家权力结构体制，主要包括执政党的产生方式与执政方式，国家立法、行政、司法权限的划分及其相互关系，国家基本的选举制度和决策模式等；二是政府行政管理体制，主要指政府机构的设置及其职能、政府的社会调控机制、国家人事制度等。这两个层面在政治体制中既紧密联系又有重要区别，前者为核心，后者是外围。①

在现代社会中，警察机构是国家政治机构体系的重要组成成员，其基本职责就是维护国家安全和社会公共安全。警察机构必须在国家既定的政治体制下开展活动，即警察体制从属于政治体制，并依此遵守和执行包括社会公众安全利益表达、安全利益博弈、安全利益落实等“安全利益规则”。同时，警察体制在表现出国家政治体制重要特征的同时，也在履行自身职责和使命中体现出自身的某些特殊性，以确保满足全社会对公共安全利益的需求。

（二）警察体制与经济体制的关系

经济体制是一个异常复杂的概念，人们一般认为，“经济体制是一定经济制度所采取的具体组织形式和管理制度，属于生产关系的具体实现形式”。②经济体制通过具体的经济制度及其所形成的生产关系影响着社会结构及其发展，通过社会生产力水平和生产关系制约警察的组织方式和行为。随着我国市场经济体制的逐步确立，市场在资源配置中将发挥决定性作用，由此，要求必须切实转变政府职能，深化行政体制改革，创新行政管理方式，增强政府公信力和执行力，建设法治政府和服务型政府。同时，要求全面正确履行政府职能，优化政府组织结构，提高科学管理水平。对于公安机关而言，就是要在自身组织方式上和执法权力运行上进行改革以适应全面深化改革的要求。一是加快转变政府职能，通过加快行政审批制度改革，大力简政放权，激发市场、社会创造活力和内生动力。二是深化机构改革，优化组织结构，紧紧围绕转变行政管理职能和理顺职责关系，按照精简统一效能原则，优化机构设置。同时，进一步明确各警种、各部门之间的职责分工，明确功能定位、规格体系、运行关系，推动形成各就其位、各司其职、各负其责、分工协作的管理新格局。三是创新执法与管理方式以适应经济社会发展变化的需要。要进一步坚持用法治思维和法治方式，依照法定权限和法定程序行使职权；坚持用制度管权、管事、管人，让全社会监督公安机关行使权力，让权

---

① 高全喜：《大国策——通向大国之路的中国策》，人民出版社2009年版，第35页。

② 卫兴华、顾学荣：《政治经济学原理（修订本）》，经济科学出版社1993年版，第329页。

力在阳光下运行；坚持改进警务服务质量，不断提高办事效率，严格绩效管理，突出责任落实，确保权责一致。

（三）警察体制与文化体制的关系

一般认为，“文化体制是指一定社会经济发展阶段中文化产品的生产、管理和传播的具体形式和运行方式，它包括文化生产组织、管理制度、管理形式、方法及传播方式等。文化体制就是文化产品专业化生产的组织构架与制度安排。文化体制的类型和社会性要素规定着文化产品生产、管理、传播等实践活动的特点，体现着主体从事实践活动的方式，制约着文化产品的生产效率，也制约着文化创造的状况与文化产品的价值取向”。[①] 当前，在新的历史时期，文化建设作为全面建成小康社会、实现社会主义现代化和中华民族伟大复兴的重要内容，承担着重要的历史使命。在科学的文化体制下产生的先进文化能够顺应历史潮流，反映时代精神，代表国家和民族的发展方向，体现人民群众的根本利益，为人类社会文明进步提供强有力的思想保证、精神动力和智力支持。同样，特定文化氛围下的警察组织与行为方式也必须符合新时代文化规范和结构的要求，才能与时代同步，赢得社会公众的理解和支持。

第二节　西方主要国家警察体制

综观世界现存的国家警察体制，主要体现为以下三种类型：即中央集权式的警察体制、分权式的警察体制、集权与分权相结合的警察体制。

一、中央集权式的警察体制

中央集权式的警察体制以法国为代表，其主要特点如下：

（一）从上而下统一垂直领导与指挥的管理模式

法国警察机构在中央层面设国家警察总局，隶属于内政部，国家警察总局局长负责日常事务。国家警察总局下设 7 个直属单位和 11 个分管各项业务工作的中央局以及巴黎警察局。中央局根据不同业务要求在全国 22 个大区和 96 个省分设数量不同的分支机构，直属中央管理指挥，经费由国家财政负担，地方政府基本不干预警察事务。另一支国家治安力量是国家宪兵，隶属于国防部。国家警察负责 2 万人以上的城镇的治安，而国家宪兵负责所有农村地区、公路以及 2 万人以下的城镇的治安。

（二）职责清楚、分工明确的管理体系

法国的国家警察和宪兵是两个独立的分别垂直领导的系统，各自有明确

① 陶彦霓：《文化体制改革与文化创新》，载《云南社会科学》2004 年第 4 期，第 119 页。

的分工。通过制度与法律强化协同，以形成打击犯罪的合力。此外，在警察系统机构内部，按照职责必要和加强实战部门的原则设立相应的机构。现法国国家警察总局下设有：行政管理局、培训局、司法警察中央局、本土警戒局、边防警察中央局、情报警察局、公共安全局、监察局、治安部队总局、警察国际技术合作局、高级人士安保局等。其中，司法警察中央局下设刑事科技警察分局、行政管理局、经济犯罪侦查分局、有组织犯罪侦查分局等 4 个分局，除行政管理局外，其余 3 个分局均为实战部门，负责全法国重大犯罪案件的侦查、指导、协调、服务与支援工作。①

二、分权式的警察体制

分权式的警察体制以美国为代表，其主要特点如下：

（一）机构繁多、互不隶属的管理模式

美国警察机构由联邦警察、州警察、县警察、市警察和专门警察等机构组成，警察机构根据需要设定并履行专门职责，各警察机构之间没有直接隶属关系，每一级警察机构都依法开展各项警务活动和各自的执法活动。

美国联邦警察机构通常被称为联邦执法机构，分属于联邦政府不同部门领导，分别完成各自不同的执法工作。其中，超过 3/4 的联邦警察供职于国土安全部和司法部（联邦调查局），其他的供职于内政部、国防部、联邦邮政局等部门。

美国州警察机构由于不同州法律制度的不同，其机构及职责任务也不尽相同。美国各州还有一些在特定领域享有执法权的专门执法机构，如州公园警察局、州大学警察局等。

美国的县警察机构的表现形式以县司法行政局为主，其负责人为县司法行政官。“另一种形式是县警察局，县警察局局长负责本县的警务。这是一种较新的模式，现仅有一些县市合一的地方采用这种模式。”②

美国市警察机构绝大多数受所在地区的县级以下地方政府管理，少部分受不同的地方政府管理，负责人多由地方政府任命。市警察机构直接服务于生活在城市中的绝大部分美国民众，承担了所有的警察职责。

美国专门警察机构是指在某一特别地区执行法律的警察机构，如主要在校园和公园独立行使执法权限，其地位因设立的政府机构不同而不同。

美国的警察体制是分权型警察体制，因此各个警察机构间不存在领导与被领导的关系。联邦警察各执法机构分散于联邦政府各部门中，各自有其职

---

① 程小白：《法国警察管理概述》，载《江西公安专科学校学报》2002 年第 5 期，第 67~70 页。

② 何家弘：《美国的警察机关》，载《检察日报》2001 年 8 月 2 日第 5 版。

能，独立地依照法律履行职责，通常只负责影响全国的大型犯罪案件及其他危害国家安全的违法犯罪行为，并不插手州或地方的警察事务，州警察机构也是如此。事实上，地方警察机构主要承担了保护公众生命和财产安全、维持社会治安秩序、打击犯罪、提供服务等职能，只有当地方警察机构提出请求时，联邦警察机构和州警察机构才会予以协助。而当某些违法犯罪行为同时违反联邦、州或地方法律时就会产生联邦警察机构、州警察机构和地方警察机构共同合作执法的情况。

（二）各层级警察机构严格依法履行职责

美国是联邦制国家，联邦和州都有立法权。因而，各警察机构根据各自地位的不同，要分别执行不同的法律，前提是下一层级的法律不得违反上级法律，如地方法律不得违反联邦和州的法律，州的法律不得违反联邦法律。美国对警察行使侦查权是由宪法直接规定的，这些法律应被联邦、州和地方所有警察机构执行。除此之外，联邦警察机构执法的依据及其所受限制主要由联邦法律所规定；州的法律就成为了州警察机构行使警察权的依据；而享有自治权力的地方政府自治的法律和行政法规则成为地方警察机构的主要执法依据。

三、集权与分权相结合的警察体制

该类型警察体制以英国和日本为代表。

（一）英国警察体制

英国于1829年在世界上最早建立了现代警察制度，实行中央与地方双重领导、集权和分权相结合的警察体制。从警察机构设置来看，英国全境分为以下警务区：

1. 伦敦警察厅（苏格兰场）。该警察厅是英国最大的警察机构，管辖伦敦2020平方公里的区域，服务700万名伦敦市民。伦敦警察厅下设4个主要业务部门：行政管理与行动局、交通和技术援助局、刑事侦查局、人事和训练局。伦敦共有24个警辖区，每个警辖区又分为若干分区，共有160个派出所。

2. 英格兰和威尔士警务区。该警务区是英国警察的主体机构，拥有43个警察局，管辖人口近5000万人。该警务区还拥有只有有限司法权的专业警察机构，如负责铁路、伦敦的运输系统以及配有铁路终点站的海港和码头警察事务的不列颠运输警察署、港口警察署和机场警察署。

3. 苏格兰警务区。该警务区共设8个警察局，管辖人口500万人，并向地方行政当局负责。

4. 北爱尔兰警务区。该警务区是北爱尔兰自己的警察机构，管辖人口

150 万人，向北爱尔兰内政大臣负责。[1]

此外，英国还有国防警察、交通警察、资源警察、辅助警察和私人保安。

从领导权限和关系看，除直接对地方行政当局负责的苏格兰和北爱尔兰警察机构外，英格兰和威尔士的警察机构均处于英国内政大臣、地方警察委员会和警察局局长“三足鼎立”的管辖范围内，体现了中央政府、地方政府共对地方警察机构实施管理的集权与分权相结合的管理体制。根据英国法律，主管英格兰和威尔士警察事务的中央部门是内政部，首脑为内政大臣。内政大臣首先对伦敦警察厅实施直接管理，同时也对其余的 43 个警察局实施有限的管理。内政大臣的管理权限为，“为了保证警务效率，有权要求地方警察委员会解除某位警察局长的职务，但应给予该局长以事先向其申辩的机会；有权制定有关警察组织的工作条例、行政和管理等方面的法规；有权审批各地方警察委员会上报的各警察局编制定额；有权处理警察违纪案件的上诉；授权从国家税收中支付地方警察机构的一半经费，以维持他认为满意且有效的警察力量，另一半经费来自地方税收”。

除大伦敦警察厅外，每个地区警察局上设一个警察委员会。组成人员中有 2/3 是该地区经选举产生的议会成员，另外 1/3 是由当地司法官推举出来的治安法官。警察委员会的权限主要有：可以任命当地的警察局局长；可以要求警察局局长辞职；在听取警察局局长的意见后，可以决定局长助理和副局长的任命和晋升；决定所辖警察局的经费预算，提供警察局所需的建筑、设备和给养，并决定所需警察的编制。

警察局局长是郡、市级警察组织的最高长官，具有警务自主权。无论是内政大臣还是各地方警察委员会，都无权指挥各警察局日常的管理和业务行动。警察局局长的职权包括：警员的招募和训练，助理局长以下级别的警官的任命、提升和处罚，警力的调配以及统管各种业务活动和行动。在每一年度结束后，警察局局长都必须向内政大臣、地方警察委员会提交年度警务工作报告。此外，内政大臣、地方警察委员会还有权要求任何一位警察局局长就有关该地区警务工作的任何问题提交报告。内政大臣还可以指派人员对任何地区的警察工作进行当面查询。[2]

（二）日本警察体制

日本警察机关由日本警察厅（NPA）、47 个警察总部和若干个警察署组成，并按照法律有关规定，代表日本政府履行维护社会治安秩序的职责。日本警察厅不是政府内阁的一个行政部门，而是隶属于首相府下的国家公安委

---

① 张志祥：《英国的警察体制》，载《山西警官高等专科学校学报》2002 年第 1 期，第 61~64 页。

② 龚驷所：《国外警察管理体制概述》，载《公安研究》2002 年第 1 期，第 87~91 页。

员会，直接对国务大臣担任委员长的国家公安委员会负责。警察厅厅长直接由内阁总理大臣任命。日本警察厅在全国由北到南设立了东北、关东、中部、近畿、中国、四国和九州等7个直属管区警察局，2个针对东京和与北海道的信息通信部。在日本1都、1道、2府和43县的行政区划中，分别设立相应的警察组织机构，除东京称为警视厅外，其余称为道、府、县警察本部，警察本部下设警察署或是警察部，警察署下设派出机构。①

国家警察厅是警察系统的最高领导机构，其职权主要有：掌管与国家公共安全有关的警察事务，指挥监督都道府县警察；提出警察的国家预算；对全国各警察本部的署长和本部的部长级等警官具有任免权；统管全国警察装备等。国家警察厅的直属管区警察局由警察厅组建，与地方政府没有行政隶属关系，各管区警察局局长对警察厅长官负责。其职责是代表警察厅，就警察厅的任务和权限范围，指挥和监督府县警察，下达警察厅的工作指示和安排；同时负责把府县警察工作情况及时报告警察厅，以便协调处理。②

各县警察机构则负责本区域内的社会治安管理和打击犯罪，大体分为行政管理、地域管理、治安管理、刑事侦查、交通管理、安全保卫等部门。日本警察基层的派出机构称为交番和驻在所，隶属于各县警察署的地域管理部，其主要职责是：受理盗窃、火灾、传染病、遗失物品的报警，处理有关申请和占用道路等，对各种非法商业营运进行查处，治安巡查，户口调查管理登记等。③

在日本警察机构公安委员会的管理体制中，国家警察厅直接对国家公安委员会负责，47个地方警察本部直接对都、道、府、县的公安委员会负责。东京警视厅的最高职务为警视总监，警察本部的最高职务为本部长。警视总监由国家公安委员会征得东京都公安委员会的同意以及首相的认可后，进行任免；警察本部部长由国家公安委员会征得道府县公安委员会同意后任免。都道府县警察所需经费，原则上由都道府县地方财政支付；都道府县警察中大部分成员属于地方公务员。但警察厅厅长在法定权限内有权指挥监督都道府县警察；都道府县警视正以上的警官属于国家公务员，由国家公安委员会任免；都道府县警察的特定经费（包括装备费、重要犯罪情报的搜集费和侦查费、跨区罪犯的缉拿费等），由警察厅从国家预算中支付，也体现出了集权

---

① 李明：《日本警察机构设置与中国警务管理体制改革思考》，载《辽宁公安司法管理干部学院学报》2010年第1期，第44~46页。

② 龚驷所：《国外警察管理体制概述》，载《公安研究》2002年第1期，第87~91页。

③ 樊在勤：《赴日本参加警察交流学习有感》，载《公安研究》2001年第11期，第87~91页。

和分权相结合的管理体制特征。[1]

第三节 港澳台警察体制

一、香港警察体制

香港警队是香港纪律部队的重要组成部分，是打击犯罪、维护香港社会繁荣稳定的重要力量。香港警队于1844年按照爱尔兰警队制度建立。

香港警队的最高负责人为警务处处长，下设2位副处长，分别主管行动和管理。其中，行动下辖2个部门：行动处和刑事及保安处；管理下辖3个部门：人事及训练处，监管处，财务、政务及策划处。各部门的职责任务是：

（一）行动处

行动处由1位警务处高级助理处长负责，执行警队日常行动。行动处下设行动部和支援部，以及5个陆上总区及水警总区，每个部门和总区由1位警务处助理处长负责。其中，行动部由行动课、警察机动部队（包括特警队）和爆炸品处理课组成。支援部由支援课、警察公共关系科和交通总部组成。陆上5个总区负责日常警务工作，总区之下分为23个警区。水警总区由总区总部和2个警区组成，负责维持香港特区海上边界及水域的治安，在特区水域执行香港法律，防止走私及非法入境活动，以及特区临近水域的搜索和拯救工作。

（二）刑事及保安处

刑事及保安处由1位警务处高级助理处长负责，下辖刑事部和保安部，各由1位警务处助理处长指挥，负责制定警队在刑事及保安方面的政策及指挥工作。其中，刑事部包括刑事部总部、刑事部支援、有组织罪案及三合会调查科、刑事情报科、商业罪案调查科、毒品调查科。保安处负责要人保护、领事联络、统筹保安工作，以及打击恐怖活动等。

（三）人事及训练处

人事及训练处由1位警务处高级助理处长负责，下辖人事部和警察学院，分别由1位警务处助理处长负责。其中，人事部负责制定警队人力资源管理策略，下设人力资源科、服务条件及纪律科、人事服务及职员关系科和人事部总部。香港警察学院负责警队训练，由基础训练中心、专业发展学习中心、学习发展支援中心、研究中心及学院行政中心5个中心组成，但不负责内部保安和高度专门的特训、警察机动部队以及辅警和水警训练。

---

① 龚驷所：《国外警察管理体制概述》，载《公安研究》2002年第1期，第87~91页。

（四）监管处

监管处由1位警务处高级助理处长负责，下设资讯系统部和服务质素监察部，皆由1位警务处助理处长负责。其中，资讯系统部下设资讯系统部总部、业务服务科、通讯科和资讯应用科。服务质素监察部下设研究及监察科、工作表现检讨科、投诉及内部调查科、行政总部。

（五）财务、政务及策划处

财务、政务及策划处由1位与警务处高级助理处长相等职级的文职人员负责，下设财务部、政务部、策划及发展部。其中，财务部设财务总监、管理会计、法政会计办事处、内部核数科及物料统筹科。政务部设人事及总务科、编制及文职人员关系科。策划及发展部负责决定长期人员需求规划，以及负责策划和监督警队所有新建设项目的发展。

二、澳门警察体制

澳门特别行政区的警察系统分为两类，即由保安司统辖的司法警察局和治安警察局。

（一）司法警察局

澳门司法警察局成立于1960年，当时称为司法警察署，1999年澳门回归后，更名为司法警察局。其基本职责为调查及预防犯罪；按照司法机关请求进行侦查工作，承担司法行政辅助机构的职责。司法警察局局长由法院或检察院的司法官出任，副局长在法院或检察院的司法官、或一等督察、或至少从事法律工作5年的法学学士中任命。司法警察局由以下部门组成：

1. 刑事调查厅，下设毒品罪案调查处（含边境巡查及专案调查科、情报收集及分析科、行动及调查科）、有组织罪案调查处（含有组织罪案调查科、行动及支援科、贩卖人口罪案调查科）、侵犯人身罪案调查科、侵犯财物罪案调查科、抢劫罪案调查科、纵火罪案调查科、报案及紧急行动中心。

2. 博彩及经济罪案调查厅，下设博彩罪案调查处（含博彩罪案行动科、博彩罪案预防及调查科、博彩罪案特别行动科、博彩罪案巡查科）、经济罪案调查处（含诈骗罪案调查科、商业罪案调查科、电信诈骗罪案调查科）、清洗黑钱罪案调查处（含清洗黑钱专案调查科、策略研究及技术支援科）、资讯罪案调查处（含资讯罪案调查科、资讯罪案预防科、资讯罪案研究及支援科）。

3. 情报及支援厅，下设情报综合处（含警务记录科）、行动支援处、技术侦查处、特别调查处。

4. 刑事技术厅，下设刑事技术鉴定处（含生化科、毒品及毒物科、理化科、枪弹痕迹科、文检科）、刑事技术支援处、犯罪现场勘查处（含刑事摄影室、指纹鉴定室）。

5. 资讯及电讯协调厅，下设资讯处、电讯处、电脑法证处。

6. 管理及计划厅，下设人事及行政处（含行政辅助中心、微缩摄影室）、财政及财产处、社区警务及公共关系处（含接待及投诉中心、警民关系研究组、大宗罪案预防小组、关注少年组）。

此外，还设有司法警察学校、国际刑警组织中国国家中心局澳门支局、法律辅助办公室、枪械管理及训练课、车务管理科、危机谈判组。

（二）治安警察局

澳门治安警察是最早出现的警察力量，承担着维护澳门社会治安的重任。其职责任务是：维持公共秩序及安宁；预防、侦查及打击犯罪；维护公共及私人财产，管制非法移民，负责出入境工作以及管制及监察车辆与行人之通行。

澳门治安警察局下辖以下部门：

1. 资源管理厅，下设人力资源处、物力资源处、财政资源室、文书处理及档案科。

2. 情报厅，下设侦察暨情报处（含资料分析暨处理科、有组织罪案调查科、遣返科）、总务警司处（含枪械暨弹药科、监察记录科、私人保安企业科）、文书处理暨档案科。

3. 行动厅，下设行动通讯处（含行动控制中心、行动科、通讯科）、公共关系处（含内部资讯科、礼宾科、公共关系科、翻译办公室）、资讯统计暨资料分析科、文书处理暨档案科。

4. 出入境事务厅，下设出入境事务处（含外国人事务警司处、居民事务警司处、外地劳工事务警司处）、边境检查处（含调查警司处、关闸边境站警司处、外港边境站警司处、机场边境站警司处、氹仔客运码头边境站警司处、路氹城边境站警司处）、文书处理暨档案科、统计科。

5. 交通厅，下设交通监控警司处（含行政科、侦查科）、澳门交通警司处（含行政科、行动科）、海岛交通警司处（含行政科、行动科）、文书处理暨档案科。

6. 澳门警务厅，下设第一警务警司处、第二警务警司处（含黑沙环警察分站）、第三警务警司处（含外港新填海区警察分站）、侦查警司处、文书处理暨档案科、行动暨情报科。

7. 海岛警务厅，下设机场警务处（含机场警察接待处）、氹仔警务警司处（含特别巡逻组）、路环警务警司处（含横琴岛澳门大学新校区分站）、文书处理暨档案科、行动暨情报科、侦查科。

8. 特警队，下设特警处（含保护重要人物及设施组、防暴大队、防暴辅助大队、防暴辅助中队）、行动暨训练警司处（含行动科、训练课）、指挥部辅助组（含运输暨物资供应队、警犬队、通讯科、总务队、拆弹科、文书处理暨档案科）、特别行动组。

此外，还包括纪律委员会、指挥部辅助室、法律顾问处、警察学校、指挥部暨辅助服务处、司法暨纪律办公室、办事处、乐队等。

三、台湾地区警察体制①

台湾地区警察机构由其警政主管部门统一领导与指挥，目前共管辖 21 个市、县警察局，25 个专业警察队。台湾地区警察的主要任务是：依相关规定维持公共秩序，保护社会安全，防止一切危害，促进民众福利。拥有的主要职权是：发布警察命令权，行使违序处罚权，协助侦查犯罪权，执行搜索、扣押、拘提及逮捕的权利，行政执行权，使用警械的权利，执行警察其他业务的权利，其他应执行的事项等。

台湾地区警政主管部门下属的组织机构有 21 个，分别是：

1. 行政组：负责警察制度的制定、职权调整、机关设置、裁并及警力调配的规划；警察业务的正俗、市容整理、特定营业管理及协助推行一般行政的规划、督导、协调事项。

2. 保安组：负责预防犯罪、协助调查犯罪、处理违反社会秩序案件；警卫安全、警备治安及义勇警察、民防团队管理；枪械管理；民众集会、游行许可及管控。

3. 教育组：负责警察教育训练、心理辅导等事项规划、督导及警察学术研究等。

4. 户口组：负责户口检查的规划、督导事项。

5. 安检组：负责民众入出境许可，入出境及航行境内人员、物品、运输工具安全检查的规划、督导事宜。

6. 外事组：负责外侨拘留、停留管理、入出境证件查验、涉外案件处理及促进警务合作的规划、督导事宜。

7. 民防组：负责空袭、演习、船舶编管、渔事组训及防情传递、警报发放规划、督导事宜。

8. 交通组：负责交通安全的维护、交通秩序的整理、交通事故的处理等规划、督导及交通统计、记录和通报事项。

9. 经济组：负责协助查缉走私、漏税、伪劣假冒等经济犯罪及财经动态调查的规划、督导事宜。

10. 后勤组：负责警察机关设备标准的制定、装备的规划和统筹、调配和管理等。

11. 秘书室：负责文书处理、业务研究发展和管制考核等事项。

12. 督查室：负责警察业务、勤务的督导及警察纪律的督查和考核事项。

13. 保防室：负责社会保防及社会治安调查的协调、规划和督导事宜。

---

① 谢小青：《台湾警察》，中国人民公安大学出版社 2002 年版。

14. “法制”室：负责警察相关规章的整理、审查、编纂及宣导事宜。

15. 公关室：负责警民联系、警察公共关系、警政宣导及警民合作事宜。

16. 资讯室：负责警察资讯电子处理、警察通信的规划、发展及督导事宜。

17. 人事室：负责办理台湾地区警察人事管理事项。

18. 会计室：负责会计事项。

19. 统计室：负责办理统计事项。

20. 政风室：负责办理政风事项。

21. 勤务指挥中心：负责重大、突发、紧急案件处理及勤务的指挥、管制、督导、支援以及与有关单位协调事项。

此外，还包括以下直属单位：刑事警察局、保安警察总队、警察电讯所、民防防情指挥管制所、警察广播电台、警察机械修理厂、台湾警察专科学校等。同时，还设有台湾警察大学，负责警官的教育培训。

第四节　我国内地警察体制

一、现行警察体制的特点

根据我国现行的《人民警察法》，警察包括公安机关人民警察，也包括安全机关人民警察和其他司法机关的人民警察，我们在此讨论的警察体制，主要是指公安机关人民警察管理体制，即公安管理体制。

我国现行公安管理体制的内容是“统一领导，分级管理，条块结合，以块为主”。其中，统一领导，是指党和政府统一领导全国公安工作，同时，地方公安机关必须接受公安部的统一领导。《公安机关组织管理条例》则进一步明确，“公安部在国务院的领导下，主管全国的公安工作，是全国公安工作的领导、指挥机关”。分级管理，是指中央或地方公安机关分别接受中央或地方同级党委和政府的领导。公安部在党中央、国务院领导下负责全国的公安工作；省、市、县公安机关在本级党委和政府领导下负责本行政区域的公安工作；专门公安机关则在所在部门行政领导和公安部业务领导下开展公安工作。条块结合，是指实行公安机关上级对下级的领导与党委、政府对同级公安机关的领导相结合的制度安排。这里，“条”是指全国公安机关中从公安部到地方县级公安机关从上至下的领导关系，“块”则是指县以上各级党委、政府对同级公安机关的领导关系。以块为主，是指公安机关在接受上级公安机关和同级党委、政府双重领导的同时，以同级党委、政府的领导为主，专门公安机关接受所在部门领导为主的领导制度安排。同时，城市公安分局是城市公安局的派出机构，公安派出所是城市公安分局和县级公安机关的派出机构，应由派出机构实施直接领导的体制。

现行公安管理体制实现了党对公安工作的绝对领导，有利于党的路线、方针、政策的贯彻落实和保证全国公安工作的完整性和统一性；同时，又能够有效调动各级党委、政府支持公安工作的积极性，有利于针对不同地域的特殊要求开展有针对性的公安工作，可大大增强公安工作的针对性和实效性。

二、我国内地公安机关的组织结构

我国内地公安机关的组织结构可以从纵向和横向两个维度来表达。

（一）公安机关的纵向结构

公安机关的纵向结构，是指全国公安组织体系中从中央最高层级到最基层执行单位的体系结构，根据公安机关各类组织性质和任务的不同可分为主体结构和辅助结构。

1. 主体结构。公安组织的主体结构，是指直接行使公安机关法定职权、履行法定职责的单位和部门。由中央公安部、地方各级公安机关、专门公安机关构成。

中央公安部：它是我国最高公安行政领导机关，隶属于国务院，是中央人民政府的组成部分，是公安机关的最高指挥机关。全国性公安工作和公安队伍的重大战略决策和部署均由公安部负责制定，并组织全国各地方、各专业公安机关贯彻实施。

地方各级公安机关：全国地方各级公安机关，按照层级可划分为以下三个层次：

（1）省级公安机关，即各省、自治区公安厅和直辖市公安局（含新疆生产建设兵团公安局），为省、区、市人民政府的组成部分，负责全省、自治区、直辖市范围内的公安工作。

（2）市级公安机关。分三种情形：一是省辖市公安局；二是地区级公安局，如中央直辖市的公安分局；三是州和地区公安处。均负责所在地区范围内的公安工作。

（3）县级公安机关，即各县（旗）、自治县、县级市公安局，为同级人民政府的组成部分，负责管辖范围内的公安工作。市辖区公安分局是市公安局的派出机构。

此外，基层公安派出所均属市、县公安局的派出机构，负责本管辖区域的公安工作，受其派出单位领导。

专门公安机关：专门公安机关是在某些专业部门建立的，执行特定公安工作的部门。目前，我国已有铁路、交通、民航、森林公安机关和海关总署走私犯罪侦查机关以及海警局。

2. 辅助结构。公安组织的辅助结构，是指在公安机关中起辅助支持作用的部门。它们一般不直接从事公安执法活动，但却是公安机关履行职责不可缺少的辅助力量。主要包括：

（1）公安院校。目前，我国公安机关先后建立了一批公安高等院校和培训基地，共同履行公安民警教育训练的职责任务。根据隶属关系的不同，公安高等院校除公安部直属院校外，各省市区公安机关分别建立了自己的警察院校，构成了一个比较完整的公安教育体系。上述院校均具有二重性质：一方面，它们属于公安建制，为公安系统的构成部分；另一方面，它们在业务上接受国家各级教育主管部门的领导与指导，又具有普通高等院校的性质。

（2）公安科研机构：在公安部和部分省市区设有公安政策、理论研究机构和以研究和生产专供公安各项业务工作需要的器材、装备的科研机构，它们也属于公安建制，归公安机关领导与管理。同时，它们又具有科研组织的共性，除少数担负刑事技术鉴定任务的科研单位外，其他科研生产单位均不直接从事执法活动。

（二）公安机关的横向结构

公安机关的横向结构又称部门结构，是指一个特定层级公安机关内部各部门之间相互关系的组织体系，一般包含以下部门：核心部门、业务部门、辅助部门、参谋部门、派出部门等。核心部门是公安机关的领导指挥中心，负责制定公安机关的战略和政策，并对辖区内的公安工作进行统一领导和指挥。业务部门在核心部门的直接领导下，负责专门化的公安事务。辅助部门是为了保证决策部门和业务部门顺利有效地开展工作，承担辅助性业务工作的部门。参谋部门是指专门为行政首长出谋划策并对有关方案提供论证的机构。派出部门是公安机关根据公安工作的需要，在特定区域内设立的代表机构，如市地级公安机关下属的公安分局、县、市区公安机关下属的派出所等。派出部门不是一级行政机关，其权力是委派机关的延伸。目前，公安部机关的内设组织机构如下：纪委监察局、警务督察局、办公厅、人事训练局、宣传局、国内安全保卫局、经济犯罪侦查局、治安管理局、边防管理局、刑事侦查局、出入境管理局、消防局、警卫局、网络安全保卫局、技术侦查局、监所管理局、交通管理局、法制局、国际合作局、装备财务局、禁毒局、科技信息化局、情报中心、警务保障局、反恐怖局等。此外，铁路公安局、交通运输部公安局、民航总局公安局、国家林业局森林公安局、海关部署缉私局等均被列入公安部序列。

第八章　警务战略和策略

“战略管理”这一命题最早出自企业管理领域，并取得了巨大的成功。由此，引起人们的极大关注和重视。特别是在公共部门广泛开展的“新公共管理运动”中，公共部门将其引入政府行政改革领域，强调关注环境的影响和面对长远、全局的决策，以确保公共政策符合社会需要，同时保持政策的连续性和稳定性。公安机关作为政府公共部门的组成部分，有必要将“战略”引进自身的管理领域，开展正确的警务战略管理。

第一节　警务战略及其影响因素

一、警务战略的内涵

“战略”一词最早用于军事领域，在西方，“strategy”一词源于希腊语“strategos”及演变后的“stragia”，意为军事将领及其指挥军队作战的谋略。在英语中，“战略”不仅指军事上的战略决策，同样涉及管理方面的含义，如策略、谋略、计划和管理。① 在现代汉语中，“战略”解释为指导战争全局的计划和策略，是决定全局的策略。② 在美国，警务战略一般是指警察机构对其未来做什么以及如何实现的安排，涉及达到警务目标所采用的方法技术和手段。它有助于警察机构找准自己的定位，有助于管理者将注意力集中在警务期望和警务绩效上。③

美国学者在《什么是警察——美国的经验》中提出了四种警务战略：①团队警务，从核心上讲团队警务意味着警务运作的分散化；②问题导向警务，通过发现和解决社区内基本犯罪的根源，来达到控制犯罪的目的，警察不再被动地应对犯罪活动，而是将工作重心放在可能导致犯罪的个人及社区问题上；③社区导向警务，警察依赖社区来制定警察政策，社区在确定警务

---

① ［英］霍恩比：《牛津高阶英汉双解词典》（第四版），李北达译，商务印书馆、牛津大学出版社（中国香港）有限公司2002年版，第1509页。

② 中国社会科学院语言研究所：《现代汉语词典》，商务印书馆2005年版，第1714页。

③ 曾忠恕：《美国警务热点研究》，中国人民公安大学出版社2005，第187页。

问题中的作用越来越大，警察与社区成员合作，共同解决问题；④零容忍警务，其核心理念是犯罪通常发生在社会控制相对薄弱的地方，零容忍警务是通过对轻微犯罪尤其是公共秩序犯罪采取强有力的执法措施，以预防更为严重的犯罪，并最终降低犯罪率的一种警务运作方式。[①] 在我国，较早开展警务战略研究的是康大民。他在《公安战略论纲》中指出，“公安战略，是根据全国的治安总形势或长远趋势，为保障党和国家总任务的实现所提出的全局性的或总体性的对策”。[②] 李敏蓉认为，警务战略是警务战略指导者在特定时期，基于对外界环境及内部资源的分析而确定的关于警务活动的整体方略。它是一系列目的、任务、方针、手段等的总称。[③] 笔者认为，警务战略就是指警察机关为了更有效地履行自身法定职责，根据自身的使命和环境的要求，对警务工作未来的发展进行的全局性和长期性的安排。

二、制定警务战略的影响因素

警察机关是公共组织的重要成员，其存在和发挥作用既受到环境的支撑，也受到环境的制约，因此，用于指导警察机关全面的、全局性行为的警务战略也必然受到环境因素的影响。

（一）政治环境因素

所谓政治环境，是指对警务战略的制定具有重要影响作用的政治状态，包括国家的政治体制、政治结构、政治文化、政治关系等。政治环境对警务战略的影响表现为：第一，政治环境决定着警务战略的性质和价值取向。在我国，公安机关是人民民主专政的重要工具，人民警察是武装性质的国家治安行政力量和刑事司法力量，履行着维护社会大局稳定、促进社会公平正义、保障人民安居乐业的职责任务。公安机关必须接受中国共产党的绝对领导是由公安机关的属性所决定的，因此，任何时期制定的警务战略都必须充分体现党的意志，坚决执行党的路线方针政策。第二，政治环境决定着警务战略的法治化程度。在我国，公安机关是重要的执法机关，在全面依法治国的大背景下，公安机关的任何行为都必须严格遵循法治公安建设的要求，因此，任何警务战略都必须依法制定和依法实施。

（二）经济环境因素

所谓经济环境，是指对警务战略制定具有重要影响作用的各种经济因素的总和，包括经济体制、经济制度、经济结构、经济政策、经济总量等。经

---

① ［美］罗伯特·兰沃西、劳伦斯·特拉维斯：《什么是警察——美国的经验》，尤小文译，群众出版社2004年版。

② 康大民：《公安战略论纲》，载《江西公安专科学校学报》1989年第1期。

③ 李敏蓉：《战略概念的演变及警务战略特征初探》，载《北京人民警察学院学报》2004年第6期。

济环境对警务战略的影响表现为：第一，经济环境是制定警务战略的出发点。任何警务战略的制定都不可能超越特定经济体制和制度的制约，也不可能超越经济环境所能够提供的物质条件的支持，也必须符合经济政策的要求。第二，经济环境提供了执行警务战略所需的资源。任何警务战略下的警务行为如果缺乏必要的物质资源的支撑是难以实施的，同样，警务战略目标也是难以实现的。

（三）社会文化环境因素

所谓社会文化环境，是指对警务战略能够产生重要影响作用的社会状况及文化状况，包括人口状况、职业分布、民风表现、社会道德、教育程度等。社会文化环境对警务战略的影响表现为：第一，社会文化环境影响警务战略的内容。任何警务战略的制定与实施都是为了更有效地实践警务目标，确保社会安全稳定，在不同的社会文化环境下，警务战略制定的内容将有较大的差别。第二，社会文化环境影响了警务战略的实施方式。一般来说，社会文化环境既影响警务战略的内容，更影响警务战略实施的方式，在社会文化环境不佳的形势下，警务战略将更倾向于“从严”执法和社会治理；相反，就可能采取“从宽”或“宽严相济”的方式来达到社会安定有序的目标。

（四）国际环境因素

所谓国际环境因素，是指对警务战略产生重要影响作用的来自于国际间的影响力，包括全球范围内的政治、经济、文化等演变趋势和特定的影响关系以及国际犯罪状况。国际环境对警务战略的影响表现为：第一，国际环境可能成为影响安全稳定的重要因素，将会对警务战略产生直接的影响，面对来自国际环境的冲击，警务战略必然会进行积极应对。第二，国际环境也会给警务战略的制定提供参照的依据，如西方国家警务模式的变革就可为我国公安机关警务改革与创新提供参考和借鉴。

第二节　新时期公安机关的警务战略

进入21世纪后，随着我国社会经济的快速发展，社会安全稳定形势也发生了较大的变化，为更好地担负起维护社会大局稳定、促进社会公平正义、保障人民安居乐业的职责任务，公安机关实施了一系列新型警务战略。

一、情报信息主导警务战略

所谓情报信息主导警务，是指通过综合性地收集、分析和使用情报信息，以支持制定正确的警务决策，高效率地使用警务资源，确保预防和打击犯罪、维护社会安全稳定目标的实现。实施情报信息主导警务战略是公安机关适应新形势下社会安全稳定形势发展变化的需要，是公安机关适应信息化、全球化发展的需要，是公安机关加强自身建设、提高履职能力的需要。

实施情报信息主导警务战略是一项系统工程，涉及情报信息的收集、报送、研判、应用等诸多环节，必须做好以下环节的工作：一是健全完善情报信息收集机制，全方位、多渠道地获取情报信息。二是健全完善情报信息报送机制，实行分级报送、归口管理。三是健全完善情报信息分析研判机制，把握规律特点、发现苗头动向。四是健全完善情报信息预警通报机制，实现充分共享、促进良性互动。五是健全完善情报信息应用机制，增强主动性、提高针对性。六是健全完善情报信息奖惩机制，做到赏罚分明、问责有人。①

二、社区警务战略

所谓社区警务，是指警方与社区能动地互相作用，共同发现和解决社区所关注的治安问题，使警方工作变原有的反应型、被动型为超前的预防型和主动型。社区警务建设的基本目标是以社区为依托，立足社区、依靠社区、服务社区，优化警力配置，明确工作职责，规范警务运作，切实做到警力下沉、警务前移、警民携手、预防犯罪、减少发案，共创安全社区。实施社区警务战略是适应社会结构变革的必然要求，是解决社会治安问题，实现社会治安良性循环的有效措施，是新时期公安工作坚持群众路线的新的体现，可以充分调动社区内各方面的力量参与社会治安工作，依靠群众及时发现社区内的治安隐患和问题，及时排除和解决，可以有效地提高群众的安全感，改善警民关系。②

三、科技强警战略

所谓科技强警战略，是指在公安执法和管理活动中充分利用最先进的科学技术成果，以支撑公安机关的履职行为，全面提高科学技术成果在公安工作和队伍建设中的含量，形成以现代科学技术提高公安机关核心战斗力的新格局。当前，科技进步日新月异，信息化迅猛发展，犯罪与反犯罪的较量在一定意义上更多地体现在对现代科技手段的运用上。谁能在对抗中赢得技术优势，谁就能占得先机、抢到先手、赢得主动。因此，科技强警战略将成为未来改变公安战斗力生成模式，不断提升公安机关打击犯罪、维护国家安全和社会稳定的能力的长期坚持的方针。

四、公安队伍正规化建设战略

所谓公安队伍正规化，就是要根据公安机关的性质、任务和工作特点，

① 黄明：《论情报信息主导警务战略》，载《公安研究》2005 年第 4 期。

② 崔亚东：《实施社区警务战略是公安工作的里程碑》，载《公安研究》2002 年第 9 期。

依据《人民警察法》等法律法规，在公安机关的组织机构、勤务机制、管理方式、教育训练、监督制约、警务保障等方面实现标准化、程序化、法治化和科学化，使公安机关指挥畅通、内务规范、工作高效、保障有力。[①] 在新形势下，加强公安队伍正规化建设，实现对公安队伍的严格、统一、规范管理，既是公安机关性质特点和职责使命的客观要求，也是引领公安队伍职业化、专业化方向，提升公安队伍职业素养和专业水平的重要途径。要以铸造忠诚警魂为根本，以科学管理队伍为核心，以增强素质能力为重点，以培育优良警风为保障，努力打造信念坚定、执法为民、敢于担当、清正廉洁的高素质公安队伍。

第三节　警务策略及其实施内容

一、警务策略的内涵

所谓策略，在英语中为“tactics”，意指实现特定目标的方案。在汉语含义中，指为实现一定战略决策目标而进行的具体计划安排和采取的手段。策略原指军事领域或政治领域中的对抗形式，是为实现战略任务目标而采取的博弈手段。战略任务是拟达到的总目标，而要真正落到实处，则需一系列的策略手段来实现。策略制定具有较大的灵活性和博弈性，可在战略原则的指导下，根据环境和对方的变化及时进行调整，以实现战略目标。所谓警务策略，是指警察机关根据社会公共安全的形势，为落实警务战略目标而制定和实施的对策方针和措施手段。

二、警务策略的内容

任何警务策略的制定和实施均要与相关的警务战略相对应，与问题导向相一致，确保警务策略的针对性和实效性。例如，美国纽约警察局在1994年至1997年间制定并实施了十大警务策略，用于打击犯罪、恢复公共秩序、服务社会大众、严格内部监督，从根本上解决了纽约社会治安问题和警察机关内部的重点难点问题。这十大警务策略是：第一，根除纽约街头黑枪；第二，整治街面上和校园内的青少年暴力行为；第三，清除纽约毒贩；第四，根治家庭暴力；第五，恢复公共场所秩序；第六，减少纽约涉车犯罪；第七，杜绝警察腐败；第八，整治纽约道路交通；第九，礼貌、专业和尊重；第十，将逃犯绳之以法。[②]

---

① 参见《中共中央关于进一步加强和改进公安工作的决定》。

② 王瑞平：《当代纽约警察》，中国人民公安大学出版社2009年版。

三、我国公安机关的警务策略

我国公安机关在警务工作中，针对不同时期的治安形势和中心任务，在总的警务战略指导下，提出并实施了一系列卓有成效的警务策略，对于增强公安机关维护国家安全和社会稳定的能力发挥了重要作用。

（一）开展反恐怖斗争的策略

1. 以打开路、重拳出击策略。该策略的核心在于针对暴力恐怖活动，要态度坚决，敢于下重手、出重拳、用重典，毫不迟疑、毫不动摇地拿起人民民主专政的武器，集中力量进行毁灭性打击，坚决将其嚣张气焰打下去。始终保持对恐怖活动的严打高压态势，使其不敢妄动，无机会坐大。

2. 情报引领、合成作战策略。该策略的核心在于通过提升情报能力建设强化情报引领实战、主导打击防范，始终把握反恐怖斗争主动权。同时，加强区域联动和国际合作，以合成战放大打击恐怖活动的成果。

3. 标本兼治、源头治理策略。该策略的核心是通过打击非法宗教活动、非法宗教宣传品和非法宗教网络，去除宗教极端思想的思想基础，有效遏制宗教极端思想渗透蔓延的势头。

（二）开展平安建设策略

1. 突出打击重点、建立常态打击策略。该策略的核心是紧紧围绕突出治安问题，立足打早打小、露头就打、持续打击整治，以有力打击人民群众反映强烈的违法犯罪活动，增强人民群众的安全感。

2. 创新立体化社会治安防控体系策略。该策略的核心是通过强化整体防范、强化重点整治、强化基础管控，构建全时空、全方位的治安防控体系，确保社会安全稳定。

（三）快速高效指挥处置策略

1. 扁平化指挥处置策略。该策略的核心是压缩指挥命令链的长度，同时，实施有关警种、部门的联动指挥，统一协调各类资源，确保指挥决策、警令传递、警力调动、现场处置快速、及时、高效。

2. 勤务部署动态调整策略。该策略的核心是通过优化警力配置、改进勤务模式，综合采取着装巡逻与便衣守候相结合、定点执勤与动中备勤相结合、警车巡逻与徒步巡逻相结合、实兵巡逻与视频巡逻相结合、专职巡逻与群防群治相结合等，实现警力跟着警情走，不断提高全方位、全时空、全天候的社会治安动态防控能力。

第四节　警务政策及相关关系

一、警务政策的内涵

"政策"一词在汉语中是由"政"和"策"组合而成的，"政"有"政权"、"政事"的含义，"策"则具有"计策"、"策划"之义。"政策"在《辞海》中的解释是"国家、政党为实现一定历史时期的路线和任务而规定的行动准则"。[①] 而警务政策可理解为警察机关为实现特定时期的警务目标而制定的行动准则。这里，警务政策的制定主体只有履行维护社会公共安全责任的警察机关；警务政策的需求主体为社会公共安全需求；警务政策是警察机关为履行好维护社会公共安全责任所制定的行动规范；警务政策的制定主体所实施的公共政策对社会各个方面均具有规范性。警务政策的基本特征具有以下方面：

1. 安全目的性。

警务政策是根据社会公共安全利益的需求而制定的，是警察机关为维护社会安全稳定提出的措施和手段。因此，警务政策的制定必须立足于全社会的公共安全利益，否则其合法性就会产生动摇，丧失权威性和严肃性，从而难以发挥其应有的作用。

2. 系统协调性。

警务政策是一个各种政策相互作用、相互联系的整体，应特别注重系统协调性，即相互联系、相互配合。从横向来看，不同警种、部门制定并实施的警务政策应相互衔接、互为支撑；从纵向来看，上下级之间制定并实施的不同层级的警务政策应相互对应、互为依托，从而形成完整系统的政策体系。

3. 动态发展性。

从系统科学的角度看，警务政策也应是一个开放的系统，需要不断同外界环境进行物质、能量、信息交换，因此也处于不断的发展运动之中。一方面，警务政策的制定和实施要与当前亟须解决的公共安全问题适应，并随着环境的改变、问题重要性的变迁进行必要的调整；另一方面，警务政策的制定也不是一蹴而就的，而是一个不断调整、不断优化的过程，因此，警务政策制定与实施的动态发展性是永恒的，相对稳定性是暂时的。

4. 规范强制性。

警务政策的制定与实施是以引导与约束社会公共安全行为为目的的，它是按照法定程序，经由特定权威机构制定发布的，体现了它的权威性。同时，

---

① 《辞海》，上海辞书出版社 1999 年版。

警务政策是以国家的强制力为后盾保证来实施的，全社会都必须遵照执行，任何对警务政策给予抵制和违反的行为都必然会受到制裁。

二、警务政策与警务战略、警务策略的关系

从警务管理与警务政策的相互关系来看，警务政策可看作警务管理赖以实施的手段和工具，从管理计划的一般层次体系来看，从抽象到具体的计划层次是组织使命、组织目标、组织战略、组织政策、组织策略、组织方案。因此，从警务政策与警务战略、警务策略的关系来看，警务战略居于先导地位，它为警务政策和警务策略规定发展思路和发展规则，警务政策在警务战略的引导下提出警务行动准则，警务策略则为更为有效地落实和实施警务政策制定对策方针和措施手段。因此，三者分别居于三个层次，它们之间是从上至下引导制约、从下至上支撑保障的相互关系。

第九章　警务运行方式

第一节　警务运行方式概述

一、警务运行方式释义

“警务”作为人类社会精神文明活动的重要内容，以其特立独行的方式和功能在推动人类文明进步的过程中扮演着十分重要的角色。在人类历史上，警务活动一经产生就体现出维护社会秩序相对稳定和保卫国家社会安全的功能，实施警务活动的核心问题就是通过预防、制止、打击各种违法犯罪活动，实现维护社会安全秩序，保障特定人群的生命财产安全，进而实现社会利益和权利的平衡。

（一）“警务”的概念

“警务”（policing）一词在汉语中是一个复合词，它包含“警察”和“事务”两个范畴，人们习惯将其简称为“警务”。在笔者看来，某些国家或地区的警察机构所称“警事”与这里所说的“警务”一词，在含义上并无质的区别，是指国家专门机构（主要是警察机关）、特定社会组织或专门人员实施的，旨在预防、警报、察知乃至及时打击危害社会安全行为的专门活动。由于这种活动具有警示、警觉、警戒、警报、察知等特征，同时这些活动又由具体的事务构成，因此人们习惯将其称为“警务”。当警务与其他一些概念相连时，便派生出警务运行方式、警务战略、警务原则、警务方法等术语。

显而易见，当“警”与“务”合二为一时，就是对警察（及其他相关组织）完成特定“警事任务”的简要概括。本书所研究的“警务”是一个专用词，可以将其定义为：在一定历史阶段产生、存在和发展的，警察（及其他组织）或其成员依据政策、法律、法规履行保卫国家安全与社会治安秩序的专门性事务活动的统称。它是国家权力机关及其授权的行政机关（或专门组织）完成特定任务并维护社会秩序、保障公共利益免受侵害的行为活动。

简言之，“警务”即“警察公务活动”的简称，也就是警务行为及警务活动。“警务”的核心价值就是实现社会公共安全危害的最小化。关于以上“警务”的定义，需要特别强调四个要点：第一，“警务”是一个历史现象，作为人类重要的社会活动之一，在不同的历史时期其内容和表现形式有所区别；第二，“警务”活动的存在、运行和实施有一定的依据，国家法律、法规、政策、政府的政令和行政法规等构成“警务”活动存在和发展的重要基石；第三，“警务”活动的功能是保卫国家安全、维护社会治安秩序、巩固统治者的统治地位等，在不同的社会历史时期统治阶级的意志将决定“警务”的职责范畴和价值取向，因而“警务”活动表现出鲜明的政治性；第四，“警务”是国家意志的专门性活动集合，在具体内容上比较宽泛，在表现方式及手段上多样化，在实施主体构成上多元化。

（二）“警务”产生的条件

到目前为止，关于“警务”产生条件的研究尚未有成熟的理论成果，警学界对此问题的理论研究也没有足够的重视。我们可以采用发生学理论和研究方法对“警务”现象的产生过程作出初步探讨，即从“警务”最初是怎么产生的来认识它的本质，由此对“警务”本质与目的作出理性概括。

观察“警务”现象的产生首先不能割裂的重要关系是国家的起源。关于国家产生的理论学说，主要有三种观点：第一种是“君权神授论”，这种理论基本已成为历史，此处忽略。第二种是近代资本主义国家颇为流行的“社会契约论”，这种观点认为，国家实际上是自然状态下的人们按照理性原则形成的社会契约。这种观点的言下之意是，国家的主权来自人民，国家应该为人民服务。因此，它成了资产阶级反对封建专制统治的重要思想武器。但它只是一种合乎情理的假设，在历史事实方面缺乏充分的根据。第三种是马克思主义的观点，认为国家是阶级矛盾不可调和的产物。我们研究的“警务”作为国家的重要组成部分，是国家意志的执行活动，为国家意志服务并伴随国家同生共存。

深入观察“警务”活动形成的过程，我们可以作出如下结论：“警务”是伴随国家的产生而产生，它是一个历史现象，在社会变化中发展，警务活动是人类社会安全需求的集中表现。警务产生的根源是物质需求和生产力水平的提高，直接诱因在于人类自身安全、财产安全等面临人类其他社会活动的威胁，实施警务活动的目的是作用于人类其他活动并使安全危机得以化解。因此，警务活动主体的经济基础和政治态度决定了警务活动的价值取向、内容、方式、目的。任何阶级和社会集团的警务活动，归根到底都是为了实现和维护本阶级、本集团的社会安全和根本利益。

（三）警务运行方式的概念

“运行”即事物按照一定的规律和轨道不断运转。运行方式是指某一工作系统运行过程中各组织或部分之间相互作用的规律和方法。

警务运行方式，是指警察机关在处理警务工作过程中采用的方法和工作程序，即警察机关采用什么样的方法进行和完成警务活动、警务工作过程是如何进行的、各个部门之间的关系以及彼此如何配合与衔接等。

二、西方国家警务运行方式的发展演变

随着社会的发展变化，外国警务工作在漫长的发展历程中经历了无数次大大小小的变革。以西方国家特别是英美为例，1829 年，罗伯特·比尔建立伦敦大都市警察厅，标志着西方警察的诞生，警学界将其概括为从非正式警务向正式警务的转变。1890 年至 1930 年，以美国的警察专业化为标志，正式警务趋于成熟。1930 年至 1970 年，警察以打击犯罪为主的形象走向了极端。在警务运行方式上注重警务装备的机械化和现代化，引进并完善车辆巡逻体制，建立了电子指挥中心与控制中心，建立了信息情报中心，实现了查询电子计算机联网，人们称之为被动反应警务。20 世纪后期至今，以英、美发端影响到世界各国的社区警务，被警学界称为主动先发警务。在警务运行方式上以社区为基本单位，注重对社会的服务职能，加强与民众的互动和和谐相处，变被动反应为快速、主动出击。社区警务运动使得警察在回归社会的同时，其打击犯罪的作用非但没有减弱，反而得到进一步加强。

与此同时，西方国家在警务运行方式上又进行了两次改革，即问题导向型警务和情报导向型警务。

最先提出问题导向型警务工作改革设想的是著名的警察学专家赫尔曼·戈德斯坦，他指出：“所谓的专业警察其实并不专业，他们不仅没有对付上述各种问题的有效方法，而且，现有的关于社区工作的标准和要求也缺乏科学性和效率性。因此，必须尝试一些新的工作方法，包括加强对问题的分析，以及利用地方政府和社区资源共同解决问题等。”20 世纪 80 年代，问题导向型警务工作模式开始在英国产生影响，由肯尼思·纽曼所领导的伦敦大都市警察厅率先引入这种警务工作模式，到 21 世纪初，问题导向型警务模式开始得到越来越多国家的认可。

问题导向型警务运行方式要求警察不仅要解决问题，还要分析问题，具体而言，就是警察应当运用分析的方法，从社区民众各种琐碎的需求中寻找共性的东西，即造成这些需求的共同原因，以及解决问题的普遍方法。在分析的基础上，警察应当针对不同情况，制定具有全局性和战略性的应对方案，这样既可以提高警察的工作效率，又有助于维护警察与民众之间的良好关系，从而达到效率和效果双赢的目的。

情报导向型警务模式的建立，主要起因于刑事犯罪侦查工作中警察对犯罪资源缺乏足够的了解和应对措施。长期以来，英国警察的刑事犯罪侦查工作中存在着极大的被动性和机会主义，破案率低，引发民众不满，警察在积极探索和尝试改革，情报导向型警务就是其中的一项重要举措。它的基本原理是，尽管犯罪分子人数众多而且分布杂乱无章，但是有一点可以肯定，即

一大半犯罪行为是由一小部分惯犯所为。情报导向型警务正是建立在这样一种基本判断的基础之上。这是一种具有主动性，目标明确、先发制人的警务工作模式，它的核心思想是要求警察将更多的精力用于关注罪犯本身，而不是被动地忙于侦查犯罪行为。通过对罪犯的关注，从中发现有价值的犯罪线索，积累关于犯罪的各种情报信息，进而为侦查工作提供指导。20 世纪 90 年代初，英国一些地方警察开始试验并推行情报警务工作模式，其中影响最大的是肯特警区，因此，情报导向型警务模式也被称为“肯特模式”。

情报导向型警务运行方式要求警察必须大量搜集各种有关犯罪分子及其犯罪行为的信息，通过对这些信息的分类和分析，形成犯罪情报并用于指导实际工作。一线警察根据情报分析，在那些即将发生犯罪或者犯罪历来高发的地区部署警力，以实现精确打击犯罪的目的。情报导向型警务运行方式强调警察在搜集罪犯以及犯罪团伙的信息方面投入更多的精力，以往那种在犯罪行为发生之后再逐个对犯罪分子予以侦查并将其绳之以法的传统模式受到质疑，被认为不仅被动而且缺乏效率。

三、我国警务运行方式的发展演变

新中国成立后，随着社会政治、经济的发展变化，社会治安形势的不断变化，我国的警务运行方式也在不断变化发展。从总体上说，我国社会经历了从传统农业社会向现代工业社会的转型，二元社会发展变为多元社会，社会管理由封闭式管理转变为开放式管理。相应的，公安机关的警务运行方式也由传统的警务运行方式转变为现代警务运行方式。

计划经济时代，公安机关的职责任务主要以阶级斗争和打击各类违法犯罪为主，在管理理念上重管理、轻服务和人权保障。由于我国实行的是城乡差别化的“二元”人口管理体制，人口的流动性较小，公安工作在相对封闭的系统中运行，公安机关警务运行方式大都坚持以公安机关及其公安民警为本位，以人口户籍管控为主的静态警务工作方法，各地公安机关根据自己的辖区范围“划界管辖、各自为战”，按照传统的经验型的方法和手段进行侦查办案。相应的警务运行方式，基本上局限于公安机关自我设定的目标框架体系内独自进行，随意性较大，警务工作基本上是按照上级的行政部署、行政命令进行，公安机关在警情的后面疲于奔命，实行拼体力、拼消耗和“大兵团作战”的粗放式做法，不注重对人权的尊重与维护，忽视社会公众的感受和安全需求。

随着我国计划经济转变为市场经济，社会环境迅速发生变化，人口开始大规模流动，尤其是农村人口大量涌入城市，流动人口犯罪开始增加，原有的计划经济环境下采取的警务运行方式已经不再适应经济社会发展的需要。按照德国社会科学家贝克（Urich Beck）的说法，现代工业社会也是风险社会

(risikogesellschaft)，社会在积累财富、文化、科学的同时也会被各种各样的风险、威胁所包围、环绕。尤其是在加入“世贸”组织后，经济全球化成为我国经济发展的主要趋势，社会的开放性、动态性和区域间的交融性特征日益明显，国家的经济发展和社会开放度得到了提升，更进一步促进了我国同世界各国、各地区的广泛联系。这无疑为国家的经济、文化、科学、政治的良性运行和发展带来了新的机遇和生机。但现代工业社会的经济全球化这把“双刃剑”，在推动经济发展、科学进步的同时，也推动着利用高科技、网络犯罪以及跨区域、跨国犯罪的“井喷”，犯罪形式也相应地呈现出流动性、动态性加剧的特点，并日臻智能化、动态化、现代化、有组织化，犯罪人员可以通过网络、电信等高科技手段进行各种犯罪。其所危及的已不再仅仅是一个局部地区或一个城市的发展和稳定，更多的是危及周边区域、相邻或相关城市，乃至相邻及相关国家的安危。

在此背景下，传统的警务运行方式显然已经不再适应社会发展的要求。随着我国从传统警务向现代警务的转型，警务运行方式也在不断发生变化。以“法治”理念为前提，建立在现代科技装备基础上的现代警务运行方式更加注重科学合理的制度设计与安排，规范权力的公正运行，防止因权力的滥用而侵害人权；同时还要通过预防和打击犯罪，通过科学配置社会资源来有效地控制犯罪，维护社会治安，营造社会和谐。因此，现代警务运行方式的设定更多地体现在对犯罪的事前防范和有效打击、警察服务功能的发挥、对人权的保障、警力的协同作战等方面，如110警务指挥系统、动态防控、社区警务、区域警务合作等。概括起来，具有以下特点：

1. 警务运行方式动态化。现代警务运行方式改变了计划经济条件下以人口管理为主的静态、封闭式运行范式，正在形成一套动态社会环境下有效打击、防范、控制违法犯罪的新型警务运行方式，以实现对社会治安的全时空控制，提高驾驭社会治安局势的能力。因此，现代警务运行方式的特点体现在以快制快、以动制动上，如以110指挥中心为龙头，以巡警为骨干，各部门、各警种协同作战的快速反应机制的建立，从根本上改变了传统的警务运行方式。

2. 警务运行方式主动化。现代警务运行方式，更加强调变被动等待为主动出击，注重事前的治安防范控制。随着刑侦体制和派出所改革的实施，责任区刑警队和派出所的职责进一步明确。例如，社区警务通过加强安全防范、治安管理、服务群众等各项工作，维护社区的平安与稳定。将大量的警力直接放置在一线从事打击犯罪、维护治安、服务群众等工作，不仅极大地提高了社会面见警率，增强了群众安全感，而且有效提高了对违法犯罪活动的威慑力，进一步增强了社会治安防控能力。

3. 警务运行方式信息化。现代警务运行方式信息化是指在警务运行的各个环节中，充分利用现代信息技术、信息资源和环境，建立信息应用系统，使信息采集、流转、传输、利用集约高效和信息资源优化配置，不断提高警务效率和水平。由于社会治安形势日益严峻，违法犯罪形式的流动性、复杂性、多元性特征已成为公安机关面临的极大挑战。在警务工作过程中利用公安机关高效便捷的信息查询系统、数据传输渠道、实时监控网络等科技手段，形成预警信息、决策信息、精确打击和控制信息等。警务运行方式信息化使信息在网络—系统—警务活动之间流动，警务人员分布在网络和系统的各个层面，从而使单一、独立、分散的警务活动组成有机整体，促使警务工作从个体警务发展趋向于合作警务，充分发挥好信息系统的信息传递、汇聚、共享和综合利用等功能，体现出科技强警的效能。警务运行方式信息化是适应社会信息发展、治安动态化的新形势，实现警力“无增长改善”、提升公安机关战斗力的一项重要战略。

第二节　警务运行方式的选用原则

一、合法性原则

法治社会强调治国的主体是法律，任何人和任何行为都应在法律之下，严格依法行政。为此，必须建设法治警务，即用法律规范警务行为；按照法定权限和程序行使警察权力，履行职责；完善权责明确、行为规范、监督有效、保障有力的执法体制，不断促进警察执法严格、公正、文明、廉洁。因此，警务运行方式必须符合法律要求，警察各项执法行为都必须在法律的框架内进行。警务运行方式的选用必须合法，既能够打击违法犯罪，又能够保证公民的合法权益不受侵犯。

二、规范性原则

要保证警务工作的稳定和健康发展，必须建立完备的制度规范。警务运行方式的规范性，是指警务活动在运行过程中必须遵循一定的程序和标准，即各项警务工作由谁去做以及如何去做都要有明确的要求和规定。规范的警务运行方式，是公平、公正和效率的保证，也是防止警察权力被滥用的制度性保障。

三、需要性原则

警务运行方式的选取是针对某一项警务活动而设定的方法和程序，其根本目的是通过解决某类问题而达到一种成果。因此，警务运行方式的选取不是随意的，必须根据警务工作本身的需要来设计运行方式；要以满足社会公众安全需求为目标，根据新出现的情况不断作出相应的调整；同时，由于警力、物力、财力的有限性，警务运行方式必须根据现时需要和条件来选取，即根据任务工作量的大小，确定执行的方法和步骤，以经过努力能预期完成任务为标准。既要考虑有利条件，又要考虑不利条件。

四、效益性原则

效益是指行动方案实施后实际产生的效果与所付出的代价（成本）之间的差值。因此，是否能以尽可能小的代价取得尽可能接近或实现目标的结果，就是测定效益大小的标准。警务运行方式选用的效益性原则，是指在警务运行方式实施过程中能够充分利用有限的人、财、物等警力资源，完成警务工作目标，从而实现最佳的社会效益。

第三节　警务运行方式的基本类型

警务运行方式的稳定形态体现为一定的警务模式。模式是某种事物的标准性形式或固定格式，与模式有关的英文表达是 model（模型）。警务模式是由一定的概念范畴、价值标准、行为方式、技术方法、考量指标、运行模式等构成的警务活动固定样式统一体。尽管警务活动形态千差万别，但其模式却呈现出相对恒定指数的有机联系。我们根据警务活动形态关键要素将其概括为如下模式：

一、常态警务模式

常态指的是“正常的状态”。多用于指某一事物更趋近于合情合理的结构模式。常态警务模式是警察组织为完成既有的职责任务，追求完美和实现卓越的警务活动效果，在适应外部环境的条件下，采取有效措施，将日常工作标准化、责任明确化、管理过程程序化、技术手段规范化，力求达到警察组织有效运行，实现警务活动的自觉、持续、健康发展。结合我国警务实际，立足警务职能，坚持以整合警力资源、健全警务机制、提升警务能力、强化警务绩效考核、落实警务责任为重点，常态警务模式的构建应始终把化解矛盾纠纷作为警务活动的重点来抓，把社会矛盾调解工作融入接处警、治安行政、社会管理、侦查破案、治安防范、社区警务、法律宣传、为民服务等工作中，为群众提供多渠道、全覆盖的诉求表达渠道，做到哪里有矛盾纠纷，哪里就有调解工作，有效维护社会的和谐稳定。

建立有效的常态化警务模式和运行机制，关键是教育每个警察都要始终居安思危、未雨绸缪，遵循规则、行为规范。要确立“不进则退，慢进也是退”的责任意识，要养成“严格守法，依法办案”的职业行为规范。按照凡事有章可循、凡事有人负责、凡事有人检查、凡事违章必究的原则，对警察组织中所有的规章制度进行梳理整合，把每项管理活动所涉及的机构、岗位协调起来，明确承办、协办的关系，对警务活动的管理者何时介入的环节和程度，对有关职、责、权、考核内容与方式作出明确规定，实行业务操作流程和警察行政流程的闭环管理，加大对警务活动行为、成本、效益等各项指标的监控力度，特别是要将各项指标落到实处，并让警察明白在平时实际工作中应当做什么、怎样做、何时做、何地做、何人做，从而做到事事有人管、人人有事做，有效地消除警务活动的随意性和推诿扯皮等消极现象，使整个警务活动流程常态化。通过常态化警务活动的管理对警察的行为过程和行为结果作出记录和反映，实现“管人”与“管事”的有机结合，达到组织和个人价值取向趋同。总之，常态警务模式只有始终坚持以人为核心，增强执行力，明确目标，责任到人，控制过程，规范管理，不断提高警员的学习力，注重创新力，不断激发警察的内在潜能，才能发挥出警务活动的最大效益，才能实践警务组织目标，推动警务工作发展，达到“无需扬鞭自奋蹄”的管理效果。

二、动态警务模式

所谓动态（kinesis），是指因外界刺激引起的非定向的随机活动。动态警务模式是警务活动主体根据警务进程与警务环境间的关系及其变化，对警务目标、警务原则和警务方式等不断进行修正的警务活动过程。动态警务模式体现了警务活动过程中，警察不断对外部环境预测、内部数据分析，对警务策略、警务手段进行适时调整和对计划进行修改、补充的一种警务模式。也就是说，警务活动的实施要根据内外部环境的变化及时调整，在警务活动运行上要快速适应环境的不断变化。在我国，动态警务模式的实践探索有着比较丰富的成功经验，如近些年出现的城市治安防控体系，代表了适应新时期社会治安防控工作的新型现代警务模式，为了切实提高公安机关驾驭社会治安的能力，许多地区的公安机关积极探索并推出了“立体动态巡控”警务新机制。

在立体动态警务模式实施中，建立信息情报分析研判机制、勤务联动对接、警务装备保障、勤务绩效考核等相关配套制度尤为重要。立体动态巡控机制不仅建立了一套快捷高效的信息系统，而且巡控的动态化方式也确保了接处警的快速反应。切实做到了“警务跟着警情走、警力跟着警务走”，警务活动科学、客观、及时地根据发案规律、特点，适时调整巡控方式、巡控时间和巡控地段，实现巡控主体多元化、巡控区域经纬化、巡控方式动态化、巡控时间弹性化、接警处警制度化、巡控值勤规范化、考核奖惩经常化。

三、合作警务模式

经济全球化、世界一体化已经成为人类发展不可逆转的趋势，伴随着资源竞争的日趋激烈，从地区优势的角度审视面临的形势和挑战，已成为各个领域谋求发展的战略性选择。现代警务模式的发展也在不断探索有利于促进警力资源开发从而应对跨区域（国家）治安问题的途径和对策，其中，合作警务模式就是实现充分发挥警力资源潜力的积极性战略选择。所谓合作警务模式，是指行政区域不相隶属的警务主体或者是不同地区的警察组织，为了特定的目的通过彼此关联的警务方式实现跨越区划的联合警务活动。形成合作警务模式的基础一般是地域接近，历史、经济、社会、人文等特征相似，正是由于地缘性特征的趋同，才为建立合作警务模式提供了联系纽带。合作警务模式通常是特定区域中两个或两个以上的警务主体结合起来并形成一个区域性特征鲜明的利益联合体，它是依赖联合体参与主体共同制定规则而建立起来的区域差异和地区优势明显的一种高层次的区际联盟自治组织。目前，我国合作警务模式的建立尚未达到法律层面，多是以协约方式构建。随着社会治安形势的日益严峻和警力资源开发力度的不断加大，合作警务模式在提高警务效率和提升警务质量方面的积极作用也越来越被重视和接受。

值得关注的是，次区域警务合作是合作警务的衍生物，它是指在若干行政区划警务主体的接壤地区之间，基于平等合作、互惠互利的原则，针对某项警务活动，通过各种方式或手段，使相关要素实现通畅的流动并达到警务合作的目的（如重大警情通报、要犯协查等）。从管理的角度看，其实质就是警务要素在“次区域”这个具备地缘范围内的一种趋向制度化的信息流，从而带来警务资源要素的有效配置和警务活动效率的相应提高，因而，次区域警务合作属于合作警务一体化的范畴。

合作警务模式的特征主要有：①合作警务模式通常只涉及不同行政区划警务主体成员的一部分，只有利益目标趋同时才可能成为合作成员，其失败的风险得以分散。②合作警务模式共同体的建立具有较大的灵活性，合作组织成员的数量没有限制，而一个独立的警务主体还可以同时参加几个警务合作组织。③合作警务模式呈现出开放性，其警务合作的内容和方式主要依赖于共同的协商解决，任何合作警务主体不被歧视也不排斥其他警务合作成员。④警务活动合作范围有别于部门之间的专项联合行动，其合作范围十分广泛，可以是单相问题，也可以是“一揽子”计划。⑤合作警务的关键要素实现了跨界流动，主要靠参与方之间的相互沟通、协调、会商、联席会议等手段。⑥警务合作没有等级之差，只有合作方式和状态之分。

合作警务模式的类型可以从不同的角度进行分类：①从警务合作结构上分有垂直型合作与水平型合作，如我国华东地区 15 城市公安交通治安协作会议就是水平型，而珠—港—澳警方联合打击跨区域贩毒行动就是垂直型。②从警务合作内容上分有业务工作合作、警务技术合作、专项行动合作、信息情报合作、制度政策合作等。③从警务合作的时间上分有单次警务合作和长期警务合作，或者称随机性合作与制度性合作。④从警务合作的协作主体分有警种间、区域间警务合作。⑤从警务合作行动方式分有联合行动和合同行动。联合行动是指两个以上警种或两个以上不同警务管辖区公安机关的警力，按照处警的总目标和统一计划，在联合指挥协调机构的统一指挥下，选择统一时间共同进行处置行动，但在完成各自的处警任务时又是独立的一种警务行动。合同行动是指在重大警务处置行动中，以一个警种或主要处置现场地的公安机关为主，其他警种或不同辖区的公安机关按照签署的协议，无需再作商讨直接配合共同完成处警任务的一种协同行动。在合同行动中，一般以某一警种或案发地公安机关为公安指挥的主体，其他警种或其他辖区的公安机关和专业部门以加强、配属和支援的方式配合处置行动，处于从属地位，服从作为公安指挥主体的警种或案发地公安机关的统一指挥。

2005 年“东盟及中日韩首都警察局警务交流与合作《北京宣言》”、2010 年“长三角经济圈区域经侦警务合作机制”、2010 年“环首都七省区市跨区域警务合作机制”、2010 年“东北地区（内蒙古、辽宁、吉林、黑龙江）警务协作机制”等，这些合作警务模式对维护区域社会治安稳定、实现资源共享、分工合作、高效协调、优势互补、互援共助等目标发挥了重要作用。

四、电子警务模式

随着公安计算机网络和信息系统的不断发展，随着越来越多的管理工作向网上的迁移，已经产生了一种新的警务管理模式——“电子警务”。电子警务是在计算机网络环境下，按照一定的标准和协议进行多种警务活动的方式（电子警务的英文名称为 Electronic Policing）。也就是说，电子警务是基于互联网标准，连接上下级、不同业务部门以及业务部门同管理对象的业务流程的警务模式。电子警务可以看作电子政府（电子政务）的延伸和重要内容。

电子警务的内涵有狭义和广义之分。狭义的电子警务，主要是指利用网络提供的信息手段进行信息的查询、传输、发布等警务活动的过程。狭义的电子警务关注的焦点是实现手工信息的计算机管理，以此为出发点构筑的信息系统具有如下基本特征：信息系统的建立是基于独立的业务部门，其结构是纵向的；信息的组织以单项业务信息的处理为主；主要解决的问题是各类文档的电子化，如人口信息管理系统、刑事案件信息管理系统、被盗机动车辆信息管理系统、旅店业治安信息管理系统等；信息系统的基本功能是提供查询、传输、发布等。广义的电子警务（即本书所说的电子警务），则是利用计算机网络进行警务活动的全过程。它是以警务应用为出发点，以整个警务活动流程为依据，以公安三级网为平台，重新构筑起来的信息网络体系。与以往的设计思想不同，电子警务以整体警务活动流程为核心来设计，它所关心的是信息之间的关联性和警务方式的整体优化，它的焦点集中在警务流程环节的设计和再造上，它要解决的是利用现代网络通信和计算机技术，连接公安机关的各级、各部门以及各类数据库，对各系统进行整合，优化资源配置，促进内部信息共享，打破行政机关的组织界限，消除业务部门之间的"信息孤岛"现象，建构一个电子化的虚拟公安系统，使得所有警员和相关人员可以从不同的渠道取用不同层次的公安信息及服务，摒除传统警务中经过层层关卡书面审核作业方式的弊端等一系列问题。电子警务将引发一场真正意义上的警务模式革命。自1998年"金盾工程"启动以来，仅仅两年多的时间，网上追逃、网上打拐、网上办证、网管机制等相继实施，网上网下的工作有机地结合在一起，正在向人们展示出一种全新的警务模式——电子警务模式。

电子警务是采用以互联网为核心的信息技术，在公安网上进行警务活动的一种方式，它具有以下特征：①电子警务把大量的公安业务工作和日常事物处理转移到公安网上完成。②电子警务按公安业务流程（或称警务链）来组织信息，且公安信息资源的管理集中在网上进行，消除了各部门间的"信息孤岛"现象，实现了信息共享。其效益将会得到质的提升。③电子警务把公安业务结构和公安业务流程构筑在计算机网络环境下。上下级之间、各警种之间以及其他相关系统之间通过网络"连接"起来，实现了网上"流水作业"方式。从传统的警务模式向电子警务模式转型的过程中，会涉及公安各部门、各警种，甚至还涉及公安系统外的一些相关部门，因此任务复杂、工作量大，其中比较关键的任务是：重组或改造传统的公安业务结构和业务流程，建立电子警务应用体系结构；制定全国统一的公安信息资源管理标准，否则公安业务和日常事物处理无法转移到网上进行；专门制定适合电子警务应用开发平台和电子警务解决方案，以确保安全性和统一性；完善网络实施和完成技术改造工作，把原有的数据迁移到网上集中管理和共享；制定适合电子警务环境的公安管理模式和公安业务模式；建立电子警务人才培训和后备人才的培养机制；等等。

第四节　现代警务合作的模式与特征

现代警务合作，是基于打击犯罪、维护治安的需要，在不同警察机构或部门之间利用各自信息、技术、装备器材、人力等方面的资源，实现优势互补、互通有无、协同行动的一种警务合作关系或共同行动。

一、警种合作

警种合作是指警察机关不同警种之间的合作与沟通，建立日常协作机制和应急联动机制，有效整合利用各自警种的信息资源和人力、物力、财力，形成整体合力，共同打击某一类犯罪活动或完成某一项重大警务任务等。

警种合作是现代警务合作的一项重要内容，通过警种合作，可以使警务更加综合化、打击力量更加集中、行动指向的针对性更强。

警种合作由共同上级领导指挥或由任务牵头单位（业务部门）主动对接，实行“点对点”直接沟通，把涉及本警种的合作机制进行细化、完善。

警种合作警务运行方式主要有以下几种：常规性、重大临时性，或通过行动方案（上级批准）、合作协议（会议纪要）等。

二、部门合作

部门合作是指警察机关与政府其他行政机关或企事业组织（公司、非政府组织）等部门之间的合作与沟通，建立日常协作机制和应急联动机制，有效整合利用各相关部门的信息资源或人力、物力、财力，形成维护社会治安、防范犯罪的整体合力。例如，我国公安机关与农业、卫生、质检、工商、海关等部门联合执法，打击制售假冒伪劣商品、侵犯知识产权等违法犯罪活动；与工业和信息化、工商、税务、民航、邮政、交通运输、民政等部门沟通协商，交换共享有关信息资源，实现互利共赢。

部门合作的运行方式有以下几种：

1. 基于法律义务的合作与基于协商责任的合作。

有些部门合作建立在法律规定的基础上，双方（各方）基于应尽的法律义务而进行合作。例如，警察机关在打击犯罪、治安防范工作中，其他组织机构应配合提供情报信息、协助调查。

基于协商责任的合作是在没有法定义务的情况下，合作双方（各方）经过协商确定各自在合作中的责任和权利，订立合作文本，建立约束规范和保障机制。

2. 联合执法合作与联合办公合作。

公安机关与其他组织机构的跨部门合作在合作层面、合作深度方面有所不同。基于信息的共享合作，基于资源的共同调度和利用，基于行动的联合与协作，反映了合作的层面与深度的不同。

如果仅仅是跨部门的信息共享，只要在法律允许的范围内，双方共同确定信息传输的方式和内容，约定信息的使用范围和信息管理办法，即可完成信息领域的合作。如果合作涉及除信息以外的其他物质资源、经费资源、人力资源的调动和借用，则合作程度加深，合作的难度和遇到的法律、制度问题也就更多。

3. 警察机关主导的合作与非警察机关主导的合作。

由公安机关主导的合作是指围绕公安工作业务领域、由公安机关提出并主要负责的跨部门合作。此类合作由公安机关向其他行政机关提出协助要求，请其他机关提供信息、资源或行动的协助。110 接处警服务就是完全由公安机关主导、由其他行政机关提供协助的多方合作行政业务。

由其他行政机关主导的跨部门合作，是围绕其他行政机关的业务领域、公安机关处于参与协助地位的跨部门合作。公安机关参与的“联合执法”行动大多属于此类合作。由于公安机关具有特殊的行政强制权力和刑事司法权力，在行政机关中具有最强的执法能力，并且业务范围涉及任何领域的违法犯罪，所以常常被其他行政机关提出协助执法的要求。但由此也产生了公安机关处置非警务活动、滥用强制权力等问题。

4. 建立专门合作机构的合作与无专门机构的合作。

建立专门的合作机构是一种深入的合作形式，在制度上、组织保障上都能够使合作更为规范、有效。为了保证“联合执法”的合法性、规范性、有效性，我国许多地方都成立了专门的跨部门合作机构。例如，2009 年，山西省环保厅、公安厅成立联合执法办公室；2010 年 3 月，广东省公安厅、广东省地方税务局联合执法办公室挂牌成立；2008 年 11 月，云南省昆明市公安局环境保护分局在昆明市环保局成立。

虽然设立联合执法机构有利于协调各机关的联合执法行动，提高效率，规范管理。但是应注意，联合执法机构本身是否合法？其性质是什么？如何保证各自的权力不会越界、职能不重叠交叉？联合执法机构不是政府的新的行政机构，不具有独立的法人权利，只能作为合作各方的派出机构和协调办事机构。因此，联合执法办公机构应该明确自身的法律地位和职能权限，确保组织机构的合法性、工作的有效性，在办事程序、协调机制、保障机制上保证规范有序。

无专门机构的跨部门合作一般是临时性、小范围的合作，常常通过临时的组织协调、上级督办等方式进行。

三、区域合作

区域警务合作是指隶属于不同行政区域的警察机关之间进行的各种警务合作活动，如中国内地（大陆）与香港、澳门、台湾地区警察机关间的合作。国内公安机关间的合作包括省级公安机关之间的警务合作，市、县公安机关之间的警务合作，接壤（相邻）地区公安机关之间的警务合作等。其目的是：互通信息、整合警力、分工合作、资源协调、优势互补、互援互助，形成纵横交错的打击犯罪和治安防控网络体系，为开展联合查缉行动、相关基础性合作、治理重大社会治安问题、处置重大突发事件等提供保障性机制。

区域警务合作的运行方式主要有以下几种形式：

1. 规划型合作模式。

规划型合作模式是一种目的指向的合作模式。规划型警务合作模式是指在社会管理过程中，政府和上级警察机关发挥主导性、前瞻性的作用，主动与各关联区域地方政府和警察机关就警务合作的形式、内容、渠道等达成协议、采取措施，实现情报资源互通共享、重大行动（事件）互援互助、跨区域流窜犯罪互查共破、治安问题互研共管、优势警务资源互补的行为方式。

规划型警务合作模式是一种大范围、多警种、多层次、多方位的协作发展模式，其最大的特点是事前规划完备、目的指向明确。警察机关作为社会管理的主体，在区域合作过程中担当着主要角色，对区域合作发挥着不可替代的作用，通过分析合作的基础与实际开展可行性规划研究和整体规划，进而实现社会治安的全程掌控。

规划型警务合作模式主要包括对警务合作的前期规划、具体实施以及效果评估等工作流程。

规划型警务合作模式是对传统的被动反应型警务模式的一种根本变革，其对情报信息进行主动超前分析，深入研究可能存在的社会治安隐患，合理配置各类警务资源，所以这种警务模式属于主动服务型警务。在规划型警务合作模式运作过程中，经过警情检测→分析研判→预测预警→指挥调度→有效控制，实现了警务工作的有序运作，构建并形成了一种低成本、高效益的良性警务运作机制，进而实现对社会治安的全程掌控和动态管理。

2. 复合型合作模式。

复合型合作模式主要是根据社会安全问题的性质来设计行政区域范围，借助警务合作机制平台形成一个以主行政区域为核心，周边行政区域联合协作、多方共同参与，构筑分层次、分等级的跨区域协同行动的一种横向联合警务。

复合型警务合作的理论基础是区域经济发展理论。区域经济发展理论认为，区域经济的发展主要依靠条件较好的少数地区和少数产业带动，应把少数区位条件较好的地区和少数条件好的产业培育成经济增长极，利用增长极点的极化和扩散效应，影响和带动周边地区和其他产业的发展。梯度推移理论认为，在区域经济发展中，区域内部各地区之间在经济发展水平方面存在梯度差，而这种梯度势能能够促使高梯度地区对低梯度地区产生辐射和影响，使得生产活动逐渐从高梯度地区向低梯度地区转移，在梯度的推移中带来区域之间的共同进步。警务合作区域内的不同警务主体之间在警务发展方面也存在梯度差，在合作过程中可以利用这种梯度差，加强各警务主体相互之间的学习与交流，并在警务内容上形成特定的侧重与分工，进而带动整体区域警务的共同进步与提高。

复合型警务合作模式可以在区域内构建高度共享的情报信息资源交流平台，各合作部门之间随时通报预警信息，进而达到警务信息资源共享；构建共同的通信网络平台，建立优势警务资源库，进而达到警力资源共享。与此同时，针对区域内普遍存在的一些具有共性的治安热点问题，各合作部门可采取联合一致行动、进行异地用警等方式；定期组织各机关进行联合对抗性实战演练，以保证在遇有重大突发事件时能够协调一致、快速反应。

复合型警务合作模式可定期或适时召开区域警务协作联席会议，设联席会议主席和轮值主席及办公室，会议主要承担制定修改区域性协议、规定、制度，研究决定协作区内的重大或全域事项，部署开展协作区内联合或专项行动，总结通报协作区的警务工作开展情况，共同研究对策。

3. 联动型合作模式。

联动型合作模式的理论基础来源于赫尔曼·哈肯（H. Haken）的协同理论，其主旨是任何复杂系统都存在一些具有某种共同本质的子系统，这些子系统之间相互联系、相互作用，当在外来能量的作用下或物质的聚集态达到某种临界值时，子系统之间就会产生协同作用。这种协同作用能使系统在临界点发生质变，产生协同效应，使系统从无序变为有序，从而产生整体合作效应。联动型警务合作模式的核心是：通过警种之间的协同作战或警方与不同社会组织之间相互协作，进而形成新型的警务合作结构；在资源整合基础上构建的警务协同机制中的各项警务管理制度安排，使得这种警务协作模式能够发挥更大的警务效能。在联动型警务合作模式下，警种之间、警方和社会其他治安力量之间的合作，代表着警务工作由过去的单向度管理形式转变为合作治理形式，标志着警察机关在社会管理制度创新方面的发展和实践。

四、国际合作

国际间警务合作，是指在不同的国家或地区警察机关之间，为完成特定的警务、惩治国际犯罪、维护国际社会秩序，根据本国或地区的法律、参加的国际公约，彼此之间相互支持，提供必要的援助、协助、配合的一种执法活动。各国利用国际间警务合作，在国际范围内构建起预防和控制犯罪的网络，为在全球范围内实施刑事犯罪侦查、获取证据、抓捕犯罪嫌疑人提供一个警务合作的机制。

国际警务合作的运行方式主要有以下几种：

1. 在国际刑警组织框架内进行警务合作。

国际刑警组织是一个政府间刑事警察合作的世界性组织，于 1914 年 4 月在摩纳哥诞生，目前，在全球已有 180 多个成员。国际刑警组织为联合国观察员，并且享有国际咨询地位和缔约权资格。国际刑警组织的法定权能主要包括：在一定限度内对国际犯罪和跨国犯罪的侦查权、警务国际协调权、缔约权、秘书长及其工作人员享有国际组织官员所享有的地位、向世界各成员国发布警务通报权。国际刑警组织的内部机构由全体成员大会（General Assembly）、执行委员会（Executive Committee）和总秘书处（General Secreteriate）组成，分别是国际刑警组织的最高权力机构、执行机构和行政机构。此外，国际刑警组织还在各成员中设立国家中心局。在国家中心局之下设立的联络处或派联络员可以看成是国际刑警组织的延伸。国际刑警组织在法国里昂的总部已经发展成为各成员打击刑事犯罪的国际情报中心、通信中心和刑事警察合作中心。

国际刑警组织框架内的国际刑事警务协作主要通过双边合作、多边合作、专案合作以及联络官制和定期会议制等方式进行。合作的基本手段与内容包括：传递和交换犯罪信息，发布国际通报，协查犯罪事实，搜集证据，送达、引渡罪犯，预防犯罪，刑事案件、侦查外的合作。

国际刑警组织的执法范围包括：打击金融犯罪（包括伪造货币、伪造信用卡、洗钱等）、打击有组织犯罪、打击绑架与拐卖儿童犯罪、打击毒品犯罪、打击非法盗版犯罪、打击恐怖主义犯罪、打击环境犯罪、国际追逃。

我国参与国际警务协作的基本原则为：维护国家主权与履行国际义务统一原则，平等互利原则，保障外国人合法权利原则，遵守国际条约以及司法豁免权原则，及时迅速、充分取证、法律手续完备原则，原则性与灵活性相结合原则。

2. 区域国际组织之间进行的警务合作。

区域国际组织，是指由在地缘上相邻或相近国家组成的国际性组织。区域国际组织框架内的警务合作是建立在综合安全观基础上的全面警务协作。综合安全涉及国家除军事以外的包括经济、政治、资源、金融、科技、信息、社会以及文化领域在内的安全问题。由于地缘上相邻或相近，各类犯罪更加容易彼此联系和呼应，特别是以国际恐怖主义、民族分裂主义和宗教极端主义的“三股势力”为代表的犯罪。处理周边国家的关系，对于维护国家安全和人民生命财产安全具有十分重大的意义。目前，亚洲地区主要存在两大国际组织，即上海合作组织和东南亚国家联盟；欧洲有欧盟；非洲有非盟；等等。

3. 相互引渡罪犯的司法援助。

引渡，是指通过国与国之间签订双边协议或条约等法律形式将罪犯解送回其所属国内惩处的制度。引渡可以在国际刑警组织框架内合作，也可以通过国与国之间签订双边协议或条约的方式合作。

第十章　警务绩效和治安状况评价

警察机构是维护社会安全稳定的主力军，社会治安治理的任务主要是由警察机构来承担的，因此警务绩效与社会治安状况之间具有非常紧密的关系。警务绩效特别是打击犯罪的成效与警力资源配置、科技发展应用水平、队伍素质、工作作风以及社会治安状况等诸多因素有着直接的关系。从世界范围来看，特定地区、特定社会背景下，打击犯罪的成效（如破案率）往往相对稳定，并与治安状况有着密切的关系。

第一节　警务绩效评价概述

一、警务绩效评价的含义

绩效评价是一种全面的评价方法，可以对组织中的人、财、物等资源效率进行综合的评价。绩效评价旨在确定和测量组织的期望绩效与当前绩效之间的差距，对现行组织行为和组织环境等进行评价，找出差距原因，进而确定适当的绩效改进方案。进行绩效评价是警力资源优化配置的前端分析，是警力资源优化配置的基础。只有根据警务工作自身特点实行科学的绩效评价体系，才能对警务工作、警务环境、警力资源等进行全方位的定量和定性分析，明确各个警务组织的行为绩效，进而促进警务工作的改善，发挥警力的潜能和积极性，更好地实现维护社会治安、服务人民群众的目的。

警务绩效评价是指运用一定的评价方法、量化指标及评价标准，对警力资源为实现其职能所确定的绩效目标的实现程度，以及为实现这一目标所安排预算的执行结果进行的综合性评价。绩效评价的主要目的是通过对警力全面综合的评价，判断他们是否称职，并以此作为警力资源开发与管理的基本依据，切实保证警员的报酬、晋升、调动、职业技能开发、辞退等工作的科学性。通过考核提高每个个体的效率，最终实现组织的整体目标。

二、警务绩效评价原则

警务绩效评价是衡量警察部门警力资源管理效率的工具，要保证这种评价结果全面、客观、准确，进行警务绩效的评价就要遵循一定的原则。

1. 客观原则。决策管理者、评价者、被评者都要采取客观的、实事求是的科学态度，以充分的事实为依据，运用科学的认知工具，根据明确规定的考评标准，对警员工作行为的不同绩效水平作出客观的科学评价与判定，尽量避免渗入主观性和感情色彩。

2. 公平原则。公平是确立和推行评价制度的前提。不公平，就不可能发挥考绩应有的作用。

3. 严格原则。考核不严格，就会流于形式，形同虚设。考核不严，不仅不能全面地反映警员的真实情况，而且还会产生消极的后果。考核的严格性包括：要有明确的考核标准，要有严肃认真的考核态度，要有严格的考核制度与科学严格的程序及方法等。

4. 单头原则。对各级警员考评，都必须由被考评者的“直接上级”进行。直接上级相对来说最了解被考评者的实际工作表现（成绩、能力、适应性），也最有可能反映真实情况。间接上级（即上级的上级）对直接上级做出的考评评语，不应当擅自修改。这并不排除间接上级对考评结果的调整修正作用。单头考评明确了考评责任所在，并且使考评系统与组织指挥系统取得一致，更有利于加强组织的指挥机能。

5. 公开原则。考核的结论应对本人公开，这是保证考核民主的重要手段。这样做，一方面可以使被考核者了解自己的优点和缺点、长处和短处，从而使考核成绩好的人再接再厉，继续保持先进，也可以使考核成绩不好的人心悦诚服，奋起上进。另一方面，还有助于防止在考绩中可能出现的偏见以及种种误差，以保证考核的公平与合理。

6. 奖惩原则。依据考核的结果，应根据工作成绩的大小、好坏，有赏有罚、有升有降，而且这种赏罚、升降不仅与精神激励相联系，而且还必须通过工资、奖金等方式同物质利益相联系。这样，才能达到考绩的真正目的。

7. 导向原则。将组织战略目标与警员主体因素相结合，转化为工作绩效表现，控制和引导警员实现警务目标。通过对警员不同连续阶段工作的绩效评价，也就是通过评价对警员工作行为进行一次调整和控制来进行目标导向，将警员的工作行为纳入到合乎实现警务目标的行动过程中来。

8. 反馈原则。考评的结果（评语）一定要反馈给被考评者本人，否则就起不到考评的教育作用。在反馈考评结果的同时，还应当向被考评者就评语进行说明解释，肯定其成绩和进步，说明不足之处，提供今后努力的参考意见等。

9. 激励原则。在评价中要创造一种既富有挑战性又有一定群体压力的组织气氛，考核评价等级之间要有鲜明的差别界限，针对不同的考评在工资、晋升、使用等方面应体现明显差别，使考评带有激励性，鼓励警员的上进心、事业心、责任感和成就感，提高警员成熟度，推动组织发展。

10. 可操作原则。可操作性中应该包含评价体系的可判别性和可操作性，评价过程能为广大警员所理解和接受，评价体系及相关工作要与警务管理制度、发展方向和目标要求相一致三个方面。评价的程序、方法和计量、测试都要科学明确，使评价过程既科学客观符合要求，又简单易行便于实施，使评价者和被评者明确掌握解决问题的合理途径。

第二节　警务绩效评价方法

自20世纪30年代以来，国内外专家学者已经提出了几十种绩效评价方法，而且仍在不断推陈出新中。不同绩效评价方法都是基于一定的组织类型和评价要素提出的，各有优缺点。这些绩效分析方法，总的来说可分为两大类，一是基本绩效评价法，二是系统绩效评价法。基本绩效评价法是基于警务特性的绩效评价方法，主要与岗位特点等相关，关注的内容主要围绕警务的特征要求、工作成果和工作行为展开，包括以警务行为为对象的行为评定法、以警务特征为对象的特征评定法、以工作成果为对象的结构评定法等。系统绩效评价法是指基于战略的绩效评价方法，主要与组织的战略目标相关，关注的内容围绕组织战略展开，包括与组织年度战略发展计划相联系的目标管理法、全面平衡组织发展能力的平衡计分卡法、以提高组织核心竞争能力的关键绩效指标法等。

一、关键绩效指标法

关键绩效指标（KPI）源自英国建筑项目的绩效评价，指通过对组织内部流程的输入端（投入）和输出端（产出）的关键参数进行设置、取样、计算及分析，衡量流程绩效的一种目标式量化管理指标，是把组织的战略目标分解为可操作的工作目标的工具，是组织绩效管理的基础。

关键绩效指标源自对组织战略目标的分解。当关键绩效指标构成组织战略目标的有效组成部分或支持体系时，它所衡量的职位便以实现组织战略目标的相关部分作为自身的主要职责；如果关键绩效指标与组织战略目标脱离，则它所衡量的职位的努力方向也将与组织战略目标的实现产生分歧。组织战略目标是长期的、指导性的、概括性的，而各职位的关键绩效指标内容丰富，针对职位而设置，着眼于考核当年的工作绩效，具有可衡量性，因此关键绩效指标是对战略目标的进一步细化和发展。并且当组织战略侧重点转移时，关键绩效指标会随组织战略目标的发展演变而调整。

关键绩效指标法的优势在于强调组织战略的成功必须要有一套与战略实施紧密相匹配的关键绩效指标来保证，目标明确，把握关键，结果客观，具有可比性；但缺点在于指标确定相对较难，指标确定后缺乏弹性，各指标之间缺乏系统的联系，对组织的发展缺乏一种系统、整体的思考，各目标的重要性很难区分，容易造成目标难以实现。

二、360 度考核法

360 度考核法又称为全方位考核法，最早被英特尔公司提出并加以实施运用。该方法是指通过自己、上司、同事、下属、顾客等不同主体来了解其工作绩效，通过评论知晓各方面的意见，清楚自己的长处和短处，来达到提高自己的目的。

360 度考核法共分与被考核者有联系的上级、同级、下级、服务的客户四组，每组至少选择 6 个人。然后用外部的顾问公司来作分析，出报告交给被考核人。考核的内容主要是与组织的价值观有关的各项内容。四组人员根据对被考核人的了解来看他符合不符合价值观的相关内容，然后给出被考核人三项最强的方面。360 度考核法是为了避免在考核中出现人为因素的影响。这种考核是背对背的，强调它只是一种方式，最终结果重在自己的提高。

360 度考核法能够取得较全面的信息，涉及不同层次的人群，结果趋于客观，操作方式较简单，能够全面体现出被考核者的成绩。但是 360 度考核法也存在缺陷，整个 360 度评估方法定性成分高、定量成分少，易出现“老好人”结果，受主观因素的影响较大，且参与面广、工作量大，如果不能使接受调查者的下属、领导和同事作出公正、诚实并开放的评价，那么这个方法将是毫无价值的。

三、平衡计分卡法

平衡计分卡（BSC）是 1992 年由美国哈佛大学商学院卡普兰（Robert S. Kaplan）教授和复兴全球战略集团创始人兼总裁诺顿（David P. Norton）合作提出的战略管理方法。经过 20 多年的发展，平衡计分卡已经发展成为集团战略管理的工具，在集团战略规划与执行管理方面发挥着非常重要的作用。

平衡计分卡中的目标和评估指标来源于组织战略，它把组织的使命和战略转化为有形的目标和衡量指标。

平衡计分卡对公共部门的管理有非常重要的意义。平衡计分卡考核全面，指标平衡；有利于培育组织价值观念；可操作性、适用性强；结果客观；连接平行部门，实现横向沟通；兼顾社会公益性；是目标管理的深化，体现组织的战略目标。但平衡计分卡法对信息化程度的要求较高，工作量相对较大。

四、层次分析法

层次分析法简称 AHP，在 20 世纪 70 年代中期由美国运筹学家托马斯·塞蒂正式提出。它是一种简便、灵活而且实用的多准则决策方法，是一种定性和定量相结合的、系统化的、层次化的分析方法。它在处理复杂的决策问题上的实用性和有效性，很快在世界范围内得到重视。它的应用已遍及经济计划和管理、能源政策和分配、行为科学、军事指挥、运输、农业、教育、人才、医疗和环境等领域。

层次分析法通过将决策者的主观判断及逻辑推理联系起来，对决策者的推理过程进行量化的描述，避免决策者在结构复杂和方案较多的逻辑推理上出现失误。

层次分析法对人们的思维过程进行了加工整理，提出了一套系统分析问题的方法，对理清评价框架很有帮助。而且，将决策者的主观判断及逻辑推理联系起来的方式，在权重设定上可以很好地减少在百分制法中仅靠决策者判断的主观性影响带来的偏差，为科学管理和决策提供了较有说服力的依据；但层次分析法也有其局限性，主要表现在：它在很大程度上依赖于人们的经验，主观因素的影响很大。它至多只能排除思维过程中的严重非一致性，却无法排除决策者个人可能存在的严重片面性。另外，比较、判断过程较为粗糙，不能用于精度要求较高的决策问题。层次分析法是用两两比较的方式进行赋值，体现的是参评者的相对优劣，但忽略了绝对的优劣：如若干位参评者的某一项指标均不算好但通过相对值的比较却无法反映这些信息。因此，层次分析法是一种确定指标权重的好办法，但仅靠层次分析法，并不能圆满地实现整个绩效评价任务。

五、警务绩效评价存在的问题

坚持以人为本，制定科学合理的警务绩效分析策略是实现警察组织全面发展的本质和核心。随着人力资源绩效评价社会化改革的深入推进，理论创新和实践创新将成为深化改革的原动力。注重警务绩效评价，既可以增强警员的积极性，又可以增强警察组织的活力，提升警察组织的竞争力，获得良好的综合效益。但现实绩效分析中往往存在以下方面的问题，值得引起注意。

1. 考核公平性难以保证。首先，绩效考核没有唯一科学的标准。管理人员的价值观决定了考核评估的内容，按什么标准进行评估，不同的人有不同的标准。很多时候评估意图才是影响评估准确性的更重要原因。其次，评估者的能力有限，评估结果可能会有所偏颇。最后，被考核者往往有偏袒自我的倾向，他们往往高估自己的投入而低估他人的投入。

2. 考核方法误用。不少组织中个人的评估评语每层上级领导都有权修改，这样做的结果是各级领导由于看问题的角度不同、掌握情况多少不同，对员工的评语可能会发生意见的分歧。实际上绝大多数组织更上一层领导人根本不可能对每个员工有详细的了解。这样做的后果等于是把员工对评估结果的不满转嫁到了组织的上一级领导人身上。

3. 评价制度的技术支持尚不完善。绝大多数组织当前使用的评级体系功能简单，基本上是一系列静态统计数据，系统的自动分析及辅助决策功能尚未开发，其自动运算体系仅能支持一些表面层次的记录、查询、导出等功能，不具备自动分析生成系统，无法通过该体系大量的数据统计和挖掘技术，对组织的人力资源管理状况进行详细的自动分析。

4. 考核目的不明确。从理论上说，绩效考核的目的应该是多元的，考核结果不仅是薪酬奖金、职务晋升的可靠依据，更应成为雇员发展的指导标杆。然而，当前我国所实施的警务绩效评价体系，基本上是警务部门对警员进行绩效评价的一个工具。实际上绩效考核只成为评定及判断的方法，而少于后续的警务资源改进，能做到依据绩效考核结果协助警员进行职业改进与培训的情况更不多见。

5. 考核方式的偏颇。考核目标不明确，指标偏离实际。考核目标往往流于形式，目标不具体或缺乏可行性，考核仅仅成为达到自身目标的方式和手段。在实际工作中与下属人员共同确定目标的过程有时候会演变成为一场舌战，因为领导想将目标定得高一些，而下属人员却千方百计地要将目标定得低一些。

6. 管理层对绩效评价重视不够。一些组织的决策层主要关注对破案指标完成情况的考核，而不注重使用先进的考核方法对组织进行科学绩效评价。缺少对被考核者的素质能力的考核，绩效评价产生的人力资源管理水平提高的效果未能显现出来，又影响了组织管理层对绩效评价的正确认识，因此组织的管理水平不能得到有效提高。

第三节　社会治安状况评价

一、治安状况评价的含义

社会治安状况评价是测量一个国家或地区的总体治安状况的标尺，是社会发展水平评价的一部分。它是运用社会评价的基本原理，依据一定的指标体系和统计调查资料对治安秩序状况进行评估的活动，是人们科学认识和把握治安秩序状况的基本方法。通过它可以掌握社会治安的真实情况，从而能更好地为正确制定维护社会治安政策、策略作指导；同时也有利于在实践工作中抓住重点，找出工作中的问题所在，有针对性地解决，从而有的放矢地开展警务工作和进行正确的分类指导，以起到事半功倍之效。我国关于社会治安状况的研究起步较晚，从 1992 年公安部印发《关于对社会治安状况实行分类评估的通知》后，学界才对这一问题进行了比较深入的探讨。

中国人民公安大学的李健和教授认为：社会治安的评价，“是指通过一定的统计方法，将不能直接相加（乘）的统计描述指标值转换为可以直接相加（乘）的统计评价值，并运用一定的方法，对综合评价的各指标根据其重要性的不同赋予不同的权重系数，最后求得综合评价值的方法、过程和结果的总称”。对治安状况进行科学评价是用科学理论作指导，以一定指标体系为标准，用大量的社会调查获取的信息为依据，在对社会政治、经济、文化和社会心理进行深入分析基础上所作的客观评判。只有科学地评估治安状况，才能准确把握治安秩序的总体趋势，才能依此制定治安基本方略，确定科学合理的治安目标，才能有效地调动各方面力量去实现目标；也只有科学地评估治安状况，才能正确分析和认识影响治安秩序的最突出问题，把握治安管理的薄弱环节，掌握治安问题对社会秩序影响的严重程度，才能有的放矢地采取相应的对策，科学地分配治安资源，维护治安秩序的稳定。①

二、治安状况评价原则

评价治安状况是一项理论难题，即使实验操作也是十分困难和复杂的。目前，世界各国对社会治安状况的评价尚没有一套完整的指标体系，许多国家和地区都把警方登记的刑事案件数量作为衡量安全的主要评价指标。社会治安评价的原则体现了社会治安评价的价值导向。

1. 综合性原则。

我国在 20 世纪 80 年代以前，往往是用违法犯罪案件发案（实际是警方立案、查处数）数量的增减变化这种单一指标来衡量社会治安状况的好坏，把治安秩序好坏等同于违法犯罪案件的增减变化。事实上，治安状况的发展变化并非与违法犯罪是相辅相成的关系。治安状况是由对治安秩序起破坏作用的破坏因素与控制社会治安秩序稳定的控制因素相互制约构成的动态平衡状态。治安状况评价应从客观现象与主观感受两个方面进行综合评估，研究表明，仅靠客观指标尤其是单一指标不足以描述和解释社会治安的状态，必须要用主观指标加以说明。客观治安现象是认识和把握治安状况的基本依据，但并不是治安状况的全部。治安状况既是一种客观现象，同时又是一种主观感受。只有将反映治安秩序的控制力与破坏力等客观指标与反映公众安全感状况的主观指标紧密结合、互相印证，才能科学评估治安状况。

2. 参照性原则。

原有的治安状况是人们认识和体验当前社会治安状况的基础和参照物，某个地区的人们对治安状况的好坏评价，往往是建立在原有治安状况基础上的。一些直接反映治安状况的违法犯罪发展状况、公众安全感和违法犯罪打

---

① 廖志恒：《治安状况评价的价值及其原则》，载《湖北警官学院学报》2005 年第 2 期。

击处理状况等，在同一地区的不同时期是具有较强的可比性的，特别是在一个时间不长且社会结构没有发生大的改变的时期进行比较，是具有较强的说服力的。反映治安状况的某些指标可以在量上作比较，有些指标则不能进行量的简单比较，特别是治安状况的社会背景和人们的社会心理便很难进行简单的量的分析。

3. 统一性原则。

为保证指标选择的统一、公允、平等，要尽可能地选择人均数、比率、平均数等相对数，避免使用立、破案绝对数等一般性指标，使不同地区在治安状况评估中处于相对平等的地位。同时，要尽可能地保证指标的稳定性和指标概念内涵、计算方法、涉及时段的统一性。

4. 可持续性原则。

一个国家一个地区的社会发展水平和治安秩序状况紧密相连，人们对治安秩序的评判标准、犯罪的感受和评价，随着社会发展水平的不同而不同。发展水平的高低对国家和地区对犯罪容忍度和敏感性也是不一样的，不同发展水平条件下的违法犯罪对治安状况影响是不同的。离开社会发展水平去评价治安状况，就失去了基本依据，也就失去了基本的标准。

5. 可靠性原则。

要尽量选择既能反映社会治安情况、真实度相对较高，又易于采集的统计指标进行分析。同时，针对各类被选用指标数据真实度的不同，设置不同的权数和分值，最大限度地保证评估结果的公正、合理。

6. 整体性原则。

治安状况虽然是由多种因素构成的，影响治安状况发展变化的因素也是复杂的，但评价治安状况时首先必须要将其当作一个整体来看待，要从整体上把握其现状和发展趋势，把握其整体结构和特征。只有用整体观点认识和反映治安状况，才能把握其实质、认清其全貌。对治安状况各种构成因素的调查和分析研究，都应视为认识和分析治安状况整体的一个组成部分，不能割裂与其他因素之间的联系，不能用某一构成因素去代替对治安状况的整体观察和分析。

三、治安状况评价方法

社会治安状况评价方法的设计必须遵循“内容全面、方法科学、制度规范、客观公正、操作简便、适应性广”的基本原则。这是实现绩效客观、公正评价的前提。要依据不同的评价体系采取不同的评价方法，才能达到良好的评价效果。[①]

1. 系统分析法。运用系统理论及其他社会科学、自然科学和思维科学的原理、方法，将社会治安状况放到不同层次的系统环境中，进行动态与静态的考察。系统分析法将社会治安现象放到与社会背景或环境的互动过程中，将它们联系起来考察，确保了结构上的整体性与过程上的动态性。

2. 纵向比较法。也称历史比较法，就是将某一区域的治安状况，与该区域过去某一时期的治安状况进行比较分析，从而作出评估。

3. 横向比较法。就是将某一区域的治安状况，与另一个或几个类似区域的治安状况进行比较分析，从而对该区域的治安状况作出评估。

4. 主客观比较法。将现实的社会治安状况同人们主观上向往或期望的治安状况进行比较分析，从而对现实的社会治安状况作出评估。

5. 调查分析法。运用典型调查、抽样调查和问卷调查等形式，通过定量和定性分析，调查评估一个地区的治安状况。

6. 统计分析法。运用有关统计资料，对治安状况进行分析评估。

7. 目标评测法。通过制定目标、分解量化，并逐项打分，取相加之和，按分值确定社会治安状况。

8. 异地交叉评估法。采用异地考评、交叉作业的方式，评估不同区域的社会治安状况。

9. 综合分析法。分析评估治安状况，不能仅以某一指标为依据，而应综合各种指标的内容，全面考察分析。

四、社会治安状况与警务绩效的关系

首先，警察机构直接影响社会治安的客观状况。警察机构通过有效的执法打击违法犯罪，构建预防违法犯罪的各种机制，能够有效地降低某一地区的违法犯罪水平。警务绩效越有效，对当地社会治安的改善效果就越明显。其次，警务绩效情况也是形成公众主观判断的一个重要方面。公众对警务绩效满意度越高，对社会治安的评价就越好。公众对社会治安的评价在很大程度上是依据警务绩效来判断的，尤其是警察工作的效率和工作的重点，显著影响着公众对社会治安的评价。[②]

从整个社会系统的角度来看，警察机构的基本定位在于提供特定的警务服务，实现社会治安环境的改善。良好的社会治安是警察机构工作的目的和追求，警察机构工作是一种实现良好社会治安的手段。因此，警务工作与社

---

① 许辉：《现阶段社会治安状况评价研究综述》，载《湖北警官学院学报》2009 年第 4 期，第 99～102 页。

② 张真理、许传玺：《社会治安评价指标体系的两个基本问题》，载《中国人民公安大学学报（社会科学版）》2014 年第 1 期。

会治安之间具有目的与手段的关系。这种关系反映在实践中，就是警务工作的效果将以某种方式体现在社会治安状况中，特定的社会治安状况可以说是警务工作的一种结果。当警察机构充分、有效地发挥职能时，社会公众的人身和财产安全状况进而改变，该辖区的社会治安状况就因此发生变化，形成了一种社会治安的“事实状态”。由此可以说，某种类型的警务绩效是特定的社会治安状态形成的必要条件。另一方面，特定的社会治安状态受到包括警务工作在内的多种因素的影响，区域的经济状况、社会结构、文化传统等其他因素也是形成特定社会治安状况的重要条件。这也说明，警务绩效不是导致特定社会治安状况的充分条件，而仅是影响社会治安的重要因素之一。

第三编　警察建设理论

第十一章　警察队伍建设

警察队伍建设状况与水平是决定警务工作质量和效率的根本性要素，是警察部门完成责任与使命的重要保障。

第一节　警察队伍建设内容及其价值追求

人是各项社会实践活动中最为活跃和积极的因素，是任一社会组织生存与发展最为重要的资源和完成目标使命的基本保障条件。世界各国警察部门面对社会发展所带来的日益严峻的挑战，都日益重视警察队伍的建设，并将警察队伍建设置于警察工作的基础地位。

一、警察队伍建设的内容

警察队伍建设，是指警察机关运用宣传、教育训练、组织管理、制度约束等手段，提高警员个体及警察队伍整体素质与能力，优化警察部门人员结构，增强警察队伍系统能量的诸多实践活动的总和。

尽管在许多国家的警察部门，并没有或者很少使用“警察队伍建设”这一提法，但存在着大量而切实的警察队伍建设实践活动，对这些实践活动进行总结，其主要内容可以归结如下：

1. 培育警察职业精神。

警察职业精神是在警务活动中产生的，鲜明地表达警察职业根本利益以及警察职业责任和警察职业要求的精神原则。警察职业精神包括警察职业理想、职业态度、职业责任、职业良心等多方面内容，而最为重要的内容则凝结为警察核心价值观，即警察组织价值体系中居于统治地位的、起支配作用的核心价值理念。

警察职业精神具有十分强大的功能。一是导向功能。警察职业精神体现了警察机关及警察职业的本质要求和基本行为准则，一经确立便能统摄起一套自成体系的价值观念和规范标准，可使警员把自己的思想、行为与观念与警察组织目标统一起来，并引导警员个体向警察组织所期望的目标行动。[①] 二是凝聚功能。警察职业精神具有强大的黏合作用，能使警员之间形成强烈的认同感，强化警察队伍内部的团结，提升警察集体的力量。三是激励功能。警察职业精神特别是警察核心价值观作为警察组织的共同价值追求与价值尺度，反映了警员个体与警察队伍整体利益的一致性，体现了警员的内在需求，因此，能够提供警员行动的强大动力，激发警员的履职积极性。

正是因为职业精神具有多方面的功能，因此，各国警察机关均把培育警察职业精神作为警察队伍建设的重要目标，并采用各种措施以达成这一目标。例如，举行新警入警会进行宣誓仪式，而警察誓词就是对该国警察职业精神的提炼和表达。

2. 提升警员的专业知识与能力。

警察从传统警察形态发展为近代警察形态进而发展为现代警察形态，就是警察职业性不断增强的过程，而这一过程之所以发生并持续推进，是基于警务活动对于警员专业知识与能力的需要。从警察队伍诞生的第一天起，提高警员的专业知识与能力便成为警察组织关注的问题；伴随着警察职能的不断扩大、警务工作任务的不断增加、警务工作难度的不断加剧，提高警员专业知识与能力愈发成为警察队伍建设最为重要的价值追求与核心内容。

职业警察诞生之初，警员的专业知识与能力普遍匮乏。这种情况不仅直接影响到社会秩序的维护和对犯罪的有效打击，影响到警察提供公共服务的质量和水平，而且成为社会公众对警察产生“敌意”的主要因由。20 世纪初，美国、英国等国家开展了警察专业化运动，至今警察专业化都是警察改革与发展的主流。警察专业化的重要内容之一，就是促进警察专业知识与技能的增长。

20 世纪初，美国警察专业化运动的领导者之一、美国加利福尼亚州伯克利市警察局局长奥古斯特·沃尔默率先提出，担任警官的人应该接受过高等教育，率先使用了包括智力、体力和心理测试在内的一套严格标准来录用新警员，并对新警员进行正规的专业知识与专业技能训练，创办了美国警察史上第一所警察学校，开设了警察行政学这门警察专业课程。之后美国多个地方警察局都建立了正规的警察学校，一些大学相继开办了警察行政学或刑事司法学系，对警员进行专业知识与专业技能的培训。1829 年比尔建立伦敦大都市警察时，便确立了警察教育的基本制度，安排有经验的警员在工作岗位上对新警员进行培训。随着警务工作的开展及对警员专业知识与专业能力提升重要性认识的不断提高，以警察理论研究深入发展为基础，英国警察教育

---

① 公安部宣传局:《公安机关人民警察核心价值观教育读本》，中国人民公安大学出版社 2012 年版，第 29 页。

训练体系日益完善，教育训练内容不断扩展，除对警员进行专业知识传授之外，还对警员进行急救培训、侦探培训、枪械培训、汽车驾驶培训等。现今各国警察更是高度重视警察专业知识与专业技能的教育，创办高等学校，开展系统化的警察专业知识与专业能力培训，且制定相应的法律法规对警察专业知识与专业能力培训进行规范和保障。我国公安机关以努力建设一支政治坚定、业务精良、作风过硬的公安队伍为目标，强调坚持警察学术教育与警察职业训练并重的理念，在举办从专科到博士研究生培养的警察学历教育的同时，还大力开展以初任入警训练、晋升训练、专业训练和发展训练等为主要类型的警察训练。新修订的《公安机关人民警察训练条令》于2015年正式实施，从制度上保障着警员专业知识与专业能力的提升。

3. 强化警察纪律与作风。

所谓警察纪律，是警察组织为完成所承担的职责和使命而制定的，要求警员必须遵循的行为规范。警察作风则是指警察部门为完成所承担的职责和使命，而规定并要求警员在工作与生活等方面必须展现的精神风貌。

警察队伍的性质、职责及警务工作方式决定了警员较之其他职业从业人员须具备更严格的纪律。首先，警察队伍具有武装性，掌握着法律所授予的强制权力，必须通过严格的纪律与优良的作风对警员行为进行约束。英国著名的犯罪学家罗伯特·雷纳说过，“警察最为显著的特征不在于他们所表现出的特定的社会功能，而在于其在自己的国土充当国家法律强制垄断力量的执行者。警察，也只有警察被武装起来经授权按命令来处理每一件需要运用武力的紧急状况”。[①] 我国学者宋远升进一步说，“警察是少有的可以合法使用暴力的主体，也可以说是少有的拥有‘合法伤害权’的主体”。[②] 为了避免警察拥有的暴力权力被滥用而对社会造成伤害，必须用严格的纪律加以约束。其次，警察作为公共行政主体，较之非公共部门应具备更优良的道德品质与作风。作为“公共人”，警员应更加关注社会的公共利益，承担维护公共利益的责任，在职业行为中始终将公平与正义作为价值标准与行为准则，为了公共利益不惜牺牲个人的利益甚至不惜献出自己的生命；否则公器私用，就会出现严重的腐败。对警员行为的严格约束，实际上是对公民利益的有利保护。再次，警员所承担的责任重大，在客观上要求警员必须具备严格的纪律与作风。警员担负着维护社会治安秩序与打击犯罪、保护公民合法利益安全及服务经济社会发展等重大职责，一旦警员行为失范，往往会给社会造成较其他部门行为失范更为严重的后果。复次，警察工作方式决定了加强纪律作风建

① ［英］罗伯特·雷纳：《警察与政治》，易继苍、朱俊瑞译，知识产权出版社2008年版，第7页。

② 宋远升：《警察论》，法律出版社2013年版，第58页。

设的必要性。警察部门的多数警员，如社区民警、巡警、侦探等的工作方式是“人自为战”，即通常以一两个人为单位开展工作，这不仅使警员拥有“自由裁量权”成为必要，而且使警员远离组织或管理者的监督，呈现出工作的“低见度”特征，这需要警员有更良好的修养和更严格的纪律，约束自身谨慎地使用权力。最后，警员的执法者角色定位，使其在法治国家建构中担当着示范者与引领者的角色。警员以严格的纪律和优良的工作作风在法律规定的范围内开展警务活动，就会强化法的权威，并对社会产生辐射效应，警员严格执法有助于引导社会公众严格守法。

各国警察特别重视警察队伍的纪律作风建设，许多国家在对警员的训练中开设了相关课程或训练科目，如美国在新警训练的三门教材——法律法规、警务科学和社会科学中都加入了纪律与廉洁教育的内容。各国都把纪律作风与职业道德课程列为警员训练的必修课程，还纷纷制定纪律规章甚至通过立法确定警员必须严格遵守的纪律与应有的作风，将遵纪守法作为对警察的首要要求。例如，《警察训令》（英国颁布）、《新加坡警察法》、《联合国执法人员守则》等均对警察应遵守的纪律作出了明确规定；《法国国家警察职业道德准则法令》等对警察的作风提出了明确要求；我国的《人民警察法》、《公安机关人民警察纪律条令》、《人民警察职业道德规范》、《人民警察内务条令》、《人民警察督察条例》等，也都明确了公安机关人民警察的纪律与作风要求，并成为强化公安队伍纪律作风建设的制度保障。

二、警察队伍建设的价值追求

所谓警察队伍建设的价值，是指警察队伍建设对社会特别是对警察组织及警务工作所产生的积极影响和作用。对警察队伍建设的价值追求，是指人们对于开展警察队伍建设目的的指向性及对警察队伍建设积极作用的期待与要求。

不同国家及其警察部门在不同的社会条件下对于警察队伍建设所发挥作用的期待和要求会有所差异，但警察队伍建设的内在属性又决定了不同国家及其警察部门对于警察队伍建设有着共同的价值追求。

1. 增强警察合法性。

警察合法性是指社会公众对警察的认可、信赖和服从程度。警察合法性及其程度直接关系到警察执行力的大小，关系到政府治理能力强弱，乃至关系到统治秩序是否稳固。而警察合法性取决于人们对于警察存在正当性、警察行为正义性与警察行为效率、警察行为专业性及警察纪律作风优良性等的看法与判定。这些与警察队伍建设密切相关。

罗伯特·雷纳提出，“在任何社会，警察的合法性都带有先天的局限性。自从警务被认为是运用刑法强制权力最终依靠使用暴力解决冲突的主要手段之后，在警察的行动中，警务就遭到了被警务者的反对，从这个角度来讲，警察就是天生与罪恶打交道的人，是根除罪恶的药剂师，所以警察永远不会博得所有人的欢心”。[①] 一般公共部门为委托人提供的是服务，而警察的行为为委托人提供的可能是暴力，这使得警察部门较其他公共部门合法性获得与提升的难度明显增加。因此，警察部门必须在获得与提升合法性方面付出更多的努力。而获得并提升警察的合法性，除依靠警察自身存在的历史必然性即存在的正当性外，更需要通过警察队伍的建设，保证警员能够为社会提供优质的公共服务产品，公正执法，有效维护社会治安秩序与侦控犯罪，并以其良好的职业精神、专业能力、严格的纪律和作风赢得社会公众的认可与信服。

正是因为警察队伍状况与警察合法性之间的密切关系，使各国警察部门均把强化警察合法性作为警察队伍建设的价值目的进行追求。在强化警察职业精神培育、提升警察专业知识与技能、加强警察纪律作风建设等方面所做的每一点努力，都包含着提高警察公信力、赢得社会公众更多认可与支持的期待。我国公安机关历来重视队伍建设，并明确提出了“人民群众满意”的建设标准，把回应人民群众的期待和解决人民群众反映强烈的突出问题作为公安队伍建设的重要内容，这既反映了我国公安机关和公安队伍的性质，也彰显了国家及公安机关对于通过强化公安队伍建设增强公安机关及政府合法性的追求。

2. 提高警察效能。

警察效能是指警察机关及警察队伍为完成任务与使命，在从事警务活动时发挥功能的程度及产生的效益、效果的综合系统，包含警务的经济性、效率性、效果性及公平性等多种因素。警察效能与警察队伍的思想、作风、专业知识和专业能力、组织管理制度等密切相关。自警察现象出现，人们就对警察效能有所关注，随着社会的发展特别是随着工业化与城市化的发展，社会矛盾的加剧、维护社会稳定与侦控犯罪工作任务的加大、警力资源相对不足等问题变得突出起来，社会公众并不希望也不允许通过大幅度增加警察部门的财力、人力、物力投入来维护社会公共安全，从而对警察效能提出了越来越明确的要求。相应的，警察部门也将警察效能建设放在十分重要的位置，并从优化警察组织管理与人力资源管理制度设计及提升警察队伍建设水平等方面进行积极努力。例如，20世纪初期到中期，美国加强了警察科学的研究，被誉为“警察学圣经”的O. W. 威尔逊的《警察行政》一书出版，内容涉及了警察权力、功能、组织设计、环境影响、技术与科学、工作评估标准等多个方面，依据这些理论，美国强化了警察专业技能培训，合并了警察机构，

---

① ［英］罗伯特·雷纳：《警察与政治》，知识产权出版社2008年版，第11页。

加强了对警察队伍的有效指挥与监督，并从绩效评估、奖励与纪律约束制度的完善等方面推进了警察队伍建设，明显提升了警务工作效能。再如，1976年，英国警务改革的积极倡导者约翰·安德逊在《从人力资源到观念的转变》一文中提出“无增长改善”的理论，认为警力远远超出了社会承受力，大幅度增加开支是无益的、危险的；警察现代化不应该走警力高比例的模式，而应通过警务改革走内涵式发展的路径，着力通过加强警察队伍建设、提高警察素质来提升警力。这实际上是对提升警察效能的清晰认识。我国始终把提升公安战斗力作为公安队伍建设的价值追求，而公安战斗力即公安机关所具有的完成公安工作的能力，是警察部门各种资源在职能实施过程中综合作用所产生的实际能量。公安战斗力直接反映着警务的效果，将提升公安战斗力作为公安队伍建设的价值追求，也就是将提升警察效能作为警察队伍建设的价值追求。近年来，伴随着我国进入转型期，社会矛盾凸显，公安机关所承担的职责任务更加繁重，警察人力资源不足的问题十分突出。为解决这些问题，公安机关更加重视警察队伍建设，加强警察的能力建设，优化警察队伍的结构，探索公安人力资源优化配置，实施公安队伍精细化管理，等等，就是要通过提升公安队伍的质量和警察人力资源的使用效益等来提升警察效能。

3. 增进警员利益，促进警员全面发展。

加强警察队伍建设，旨在增强警察合法性、提高警察效能，同时，也包含着增进警员利益、促进警员全面发展和个人价值充分实现的价值追求。警察是用生命与热血来维护社会治安秩序、侦控犯罪、保障公共利益与公民生命财产安全的职业，是充满奉献的高尚职业，对于从事这一职业的警员应当给予充分的关爱和必要的保护，这种关爱与保护包括对警员生命的保护、对警员职业的尊重、对警员全面发展及个人价值实现的关注与促进。

警察职业是一个风险性极高的职业，一些学者研究认为，警察职业是和平年代最危险的职业，是流血牺牲最多的职业。强化警察队伍建设，特别是在警察教育训练中贯彻“以人为本”的理念，在内容设计上体现警察自身安全保护和警察业务水平提升两方面的要求，有助于警员们以更高超的专业技术水平与履职能力，以更严格和规范的执法行为，在稳准狠地打击犯罪行为和有效维护社会治安秩序的同时，最大限度地保障自身的安全，减少流血与伤亡。

警察职业是休息权与身心健康权最难以保障的职业。警察部门是公共部门中少有的实行“全天候”工作制的部门，且警情发生在时间上存在不确定性，导致警员生活难以形成规律。同时，警情无小事的特性，又使警察面临着巨大的心理压力。而当今多数国家的警察部门又面临着职能不断扩大，工作任务日益繁重，但警察人力资源明显不足的问题。这对警员休息权与身体健康权的保障造成了极为不利的影响。警员为完成自己的职责与任务，不得不奉献出大量的休息时间，付出巨大的身体代价。加强警察队伍建设，不仅有助于警察部门以更为优化的警察队伍结构和更合理的警察人力资源配置及更高的工作效率完成警察工作任务，而且有助于帮助警员实现劳逸结合，放松心情，促进身心健康，

警察职业是一个神圣的职业。“对于警察而言，基于特定的警察亚文化原因，其会经常感受到处于社会混乱的中心地带，潜在暴力、动荡、风险随时动摇或者倾覆着社会的平衡状况，正是通过警察不懈的努力及牺牲精神，从而避免其管辖的社会区域滑出正常的边缘。警察对于犯罪者的镇压不仅是一种领薪的职业，而且有一种作为身披斗篷的骑士与犯罪斗争的英魂主义激情。”① 警员的贡献不仅在于其有力地打击了犯罪，维护了社会治安秩序，保障了社会公众生命财产的安全，而且警员还通过自身的努力，促进了社会的和谐和世界文明的发展。因此，警员理应受到人们的充分尊重。但是由于警察的权力性及警员长期接触社会罪恶而导致的易腐性，警察并未得到应有的肯定。加强警察队伍建设，不仅有利于警察以更专业的技能、更严格的执法来保障社会的公正、提升警察效能，而且有利于警察以更专业的素养、更严格的纪律、更优良的作风，赢得社会的褒奖与敬重。

警员们与其他从业者一样，有着通过职业行为实现个人全面发展并实现个人价值的愿望。加强警察队伍建设，通过教育、管理等手段，全面提高警员的政治素质、业务素质与身心健康水平，提升警察队伍的整体战斗力，本身就是对警员个人全面发展的推动与促进。通过科学的警察人力资源管理，实现人与事的最佳匹配，有助于发挥警员的优势，提高警员的贡献力，从而帮助警察更充分地实现个人价值。

第二节　警察队伍建设方略

警察队伍建设方略即警察队伍建设的方针与总体策略。尽管不同国家警察队伍建设的目的和目标不尽相同，但是基于警察职责任务、警察角色及公众对于警察期待等方面的相同性或一致性，在警察队伍建设方略的选择上也呈现出共同性。

一、依法治警

依法治警即国家或警察部门依照国家法律法规领导与管理警察队伍。

依法治警作为世界各国警察队伍建设方略的共同选择，有其客观必然性。第一，警察是国家标志性的工具，拥有国家授予的治安行政管理权与刑事执

---

① 宋远升：《警察论》，法律出版社 2013 年版，第 207 页。

法权特别是使用暴力的权力，如警员履职不力或行为失当，对社会稳定、公民利益乃至国家治理造成的影响与危害会明显高于其他从业者，因此，国家及警察部门必须制定相应的警察队伍管理法律法规，依靠国家强制力与组织力对警员的行为进行规范，保障警察权力的有效与正当行使。第二，警察职位作为公共职位是稀缺的职位，在职位配置上必须符合公平与正义的要求，加之警察职位的重要性及对人员素质能力要求的高标性及专业性，在客观上决定了对警察部门人事管理应用法律进行规范与保障，防止出现警察人事腐败或警察队伍管理效益缺失。第三，对于随时愿意用生命来履行职责的警员，在对其权力进行合法限制的同时，还必须对其利益进行必要的保障，以法规定警员的权利，以法强力保障警员的权益，这也是国家及警察部门必然的选择。

依法治警方略有效实施的基础在于有法可依。自警察队伍组建起，各国警察部门便制定相应的法律规范警察队伍建设，而且随着社会的发展、警察管理科学化的推进，警察队伍建设的相关法律法规不断完善。虽然各国警察法律与法规在具体内容上不尽相同，但这些法律法规对警员的地位、权利、责任、义务等给予越来越详细的规定，对警察编制规划、招募、任用、晋升、培训、交流、激励、报酬、退出、纪律道德约束等管理权限、程序、内容提出越来越明确的要求。我国自公安队伍建设之日起，同样坚持依法治警。早在新民主主义革命时期根据地的政权机关，就制定了《公安局警务公约》、《革命警察之性质、任务、条件、守则》等警察队伍管理法规。新中国成立后，公安队伍建设相关法律法规快速发展，1950 年制定了《关于公安干部统一管理制度的规定》，1957 年制定了《人民警察条例》，目前已经基本上形成了以《人民警察法》、《公安机关督察条例》、《人民警察警衔条例》、《公安机关组织管理条例》、《公安机关人民警察奖励条令》、《公安机关人民警察纪律条令》、《公安机关人民警察内务条令》、《公安机关人民警察训练条令》等为主要内容的公安队伍建设法律法规体系，为依法治警的实施奠定了坚实的基础。

依法治警方略有效实施的关键是有法必依和违法必究。严格执行警察队伍建设法律法规及认真查处和追究违反警察队伍建设法律法规行为和人员是实施依法治警的中心环节。各国警察部门不仅重视相关法律的制定，更注重相关法律的执法。一是强化法治必要性的教育，提升执法者的法治理念，使警察队伍建设法律法规被自觉执行；二是设定警察队伍管理部门专司警察队伍建设，促进相应法律法规被“专业”地执行；三是细化警察队伍建设法律法规的执行程序，促进相关法律法规被严格和规范地执行；四是实施“警务公开制度”，使警察队伍建设法律法规在社会公众的监督下执行；五是严格纠正与查处违法违规行为。

二、科教强警

科教强警是指警察部门充分依靠科技进步与教育训练，提高警察素质与能力，进而提高警察战斗力的实践活动的总和。科教强警战略要求把警察科技与警察教育训练置于警务工作的优先发展地位与基础地位。

科教强警是警察队伍建设的必由之路。第一，警察职业的专业性决定了科教强警的重要性。警察职业是一个专业性日益增强的职业，需要由素质高、专业知识和能力强的从业者来完成。维护社会治安秩序、侦探犯罪及为民众提供公共安全服务，要求警员应该具备民众所期望的素质："所罗门的智慧、大卫的勇气、参孙的力气、乔布的耐心、摩西的领导才能、善良的撒玛利亚人的仁慈、亚历山大的战略培训、丹尼尔的忠诚、林肯的策略、拿撒勒木匠的忍耐，最后还要精通自然科学、生物学和社会科学每一分支的知识。"① 还必须掌握治安管理、预审、侦查、犯罪预防、消防、安全防范、交通事故处理等警察专业知识与专业技能。而这些所有素质、知识与能力的获得均需要专门化的警察教育训练。第二，政治、经济、文化、社会的发展给警务工作提出的挑战在客观上要求科教强警。随着人类社会的发展和政治民主化、工业化与城镇化的推进，人们的生活方式、生产方式、交往方式等发生了巨大的变化，文化更为多元、技术更为进步，人们的物质需求与精神需要更有条件在更高水平上得到满足，但同时犯罪数量增加、犯罪种类增多、犯罪性质更为恶劣、犯罪手段更富科技含量，在客观上加剧了警察部门维护社会秩序与打击犯罪的任务量与难度。警察部门要提升执法质量和效率，必须持续提升警察队伍自身的素质、知识、专业能力及运用科技的能力和水平。第三，知识经济时代生产力增长方式的变化决定了科教强警的必要性。知识经济时代是以知识运营为经济增长方式、知识产业成为龙头产业、知识经济成为新的经济形态的时代，知识创新与科技进步成为经济增长贡献最大的因素。步入这一个时代，警察战斗力的生成模式及提升模式必然会发生转变，即从由人员数量、警用装备、经费保障等资源投入量的增加生成与提升警察战斗力的模式，转变为由警务理论创新、警务知识创新、警务技术创新及掌握先进知识与高新专业技术的警员增加来生成与提升警力的模式。

考察警察队伍建设的历史，可以发现从职业警察队伍建立之日起，人们就有了依靠教育与科技提升警察战斗力的意识和行动。众所周知，欧美警察的专业化、职业化及现代化改进、世界各国警察教育与训练工作的不断推进，就是人们对于科教强警理念的贯彻与落实。但是，随着人类社会的发展，特

---

① ［美］M. R. 赫伯费尔德：《警察培训：关键问题分析》，刘君玲译，中国人民公安大学出版社 2013 年版，第 1 页。

别是随着知识与技术对于人类社会进步的贡献日益彰显，人们更加深刻地认识到了科教强警的重要性，并将之自觉确定为警察队伍建设的重要方略。我国公安队伍在组建之时，就开始认真探索如何加强公安队伍建设问题，并创办警察培训机构，开展了警察培训工作，最多时，全国警察院校的数量达200余所，实实在在地实施并进行科教强警实践。1995年，中共中央明确提出了科教兴国战略，随即公安部将“科教强警”确定为公安队伍建设的方略，自此，我国公安机关更加自觉、更加积极地推进警察教育训练的发展与警务技术的创新与应用，使公安队伍成长为有着坚强战斗力的队伍。

科教强警战略的有效实施，需要强化警察科学知识、理论与技术的生产与创新。虽然这一点已经受到人们的重视，在一些国家设有警察与刑事司法研究所等科研院校和警察院校，搭建了警察科学、技术的研究平台，凝聚了研究力量，并以警察科学基础理论与警务技术为基本分类，就警察行政、警察管理、警察伦理、警察文化、犯罪学与犯罪对策、讯问与侦查、安全防范、交通管理与事故处理、消防、刑事科学技术等进行了多方面的研究，出版了一些专业知识、专业理论与警务技术的著作与教材，而且我国还成功设立了公安学与公安技术一级学科，但是，从总体上讲，警察科学知识、理论与技术产品明显不足，丰富性、深入性、科学性与系统性还有待提升，需要付出切实的努力加以改进与创新。此外，科教强警方略的有效实施需要警察训练体系的完善与创新。警察教育训练体系在近200年的实践历程中获得了很大的进步与发展。警察教育训练顶层设计不断清晰，警察教育训练制度不断完善，包括师资力量、教学基本设施、教学方法与教学内容等在内的警察教育训练基本条件不断优化，警察教育训练种类不断细化与丰富，警察教育训练的层次不断提升。但是，较之其他行业的教育训练，如军队教育训练、医学领域教育训练、艺术类教育训练等，还存在着明显不足，警察教育训练的模式还应进一步优化，警察教育训练的质量还需进一步提升。

三、文化育警

文化育警是指警察部门发挥警察文化“软实力”的功能，塑造警察精神、提升警员境界、激发警员积极性，整合人力资源、规范警员行为，从而提升警察队伍战斗力的实践活动的总和。

所谓警察文化，是指警察部门及警员群体在长期的警务实践与警察队伍建设过程中所形成并认同的，具备鲜明的警察职业特征的存在方式与意识形态，是以警察价值观为核心、以警察物质设施及装备为基础、以警察制度体系为规范、以警察执法服务行为为表现所形成的职业文化体系。① 警察文化具有强大的功能。作为一种软实力，警察文化能够教育警员认同并坚守主流意识，强化警察精神，形成共同的价值取向与价值追求；能够提升警员对警察组织的认同感与归属感，产生强大的向心力与内在凝聚力，增强团队协作精神和团队意识；能够以特有的组织氛围熏陶与影响警员个体，强化警察意识，培育警察特质，提升和发展警员的素质与能力；能够凭借警察制度体系和道德规范及警察意识，从外在与内在两个方面规范警员的行为；能够以警察组织的目标、内在信任、情谊、荣誉感、氛围、物质条件与管理制度等激发警员的积极性、主动性与创造性；能够通过警察组织的团队特质、正义品质、职业素养赢得社会公众的认同与信赖，强化警察执法权威。

正是由于警察文化自身的强大功能，使得各国警察机构对于警察文化及其建设给予了高度重视。早在20世纪50年代，美国人威廉·A. 威斯特利就在《暴力与警察》一文中提出了“警察亚文化”的概念，之后，人们对警察文化进行了大量研究，讨论警察文化特质如权威、危险、对外孤独、对内团结、神圣使命感等对于警员和社会公众观念及行为的影响，认识到警察文化对警民关系所产生的作用，特别是认识到了消极的警察文化对于社会文化的背离而造成的负面影响。我国同样在20世纪50年代提出了“公安文化”的口号，强调应提高“公安文化”，通过公安理论、公安教育、公安文化艺术、公安新闻宣传等文化建设，提升公安队伍素质与能力，推动公安工作。对这一理念的实践催生出一批批优秀文化作品，推进了公安教育事业的发展，并对警学研究产生了积极影响。20世纪90年代明确提出了“文化育警”口号，将之作为公安队伍建设方略，这是公安机关积极回应时代对于警察队伍建设要求做出的抉择。随着社会的发展，世界多极化、经济全球化，科技日新月异，各种思想交流交锋更加频繁，文化在综合国力竞争中的地位和作用更加凸显，增强国家文化软实力、中华文化国际影响力的要求更加紧迫。促进文化大发展、大繁荣的历史要求延伸至公安机关，就是要加强公安文化建设，就是要重视发挥文化对于公安民警的教育和培育功能，就是要凭借公安文化的软实力提升公安队伍的战斗力。

文化育警方略的有效实施，首先要强化警察核心价值观的培育和践行。警察核心价值观作为警察的基本价值取向、价值目标与价值评价尺度，是警察文化的核心要素，各国警察部门均对之高度重视。例如，美国缉毒署将其核心价值观概括为七个方面，即人才、服务、正直、真相、公正、勇气和刚毅。法国则强调国家警察要忠于共和国宪法，要廉洁奉公、正直公正，在任

① 曹礼海、曹圣扬：《公安文化十五讲》，中国人民公安大学出版社2014年版，第3、4页。

何情况下都必须保持警察的尊严，在公共机构工作的国家警察必须成为公众的典范，必须绝对尊重他人，无论其种族、社会地位、政治、宗教和哲学信仰如何。日本则将其警察的基本价值理念与行为准则规定为如下几个方面：第一，怀着职业自豪感和使命感，来为国家公众服务。第二，尊重人权，礼貌公正地履行职责。第三，严格地遵守纪律，发扬互助团结精神。第四，树立自己的威望，发扬自己智力、身体和道德的才能。第五，做到诚实，保持公共生活和私人生活健康、清白。尽管“警察作为国家的装置和技术，作为国家的标志和代表，是国家统治性、强制性的保证”，① 因而有着突出的政治性，并由此决定了不同性质国家的警察有着不同的核心价值观，且相似文字表述的核心价值观有着不同的内涵与蕴意，但对于各国来说，警察核心价值观的培育和践行都是文化育警的首要内容。我国公安机关将“忠诚、为民、公正、廉洁”作为人民警察的核心价值观。实施文化育警方略就必须把铸就公安民警忠于党、忠于国家、忠于人民的政治本色，帮助公安民警牢固树立全心全意为人民服务的宗旨，教育规范公安民警严格执法认真履职，维护社会公平正义和激励促进公安民警保持清正廉明、无私奉献的优秀品格，作为公安队伍建设的重要内容，发挥警察核心价值观励警、律警、悦警和强警的功能。

文化育警战略的有效实施必须加强警察组织制度建设。警察组织制度是在长期的警务活动与组织管理活动中形成的，规范民警行为方式的警察组织规范体系。警察组织制度是警察文化的有机组成部分，也是警察文化建设的有效助力。加强警察组织制度建设的重点：一是完善警察管理制度体系，建立警察“入口”、任用、培训、绩效考核、奖惩、权益保护等长效机制，确保警务工作有法可依，使警察管理工作始终在法治轨道上进行；二是提高警察组织制度的执行力。确保警察组织制度执行力需要确立警察组织制度的公信力和权威，因此，在执行警察组织制度方面必须一视同仁，且对违背警察管理制度的行为进行严厉惩处。

文化育警方略的有效实施必须创新文化形式，加强警察文化基础建设。文化活动是警察文化的展现，也是实现文化育警功能的重要途径。各国警察在发挥警察文化育警作用时，开展了丰富多彩的文化活动。要进一步发挥警察文化的育警功能，需要进一步创新文化形式，并加强警察文化活动基础设施建设。例如，加强警察电视栏目建设，提高警察电视节目的质量及收视率；加强警察网络建设，发挥网络教育、网络宣传、网络学习、网络沟通的作用；进一步加强报纸、期刊、书籍、宣传栏、宣传画等传统文化传播媒介管理，扩大文化传播的效力等。以更丰富的警察文化传播平台及更优秀的警察文化

---

① 王智军：《警察的政治属性》，社会科学文献出版社 2009 年版，第 54、55 页。

作品铸警魂、鼓士志、扬警威、促能力。

四、从优待警

从优待警是指国家和警察部门根据不断变化的社会局势和警察的职业性质特点，积极创造条件向警员提供优惠政策、优良条件和优厚待遇，以提高警察战斗力的一系列实践活动的总和。

制定和实施从优待警战略，有着坚实的内在根据和客观必要性。第一，警察是最为危险的职业，警员应该获得较其他公共部门从业人员更优惠的待遇与回报，以体现社会分配与福利制度的公平与公正。美国学者 M. R. 赫伯费尔德认为："警察是一个高尚的职业，没有哪个职业要求它的从业人员日日把自己的生命置于危险之中……不管怎样，那些时时刻刻用自己的生命履行职责的人，应该得到最好的，而那些受到他们保护的人们应该把最好的给他们。"[①] 第二，给予警员相对优惠的政策、优良的条件、优厚的待遇，有助于引导社会公众树立正确的人生观、价值观与职业观。从优待警是对警察不畏牺牲与积极奉献行为的肯定，能使警员从中感受到职业的荣誉与自身存在的价值，从而催生其进一步努力工作的自觉性与主动性。从优待警从一定意义上讲就是给予奉献者更优厚的回报，体现着国家和社会对于人生意义的价值取向，彰显对劳动价值的肯定，培育正确的价值理念与劳动态度。

尽管大多数国家并没有明确提出"从优待警"的口号，却不断深化着从优待警的实践，多数国家警员工资高于本国其他行业从业人员的工资水平。例如，"美国宣誓警官的薪酬待遇比其他部门相应等级的公务员要高 50%以上"。[②] 2010 年，时任俄罗斯总统梅德韦杰夫启动大规模的警务改革，并颁布实施新的警察法，其中包含多项社会保障的内容，根据此次警务改革和新的警察法的规定，警员工资大幅度增加，达到了改革前的 2 倍，警察退休金同样增加。另外，俄罗斯还为警员提供了更优惠的政策与待遇，如提供购房款、免费交通、免费疗养等。我国历来注重从优待警的问题。1982 年 12 月，中共中央办公厅、国务院办公厅下发了《关于公安干警政治生活待遇问题的通知》，要求各级党委和人民政府必须确实加强对公安工作的领导，各地公安机关为完成任务所必需的武器技术装备，应列入国家和地方财政预算和城乡建设计划。1995 年召开的政法工作会议首次提出了"从优待警"的方针；第十九次全国公安会议报告则对"从优待警"的内涵进行了具体的解释，强调从优待警内容要相当丰富、广泛，不仅指工资待遇，更重要的是要在政治、工

① ［美］M. R. 赫伯费尔德：《警察培训：关键问题分析》，刘君玲译，中国人民公安大学出版社 2013 年版，中文版序言第 1 页。

② 陈真、陈合全：《世界警察概论》，四川大学出版社 2008 年版，第 136 页。

作、生活等多方面关心、爱护民警。2015 年 2 月通过的《关于全面深化公安改革若干重大问题的框架意见》提出，落实人民警察生活待遇“高于地方、低于军队”的原则，建立符合人民警察职业特点的工资待遇保障体系，完善人民警察抚恤优待制度，建立健全人身意外伤害保障等职业风险保障制度。

五、我国公安队伍正规化建设

所谓公安队伍正规化建设，是指根据公安机关的性质、任务和工作特点，依据国家法律法规统一规范公安队伍建设与管理各环节，实现公安队伍建设的科学化、法治化和规范化。公安队伍正规化建设是我国公安机关为提升公安队伍建设的质量与水平而作出的目标、内容、路径的整体设计与谋划。

我国公安机关将公安队伍正规化建设作为基本方略有其内在根据与现时意义。第一，公安队伍正规化建设是由公安机关的性质与任务所决定的。公安工作与国家安全、社会稳定、人民群众的生命财产保护和经济社会发展有密切关系，公安机关及其人民警察是武装性质的治安行政管理与刑事司法力量，这在客观上决定了公安队伍必须是一支具备优良政治品格、严格纪律性、精湛业务素质的队伍，因此，必须对之依法实施科学管理、规范管理。第二，公安队伍正规化建设是全面推进依法治国战略的客观要求。公安机关与公安民警作为执法机关与执法人员，不仅是依法治国的积极实践者，而且必须以严格、公正的执法结果和执法者的专业影响力成为依法治国的引领者与推动者。而这在客观上要求用法治思维与法治的方式，高标准、科学化地建设公安队伍。第三，解决公安队伍建设中存在的突出问题需要强化公安队伍正规化建设。尽管几十年的公安队伍建设取得了巨大进步，成就显著，但是时代发展对公安队伍建设的要求不断提高，公安队伍不适应警务工作需要的情况依然存在，如与警务改革相适应的公安人力资源规划相对滞后、分类管理不够科学、基于警务实战的公安人力资源动态配置方法欠缺、公安民警职业保障体系尚不健全、公安队伍的能力建设需要提高等，而公安队伍建设正规化是解决这些问题的根本路径。

实施公安队伍正规化建设的关键是按照公安部关于公安队伍建设的目标、内容和要求，在各级政府和公安机关的领导下，有针对性地推进。当前及今后一个时期内，做好以下工作十分重要：第一，进一步建立健全公安队伍法律法规体系。尽管公安队伍建设相关法律法规体系已基本建成，但是随着社会的发展，特别是司法体制改革，一些法律法规的具体内容已不能完全适应需要，需要加以修订，如《人民警察法》、《公安机关人民警察警衔条例》等。第二，进一步改革公安队伍管理体制。针对目前存在的警令不畅、管理精细化不足等问题，结合司法体制改革，进一步厘清中央与地方、政府与公安机关对于公安队伍的管理职责与管理权限，建立符合公安机关任务与特点的公安管理体制与管理制度，提高公安队伍管理的针对性与实效性。第三，加强机构设置的规范化、职务序列的规范化、编制管理的规范化、教育训练的规范化等。按照统一、精简、高效的原则设置公安机关内设机构与派出机构，在适宜的机构数量、统一的机构名称、统一的机构规格等方面作出改进。按照公安职位的特点和警务工作的需要设置公安民警职务序列，为警务工作的更好运行及公安民警的职业发展创造更好的条件。认真研究警察编制特别是人员编制的依据与标准，探索适应警务实战要求的警力资源动态配置模式，增强编制管理的科学性，按照统一管理、严格审批、服务实战、协调发展的原则提升编制管理的规范性。第四，加强与新修订的《公安机关人民警察训练条令》相配套的制度建设，逐步完善民警训练工作制度体系；突出警务实战化对训练工作的引领作用，进一步强化民警训练工作的先导性、基础性和战略性地位；进一步充分发挥公安院校及教育训练基地的建设，切实推进按需分类训练并提高训练质量；积极争取党委、政府和相关部门的支持，推动解决制约训练工作发展的机制性和保障性难题。第五，建立健全公安民警职业保障体系。积极营造良好舆论环境，增强民警职业认同感，构建和谐的警民关系，赢得人民群众对公安民警的理解、信任与支持；营造良好待遇环境，增强民警社会归属感，通过政治上的关心、经济上的倾斜、工作中的爱护，保障成就事业、身心健康与价值实现；营造良好发展环境，优化公安民警的职业发展通道，增强民警工作责任感。

第三节　警察教育训练

警察教育训练是警察队伍建设最为重要的实现机制，对于提升警察战斗力发挥着关键性作用。

一、警察教育训练的内涵、种类及特点

明确警察教育训练的内涵、种类及特点是重要的，对于针对具体的教育训练目的确定具体的教育训练内容、教育训练模式及强化相应的教育训练基础建设有先导与基础作用。

（一）警察教育训练的内涵

对于警察教育训练，人们的理解与认识不尽相同，甚至称谓不同，有人称警察教育，有人称警察训练，有人称警察教育与训练，有人称警察培训，我国还称公安教育训练，但大多数人称警察教育训练。

警察教育训练可以理解为警察教育和警察训练的总称，包括警察教育与警察训练。使学员主要获得警察知识、理论与岗位核心能力的实践活动为警察教育，而使学员主要获得警务技能的实践活动为警察训练。两者的主要区

别在于：警察教育历时长，旨在对学员的素质、专业知识和专业核心能力进行全面的培养与提升，使之能够从事或更好地胜任警察部门特定岗位的工作，学员接受规定的警察教育过程并通过考试或考核后，通常能够获得某层次的学历或学位。警察训练历时相对较短，旨在提升学员的警务专业技能或帮助学员实现知识更新等，训练内容具有针对性与专题性，学员通过警察训练后，可获得相应的结业证书，通常不与学历或学位挂钩。

（二）警察教育训练的种类

警察教育训练的种类繁杂，依据不同的标准可以划分为不同的种类。从教育层次上分，警察教育可以分为警察中等教育与警察高等教育。例如，俄罗斯、土耳其等国家和我国在上世纪设有警察中学（中专），实行警察中等教育；而更多的国家设有警察高等院校或在其他高等院校开办警察类、犯罪学类、刑事司法类等专业，实行警察高等教育。在我国，依据人才培养类型的不同，警察教育可以分为警察职业高等教育和警察普通高等教育。前者主要培养能够在警务实战一线岗位工作的具有警务技能的专门人才；后者主要培养能够在警察机关某些岗位工作，掌握特定专业素质、知识与技术，具有警察部门某些岗位核心能力的高级专门人才。按照学员的身份，警察教育还可分为在职警员的警察教育与非在职人员的警察教育。警察训练通常是针对在职警员举办的，按照训练目的主要可以分为新警训练、警务知识更新训练、警员（官）晋升训练、警员（官）转岗训练及警员（官）发展训练等。

（三）警察教育训练的特点

警察教育训练因其在警务工作中的基础性、先导性地位和作用而受到世界各国的普遍重视。自 1829 年英国内政大臣罗伯特·比尔创建伦敦大都市警察，并通过《伦敦大都市警察法》和《警察训令》确立警察教育训练基本制度以来，警察教育训练已走过了近 200 年的历程，在此过程中，警察教育训练水平得到显著提升，并显现出自身的特性。

第一，建有完备的教育训练体系。教育训练体系完备与否体现了教育训练的水平与发展状况，警察教育训练水平得到显著提高的重要标志之一正是警察教育训练体系的完备。世界多国普遍建立了警察教育训练机构和警察院校，不少国家制定了全国统一的警察教育训练要求与规范文件及国家统一的警察训练规划，确定了警察教育训练的基本内容，探索出了警察教育训练的基本模式，完善了警察教育训练的基本建设，开展了职前教育训练、初任教育训练、晋升教育训练等不同类型以及不同层级的警察教育训练工作。

第二，依法开展教育训练。警察教育训练不仅拥有完备的体系，而且有专门的法律保障。许多国家把警察教育训练列入警察法律法规，美国、法国、英国、意大利、俄罗斯、日本、埃及、印度、韩国等还就警察教育训练单独立法，如韩国颁布了《警察大学设置法》，法国制定了《国家警察训练法》，确立了警察教育训练的目的、原则、体系、规格等。我国警察教育同样得到了法律的支撑，1995年颁布的《人民警察法》第29条明确规定：国家发展人民警察教育事业，对人民警察有计划地进行政治思想、法制、警察业务等教育培训。2001年，公安部发布了《公安机关人民警察训练条令》，对公安机关人民警察的训练类型、具体内容、组织管理、考试考核等作出了具体规定。2014年，公安部对《公安机关人民警察训练条令》进行了修订，并于2015年开始实施。新修订的《公安机关人民警察训练条令》进一步强调了警察教育训练在公安队伍建设中的先导性、基础性和战略性地位，明确了分级分类开展警察训练的要求，并对警察训练的经费保障、管理责任体系、训练的种类、训练主体等进行了全面的规范。

第三，坚持服务警务实战的教育训练导向。面向警务实战、服务警务实战，培养警务工作需要的合格人才，是各国警察教育训练的目标定位与价值追求。无论采用训练模式还是教育模式，警务基本知识、警务基本技能都被列为警察教育训练的主要内容，安排富有警务实战经验的教师教官承担教育训练任务，越来越多的警察教育训练机构或警察院校建起警务实战模拟训练场馆，并在警务实战部门建立实践训练基地，大量采用警务实战模拟或实训的教育训练方法，众多警务实战案例被引入课堂教学。例如，德国警察大学开设警务管理硕士课程，受训警员为中级以上的警官，设立模拟警察局，受训警官根据网络资源对教官设定的模拟案例进行分析，提出解决方案，在模拟训练中教官仅作指导，对受训学员的解决方案进行点评。[①] 警务实战模拟训练的目的，就是使警察训练更加适应警务工作的需要。

第四，注重双师型师资队伍建设。以警务实战能力培养为导向的警察教育训练目标定位，使警察教育训练的师资有了特殊的要求，世界各国警察教育训练部门及警察院校在注重专任教师队伍培养的同时，积极选拔具有丰富警务实战经验的人员担任教官，使师资队伍成为双师型。为确保师资建设水平的不断提高，警察教育训练部门采取了多项措施。例如，加强教师与教官的合作交流，使之取长补短；建立教师培养机制，俄罗斯、埃及、泰国等警察学院专门设有师资系，加强教师的培养，我国曾在中国人民公安大学等部署院校开办师资班，为警察院校培养高质量的教师；采取教官轮换制，教官的聘期一般为1~3年，旨在保证教官了解警务现实状况与新近发展，从而保证教学内容贴近警务实战；实行基础理论课教师外聘制，增进了警察院校与其他高水平大学的交流与合作，强化了师资队伍力量；保证师资的优厚待遇，

---

① ［德］杰德·蒂尔曼：《德国警察的场景模拟训练》，于笑蕾、李辉翻译整理，载程琳：《警察教育与警务执法人才培养新视野》，中国人民公安大学出版社2014年版，第248、249页。

警察院校教师工资普遍高于警务实战部门。

二、警察教育训练原则

警察教育训练原则是指警察教育训练应遵循的基本准则。尽管不同国家警察教育训练的目的与目标不尽相同，具体内容与模式有异，却有共同遵循的基本原则。

1. 服务警务工作与警察队伍建设的原则。

警察教育训练与普通教育训练不同，具有鲜明的警察职业特征，其应警务工作与警察队伍建设需要而开办，应警务工作与警察队伍建设变化需求而变化发展，旨在通过提高警员素质能力及警察战斗力，进而保证警察的合法性，促进警务工作任务的完成和警察事业的发展。

服务警务工作与警察队伍建设的原则要求警察教育训练部门以培养警务所需人才为目标，以警察意识、警察知识、警务技能和警察部门岗位核心能力培养或训练为主要内容，警察教育以开办警察类或犯罪学类专业为主要选择，以能否满足警察部门对于教育训练的客观要求为质量标准。

服务警务工作与警察队伍建设是警察教育训练独立存在的根据，也是警察教育训练的特色。警察知识、警务技能和警察部门岗位核心能力的特殊性、警察的职业特质决定了警察教育训练的不可替代性，并为警察教育训练划定了领域、明确了内容与方法，同时提出了警察教育训练的服务要求。

2. 警察教育与警察训练协调发展的原则。

在不同的国度或不同的历史阶段，警察教育与警察训练在警察教育训练体系中得到的重视程度、投入的资源及所占的比例有所不同，具体的警察教育训练主体所承担的警察教育与警察训练的任务也不相同。但是，在现代社会的背景下，对于任何一个国家的警务工作与警察队伍建设来说，警察教育与警察训练都是不可或缺的，且应协调发展。警察教育在培养学员的警察意识、警察专业知识和警察部门岗位核心能力方面有着突出的优势，特别能够吸纳高层次人才加入师资队伍和以警察专业与学科建设为平台，促进警察知识、理论和技术的生产与创新；警察训练则能在较短的时间内，针对多元化的具体需求对在职警员的警务技能进行重点培养和提升。警察教育为警察训练提供了系统知识与理论支撑，奠定了学员更好地理解与掌握警务技能的智力基础；而警察训练则为警察教育提供实战能力培养的方法和技术，为警察教育基础理论研究提供素材与课题。

从各国警察教育训练的实际状况看，警察教育与警察训练协调发展已经成为不少国家的实际行动。例如，英、美主要以警察训练为主，但目前在继续搞好警察训练的同时，还加强了警察教育，已有不少学员通过接受警察教育获得了警察学及相关的学历与学位，不仅提升了警务工作能力，而且强化了对警察理论的研究意识，在警务改革与警察理论与技术创新方面有所作为。而诸如俄罗斯、韩国等国家有数十年开办警察教育的历史，近年来，也积极推进警察训练。我国更是明确提出了公安教育与训练并重的原则要求，并积极探索公安教育与警察训练协调发展的机制与路径。

3. 人才培养层次与特定社会经济发展阶段相适应的原则。

人才培养层次与特定社会发展阶段相适应的原则，是指一国警察教育训练部门所确定的大多数警员接受教育的层次与规格，应与该国所处社会发展阶段对应的人力资本积累阶段相适应。

警察教育训练是一个复杂多元的体系，在同一个国家、同一个时期，多种教育训练层次并存，如我国现阶段仅公安教育就有专科教育、本科教育、硕士教学、博士教育等多个层次，还设有博士后流动站，这是由警务工作和警察队伍建设对人才的多种需求所决定的。但一国大多数警员接受的教育训练程度应与该国同期人力资本积累阶段相一致，并略高于该国此阶段公民平均受教育训练程度。警察教育训练部门应按照这一标准和规格，确定针对多数警员的人才培养层次。

有学者对经济社会发展、人力资本积累和教育层次之间的关系进行了研究，认为按照罗斯旺的观点，经济社会发展可分为传统社会阶段、经济起飞阶段、经济向成熟推进阶段和高收入人群消费阶段。与不同的经济社会发展阶段相适应，人力资本积累和教育发展也分为 5 个层次，分别是精英教育驱动阶段、基础教育驱动阶段、中等教育驱动阶段、高等教育驱动阶段和终身教育驱动阶段。[①] 这种观点既说明了社会上大多数人员所受教育程度对于经济社会发展发挥着积极的推动作用，同时也说明了教育发展特别是多数人应接受的教育程度受特定国家经济社会发展状况的影响，经济社会发展、人力资本积累与人才培养层次确定之间存在着相互影响相互制约的关系。

美国警察专业化运动的领袖奥古斯特·沃尔默在大多数警察还未获得高中毕业证的时候，就提出了警官应该接受高等教育的倡议，并设立警察学校，开美国警察史上正规化教育训练的先河。其之所以采取这样的行为，原因就在于他认识到警员接受的教育程度不能低于社会公众大多数人的受教育程度。

坚持人才培养层次与经济社会发展阶段相适应的原则，是对社会发展阶段与警察教育训练关系的正确认识，也是对警察职业性质和任务与警员素质之间关系的正确把握。唯有警员的素质与警务相对人的素质相当且略高，警员才能更好地理解社会、协调警民关系、了解服务需要、掌握犯罪心理，更有效地开展警务活动，履行警察职业。

---

① 中国教育与人力资源问题报告课题组：《从人口大国迈向人力资源强国》，高等教育出版社 2003 年版。

4. 分类分层开展警察教育训练的原则。

分类分层开展警察教育训练原则，是指适应警务工作与警察队伍建设对人才培养的具体要求，依据不同类型岗位与不同层次岗位对于警员素质能力及结构和能级的不同要求，分别开展警察教育训练。

分类分层开展警察教育训练原则是以按需施教施训理念为依据的。警察组织依据不同的任务目标，对于人才层次与类型有不同的要求。例如，为促进警察理论创新、制度创新和技术创新，优化警察部门的顶层设计与决策，需要培养具备突出创新能力的精英人才；而为治安秩序管理、刑事案件侦探与公共服务具体任务的完成，需要培养具有突出专业技能的应用型人才。不同警种、不同性质与不同层级的岗位需要任职者具有不同的素质与能力，特别是具备不同的专业知识与专业技能，这在客观上要求开办不同的警察教育训练；警员素质、能力不同，警员素质能力与岗位适配性不同，这在客观上决定了不同的警员应接受不同的警察教育训练。唯有分类分层开展警察教育训练，实现警察教育训练分类方面的精细化，才能满足警察组织、岗位与警员对于警察训练的要求，保障警察教育训练的针对性，提升警察教育训练的实效性。

坚持分类分层开展警察教育训练原则，首先，要以细化工作分析、建立警员人事档案和教育训练档案、认真进行警察教育训练需求分析为抓手，合理确定警察教育训练分类体系。其次，应认真研究确定警察教育训练规划与具体实施计划，特别关注不同层次教育训练内容之间的有效衔接，形成警察教育训练内容体系，发挥人力资源持续开发所带来的增值效应。最后，应根据分类分层开展警察教育训练的原则，依据本国的警察管理体制，建立相应的警察教育训练管理体制和经费保障制度，确保分类分级教育训练的质量与效益。

三、警察教育训练模式

对于警察教育训练模式人们作出了不同的划分，有的根据不同国家警察教育训练的不同特点，将警察教育训练归结为5种模式，即英美模式、东欧模式、东方综合模式、发展中国家模式和中国模式。有的将之归结为6种模式，即中国模式、英美模式、东欧模式、东方综合模式、原英美殖民地模式和阿拉伯世界模式。笔者根据一国警察部门自身举办的警察教育与警察训练在警察教育训练中的地位，将警察教育训练模式分为如下3种类型：

（一）警察训练为主模式

英美和非洲大多数国家警察教育训练采用训练为主模式。此模式的特点是：在警察部门设置警察教育训练机构，师资队伍以拥有丰富警务实战经验的教官为主，教育训练对象所受教育程度已达到警察任职基本要求；教育训练活动以提高教育训练对象的警务工作能力为导向；教育训练内容紧密结合警务实战，以警务技能训练为主，辅助讲授警察必备的法律知识、警务基本知识与理论；教育训练的主要方式为实训；教育训练时间较短，从数月到2年不等（初任训练时间相对较长，晋升训练与知识更新训练时间相对较短）。

（二）警察教育为主模式

韩国、俄罗斯、土耳其、埃及和东欧、北欧、南美少数国家警察部门采用此种模式。此模式的主要特点是：在国内设置具有警察特色的普通院校或职业院校，既遵循一般教育规律又突出警察特色为基本理念，开办警察职业化学历教育。教育训练以培养应用型人才为目标，以突出培养警察职业核心能力为导向，师资队伍由教师与教官共同组成；教育训练内容包括警务理论、知识与警务技能；教育训练的主要方式采用理论教学与实验实训相结合；教育训练时间相对较长，一般情况下，取得大学专科学历时间为2年，取得本科学历时间为4年，获得研究生学历需要在此基础上增加2~3年的时间。此外，还对在职警员（官）进行各种短期训练，以不断适应警务发展的需要。

（三）警察教育与警察训练结合模式

目前我国公安机关采用此种模式。在我国，公安机关内部建有教育训练基地，着重对在职民警进行训练，包括警察初任训练、晋升训练与知识更新训练等。训练的特点与国外警察训练模式大体相同。同时，开办多所公安高等院校，分别为公安部直属公安高等院校与省属公安高等院校。公安高等院校又分为2种类型，一为普通公安高等院校，另一为职业公安高等院校，两类公安高等院校均担负着双重任务：一是开办公安学历教育，教育训练特点与国外警察采用的教育模式大体相同；二是对在职公安民警开展在职训练，教育训练特点与国外警察采用的训练模式大体相同。

近年来，世界各国警察部门加强了学习与交流，互相借鉴警察教学训练经验与做法，教育训练模式出现了“融合”趋势。以警察训练模式为主的国家，其警察教育训练改革加大了理论教学力度，增强了警察教育训练的学术性，且已有国家将学历教育引入警察教育训练，实现了训练与教育的结合。以教育模式为主的国家，其警察教育训练改革突出了与警务实战相结合的理念，不断加强实训环节，进一步突出强化了受教育者警务工作能力的培养。

四、警察教育训练改革发展的积极探索与实践

警察教育训练实践的历程，也是警察教育训练改革与发展的历程。近年来，世界各国致力于警察教育训练的人们紧跟警务工作与警察队伍建设的要求，以更开阔的视野、更大的积极性和更科学的态度对警察教育训练的基本理论、规律、内容、模式、条件等方面进行研究与探索，并取得了显著成果。

1. 警察学科建设水平进一步提升，为警察教育训练提供了更坚实的基本

理论支撑。

警务内容庞杂，对警察队伍建设要求特殊。作为一个独特的社会现象，应该对其内在规律性进行认真研究，并形成独立的学科及知识体系。然而，由于警察高等教育起步晚，研究力量匮乏，警察理论研究明显滞后，警察学科建设相对薄弱。加之许多发达国家警察教育训练采用训练为主的模式，重点进行警务技能训练，缺乏警察基础理论研究的直接需要与动力，警察教育训练专业知识与专业技能含量相对较低。

警务改革及警察队伍职业化与专业化建设，对警员的专业知识与专业能力提出了要求，凸显了警察基本理论研究及警察学科建设的必要性。随着警察教育的发展，特别是警察高等院校的发展，增强了警察理论研究力量和组织保障，学科建设水平取得了巨大进展。我国公安学与公安技术两个一级学科获得批准，警察学科地位提升，建设水平提高，为警察教育训练内容的选择和教育训练质量的提升提供了更为坚实的支撑。

但是还应看到，直到目前，公安学科体系仍不够完善、建设水平还有待进一步提高，警察教育训练学理性缺失、学术薄弱的情况在一定意义和一定程度上依然存在，并依然影响着学员的思维能力和专业素养，影响着学员的长远发展。有必要进一步明确警察教育在整个警察队伍建设中的基础性地位，鼓励警察院校及教师发挥科研职能，围绕现代警务的内涵外延、理念方式、组织机制、实战指挥、制度保障等领域，进行深入的理性思考，实现警察学科研究及建设水平的进一步升级，为警察教育训练提供更加厚重的学科基础。

2. 警察教育训练与警察人力资源规划实现了更为有效的对接，使警察教育训练更好地满足警务工作与警察队伍建设的需要。

警察人力资源规划作为整个警务战略规划的有机组成部分，是警察人力资源各具体管理环节与制度设计的总纲，体现着警察队伍建设的战略要求。近年来，越来越多的国家和警察部门把警察人力资源规划作为警察教育训练人才培养需要分析的依据，使警察教育训练的对象选择、专业设置、内容安排、教育训练课程设计、教育训练规模确定等，不仅能满足现实警务工作的短期需求，而且能满足警务工作的长期发展与人力资源管理的战略性、系统性要求，为未来警务工作的开展提供人才支持，增强了警察教育训练的实效性。

不过，受警察教育训练管理体制等因素的影响，包括我国在内的一些国家，尚需进一步强化教育训练中的战略性与前瞻性理念，着眼于世界警务改革与未来发展，依据警察人力资源管理的总体规划，科学制定警察教育训练规划，完善警察教育训练体系，构建合理的警察教育训练格局，按照人力资源整体规划整合警察教育训练资源，使警察教育训练真正纳入警务工作战略体系，更好地为警务工作与警察队伍建设服务。

3. 现代警察教育训练技术的应用，丰富了警察教育训练的方法。

警察教育训练技术是教育技术在警察教育训练领域里的衍生物，是为达到警察教育训练所确定的目标、优化教学过程而使用的手段和工具，对于警察教育训练质量的提高发挥着重要辅助作用。近年来，随着科学技术与教育技术的发展，各国警察在教育训练过程中不再仅仅使用口语、文字、黑板、粉笔、图片、模型、实物和装备等传统教育训练技术，而是广泛引进和采用了现代媒体技术与信息技术，包括数字音像技术、计算机多媒体技术、人工智能技术、互联网络通信技术和虚拟现实仿真技术等，极大地提升了学员的学习兴趣和主动性，提高了警察教学与警务实战训练的效率与效益，缩短了警务实战训练的周期，增大了警察教育训练的容量。

但是，目前警察教育训练部门及其人员对于教育训练技术的重视与实际应用水平并未走在整体教育训练领域的前列，较之于军事教育训练等部门存在着明显的差距。一些警察教育训练者对于警察教育训练技术本身的作用缺乏必要的认识，存在警察教育训练技术资源保障不力、警察教育训练技术开发不够等问题。因此，警察教育训练部门应进一步重视警察教育训练技术的运用，加大警察教育训练技术的研制、开发的投入，强化警察教育训练技术的推广，提高警察教育训练部门及其工作者应用警察教育训练技术的能力，切实发挥警察教育训练技术的工具价值。通过警务技术与教育训练技术的有效结合，使警察教育训练更加符合警务实战化的需要，提升警察教育训练的质量。

4. 警察教育训练国际交流与合作的加强，提升了警察教育训练质量。

20世纪中叶以来，科学技术的发展，特别是现代交通与信息技术的发展，极大地缩短了世界各国之间的时空距离，促进了多领域的国际交流与合作，警察教育训练出现了国际化的发展趋势。近年来，顺应警务合作不断拓展与加深的整体潮流，警察教育训练国际交流与合作广泛开展。一些国家和警察教育训练机构多次举办警察教育训练国际论坛，不同国家警察学院之间实现互派教师研修和互派留学生学习，一些国家警察部门和警察院校还采用了国际合作培养人才模式等，拓展了警察教育训练的世界眼光，实现了警察教育训练经验的国际共享，加快了警察教育训练改革与发展的步伐，促进了警察教育训练质量的提升。

当然，目前警察教育训练国际交流合作的广度与深度还明显不够。有鉴于此，警察教育训练应进一步拓展合作与交流的空间，打造高水平、有影响、有特色的国际交流合作平台，完善警察教育训练资源共享机制，研究警察教育合作的实现模式，借鉴普通高等教育与其他行业教育训练经验，探索国与国之间共同开发警察教育训练课程、为异国开设警察教育训练科目、共同开办警察教育训练国际远程教育、扩大互派警察院校师资与学生研修留学的规模等更多、更有效的警察教育训练国际合作具体形式，进一步提升警察教育训练水平，更有效地服务国家警务国际执法合作大局。

第四节 警察人力资源管理

警察人力资源管理如同警察教育训练一样，是警察队伍建设的实现机制，对于警察战斗力的提升有着十分重要的意义。

一、警察人力资源管理的含义与特点

警察人力资源管理突出了警员自身的资源属性，着眼于警务工作任务的有效达成和警员自身发展的双重使命，以战略性的视角、科学的制度安排、依托多样的管理技术，特别是坚持以人为本，将传统警察人事管理推进到崭新的阶段。

1. 警察人力资源管理的含义。

人力资源（Human Resources）是指社会或者一个行业、部门、组织所具有的劳动者的劳动能力的总和。它反映的是人们进行社会生产活动的能力，是存在于人类自身并投入生产活动中能够创造新的使用价值的能动性资源。

警察人力资源，即警察部门所拥有的人力资源，人们通常将其分为现实的警察人力资源与潜在的警察人力资源两种类型。现实的警察人力资源，是指警察部门所拥有并投入到警务活动中的全体人员所拥有的劳动能力的总和。具体表现为警察部门工作人员所具有的政治素质、知识素质、身心素质、警务知识、警务技能与工作态度。潜在的警察人力资源，是指具备或基本具备从事警务工作的素质能力，但现未投入到警务活动中的人员所具有的劳动能力的总和。潜在的警察人力资源一旦投入到警务活动中，便会成为现实的警察人力资源。

警察人力资源管理是警察部门对其所拥有的人力资源实施的管理活动，是指警察部门依据相关的法律法规，运用现代管理方法和技术，对警察人力资源的未来和现实状况进行预测、统计、规划、投资、成本收益核算、培训、使用、保障、研究和发展的一系列组织、决策活动。

警察人力资源管理可分为量的管理和质的管理两个方面。警察人力资源量的管理，主要是指根据警务工作量、具体种类及难易繁简程度的变化，对警员的数量、素质构成等通过编制管理、教育训练、组织协调等方式进行调配，以实现人与事的合理匹配。警察人力资源质的管理，即通过对警员心理和行为的管理，发挥警员的积极性与创造性，以更有效地实现警察组织的目标。

2. 警察人力资源管理的特点。

警察人力资源管理在呈现出人力资源管理共同特征的同时，还拥有自身鲜明的特点：

第一，突出激励。就个体而言，积极性是其发挥主观能动性、创造更多使用价值的基础和前提，因此，建立与完善激励机制，探索与使用各种有效的激励方法，最大限度地调动警员的积极性，成为各警察组织实施人力资源管理的共同选择。突出激励是警察人力资源管理区别于警务装备管理、警务信息管理等其他管理活动的重要特征。

第二，管理法定。依法治警是世界各国警察组织或部门遵循的共同原则。为加强警察人力资源的管理，大多数国家颁布了相关法律，对职责、招募、任用、晋升、奖惩、保障等事项作出明确规定。换句话说，警察人力资源管理是在严格的法律规范下进行的。管理法定成为警察人力资源管理与企业或其他部门人力资源管理的显著区别。

第三，政治制约。公共部门的人力资源管理因与各国的政治结构、政治体制相联系而呈现出政治性。警察部门作为公共部门之一，较之于一般的公共部门有着更为鲜明的政治性，从而使警察人力资源管理与政治有着更为紧密的联系。只有对一个国家的政治体制有全面而清楚的了解，才能更好地认识和把握这一国家警察人力资源管理的具体内涵和具体特点。

第四，强调开发。警察人力资源管理尤为重视“资源的开发”，其试图通过警察人力资源的优化组合与合理配置、警察组织文化的积极构建以及警员个体职业发展的合理设计等途径，在促进警员个体全面发展的同时，最大限度地挖掘警员个体的潜能及组织的合力，进而在工作上获得最大的收益。

二、警察人力资源规划

现代警察人力资源管理优于传统警察人事管理的重要表现之一，是新增并特别强调了警察人力资源规划功能，从而使警察人力资源管理具有了战略性与前瞻性。在传统警察人事管理阶段，一些国家的警察部门常常处于方位感不明的危机中，总是在警务发生变化时才去考虑如何调动资源（包括警察人力资源）以应付困难，而事先没有考虑为变化作好计划。而警察人力资源规划是一种采取战略措施以有效阻止上述问题发生的方法。

具体而言，警察人力资源规划是指警察部门根据一定时期内警务工作的发展变化、工作任务与发展战略，运用科学方法和技术，对警察人力资源的需求及供给状况进行分析和预测，确定警察部门人力资源需求结构的管理活动。其着眼点是未来警察人力资源结构与警务工作需求相匹配，着力点是找出警察人力资源现状与未来警察人力资源需求之间的差异，从而制定出相应的政策指导警察人力资源管理活动，实现警察人力资源管理与警务工作战略要求的吻合。

警察人力资源规划是建立在警务工作分析基础之上的，唯有准确掌握具体警务工作的性质、任务、责任以及完成警务工作所需要的知识、技能，方能准确作出警察人力资源结构需求预测，保证警察人力资源规划的科学性。

（一）警务工作分析

美国学者罗纳德·克林格勒、约翰·纳尔班迪认为，工作分析与职位分类的发展是公务员制度改革的一项遗产。它反映了人们越来越倾向于把科学原理应用于行政管理事务，把公共组织从政治压力下剥离出来，以此来提高效率及保护公共组织雇员的权利。

警务工作分析是指警察部门通过收集和分析警务工作信息，确定特定警务工作的性质、任务、职责、环境以及完成该警务工作所需要的技能和知识系统的管理活动。因警务工作分析通常是对警察部门内部特定职位的工作信息进行分析，因此也被称为职位分析。

警务工作分析的内容主要包括六个方面：

第一，职位所包括的具体工作内容与具体活动分析。

第二，工作完成的时间与节奏分析。例如，巡逻警察从接报警至到达现场所需要的时间、路面交通警察每日上岗执勤的时间等。通过分析能够比较清楚地掌握特定职位的工作量、工作强度。

第三，工作具体环境分析。包括工作的自然环境、人文环境、公共关系环境等。

第四，完成工作需要使用的工具与设备分析。例如，巡逻警察在工作中需要使用手铐、警棍、催泪喷射器、强光手电、警用制式刀具、急救包、警用摩托车、警用汽车等。通过分析有助于确定特定职位对于警务人员能力与素质的要求。

第五，工作绩效标准分析。主要包括特定职位所要完成工作任务的质量与数量。通过此项分析能够掌握和了解特定职位对警务人员素质、能力的要求，同时便于对不同职位进行比较和评价。

第六，职位对任职者的要求分析。主要包括特定职位对任职者教育水平、培训经历、工作经验、人格品行、能力水平、生理特征、兴趣特长等提出的具体要求。

警务工作分析应按照如下基本工作流程进行。

第一，确定警务工作分析的具体用途。警务工作分析的具体用途不同，进行分析的技术与手段就会不同。例如，如果警务工作分析的具体途径在于警察人力资源招募，则应在全面分析警务工作信息的基础上，着重分析和说明警务工作对拟招聘人员所具备的知识、技能、经验、受教育程度等方面的信息；如果警务工作分析的具体用途是为薪酬管理奠定基础，则应在全面分析警务工作信息的基础上，着重收集和分析警务工作的性质、任务、职责、环境等方面的信息。

第二，选择警务工作分析人员。警务工作分析技术含量较高，通常由人力资源管理专家、警察人力资源管理部门的工作人员和任职警员一起完成。人力资源管理专家拥有专门的工作分析技能，能够保持信息的客观公正性与一致性；警察部门人力资源管理人员对所要分析的职位和警务工作信息有全面的了解；任职警员则对所要分析的职位与工作最为熟悉，收集信息速度最快。

第三，收集与警务工作相关的背景信息，特别是编制警察部门组织图与工作流程图，以便确定每一个职位的名称，说明所分析职位与其他职位的关系。

第四，选取有代表性的职位。警察部门的诸多职位之间具有相似性，进行职位分析时，无需对职位进行逐一分析，而仅需对其中具有代表性的职位进行分析，以节约分析时间、降低工作成本、提高工作效率。

第五，收集工作分析信息。此为警务工作分析的核心环节，应尽可能收集与工作相关的一切信息，如警务工作对任职警员的要求（包括身体状况、心理条件等）、工作条件（包括所使用的办公设备、警用装备、工作的环境条件等）和工作对任职警员的特殊条件要求（包括特定的技能、特定的教育训练背景、与工作相关的经验）等，在这一环节还需对所收集到的信息进行实际分析与整理。

第六，征得任职者认可。在收集工作信息的过程中，由于种种原因，难以避免所收集材料内容不全或不准确等问题，需要在收集材料后，征求相关工作任职者的意见，以减少材料偏差。征得任职者认可还将有利于获得任职者对最终分析结果的认同。

第七，编写工作说明书和工作规范。工作说明书是对工作职责、工作活动、工作条件以及工作对警员人身安全影响程度等工作特征信息所进行的书面描述，而工作规范则是工作对警员品质、特点、技能以及受教育程度等方面要求的书面文件。将工作说明书和工作规范合并形成一份文件，称为职位说明书。

（二）警察编制管理

警察人力资源规划必须考虑警察编制状况。由税收供养的警察职位在各国都有员额的限制，不可能无限扩张。警察人力资源规划既要充分考虑警务战略实施对于警察人力资源的需要，也不可能不分析警察编制状况对于警察人力资源的制约。可行的警察人力资源规划是以认真了解警察编制管理为前提的。

警察编制管理，即指国家依据警务工作职责，确定某一警察部门警察数量与结构的管理活动及制度设计。

警察编制管理具有鲜明的特性。一是行政性。警察编制管理隶属于国家（有些联邦制国家是地方政府）政治制度和行政管理制度，是保障警察部门组织建设顺利进行的一种行政过程，与警察部门的规模和效率有着十分密切的关系。二是服务性。警察编制管理必须服务于警务工作职能作用的发挥和警务工作任务的完成。确定警察编制员额必须以特定警察部门的职能为依据，并随着警察职能的变迁及具体警务工作任务量的变化进行及时调整。如果警察编制不合理，则警务工作无法完成，警务改革更无法实现。三是法治性。警察编制管理作为国家行政管理的一个重要组织部分，须遵循法治化原则。各国政府普遍颁布了编制管理相关法律法规，对于包括警察部门在内的政府部门编制管理作出明确规定。我国 1997 年颁布了《国务院行政机构设置与编制管理条例》、2007 年颁布实施了《地方各级人民政府机构设置和编制管理条例》，同年还颁布了《公安机关组织管理条例》，这都标志着我国警察编制管理走上了法治化的轨道。四是综合性。警察编制管理是一项涉及社会政治、经济、法律和警务工作实际，并与国家编制部门、人力资源管理部门有着密切联系的管理实践活动。一个国家（地区）的政治社会秩序状况、经济发展状况等均对警察编制的具体设定构成影响。

确定警察编制应有客观的依据。关于包括警察部门在内的政府部门人员编制确定依据主要有如下几种观点：一是职能决定论。这种观点认为，人力资源配置的基本原则是人事匹配，对于政府部门而言，“事”是由政府人员应履行的法定职责所决定的，由此，政府人员编制规模由其法定职责所决定。但是，法定职责仅说明了特定政府部门管辖的“事”的范围与领域，而无法说明该政府部门管辖的“事”的量的大小与难易程度，因而无法准确确定该政府部门人员编制规模的实际需要。二是功能结构决定论。这种观点认为，政府人员规模大小不能简单地以政府人员与特定社会人口规模总量之比来决定。随着工业化的深入发展，社会分工日益细化，公共事务日益繁杂，特定政府部门所承担的功能会发生不同的变化，应根据特定政府部门所承担的具体功能及变化来决定该政府部门的人员规模。但这种观点强调的是政府系统内部各部门人员编制的优化配置，而难以据此确定特定时期特定政府部门人员编制数量的客观需求。三是财政预算决定论。这种观点认为，政府部门人员编制由具体政府部门的职能及预算经费所决定，受法律和议会的严格约束，遵循着“有多少钱，办多少事，用多少人”的原则，不能随意增减，此种观点强调财政经费对于政府人员编制规模的决定性。但这种观点无法说明特定国家在特定时期其政府部门人员编制实际需求状况。四是职位分析控制论。这种观点认为，职位数量应根据社会公众的需求将政府的管理职能分为若干项，如人事、财政、税收、法律、安全、秩序、消防、教育、文化等，然后将这些职位归类，确定各政府部门的机构设置及管理权限及所需要的人员编制数量。但是，该观点着眼点是职位，而难以说明不同政府部门人员编制规模的具体需求。五是多因素决定论。这种观点认为，决定警察人员编制的直接因素就是警察机关所承担的工作量及完成警务工作的难易程度。由于警务工作是一项社会工作，不同的社会条件对其具体的职责任务有着突出的影响。因此，确定公安机关人员编制规模必须考虑所处的具体的社会环境与社会发展状况，警察机关人员编制的适度规模是动态的，即社会发展特定时期的警察机关任务量及完成任务的难易度，是决定警察机关人员编制规模的基本依据。

（三）警察人力资源规划的步骤

警察人力资源规划步骤主要包括明确警务发展目标与战略规划、分析警察部门人力资源现状、预测未来警察人力资源需求与供给情况、具体编制警察人力资源规划、对警察人力资源规划进行分析评估及改进。如下图所示：

明确警务发展目标与战略规划：
环境分析：社会发展趋势，警务改革与发展目标，警察部门职能定位，警务工作质量标准

↓

现有警察人力资源状况分析：
统计现有警察人力资源的数量、质量，分析现有警察人力资源结构，找出与警务改革与发展需要之间的差距

↓

警察人力资源需求预测：
近期与未来一定时期警察人力资源需求与供给关系分析

↓

具体编制警察人力资源规划：
编制警察人力资源总体规划；
编制警察人力资源具体规划

↓

警察人力资源规划评估及改进：
评价警察人力资源规划所取得的成效，找出警察人力资源规划与警务改革发展目标要求的差距，进一步修正警察人力资源规划

三、警察人力资源招募

警察招募，又被称为警察人力资源吸收性开发。作为警察队伍“入口”管理，警察招募受到世界各国警察部门的高度重视。随着“人力资源管理是第一资源”的思想被人们越来越深刻地理解，特别是伴随人力资源争夺战在世界各国的普遍上演以及社会成员受教育程度的实际提升，警察部门在警察招募方面作出了更大的努力，招募的条件逐渐提高，招募的方式不断改进。

（一）警察招募条件

警察招募条件的设计取决于警务工作对人力资源素质、能力结构的需要，取决于社会人力资源整体质量水平与供给状况，还取决于国家具体的公共人事政策。

考察世界各国警察招募实际条件，会发现如下特点：

一是法定性。警察招募作为警察人力资源管理的重要内容，普遍遵循了法定原则。多数国家在警察法律法规中对警察招募条件作出了明确规定，如《韩国警察公务员法》、《俄罗斯民警法》、《人民警察法》等，对本国警察招募基本条件提出了具体要求。

二是层级适应性。世界各国警察组织都是由职位与职级构成的系统。不同职级与职位的警务工作对警员素质、能力结构的要求不一，因此不同职级或衔级招募警员的方式、渠道和条件并不相同。一般较低职级或衔级职位招聘的条件也较低，突出表现在对受教育程度的要求上，大多数国家的最低警察职位入警学历标准为高中。而对于处于较高职级或衔级警察职位的标准要求则较高，通常为大专或者大学本科学历。较高职级或衔级警察职位在招募时，还往往伴有在其低一级及以下职位供职一定时间的条件要求。

三是德体突出性。受警务工作性质与任务的决定，世界各国警察的招募条件较之于其他职位乃至其他公共职位的招募条件，更加突出品德与身心健康的要求。

（二）警察招募方式与程序

随着各国公务员制度的建立与不断发展和完善，各国公共部门的人员招募普遍实行了公开考录的方式。特别是对于职级与衔级比较低的职位，一般均采用公开考录的方式进行人员招募。警察招募采用的程序如下：

第一，编制警察录用计划。内容主要包括：录用的职位名称、人数、任职资格条件要求；录用信息发布渠道和发布时间；对录用对象的考核与考察方案、时间安排、录用工作的时间流程等。第二，组织录用考试。分为如下具体步骤：发布招考公告、对报考者进行资格审查、以笔试加面试的方式对资格合格人员进行公开考试。第三，对考试合格者进行复审和体检。第四，公示拟录用人员名单。第五，报批和办理录用手续。因为各国对警员身心素质均提出了较高要求，越来越多的国家对于考试合格者在进行体检的基础上增加了体能测试和心理测试。

四、警察激励

只有从人的行为的本质中激发出动力，才能提高效率，警察部门也是一样。

（一）警察激励的方法及优化路径

警察激励作为警察人力资源开发的重要方式得到了高度重视和广泛使用，在具体实践中，警察部门建立并不断完善警察激励机制，探索出了形式多样的激励方法，如荣誉激励、榜样激励、晋升激励、发展激励与物质激励等。特别是荣誉激励与榜样激励，成为了警察激励中最常用的方式。针对警员越来越关注自身职业发展的情况，近年来晋升激励和以奖励培训机会为主要手段的发展激励运用越来越广泛，如美国采用破格晋升职务的激励办法，我国采用提前晋升警衔的措施。

然而，目前警察激励依然存在诸多问题。例如，激励方法相对偏少，重精神激励、轻物质激励，竞争性激励明显不足，晋升激励操作不够规范，有些流于形式；激励标准和条件设置不尽合理，不同警种警员享有不同激励机会；激励方法趋于僵化，数年如一日，缺少创新；等等。特别是在激励具体实施中，缺少对警员现实需求的深度分析，未能做到针对警员个体主导需求设计激励方式，削减了激励的效力。

优化警察激励机制有多种路径选择。一是强化对警员需要与利益的分析。利益是需要和需要对象的统一，追求利益是人们行动的最有效动因。在社会生活中，警员所欲求取的利益越大，利益对他们的激励力量也就越大。因此，任何有效的激励都必须把分析警员的需求与利益作为基础。二是引入复合利益均衡激励理念。一般利益激励理论存在只考虑社会利益或只考虑个人利益的倾向，复合利益均衡激励理论则通过道德利益将人们的个人利益和社会利益有机联结起来。复合利益均衡激励理论要求在实施激励过程中，努力寻求警员个人利益、国家利益、社会利益三者之间的均衡点，在三者利益均得到满足的情况下，实现对警员的最大激励。三是完善警员功绩升降制与竞争上岗制，切实落实公开公正、竞争择优、人岗适配原则，细化竞争上岗流程设计，保证功绩升降与竞争上岗的合理性与公正性。四是丰富警察激励的具体形式，如增加警员满意度激励。警员满意度激励是指通过警员具体工作内容的改变及对其工作行为的认可和奖励，使警员对自己的工作产生满足感、成就感，从而促使工作不断创新、不断进取的激励方式。例如，设置警员终身成就奖，使警员在退休后能够获得较高的荣誉与较优厚的待遇，由此激励警员在职工作始终保持一贯积极努力的精神状态。

(二) 警察激励实施的基础：警察绩效评估

警察绩效评估是由多种元素构成的有机系统，评估主体、评估指标体系、评估方法、评估结果应用等是其基本要素。评估主体主要由部门领导、人力资源管理部门、警员自身组成。近年来警察绩效评估借鉴企业员工绩效评估经验，接受新公共管理理念的影响，突出了“顾客导向”，引入了“公众满意度”评价，日益注重社会公众对警察绩效的评价。在评估指标体系设计方面，早期多为警员业务统计指标，如发案率、破案率等，之后增强了主观评价指标，如公众安全满意率、警员公众满意率、被害人调研结果等。在考核内容方面，依据《公务员法》，我国警察考核全面考虑了德、能、勤、绩、廉等五个方面，涵盖了警员职业道德、个人品质、业务能力与人际协调能力、责任感、积极性、纪律性、廉洁性和警务工作实绩，并以警务工作实绩为主。评估方法依据不同的标准分类，采用了定性评估与定量评估、平时评估与定期评估、专项业务评估与全面评估、目标评估与结果考核等。评估结果多与激励机制相结合，有的也用于改进警务工作，完善其他人力资源管理制度建设。

包括警察绩效评估在内的政府绩效评估被认为是世界性难题，因其是人力资源管理的基础而拥有极其重要的地位，人们越来越重视对绩效评估的研究与应用，但始终未能达到令人满意的成效。警察绩效评估受主客观因素的影响同样面临多重困境。例如，目标任务的多样性使警察绩效评估指标体系难以确定。警务工作纷繁复杂，不同警种、不同职位的警员担负不同的任务，且异质性强，这直接造成警察绩效评估难以使用统一指标，不同警种、不同职位的警察绩效比较困难。又如，警察绩效价值判断差异明显。由警务工作特性所决定，对警察绩效评估不能只考核容易量化的硬性指标，如发案率、破案率等，还必须考虑长远的社会价值目标，如公共安全感、满意度、社会稳定性等，而对社会价值目标绩效优劣的判断受主观认识的影响明显，客观评价难度大。再如，警员所担负的主要职责是打击犯罪、维护社会秩序，而犯罪发生及社会秩序状况影响因素诸多，与警员行为之间非直接对应关系，可量化的警员业务指标如发案率、破案率等难以准确反映警员工作的实际状况。因此，必须进一步加强警察绩效评估实践总结及理论探讨，坚持效率、公正、民主的警察绩效评估基本价值导向；建立多种评估机制，在实行部门内部评估、社会评估的基础上，适当引入专家评估、市场评估；建立基于工作分析的警察绩效评估指标体系，区别不同的警种、不同的职位，运用不同的评估指标体系；综合运用不同的评价方法；进一步完善绩效评估的法律与制度保证；等等。

五、警察职业发展与管理

有学者指出，如果把一个人的职业历程比作一次旅行，那么职业规划就像是一张地图，有了它，走在路上的人心里就会很踏实，将要启程的人方向会更明确。警察人力资源管理欲达到整合人力资源、提升警察战斗力的目的，就需要把警员的职业生涯规划与职业管理作为重要内容。

（一）警察职业生涯管理

警察职业生涯管理是指组织或者警员个人在结合警员个人发展与组织发展要求的基础上，对决定警员个人职业生涯的个人因素、组织因素和社会因素等进行分析，制定有关警员个人长期事业发展的战略设想与计划安排。警察职业生涯管理包括警员自我职业生涯管理和组织对警员的职业生涯管理。

警察职业生涯管理有着十分重要的意义。首先，警察职业生涯管理是提高警员满意度与积极性的有效手段。警员从警的目的在于打击犯罪、保证公民利益不受侵犯，实现人生的社会价值，同时满足自身的生存与发展需求。加强警察职业生涯管理，能够帮助警员构建职业发展通道，促进警员自我价值的实现，满足警员从警的愿望，从而有助于提升警员的满意度，提高工作积极性。其次，警察职业生涯管理是实现人岗适位的有力措施。“职业选择经历是从模糊的空想走向现实，职业在个人生活中是一个连续的、长期的发展过程。”警员同其他部门的从业人员一样，也会在职业生涯过程中面临诸多问题，如对具体工作不感兴趣、自身素质能力结构无法适应某些工作、预知职业发展能力不足等。进行职业生涯规划，可以帮助警员了解组织环境，更清楚地分析自身的职业素养，重新调整自我角色定位，找寻更加适合自己的工作岗位，认清未来职业发展前景，并为之提前做好准备。最后，警察职业生涯规划有利于促进警察组织内部和谐。组织通过对警员个性、技能和能力的分析研究，帮助警员个体制定出符合其特点的职业生涯规划，有利于密切警察组织与警员个人之间的关系。警察组织协助警员制定职业生涯规划的过程，也是警察组织与警员个体之间互相调适的过程。经此过程，在警察组织利益需要与警员自身利益需求之间找到契合点，既可实现警察组织的社会价值目标，也可实现警员个人价值目标，实现警察组织内部的和谐发展。

警察职业生涯管理受多种因素的影响，其中，最为主要的包括两个方面：一是个人因素，二是环境因素。警员个人因素主要包括职业倾向性、能力和人生阶段等。美国职业咨询专家约翰·霍兰德认为，人格是决定一个人选择何种职业的重要因素。通过个性倾向性测定，把现实生活中的人大体分为六种类型，即现实型（R）、探索型（I）、艺术型（A）、社会型（S）、管理型（E）和常规型（C）。同一类型的人具有某些共同的典型特征，并与部分职业形成对应性。例如，社会型的人喜欢并适应包含大量人际交往内容的职业；现实型的人在自我表达和向他人表达方面感到困难，他们喜欢使用和操作工具，尤其是操作大型机械，偏好于具体任务的完成。职业倾向性测试正越来越普遍地运用到职业生涯管理的实践活动中。能力包括体能、心理素质和智能三个方面，是警员职业发展的基础，与警员职业发展水平成正比。环境因素包括社会环境和警察组织内部环境。社会环境包括经济发展水平、社会文化状态等，而警察组织内部环境则包括警察管理制度、警察文化、领导的素质等。

警察组织对警察职业生涯管理可以通过如下几条路径来实现：

一是积极鼓励警员个人进行职业生涯设计。警察职业生涯理念引入警察人力资源管理相对较晚，尚未引起警员的普遍重视，警察组织应积极引导警员关注自身的职业发展，认真分析自身的职业素养与职业能力，确立职业发展目标。二是加强警员个人档案管理。警察组织应为每位警员建立个人职业表现发展档案，借助警员人事管理信息系统平台，“详细记录警察的工作经历、工作成果、专业特长、取得的成就以及警察的工作喜好、气质类型、性格特点、工作目标、个人自我评价信息、发展机会、目标安排等”，形成一个有效的“警源市场”，[①] 在此基础上建立警员职业管理信息与预测系统。三是加强对警员个人职业发展规划的评估，依据社会环境、组织发展目标及警员个人职业倾向性、能力及人生阶段，帮助警员分析评估其个人职业生涯规划的现实性与合理性。四是拓宽警员职业生涯通道。职业生涯通道是对前后相继的工作岗位和经验所作的客观描述，是警察组织参与其成员职业生涯发展、实现职业管理的最重要部分。警察组织应打破相对单一的警员职业发展通道，建立网状职业发展通道，为警员交流、转岗等提供更多的机会。

（二）警员职务管理

警员职务管理是警察职位管理的组成部分，是指警员的职位设置与警员的职务升降和任免，与警员的职业生涯发展和组织管理体系构建有着密切的关系。

警员职务是警察部门与警员个人之间产生权利义务关系的重要依据，警员职务包含规定的职权、职责和义务，是确定警员工资及其他待遇的重要依据。警员职位设置的主要内容是确立警员职务序列，而警员职务序列是指根据工作责任大小、工作难易程度和任职资格条件的不同，通过设置一定的层次、等级，使警员形成高低有致的序列，形成警察机关的层级结构和警员的职业发展阶梯。

不同国家对于警员职务序列的设计不尽相同，但相当多的国家把警员职务划分为警官职务序列与警员职务序列，且在多数国家中警员的职务序列与警衔是相互交叉或者合一的。例如，依据《俄罗斯民警法》，俄罗斯警察的职务分为警员与警官，警员即民警警员；警官包括初级警官（职级由低到高分

---

① 耿明松、孙中华：《警察职业生涯规划初探》，载《甘肃警察职业学院学报》2006年第2期。

别为：民警下士、民警中士、民警上士、民警大士、民警准尉、民警一级准尉）、中级警官（职级由低到高分别为：民警少尉、民警中尉、民警上尉、民警大尉）、次高级警官（职级由低到高分别为：民警少校、民警中校、民警上校）和高级警官（职级由低到高分别为：民警少将、民警中将、民警上将）。日本警察官的级别分别是：警视总监、警视监、警视长、警视正、警视、警部、警部补、巡查部长、巡查。韩国的警员职务序列是：警察厅（设警察厅长、次长、局长、处长等）、地方警察厅（设警察厅长、次长、警察署长）、警察公务员（设治安总监、治安正监、治安监、警务官、总警、警正、警监、警卫、警查、警长、巡警）。美国警察没有统一的职务（衔级）制度。美国地方警察机关所实行的职务序列与警衔序列基本合一，如纽约市警察局的职务序列自高到低依次为：局长、分局局长、分局副局长、督察、副督察、上尉、中尉、警长和警员。

虽然不同国家设置的警员职务序列不同，但设置警察职务序列所遵循的原则基本一致，即依据警务工作的性质、特点、组织体系、行政组织管理制度设置警员职务序列，坚持简精、效能与公正的基本精神，兼顾警员个人职业发展。各国警员职务序列大都经由立法确定，警察部门自身与任何个人必须严格执行。

（三）警员职务升降与任免

警员职务升降是指警员职务晋升与警员职务降低。警员职务的任职是指任用警员担任某一职务，警员免职是免除警员所担任的职务。在现代警察人力资源管理中，警员职务升降和任免的条件、程序、管理权限一般由法律作出明确规定，具体要求与各国警察管理体制及警察队伍整体素质结构状况密切相关。

警员职务升降与任免有多种相同功能，均关系到警察队伍的素质结构、警员工作的精神状态、警员与职位的匹配程度，特别是关系到警令畅通与否、关系到警察领导的执行力强弱，因此受到高度重视，也往往成为人事腐败滋生的重要地带。为了防止个人权力对于警员职务升降的过度干预，各国不断加强警员职务升降与任免的制度建设，如减少委任制、加大竞争选拔领导等，强化了警员职务升降与任免的监督制约机制。例如，我国颁布了《党政领导干部选拔任用工作条例》，此条例适用于警员职务管理。根据此条例，在警员职务的升降与任免管理活动中，必须积极扩大民主，多方征询群众的意见；努力扩大警察职务管理的公开程度，克服“暗箱操作”，在更大范围内公布公开推荐、考察、评议、测评和职务升降任免结果；实现警察职员任免升降责任追究制，对违规升降或任免警员职务者进行严肃查处。

警察人力资源管理除上述内容外，还涉及警员的交流、警员的职业保障、警员的纪律与警员的退出等。因在其他章节有所讨论，此处不再赘述。

第十二章 警察文化

文化是一个国家、一个民族全部智慧与文明的集中体现，是维系一个国家和民族的灵魂和纽带。在人类警察发展史上，文化始终以其独特的方式和途径发挥着自己的作用，影响制约着警察建设的发展进程。同样，警察文化也反过来影响着社会文化的发展。

第一节 警察文化的性质和功能

一、警察文化的含义

文化是一个相对模糊的概念，也是一个复杂的系统。有学者通过对各种文化概念的分析，归纳出内涵不同的三种文化观：广义文化观、中义文化观和狭义文化观。[①] 广义文化观将文化理解为物质财富和精神财富的总和。中义文化观将文化理解为社会意识形态及与之相适应的制度和组织机构。狭义文化观将文化理解为社会意识形态或观念系统。

本书认为，文化有广义和狭义两重含义。广义的文化是指区别于自然现象的人类社会活动及其全部成果，是人类在改造自然、社会与人自身的长期实践活动中所共同创造的一切物质的和非物质的成果的总和。狭义的文化专指以社会意识形态为主要内容的人类思想观念体系及其精神生活方式。[②] 主要是指与经济、政治相对应的观念形态的文化，是社会的一个重要领域，是社会实践的精神产物。

文化是一个民族区别于其他民族的主要标志，是一个国家和民族品格的集中体现。所谓文化，从某种意义上讲，就是特定民族在长时期的共同生活中凝结下来的带有稳定性的价值观念、思维方式、共同心理乃至风俗习惯等观念形态东西的总和。余秋雨给文化下了一个最简短的定义：“文化，是一种由精神价值、生活方式所构成的集体人格。”[③] 这里，“集体”既可以指民族、

① 刘作翔：《法律文化理论》，商务印书馆 1999 年版，第 21 页。

② 张兆端：《警察文化学》（第三版），中国人民公安大学出版社 2010 年版，第 7、8 页。

③ 余秋雨：《中华文化四十七堂课：从北大到台大》，岳麓书社 2011 年版，第 3 页。

国民，也可以指包括警察队伍在内的各种社会职业群体，等等。无论是从历史角度考察，还是从现实角度观察，作为“集体人格”的文化，总是表现为一定的民族性、国民性、职业性等。警察文化就是文化的职业表现形态之一。

警察现象在由古代向近现代发展的漫长历程中，从无到有，从军、警、行政、司法合一到职能逐步独立分化，从分散形态的警察力量到组织完善的警察制度，从落后的警察手段到逐步吸收发展现代警察科学技术，从在社会或军队中直接招收、雇用警察到警察教育训练制度化、规范化和现代化等，无不受到人类社会文化发展的影响和推动，体现着社会文化发展的阶段性。可以说，警察现象的产生、存在与发展本身就是人类社会文明进步发展的一种成果或结晶。

在现实的警察实践及警务活动过程和要素中也充满着文化因素。作为警察实践主体的警察队伍，都是由具有一定文化素质和文化创造能力的人及其群体构成的；警察心理、意识，警察科学理论，警察技术，警察教育，警察文艺与警察宣传等，都属于文化范畴；警察体制，警察法制，警政、警民关系等也都是特定的社会组织文化、制度文化之体现。同时，不同社会文化背景、民族文化传统对警察建设的影响制约，则是造成各国警政、警务模式差异的文化根源。

通俗地说，对于上述警察现象所赖以产生、存在和发展的所有文化因素之总和，我们可以统称为“警察文化”。理性地说，警察文化是指由处于一定社会文化环境中的警察群体，在警政建设和警务实践的历史发展过程中，所共同创造、积累和发展起来的具有警察职业特色的物质成果、精神财富及其警政、警务行为方式的复合体。这是对警察文化范畴的广义界定。其中，作为精神财富的以警察核心价值观念为灵魂的警察意识形态及其精神生活方式则是警察文化范畴的狭义内涵。①

我国现代警察文化是在长期的警务实践中产生的，以人民警察为主体的，贯穿于公安机关队伍建设和公安工作及其他相关活动中的价值观念、思想理论、优良传统、职业道德、文明礼仪、文学艺术、文体活动、精神风貌等。它是我国社会主义先进文化的组成部分，是公安事业不断发展进步的力量源泉，是200万公安民警队伍的血脉和共有精神家园。目前我国公安机关开展的文化建设，基本上是在这种精神层面来把握和操作的。当然，从国际视角看，我国警察文化也是世界警察文化的一个组成部分。

从本质上说，警察文化对于全体警察来说，就是他们所共有的精神生活方式和职业行为方式。它表现为警察以什么样的理想信念、价值取向、精神

---

① 张兆端：《警察文化学》（第三版），中国人民公安大学出版社2010年版，第29、30页。

风貌、行为方式生活着、工作着，体现着警察队伍整体和个体的文化素养、生活品位与职业操守。自然的，先进的警察文化就是文明的警察生活方式和工作方式。

对于警察组织的领导者来说，警察文化则是一种新型的警察管理战略和领导方式，体现着警察管理的文明程度以及警察领导艺术的文化境界。它要求警察领导者在不断提高自身文化修养和文明素养的同时，学会以文化的方式去带队伍、抓工作，努力追求和实现“以文化人”、文化强警的价值目标。

二、警察文化的基本功能

由警务工作的社会性和执法性所决定，警察队伍在很大程度上代表着国家和政府的形象，体现着社会文明发展的水平。警察文化的先进与落后往往能够影响人们对一个国家、社会文明程度的认知。因此，我国公安部要求各级公安机关要坚持以社会主义核心价值体系引领警察文化建设，充分发挥警察文化育警、励警、律警、悦警和强警的功能，进一步形成共同理想信念、强大精神力量、基本道德规范。①

警察文化建设具有以下基本功能：

1. 导向功能。

导向功能，是指警察文化能够对警察群体的价值取向和行为方式起导向作用，使之符合警察组织所确定的整体目标。一个警察组织的文化传统一经形成，就会建立起一套自成系统的价值观念和规范标准。一个警察组织形成了什么样的传统作风，一贯倡导什么、反对什么，对于塑造警察个体的行为方式起着风向标的作用。如果警察个体在价值取向和行为方式上与组织的整体价值观念和传统产生悖逆现象，警察文化将通过自身价值系统的重塑和调节来引导其成员的行为心理，使警察成员在潜移默化中逐步接受、内化为共同的价值观念，自觉自愿地把警察组织的整体目标变为自己的追求目标。

2. 约束功能。

约束功能，是指警察文化对警察成员的思想和行为具有规范和约束作用。一方面，警察组织通过完善的警察法律、法规，以及组织纪律等制度文化规范，从外部强制性地规范警察成员的行为方式；另一方面，警察组织则通过开展经常性的宣传、训导、职业道德建设，以及健康向上的警察文体活动等，从精神上教育引导警察成员自觉加强自身职业道德修养，逐步内化、形成正确的职业价值观念，养成良好的工作作风，使其达到自我心理约束和自我心理控制的目的。

---

① 公安部：《关于认真贯彻党的十七届六中全会精神 进一步推动公安文化大发展大繁荣的实施方案》（2012 年 1 月）。

3. 凝聚功能。

凝聚功能，是指当正确的警察价值观念和优良的传统作风取得警察群体的认同后，就会成为一种黏合剂，从各方面把警察成员团结起来，产生一种巨大的向心力和凝聚力。当然，警察待遇和福利保障及工作条件的不断改善，对于增强警察群体的凝聚力起着基础性的作用。但是，任何一个警察组织或单位，如果长期不能形成一套前后一致并为绝大多数成员所认可的正确的价值观念和优良的传统作为该组织、单位的灵魂或“主心骨”，就不会产生任何凝聚力，也就难以保持健康持久发展。特别是正确的警察价值观念、先进的警察精神和警察职业道德规范等，作为警察群体在长期的警务实践中共同积淀而成的群体意识和文化心理，都寄托着全体警察成员的理想、希望和追求，关系到他们自身的前途和命运。因此，一旦这种群体意识被每个警察成员所认同，就会使其对警察职业和警察群体产生强烈的使命感、自豪感和归属感。

4. 塑造功能。

塑造功能，是指警察文化具有培育、提高和发展警察成员素质的功能。一个非警察职业的人，并不了解警察科学文化知识，也不掌握警察专业技能与行为规范，但当他被录取到警察院校或被吸收到警察队伍行列之中后，通过正规的警察专业教育和强化训练，以及浓烈的警察文化环境氛围的熏陶，能够加快其“警察化”的过程，使其从思想心理到行为方式逐步归属于警察群体。警察文化塑造了警察成员，而警察文化的发展在一代又一代警察成员的继承、学习和创新过程中得以实现。

5. 激励功能。

激励功能，是指警察文化使警察成员具有从内心产生一种情绪高昂、发奋进取的效应。警察文化把尊重人、调动人的积极性和充分发挥人的潜能作为其核心理念。它在鼓励要求警察成员热爱警察工作、献身于警察事业的同时，也强调改善警察的工作环境和保障条件，逐步提高警察待遇和福利，加强警察教育训练、文化娱乐设施建设等，努力把追求警察组织的整体价值目标与谋求警察成员个人全面发展的利益有机地统一起来，从而使警察文化对警察成员产生持久的内在驱动力，成为其自我激励的一把标尺。可以说，倡导建设优秀警察文化的过程，正是意在帮助警察成员寻求工作意义、树立行为的社会动机，从而调动其积极性的过程。

6. 辐射功能。

辐射功能，是指警察文化一旦形成较为稳定的模式，就不仅仅在本领域内起作用，也会通过各种渠道对社会产生影响。警察英雄群体、模范人物之先进事迹的广泛社会宣传，先进警察精神的弘扬，警察行为方式的文明合法，警察工作效率的提高，特别是警察群体以各种方式积极参与社会文化建设活动，都有利于增进警民之间的社会沟通和相互了解，从而对社会文化和文明发展产生积极的促进作用。

第二节 警察文化的内容与特征

一、警察文化的内容构成

警察文化作为社会领域文化中一个特定的职业文化系统，包含着四个子系统，并构成处于同一自然地理环境和社会文化环境之中由表及里的四个结构层次，即表层的警察物质文化、浅层的警察行为文化、中层的警察制度文化和深层的警察精神文化。

（一）警察物质文化

警察物质文化，是指由警察群体依据一定的社会条件所创造、发展和运用的各种物质设施和手段等所构成的器物文化。主要包括警察科学技术和警械武器装备，警察办公、教育训练、科学和文化事业基础设施建设，警察服饰，以及警察工作、生活环境的优化，等等。它主要反映社会和警察群体在一定历史阶段利用和改造自然物质发展警察手段所达到的程度，表现着警察战斗力的水平和性质以及警察群体的科学技能，是可触知的具有物质实体形态的警察文化事物。警察物质文化与社会生产力和警察战斗力的发展有着直接的关系，是构成整个警察文化活动方式的物质基础，是警察战斗力生成、发挥的物质载体。

（二）警察行为文化

警察行为文化，是指以警察群体的行为举止为形态的警务活动文化。它是警察群体处理个体与他人、个体与群体之间关系的特定文化方式。主要包括警察管理（组织、决策、领导）行为、警察公共关系行为、警察人际关系行为、警察治安管理与刑事执法行为、警察生活方式行为等。警察行为文化是警察文化传统、作风、精神面貌、职能目标的动态反映。一个时代和社会的警察文化集中地体现在该社会的警察思想体系中，却更广泛地活跃在见之于动作的警察行为方式之中。警察群体的文明素质、警察组织管理的文明程度，既靠文明的警察行为方式来塑造，也体现于警察的举手投足之间。

（三）警察制度文化

警察制度文化，是与一定的警察价值观念等警察意识形态相适应的，使警察行为方式固定化、程式化、规范化的警察制度体系。主要包括警察管理体制和警察法律规章制度等。警察体制结构是否协调合理，警察力量诸要素在其中能否达到人尽其才、财尽其力、物尽其用，是提高警察整体战斗力的组织文化载体。而警察法制是否健全，警察职能实施是否有法可依、有法必依、执法必严、违法必究，警察管理是否有章可循，警察执法监督是否有力，既是推动警政建设与警务工作全面协调可持续发展的重要制度保障，也是标志着一个国家警察制度文明发展水平的重要文化因素。

（四）警察精神文化

警察精神文化，是警察群体在长期的警务实践与意识活动中茵蕴化育而成的文化心态和观念形态，是构成警察文化的核心部分，主要包括警察群体的文化心理和意识形态诸要素。警察文化心理是指长久以来形成的警察情感、意志、道德风尚、审美情趣、思维方式等警察群体日常的精神状态和道德风貌；警察意识形态则指理性化、系统化了的警察价值观、警察哲学、警察伦理和职业道德、警察文学艺术、警察礼仪等。警察精神文化构成了警察文化的深层结构，是在长期历史发展中积淀下来的隐形文化结构。

在上述四个子系统构成的警察文化这个大系统中，警察物质文化最为实在，处于表层；警察行为文化是一种活动，处在浅层；警察制度文化是观念形态的表现形式，是人与物的结合部分，位于中层；警察精神文化是文化心理和观念形态，层次最深。在一个具体的警察文化形态中，这四个系统之间相互影响、相互制约和相互渗透，形成了警察文化由表及里的有序结构。但是，四者之间的相互作用是不同的。警察物质文化是警察文化的基础，警察行为文化、制度文化和精神文化都是在此基础上产生的；警察行为文化是警察文化的外壳，它是警察物质文化、制度文化和精神文化的动态反映；警察制度文化是警察文化的关键，它把警察物质文化、行为文化和精神文化规范统一为一个整体；警察精神文化是主导，是内核，它规定着警察群体的价值取向和其他警察文化层次的变化与发展方向。

二、警察文化的基本特征

警察文化作为社会文化的一个具体领域，除了具备文化的形式、社会的性质和多样的形态等一般文化特征，还由其自身的内容结构所决定，具有以下基本特征：

（一）文化主体的警察领域性和警察群体性之统一

美国学者指出：“如果只有一个人在想某个问题或做某件事，那么这个行为代表的是个人的习惯，而不是文化模式。这是因为，一种被认为是文化的思想和行为必须被一处居民或一群人所共同享有；即使不被共同享有，如果大多数人认为合理，也可以被视为文化的观念和行为。”[①] 与一般的社会文化相比，警察文化有其特殊性，因为它与一种特殊的实践主体——警察人员，以及一种特殊的实践形式——维护治安或打击犯罪（即警务活动），是密不可

① ［美］C. 恩伯、M. 恩伯：《文化的变异——现代文化人类学通论》，杜杉杉译，辽宁人民出版社 1988 年版，第 29、30 页。

分的。它来自人类的警察建设和警务活动实践，又服务于人类的警察建设和警务活动实践。人类的警察建设和警务活动实践的独特性，决定了警察文化的独特性。简单地说，警察文化是警察领域的文化，或曰是文化在警察领域的具体表现形态。因此，警察文化必然以警察队伍为主体，以警察领域的物质成果为载体，以警察制度体系为规范，以警察行为方式为动态反映，并以警察意识形态为核心。特别是在其精神文化层面，明显具有其他职业所不具备的文化特性，诸如其崇高的道义责任、随时可以付出鲜血和生命的献身精神、为达共同目标团结协作的团队意识等。警察领域之外的其他物质形态和意识形态仅构成警察文化所处的社会文化背景。同时，警察文化的创造主体是警察群体，因而警察文化又是为全体警察成员所共同拥有和享用的文化财富。

（二）文化机制的强制性与非强制性之统一

正因为文化是群体的和共同的，所以它对个体具有强制性，一个人如果明显背离其所生活于其中的文化，其生存就将陷于困难。“文化本身是限制个人行为变异的一个主要因素。文化是我们身外的东西——它存在于个体之外，而又对个人施加着强大的强制力量。我们并不老是感到文化强制的力量，这是因为我们通常总是与文化所要求的行为和思想模式保持着一致。然而，当我们真的试图反抗文化强制时，它的力量就会明显地体现出来了。”①

在警察文化的控制机制中，既有完备的警察法制体系和规章制度的强制性“硬”控制，又有警察价值观念导向、职业道德规范的非强制性“软”控制。这既体现了警察社会化发展的必然要求，又注意突出人的主体性，倡导“以人为本”的管理理念，调动人的积极性，从而达到软硬互补、协调统一。

（三）文化背景的阶级性与民族性之统一

警察文化作为社会文化大系统中政法文化领域的一个组成部分，必然带有一定的阶级性和鲜明的政治性。我国人民警察文化作为社会主义意识形态的一部分，与一切剥削阶级社会的警察文化有着本质的区别。同时，不同国家、不同地域的人们由于其在民族文化传统和民族生活方式等方面存在的差异性，也使得他们各自的警察文化独具特色。可以说，阶级文化、政法文化是警察文化的依托，民族文化是警察文化的源泉。

（四）文化性质的主流性与次属性之统一

文化有主文化和亚文化之分。亚文化作为社会整体文化的一个分支，是由特定职业环境造就的一种文化形态。亚文化由主流文化分化而来，是附属于主流文化的一种次属文化。它既留刻着主流文化的烙印，又保有自身独有

---

① ［美］C. 恩伯、M. 恩伯：《文化的变异——现代文化人类学通论》，杜杉杉译，辽宁人民出版社1988年版，第37页。

的、主流文化不可涵盖的特质。国家通过法律赋予警察的职责有执行法律、维持秩序、公共服务等，这些职能的严格、公正、文明之履行便构成了警察主流文化的基本特征，也树立了警察在公众面前的形象。警察亚文化是附属于警察主流文化的一个分支，却是不可忽视的一个重要分支。亚文化具有相对性。相对于总体性的警察文化，还会有一种与主流警察文化相脱离的警察亚文化。亚文化的本质不是它与主流文化相交合的那一部分，而恰恰是与主流文化相脱离、甚至有时会产生冲突的那一部分特质。应当看到，制度和法律所构建的警察主流文化，并没有完全保障和满足警察在执行职能过程中的全部文化需要和精神需要。主流文化所反映的这种特殊职业所要求的纪律、道德、法治感，并不能完全覆盖警察在个人生活和集体生活中对文化的全部需求。制度和法律不可能完美地解决这个问题。因为外在的制度、法律规范，不可能完全内化为人的行动准则。因此，警察的行为准则更有可能发生分化，分化为“规范的”（完全符合主流文化的）行为准则和非规范的（包括执法亚文化和违法亚文化）行为准则。执法亚文化是为了解决警察在执法过程中所出现的文化的和精神的需要。亚文化不是人为的故意，也不是刻意的创造，而是客观生活（职业）的要求。警察亚文化在某种程度上发挥着主流文化本身所不具备的、对警察生活工作过程中的每一个角落和每一个心理段落都起到“增力”、“娱情”、“调适”、“自护”和“减压”的功能。“警察亚文化是与主流文化既相联系又相分离的、由警察职业所限定并与警察职能相适应的次属文化。”① 因此，我们应当重视对警察亚文化的研究。

（五）文化积累的自身性与吸收性之统一

文化积累是人类文化由简单到复杂、由低级到高级的不断发展和丰富的过程。按照社会分工、不同行业的文化积累，汇成整个民族文化乃至世界文化奔腾不息的潮流。警察文化的积累主要有三种方式：一是警察文化自身的积累。既包括警察系统上下代的传承积累，即历史积累；也包括对同时代警察文化现象的总结、升华，即当代积累。二是社会文化的影响性积累。警察文化是社会文化的一种，必然会受到社会大文化系统环境的影响，并随着社会大文化系统同步发展。三是吸纳外来文化特别是外警文化的积累。先进的警察文化建设应当是高度开放的，以继承和发扬本民族、本系统优良文化传统为主，同时借鉴其他民族文化及外警文化的积极成果，这样才能打牢警察文化建设的根基，增强其发展的活力。

（六）文化结构的稳定性与变革性之统一

警察文化诸层次在特定的结构—功能系统中融为统一整体。这个整体是一定国家和社会长时期历史性形成的警察文化传统的累积物、积淀物，具有

① 皮艺军：《警察“亚文化”谈析》，载《江西公安专科学校学报》2003年第1期。

继承性、稳定性，同时，其内部组织又在变化着的政治文化环境和治安环境影响下不断发生递变和重建，因而又具有变革性、发展性。而警察文化整体中的不同成分，其继承和变革的情形又是不平衡的。一般而言，与社会发展的活跃因素——生产力关系直接的警察物质文化，革新发展的节奏较快，而制度文化和行为文化作为社会规范和行为定式，则带有较浓厚的保守性。

在构成警察文化内核的精神文化层中，经由警察领域内外的研究、创造和加工，被注入了丰富个性色彩和清新时代气息的种种警察意识形态（如各种警察科学理论及警察文学艺术思潮），由于是创造性思维的产物，其往往具有活跃的变革性，尤其是在社会变革时代，可以在短时期内发生新旧更替。与此相反，作为警察意识形态背景和基础的社会心理（包括警察心理），诸如由潜藏在大众和警察群体历史生活中的价值观念、审美情趣、思维方式所构成的民族性格、警察性格，因为是一种感性直觉的“潜意识”或“集体无意识”，难以被自觉把握和运作，从而具有顽强的稳定性和延续力，所以称其为“文化的深层结构”。当然，这种警察心理并非绝对地停止不前，它也在历史地演化和重建，只不过速度相对缓慢，在短时期内不易被察觉。

第三节　警察亚文化

一、英美警察亚文化观概述

“警察亚文化”主要是从西方国家的刑事司法学界和警学界翻译过来的概念。国内警学（或公安学）界多使用“警察文化”或“公安文化”的概念。它们之间既有联系又有区别。

（一）美国的警察亚文化观

美国学者认为，警察职业社会化产生了警察亚文化（the police subculture）。“所谓警察亚文化，指的是警察组织所独有的内涵、价值及行为模式，是展现警察自我形象的重要方面。有人将其称之为‘蓝幕’（blue curtain）。在较大的警察组织中，还可能有几种‘次亚文化’（sub-subculture），即基层（一线警员）、中层（监督和中间管理层）和高层（最高管理层）三个级别。某些态度和价值在各个层次都存在，而某些态度和价值则各不相同甚至互相冲突。”①

1. 韦斯特利和曼宁的警察亚文化理论。

1950年，威廉·A. 韦斯特利（William Westlsy）在研究印第安纳州加里市警察时首先提出“警察亚文化”的概念。他发表的论文《暴力与警察》是

---

① 曾忠恕：《美国警务热点研究》，中国人民公安大学出版社2005年版，第294页。

美国警察研究的一个里程碑。韦斯特利试图用职业社会学的观点来“分离和鉴别制约警察行为的社会准则，并说明这些准则在特定情况下对警察行动的影响”。他认为，“警察中存在着一个强调保密和暴力价值的亚文化群。警察职能的某些基本方面使警察认为，说谎（即便在宣誓情况下）和滥施暴力是有理的”。①

韦斯特利认为，警察亚文化主要表现为三个方面：一是警察把群众视为敌人。由于警察接触的大多数是不愿与警察接触的人，他们认为警察是“一种令人不愉快的职业，是一种威胁，是坏人，是垂头丧气、自私自利、不合作和不公正的人”。警察经常接触的其他专业人员——律师、新闻和社会工作者等，他们对警察也常持否定态度。在韦斯特利调查的警察中，有73%的人认为群众是敌视警察的。二是封闭。由于感觉到群众的敌意，警察认为只能依靠自己的同事，“他们互相求得道义上的支持……需要摒弃群众，加强集体的团结”。为了抵御群众的侵犯，警察成了一个封闭的秘密群体。“警察自己认为，保密是对付外部世界进攻的盾牌。”在韦氏设计的一份调查问卷中，要求警察回答：明知一位同事拿了某市民（因酗酒而被捕）的钱，他是否会检举。有73%的警察回答说，他们不会报告此事。他们认为，团体的团结比诚实更重要，“宁可违法也不泄露集体的秘密”。三是支持使用暴力。警察感到孤独和被人讨厌，因而特别想在与市民接触时获得公众的尊敬。当市民没有给予其足够的尊敬时，警察就认为通过强制力量取得尊重是正当的。在韦氏调查的警察中，34%以上的人认为，公众的无礼就是使用暴力的正当理由。应当说明，由于群体文化具有地域性和时代性，韦斯特利的研究和观点具有一定的局限性。

曼宁在《警察：训令政策和外貌》一文中提到，“警察总是处于要求他们‘发挥职能’的极大的公众压力之下，这种压力助长了一个特殊的警察亚文化群的形成。为社会学所注意到的这种亚文化群的一个要素就是高度的怀疑感，一种认为人们都是不能相信的、危险的信念”。② 产生于警察所面临的、作为其工作的一部分的危险环境的这种信念，使他们总的态度带上了色彩，把自己孤立于一般公民之外，并把他们局限于自己的特殊天地中。

2. 斯科尔尼克的工作性格论。③

杰罗姆·斯科尔尼克（Skolnick）根据韦斯特利的创见，提出了所谓的警

---

① ［美］塞缪尔·沃克：《美国警察》，公共安全研究所外警研究室译，群众出版社1989年版，第300页。

② ［美］戴维·波普诺：《社会学》（上），刘云德、王戈译，辽宁人民出版社1987年版，第475页。

③ ［美］塞缪尔·沃克：《美国警察》，公共安全研究所外警研究室译，群众出版社1989年版，第301、302页。

察“工作性格”。他认为警察的职业包含两项主要变数：危险与权威。危险的潜势是警察工作中的永恒特点。“危险典型地导致自卫行动。”警察由此感到要保证自身安全，主要应依靠同事们的支持，他们不相信群众；权威使警察更加脱离群众。警察有权使用强力，这是他们有别于其他人的主要标志，也是警察职业的基本要素。当权威受到威胁时，警察懂得利用逮捕，以逮捕相威胁，或者使用强制力量乃至采取致命手段，来确立权威，控制群众和局势。斯科尔尼克假设了第三种产生警察文化的环境因素：“压力使每一个警察个体都‘产生’警察文化”——当危险和权威发生冲突时，警察宁愿选择效率而非合法。①

这种警察工作性格论后来也曾受到批评。警察的性格与其他人确有一些非偶然的区别，但这种差异是可以解释的。换句话说，警察是多少有点不同的，但其性格特征并非反常变态。

3. 尼德尔霍夫的玩世与专横论。②

原纽约警官阿瑟·尼德尔霍夫（Arthur Neiderhoffer）在《盾牌的后面》一书中指出，玩世和专横也是警察性格的一部分。他认为，警察对警察系统的内外环境都抱着一种玩世不恭的态度。因为他们看见的是人性中最丑恶的部分，他们日日夜夜与犯罪、暴力、动乱打交道，很少遇见品德端正的人，因而他们歪曲了人类的本性。不仅如此，警察对刑事司法制度以及警察机构本身也都怀疑起来，因为他们目睹了其中的腐化和非法行为。他还指出：“警察体制把人改造成警察职业所需的特殊专横性格。”他认为，专横性格是警察在后天的工作岗位上因“极力适应社会”所造成的。在心理学家们看来，专横性格的标志是：“因循守旧、玩世不恭、粗暴、迷信、按固定模式观察事物，以己度人，并持有好人斗坏人的观点。”换句话说，专横的人把世界上的人分为好人和坏人两种，把自己的疑惧强加给别人，按固定模式看人，把那些举止不符陈规的人划为异端。

罗伯特·M. 雷戈利批评了尼德尔霍夫对警察玩世思想的分析。他认为，尼氏衡量玩世态度的尺度并不可靠。玩世态度是一种多面现象：有反映与群众关系方面的态度，有反映对组织机构职能方面的态度，有反映对尽职尽责的态度，有反映对警察与社会团结方面的态度，也有反映对教育训练的态度。雷戈利的结论是：“警察可能对职业的某一方面而不是所有的方面采取玩世态度，或者是同时对某几个方面采取玩世态度。”

塞缪尔·沃克则认为，玩世态度也有其积极的一面。它的作用就像老茧

---

① ［英］罗伯特·雷纳：《警察与政治》，易继苍、朱俊瑞译，知识产权出版社2008年版，106页。

② ［美］塞缪尔·沃克：《美国警察》，公共安全研究所外警研究室译，群众出版社1989年版，第301、302页。

一样，能够使人的感情麻木起来。某种程度的冷漠对于一个警察来说是必要的，因为他会遇见许多不愉快的甚至是令人厌恶的事。玩世态度是一种保护套，能使警察在执行任务或处理问题时，采取一定的超然态度，不受个人感情的影响。

大卫·卡特和路易斯·拉德利特认为，如果将警察亚文化分解为具体要素，那么它具有讽世（cynical）、专横（authoritarian）、孤立（isolationist）和保守（conservative）的特征。①

4. 理查德·N. 霍尔登的警察亚文化论。②

美国刑事司法学者理查德·N. 霍尔登指出，一切组织都有自己的亚文化，但执法机关的亚文化很特别，也特别令人反感。这主要表现为不愿意接受来自任何方面的批评、警察保护主义行为以及对过去传统的迷恋等方面。这种警察亚文化容易导致高傲自大和玩世不恭等问题，是警察改革的主要障碍。他认为"警察亚文化是社会交往活动带来的副产品"，是"职业性精神变态和'我们对他们'的综合征，警察经常认为他们就是法律，而不是法律的执行者，警察亚文化强化了这个概念，并极力加强这个职业的价值"。当要求一位表现良好的警察对另一个警察的不良行为作出证明时，你就能从他的脸上看到愤怒和不相信的神色，这种现象是令人沮丧的。

（二）英国的警察亚文化观

1. 约翰·安德逊的警察文化论。③

英国德文郡警察局原局长约翰·安德逊在其 20 世纪 70 年代所著的《警务论》一书中指出，警察文化源于社会对警察的敌意。作为一种反应，警察文化有两种：健康的与不健康的。健康方面表现为积极的忠诚、团结精神；不健康方面则表现为贿赂、欺骗和腐化。他认为，警察亚文化所起的消极作用有二：一是导致文化腐化，即本来积极的团结精神堕落为罪恶的死抱团伙，忠诚这个词被误用或曲解；二是导致因循守旧、固执己见、不愿接受新事物与新观念。这在"什么是真正的警察工作"这一命题中充分体现出来，即各警种都崇尚强调本职工作才是真正的警察工作。

2. 罗伯特·雷纳的警察文化论。

英国著名犯罪学家罗伯特·雷纳（Reiner）在《警察与政治》一书中提到，"警察文化，即警察如何看待现实社会以及他们在社会中所扮演的角色，

---

① 曾忠恕：《美国警务热点研究》，中国人民公安大学出版社 2005 年版，第 295、296 页。

② ［美］理查德·N. 霍尔登：《现代警察管理》，张鸣等译，中国人民公安大学出版社 1990 年版，第 206 页。

③ 王大伟：《英美警察科学》，中国人民公安大学出版社 1995 年版，第 81 页。

对于分析警察的职能和他们广泛的政治功能是至关重要的”。[①]“警察文化——关于警察行为的价值观、规范、前景、行业规定——不是独立的、普遍的，也不是一成不变的，根据个体的可变因素，如人格、一代与一代警察、职业轨迹以及结构性的变化，如级别的高低、任务的不同及不同的专业分工，警察内部的各种势力的看法都是不尽相同的。组织风格和各种警察势力的文化在不同地方和不同时期都是变化的。”[②]“警察是社会中各种势力之间关系的调解者——一个‘街头角落的政治家’。警察文化的价值观在于‘维持权力的秘密的进程’。”[③]他指出：“‘警察文化’和‘英国低层警察保守右派愤世嫉俗的文化’有一个重要的区别：‘警察文化’是警官们在他们工作期间所暗示和表达出来的定位和态度，‘英国低层警察保守右派愤世嫉俗的文化’是他们在非工作期间的社交中所展现的价值和信念。”[④]

罗伯特·雷纳认为，警察文化和其他的文化一样，不是一个独立的整体，尽管一些分析家试图将它描绘成这样。它有许多的变体，如“亚文化”——在广阔的警察文化中能被辨别出来的，是由和特殊的结构位置有关的独树一帜的经验所产生的，或是来自警官们以往的传记文学或历史文化中的特殊倾向。另外，文化在由不同的形式和环境问题所形成的各种力量以及它们的历史遗留之间变化着。我们仍然会讨论现代民主社会的警力确实面临着相似的基本压力，而这些压力会形成一种独特的、典型的文化。尽管有强调时间和空间的不同和内部亚文化的多样，但它仍然是可以识别的。[⑤]

罗伯特·雷纳全面总结了前人对警察亚文化的研究，归纳出了警察文化的八大特征：[⑥]

第一，神圣的布道感。许多人把警察工作当作信仰与生命看待，而不是单纯的职业。法律赋予警察神圣的使命，扶植弱小，抗衡强暴，打击犯罪，维护正义，这又称为献身精神。

第二，玩世不恭与悲观主义。由于整个社会变得无情无义，警察不得不

---

① ［英］罗伯特·雷纳：《警察与政治》，易继苍、朱俊瑞译，知识产权出版社2008年版，第101页。

② ［英］罗伯特·雷纳：《警察与政治》，易继苍、朱俊瑞译，知识产权出版社2008年版，第104页。

③ ［英］罗伯特·雷纳：《警察与政治》，易继苍、朱俊瑞译，知识产权出版社2008年版，第105页。

④ ［英］罗伯特·雷纳：《警察与政治》，易继苍、朱俊瑞译，知识产权出版社2008年版，第102页。

⑤ ［英］罗伯特·雷纳：《警察与政治》，易继苍、朱俊瑞译，知识产权出版社2008年版，第102、103页。

⑥ 王大伟：《英美警察科学》，中国人民公安大学出版社1995年版，第82~85页。

变得冷漠无情。罗伯特·雷纳认为警察有两种人：一种是新“百夫长”，他们是充满责任与神圣色彩的；另一种是“制服架子”，他们是典型的玩世不恭派，是吃饱饭等天黑、视工作为儿戏的主儿。

第三，猜疑。疑心是警察的职业病，难以改掉。它是不断地寻找问题、调查潜在危险的产物。与猜疑同时发生的是心理定式，即总是戴着“有色眼镜”看人。

第四，对外孤独与对内共鸣。西方很多警察埋怨下班后很难放松，很难从市民的敌意中解脱，因而对外感到孤独。为了反击外部的敌意、共同抵御违法侵害，警察内部又互相支持、保护。

第五，警察保守主义。警察是政治上和道德上的保守主义者。在英国，警察一般不支持工党和左派，带有明显的保守党色彩。

第六，大男子主义。警察世界是一种古板式的大男子世界。大男子主义在警察内滋生了酗酒与纵欲。这一切成为警察腐化与违法乱纪的温床。

第七，种族歧视。许多研究表明，警察与黑人的关系紧张。警察歧视黑人，黑人不支持警察。

第八，务实主义。脚踏实地、办事严谨是警察亚文化的显著特征。特别是基层警察喜欢务实、喜欢具体工作，不善言谈，注重经验，讨厌理论。

总之，由于同属于资本主义制度、拥有共同的社会文化背景和相近的警察制度模式、共同使用英语等，因而英美两国之间的警察文化观念是相互贯通的，区别不大，它们都侧重于研究警察群体的职业特征与个性心理特征中的某些消极方面。

二、中西警察文化观念比较及启示

中西之间的社会制度、意识形态、民族文化传统和警察制度性质不同，从根本上决定了中西警察文化观念之间存在较大差异。其共性大体表现为两个方面：一是中西警察文化研究的核心都基本指向警察意识形态，如警察群体心理倾向、警察传统经验、警察工作性格与执法态度等；二是中西之间对警察文化职业特性的界定大体相同。我国警学界大多认定警察（公安）文化是一种行业（或职业）文化，即由警察群体创造、积累和发展起来的具有警察职业特点的文化。如上所述，英美学者一般将警察文化称为“警察亚文化”。亚文化，一般是指围绕某些职业或社会群体形成和发展的各具特色的社会子文化系统。警察亚文化，即属于警察群体的职业文化。

中西警察文化观念之间的差异主要表现在以下几个方面：

第一，科学依据不同。我国警学界多是从哲学、文化学（包括文化哲学、文化社会学、文化人类学等）、现代管理科学、思想政治工作及文艺宣传等学科或工作角度来研究警察文化，不少对警察文化所下的定义多是以上述各学科关于“文化”的一般含义为基础，结合警察文化建设的实践经验而形成的。综观英美警察文化研究，则多是从社会学特别是职业社会学和社会心理学的角度入手。他们习惯于直接运用社会学和心理学方法对某些警察文化现象进行调查和测验，其常用的“警察亚文化”概念就带有浓厚的社会学色彩。

第二，发展历程同中有异。在西方，“警察文化”的概念由威廉·A. 韦斯特利于1950年首先提出。在我国，时任公安部部长罗瑞卿于20世纪50年代也开始倡导“公安文化”的观念。[①] 尽管中西警察文化观念的提出时间大体相同，然而，我国的警察文化研究在十年“文化大革命”中并没有开展，直至20世纪80年代末90年代初在社会文化热和由国外传来的企业文化浪潮的激荡下，才正式被提上研究日程。而西方警察文化研究于20世纪50年代提出后，历经20世纪下半叶直至新世纪均有人研究，基本上没有间断。这种发展差异直接表现为西方警察文化观的相对成熟和我国警察文化理论的不成熟。经过几十年的研究，英美之间对警察亚文化性质内容的研究已基本趋向一致，而我国的警察文化研究尚处于起始阶段。因而，一方面，警学界对“文化”和“警察文化”、“公安文化”的概念界定众说纷纭，远未达成共识；另一方面，我国各级公安机关的实务部门所使用的“警察（公安）文化”概念也与警学界不同，他们仍然习惯于从传统的带有浓厚的社会行政分工色彩的“文化事业”角度来使用“警察（公安）文化”概念，多指警察文艺、宣传、教育、体育、思想政治工作等。

第三，研究的具体内容范围及侧重点不同。虽然从根本上讲，中西警察文化研究的总体方向都是指向围绕警察职业形成和发展的警察文化，但在具体研究内容和侧重点上却有很大区别。从社会学观点来看，“当社会中某一群体的生活方式中既包括这个社会的共同的文化特征，又包括某些独特的不为其他群体所有的文化因素时，这种群体文化就叫做亚文化”。[②] 亚文化可以围绕职业种类形成和发展，如在医务、军事和警察部门等。在社会学中，一般将一个社会的共同文化称为“主文化”、“正文化”或“主体（流）文化”，而把亚文化中与主文化大相径庭以至于尖锐冲突的文化观念形态称为“反文化”、“负文化”或“对立文化”等。以此为理论依据对比中西警察文化观念不难发现，目前我国警察文化研究的具体内容主要是指向符合社会主义主流文化和人民警察制度根本宗旨要求的正面警察文化，其目的在于弘扬人民警察的优良传统，加强警察文明建设。而西方警察文化研究的具体内容则大多指向对违背社会主流文化的要求，导致警察违法行为、文化腐化、心理变态、

① 《罗瑞卿论人民公安工作》，群众出版社1994年版，第437页。

② ［美］戴维·波普诺：《社会学》（上），刘云德、王戈译，辽宁人民出版社1987年版，第139页。

种族歧视、损害警民关系等负面警察文化之消极影响的批判。可以说，到目前为止，中西警察文化研究的具体方向在总体上正好相反。

第四，理论形态和研究方法不同。我国警学界习惯以哲学社会科学各学科有关“文化”的基本理论为依据研究警察文化实践，注重对警察文化的概念本质、内容框架及其功能作用等作定性的理论概括和体系建构，把警察文化建设视为一个多层次统一的系统工程。而英美学者则习惯以设计调查问卷、心理测验等实证方法对某些警察亚文化现象作定量分析和局部描述。他们不注重概念的精确界定，也没有完整系统的理论体系。显然，这是由东西方不同的社会文化背景所决定的，它从一个侧面反映出中西方的不同文化传统和思维方式。

通过中西警察文化观念的比较，可以为我国今后的警察文化研究提供以下启示：

一是发挥理论优势，加强实证研究。坚持理论联系实际、定性研究与定量研究相结合，强化实证分析，发挥警察文化研究成果的实践功能。

二是既要传播弘扬警察正文化，又要批判遏制警察负文化。要拓宽警察文化研究的视角，在坚持研究警察正文化的同时，重视加强对警察负文化的研究。通过弘扬警察正文化、传播警察正文化，遏制警察负文化（如刑讯逼供，“四难”、“三乱”现象，[①] 徇私枉法等违法乱纪和腐化现象）的生长和蔓延，促进警察文明建设。研究警察负文化具有以下意义：首先，具有认识价值。从对警察正文化的分析中去寻找其对立面和从对警察负文化的揭露中去发现警察正文化的尊严，都是认识警察文化的途径，这样才能更全面、更深刻地认识警察文化。其次，具有加固警察正文化的价值。要使警察文明大厦坚固，就必须清理好大厦底部的阴沟。最后，具有鉴戒价值。研究警察文化中的负面现象，可以使我国警察文化和警察队伍建设少走弯路。

三是加强比较研究，拓宽认识视野。由于历史的原因，中西警学交流尚十分薄弱，中西警学研究“两张皮”的现象远未得到改善。我国警学界的不少人长期以来已经陷入习惯于就中国公安谈论中国公安的封闭性怪圈之中，反映在警察文化研究中，即在坚持“公安文化”概念的束缚下，强调只研究我国公安机关的文化，不仅不研究外警文化，而且也不研究公安机关之外其他警种的文化。其实，警察文化研究应当持一种开放性的观念体系。要研究古今中外警察文化现象发展的脉络和规律，为我国现实警察文化建设提供文化启示。这既需要了解世界各国的警察文化，借鉴外警的有益文化成果，也需要向世界各国介绍宣传中国的警察文化，树立我国人民警察的国际威望；

---

① “四难”、“三乱”现象，即门难进、脸难看、话难听、事难办和乱罚款、乱收费、乱摊派。

既应以研究我国公安系统的警察文化为主，也应兼及其他部门的警种文化。否则，局限于就公安谈公安，自我封闭，以偏概全，既不联系，也不比较，就难以取得思想和理论认识上的创新与突破，也不是科学研究应有的态度。

第四节　警察伦理与职业道德

一、道德与伦理的含义

在中国哲学史上，道德指“道”与“德”的关系。孔子主张：“志于道，据于德。”[①] 这里的“道”指思想的人格或社会图景，“德”指立身根据和行为准则。《老子》中的“道”指事物运动变化所必须遵循的普遍规律或万物的本体。“德”和“得”意义相近，指具体事物从“道”所得的特殊规律或特殊性质；对于“道”的认识修养有得于己，亦称为“德”。[②]

马克思主义伦理学认为，道德是人们在社会生活中形成的关于善恶、是非、荣辱的观念以及情感和行为习惯，并依靠社会舆论、传统习惯和内心信念来维持的人类行为准则，是一定社会用于调整人与人、人与社会、人与自然关系的规范体系。道德包括客观和主观两个方面。客观方面指一定的社会对社会成员的要求，表现为道德关系、道德标准、道德规范等；主观方面指人们的道德观念及实践，包括道德意识、道德信念、道德判断、道德行为和道德品质等。

在中国古代汉语中，“伦”即人伦，指人与人之间的关系。伦理，指事物的条理及人们之间相互关系所应遵循的行为准则。在中外伦理思想史中，通常将“伦理”（ethics）与“道德”（moral）作同义词使用。但黑格尔对二者作了区分，认为 moral 指个体道德、品性、操守，而 ethics 则指客观伦理关系。[③]

二、警察道德与职业道德

我国学者在警察学研究中，基本上是把警察伦理与警察道德作同义词使用的。例如，《警察伦理学》明确指出：“警察伦理学是关于警察道德问题的学说。”[④] 警察道德，是指警察在工作中应该遵守的，以社会舆论和内心信念来维持的，调整警察各种职业关系的行为规范及警察个体在工作中表现出来

---

① 《论语·述而》。

② 《辞海》（第六版），上海辞书出版社 2009 年版，第 694 页。

③ 《辞海》（第六版），上海辞书出版社 2009 年版，第 2554 页。

④ 杜晋丰：《警察伦理学》（2012 年修订本），中国人民公安大学出版社 2012 年版，第 8 页。

的道德品质状况。警察道德同样具有客观和主观两个方面的内涵。客观性是指，警察道德是国家、社会和警察组织对警察提出的行为规范要求，属于他律性的要求，不依警察个人的主观意志为转移，警察必须接受和认同；主观性是指，警察道德是警察在职业实践中经过自身的学习和修养，在职业道德方面达到的境界，是警察对警察道德规范要求内化的结果。警察道德这两方面的含义是相互联系的，前者是后者的前提，后者是前者的内化和结果。[①]

从职业的角度看，警察道德就是警察职业道德。警察在社会生活中扮演着多重角色，既是警察从业人员，也是家庭成员，还是公共活动的参与者。角色的多重性决定了警察除了必须遵循警察职业道德，还需要自觉遵守婚姻家庭道德和社会公德。“因而从理论上来说，警察道德不仅包括警察职业道德，而且也包括警察在婚姻家庭和社会公共生活领域应遵守的婚姻家庭道德和社会公德。”[②] 本书主要探讨警察职业道德。

警察作为一种特定的职业是在近代伴随着资本主义社会发展、社会矛盾激化、犯罪问题严重而产生的，发展到今天已经成为世界各国维护社会公共安全的一个不可缺少的职业及专门力量。在职业活动中，如何处理职业活动与社会需求的关系，如何处理职业内部和不同职业之间的关系，以及职业活动者如何对社会尽职尽责，自觉履行自己应当承担的义务，便构成了职业道德所要解决的问题。正如恩格斯所言：“实际上，每一个阶级，甚至每一个行业，都各有各的道德。”[③] 警察职业自然亦不例外。所谓职业道德，即从事一定职业的人们在履行本职工作过程中所应遵循的行为规范和准则的总和。其在广义上包括职业观念、职业情感、职业理想、职业态度、职业技能、职业规范、职业纪律、职业良心、职业作风等多方面的内容。

警察职业道德是社会职业道德的重要组成部分和具体表现形态。它是与警察职业的权利与义务相一致，并要求所有警察成员自觉遵守、奉行的道德原则和行为规范。警察职业道德的核心或灵魂是警察价值观念，其基本准则是立警为公、执法为民、严格执法、热情服务。警察价值观念，是警察对于自己所从事的警察职业工作的社会意义和个人人生意义的基本看法，是警察关于为何从警、为谁从警以及如何从警的自觉意识。警察价值观念的定位正确与否，决定着警察群体的思想认识和行为方式的正确与否。因此，我国公安机关当前及今后一个时期加强警察职业道德建设的首要任务，就是积极培育人民警察核心价值观。对于警察个人来说，要不断加强学习，提高职业道

---

① 杜晋丰：《警察伦理学》（2012 年修订本），中国人民公安大学出版社 2012 年版，第 8 页。

② 杜晋丰：《警察伦理学》（2012 年修订本），中国人民公安大学出版社 2012 年版，第 9 页。

③ 《马克思恩格斯选集》（第四卷），第 236 页。

德修养，并自觉在工作和生活中践行职业道德规范；对于警察组织来说，要注重在思想上正确引导警察，在法制上规范警察行为，在工作实践中磨炼警察；对于社会各界来说，要理解、支持警察的工作，并积极评价和监督警察的言行。警察不仅是社会中的普通成员，而且是民众的卫士和政府的门面。因此，警察在加强职业道德修养的同时，也要自觉遵守家庭美德和社会公德规范，充分发挥道德示范作用。

三、中外警察道德建设概述

我国公安部历来高度重视人民警察职业道德建设。早在20世纪50年代，就制定了《公安人员八大纪律十项注意》；1994年1月，又正式印发了《公安机关人民警察职业道德规范》，并于2011年9月对《公安机关人民警察职业道德规范》进行了修订与完善。内容由原有的8条扩充到了10条，包含了警察这个职业所应具备的政治要求、职业品质、纪律作风三大方面。其内容如下：

1. 忠诚可靠：听党指挥，热爱人民，忠于法律。
2. 秉公执法：事实为据，秉持公正，惩恶扬善。
3. 英勇善战：坚韧不拔，机智果敢，崇尚荣誉。
4. 热诚服务：情系民生，服务社会，热情周到。
5. 文明理性：理性平和，文明礼貌，诚信友善。
6. 严守纪律：遵章守纪，保守秘密，令行禁止。
7. 爱岗敬业：恪尽职守，勤学善思，精益求精。
8. 甘于奉献：任劳任怨，顾全大局，献身使命。
9. 清正廉洁：艰苦朴素，情趣健康，克己奉公。
10. 团结协作：精诚合作，勇于担当，积极向上。

为了对世界各国执法人员（按联合国的解释，“执法人员”一词包括行使警察权力的所有执法人员）的执法行为进行有效的指导和规范，提高其执法水平，联合国大会于1979年12月17日通过了《执法人员行为守则》。该守则虽然只有8条内容，[①] 却涵盖了警察在执法、服务、保障人权、廉洁等方面的要求，特别是对警察提出了尊重和保护人权的要求，这既是有针对性地对世界范围内警察普遍存在的这方面问题的回应，也表明了世界各国对警察职业道德的一种期望。

英国作为现代警察制度的发源地，在新警察创建初期颁布的警察法规制度中，就包含了大量的警察道德规范的内容，为现代警察道德的发展奠定了

---

① 内容详见杜晋丰：《警察伦理学》（2012年修订本），中国人民公安大学出版社2012年版，第41页。

基础。1829年的《警察训令》是英国在其警察制度诞生后颁布的第一项警察法令，它提出的十二条建警立警原则，[1] 在警察礼貌、警察形象等方面都带有警察道德规范的意蕴。进入新世纪后，在继承传统警察道德和适应时代发展要求的基础上，英国内政部于2008年12月又颁布了《警察职业行为标准》，反映了警察组织和公众对警察行为的期望，也表明警察组织试图通过提高警察个人的职业行为标准而赢得公众支持和信任的努力。[2]

美国从20世纪50年代到90年代，共制定了两个关于全国性的警察道德规范文件。一是1957年由国际警长协会第64届年会通过并于1991年修订的《执法道德规范》。[3] 该规范以警察誓词的形式面世，较全面地涵盖了警察道德的要求，成为美国执法警官职业行为的指南。二是1989年出台的《警察行为规范》，与《执法道德规范》相比，要求更加具体，实用性和可操作性更强。其内容包括警官的基本职责、警察职业的履行、警察的权限、武力的运用、保守机密、秉公廉正、与警察同行及其他执法机关的合作、个人能力及业务能力、个人生活九个方面。[4]

日本1954年制定的《警察法》，在警察职责的规定中增加了警察道德方面的要求。为了加强警察道德建设，日本在国家警察厅专门成立了"防止渎职提高警察道德委员会"。1985年，国家警察厅根据该委员会的报告，制定颁布了《警察生活原则》，内容包括：第一，怀着职业自豪感和使命感，来为国家和公众服务。第二，尊重人权，礼貌公正地履行职责。第三，严格地遵守纪律，发扬互助团结的精神。第四，树立自己的威望，发扬自己的智慧、身体和道德的才能。第五，做到诚实，促进公共生活和私人生活的健康、清白。[5]

法国为了建设一支忠于职守、公正执法的警察队伍，于1986年3月以法律的形式颁布实施了《国家警察职业道德准则法令》，这无疑对警察具有较强的约束力。[6]

通过比较以上中外警察道德建设可以看出，由于中西文化不同，导致其

---

① 内容详见王大伟：《欧美警察科学原理》，中国人民公安大学出版社2007年版，第443、444页。

② 内容详见杜晋丰：《警察伦理学》（2012年修订本），中国人民公安大学出版社2012年版，第44页。

③ 内容详见杜晋丰：《警察伦理学》（2012年修订本），中国人民公安大学出版社2012年版，第45、46页。

④ 内容详见杜晋丰：《警察伦理学》（2012年修订本），中国人民公安大学出版社2012年版，第47、48页。

⑤ 杜晋丰：《警察伦理学》（2012年修订本），中国人民公安大学出版社2012年版，第49页。

⑥ 内容详见刘伯祥：《外国警察法》，中国法制出版社2007年版，第660、661页。

警察道德规范的内容及表述形式有一些差异。中国公安机关的人民警察职业道德规范及义务规定充分体现了政治性、法治性和全面性，且四六成句、合辙押韵、朗朗上口，但过于原则、教条，口号味过浓。法国的国家警察职业道德准则法令体现了其大陆法系传统和中央集权的警察体制特点，法治性、道德性和纪律性特色突出。而英、美、日等国的警察道德的内容表述则较为生活化、人性化，入情入理，自我教育性较强。

第十三章　警务保障

警务保障理论是警学基础理论的重要组成部分。警务保障是为确保警察机关顺利开展警务活动，提供各项必备条件和保证的行为。警务保障对于警察履行职责、实施警务活动、完成各项任务、防止权力滥用，都是不可缺少的必要条件。世界许多国家都以法律形式为警察执行职务规定了保障条件。有力的警务保障对于警察队伍的建设与稳定，对于警察整体战斗力的提高，有着重要的现实意义。

第一节　警务保障的含义和基本原则

界定警务保障的研究范畴，明确警务保障的含义，是研究警务保障理论的基础。警务保障的基本原则是对警务保障活动规律的科学总结和理论概括，是警务保障理论的核心。确立科学的警务保障原则，对于确立先进的警务保障理念、加强警务保障宏观指导、建立科学合理的警务保障体制、组织实施高效的警务保障活动，具有十分重要的理论价值与实践意义。

一、警务保障的含义

所谓警务，是指警察（特指警察机关）的事业、工作和任务。而保障，与保证同义，其基本词义是“确保，保证做到，使顺利进行”。① 在各个专业领域，保障还具有更广泛的含义：是指为从事某项事业、工作的主体，提供精神、物质、技术、信息等方面支援的活动。从管理学的角度看，保障作为为实现组织目标，提供各种支援和保证的活动，就包含着计划、组织、协调和控制等管理的职能。同时，保障在其“确保和保证做到”的意义中，深含着要“正确地做正确的事”的意义，这也正是管理所追求的组织的有效性。保障工作的核心是协调性，通过协调、整合各种力量，确保警察组织使命的履行、任务的完成和目标的实现。就警察机关而言，警务保障就是对警察机关的资源进行协调和整合，确保警察机关和人员有效地履行职责，全面提高警察机关战斗力的活动。

① 范庆华：《现代汉语辞海》，黑龙江人民出版社 2002 年版，第 38 页。

在警务实践中，对警务保障内涵的界定存在狭义和广义之分。狭义上的警务保障仅仅是对警务活动中经费和后勤等物质生活条件方面的支持和保证，与传统意义上的后勤保障类同。人们传统观念中的警务保障通常是指狭义的警务保障。

广义上的警务保障是指对形成警察机关整体战斗力的组织资源的确保和供给。警察机关高效、公正、廉洁地履行职责，开展各项警务活动，不仅受制于警力、经费、装备等人财物条件，法律、政策、信息、技术等要素也直接影响着警务活动的顺利开展。因此，从广义的概念上讲，现代警务保障已从单一的物质条件保障向法律、政策、信息、技术等综合保障转变。警务保障涉及警力资源保障、物力资源保障、法律保障、政策保障、信息保障、技术保障等，也就是所谓的“大保障”。因此，它既是管理工作和后勤工作，又是经济工作、服务工作和窗口工作，具有自然性、社会性、政策性、系统性和群众性等特点。

近现代警察诞生初始，警察组织要保证警察的衣食住行，于是就开启了警务保障活动。目前，世界各国警察机关的运行都离不开警务保障活动。但是，除中国警学界开创了警务保障理论以外，即使是发达国家的警学理论也没有系统地研究警务保障理论。自21世纪以来，随着我国公安机关组织机构正规化建设的深入开展，各级公安机关都相继成立了警务保障部门，更加强调服务的理念，主要承担经费保障、装备保障、后勤保障、基建保障等职责。本章依据我国警务保障部门现实的职责界定警务保障的研究范畴。警务保障，是指警察机关对形成警察机关整体战斗力的经费、装备、后勤、基建等资源的确保和供给。

二、警务保障的基本原则

警务保障的基本原则是警务保障理论的核心，是一定历史背景下警务保障活动规律的具体体现，是决策、组织和实施警务保障活动的准则。警务保障应遵循的原则主要包含以下六个方面。

（一）统一领导、分级管理

统一领导、分级管理，是指警务保障必须在上级警察组织的统一领导、下级警察机关警务保障部门密切协同的基础上，分别组织实施管理，力求整合警察机关的有限资源，形成整体保障合力，全面满足警务活动的需要。

（二）面向基层、服务实战

面向基层、服务实战，是警务保障以“服务”为宗旨的具体体现。是否能够做到面向实战、服务实战、参与实战，是衡量和检验警务保障工作成效的重要标准，是警务保障工作的责任所在。警务保障工作的出发点和落脚点都要面向基层、服务实战。

（三）统筹兼顾、突出重点

常规警务保障点多面广，应急警务保障准备时间短、标准要求高、情况复杂多变。在警务保障能力有限与警务实战需求矛盾突出的现实情况下，警务保障既要统筹全局、全面兼顾，又要注意把握和确保重点。

（四）科学组织、讲求时效

警务保障需求量大、技术含量高、保障资源有限，必须科学组织，讲求社会和经济双重效益，以最少的人力、物力、财力，为警队提供适时、适地、适量的精确保障，获取社会效益与经济效益相统一的最佳保障效果。

第二节　警务保障的要求和制约因素

现代警务保障是形成警察机关整体战斗力的保证，保障力就是战斗力。针对新形势下警务发展的新动态，警务保障体系也在不断更新、完善与发展，而警务保障的要求正是如何出色完成警务保障任务，以促进警务工作顺利进行的题中之义。因此，明确现代警务保障的要求和制约因素，对确保警务工作的顺利进行和提升警察队伍的整体战斗力都具有重要意义。

一、现代警务保障的要求

传统意义上的警务保障更多针对的是警察机关的常规运作，保障正常的警察中心工作顺利进行。而今，警务保障面临着警务工作更加多样、环境更加复杂、考验更加严峻和社会管理态势急剧变化的新挑战。应急警务保障任务的突发性、频发性和复杂性等特点，更加凸显出警务保障的艰巨性。警务保障的要求就是对现代警务保障的期望或特定的需求。

（一）主动保障

所谓“兵马未动，粮草先行”，就是要求物资资源要领先一步保障到位，这句古语对警务保障具有现实指导意义。当警情发生时，警务保障必须及时到位，甚至要走在警情的前面。这样，才能保证警务人员、实战部门无后顾之忧地全力去完成国家和人民赋予的使命。如果是“缺什么去补什么”的警务保障，就会使整个警务工作陷入被动的局面。

随着我国社会政治、经济、科技等的发展变化，警察经费保障水平的不断提高，警务保障环境的改善，应急警务的繁重，传统的被动警务保障模式逐渐被主动警务保障模式所取代，现代警务保障模式由传统的注重补养和供给，逐渐转变为注重主动性、前瞻性、预防性的确保。警务保障工作为保证警务工作顺利开展，势必要从“被动”走向“主动”，由“消极”转变为“积极”。

主动警务保障理念是在现代主动警务机制背景下提出的具有前瞻性的警

务保障模式，它要求利用信息化网络合理配置警务保障资源，制定应急保障预案，注重警务保障的成本效益，完善主动警务保障机制，为现代警务工作提供超前的保障和服务，从而最有效地打击犯罪，维护社会治安和稳定。

（二）动态保障

社会环境不是一成不变的，警情也不是一成不变的。所以，警务保障也不能一成不变。由于警务保障系统不是一个孤立存在的封闭系统，而是一个不断与社会环境发生作用的开放系统，警务保障系统为了持续发挥其作用，就必须不断进行自身的调整，改革原有的内部组织机构和功能，调整资源配置结构，以适应警务发展变化的需要。由于社会政治、经济、文化的发展和变化，警务保障系统应当主动、及时地动态调整保障策略和方法，而且动态适应是一个长期持续不断的过程。

动态警务保障的要求就是遵循发展的观点来看警务保障的现实问题，其重要性在于：首先，动态保障的要求有别于灵活性较差的传统警务保障，其重点在于及时优化、及时调整以适应当前警务工作的需要，具有较强的灵活性。其次，动态保障的要求相对于传统警务保障的要求，更加具备时效性。时效，就是速度要快、内容要新。对新人、新事、新情况、新问题，要敏锐地发现、尽快地解决。所谓警务保障的时效性，就是要根据警务工作，特别是应急警务工作的发展变化，动态地调整保障资源，时刻进行有力保障，其保障的有效性更高。由于动态保障的要求是随着警务工作的变化而变化的，因此保障的效率将会大大提高。最后，动态保障的要求相对于传统警务保障的要求，还具有更具经济价值、更加节约保障成本、减少财政支出等特点。

（三）精确保障

警务保障不能“一把抓”，也不能一概而论。警察机关所面临的每一个警情都有其特殊性，因此警务保障不能忽视每一个细节问题，要做到精确到位。警务保障服务的重点对象是处于第一线的警察机关基层警员，警察作为高危职业之一，每年都有数以千计的警务人员因公伤亡。作为保障警务人员安全的重要内容之一，警务保障工作不能马虎，必须精确到位、切实有力。同时，随着警察管理信息化程度的不断提高，不断有最新的科学技术手段应用到警务保障中，“向科技要效率”这一理念也使精确保障这一要求具有了极大的现实意义。

信息化条件下的应急警务是多警种参加的一体化联合作战，警情瞬息万变，突发性强、节奏快，应急处置模式、参战规模以及实战空间等方面都有很强的灵活性和不确定性，而保障动员时间又短，使精确保障成为应急警务保障的主要需求。精确保障就是运用以信息技术为核心的高技术手段，精确地筹划、建设和运用保障力量，在准确的时间、准确的地点，为警队应急处置突发事件提供准确数量和高质量的警务保障资源，达到尽可能精确的程度，最大限度地节约保障资源。

（四）迅速保障

随着我国社会经济的不断发展和科学技术的不断进步，群体性事件、跨区域犯罪事件、恐怖犯罪等突发公共危机事件频发，对警察机关应对此类事件的能力要求越来越高。作为保障警察机关应急警务顺利进行的警务保障部门，应当切实履行实现迅速保障这一要求，从事应急警务保障的工作人员应当随时保持应对突发公共危机事件的警惕性，一旦有紧急警情发生，就迅速投入到警务保障工作中去。对于警察机关的警务保障工作而言，时间就是金钱、时间就是生命、时间就是战机、时间就是人民群众的切身利益。因此，要全心全意为人民服务，就必须把迅速保障这个要求落实到应急警务保障工作的实践中去。

虽然我国的警务保障工作以及警务保障体系建设与欧美发达国家相比起步较晚、存在诸多不足，但是，近年来，随着我国国力不断壮大、公安部领导重视以及从事警务保障及相关研究的人员的不断努力，已经取得了长足的进步，体系建设也在稳步推进中，并努力实现“保障有力、管理规范、基础扎实、服务到位、廉洁高效”的警务保障工作总目标。

二、影响和制约警务保障的主要因素

警务保障是一项政治性、经济性、技术性和目的性都很强的活动。经费保障力度、科技能力强弱、人员素质和管理水平高低等都从最基础的层面决定着警务保障能力的高低。经费保障和科技能力是警务保障的物质技术基础，警务保障的人员素质和管理水平是提高警务保障成效的关键。

（一）经费投入

警务保障活动是一项经济性很强的活动。警务保障的科研生产、物资储备、装备设施建设、人才培养以及警务保障动员等，都是在一定经费投入的基础之上进行的，经费投入对警务保障水平具有重要的制约作用。经济实力是警务保障的基础，没有一定的经费投入或经费投入不足，就不能很好地完成警务保障任务，进而影响警务工作的完成。有效的警察经费保障体制和政策是保证警务保障效能正常发挥的重要因素。经济实力是警务保障实力产生和持续发展的物质基础，持续充足的经费投入是警务保障活动有效运行的可靠保证。

（二）科技能力

科技能力通常是指一个国家科学理论与技术水平的状况，反映了一个国家科学理论的创新能力、核心技术的创新能力和综合工程制造能力。科学技术是生产力而且是第一生产力，科学技术也是警察机关十分重要的战斗力和保障力。科学技术是提高警务保障能力的核心因素之一，科技创新能力从根本上制约着警务保障能力。警察科技的发展和应用孕育了警用武器装备的升级换代，推动了警务保障手段的进步、警务保障人员科技素质的提高和警务保障方式方法的创新。科技创新是提高警务保障能力的基本途径，强大的科技创新能力能够极大地提高警务保障能力。

（三）人员素质

一流的警务保障活动，离不开一流的警务保障人才队伍。警务保障活动的成效如何，关键取决于从事警务保障人员的素质。警务保障人员的素质主要包括政治思想素质、科学文化素质、专业技术素质和身体心理素质等。警务保障人员的政治思想素质是确保警务保障坚持正确方向的前提，警务保障人员的科学文化素质是形成警务保障能力的智力因素，警务保障人员的专业技术素质是构成警务保障能力的关键因素，警务保障人员的身体心理素质是警务保障活动正常开展的必备条件。

（四）管理水平

警务保障活动的有效开展，离不开先进科学的管理。做好警务保障活动中的管理工作，不仅对警务保障部门的日常工作以及警察训练、执勤和实战具有重要意义，对节约成本、提高保障效益和效率也有着重要意义。管理理论是警务保障运行的重要思想基础，管理体制与机制是警务保障活动运行的组织基础和制度体系，管理技术手段是警务保障活动运行的必要条件。随着警察管理理论的发展、警察管理体制的创新与完善以及警察管理手段的日趋现代化，警务保障管理水平也需随之不断提高，追求“科学管理”是警务保障工作的永恒主题。

第三节　警务保障的实施

警务保障的实施必须要有一定的法律、法规、政策和配套制度的保证。近年来，我国中央政府高度重视公安机关的警务保障问题，先后出台了一系列有关警务保障的法规和政策。通过各级公安机关和各有关方面的不懈努力，我国警务保障的发展步入了快车道，警务保障力有了大幅提升，有效改善了公安机关的执法条件，增强了警察队伍的战斗力。

一、警察经费保障的实施

警察经费保障是确保警察事业发展的基石。警察机关作为政府的一个特殊职能部门，由于工作性质、特点的不同，警察机关的物质装备条件、经费保障的需求明显要高于其他行政部门。与其他行政机关相比，人员多、摊子大、维稳任务重，常常需要 24 小时运转，特别是基层警察机关处在维护社会稳定的第一线，侦查破案、打击防范、执勤巡逻、追捕逃犯、百姓报警求助、处置突发性事件、社会矛盾化解、社会管理创新等各项警务工作的开展都要以财力、物力为后盾，否则就是纸上谈兵。

《人民警察法》第 27 条规定："国家保障人民警察的经费，按照事权划分的原则，分别列入中央和地方的财政预算。"这一规定表现出：国家保障人民警察的经费开支；人民警察的经费要列入国家预算，以国家财政支付的方式给予保障；人民警察的经费按事权划分的原则，分别由中央和地方财政负担。

公安机关作为政府的行政机关，所需经费都应当由国家财政拨款。中央高度重视公安经费保障问题，先后出台了一系列文件解决公安机关，特别是县级公安机关的经费保障问题。2004 年 9 月 30 日，财政部、公安部印发了《关于制定县级公安机关公用经费保障标准的意见》，县级公安机关公用经费保障实现了定额保障标准。

公安经费实施"明确责任、分类负担、收支脱钩、全额保障"的保障体制。公安经费划分为人员经费、公用经费、业务装备经费和基础设施建设经费四大类。在政策上，建立分项目、分区域的分类保障政策，重点加强经济困难地区的市级、中西部县级的保障，办案业务经费、业务装备经费和业务基础设施建设投资由中央、省级和同级财政共同保障。在机制建设上，建立了公用经费正常增长机制，规范和完善了公用经费保障标准，制定了业务装备配备标准和业务基础设施建设标准。在管理制度上，建立健全了适应政法经费保障体制改革需要的专门管理制度，健全了警务保障机构，充实了财务人员。

二、警察装备保障的实施

《人民警察法》第 39 条规定："国家加强人民警察装备的现代化建设，努力推广、应用先进的科技成果。"警察装备作为警察必要的物质保障，其水平的整体提升，已成为完成各项警务工作任务的基本支撑点和提高队伍战斗力的重要增长点。现代警察装备保障要积极应用先进的科学技术成果，以适应现代社会公共管理和打击违法犯罪活动的需要，提高警察队伍的综合实力与整体战斗力水平。

近年来，我国的警察经费保障体制改革进一步深化，中央和地方财政对警察经费的投入力度加大，特别是用于警察装备保障建设的经费逐年递增，为警察装备的快速发展提供了有力保障。经过各级和各有关方面的不懈努力，我国警察装备的品种和数量大幅增多，装备保有量逐年递增，科技含量显著提高，有效改善了警察机关的执法条件，增强了警察队伍的战斗力。

公安部装财局加强警察装备保障的宏观指导，遵循"需求为牵引、技术为推动、经费保障为后盾"的原则，坚持标准化、规范化、专业化、现代化的总体目标，结合警察装备发展和建设的实际需要，组织制定各类警用装备的技术标准上千个，警察装备的列装和配备趋于合理化。我国公安机关重点加强了警用武器、非致命性器械、刑事技术装备、技术侦查装备、反恐处突装备、警用特种装备、警用车辆等十余类装备的组织研发力度，成功研制并列装了上千个品种的新型警用装备，以高科技为主体的警用装备已被广泛应用到公安一线。

在警察装备保障发展的同时，应认真规范警用装备管理体制机制，完善警用装备配备标准和体系，努力提高警务人员的装备素养和水平。警用装备发展的主要任务是构建反恐防暴装备体系、信息通信装备体系、刑事侦查装备体系、技术侦查装备体系和治安防范装备体系等五大装备体系。要以提高警察机关整体作战和快速反应能力为目标，不断提高警察装备保障水平，推动警务工作和警察队伍建设全面发展。

三、警察后勤保障的实施

《中共中央关于进一步加强和改进公安工作的决定》指出："要贯彻落实民警生活待遇'高于地方、略低于军队'的原则，确定符合我国国情的、体现公安民警职业特点的工资待遇。根据国家经济和社会发展水平，不断提高公安民警的岗位津贴和警衔津贴，中央财政对因公牺牲民警实行抚恤制度，建立人民警察因公伤亡保险制度。"警察后勤保障要进一步落实从优待警的政策，从保护基层民警的人身安全、财产安全、家庭安全、疾病安全等多方面入手，全方位地抓好各项安全保障工作，以激发全体民警斗志和昂扬向上的精神，保持坚强的战斗力；认真落实基层民警的优待政策，做到"钱往基层用，人往基层流"，在人、财、物等诸方面重点倾斜，全力保障。

四、警察基建保障的实施

警察基建保障即警察基础设施建设保障。一个组织要想通过适应社会的发展而发展，就必须先完成对各种硬件设施的建设和改进，这是一切发展的先决条件。警察基础设施是保障警务工作顺利进行和警察事业发展的物质基础和保障。《人民警察法》第 38 条规定："人民警察工作所必需的通讯、训练设施和交通、消防以及派出所、监管场所等基础设施建设，各级人民政府应当列入基本建设规划和城乡建设总体规划。"

我国警察基础设施建设保障坚持"需求为主、标准先行"的理念。为使警察基础设施保障做到有章可循、有标准可依，公安部陆续出台了《看守所建设标准》（2003 年）、《强制戒毒所建设标准》（2005 年）、《公安派出所建设标准》（2007 年）和《拘留所建设标准》（2008 年）等文件。2010 年 6 月，住房和城乡建设部、国家发改委颁布了《公安机关业务技术用房建设标准》。公安机关基础设施建设标准体系基本形成，为警察基础设施保障提供了依据，奠定了基础。

近年来，各地警察机关基础设施建设都有了不同程度的发展和进步。但是，基础设施薄弱仍然是制约警务工作发展的短板，规划缺乏前瞻性、地价过高、一地难求、获得基建用地越来越难、建设资金捉襟见肘、改扩建和新建的基建任务繁重、警察基建专业技术人员稀缺等问题已成为警务工作现代化进程中制约警察基建保障的主要障碍。必须全力改善警察基础设施建设薄弱的状况，满足警察机关履行职责的需要。

第四节　应急警务保障

警察机关为了监测、预防、缓解和处置突发公共危机事件，避免和减轻公众生命财产的损失，维护和恢复正常的社会生活、经济秩序，需要为特定的警务措施提供所需要的物质和非物质资源，确保顺利履行使命和完成应急警务任务。

一、应急警务保障的内涵和原则

（一）应急警务保障的内涵

应急警务保障，是自身拥有特殊的专业技能以及特定的资源、设备和能力的各级警察机关警务保障职能部门所实施的确保顺利应对紧急警务的行为。

尽管应急警务保障活动所涉及的职能部门多、保障行为繁杂，但就应急警务保障工作而言，其主要是指为各项应急处置工作提供物质条件，进行保证性的服务工作。因此，可将警务保障的职能部门和行为进行概括，纳入经费保障、装备保障、生活保障和信息保障这四类警务保障工作中。

经费保障：为各项应急警务工作提供经费，有计划并合理地掌握经费的使用。

装备保障：为各项应急警务工作提供必要的警用装备、设施、器材、工具、服装等。

生活保障：为各项应急警务工作提供必要的工作条件、生活条件，安排好饮食、居住、卫生和交通运输等方面的工作。

信息保障：主要是为各项应急警务工作提供通信联络、档案资料以及应用电子计算机提供信息服务的工作。

应急警务保障四类工作内容的关系为：以经费保障为基础、装备保障为条件、信息保障为依托，而生活保障则应作为应急警务保障工作核心，保证应急警务人员的基本生存需求，达到最基本的应急保障目的。

（二）应急警务保障的原则

警察机关应对危机警务中的警务保障工作是一项关系国计民生的行为，涉及千家万户，对保障经济建设、社会稳定和人民利益至关重要。作为政府的重要职能部门，警察机关在应急警务保障活动中应该遵循的主要原则是：坚持统一协调领导，坚持人道主义原则，依法办事，快速反应。这些原则与我国《国家突发公共事件总体应急预案》的总体思想是基本一致的。因为，作为政府重要的执法机关，警察机关的日常主要职责都必须在政府领导下进行。公共安全危机事件往往情况紧急，社会影响巨大，在建立警察应急警务保障体系和参与对公共安全危机事件的处置时，应急警务保障原则上更应该与国家的总体大政方针保持一致。

1. 坚持统一协调领导原则。

这是与社会其他部门协调配合的有力保障，也是做好这项工作的关键。重点应包括：

第一，政府要对应急保障工作予以高度重视并加强领导。公共安全危机事件，涉及政治、经济、文化、教育、思想、伦理等各方面，只有采取综合措施，动员社会各方面力量才能奏效。只有高度重视，统一指挥和部署，才能把诸多力量融为一体，统一行动，发挥整体的综合效应，取得最佳效果。应急警务保障工作需要法律和政策的保障，也需要财政、物资的保障，所有这些都需要各级领导的重视，才能建立起协调高效的应急警务保障体系。

第二，警务保障部门要在上级领导的统一指挥下，与其他各单位、部门相互配合，步调一致，充分发挥警务保障部门各单位、部门的职能作用，以达到共同保障的目的。

2. 依法保障原则。

依法保障原则是警察机关应急警务保障必须坚持的重要原则。依法是指一切保障活动都受现有法律的约束，警察机关不能在应急警务保障过程中出现与法律相抵触的行为，如滥用职权、挪用设施、贪污公款等。在处置公共安全危机事件时，警察机关可以采取交通管制、现场管制、强行驱散、当场盘问、使用武器等措施，但在使用保障器材、进行保障工作时都要遵守《人民警察法》和《人民警察使用警械和武器条例》，在采取其他必要措施时也要遵守《戒严法》、《消防法》等的规定，以便更好地维护国家安全和社会治安秩序的稳定。

3. 人道主义原则。

随着社会的发展，人权引起了人们越来越多的关注。生存权居于首要地位，可谓是第一人权或首要人权。生存权是指人民享有人身自由权和人身安全权，可以自由自在地生活。政府必须始终把人民的身体健康和生命安全放在第一位。在进行救援类的警务保障工作时，必须牢固树立“生命第一”的原则，始终把人民群众和一线警察的生命安全作为保障的首要目标。当然，在特殊情况下，面对特别重大的公共安全危机事件，在众多受害人生命受到严重威胁的情况下，应急警务保障要以牺牲较小的利益为代价来保护更大的利益，更好地保证群众利益不受伤害。同时，最大限度地保护参与救援人员和一线警察的安全，力争通过最优方案来实现最佳保障效果。

4. 快速反应原则。

在应急状态下，警察机关的警务保障部门应发挥快速、机动、灵活、善战的优势，在接到上级部门的派遣后，火速赶赴现场并迅速投入到保障紧急救援和处置工作中。在危机事件的初始阶段，如果应急警务保障快速有效，可以使一线警察的处置工作进行得更加顺利，群众心态得到初步稳定，社会秩序得到维持，为上级部门的决策和其他职能部门采取相应措施赢得时间。当然，在事件未发生时，如果预警机制可以很好地发挥作用，准确识别危机事件的征兆，快速出击把事件消灭在萌芽状态，则是更经济简便的方法。警察机关警务保障部门的工作人员要强化危机意识，不仅要制定预案有效预防各种可能的情况，更要经常进行训练和演习，养成雷厉风行和快速反应的良好作风。

二、应急警务保障的特点和实施的重点环节

面对频繁发生的重大突发公共危机事件的挑战，警察机关应依据应急警务保障的特点，建立完善的应急警务保障系统。重大警务活动需要警务保障跨区域合作，依托网络信息系统，高效而准确地筹划和配置各种资源，为应急警务人员提供适时、适地、适量、适配的物资技术保障，用最小的保障资源满足最大的应急警务需求，以最低的经济成本实现最佳的保障效益。

（一）应急警务保障的特点

为达到高效维护社会安全、抢险救灾、减小损失和挽救生命财产的目的，警察机关无论是应对自然灾害、事故灾难，还是社会安全事件等突发性公共安全事件，都需要集中警力、快速出击、协同作战、共同完成应急警务。确保履行使命、顺利完成应急警务任务，就要求应急警务保障做到快速反应、联合行动和保障有力，这三方面的特点也正是对应急警务保障这一概念的最好解读。

1. 快速反应。

“应急”是一个状态性的概念，其基本要求就是警务保障人员要在第一时间对各类突发事件作出快速反应，展开迅速、及时的应急保障行动，以避免延误时机，从而确保应急警务顺利进行，最大限度地达到维护稳定、抢险救灾、减小损失和挽救生命财产的目的。

2. 联合行动。

保障重大应急警务活动涉及的警务保障人员和物质装备往往范围较广，分散于不同的省、市或县，其通常因为实现同一目的、完成统一的应急警务保障任务而被临时调配到一起，这就更需要协同配合，展开联合行动。

3. 保障有力。

警务保障是对应急警务保障内容的描述，保障有力是目的和要求。重大的应急警务往往是在特定状态下由不同区域的大量警员临时组成团队开展联合行动，保障所需的物资品种多、数量大，常规保障难以满足需求。因此，更需要做好警务保障工作，为其提供基本的工作、生活和安全方面的保障，确实做到保障有力。

（二）实施应急警务保障的重点环节

构建应急警务保障体系是一个系统性工作，在这一系统性工作中，有些环节是起辅助作用的，有些则起着关键的作用。抓住这一系统中的重点环节，在实际构建工作中有轻重缓急，才能保证在将重点工作做好的同时也保障其他相关的环节能有效运行。只有这样，才能建立起与实际警务保障工作相适应的应急警务保障体系。

1. 物资保障。

“巧妇难为无米之炊。”再好的应急警务保障机制，如果没有相应的物质和资金作保障，也会变成一句空话。应急警务保障中的物资保障，是指为保障处置危机事件一线单位的实战需要而进行的给养物资（包括食品、被装等）的运送、管理与补给的活动。这种保障要依据实战部门的实战需要、供应标准、消耗限额，通过科学的组织、调配，满足危机处置任务的需要。

应急警务保障中警察物资保障的任务是：组织和实施物资的筹措、储备、管理和补给；与地方保障机构协同，疏通供应渠道。要依据担负的任务，合理计划物资需要量，筹措物资并搞好物资的储备和管理，对处置危机事件的一线单位实施不间断的保障。

应急物资的管理，是警务保障部门在应急物资供应中所进行的有目标、有组织的管辖、协调、控制的活动，主要以限额管理、安全管理等方法为主。限额管理是指在物资的供应活动中，按消耗标准和消耗限额分配各保障单位的管理活动。制定消耗标准的目的就在于控制消耗，节约资源，有计划地组织供应。

警务保障物资的补给，要求准确、及时和适量。准确，指的是在处置公共安全危机事件过程中当消耗掉一部分物资时，补给的物资在种类、数量上要准确和配套齐全，防止供非所需。及时，就是物资的快速送达，不能耽误事件的处置需要。适量，是要求补给物资在数量上与需要相平衡，供不应求会满足不了实际需要，导致处置任务不能完成；供过于求，会造成浪费，并影响其他区域的处置行动。

物资保障在处置公共安全危机事件过程中的作用非同小可，保障不全面、不及时、无效率，将会耗费警察机关大量的精力和时间，无法适应一线长时间的应急作战形势。因此，提供适时、适量、适配的物资保障，对于提高处置危机事件的战斗力和减少损失有着极其重要的作用。

2. 警械保障。

应急警务保障中警械保障的任务是：会同指挥部门组织武器、弹药、排爆装置等器材的保障与补充；组织现场勘察，选定警械放置场所和修理的位置；负责武器和器材的检查、修理、保养，使警械装备能及时满足一线民警的处置需要。

警察机关在处置应急警务时，由于时间紧急，保障时间短促，当警务保障部门到达现场时，往往立即投入行动，需要在短时间内保证警械全部到位。由于处置现场情形复杂，与群众接触距离很近，一些破坏分子很可能会蓄意破坏，加大了保障的危险，需要重视实施前瞻性的警械保障。在处置公共安全危机事件过程中，为了减少不必要的伤亡，迅速平息事态发展，往往会运用较多的非致命性武器，在警械保障时必须及时、准确地予以配备和补给。

3. 运输保障。

应急警务保障中警务保障部门的运输保障指的是组织、管理运输力量和交通保障力量，协助有关部门组织一线实战部门抵达目的地，负责物资运输和补给，负责损坏装备和受伤人员的运输，保证油料的供应，以随时满足处置任务的需要。

运输保障要重视对油料的管理。在自带油料有限时，应在上级警务保障部门的协调下，积极依托事发地，采用当地就近筹措的方法或提前运送的方式，筹措和补充油料。因为处置危机事件油料需要大，也可以利用公路沿线加油站筹措油料，事先派出人员与沿线加油站取得联系，采用现金结算的办法定点补充油料。在补充油料时，要保证油料的质量和数量，从而不至于影响警察机关的处置行动。在车辆维修方面，当一线警力到达事发地后，修理分队要立即开设临时车辆修理所，以定点保障为主，同时组织力量实施巡回、适时的技术保障。

运输保障要适应危机事件快速反应的特点，根据上级要求、事件性质、现有运输力量和待运送的装备和人员数量、距离等，遵循统一指挥原则，合理安排现有运输力量，在保证准时送达的同时留有一定的机动，以备临时需要，为一线部门提供及时、高效的运输保障。

4. 医疗保障。

应急警务保障中的警务医疗保障是指运用管理学知识和医学技术，对处置危机事件的一线民警和其他人员进行伤病的防治和救治，减少人员的伤亡，保证其健康，最大限度地践行人道主义。

医疗保障的任务是：与运输部门配合，及时运送伤病员，组织和实施受伤人员的救治，组织医药器材的供应，组织实施卫生防疫和药材保障，在必要的情况下，对受伤的警察和群众实施现场救治。

医疗保障可以分阶段进行。在准备阶段，要了解一线实战人员的数量和位置分布、危机事件的性质和程度、当地的地形和气温情况，必要时进行现场勘察，提出和改进保障建议；在处置阶段，要随时掌握一线任务的变化和需要、伤员的情况，集中力量进行受伤人员的救治和运送，同时对一线所需的医疗器材进行补充；在结束阶段，要治疗和运送伤员，清理现场，搞好卫生，进行疾病的防疫工作。

医疗保障的器材储备，要坚持保障重点、兼顾一般的原则，在现有装备的基础上进行调整充实。在处置危机过程中，药品消耗掉储备定额的1/3或1/2时要及时补充，如需就近采购，则要严格按照国家规定，认真履行手续，保证质量合格。保证平时储备的器材和药品实用轻便，便于携带。处置危机事件的医疗保障器材和药品要单独存放，由专人妥善保管，不得随意动用，在紧急状况出现时，由领导批准方可动用，并及时进行更新，保证器材和药品完备可用。

5. 信息和通信保障。

信息和通信保障是警务保障工作中警察机关处置公共安全危机事件至关重要的一项内容，包括信息的收集、传输、处理、反馈等。及时、准确、有效的信息对于处置危机事件的作用毋庸置疑，它可以使人们在危机事件发生前，防止信息误传，识别征兆，对发生概率和可能后果进行预估，以便采取合适的保障行动方案进行防备；在危机处置过程中，可以灵敏地启动预警系统，在短时间内控制事态，为指挥部门的决策、组织、协调提供依据，积极参与对应急处置的保障活动；在事后，可以依据信息分析可能发生次生危机的概率，为下一步的警务保障实施方案提供决策依据。

6. 警务防卫保障。

警务防卫保障是指为保证后勤物资、人员、装备、设施在完成处置任务过程中的安全所采取的警戒和防护措施，是对警务保障的“保障”。

公共安全危机事件情形复杂、千变万化，有时可能会有不明真相受煽动的群众和不法分子对警务保障的装备和设施进行攻击破坏，增加警务保障的困难。为了确保警务保障和一线处置行动的顺利进行，有必要对警务保障部门的基础设施等进行周密的警务防卫工作。

警务防卫要对警务临时指挥部、仓库、医院、地段进行警戒，保卫警务部门所在地和装备设施的安全，防止自然灾害和不法人员的破坏，对自然灾害的破坏和不法人员的蓄意破坏干扰进行防护和打击，保证警务人员和物资装备的安全和应急保障工作的顺利进行。

需要强调的是，警务防卫作为一种防卫行动，从属于警务保障，其出发点和归宿点都是服务于警务保障，是为了保护警察的生存和保障警力的持续发挥，为警察提供更安全的条件，其最终目的仍是保障对危机事件及时高效地处理。

第十四章 警务监督

警务是警察权力的活动过程。防止公权滥用是人类政治文明史上的永恒课题。权力的滥用，既有违公共权力设置的初衷，又易成为民众安全与福祉的威胁，控制权力使其有效理性运行，是权力设置与行使的前置要求，也是政治文明的主要内容，更是现代政府政治改革的通则。警察权是一种行使界域广泛且具有特殊强制性的公权力，其潜在的威胁性与危害性更甚于一般性的公权力，如何确保警察权依法、高效、理性、规范地行使，是世界性的问题。警务监督作为规范警察权运行的制度安排，是各国警政的重要内容。对警务监督一般规律的学理总结，是警学理论研究的题中应有之义。

第一节 监督与警务监督的含义

“警务监督”这一概念实际上是中国大陆学界对各国监控警察权的制度设置和实践活动的抽象与概括，是一个高度本土化的概念，具有很强的统摄性与规范性。但也可能对其有基于字面意义望文生义的理解，以为是单纯的对警察活动的监督。实际上，“警务监督”概念中的“警务”，不仅是对警察事务、警务活动等内容的概括，也是对警察机关、警察权力结构及其行使过程整体活动的指称。

一、监督、权力监督

“监督”，字面意义为自上而下的监察督促，是行为者为达到预定目的而对行为整个过程的监视、督察、管理，目的是防止出错、纠正错误。监督用于政治生活领域，通常是指对权力的监督，对权力机关及其公务人员的行为是否遵从法律、规章进行检查，对其行为过程及其结果进行检查、督促，以防止和纠正偏差和失误，约束其行为，保证权力活动正常进行。[①]

权力必须得到监督，是政治文明建设史上得出的基本结论。正如孟德斯鸠所言，“一切有权力的人都容易滥用权力，这是万古不易的一条经验。有权

---

① 中国大百科全书总编辑委员会《政治学》编辑委员会、中国大百科全书出版社编辑部：《中国大百科全书出版社：政治学》，中国大百科全书出版社 1998 年版，第 406 页。

力的人使用权力一直到遇有界限的地方方才休止……要防止滥用权力，就必须以权力约束权力”。[①] 因此，通过有效的控制以防止权力滥用，保证权力在不偏离所有者意志的轨道内有效运行，“把权力关进制度的笼子里”，既是人类政治文明的基本经验，也是人类政治行为共同面临的难题。权力监督即人类解决这一难题的有效设计之一，是实现权力法律化、制度化与文明化的重要方式。

随着历史的不断演进，作为现代政治文明重要成果的国家权力控制体制与机制也在逐步发展并日益完善。从宏观上看，人类对权力的制度性控制包括以下两个层面：

一是制定规范，为国家权力明确理念、设定原则、划定界限、规定范围，此为权力控制的价值层面，包括宪法、法律法规、职业伦理规则等，构成控制权力的价值规范性前提。一方面，规定权力设置、运行的基本原则，即明确权力的来源，以权利本位、社会契约、人民主权等根本性原则，前置性地限定、指引权力行为方向，为权力运行预设基本的轨道，形成刚性原则，确保“政府在一切行动中都受到事前规定并且宣布的规则的约束”。[②] 另一方面，为权力运行和权力人员的行为提供标准和依据。

二是体制设置，即确保国家权力依照既定规范正确运行的权力结构安排、权力运行制约，主要包括权力机构、权力内部运行规则和权力关系法则。分权制衡是通行规则，在国家权力层面，表现为权力设置的多重分立与相互制约。

二、警务监督

（一）警务监督的含义

顾名思义，警务监督是指对“警务”的“监督”，一是指范围，特指警察权力的活动区域；二是指内容，是对警察权力的监控、督察。概言之，警务监督是指一定的主体依法通过特定方式对国家警察权力的运行过程及结果所进行的监视、检查、督促活动。

警务监督的实质仍是对国家权力的监控，或言是对警察权力的控制，目的在于防止并纠正警察权力在行使过程中的失范，保障警察权力依法、高效运行。

---

① ［法］孟德斯鸠：《论法的精神》（上册），张雁深译，商务印书馆 1961 年版，第 154 页。在商务印书馆 2009 年组织翻译的“法意译丛”中，由许明龙再次翻译了本书，文字大相径庭。“自古以来的经验表明，所有拥有权力的人，都倾向于滥用权力，而且不用到极限决不罢休……为了防止滥用权力，必须通过事物的统筹规划，以权力制止权力。”

② ［英］F. A. 哈耶克：《通往奴役之路》，王明毅、冯兴元等译，中国社会科学出版社 1997 年版，第 73 页。

在现代国家构建的权力监督体系中，对警察权的监督一直就是监督指向的重心所在。从现代警察权设置起，就面临着“谁来监督警察”① 的追问，其原因有以下三点：

1. 警察权力的特殊属性。

警察权力是国家权力的重要构成，是国家暴力机器的重要组成部分，是政府权力面对民众最为广泛的一个领域，而且严重涉及公民的人身自由、财产权利和基本自由权利。正如恩格斯所言：“文明国家的一个最微不足道的警察都拥有比氏族社会的全部机关加在一起还要大的‘权威’；但是文明时代最有势力的王公和最伟大的国家要人或统帅，也可能要羡慕最平凡的氏族首长所享有的，不是用强迫手段获得的，无可争辩的尊敬。后者是站在社会之中，而前者却不得不企图成为一种处于社会之外和社会之上的东西。”② 不加以有效监控的警察权力的腐败可能性与危害性，无疑是现代社会难以接受、难以承担的。

2. 法治建设的时代需求。

建设社会主义法治国家、实现社会治理体系与能力的现代化，对权力的有效制约均是题中之义。法治的核心在于以有限政府的设置保障公民的基本权利。有限政府的核心即有效制约政府。对作为国家权力的重要构成的警察权力而言，建设“法治公安”，无疑是当代中国现代化建设的迫切任务和时代课题。依法治警，确保警察权在法治轨道上运行，是防止警察权滥用的治本之举。

警察权力的依法规范行使，体现在对下述几个原则的严格遵循上：①法律原则，即警察权力来源法定、依法行使，警察权规设的法律优位与法律保留；②目的原则，即警察权力行使的直接目的仅在于保障社会秩序、维护社会治安，不得越权从事非警务性活动，不得包办本属其他行政权力的事务与一般性社会事务，防止警察权力被泛化；③公共原则，即警察权力的行使只限于公共区域，不得介入私人领域，其中私生活不干涉、私人住宅不得侵犯与民事纠纷不干涉是基本要求；④比例原则，即警察权力行使的强度、硬度仅止于维持公共秩序所必要的最低限度，在行使时应注意手段的节制，尽量照顾到当事人的利益；⑤平等原则，即警察权力的平等适用，主要在公共产品、公共服务的均等化供给，防止出现特权，让人民群众在每一项执法活动中均能感受到公平正义是基本要求。

为达到上述原则落实之目标，以确保警察权力在法治轨道内运行，需制

---

① ［美］罗伯特·兰沃西、劳伦斯·特拉维斯：《什么是警察——美国的经验》，尤小文译，群众出版社 2004 年版，第 418 页。

② ［德］恩格斯：《家庭、私有制和国家的起源》，载《马克思恩格斯选集》（第四卷），人民出版社 1972 年版，第 168 页。

定缜密周详的控制性法律，为警察权力设定边界规范与程序规范；需合理分解与优化警察权力结构，构建决策权、执行权、监督权相互制约的权力运行机制，并强化检察权、审判权与警察权的分工制约；亦需完善监督制度，形成协调运行的严密监督网络，这是社会主义法治建设的现实选择。

3. 公平正义的基本保障。

公平正义是人类社会的共同追求，促进社会公平正义是现代权力的基本价值追求。公平是指资源分配的公正，要求社会成员的权利、机会与规则的公正与平等；正义则是社会资源分配与权利纠纷处置的公正、公平。二者均直指民众最关心、最关切、最关注的现实利益问题，成为判断制度善性、政府良知的首要标尺。

在一般意义上，警务活动的公平正义应包含以下三个层面的基本内容：一是通过对违法行为的有效预防与及时惩治，惩恶扬善，除暴安良，保护民众权益免受非法行为的侵害，维护社会正义底线；二是坚持公正执法，严格规范执法行为，切实遵守法定程序，公道公平对待案件参与各方，将“法律面前人人平等”的公正性体现在每一件个案之中、每一项执法活动过程中，输送到每一个当事人的切身感受之中；三是平等服务，以均等化的公共服务与公共产品供给，平等保护各类当事人的合法权益，从民众最关注、最关切、最关心的问题入手，致力于推进社会的权利公平、机会公平、规则公平。

警察权是国家权力的典型代表，承担着维护国家安全和社会稳定的基本职责，公平正义是任何警察机关合法存在的道德依据，是警察机关必须履行的义务，是警察权力行使的底线准则。实施并完善警务监督，是克服权力之固有属性及人性先在缺陷、确保警察权坚守公平正义底线的基本要件。

（二）警务监督的特点

作为对警察权实施有效监控的制度性设置，现代各国警务监督运行体现出以下主要特点：

1. 多元主体监督。

警务监督的主体，包括警察机关内外具有法定监督地位的组织和人员，具有多元构成的特点。

(1) 公民。

警察权力是国家权力。权力对于权力的来源负责是常识，因此国家权力的首要监督主体是国民（公民）。警务监督的首要主体是公民也就成为当然。

警察权的内容广泛，涉及公民社会生活的各个方面，是与公民日常生活联系最为密切的国家权力，公民基于自身利益遭受警察权侵害的潜在威胁及现实后果而对警察权运行过程存在的问题提出批评、建议、诉讼，具有维护自身利益的天然动力，在可能性与实践性上，公民均应成为警务监督的基础性主体。公民对警察的监督方式较为单一，主要是基本权利倒逼警察权力的保障：一是知情权利，迫使警察部门公布真实信息；二是诉愿权利，以批评、建议、检举、申诉、控告等方式表达、参与；三是表达权利，尤其是言论表达权利在网络时代形成的舆论压力，迫使警察机关作出回应。

（2）权力机关。

公民监督更多的是个体表达，如进入集体表达范畴，则有体制外参与的社会运动性质，易造成社会稳定的威胁，或政府制度性变革，均有权力结构整体性调整的难题，一般为社会体系、权力系统极力避免的行为。

权力机关的监督，属于权力体系内部的制度化监督，表现为：一是法定设置，各个主体的性质、职责范围、彼此关系和运行方式均有条规；二是权威性，得到法律许可、有一定的民意基础，使得权力机关的运行较能为社会所接受，也能得到其他权力机构的认可；三是易监督性，因有法定资格，既有法定程式的规制，又有相应的部门制约，人为因素影响较易受限；四是刚性，集体性、组织化表达更能造成权力限制，效果更为彰著。所以，权力机关的相互监督与制约是警务监督最有效的主体、方式，也是法治建设的常见设施。

权力（国家）机关是依法享有监督权力、履行监督职能、负有监督义务的监督主体。对警察机关而言，可分为外部监督主体和内部监督主体。前者来自立法机关、行政机关、司法机关；后者包括警察机关内部各级履行管理职能、具有管理权限的责任人员，以及警察机关内专设的履行监督职能的专门机构，如日本警察本部的警备部、美国警察局的巡逻科（Patrol Division）或制服警察科（Uniform Division）等。①

就警务监督的国家机关主体而言，与西方发达国家相比，当代中国的警务监督主体具有鲜明的多元化特征。在公安机关外部，有执政党的各级组织及其所属的政法委员会和纪律检查委员会、国家权力机关、行政机关、检察机关和审判机关；在公安机关内部，除了执政党组织及其纪律检查委员会、行政监察、法制、审计、督察等机构，还有政工部门、信访部门等。它们或者是专门承担监督职责、从事监督工作的专职监督机构，或者是依法享有一定监督权力和职责的机构和组织。

2. 客体法定。

警务监督的客体非常明确，是指警察权力的构成与行使者。由于警察权力的组成均须法律的明确授权、规定，一般以专门性的法规规定其职权、义务、纪律、组织管理、警务保障、执法监督、法律责任等。

由于任何权力机构的最终行使者都是具体的人，因此，警务监督的实质是对警察权力使用者的控制，即其监督客体（对象）是作为警察权的行使主

---

① 梅可望等：《警察学》，台湾警察大学出版社 2008 年版，第 288、289 页。

体的各级警察机关及其警务人员。从各国警务监督的实践来看，作为警务监督客体的警务人员是广义的，包括警察机关中所有具有警察身份、行使警察职权的警员，也包括警察组织内雇用的“文职”人员、工勤人员等其他人员。当代中国各级公安机关中普遍存在辅警、协勤人员，这些人员虽无警察身份及执法权限，但作为受雇于警察机关的工作人员，其职责履行及个人操守等情况均会间接影响警察权的规范运行及警察机关的整体形象，因此也被列为警务监督对象。毫无疑问，直接履行警察职权的警务人员是警务监督的主要对象。

发达国家和地区往往将前述两类人员作分类管理，如我国台湾地区，专设的监督机构一般集中于对直接履行警察职权的警务人员的监督，警察机关首长及各单位主管以及人事管理部门负责对其他“文职”、“内勤”人员的监督。[①] 当代中国警务内部监督体制中，对监督客体的确定无“内勤”、“外勤”人员之别，辅警人员已经在实际上被列为警务督察机构的监督对象，各机关行政首长及各单位主管、人事部门对辅警人员亦负有相应的监督管理职责。

3. 内容丰实。

警务监督的内容是警察权行使者的行为与表现。警务监督是试图将警察权行使过程及结果置于有效监控之下的制度安排，其监督活动的内容是广泛、全面的，警察机关中所有事关警察权行使的行为与表现，均需纳入警务监督的范围。从根本上说，警务监督不仅要对警察机关具体的行政行为（警察机关及其警务人员执行法律、法规、政策、命令，处理具体事务的行为）实施监督，也要对警察权行使的抽象行为（警察机关制定行政规章以及其他具有普遍约束力的决定、命令等的行为）进行监督，还要对其刑事执法、司法行为进行监督。既要监督警察机关及其警务人员是否忠实有效地履行法定职责，又要监督其强制措施及手段的实施是否合法、合理。基于“公众对于警官的道德和正直的要求，比对普通人的要求更高”、“公众或许认为，警官业余时间的个人行为应该无愧于他的工作”的共识，[②] 警务人员在警务活动之外（“八小时之外”）的个人品德、行为亦日益引起民众的普遍关注，成为警务监督的内容之一。

4. 目的直接。

警务监督的目的是规范和促进警察权的有效运行。警务监督是通过施加于警察权行使者的一种外在的控制力量，使其按照监督主体要求的方向开展活动。其控制警察权的目的是双重的：一方面是遏制与防止警察权的滥用，

① 梅可望等：《警察学》，台湾警察大学出版社 2008 年版，第 289 页。

② ［美］罗伯特·兰沃西、劳伦斯·特拉维斯：《什么是警察——美国的经验》，尤小文译，群众出版社 2004 年版，第 431 页。

以保障公民合法权益不受侵犯；另一方面是推动警察权的有效行使，以恪尽为民服务之职责。前者具有消极制约意义，是实施警务监督的基本目的；后者凸显积极推动作用，是警务监督应达成的最终目的。

权力自诞生以来即存在公共性、腐败性的两面特性，即所谓“公共服务之手”和“掠夺之手”的“两手”。[①] 警察权具有行使界域广泛、自由裁量度大、暴力性强等特点，与公民利益密切相关，特别容易被滥用进而侵害公民基本权利。“警察权力与公民权利在一定条件下成反比例关系，即警察权的扩大意味着公民权的缩小，警察权的滥用往往使公民权化为乌有。”[②] 因此，警务监督的首要目的和价值在于防范警察权的滥用，保障公民的基本权利。

与此同时，“效率是行政管理价值尺度中的头号公理”，[③] 警察权作为维护国家安全和社会治安秩序的“公共服务之手”，其有效行使又是现代社会保障公民权利自由不可缺少的条件。但是，人的自便性使得懈怠与抵制变革、垄断信息成为生活常态，在缺乏有效监督的环境下，警务人员的懒散低效是不可避免的，警务活动中的失误和纰漏难以避免。及时纠察上述问题，防止警察权行使的低效、无效倾向及各种不当行为、违法违纪乃至犯罪行为，确保各项警务活动按着既定轨道规范、有序、高效地运行，亦是警务监督的宗旨和目标之一。

在警务监督的实施过程中，不同的监督主体发挥着不同的作用，所达成的目的亦有区别。公民、社会等监督主体所实施的监督无直接强制力、不具专业性，难以深入到警察权运行的具体环节，其价值主要体现在对警察权滥用、警务人员态度情感等外显行为的监督上；权力机关监督主体通过检查、评价、审核、约束、制裁等手段，更多地侧重对警察权越轨行为的遏制与防范。相对而言，警察机关内部的监督主体的监督活动更应体现为一种推动力量，应力求通过专业性的权力运作，治理警务活动中的懒散低效，发现权力运行中的错误，纠正偏差、考核成果、完善制度，致力于造就能够不断适应社会需求、为民众提供有效服务的警察权。

5. 方式多样。

警务监督的方式是开展警务监督活动所采取的手段、形式、方法，它解决的是怎样进行警务监督的问题，即采取何种措施以实现警务监督的目的。不同的监督主体依法通过各自特定的方式开展警务监督活动，形成多元复合

---

① 黄晓辉、陈诚：《国家权力监控机制比较研究——基于多数民主模式与共识民主模式的分析》，人民出版社2009年版，第1页。

② 陈兴良：《限权与分权：刑事法治视野中的警察权》，载《法律科学》2002年第1期。

③ 陈振民：《从公共行政学、新公共行政学到公共管理学——西方政府管理研究领域的“范式”变化》，载《政治学研究》1999年第1期。

的监督体系。

警务监督的实施程序，均需经历信息取得、问题界定、建议提出、方案采择、对策实施等环节。在每一个环节中，各监督主体均可采取不同的方式开展活动。信息取得、问题界定是警务监督活动的起点，其价值在于在警务决策时充分感知不同利益群体的诉求，使社会问题、公共问题成为政策问题，促成权力资源最大限度地照顾到各方利益，尤其是民众最关心、最关切、最关注的利益问题；建议提出、方案采择是政策方案形成的重要环节，需要权力机关各个科室、部门的合作，民主化、专业化造成决策的科学化、理性化；对策实施是方案形成后，下级部门的执行贯彻。显然，在警察权力的整个政策形成过程中，警察机关主动地贯彻警务公开原则，确保警务活动的公开性和透明度是警务监督的主要方式。

警务决策活动包括内部管理、执法勤务、技术侦查等多个层面，警务监督的主体、内容和目的因此也存在不同，样式选择当然也需要多种多样。尤其是在网络化、城镇化与全球化时代的新时期，中国警务监督的样式更需要创新，如警察授权制度和选人用人失察的责任追究制度创新；健全警务公开制度；理顺监督体制、确保监督权的法治化；建立廉政获益的引导机制，实行廉政重奖的从政制度；强化廉政法治宣传教育制度，营造抑制腐败的社会氛围；加大惩治力度，提高腐败犯罪行为的受惩成本；建立健全举报法律制度，形成强劲的群众监控网络；依法设置陷阱取证手段，迅速侦破腐败犯罪案件；实行举证倒置责任制度，由腐败官员承担举证责任等机制方法。①

第二节　警务监督的体系构建

警务监督是动态、综合、多元主体针对警察权力的活动。构建一个组织完备、协调运行的警务监督体系，确保各制度化监督主体依法在各自职权范围内通过特定方式有序开展监督活动，以形成有效发挥警务监督的制度性功能的多元复合统一整体，是各国警务监督在实施过程中的首要问题。

一、警务监督体系

体系构建是否科学合理、运行是否顺畅有效，是警务监督效能能否实现的决定性因素。在警务监督体系的总体框架中，内含着多个层面、多种类型的监督活动的存在，可以从不同的角度对其进行考察。

（一）体制监督和人员监督

这是以监督对象为标准，基于监督对象侧重点的不同所作出的类型划分，

---

① 李光明、寇学军：《权力监督与廉政法律制度建设研究》，经济日报出版社 2009 年版。

即对警察权力体制的“体制监督”和对警务人员的“人员监督”。

1. 体制监督。

体制监督，主要是指对权力机构的设置与行为的监督。关于警察机构的设置，在现代国家有法律的明确授权，对其任务、职权、内外部关系均有规定，并接受相关授权部门的监督，由于属于政府权力的一种，在绝大多数国家为民意机构（如国会、人民代表大会）。但对于警察机构的附属机关、基层组织设置的法定性，则因国家法治化水平的不同呈现出较大差异。因为“法无规定即禁止”是现代政府权力运行的通则，法律授权是政府组织存在的首要前提，接受法定权力机构与社会的监督是法定义务，当然也是民意机关的法定职责。

对警察机构行为的监督，是指对警察机关内部管理与外部政策的监督。内部组织管理，包括效率、秩序、正当与纪律等规范、价值的实现，对此类行为的监督主要由内部权力组织进行，如在我国，由纪检监察、警务督察等组织实施；外部政策，是指警察机关以组织名义进行的政策行为，包括议程设置、规划、执行、评估、调整等多个环节，在整个过程中，监督均可进行，其主体包括社会组织与公民个人，但多由权力机关进行。

2. 人员监督。

人员监督，是指对警务人员在执法管理活动中的监督，主要是在面对社会事务实行警察权力时的监控、督察。人员监督的主体可以是专职的督察部门，也可以是直接的上级主管部门，还可以是社会组织与公民个体。人员监督的最大特点是个案监督，即具体的警察个人、警察行为。

（二）合法性监督和合理性监督

根据监督的内容，可以把警务监督分为合法性监督和合理性监督。“合法性”，是指是否合乎既定的法律规定、规章制度；“合理性”，是指是否合乎道义的原则、公序良俗。前者是程序性的监督，后者是价值性监督。这与警察权力的正当性、法定性及自由裁量权等特性密切相关。

按照警察权依据的法律规范的不同，警察权力可以分为羁束型、自由裁量型两种。羁束型警察权所依据的法律规范具体、确定，如在权力主体、权力资格、权力条件、权力对象、权力程序以及权力行使程度等方面有详细的规定，警察机关和警察人员在行使时必须严格依法进行，不得自由裁量；自由裁量型警察权所依据的法律规范比较原则，警察机关和警察人员在行使时，可以也必须根据现实情况甚至是经验“发挥主观能动性”，在一定范围或幅度内作出判断和决定，如是否审批集会游行示威申请、裁决何种治安行政处罚、适用哪种刑事强制措施等都是这种情况。①

1. 合法性监督。

合法性监督，主要是审查“羁束型警察权”在行使过程中适用法律是否正确，有无越权、滥用权力的情况。其目的在于防范和避免可能发生的违法行为，揭露和纠正已经发生的违法行为，及时惩处违法人员，维护公民合法权益。

合法性监督是一种规则明确、事实清晰、易于进行的监督。

2. 合理性监督。

合理性监督，主要是审查“自由裁量型警察权”，即警察的自由裁量权的行使是否恰当，有无违背法律意图、公众利益的情况，在法定范围和幅度内作出的决定、采取的措施是否合情合理和适当等。

对于警察权力的合理性监督，主要体现在对“比例原则”的尊崇上。比例原则简言之就是权力实施与效果间应有一定的计算，不得因为权力主体的便利而扩大对实施对象的损害。比例原则的前置原则是权力是必要的恶，权力可以达到公共性的善，但在实施时总以对客体的损害为前提。换言之，客体感知权力的善时也在承担权力的恶，且因不是直接的受益者，恶的份额可能大于善的份额。

因为警察裁量权具有较大的自由裁量余地和弹性空间，被喻为“行政法上的特洛伊木马”，一旦失去控制，将会颠覆法治主义秩序。现代法治国家对警察自由裁量权的行使普遍遵循“比例原则”的基本要求，即要求警察权力行使时的强度、硬度仅止于维持公共秩序必要的最低限度。在能达成警察目的的诸方式中，应选择对当事人利益侵害最小的方式，不应对当事人造成过大的伤害（“最小侵害原则”）。比例原则，主要是通过警察权力在行使时与当事人权利的比较而设置的对弱者保护的人道主义原则。警察权力在行使时，对绝大多数社会成员均是绝对的强势，一旦只考虑自己的便利而不考量当事人的权益，即会形成权力专横，从而伤害到当事人的利益，进而损害警察权力设置的正当性。因此，警察权力行使的比例原则要求警察权力即使具备目的正当也仍需注意手段的恰当与合理，使处罚程度与违法程度相适应。对警察自由裁量权的合理性监督，是合法性监督的延伸和补充，是保障警察权力正义的要求。

（三）事前监督、事中监督和事后监督

以监督活动介入的时间为标准，警务监督可以分为事前监督、事中监督和事后监督。

---

① 李健和：《论我国警察权力的属性和类别》，载《中国人民公安大学学报》2007年第3期。

事前监督，是指在警务工作开展之前或某项行为实施之前，对其各方面情况所进行的预防性监督。事前监督是一种超前控制，通过监督主体提前介入，主要对警察机关作出的决策、制定的工作计划，以及为此而制定的实施方案等，进行风险评估、收益计算、适应性预估和正当性评价。通过审查、指导，及时发现问题的苗头，预先采取措施堵塞漏洞，做到防患于未然。

事中监督，是指对警务活动的同步监督。主要是对正在进行的警务活动是否按照决策目标或工作规划运行、有无偏差失误、有无违法违纪行为等情况进行监督。这种监督贯穿于警务活动的整个过程，属于全程控制，目的在于及时发现问题、及早采取对策，避免造成重大损失和不良后果。

事后监督，是指在某项警务活动结束以后或某种错误发生后采取的监督。与事前和事中监督相比，事后监督的作用主要体现在两个方面：一是对已然错失进行惩罚和处理；二是总结经验教训，为下一阶段的工作做好准备。

（四）一般监督和专门监督

以监督主体的工作性质为标准，可以将警务监督划分为一般监督和专门监督。

1. 一般监督。

一般监督也称非专门监督，是指享有监督权限而又非专职行使监督职权的组织和个人对警察机关及其警务人员的行为所实施的监督。立法机关、行政机关、司法机关、政党、社会团体和公民个人等主体实施的，以及警察机关内部基于行政隶属关系所开展的监督活动，都属于一般监督。

概言之，警务监督体系是监督权力在各监督主体间相对稳定的分配关系，是针对警察权力的各个层级、各种类型的监督主体之间权力关系制度化的表现形式。由此决定各监督主体在警务监督体系中的地位、职责、权限及其相互关系，为警务监督活动开展提供基本的运行框架或轨道，是警务监督活动赖以有序运行的基本凭借和依据。

警务监督体系构建重点解决三个方面的问题：设置监督机构并明确其各自的职能定位、职责内容，赋予各监督机构特定的监督权力，并界定各自的权力边界；厘清各监督机构的权责关系，筹划协调统一的监督网络。围绕上述问题，衡量监督体系科学性的基本标准则在于：①监督机构设置是否健全、各自功能定位职责范围及监督对象是否明确，是否能够形成对警察权力运行的全方位监督网络；②对各监督机构的权力授予与担负职责是否相适应，各监督机构的领导体制、组织体制是否能够保障其独立行使法定职权；③各监督机构之间的权责关系是否清晰，是否有利于其形成既分工明确又协调运作的整体合力。

2. 专门监督。

专门监督，是指由专职承担监督职责、行使监督职权的监督机构开展的专门性、专业化的监督。此类机构拥有职业化的监督人员队伍，其设置目的就是为了履行监督职责，其法定的核心工作就是对其他机关和人员进行监督，并拥有法律赋予的特有的监督权力和工作程序，以保证其监督活动的职业化、经常化和相对独立性。当代中国专门行使监督权的监督职能部门包括执政党的纪检机关、国家行政监察机关（合署办公）、审计机关、检察机关等。此外，在各国警察机关内部基本都有内设的专门监督机构，如当代中国公安机关的警务督察机构等。

专门监督有如下特点：①专门性，是专设监督部门专司监督职权；②专业性，由专门部门专业化进行；③权威性，即监督结果具有法定约束力，被监督机构均应接受。

二、警务监督的功能

警务监督的功能，是指警务监督应有的作用和要达到的效果。警务监督的功能分析，重在目的实现程度的分析，主要在于设定警务监督活动的期望值。警务监督实质上是对警察权力的监控，警务监督的最终功能在于保障和促进警察权的依法、有序、高效运行，确保公民合法权益得到警察权的有效保障。各国构建警务监督体系，对其应有功能的期待具体表现在下述五个方面。

（一）预防功能

预防功能，是指监督机关在进行监督行为时，对被监督对象错失行为的防范、预警、控制。面对后果的不确定性、明确的风险和危机，要事先采取措施，最大限度地防范风险，最大限度地保障目的的实现，避免社会资源的浪费，达至权力权威，形成权力统治的合法性。这是一种代价小、效率高、符合法律理性与人性的理想的监督效果。预防功能主要体现在：

1. 确定边界。

权力确定明确的边界、有限政府是现代法治社会的基本要求。事前预防性监督通过确定规则，为警察机关及警务人员的行为提供严格的规范和边界。主要是通过设立一系列的规范，确保警察权“有法可依”。通常体现为有健全的用于规范警察权行使的行政法律、规章和制度规范，确立警务活动的行为准则，明确各部门、人员的职责权限、适用程序，形成权责分明、规范确定的工作制度，公布晓谕，并以“违法必究”的责任追究和惩戒机制，使警务人员有清晰的行为指引、行为规制，从而达到自觉遵从、自我约束的效果。

在这方面，美国的司法系统对警察权的监控制约机制值得借鉴。美国的警察体制虽以多元分散著称，但美国的警察执法却体现出高度的一致性。究其原因，并不在于有统一的指挥与协调，而在于判例的明确、警察行为的

“有法可依”。联邦最高法院依据联邦宪法精神，对具体的个案作出明确判例，详细规范警察执法的各个环节，成为联邦执法机构和州与地方执法机关必须执行的规则，直至每一个动作、每一句话都有“规范”，成为警察执法勤务的“法律”程式、具体要求。否则，警察的执法就失去了合法性，采集的证据不会被法院采信。①

2. 决策防范。

决策防范，主要是对方案进行抉择前的失误、错失提前预警。例如，将监督关口前移，通过对警务决策的前置性监督，确保警务决策的科学化、民主化，为其后的警务活动的具体实施提供正确方向。

3. 对策指引。

对策指引，是监督机关通过对以往经验教训的总结，先期完善制度、程序，有效控制可能出现的各种问题。在警务监督的实施过程中，专门的监督机构尤其应着力于在工作中捕捉警务活动中存在的倾向性、苗头性问题，发现潜在危险，进行理论跟踪、思想发掘和现实分析，见微知著，举一反三，从中找出规律、症结所在，并结合实际探索预防措施和治理途径，尤其是根据日常发现的问题、新出现的问题，随时修正既有制度、规则，堵塞管理漏洞，防患于未然。

（二）纠偏功能

纠偏就是对警察机关及其警务人员已经发生的各种偏离法律规范及其职责要求的偏差和失误行为加以制止，令其纠正。权力监督的核心意义，一在制度性预防，二在制度性纠正。前者重在防患于未然，是为预警机制；后者重在及时纠察，是为纠错机制。

纠错机制的假定是以任何人、制度均存在理性不足为基础的。任何人均可能存在知识、能力与思维的盲点和误区，是为理性不足，需要制度性的及时补救以防止更大的决策风险和恶果，其中决策失灵、政府失败是常见的结构性理性缺陷。换言之，任何权力都不可避免地存在决策、执行失误，需要有及时的制度化的补救措施。

在实际权力运行中，警察机关的决策部门与执行部门及警务人员个人素质、执法水平参差不齐，警务工作对象和情况纷繁复杂，千变万化，在警务活动和执法办案过程中出现偏差和失误实属难以避免。正因如此，及时发现和消除这些偏差和失误，就成为提高警察机关的执法水平、确保警务活动顺利开展的重要保障。

纠偏功能主要有下述特点：

① 张小兵：《论美国联邦宪法对警察的规制》，载《中国人民公安大学学报》2010年第2期，第119页。

1. 现场性、时效性。

警务活动的多样性，要求警务监督不仅要有多样性，更需要将触角延伸到警察机关的各个警种、各个层次以及警务活动的方方面面和决策、执行等各个环节，及时发现各种偏差、揭露各种违法违纪行为和不合理现象，一旦发现迅速作出反应，及时处置，现场处理，按预定程序促使警察机关和警务人员采取各种纠正和补救措施，纠正偏差和失误，终止违法违纪行为，消除不合理现象，防止出现更大的失误和损害。

2. 机动性、灵活性。

警务活动的多样性还体现在分散性和动态性上，要做到及时、高效的监督，就需要监督活动深入警务工作的第一线，实现随警监督，对警务人员和警务活动全程监控，即时纠偏，这就是机动性、灵活性的动态性监督。

需要指出的是，在发挥监督纠偏功能的同时，还需要妥善处置警务监督的现场性、时效性要求和警察权依法自主行使之间的矛盾冲突。纠偏功能的发挥依赖于监督主体的主观能动性，监督者也是人，与被监督者同样具有理性不足的人性特点，事中的监督很容易形成对权力运行的不当干扰，亦容易造成警务人员“不被信任”的不良心理暗示，从而有损其职业尊荣感，消解其自我激励、自我约束的心理基础。因此，加强警务人员的道德自律、职业操守，是制度化的权力监控机制之外不可或缺的基础性控权机制。因为无论是多元化的监督主体，还是权威性的监督行为，都无法实现对警察权力的全时空、无间隙监控。

（三）反馈功能

在管理系统中，反馈主要是指将管理系统输出的信息返送到输入端，并对信息的再输入产生影响，进而起到控制和调节作用。作为管理环节的监督反馈功能，主要是指通过监督，对管理系统运行过程及其结果的真实性、准确性和可靠性作出评价，为决策者、执行者提供改进工作的科学依据。

警务系统是由决策系统、执行系统和监督系统组成的一个有机整体。决策机关实现科学决策的基础是掌握全面、真实、及时的信息，在方案规划、选择、评估等多个环节，做到科学理性比较利益与代价，最大限度地规避风险、适应环境、避免失误，这其中信息的准确输送、政策的有效输出就成为关键因素。监督系统在事前、事中、事后的多个环节，将既有信息尤其是负面信息及时提供给决策者、执行人，先期预警、及时纠错。因此，从这个意义上讲，警务监督过程本质上是一个信息反馈的过程。通过不断地检查、评价、发现偏差，分析偏差产生的原因，完善决策，再对决策执行过程及结果进行再检查、再评价，形成循环性决策，使得决策过程、决策系统成为一个自我循环、良性运转的系统。

（四）惩戒功能

惩戒功能，是指依照法律法规及有关规章制度，对警察机关及其警务人员的违法违纪行为进行责任追究，给予相应的惩罚。惩戒是对警察机关及其警务人员违法失职行为的一种制裁，是防止违法失职行为蔓延的一种手段。通过惩戒，一方面体现了对特定行为的否定，另一方面也可以起到对其他机关和人员的警示作用。

惩戒功能的实现，是警务监督权威的重要来源。权力的权威来源于目的正当、结果有效和过程公开，其中结果的效用大小直接决定权力的被信任程度。权力行为的结果既包括实现权力目的的正当性，亦包括违背权力目的的失当性，对于失当性行为的纠正、处置、惩戒，是保证正当性延续的重要支持。如无失当性的惩处，正当性激励效果就会大打折扣甚至纵容失当性行为，使警察权力的能力遭受损失。

（五）正义功能

正义是现代社会政治权力存在的最重要价值。正义包括资源配置的公正性、利益纠纷处置的公平性。

警务监督的正义功能的一个重要表现是权利救济，即在处置警务不当行为后，对当事人消除损害、恢复名誉、补偿和赔偿损失。警察权在运行过程中，难免会与其行政相对人或利害关系人产生争议和纠纷，也可能损害当事人的合法权益。警务监督机制的存在既可以为纠纷的解决提供制度性的处置渠道，也可以确保受害人得到某种方式的补偿。“不仅要主持正义，而且要人们明确无误地、毫不怀疑地看到是在主持正义，这一点不仅是重要的，而且是极为重要的。”① 就此而言，有效的警务监督机制的存在至少可为警察权提供一种形式上的正义保证。

总之，警务监督机制的存在对警察机关及其警务人员构成了外部约束，形成了一种事实上的制约或潜在的威慑，通过预防、纠偏、反馈、惩戒、救济功能的实现，达成其既遏制与防止警察权滥用，又推动警察权有效行使的双重目的。

对警务监督功能的关注，应着力于构建有利于其各功能综合有效发挥的监督体制机制。同时，也应避免过度迷信监督功能的趋势，防止警务监督过度扩张对警察权正常运行的不良干扰。毕竟，在国家权力运行系统中，监督权与决策权、执行权相比，是派生性、从属性的权力，监督是手段，是确保决策科学、执行有力的保障机制，而不是决策与执行的替代机制。依据分工负责、各司其职的现代国家权力配置的基本要求，有效的监督必然是到位而不越位、参与而不包办的有限的监督。②

① 转引自［英］丹宁勋爵：《法律的训诫》，杨百揆、刘庸安、丁健译，法律出版社1999年版，第98页。

② 侯志山、侯志光：《行政监督与制约研究》，北京大学出版社2013年版，第50页。

第三节　警务监督的实施机制

警务监督的实施，是为实现监督目的和监督功能而适用监督法律和监督制度的动态过程，“只有制度而没有实效的监督，任何罪恶都是可以生成的。因为制度毕竟是纸上的文字的规定，制度毕竟是人所设定的，而且要人来执行”，① 警务监督目的之达成依赖于有效的实施机制。对这一问题的学理研究，侧重于对警务监督的行为过程的考察和分析，关注警务监督的主体构成及其权力（利）、范围和内容、方式或手段、作用和效力及其影响因素等问题，力求探究整体一致、内在协调、相互衔接、相互补充的有效的警务监督实施机制的运行机理。从各国的警务监督实践来看，依监督主体的性质为标准，可将警务监督的实施机制分为“以权力监督权力”的体制内实施机制和“以权利监督权力”的体制外实施机制。两者需协调一致、密切配合、共同作用，以确保警察权力在法律规范之下的高效运行。

一、警务监督的体制内实施机制

警察权的体制内监督，由国家权力体系内部的制度化监督主体依法在各自职权范围内以特定的方式来实施。体制内监督的主体是指拥有宪法和法律赋予的监督职责与相应权力的组织，包括警察机关之外的立法机关、行政机关、司法机关和警察机关自身，依其监督权性质区分，可分为立法监督、行政监督、司法监督。在当代中国，执政党是体制内首要的监督主体。

（一）立法监督

在现代国家，立法机关对警察权的监控具有双重意义。一方面，作为行使国家立法权的基本主体，立法机关通过制定宪法及法律为警察权的行使进行“规则性控制”，在权力制衡层面体现国家立法权对警察权的宏观制约；另一方面，立法机关作为人民选举产生的代表机关，通过监督权的行使对警察权的日常权力安排、经常性事务展开监督，体现人民对警察权的间接监督。作为警务监督实施机制的立法监督，主要关注的是后者。

1. 立法监督的主体。

由于各国政体的不同，立法机关中监督主体的形式也有所不同。其中，实行两院制的国家多由普选产生的代表民众意志的“下院”部分行使，如英国的下议院（平民院）、法国的国民议会；实行一院制的国家则无此区别，如我国的各级人民代表大会及其常务委员会。各国立法机关开展监督活动的主体通常包括两类：一是以全体会议或立法机关中的委员会形式，体现为集体

---

① 葛荃、韩玲梅：《行政道德案例分析》，南开大学出版社 2006 年版，第 17 页。

履职形式；二是议员或人民代表的以个体形式独立开展监督形式。我国的各级人民代表大会开展监督工作主要通过全体会议及常务委员会会议，以及常委会领导下的人大代表有组织的监督活动。

2. 立法监督的内容。

立法机关对警察权的监督，主要体现为两个方面。一是法律监督。法律监督是指立法机关对涉及警察事务的法律、行政法规、行政规章、地方性法规和地方政府规章进行立法审查。法律监督既包含着对规范性文件内容合法性的监督，也包含着对规范性文件制定程序合法性的监督。法律监督主要体现在：首先是改变或者撤销权。改变、撤销有关警察行为的违法和不适当的规范性文件、决定和命令。其次是监督备案权。根据我国《立法法》的规定，行政法规、地方性法规、自治条例和单行条例、规章应当在公布后的30日内报有关机关备案。二是工作监督。工作监督是指立法机关对其他国家机关及其工作人员的具体活动所实施的监督，具体到警务监督中，是指国家权力机关对警察机关具体活动和警务人员的警务行为实施的监督。立法机关工作监督的特点在于这种监督主要是对警察机关工作中带根本性的、重大而又具有长远性的问题进行的监督。工作监督的具体内容和范围主要有：行为监督、计划监督、财政监督、人事监督。立法机关监督警务行为的方式主要有：听取和审议工作报告；向警察机关提出质询和询问；对警察机关工作进行视察与检查；组织关于特定问题的调查委员会；对不称职的警察机关负责人员进行罢免和撤销职务；受理公民申诉、控告和检举；督促和检查警察机关对代表提出的建议、批评和意见的处理和答复情况。

总体而言，立法机关对警察权力的监督是全程性、全方位的，既可以对警察权力的安排、运行的事前以确定法律的方式，对警察权力作出原则性指导；又可以事中事后的个案质询、调查体现监督功能。来自立法机关的监督对于警察权的规范与限制发挥着重要的作用，但是这种监督方式也存在其固有的局限性。其监督效果既受制于立法机关自身的权力行使意愿与能力，同时因为警察权力运行的专业性、案件处置的秘密性和某些案件的特殊性，亦增加了立法机关监控的难度。确保立法机关监督预期效果的充分体现，是各国努力的方向。随着我国依法治国、依法行政进程的加快，公安机关及其人民警察的执法活动越来越引起各级国家权力机关的重视。针对公安机关和人民警察担负的具体职责以及在工作中存在的突出问题，各级人大主要通过听取工作汇报、实施执法检查、进行专题调查、工作视察、组织人大代表对公安工作进行评议等方式开展监督活动，其监督的权威性越来越高。

（二）行政监督

警察权的行政监督，是指行政权力对警察权力的行使与安排的有效监控。

1. 行政监督的主体。

这里的行政权力包含两种：一是体制内的行政权力，即警察权力机关内部的权力设置，如上级机关对下级机关、同级机关内部的领导与一般警员之间的权力关系，体现为警察机关的自我规制；二是其他行政权力，如对警察机关有领导关系的政府、其他类型的行政权力部门与警察权力部门的权力关系。概言之，警察权力的行政监督，包括本机关内部的上级（领导）对下级的管理、监督，政府机构对警察权力部门的管理监督。警察机关是国家行政机关的组成部分，直接受各级政府的领导。因此，从监督的角度说，国家行政机关的监督主要是各级政府履行对警察权力的行使过程与结果具有检查、督促和纠偏的职能。国家行政机关对警察机关的监督包括基于行政隶属关系的一般监督和专门履行监督职能的行政监察监督。一般而言，国家行政机关对警察机关的一般监督主要是通过工作指导、工作检查和督促、工作考核、奖励和行政处罚、审查批准等一系列管理活动来完成。

行政监察，是指行政监察机关对警察机关的监督。当代中国依据《行政监察法》的规定，在国务院设立国家监察部，主管全国行政监察工作。县级以上地方各级人民政府设立监察机关，分管本行政区域内的行政监察事务。公安机关作为国家行政机关的重要组成部分，理所当然要接受行政监察部门的监督。

警察机关的内部监督，是警察机关的自我调节、自我控制机制，主要包括基于行政隶属关系的一般监督和专门监督两种监督形式。

一般监督，是基于监督主体与监督对象之间的领导与被领导关系而展开的，主要是通过上级公安机关和领导对下级公安机关和所属人员的工作进行检查、指导、督促、考核、调查等方式来进行的，因而具有较强的权威性，能够对被监督者起到直接的督促作用。

专门监督，是指警察系统内设立的专门行使监督职权、从事监督工作的监督机构和人员对警察机关和警察个体进行的监督。各国警察机关内均设置有专门履行监督职责的监督机构，当代中国的公安机关中设置有纪检监察、警务督察、审计等多元化的专门监督机构。目前，在警察机关内部的监督制约体系中，政工部门侧重于人事管理，纪检部门侧重于事后查处，督察部门监督工作的动态特征比较突出。

2. 行政监督的内容。

行政权力的监督内容，主要有两种，一是日常行为的监督，二是任务完成的监督。前者在于对成员的行为态度、情感与方式的监管与督促，使之符合权力机构的行为规范、职业伦理，并以之为完成任务的外在形式，主要是以日常工作制度、规则、章程为监控方式；后者是结果的监督，即以必须完成的工作目标实现程度为主要指标进行考量。

行政权力的监控方式，与其他权力部门有较大的不同。行政部门行使权力的方式更多的是命令贯彻，即上下级构成严密的等级关系，下级权力的来源严格受到上级主管与权力机构的控制，下级接受上级的命令、指导属于本分之事，上级考察下级的主要内容是下级对上级指示、命令执行的结果。在这个权力体系中，上下级机构不是对等关系，与立法、司法机构有根本性的差异。

警察权的行政监督效果，在两个方面特征显著，一是直接性，二是易变异性。直接性是指行政权力的监督方式，是直接面对权力人员，甚至是同一体制内的上下级之间，其权力关系更易实现。权力的直接对接，使得上级意志更易达到，能形成较高的效率，是行政权力的本质追求。对于权力公正的追求，必须保证权力人员的平等关系，但行政权力要求内部管理秩序的存在，就使得上级意志的确保执行、有效性存在是其权力的基本运行法则，权力效果的直接性也就随然而至。权力的直接性，利于达成上级的意志，但也易造成体制内的依附关系。上级权威较大，如有较强的权力控制意志，就能够生成清晰明确的权力环境，并在权威的作用下产生雷厉风行的效果。就易变异性而言，行政权力对警察权力的行政控制，本质上是一种内部自我监督，属于体制内的本体监督方式。无论是同一体制内的上下级之间、还是同一系统内不同行政管理部门之间，因为存在相当强的领导与被领导关系，成员的产生方式、权力行使的业务内容、权力结果（政策）的直接目的之间，均存在相当密切的利益关系，呈现为荣损与共的关系网络，容易形成权力合谋的变异格局。利益结构性相关、权力监控的内部运行、监控结果人为操纵和体制性纵容就成为有利选择，包容式庇护、纵容式腐败、共谋式作恶也就成为不可避免的现象。

警察权力的行政控制，是一般性的权力控制，其有效性源于其直接性。但也因行政权力的过多内部运行，导致权力变异的可能性增大。如要发挥行政权对警察权的监控效果：一是形成全方位的权力监控格局，尤其是加强异体监督的力量；二是制造内部运行体系的开放性，强化对领导者的监督，形成权力运行的良性运作体制；三是加强社会监督，形成权力制约的整体性舆论环境，提升警察机关内部警员的心理储备和外部情感支持，也造成对权力者的个人压力。

（三）司法监督

在警务监督的实施机制中，司法机关扮演着重要的角色。从国际上看，警察权要接受司法权的控制，将警察权置于中立的司法机构的有效审查与控制之下，是遏制警察权滥用、维护法治的核心制度。从一般意义上讲，司法机关即行使审判权的法院和检察机关。司法机关对警察权的监督，首先体现为以司法解释方式所构成的“规则性控制”。司法解释在我国主要体现为最高人民法院和最高人民检察院通过发布各种有关文件形式所作出的“抽象法律解释”；在西方发达国家，通常体现为以司法判例形式所作出的“具体法律解释”。司法解释作为司法机关对于法律规定中不够明确或产生歧义的内容所作的理解性、诠释性说明，与立法规范具有同样的法律效力，成为警察权在行使过程中必须遵循的规则，构成对警察权的“规则性控制”。

1. 法院监督。

法院对警察权行使过程与结果的监督以司法审查的方式实施。其中最为常态化的体现在案件审理过程中：一是间接性监督，即通过对案件审理、各种证据采信对警察侦查案件结果的审定与判定。在整个案件流程中，警察侦查权处于案件的起点，负责收集各种证据，包括对犯罪嫌疑人的约束、拘束的证据，及各种物证、人证，但这些证据的效果如何，须由法院最终裁决。二是直接监督，其中最常见的方式就是行政诉讼。应当事人的请求，由法院对行政机关行为的合法性等予以审查并作出处理，此为司法对行政的事后监督。自我国 1989 年颁布《行政诉讼法》以后，警察行政权已经通过行政诉讼纳入司法轨道，对于警察机关违法行使行政权力，公民可以通过行政诉讼进行救济。但是，基于公检法三机关互相制约、互相配合这样一种司法流水线式的刑事司法体制，对刑事警察权的这一司法审查机制并不存在。另一种较常见的司法监督方式具有事前监督性质，即警察机关在做出某些涉及公民基本权益的行为之前，必须首先向法院申请，经过法院审查同意并取得实施行政行为的许可证状等之后，才允许实施相应的行政行为。例如，西方一些国家当需要对公民临时限制人身自由或者需要采取搜查、扣押、羁押、监听等强制措施时，警察无权直接决定和实施，而是必须事先向法院、治安法官等提出申请，由法官决定是否批准同意。对于法定紧急情况下的搜查、扣押等强制处分行为，由司法权予以审查以确认是否合法。由此体现法院对警察权行使的事前审查，亦是“司法最终裁决”的法治原则的体现。这一方式在我国的司法体制中不存在，公安机关享有自行决定刑事拘留、未决羁押、监视居住、取保候审、搜查、扣押、窃听、限制居住等一系列剥夺、限制公民权利和自由的权力，虽然在后期的审判程序中被告人可以就这些强制措施的不当向法院提出抗辩，但这些措施的实施过程本身几乎不受法院的司法监控。

司法权力对警察权力尤其是侦查权的监督，是国家权力设置的重要功能之一，在现代法治国家中，警察权的司法监督程度与广度体现着一国法治文明的高度。但也存在着法院无法对基层警员行为进行日常监督，仅能就诉讼案件进行有限的监督，司法资源的紧张导致司法机关无力审查大量的警察权失范案件等司法监督不力的问题。在我国，法院是行使审判权的唯一机关，但司法权对立法权、行政权并无平行的制度性的权力制约关系，除《宪法》第 135 条规定的“人民法院、人民检察院和公安机关办理刑事案件，应当分工负责，互相配合，互相制约，以保证准确有效地执行法律”之外，法院对公安机关的监督只是通过个案监督实现，这是对法院监督警察权力的一个重要的前在预设。警察权的司法审查问题必然是我国警察法治建设的一项重大课题。

2. 检察监督。

各国检察制度设置差异较大，就检察机关与警察机关职权职责关系而言，有检警一体化、检警分离、检察监督侦查三种不同模式。[①] 在以法国、德国等为代表的检警一体化模式中，检察机关对警察机关侦查活动具有指挥、命令权，警察机关处于侦查辅助地位，警察机关的侦查服从、服务于检察官的侦查、审查与要求。检警分离一般为英国、美国等英美法系国家所采用，在此模式中，检察机关在与警察机关相互独立，刑事案件的侦查主要由警察实施，检察机关对警察机关移送的案件进行审查后决定是否起诉，在这种模式中，检察权对警察侦查权体现的是分权式控制。在检察监督侦查模式中，检察机关以国家法律监督机关的角色参与刑事诉讼，对警察权的控制体现为监督与制约双重性质。在我国，检察机关作为宪法授权的法律监督机关，体现的是国家法律监督机关对警察权力的监督。实际上，检察机关是作为公民权利、国家整体利益的保护人角色来行使监督权力的。

我国检察机关对警察权的监督分为两类：一是法纪监督，通过办理公安机关内部发生的应由检察机关管辖的刑事案件，对公安机关及其人民警察进行监督。根据我国《刑事诉讼法》和有关法律之规定，应由检察机关管辖的范围是：贪污贿赂犯罪案件、渎职犯罪案件、利用职权侵犯公民人身权利和民主权利的犯罪案件。二是侦查监督，即对刑事侦查过程的监督。根据《刑事诉讼法》的规定，检察机关对警察机关整个刑事诉讼活动实行法律监督是检察机关对警察权监督的主要内容，包括对立案、侦查、起诉、执行等诉讼环节实行全面法律监督，主要方式是程序审核、派员参与、违法纠正。关于立案监督，《刑事诉讼法》第 87 条规定：“人民检察院认为公安机关对应当立案侦查的案件而不立案侦查的，或者被害人认为公安机关对应当立案侦查的案件而不立案侦查的，向人民检察院提出的，人民检察院应当要求公安机关说明不立案的理由。人民检察院认为公安机关不立案理由不能成立的，应当通知公安机关立案，公安机关接到通知后应当立案。”此外，对公安机关在侦查活动中存在的违法情况，检察机关有权提出纠正意见要求公安机关予以纠正并监督其落实情况。除此之外，检察机关对公安机关监所的监督、对执行刑罚情况的监督、通过参与行政诉讼对公安机关具体行政行为的合法性进行监督、受理公民和社会组织对公安机关及其人民警察违法违纪行为的控告和

---

① 种松志：《检警关系论》，中国人民公安大学出版社 2007 年版，第 12 页。

举报等，均是检察机关的法定职权。

由此可见，我国的检察机关对警察权行使的控制范围极其广泛，既包括警察机关的行政执法权也包括刑事侦查权，此外，对刑事侦查权的监督也是全程的，从立案审查、过程程序监控到案件审理、执行时的监督，均应以在场的方式确保监督效果，涵盖了从立案到刑罚执行的全过程，贯穿刑事诉讼活动的始终，是一种具有中国特色的警察权监督模式。但到目前为止，检察机关上述职权的行使并不充分，其“法律监督机关”的宪法地位尚未全面落实。

体制内监督有着显著的特点。一是强制性。该主体的监督活动以国家强制力为后盾，以特定的监督职权为手段，其监督行为具有法定的强制力，能够产生直接的法律效力。二是职责性。与公民监督权的权利属性不同，体制内监督主体的监督权是其依法必须履行的职权，如果不能依法有效地履行，需承担相应的法律责任、行政责任与政治责任。三是效果的显著性。这是体制内监督主体的优势所在。监督是以监督主体的主观意志对被监督者行为施加影响的一个过程，其前提为质疑性，价值在于查找问题、纠正错误。作为一种具有支配性的、以质疑性为主要特点的活动，监督的实施过程必然会涉及被监督者的切身利益，必然遭遇巨大的反作用力。因此，有效的监督需要有强有力的权威为资源，以权力刚性实现监督效果。体制内监督主体的监督优势以国家强制力为后盾，以法律的实体规则和正当程序为依据，以组织化的力量和专业优势，迫使监督对象不得不接受约束、监察、督察。因此，发展与完善体制内监督体系是各国发展警务监督体系过程中的重要着力点，如何科学配置多元化的监督主体的权责、义务，构建具有内在协调性和整体一致性的有效警务监督体系，是需要着力解决的问题，这一问题在当代中国警务监督实践中尤为迫切。

但是，体制内监督也存在其难以避免的“内在贫困性”，[①] 主要体现在开展监督的动力机制不足、监督效果受监督人员的主观因素制约、监督主体与客体易形成利益同盟等。综合协调与发展体制内、外监督主体的监督活动及其效力，形成相互补充、相得益彰的监督体系，是各国警务监督的共同发展

---

① 韩志明：《监督权的制度逻辑、内在贫困和建构维度》，载《华东经济管理》2010年第3期，第120~124页。该文将不能监督、不愿监督、监督乏力、监督缺位、监督虚置等监督权在运行中出现的问题统称为“监督权的贫困”，原因在于监督权力的非生产性质、纠错性质、松散性、事后性等局限。文章认为，突破这些制度瓶颈，主要方法有四：强化对监督权地位的制度保障，尤其是保障监督权的独立性；打破执行机构的信息封闭，平抑其信息优势，消除信息不对称；赋予其广泛的监督职权和行动资源，提高监督能力，特别是赋予其一定的制裁或惩罚权；强化对监督权的激励和监督，使监督收益内在化，提升监督动力，增加对监督者的保护。

方向。

二、警务监督的体制外实施机制

体制外监督的主体是享有宪法、法律确认的监督权利的各种社会力量，包括政党、社会团体、大众传媒、公民个人等，故亦通常被称为社会监督。体制外监督起源于宪法的权利保障原则。根据这一原则，国家机关的权力活动必须以维护社会的公共利益为目的，以尊重个人的尊严、自由、权利为前提。对于国家和社会来说，尤其是对于国家机关及其工作人员来说，他们是公共利益的“代理人”，他们的权力行为会涉及公众的利益，对这些权力的行使者和行使过程进行监督，是保障公民权利实现的重要方面。体制外监督主体的监督活动通过公民政治权利的行使来实施，体现的是作为国家权力主体的公民对权力行使者的民主监督，在警务监督体系中居于基础地位。

（一）公民监督

公民监督，是指社会成员以权利表达的方式对警察权力行为的监督。警察权力的行为经常性地涉及公民的基本自由、财产与生命权利，这种设计的目的主要是在打击犯罪、维护社会治安秩序过程中对公民基本权利的保护，但在行为实践中也不可避免地威胁到公民的基本权益，尤其是在处置民众最关心、最直接、最现实的利益纠纷问题时，民众能切身感受到公平正义对个体权利的意义。公民监督主要是直接诉愿，如行政复议、上访诉求、媒体诉请或者其他的行动表达，只要是在法律许可、社会价值许可的范围内，就均是公民权利的正常表现。

在国家权力的运行过程中，作为被管理者的公民处于弱势地位，本身并不具有支配权力的力量，要使其对公权力具有必要的力量和效能，必须通过法律机制进行合理的权利义务配置，使公民在接受管理的同时具有反作用于权力的力量和制度机制。强化其监督权对公权力的法律效果，使违法的警务行为能够得到法律的遏制并让行为人承担相应的法律后果。要构建公民权利对国家权力的作用机制，制度的关键在于切实保障公民的权利，并使其产生对国家权力的法律效力。公民监督国家权力取决于两个方面的制度建构：一是国家权力应遵循信息公开的原则，让公民能够充分了解权力运行的过程和状态；二是公民应该拥有对国家权力监督的权利，即可以批评、检举、评价和公开报道、罢免动议、启动相关司法程序。公民对权力的监督必须转化为法定的方式和程序，公民对权力的监督不能最终取决于权力的态度和处置，而应该是一个法律的程序过程并产生相应的法律后果，即监督的实效取决于法律过程，而不是权力意志。同时，公民行使政治权利也需遵守法律，其过程也需要法律的规范，不可超越于法律之上。

（二）舆论监督

舆论监督，主要是指媒体对警察权力的监督。媒体一般是反映民众呼声、社会舆情和国内外各种信息的主要渠道，在现代社会，信息传播是形成控制力的有效方式。在政治权力的结构要素中，信息的重要性甚至超越了暴力与财富等要素，掌握信息传播的话语权是现代社会权力行使的常见方式。电视、报纸、广播、网络等媒体，以信息传播影响大众情绪、动员社会力量或制造社会舆情等，实质是用民众的权利造成警察机关的工作压力，达到监督制衡的目的。

媒体监督方式主要有：一是揭露性报道，将警察权力违规、违纪、违法行为与事件公之于世，形成舆论压力；二是批评性讨论，以学理、法理与情理等的议论、讨论和评论，形成文化氛围，以制约警察权力的行为理念、执法环境；三是常规性报道，对警察权力的行为过程进行描述，供大众进行围观、评述。媒体制约警察权力本质上是社会道德的制约，即媒体以社会大众代言人的姿态出现，在社会公德的道德高地上以文字、图片、声音等方式将警察权力局限于特定的事件、人物与场景中，接受大众的道德审视，是一种诉诸公论、公意的监督方式。英国的一些高级警官认为，公众有知情权，媒体监督是一种好办法。公众了解真相，就不会有谣传；只要警方公正处理，就不会影响警察形象。英国警察由害怕媒体，逐步转为对媒体跟踪报道持欢迎态度。因为投诉有误的多，媒体跟踪报道能够澄清事实真相，对警察还能够起到很好的教育警示作用。

媒体监督的最终实现，仍是公权力部门的干预。由于警察权力属于国家公权力，必须接受大众监督，民众在媒体舆情的传播中选择了相关信息，并形成社会批评性舆论，迫使其他监督警察权力的权力部门进行干预，从而达到民众利益的实现。

（三）社会组织监督

社会组织，包括利益群体以特定组织目标、固定组织结构、固定的组织成员、普遍化的行动规范的集体与团体，以集体化、组织化、制度化的表达方式表达意愿，形成与警察机关的博弈。社会力量的大小、社会组织的正规化程度、社会组织表达的制度化水平，是社会发展文明程度的重要表现，社会组织也是警务监督、警察法治的有效主体之一。

社会组织的发育，是社会结构性变迁的主要表现之一，有利于社会大众诉求的类型化、专业化与理性化。其对警察权力的监督与制约，主要是在其利益表达、利益竞争过程中，通过警察职能公平正义的诉求实现。主要行为方式有投诉、请愿、社区自治和政策参与等知情权、参与权、表达权、监督权实现方式。当代中国的社会组织，是指在国家法定的公权力部门之外，代表某一特定群体利益的社会团体，主要包括工会、青年团、妇联等传统的准政治组织，其主要职能为连接执政党、政府与大众的关系，完成上情下达与下情上达，并负责组织动员、教育团结群众，其组织关系主要隶属于党政部门；还有一些非官办的行业组织与社会组织，前者为主要由某个行业人士组成的行会，后者为类型较为相同的劳动者联合组织，如个体劳动者协会、私营企业主协会等，这类组织主要是经济类型的行业性组织；此外，还有专业性社团、志愿者联合社团。

警察机关的权力运行从总体上讲关系到执政党和政府的形象，关系到社会和民生大众的切身利益，这是引导警察权相对人及社会公众对警察权进行外部监督的基础。但要真正实现外部监督的目的，必须满足一个条件，即警务信息公开。实践证明，警务公开的根本制约因素在于警察机关的领导和警察人员的观念更新。

作为警务监督体系中具有基础性地位的监督主体，体制外监督的实现状态对警务监督体系的功能发挥有着根本性的影响。其基础性首先源于公民的权利自觉，即公民基于自身利益遭受警察权力侵害的潜在威胁及现实后果。在某种意义上，权力是权利的天然敌人，警察权力对公民权利有着严重威胁，对警察权力保持警惕和审视是保障公民基本权利的必要前提。因此，监督警察权力对公民与社会层面而言具有天然动力。其次，是广泛的民意性。体制外监督直接表现为民众权利的自觉与主张，有着广泛的民意性，在一个开放的社会会诉诸社会舆论，或者聚集为群体民意，成为政策的起源。民意压力是政府决策的动力，是善治的前提，在警政治理中亦会形成迫使警务人员自我约束，体制内正式的、专门的监督部门履行职责的动力来源。最后，是促成体制内监督的信息资源。体制外监督主体的大众化形成监督主体的规模优势，有利于形成多数监督少数的博弈格局，社会监督所提供的信息、证据等监督资源，亦是整个警务监督体系能够发挥正常作用的重要基础。

社会监督尤其是公民监督，主要表现为个案的利益表达，一般情况下并无组织化的集体规划，多是个体的偶发性、随机性行为，因此具有日常性、经常性的特征。

大众的日常监督，要求民警在日常权力行为中注意约束言行、行为公正，提升执法公信力和对警务的信任程度，加深民众对警察权力的善意情感，由对个体民警行为的认同与信任，累积为对警察体制与制度的信任和支持，进而呈现为对国家与政党等共同体的忠诚与信仰。在这种当局—制度—共同体的认知、认同递进关系中，基层民警的行为实际起到了“制度窗口”的作用。

体制外监督也有一定的局限。一是法定强制力不足。体制外监督并非刚性的直接法定监督，须有制度外的体制保障、个体表达或媒体报道，对于警察机关的直接行为不能形成直接干预。二是须有体制内制度的积极呼应。体制外的监督呼声反映了社会需求，如体制内的权力机器不能及时启动，也无法造成民意互动，持续的民意懈怠会降低民意的敏感性、尖锐性和批判力，导致社会的失落、失败与悲观，社会惰性、伤感会严重损害权力阶层与社会大众间的信任，激化阶层对立，亦会纵容权力阶层的腐败。权力制度刚性支持不足会造成体制外监督的失灵、失效。三是社会监督的制度化水平要求过高。体制外监督发挥正常作用是有条件的，这既需要权力当局的开放性、适应性、合法性与法治性，亦须大众权利意识的提升、权利文化的建设和大众文化的理性。质言之，文明、理性、开放的政治权利表达与诉求渠道，是实现体制外监督效力的基本保障。

缘于警察权的特殊强制性及其存在领域的广泛性，警务监督一直是现代国家监督制度构建的重心所在，考察各国警务监督的制度设置和实践经验，虽然国情背景不同，制度基础各异，但科学有效的警务监督，一般具有以下共同特征：①明确正当的监督目的；②权责分明、多元而协调的监督主体；③各主体受法律保障的监督权威；④对警察权运行各环节的全面监督；⑤有效而多样的监督方式。进一步说，现代政治文明下对警察权的监督主要体现为民主和法治两个维度。在民主层面，严格强调警察权力必须经人民或人民代表的授权，若无授权即禁止。同时，人民还可以借由独立的新闻媒介以及和平集会、结社、游行、示威，保持对警察权的全天候控制与监督。在法治层面，则强调警察权恪守法律的实体规则和正当程序所确立的边界，并凭借权力之间的相互制衡保证警察权不能驶出权力的轨道。在当代中国，执政党的监督位于警察权监督实施机制中的核心地位和最高层次，是坚持党对公安工作的绝对领导原则的具体体现。

第十五章 警察与法治

第一节 警察与法治概述

一、警察法治的内涵

（一）法治的内涵

法治，是一个复杂的法律概念。它既指一种治国的思想体系，又指一套治国的方式、原则和制度，还指通过这种治国的方式、原则和制度的实现而产生的一种社会状态。或者说，既有法律意义上的法治，也有社会意义上的法治和价值意义上的法治。作为一种治国思想体系，法治强调“以法治国”、“法律主治”，而与强调“贤主治政”、“务德而不务法”的人治或德治思想相对立。作为治国的原则体系，法治奉行一系列独特的原则，如法律至上、严格法定、法律平等、司法独立、分权制衡等。作为治国的制度体系，法治的制度化表现在多层面、多领域，主要有权力制约制度、议会制度、政党制度、人权保障制度等。基于不同的研究视角，学者对法治的内涵界定各执一词，但实质上却存在很多普遍的共识。

笔者认为，法治的内涵可以从以下几个方面来阐述：①法治意指一种治国方略或者调控社会的方式；在诸多国家治理方式中，用法治治理国家、调控社会体系是首要选择；②法治是一种民主和良好的法制模式，法治以民主为前提，法治是良法之治，其首要要求是立法的民主性和科学性，法治最关心的是切实实现民主的制度化、法律化；③法治的实质是保护公民的自由和权利，“法治以权利为核心，以权利平等为基础”；[①] ④法治的前提是对公权力的制约与监督，“法治是权力和权利通过相互博弈而达到平衡的一种社会状态，强调权利对权力的约束和监督”；[②] ⑤依法独立公正行使司法权是法治的必然要求；⑥公民具有较高的法律意识和法治观念是法治的基础；⑦法治的

---

① 张超：《对警察法治基本范畴概念的解读》，载《河南公安高等专科学校学报》2008 年第 3 期，第 29 页。

② 同上。

一般原则主要有法律获得普遍的服从、为公众所知晓、可预期、明确、无内在矛盾、可循、稳定、宪法法律权威高于一切、公正司法、法律面前人人平等。

（二）警察法治的内涵

近代警察的产生，正值崇尚和力行法治、尊重和保障人权的时代，由于警察机关在维护国家安全和社会稳定中的特殊重要性，许多国家无不通过法律的形式来保障和规范警察权力，实行警察法治。尤其是在西方发达国家，由于法治历史较长，因此对国家权力的控制和对公民权利的保障成为法治的前提和核心。而警察权是国家权力中强制性最大的权力，如何通过法律规制既能确保警察机关维护公共安全和社会治安秩序的功能作用得以充分发挥，又能防止警察权的滥用或不作为而对公民权利造成侵犯和损害，是世界文明国家警察法治面临的共性问题。

警察法治是国家法治的重要组成部分，是法治国家在警务领域的要求和体现。警察法治在法治政府乃至整个法治国家的建设进程中，有着十分独特的地位和非同寻常的重要性，警察法治是法治政府体系的基本构件和前沿领域。警察法治以民主为前提、基础和目标，以依法行政为核心和基本原则，以规制警察权运行为关键的警察理念、运行机制、活动方式和秩序状态。警察法治是一个动态的概念。它是我国法治化进程的一个重要组成部分，同时，它反映的是我国人民警察活动中法治化进程的过程。警察法治具体有以下内涵：

1. 警察法治是国家治理的一种基本方略，是一种优于人治的社会治理，是国家治理社会治安方略的组成部分。

2. 法治以民主为前提、基础和目标，警察法治同样必须以民主为前提、基础和目标。① 法治的本质在于通过依法规制国家权力，以充分保障公民的权利。为了保障公民的权利，就须以法治的理念重新审视警察权，处理好警察权与公民权的冲突，使警察权的行使既能实现其功能又不侵犯公民的合法权利。没有民主，警察法治就难以协调警察权力与公民权利、警察权力与其他权力等之间的利益关系，就可能变为暴力，成为独裁专制的工具。

3. 警察权应以法律作为来源和依据，警察权应具有有限性和有效性。警察权由法律赋予和控制。警察法治以规范警察权力的运行为核心和重点。任何法治国家都注重和强调对权力范围大、权力内容广泛的警察权力的法的规制和限制。

4. 警察法治的关键是依法行政、依法办事。依法行政就是要求政府严格

---

① 吕绍忠等：《中外警察法治若干问题比较》，中国人民公安大学出版社2009年版，第20页。

依照宪法和法律的规定来履行自己应负的职责，合理地使用手中的自由裁量权。它要求行政机关本身的设立（包括职能确定、组织设立、权力来源）、行政机关的运转（特别是行使具体的行政权力）都必须依据法律的规定并遵守相应的程序，一切行政行为都要接受法律的监督，违法行政应承担法定责任。依法行政是依法治国的关键，警察机关是我国重要的行政机关之一，依法行政当然成为警察法治的关键。同时，警察法治必须以依法办事为核心。“警察活动主要是执法活动，警察的行为主要是执法行为，因此依法办事是警察活动的核心要求和基本原则，是对警察机关和人民警察的最基本要求。”①

5. 警察法治是一种警察执法理念。警察法治要求人民警察转变执法理念，注重执法效果。在当前复杂的执法环境下，警察执法活动必须着眼于“最大限度地增加和谐因素、最大限度地减少不和谐因素”的总要求，统筹考虑国际、国内两个大局，既要坚持严格、公正、文明执法，又要坚持理性、平和、规范执法，实现法律效果和社会效果的有机统一。特别是在全面开放、高度透明的执法环境下，必须更加注重树立理性、公正、文明、规范的执法理念，把这一理念根植于每一名民警的头脑中，落实到每一名民警的实际行动中，贯穿到每一项执法活动和每一个执法环节中。

6. 警察法治是一种警务活动方式和秩序状态。2012 年 11 月 8 日，中国共产党的“十八大”报告明确要求，“提高领导干部运用法治思维和法治方式深化改革、推动发展、化解矛盾、维护稳定能力”。2012 年 12 月 4 日，习近平《在首都各界纪念现行宪法公布施行 30 周年大会上的讲话》中指出：“各级领导干部要提高运用法治思维和法治方式深化改革、推动发展、化解矛盾、维护稳定能力，努力推动形成办事依法、遇事找法、解决问题用法、化解矛盾靠法的良好法治环境，在法治轨道上推动各项工作。”法治思维和法治方式是法治中国建设的新方法。警察执法要有“法治思维”并用“法治方式”进行，要以此取代过去的领导思维、管理思维和行政思维，要按照理性、公正、文明、规范执法的要求，改进执法方式，切实从言行举止、方式方法上规范和改进民警的执法行为，使民警在执法活动中做到明之以法、晓之以理、动之以情，于法有据、以理服人、以情感人，真正融法、理、情于一体，使人民群众通过警察执法活动，既感受到法律的权威、尊严，又感受到警察机关的关爱、温暖，实现执法形式与执法目的的有机统一。无论遇到的情况多么复杂，都不要冲动、不感情用事，不说过头的话、不做过激的事，防止因执法行为不规范损害警察机关的执法形象和执法公信力。

---

① 吕绍忠等：《中外警察法治若干问题比较》，中国人民公安大学出版社 2009 年版，第 21 页。

二、警察法治的基本要求

警察法治的要求包括警察法治的形式要求和警察法治的实质要求（又称警察法治的价值理念要求）。

（一）警察法治的形式要求

警察法治的形式要求是警察法治各环节、各要素在外在形式方面所应当具备的基本要件。这是形式公平正义的体现。其基本目标是使警察法律体系的结构形式、法的要素及法的运作过程及各个环节呈现形式的合理性。具体来说，这种要求表现在以下几个方面：

1. 警察法要具有普遍适用性、公开性、明确性、可诉性。警察法必须公开，使所有人能够了解法律的内容。警察法必须是明确的、具体的，这样人们才能够根据它预测到行为的法律后果，从而有效地指引自己的行为，同时也有助于限制警察法适用的任意性。警察法的可诉性则是指当法律中规定的权利被侵犯或警察权力被滥用、警察义务被违反时，必须有适当的救济程序和手段。目前，警察刑事侦查行为可诉性问题已引起学界的高度关注。

2. 警察法体系要内部结构严谨、合理、内容完备和相对稳定。目前，我国颁布的警察法律、法规、规章及其他规范性文件众多，构成了不同的效力等级。警察法涉及范围及部门很多。各种警察法律、法规与规章之间要和谐一致，不能重复甚至相互冲突；凡是需要法律调整的社会关系都要分门别类地制定法律，不能有重大的立法缺失。对哪些社会关系需要纳入警察法调整及采取什么形式的法律调整，直接关系到公民权利，需要在制定警察法律法规时谨慎选择和对待。警察法要相对稳定，但警察法的内容及形式等要有随着社会生活的变迁作出相应变化的适应性，要体现时代的先进性，体现出保障人权的精神，但同时也要注意考虑法律变动性与连续性、稳定性的统一。

3. 警察的执法行为要具有合法性和合理性，并要遵守法定程序。一是警察机关及警察权力的行使要有明确的法律依据，超越权限就视为违法，越权不仅无效而且要承担法律责任。二是警察行政执法行为和刑事执法行为均要遵循相应的法定程序。不论是刑事办案程序还是行政执法程序，都要公正、公开、公平、高效、合法。三是警察行政执法行为的自由裁量权要在法律允许的范围内行使，且要遵循合理性原则，不能滥用自由裁量权。

4. 警察执法要对法律负责、忠于法律。对法律负责、忠于法律就是对国家和人民负责，忠于事实、重证据，不为其他权力机构所左右。警察权的行使必须有严格的法律依据，根据法律的规定进行立案，进行行政执法和刑事侦查活动；执法过程须遵循公正程序。执法的严格程序可有力地限制警察权的专断和滥用，以保障执法公正的实现。在行政与刑事执法方面，遵循法定程序显得尤为重要。

(二) 警察法治的实质要求

警察法治的实质要求是警察法治的价值理念要求。警察法治总是蕴含着对一定社会基本价值的追求。警察执法过程中的这些价值理念事实上是各种制度、机制设计的基本依据。警察法治的各项制度是法治核心价值的展开和具体化。警察执法的价值理念是警察法治的灵魂，它根植于一国经济、政治、文化等诸多方面的必然性要求之中。社会主义法治价值理念历史必然性与现实自觉性的统一，是人的法律需求的理想性与现实可能性的统一，是法律合人文性与合规律性的统一。它本身是时代精神精华的凝结，而它又要求自身必须体现为一定的制度，且这些制度具有形式合理的特征。由于这里的价值理念代表着社会生活的内在必然要求，所以也可以说它是法治的实质要求。尊重利益和价值的多元化与寻求共同利益和价值共识的统一，约束警察权力使之得以正确行使与尊重和保障人权的协调统一，公平、正义等价值目标，秩序、效率与实质公正的三位一体，等等，这些均是法治精神的实质体现，也是警察法治的实质要求。

三、警察法治实现的价值目标

在实现警察法治的过程中，应当确立警察法治的基本原则，包括实体原则或价值原则，也即警察法治所要实现的价值目标。除此之外，还应确立形式原则，即实现警察法治价值目标时所必须确立的形式或程序。就当代中国警察的法治建设来说，应当确立如下的主要价值目标：①警察机关和警察要起模范作用，带头遵守法律；②警察机关和警察应尊重公民的合法私权利，应尊重个人在法治下的权利并为其实现提供有效的保护手段；③警察执法应当受法治的指引，无所畏惧、无所偏袒地保护和执行法治，并抵制来自社会各方对执法的阻碍与侵犯；④以追求公平正义、扬善惩恶为自己的职业追求。①

(一) 警察执法实体价值目标

警察执法追求的实体价值目标主要有：

1. 尊重和保障生存等基本人权。1991 年 11 月 1 日，中国国务院新闻办公室发表《中国的人权状况》白皮书，这是中国政府向世界公布的第一份以人权为主题的官方文件。以“生存权是中国人民的首要人权”等基本观点，树立起中国的人权观。1997 年 9 月，中国共产党第十五次全国代表大会报告指出：“共产党执政就是领导和支持人民掌握管理国家的权力，实行民主选举、民主决策、民主管理和民主监督，保证人民依法享有广泛的权利和自由，

---

① 牛连水：《浅议警察法治建设》，载《河南公安高等专科学校学报》2008 年第 4 期，第 30、31 页。

尊重和保障人权。”对于基本人权的维护是各级警察机关义不容辞的责任。2004 年，《宪法》修改后增加了“国家尊重和保障人权”的规定，体现了国家对人权保护的高度重视。

2. 保护公民的安全。保障公民的人身安全不受侵犯是法治国家的一个基本任务，任何国家的宪法、刑法、民法和程序法均载有保护公民生命、人身安全、财产安全的规定。保护公民的人身安全、人身自由和合法财产是人民警察的重要职责和任务之一。

3. 尊重人民的主体地位，切实保障人民的各项权益。《人民警察法》要求，人民警察必须维护人民的利益，全心全意为人民服务。

4. 保障公民自由。警察执法在“自由”的掌握尺度中，人们的行为除受法律、道德等各种规范的约束外，合法的自由和权利受保护或不受干涉，公民在自由行使权利时不得侵犯他人的合法自由和权利或社会利益；同时，警察机关及警察不得滥用职权，侵犯公民的合法权利和自由。

5. 保障公民在法律面前人人平等。法律面前人人平等，是公民的一项基本权利，也是现代法治的一个基本原则。我国现行《宪法》第 33 条第 2 款规定：“中华人民共和国公民在法律面前一律平等。”第 5 条第 5 款规定：“任何组织或者个人都不得有超越宪法和法律的特权。”邓小平指出：“克服特权现象，要解决思想问题，也要解决制度问题。公民在法律和制度面前人人平等，党员在党章和党纪面前人人平等。人人有依法规定的平等权利和义务，谁也不能占便宜，谁也不能犯法。不管谁犯了法，都要由公安机关依法侦查，司法机关依法办理，任何人都不许干扰法律的实施，任何犯了法的人都不能逍遥法外。”[①] 在人民警察执法过程中，“法律面前，人人平等”是执法必须坚持的一个基本原则。

6. 伸张公平正义。公平正义是人类追求美好社会的永恒主题，也是社会发展进步的价值取向。公平正义是中国特色社会主义的内在要求。维护社会公平正义，是中国特色社会主义的现实要求。维护社会公平正义，要建立以权利公平、机会公平、规则公平为主要内容的社会公平保障体系。权利公平，从内容上来讲，是指公民平等享有生存和发展等方面的基本权利，不因性别、出身、职业、财产等不同而有所不同。从过程上来讲，是指任何公民的合法权利都能得到保护，任何公民都不能被排除在法律赋予的权利之外。这是社会公平正义最基本的要求。

机会公平，是指每个社会成员都享有均等的生存、发展机会，能够平等地参与社会生活并分享由此带来的成果。机会公平并不必然导致结果公平，但没有机会公平就必定没有结果公平。规则公平，是指规则面前人人平等，

---

① 参见《邓小平文选》（第二卷），第 331、332 页。

每个人都要受规则的约束，并且是受同样的规则约束，没有例外。公平正义的概念与价值非常重要，没有公平正义感的警察是不能维护公平正义的，因此对公平正义的认识是教育培养警察的一个重要方面。

（二）警察执法形式（程序）价值目标

衡量警察机关执法行为和执法质量的标准，除事实清楚、证据确凿、定性准确、处罚适当外，还有一点至关重要，就是程序合法。但长期以来，我国公安机关存在“重实体、轻程序”的倾向。其根本原因在于：一是以为只要把案件事实查清，认为程序问题只是小事的思想在作祟；二是除个别民警的素质差、社会监督较弱外，长期以来缺乏程序规定或者程序规定不完备，在一定程度上为少数民警轻视程序或者随意执法留下了法律的空隙。可以说，没有程序正义，就没有实体正义，轻视或忽视程序，有时会导致难以预料的严重后果。要用程序公正确保实体公正。警察在办理任何案件时，都要做到程序正义与实体正义相统一，让每一起案件都经得起历史和实践的检验。

四、警察法治的作用

（一）警察法治保障人权（公民权利）的作用

一般来说，人权被理解为要求过像人一样生活的权利，即指作为一个人所享有的权利。人权作为一种根本的法律权利，它的实现除了依赖于一定的经济基础和社会条件，还要有法律的确认与保障。离开法治谈人权就会使人权成为“空中楼阁”，尊重和保障人权是和谐社会形成的基础，法治是实现人权的主要形式。

1. 法治为人权的实现提供法律依据。

人权作为人类的基本权利，必须由宪法和法律加以明确规定，通过法律确认和保障，在发生侵权行为时，能够依法制裁侵权者，法治提供的司法救济程序为人权的实现提供了有效方法和途径。

2. 法治为人权的实现提供了相关的体制机制保障。

人权的实现必然要求建立保障人权的体制，必然要求有一个实现人权的运行机制，而这种体制、机制也只有依靠法治才能建立。因此，从实现人权的角度讲，法治的作用体现在使公民的人权得到尊重与保障，为构建社会主义和谐社会奠定重要基础上。保障公民权利，约束公共权力是法治的应有之义。构建和谐社会的关键在于推进民主法治建设，而民主法治建设的关键则是尊重和保障人权。

随着我国法治文明的发展和进步，“以人为本”思想观念的树立，国家对公民权利的保障越来越重视，公民对自己的权利也越来越关注，特别是违法犯罪嫌疑人在违法犯罪后对自己享有什么权利的关注程度明显高于普通公民。公安机关是国家重要的执法机关之一，在保障公民权利和维护社会治安秩序方面担负着特别重大的责任。

（二）警察法治实现公平正义的作用

公平正义，是人类社会的共同价值目标，是法治的价值追求，是指社会的政治利益、经济利益和其他利益在全体社会成员之间合理地分配，它不仅意味着分配的合理，也意味着权利的平等、机会的均等、规则的良善、裁判的正义。公平正义不仅是构建社会主义和谐社会的重要价值基础，也是和谐社会的重要标志和主要内容。社会公平的实现，是以完善法治和建立必要的法律秩序为基本条件的。也就是说，社会公平正义的实现依赖于法治。针对社会公平的要求，法治提供了统一的行使强制力的程序和标准，从而使一个社会获得普遍的社会公平成为可能。警察法治通过警察公正执法来实现公平正义。如何进一步提高执法水平、保证执法公正是摆在各级公安机关和广大公安民警面前一项十分重要而紧迫的任务。牢固树立公正意识是保证公正执法的关键，强化和完善执法监督是实现公正执法的保障，提高广大公安民警的执法能力和执法水平是实现公正执法的重中之重。

（三）警察法治控制警察权的作用

法治的根本精神就在于通过宪法、法律等形式实现对公共权力（包括警察权）的控制与制约，对立法者和执法者进行限制，以确保公共权力的行使人在宪法和法律的框架内行使权力。控制警察权是警察法治的必然要求，也是警察法治的重要功能之一。法治的核心是对公权力的规范和控制，警察法治的核心是对警察权的规范和控制，这通过以下方式实现：

1. 警察权力的设定制度，即警察权力运作的事前规制制度。警察权的设定制度是指与国家设立警察权力、规定警察权力的具体内容以及将警察权力赋予特定的主体来行使等有关的法律制度，这是其他各项警察制度的前提和基础。

2. 警察权运行的程序制度，即警察权的事中规制制度。警察权运行的程序制度，是将国家设立的警察权落实在现实生活中的法定时间和空间步骤、方式的要求。完善我国警察权力运行的程序制度，必须紧紧围绕保障公民、法人或其他组织的知情权、陈述权、申辩权、参与权和救济权等权利展开。警察权力运行程序制度包括以下各项制度：表明身份制度、告知制度、说明理由制度、回避制度、合议制度、听证制度、罚缴分离制度、时限制度等。

3. 警察权的法律监督制度，即警察权的事中规制制度。法律监督是保障国家权力准确运行的必要手段，加强对警察权力的法律监督是保证警察权依法行使的重要手段。这方面要做的工作主要有：从警察权力的构成主体要素、运行要素、对象要素、保障要素等入手，破坏促成警察权力滥用和各种腐败现象发生的各项条件和环节，从而保障警察权的正确运行。

4. 警察权法律救济制度，即警察权的事后规制制度。警察权救济制度，是指排除警察权力在运行过程中产生的不法侵害，恢复和弥补公民、法人或其他组织的合法权益，而采取的对当事人受到的不法侵害给予补救的法律制度，是警察权错误行使后的一种补救机制。警察权法律救济制度主要包括声明异议、申诉、控告、行政复议（或称“行政诉愿”），以及对警察权力行使行为的司法审查（如行政诉讼、法院监督和检察院监督）和国家赔偿等。

5. 警察权的法律责任制度，即警察权的事后规制制度。警察权法律责任制度，是指规定警察机关及人民警察因违法行使警察权而对国家和受害人承担法律责任的法律制度。警察权法律责任制度一方面能够恢复被警察机关及人员的违法行为破坏的社会关系和社会秩序，使受害人得到应有的补偿，另一方面也可以增强警察机关及人员的责任心，促使他们准确行使职权、履行职责。根据现行法律制度的规定，我国法律责任体系由刑事责任、行政责任、民事责任和违宪责任构成。

第二节 警察法治理念

一、警察法治理念

理念，是对某种事物的观点、看法和信念，是包括理论、理想、信念等在内的一个概念。法治理念是指人们关于法治的理论、理想和信念。社会主义法治理念是人们对什么是法治、什么是社会主义法治、为什么实行社会主义法治、怎样实行和实现社会主义法治的认识结晶，是依法治国、建设社会主义法治国家的美好理想，是尊重法治、崇尚法治、积极参与法治实践的坚定信念。警察法治理念则是警察对什么是警察法治、为什么实行警察法治、怎样实行和实现警察法治的认识，是依法行政、立警为公、执法为民、尊重法治、崇尚法治、积极参与法治实践的坚定理想和信念。警察法治理念是警察活动中法律文化的积淀、法律原则的结晶、法治客观规律的集中反映，是警察核心价值观的重要组成部分。

社会主义法治理念的实质就是政法工作的指导思想和政法工作的执法理念。警察执法工作是政法工作的重要组成部分，因此，社会主义法治理念同样要指导警察执法工作和活动。社会主义警察法治理念总体上的基本内涵依然是社会主义法治理念基本内涵的五个方面，即依法治国、执法为民、公平正义、服务大局、党的领导。警察法治理念要根据警察执法的实际情况及特点，将法治理念贯彻到警察执法实践活动中去，必须根据警察自身的职业、职责特点和执法特点予以具体化。

二、中国警察法治理念的基本内容

在一个法治社会中，没有一定的理想与价值作为立法的基础和法治的前提，法治化就只能是一个美好的愿望而已。历史和现实已向世人昭示：法治化要求法律观念的现代化。在法治国家的实现过程中，法治理念总是处于先行的位置。

社会主义法治理念的基本内容包括依法治国、执法为民、公平正义、服务大局、党的领导五个方面。人民警察要将它们贯彻到执法实践之中，从总结多年来警察法治实践的经验与教训和未来警察法治发展的趋势看，应该将社会主义法治理念五个方面的内容具体化为以下法治理念并予以长期坚持：

(一) 坚持党的领导、人民当家做主、依法治国有机统一的理念

《中共中央关于全面推进依法治国若干重大问题的决定》指出，“党的领导是中国特色社会主义最本质的特征，是社会主义法治最根本的保证”。“党的领导和社会主义法治是一致的，社会主义法治必须坚持党的领导，党的领导必须依靠社会主义法治。”人民警察队伍始终忠于党实际上就是把公安工作置于党的绝对领导之下，公安工作要毫不动摇地坚持和接受党的领导。这是社会主义警察法治理念的基本内涵和要求，是社会主义法治理念基本内涵中党的领导在社会主义警察法治理念中的具体体现。

(二) 维护宪法法律权威的理念

宪法和法律是党的主张和人民意志相统一的体现，宪法和法律是通过法定程序上升为国家意志、表现为法律文本的党的主张和人民意志，是党的事业与人民利益的制度表达。《中共中央关于全面推进依法治国若干重大问题的决定》指出，“各级党组织和领导干部要深刻认识到，维护宪法法律权威就是维护党和人民共同意志的权威，捍卫宪法法律尊严就是捍卫党和人民共同意志的尊严，保证宪法和法律实施就是保证党和人民共同意志的实现”。

(三) 理性、平和、文明、规范执法的理念

2010 年 12 月 20 日，理性、平和、文明、规范执法的新理念在全国公安厅局长会议上首次被提出。树立理性、平和、文明、规范执法的新理念，是新的形势对公安执法工作的明确要求，是人民群众的殷切期望，也是做好公安执法工作的基本要求。

(四) 促进社会公平正义的核心价值追求理念

公平正义是人类社会共同的不懈向往和追求，是人类文明进步的重要标志，也是法律的价值归宿和公众的企盼，是执法工作的生命线。而法治既是公平正义的重要载体，也是其内在的重要机制。人民警察作为违法犯罪的处理者、社会秩序的维护者、社会公正的守望者，必须把公正理念植入心中，必须出于公心而执法。否则，任何执法的不公，都将使法律的价值受到冲击。要进一步维护和实现社会公平正义，深入分析和把握人民群众对实现社会公平正义的新要求、新期待，不断加强和改进警察法治工作；坚持以人为本，关注民生的根本要求，着力解决人民群众最关心、最直接、最现实的利益问

题，为人民群众安居乐业提供更加有力的法治保障；进一步强化涉法信访、行政复议诉讼工作，引导群众依法理性表达诉求，采取积极有效的措施化解行政争议和社会矛盾；进一步加强规范性文件的法制审核、清理、报备工作，加强立法和制度建设，以制度维护和促进公正执法；正确处理打击与防范、管理与服务的关系，切实把和谐的理念融入执法工作的各个方面、各个环节，实现法律效果、政治效果和社会效果的有机统一。

习近平强调，决不允许对群众的报警求助置之不理，决不允许让普通群众打不起官司，决不允许滥用权力侵犯群众合法权益，决不允许执法犯法造成冤假错案。

（五）公安执法服务大局的理念

公安机关要把公安法治理念贯穿到执法办案的全过程，就要牢固树立大局意识和服务意识，坚决克服就案办案、机械办案的倾向，要从大局出发、从长远着眼，执法办案想到稳定，管理服务想到发展，切实做到依法办案与服务发展相统一。公安执法要围绕实现平安中国、法治中国建设这个主线开展。坚持依法治国、依法执政、依法行政共同推进，坚持法治国家、法治政府、法治社会三位一体建设，开创公安执法工作新局面。要把维护社会大局稳定作为基本任务，把促进社会公平正义作为核心价值追求，把保障人民安居乐业作为根本目标。

（六）保护当事人程序权利和实体权利并重的执法理念

法治理念的核心是宪法法律至上，而宪法法律至上的基础是法律程序优先。美国宪法权利法案的大多数规定都是程序性条款，这一事实绝不是无意义的。正是程序决定了法治与恣意的人治之间的基本区别。程序是决定法治运作过程和结果有效性、稳定性的保证，也是充分展示社会公平正义的窗口。公安执法工作必须坚持程序正义的执法理念，以保证实体法的有效执行。要依法保护一切当事人的程序权利和实体权利，包括违法犯罪嫌疑人和已经判处刑事处罚或行政处罚的违法犯罪人在内。

在现代法律社会中，程序的主要功能是在限制执法人员权力的同时保障被告人的权利。长期以来，我国警察在执法中，一直存在着重实体、轻程序的现象，认为只要实体结果是正确的，手段就不重要了。这种用目的的正当性证明手段的合理性的思想和做法是有违法治精神的。人民警察必须转变程序理念，坚持实体与程序并重，自觉破除程序是为实体服务、程序规定碍手碍脚、按程序办事麻烦的思想，自觉防止和纠正法外程序、省略程序、违反程序等问题，实现实体公正与程序公正的有机统一。

（七）“立警为公、执法为民”的理念

“立警为公、执法为民”是“立党为公、执政为民”思想在公安执法工作中的具体体现。人民警察来自于人民，手中的权力是人民赋予的，人民警察的根本宗旨就是全心全意为人民服务，坚持“立警为公、执法为民”的思想，就是体现为人民服务的实质。人民警察应该以为人民群众排忧解难为己任，这是人民警察最基本的职业道德。

（八）尊重和保障人权的执法理念

人权是人应该享有的权利，是法律对人的主体地位、尊严、自由和利益的确认。享有充分的人权是人类追求的理想。正如1991年《中国的人权状况》白皮书宣示的那样，“继续促进人权的发展，努力达到中国社会主义所要求的实现充分人权的崇高目标，仍然是中国人民和政府的一项长期的历史任务”。我国目前已加入了20多个国际人权公约，“国家尊重和保障人权”也载入了宪法。尊重和保障人权已经上升为一种国家理念。保障人权也已成为现代法治追求的最高价值。因此，公安执法必须尊重和保护人权，为人权救济提供畅通途径。

第三节　警察法律体系

一、警察法律体系的内涵及要求

所谓法律体系，是指以一国现行全部有效的法律规范为基础，以调整不同社会关系的部门为主体，以宪法为统帅形成的多层次、多部门，内容和谐一致、形式完整统一的有机整体。

警察法律体系或称警察法体系，是国家法律体系中的一个组成部分，世界各国由于政治、经济、文化、历史、习俗等的不同，在警察法律体系中也体现出不同特色，总体上呈现为两大类型：一是实行联邦制的国家，其警察法律体系由联邦法律和作为组成联邦单位的州（省）的警察法律两大部分构成，如美国、加拿大、德国等，除联邦警察法外，各州（省）也有各自的警察法律法规，除了执行本州（省）制定的相关警察法规，也要执行联邦警察法规；二是实行单一制的国家，其警察法律体系主要由国家统一制定的法律法规构成，如法国等，其警察法律体系主要包括《国家警察组织法》、《国家警察守则》、《法国刑法典》、《法国刑事诉讼法典》等。①

我国的警察法律体系，是以《人民警察法》为主线，调整警务工作的各个方面，层次结构合理，既相对独立又有机联系的法律体系。警察法律体系是以宪法为核心的中国特色社会主义法律体系的有机组成部分。

将《人民警察法》作为警察法律体系的主线，是因为它在警察法律体系中占有极为重要的地位，它直接产生于宪法，将宪法有关的原则规定具体化，

① 参见刘伯祥：《外国警察法》，中国法制出版社2007年版，第660页。

对我国警察的性质、任务、作用、体制、组织、机构、职责、权限和警务保障等各个方面作出了明确的规定；在警察法律体系中起着主导和支配作用，是规范人民警察活动的基本法律。警察法律体系作为一个系统，要求其内部在横向和纵向构成上做到内容和谐一致，形式完整统一。所谓内容和谐一致，是指构成警察法律体系规范警察的各个层次法律、法规、规章之间，都要做到协调一致。除了每项警察法律、法规、规章要符合宪法及其有关法律，还要与同一层次的法律、法规保持一致，不能相互矛盾；下一层次的警察法律、法规要根据上一层次的有关警察法律、法规来制定，不能违背，同时还要根据形势的变化，对已有的警察法律、法规进行废止、修改工作，及时调整警察法律体系的内容，使其在新的情况下达到新的统一。所谓形式完整统一，是指在警察法律体系的表现形式上要规范。警察法律、法规的制定，要严格按照法律规定的权限，使警察法律、法规、规章形式规范、结构严谨、内容明确。

二、我国警察法律体系的构成

罗干在纪念《人民警察法》颁布实施十周年座谈会上的讲话中指出："各级人大、政府要充分认识到，人民警察法作为规范人民警察工作的基本法律，迫切需要制定配套的法律、法规来贯彻落实，迫切需要制定相应的具体制度来保障实施。要高度重视并切实加强与人民警察法有关的法律制度建设，进一步加快相应立法工作，抓紧制定和完善与人民警察法相配套的法律、法规，特别是有关人民警察组织管理方面的法律、法规，全力保障人民警察法的深入贯彻实施。"

警察法律体系的建立，就是把众多内容不同、形式各异的各种警察法律规范，根据一定的标准进行科学的分类，并按照一定的原则，将各部门法规组织成一个内容和谐一致、形式完整统一的整体。因此，建立警察法律体系，首先应当对警察法进行科学的分类，它不仅反映警察法律体系内部相互联系、相互作用的客观规律，而且对警察法治建设具有重大的理论和实践意义。在对警察法进行分类时，首先遇到的问题是：对现有的警察法进行分类，还是在警察法律体系建设的理论指导下，在现有警察法的基础上，着眼于警察法治建设的总趋势，进行较为规范的分类。如果我们把着眼点放在后者，就会出现理论与实践的差距，即有些设想存在的警察法，不可能在现有的警察法中找到。不过，既然要研究警察法律体系的构成，那么还是应该从理论研究的角度，结合现有的警察法，进行较为科学的分类。警察法的调整范围极其广泛，其内容涉及警务工作的方方面面，警察法的分类也像其他法律规范的分类一样，按照不同的方法，可以划分出不同的类别。笔者认为，警察法的分类应当从警察工作的实际出发，以警察法律体系的科学构成为指导，以警务内容为依据，以各项目的效力等级为原则，以警察法调整范围为主线进行。从这一观点出发，警察法律体系应由以下十一个部分构成，即规范警察活动的基本法律、警察组织管理法律、警察刑事执法法律、警察行政执法法律、警察交通执法法律、警察监所管理法律、警察出入境管理法律、警察边防管理法律、警察消防管理法律、警务保障法律、警务监督法律。这十一个部分构成了警察法律体系的横向关系。

警察法律体系的横向构成，并不是单一的警察法律、法规的简单排列，它的存在是由警务工作所调整的不同社会关系决定的，它的形成和发展对于警察执法工作的理论和实践有着重要意义。首先，警察法律体系横向构成的确立，把警察法所调整的不同社会关系，以部门主体法为核心，用明确的法律规范确定下来，使警察机关各职能部门在各自的工作范围内严格依法办事。其次，警察法律体系横向构成的确立，为不完善的各部门主体法的内部配套法律规范制定提供了条件，打下了基础，使各部门主体法在各自不同的调整范围内，形成各自较为严密的系统，把各部门的工作纳入到严格的法律体系中。最后，警察法律体系横向构成的确立，把各项警察工作置于法律规范的调整范围内，避免出现警察法调整不到的领域。

（一）规范警察活动的基本法律

规范警察活动的基本法律，是指1995年2月28日起施行，2012年10月26日第十一届全国人大常委会第二十九次会议修改的《人民警察法》。它是我国人民警察组织和活动的基本原则和基本行为准则，是确立我国警察制度和制定与警察法配套的法律、法规和规章的基本法律。

（二）警察组织管理法律

警察组织管理法律在横向构成上主要应由这样几个方面的法律、法规或规章构成：

1. 警察机关组织法，即有关警察机关名称、构成、地位、体制、权限、分工、人员编制等方面的法规。它主要调整警察机关内部组织与组织之间的关系。警察组织法律主要包括《公安机关组织管理条例》、《人民警察警衔条例》、《公安机关人民警察纪律条令》、《五条禁令》、《公安部三项纪律》及解释和补充解释、《公安机关人民警察奖励条令》等。

2. 人民警察管理法，即有关警察录用、考核、任用、选拔、晋升、职级、管理方式、奖惩、辞退等方面的法律。

3. 警衔管理法，即有关警察警衔的评定、标准、晋衔、选升、标志式样和佩戴方法等方面的法律、法规。

4. 警察教育训练法，即有关警察学校教育、在职培训、晋级训练、警种专业培训、职级培训等方面的法律、法规，主要包括《公安机关人民警察训练条令》、《公安机关人民警察内务条令》等。

（三）警察刑事执法法律

警察刑事执法法律是指有关规范警察机关行使刑事执法权的法律规范，主要包括《刑法》、《刑事诉讼法》、《公安机关办理刑事案件程序规定》等。

（四）警察行政执法法律

行政执法是指具有行政执法主体资格的部门或者组织，在执法依据赋予的职权范围内，直接针对行政管理相对人实施的影响其权利义务的具体行政行为。主要包括：行政处罚、行政许可、行政强制、行政确认、行政征收、行政给付、行政裁决、行政补偿、行政奖励、行政监督等。警察行政执法法律是指规范警察行政执法的法律、法规及规章，主要包括《行政处罚法》、《行政许可法》、《行政强制法》、《治安管理处罚法》、《公安部关于规范违反治安管理行为名称的意见》、《公安机关办理行政案件程序规定》、《人民警察使用武器和警械条例》、《110接处警工作规则》、《公安派出所执法执勤工作规范》、《公安机关窗口单位服务规定》、《公安机关治安调解工作规范》、《公安机关人民警察盘查规范》、《公安机关适用继续盘问规定》等。

（五）警察交通执法法律

警察交通执法法律是指调整人们在道路交通活动及其与交通活动直接有关的其他活动中所产生的社会关系的法律规范的总称。以《道路交通安全法》作为部门主体法规，按照交通管理法规所调整的具体社会关系的不同，包括：①车辆管理法规；②驾驶员管理法规；③交通秩序管理法规；④交通事故处理法规等部分。主要法律、法规及规章包括《道路交通安全法》、《道路交通安全法实施条例》、《道路交通安全违法行为处理程序规定》、《道路交通事故处理程序规定》、《道路交通事故处理工作规范》、《交通警察道路执勤执法工作规范》、《公路巡逻民警中队警务规范》、《机动车登记工作规范》、《机动车驾驶证业务工作规范》等。

（六）警察监所管理法律

警察监所管理法律是指规范看守所、拘留所、强制隔离戒毒所等监押违法犯罪嫌疑人场所的法律规范，主要包括《看守所条例》、《看守所条例实施办法》、《拘留所条例》、《拘留所条例实施办法》《公安机关强制隔离戒毒所管理办法》等。

（七）警察出入境管理法律

警察出入境管理法律是指调整有关中国公民和外国人出、入国（边）境以及国籍管理工作中发生的各种关系的法律规范，主要包括《出境入境管理法》、《普通护照签发管理工作规范》、《出入境通行证签发管理工作规范》等。

（八）警察边防管理法律

警察边防管理法律是指调整陆地边境管理、海上治安管理、边防检查管理工作中发生的各种关系的法律规范。以《出境入境边防检查条例》为主体，包括《出境入境边防检查行政处罚实施办法》等。

(九) 警察消防管理法律

以《消防法》作为部门主体法，由以下几部分组成：消防管理法规、消防监督法规、消防器材装备管理法规、义务消防组织管理法规。

(十) 警务保障法律

警务保障法律在横向构成上由下列法律构成：

1. 保障警察执法权益法，即警察在依法履行职责时，为保障其人身安全不受侵犯和顺利地执行职务所制定的法律。

2. 养老、福利待遇抚恤法，即有关警察工资、津贴、福利、保险、待遇、抚恤、优待等方面的法律规定。

3. 警察后勤保障法，即保障警察机关专项经费的预算决算、财会制度、警用装备等方面的法律。

4. 警察科技法，即有关保障警察依法履行职责，圆满完成各项工作而将先进的科学技术与科研成果推广运用等方面的法律。

(十一) 警务监督法律

警务监督法律在横向构成上主要由以下几部分组成：警察督察法律，控告申诉法律，执法监督法律，警察行政复议、行政诉讼法律，国家赔偿法律。其中许多内容与警察行政救济有关。

1. 警察督察法律，即有关警察执行法律、法规、遵守纪律的情况进行监督的法律规范。主要有《公安机关督察条例》、《公安机关督察条例实施办法》、《公安部关于进一步规范警务督察工作的意见》等。

2. 控告申诉法律，即有关警察机关办理公民、法人及其他组织控告、申诉案件的法律规范，如《公安机关信访工作规定》。

3. 执法监督法律，即对警察机关的执法情况进行监督检查的法律规范。主要有《公安机关内部执法监督工作规定》、《公安机关人民警察执法过错责任追究规定》、《公安机关追究领导责任暂行规定》。

4. 警察行政复议、行政诉讼法律，即有关警察机关办理复议、诉讼案件的程序规定。主要有《行政复议法》、《公安机关办理行政复议案件程序规定》、《行政诉讼法》等。

5. 警察赔偿法律，即有关警察机关就自己的违法或不当行为造成的公民、组织损失进行赔偿所制定的具体程序规定。主要有《国家赔偿法》和公安部制定的《公安机关办理国家赔偿案件程序规定》等。

作为一个完整的警察法律体系，还应当包括地方性法规和地方规章两个层次。警察法律体系纵向层次依次是：警察法律、警察行政法规、公安部规章和地方性警察法规和规章。

第四节　中国警察法治化发展方向

一、中国警察法治化趋势

《中共中央关于全面推进依法治国若干重大问题的决定》指出：全面推进依法治国，总目标是建设中国特色社会主义法治体系，建设社会主义法治国家。该决定对总体目标具体阐释为：在中国共产党领导下，坚持中国特色社会主义制度，贯彻中国特色社会主义法治理论，形成完备的法律规范体系、高效的法治实施体系、严密的法治监督体系、有力的法治保障体系，形成完善的党内法规体系，坚持依法治国、依法执政、依法行政共同推进，坚持法治国家、法治政府、法治社会一体建设，实现科学立法、严格执法、公正司法、全民守法，促进国家治理体系和治理能力现代化。全面推进依法治国的总目标，既明确了全面推进依法治国的性质和方向，又突出了全面推进依法治国的工作重点和总抓手，就是建设中国特色社会主义法治体系。依法治国各项工作都要围绕这个总抓手来谋划、来推进，围绕中国特色社会主义事业总体布局，体现推进各领域改革发展对提高法治水平的要求。

回顾警察法治建设历史，警察法治建设总体上是被动地推进，目前社会上对警察法治建设的认知度还比较低。在中国警察执法的法治化进程中，就目前阶段而言，更应强调的是公正和规范化执法，文明执法不能简单地理解成仅仅只是文明语言及态度，而应体现出一种执法的境界，应是警察自觉处理和化解社会矛盾的主动性工作。在现实的司法和执法实践中还存在诉讼过程的繁琐、复杂、高昂花费、司法腐败、人治干扰、运作效率低下和执法不公等问题，同时也存在警察执法权威不高的问题。这些问题，有些是执法人员素质的问题，有些是要从法治的高度重新再认识的问题，这些都需要理论工作者继续进行客观求实的探讨。因此，警察法治建设过程中存在的不同认识是因观念的不同所致，“走向法治，从改变观念开始”。培植法治时代的警察法治观，从根本上说是法治国家对现代警察法治的必然要求，也是警察机关及其警察在法治社会中适应新的社会角色的客观需要。法治时代的警察法律观，必须是与现代法治社会和法治时代相适应的，反映法治要求，体现法治思想、法治理念、法治精神和法治信仰的警察法律观。

二、中国法治条件下警察权运行的走向趋势

警察权是社会秩序与公民自由对立统一的产物，为了实现社会的有序发展，有必要对公民自由进行恰当的限制，从而形成有秩序又有活力的自由状态，这种对公民自由的限制是由法律来加以规定的。随着法治水平的不断提

高，公民的自由、权利与法治水平的提高成正比例关系，而警察权力的大小与一个国家法治水平的高低成反比例关系。随着依法治国的全面推进，警察权的运行呈现出以下发展趋势：

1. 由全能警察变为权力有限型警察。我国计划经济时期的全能政府形成了全能警察的理念与方式，市场经济和法治状态下的政府是有限政府和服务型政府，与此相适应的是权力有限型警察，这是指在权力、职能和规模上受到严格的宪法和法律约束、限制的警察。其包含两层意义：一是警察权力介入范围有限，活动范围受到法律的严格限制，将自己的行为严格限制在公共安全领域。二是在法定范围内按照法定程序执法，对警察权力执行者进行制衡。

2. 警察权力配置遵循三个原则：限权、分权、控权。依据限权原则，实行法定授权，警察的权力来源于法律的授予，法未授权不可为；依据分权原则，进行警察权力分解、分流——内部分解、外部分流；依据控权原则，加强司法审查。限权是准则，分权是形式，控权是核心，保护公民权利是警察权运行的宗旨。

3. 进行警察执法方式的创新。在法治条件下，警察权要在维护社会治安秩序、保障人权与激发社会创造活力之间求得平衡：一是警察的管制式执法向服务式执法转变；二是将警察的限制式、单方面防范的执法方式转变为社会互动式、多方合作的执法方式；三是提供治安服务，由警察的“单中心治理”策略到社会的“多中心治理”策略转变；四是由运动式执法监管的习惯转变为建立常态的执法监管机制。

第十六章　警察（务）与改革

第一节　英国与美国警务改革的历程及其启示

警察（务）改革是社会政治、经济发展的必然结果，也是社会治安形势变化的必然要求。世界各国警务发展与改革已成为当前的共同趋势。其中，英、美两国的警察（务）改革具有一定的代表性和国际影响。

一、第一次警务革命：新旧警察的分水岭

现代警务诞生于英国，但传统上英国恐惧警察，这是因为英国有两种非常重要的传统价值观，一是崇尚个人自由，二是地方自治。历史上，英国人对警察权力及其对个人自由的影响感到害怕，尤其害怕警察权力被中央政府掌握而侵害个人自由，因此认为犯罪和治安问题远不如个人自由重要，“自由的保障在于地方政府掌握权力，而改变地方警务会导致中央政府权力扩大，并由此威胁到自由”。[①] 所以，在相当长的时期内，英国拥有的是地方负责维持秩序、没有工薪制、全日制的专门警察组织，而没有中央警察机构。

然而，当英国从农村和农业社会向商业化、工业化和城市化的社会转变时，犯罪问题变得十分猖獗，秩序危机出现，一些有识之士认识到犯罪和治安问题严重威胁个人安全，没有秩序和安全，个人自由便难以保证，因此需要常设机构来解决犯罪和治安问题，其前提是需要改变英国人对警察的态度。

此时，实用主义在英国起到了清除建立正式警务主要思想障碍的作用。实用主义者认为，如果建立警察制止犯罪大于它（通过限制自由）所造成的危害，那么警务就是合理的。实用主义者还提出了建立预防性警察的思想，即如果警察能够通过预防犯罪保护英国公民的财产和安全，那警察的收益就超过了警察的代价。最后，实用主义者将警察塑造成自由的保护者，而不是自由的威胁者。

法国在大革命爆发后发生了很多血腥镇压，英国人认为法国大革命已经

① ［美］罗伯特·兰沃西、劳伦斯·特拉维斯：《什么是警察——美国的经验》，尤小文译，群众出版社 2004 年版，第 65 页。

演变为一场颠覆传统和正当权威的暴力叛乱，而非追求代议、宪法民主的改革运动。其中，法国警察所扮演的“恐怖”角色让英国人感到害怕，其认为中央集权的警务模式会变成大灾难，会使个人的自由权、生命权、财产权荡然无存，他们眷恋过去的贵族习俗等传统，希望通过温文尔雅的政治行动，逐渐改变和改良政治生活。为此，实用主义者提出了与法国警察体系不同的“权力分立”和“相互制衡”的警务模式，这样警务不仅会因保护公民的自由、生命、财产和安全而与英国宪法相一致，同时由于受到限制也不会变为中央政府的镇压力量。

1829 年 4 月，英国内政大臣罗伯特·比尔在国会提出了“关于改进大都市市内及周围地区警察的议案”。明确将伦敦市本身排除在大都市警察管辖范围之外，而且不设全国性的警察机构，不实行中央集权，新警察的费用由地方教区与中央政府共同承担。议案对新警察的具体规模、职责、体制和装备也没有作具体规定。比尔建议将整个发展过程作为一次试验，逐步扩展，这样就保护了地方利益，使英国人得以接受这一新兴事务，从而确保了议案的通过。

这样，根据《大都市警察法》，英国建立了伦敦大都市警察厅，下设 17 个分局，由 3000 名专职警察日夜轮流巡逻，维持治安。国际警学界公认这是近代警察建立的正式标志，罗伯特·比尔也被称为“现代警察之父”。

1856 年，英国议会又通过《郡市警察法》，要求其他城市效法伦敦建立专职警察，地方政府负责任命郡、市警察局局长，但任命郡警察局局长前必须报内政大臣批准；内政大臣对郡、市警察的工作享有一定的监督权；郡、市警察局局长负责警察局的日常管理和指挥。这样，英国不仅把近代警察制度推广到了全国，而且奠定了后来英国警察管理体制的基础——地方自治。这一特点对一些原属英国殖民地的国家影响很大，这些国家的警察机构大多与英国相似，实行地方自治型警务体系，而非法国式的中央集权型警务体系。

伦敦大都市警察的建立，创建了现代制服职业警察，是新警察与旧警察的分水岭。第一次警务革命所创造的警察理念和警务思想影响至今的主要有：

第一，开现代警察法制的先河，确立了现代警察建设和管理的基本原则。罗伯特·比尔在现代警察制度建立过程中作出了卓越贡献，如 1829 年为新创建的伦敦警察厅审定颁布《警察训令》时提出的警务十二原则，一直是英国警察的立身之道，至今仍为英国乃至西方警界所谨守。现代警察建立后，警察从非正规走向正规，从业余走向专职，从分散走向统一指挥，第一次成为正式的职业。

第二，提出了科学的警察职能学说，并将预防犯罪置于首位。英国法官帕特里克·科奎豪恩在《论伦敦警察》一书中提出，警察的职能在于预防和侦破犯罪，以及维护社会秩序的内政管理。他指出：“警察在这个国家中应被看作一个新的学科。它并不拥有仅属地方法官的惩罚犯罪的司法裁判权，其职能在于预防和侦破犯罪以及与建立一个良好秩序和安逸的市民社会有关的内政管理。”罗伯特·比尔也强调把预防犯罪作为警察工作的主要目标，指出：“从现在起就应该明白，我国要达到的主要目标是‘预防犯罪’。警察应朝着这个伟大目标努力，它会使我们更有效地保护人身和财产的安全，维护社会秩序的稳定，以及实现警察其他的所有目标。而仅在一个罪犯成功地完成犯罪行为之后再去侦查和施行惩罚，则达不到这样的效果。”

第三，强调警察的非武装性和文职性，强调搞好警察公共关系，强调以成绩、能力和品行为本的队伍管理原则。罗伯特·比尔提出的“警务原则”奠定了警察与公众关系的基石，他明确指出：“警察应该对任何一个阶层和阶级的所有人礼貌相待、彬彬有礼。绝不可傲慢蛮横、粗暴无礼……他应该特别当心不要采取无聊的或不必要的干涉行动。一旦需要采取行动时，要坚决和果敢。在所有场合，他都使他的行为有足够的合法性支持。”“他必须牢记，没有什么东西比良好的情绪控制能力更加必不可少。永远不要为任何语言和威胁所激怒，哪怕是稍稍发一点火；如果他以一种平和但坚决的方式执行职务，那么这些事情就会得到很好的处理，如果他需要的话，旁观者也会协助他。”

罗伯特·比尔还决定，为实现巡逻的最大犯罪预防，以及便于识别和监督街道上的警察，警察应着制服。制服为蓝色，以与军队的红色制服相区分。警察只能佩戴警棍，不能带任何致命武器。

伦敦警察厅的《警察训令》中最有意义的是“管理”部分，它给警察提出了晋级的希望：“警察部队中的每个警察，都希望靠自己的工作实绩、能力和良好的品行晋升更高的职位。他必须清楚，只有孜孜不倦地履行自己的职责，才可能引起别人的注意。”

在组建后的10~20年里，新式警察逐渐赢得了市民的尊重和承认，其称呼也由民众憎恨的“泼皮警察”（Peelers）变成了民众尊敬欣赏的“宝贝警察”（Bobbies）。

二、第二次警务革命：通过警察职业化实现警察与政治的分离

美国最初的现代警察机构大量借鉴英国伦敦大都市警察制度，但后来美国警察则更多的是遵循自己独特的发展道路而不是英国道路。例如，各个城市独自建立了各自的警察机构，形成了分权化的警察体制；对警察没有实行严格的中央管理；为确保民主价值观，警察和政治过程直接联系在一起。

这样，美国警察机构在建立之初就都是政治实体。警官是从他们服务的选区或社区中挑选出来的，并经选举产生的政治官僚任命。在缺乏强大中央管理的情况下，政治家的影响以及警官和他们所管理的人之间的邻里关系，

导致警务活动变成了一种派别警务。这一时期的警官被描述为政治技工，选拔警官的依据是其政治联系和政治服务。警官对选区和管区的政治领导人负责，向任命自己的政治派别效忠，而不是对城市政府负责。例如，在选举期间，警官利用恐吓、逮捕，有时甚至是暴力阻止反对派的支持者投票。而且，美国警察从一开始就依赖公众对其工作的认可树立权威，而不是靠法律树立权威，这导致警察依赖市民对他个人的支持，警察不可能执行社区不欢迎的法律，法律的尊严和权威被放置在一边。而警察的个人权威又往往需要通过暴力方式来建立，如警察殴打敢向自己挑战的人，以暴力展示力量和权威。

政治型警务导致美国警察个人可以既不对法律约束负责，也不对中央管理权力负责，并天然地伴生着腐败、粗暴以及政治操纵的局限和弊端。一批来自警察机构内外的改革者认识到当时警察存在的严重问题，致力于改进警察，促使了美国警察的职业化运动。

警察改革者的首要目标是要消除政治对警察的影响，他们认为应以人的素质而不是政治（人际）关系为基础任命警官；警务十分重要，不能由政治家和外行人控制，要建立独立警察，将警察发展成为一个自治、高效而且受人尊重的职业；警察的职责要从公共服务和维持秩序的角度重新界定为执行法律和控制犯罪。

此时，从正在形成的警察学和迅速发展的技术变革中产生出来的警察职业化思想，促进了警察改革的发展。职业化思想提出，警察工作需要特殊培训、技巧或能力，警察要致力献身于警察事业，在工作上要享有一定程度的自治。

第二次警务革命的发生，其标志是美国在20世纪初开始进行的警察职业化运动。第二次警务革命在警务思想、管理体制等方面有着不同于过去的巨大变革。

第一，重新界定警察的职责。警察改革者认为警察要由过去的不执行法律变为执行法律的主体之一，目的是控制犯罪，这是首要的变革。

第二，警察逐步发展成一个独特的专业领域。警察职业化的知识基础就是警察科学的发展，特别是犯罪学的兴起、识别罪犯（如指纹技术）等技术的发展，使警察越来越成为有专业技术的人员。

第三，在行政措施上制定了警察选拔和晋升的程序。这意味着警察和警官将是依据求职者的知识挑选出来的，而不是依据他们认识谁而挑选出来的；意味着警察的能力应该与他们的职位相称，并对他们的职业负责，而不是对某一特殊的政治力量负责。正是采用了行政管理程序之后，警察才开始将自己视作特殊的群体，而不是临时雇作警察的工人、职员或列车乘务员。

第四，建立了警察官僚组织，塑造了打击犯罪专家的形象。警察官僚组织源于管理权的集中和警察机构的自然发展，如在警察机构内部设立各种职责分工的专业部门。专业部门的出现推动了警察机关的职能专业化，促使警察机关的注意力由区域转变到问题，像官僚化的警察机关设有专门负责整个城市的反盗窃部门，而并不仅仅只负责哪一个特殊社区的盗窃问题。警察正在努力把自己塑造成打击犯罪的专家，专业部门正是这种形象的一个重要部分。同时，强化警察机关的集中管理和加强警察机关的官僚化，避免了政治对警察的干预，使警察的工作更合理化，更一般化。[①] 其中，奥古斯特·沃尔莫是最有影响的警察管理者，被誉为“现代警察管理之父”。他是第一个“建立信号系统；采用行之有效的方法；使用配备无线电的自行车、摩托车或汽车，以及测谎仪；建立科学的犯罪侦查实验室；录用大学生作为警察；在警察机关内部建立警察学校；聘请科学家为警官授课；鼓励高等院校开设培训警察课程”的警察管理者。他也是呼吁在华盛顿直属区建立犯罪资料档案局（即后来的联邦调查局）的第一人。

通过职业化，警察不再只是一个工作，而是一种职业。警察的任务首先是控制犯罪，公众也普遍认为警察是控制犯罪的专家。长期以来争取摆脱政治干预的斗争，最终以强烈排斥对警察活动的政治干预甚至是公共干预而结束。

第二次警务革命是警察走向成熟的标志。

三、第三次警务革命：西方发达国家警察的现代化

第三次警务革命（20 世纪 30 年代至 70 年代）在警察哲学理念上是第二次警务革命的延续，即围绕着警察控制犯罪这一首要任务，全方位地打造“警察乃控制犯罪专家”这一形象，通过现代化全面提升警察打击犯罪的能力和体系。而以计算机、现代通信技术为代表的科学技术的迅猛发展，为第三次警务改革提供了强有力的现实保障。

警察现代化的主要内容包括：交通器材现代化，引进和完善了车辆巡逻制；指挥通信现代化，建立了电子指挥中心与控制中心；信息交流现代化，建立了信息情报中心，查询与贮存的电子计算机联网等。

指挥通信现代化是第三次警务革命的关键环节，警察机关全面运用计算机、警察个人装备对讲机等现代通信工具、车巡代替了步巡，这些都为快速反应机制奠定了坚实的基础，有效地增强了打击犯罪的力度。警察形象也变成了头顶钢盔、肩别对讲机、手持盾牌、腰挎手枪的“机械战警”，警察几乎被现代化装备武装到了牙齿。可以说，现代化使警察如虎添翼，促发了今非昔比的深刻变化，整体面貌焕然一新，已非传统的“更夫型警察”可比拟。

---

① ［美］罗伯特·兰沃西、劳伦斯·特拉维斯：《什么是警察——美国的经验》，尤小文译，群众出版社 2004 年版，第 97 页。

这是警察最辉煌的一段历史，被称为“四个现代化”：车巡代替步巡，提高了警察的反应速度；警用通信器材现代化、普及化；计算机系统的警务化应用；警察单兵装备系统的现代化。

现代技术的广泛使用，进一步改变了警察和公众之间的关系——任何一个警察都不认识的公民均可以电话报警，同样，警察机关也可能会派出一个报警人所不认识的、不具任何感情色彩的警察出警。技术型、官僚型警察形象十分突出，警察脱离社区民众而工作，完全依赖现代技术特别是快速反应来打击犯罪，即摩托化巡警取代了社区警察。这与同期进行的行政体系改革是同步的。以韦伯的官僚制、威尔逊的政治控制和泰勒的管理理论为思想源泉的行政革命，彻底地对政治和行政在理论上进行了分割，改变了行政机构的职能要求和业务需要，使传统的“人格化”行政转变成了具有广泛“机器”特征的“非人格化”行政，成为制度化、理性化、法律化和技术化的现代行政体系。

与此同时，由于大量现代化装备（车辆、计算机等）的添置，各国的警察预算出现巨大增长；为遏制犯罪问题的进一步恶化，警察编制数也大幅增加。

第三次警务革命是警察“打击犯罪战士”概念走向鼎盛的标志，对现代警务制度具有深远的积极影响，奠定了现代警务技术化、信息化、制度化的厚实基础。然而，警察现代化也带来了严重的弊端，主要体现在以下方面：

第一，警察机构臃肿僵化、效率低下、缺乏责任制和效果诉求、重标准而不重宗旨。第三次警务革命过分地强调技术，降低人的作用，导致了严重的“技术依赖”和“程序化臃肿”的现状；警察“机构化”越来越严重，缺乏流动性和绩效管理。其结果是，改革的程度越深，越偏离安全对象，离问题的本质也越远。警务改革的同时，犯罪率的持续上升便是这一理论的明证，这说明了以“打击犯罪为主”的警务理论思想的片面性。

第二，打击犯罪成效低。以快速反应为特点的被动警务风格，强化了警察打击犯罪的功能，却大大削弱了警察在预防犯罪中的重要作用，造成了打不胜打、犯罪增多的恶果，警察的现代化没有降低犯罪率。

第三，社会秩序混乱，警察日益处在矛盾冲突的风口中。20 世纪 60 年代，美国民权运动汹涌澎湃，经常发展成为暴乱。反越战运动激发了大规模的游行、学生罢课甚至暴乱，美国警察一直被置于镇压抗议者和示威者的位置。英国在 20 世纪 70 年代，由于经济增长缓慢、通货膨胀迅猛，出现滞胀局面，导致失业率不断攀升，阶级对立尖锐，劳资纠纷和罢工事件此起彼伏，犯罪率屡创新高，与此同时，警察的腐败和刑讯逼供丑闻也层出不穷。

第四，警察数量的剧增和大量现代化装备的采用，加重了政府的财政负担，超出了社会经济能力所能允许的范围，引起公众不满。

第五，警民关系出现恶化趋势。现代化后的警察远离了他们所服务的社区，其缺点就是警察脱离了公众。西方公众为此把警察的快速反应模式归纳为“平时看不见，电话来呼唤，来时急如火，去时一溜烟”，发现“车轮子跑得越快，警察却离公众越远”。机器人式的警察形象和消防队式的警务工作模式，使得警察与公众的距离越来越远，甚至出现了公众对警察的信任危机，全副武装的警察越来越得不到公众的支持。公众为此提出了新口号：“宁要更夫，不要机器人。”

这种在警力不断增长、警察装备越来越现代化的同时，犯罪率却上升较快的状态——警力与犯罪同步增长，是人们所始料不及的，从而引发了第四次警务革命。

四、第四次警务改革：社区警务的兴起和发展

社区警务之所以是第四次警务改革的核心，一是犯罪研究和警察科学通过实证研究取得了大量成果，使人们更加科学地认识到了警察与犯罪、社区的关系，二是在政治体制领域对旧有行政体系的改革。

（一）社区警务的提出

1. 警察科学研究的成果导致了社区警务的兴起。

20世纪60年代，美国总统约翰逊鉴于犯罪率的不断上升以及随着民权运动而来的国内动荡，设立了一个蓝带委员会，调查研究美国的犯罪和刑事司法问题。该委员会发现，大部分犯罪并没有人向警察报案，而且不报案的原因往往是群众并不信任警察。这个委员会在世界上首次采用受害调查分析犯罪率，使警察科学研究有了新发展。调查结果表明，警察对很多犯罪一无所知，也表明群众对犯罪的恐惧已经成为一个问题，如很多最害怕犯罪的人并不是受害者，他们往往受犯罪危害的风险是很低的，但他们却最恐惧犯罪的侵害。

一系列关于步行巡逻对犯罪和群众安全感的影响研究进一步促使了社区警务的产生。研究发现，群众最需要警察做的是服务和维持秩序，为此乔治·凯林和詹姆士·威尔逊提出了“破窗理论”。最新的研究成果越来越表明：①警察应该既关注犯罪水平，也关注群众对犯罪的恐惧感；②警察依赖群众提供关于犯罪的信息；③警力部署的变化会导致犯罪地点的变化，但并不一定能阻止犯罪；④传统的、反应性的、案件导向的犯罪控制方法是低效的；⑤警察影响犯罪率的能力是有限的，人们越来越多地强调采取措施预防犯罪，如改善照明、留意贵重物品、参加社区巡逻等。

人们对预防犯罪日益重视，有识之士认为没有社区的支持与合作，警察不可能有效地阻止犯罪；为控制犯罪，警察和社区之间必须建立伙伴关系。这样，警察的职责被重新界定，从控制犯罪扩大到降低群众对犯罪的恐惧感

和改善社区的生活质量。

2. 行政改革的推波助澜。

20 世纪 80 年代，里根和撒切尔夫人在美国和英国选举获胜，二人均抛弃了凯恩斯主义政策，实行新自由主义，分别进行了行政改革。

里根对于联邦政府在处理问题上的能力持怀疑态度，解决方式是撤回政府的干涉并减少税率和撤销管制，以此让自由市场机制能自动修正所面临的问题，他在就职典礼上说："政府并不是解决问题的方法，政府本身才是问题所在。"

撒切尔夫人为了使英国经济恢复活力，摆脱"英国病"的困扰，采取政府大幅度减少对经济活动的干预、大多数国有企业私有化等做法，提高效率、降低公共开支成为撒切尔政府行政改革的主要目标。在犯罪问题上，撒切尔夫人认为：政府干预往往会引发问题，而不是解决问题，个人应该照顾好自己、孩子、财务以及所在社区；打击犯罪是每个人的事，是所有人的责任，不能仅仅交由警察负责。撒切尔夫人使犯罪预防的核心不再仅仅是由政府或其代理人插手教化穷人或侦破犯罪，而是个人的责任。人们不仅能选择成为罪犯，也通过未能采取措施保护自己（如晚上独立夜出的妇女）及财产（不锁车或锁门）选择成为受害者。对警察机关的开支，政府将限制"中央和地方的公共开支，使之不可能像近年来那样继续扩大"，警察"应该最大效率地使用目前可以获得的大量资源"。

为此，撒切尔保守党政府开始推行社区警务观念（警方与所在社区就预防犯罪进行合作）。英国社区警务的理论基础是共同责任观，内政部明确指出：尽管预防犯罪与维护公共秩序是警察的职责，但除非社区自身也肩负起处理所在地区特殊问题的职责，否则警察将不能有效完成使命，预防犯罪是全社区（会）的使命。①

（二）社区警务的主要内容

第四次警务革命以对原有警务理论的反思与突破为先导，以社区警务为主要内容，以全社会的力量参与打击和预防犯罪为重点，追求历史上的"自我警务"、"人人皆警"的传统模式，形成主动提前式的警务风格。其主要内容包括：

1. 在警力方面，从追求人、财、物的增加转向"无增长改善论"；

2. 在装备方面，从追求警察的"机器人"模式转向追求"传统的更夫"模式，重新重视警察的服务意识和道德修养；

3. 在警务风格方面，从被动的快速反应转向主动的犯罪预防；

---

① 薛向君：《英国现代警察的治理与问责》，知识产权出版社 2013 年版，第 121～130 页。

4. 在工作重点方面，从巡逻打击转向社区警务，塑造警察打击犯罪的战士与人民公仆的双重形象；

5. 在工作评价标准方面，从警察机关的自我评价转向重视公众和社会的评价；

6. 在防控犯罪的主体方面，由警察的孤军作战转向社会的广泛参与；

7. 在警察的领导管理体制方面，中央集权制与地方自治型两种模式互相融合，取长补短；

8. 在警务合作方面，从各国警察的单一行动向世界警察的区域性、国际性合作发展；

9. 在警察的性质方面，警察的军事化和平民化互相包容；

10. 在警察力量方面，国家警察与私人保安同时并存，私人保安在一些国家得到了长足的发展。

（三）对第四次警务革命的评价

第四次警务革命是对第三次警务革命的否定、反思和发展，是一次追本溯源、返璞归真式的警务革命。从社会效果来看，这场警务革命对改善警民关系、改变警察形象、提高警察素质起到了积极的促进作用。

但是，随着时间的推移，其改革的活力逐渐减弱。特别是在强调社区警务的同时，快速反应、车辆巡逻等警务方式一度受到冷落，从一个极端走向了另一个极端。结果是通过推行社区警务，犯罪问题并没有明显地减少，于是，美国又开始重新重视高科技在现代警务工作中的运用。

同时，社区警务的理论基础也开始受到质疑。第一，社区警务认为产生犯罪的根源在社会，抑制犯罪的主力军是人民群众，在这场与犯罪斗争的战役中，警察不是主力军，而是一支重要的方面军，而人民群众才是主力军。有学者质疑这转移了警察对社会的责任，也推卸了警察对犯罪上升的责任。第二，社区警务持犯罪守恒论，即一定的社会、政治、经济产生一定的犯罪，这种犯罪的总能量是由社会的大背景所决定的，因此，任何一个犯罪高峰的到来，任何一次犯罪高峰的下降，都和警察没有直接的关系。这种理论其实暗藏着警察有无存在必要性的危险，也是在为警察的无所作为推脱责任。第三，社区警务理论还认为，过分的、局部的打击，会导致犯罪从甲地转移到乙地，从犯罪高发区域转移到犯罪低发区域，这就是所谓的犯罪转移论。这一理论也推卸了警察对犯罪上升的责任。

有学者认为，社区警务的若干理论从哲学上巧妙地把警察责任从社会责任中分离了出来，进而对警察这种旁观者的地位提出了批评，强调警察必须要对犯罪的上升负责，要对社会的管理混乱负责，要对警察经费的短缺负责。[①]

回顾英国与美国的四次警务改革历史，我们至少可以得到以下启示：

1. 警察作为维护公共安全和社会秩序的专门机构，它的产生、发展及其变革受一个国家的政治、经济、文化、传统习俗的现状及其变化的影响并且密切相关。国家的政体与国体决定警察的基本构架与制度及其发展方向。

2. 一个国家的社会经济发展在不同的阶段对社会安全与秩序的需求推动着警务变革，从而使警务改革具有阶段性特征。

3. 一个国家的文化、传统习俗、现代化水平以及国家甚至是地方领导人的政治运作理念，对警务改革的内容与方式、效率与效益会产生影响。

4. 面对复杂的犯罪和治安问题，不存在一种“放之四海而皆准”的警务工作模式。单纯采用任何一种模式，都无法从根本上解决犯罪和治安问题。

5. 任何一次警务改革都有利有弊，没有完美无缺的警务改革。对于国外的警务改革，我们既不能一概拒之门外，也不能盲目地全盘照搬，必须从我国的国情、警情、历史传统和现实需要出发，科学地吸收，合理地借鉴。

第二节　我国公安改革的实践和成效

一、我国公安改革的实践

自20世纪70年代改革开放以来，我国社会生活的方方面面都发生了重大变化。社会形态由静止和封闭走向动态和开放，由农业社会向工业社会和信息化社会转变；经济形态由高度集中的计划经济逐步转向市场经济；治理方式由人治转向法治。我国社会处于急剧转型和变革期，其间，不平衡和失范现象十分严重，社会与经济之间、经济与环境之间、不同人群的利益之间、不同人群的思想观念之间、城乡之间、区域之间以及行业之间出现了明显的不平衡现象；社会规范失范现象十分严重，原来的许多规则都不起作用了，而与现代社会和市场经济相适应的新规则体系还没有系统地建立起来，社会信用体系十分薄弱，处在社会规则衔接的断裂期。发展的不平衡现象，使得各种矛盾错综复杂地交织在一起，必然导致形形色色的社会问题，而行为失范则容易产生形形色色的抵触和冲突行为，社会风险度较高，从而表现为违法犯罪高发、对敌斗争形势复杂、人民内部矛盾凸现。公安工作在这种社会急剧转型的背景下超负荷负重前行，所面临的社会治安形势十分严峻和复杂。

---

① 王大伟：《新警察专业化论》，载《中国人民公安大学学报（社会科学版）》2013年第6期，第35、36页。

公安改革成为公安工作不断适应形势发展的动力引擎。

（一）公安工作运行机制改革

公安工作机制就是公安机关在机构设置、警力配置和处理警务工作等方面的规章、规则和运行方式。改革和完善公安工作机制，涉及全局，影响长远。

1. 建立110快速反应机制。

1986年，广州市公安局在原110“匪警”电话的基础上扩大职能、拓展范围，率先开通了集接处警于一体的110报警台。1992年，公安部提出在大中城市公安机关建立一个高效的、有权威的指挥中心和指挥系统。此后，公安部不断规范110接处警工作，积极推行110、119（火警）、122（交通事故）“三台合一”。目前，一个以110指挥中心为龙头，以巡警、派出所为骨干，各警种密切配合的快速反应机制基本建成，动态环境下驾驭社会治安局势的能力进一步提高。

20世纪90年代初，为适应处置群体性事件和反暴力犯罪的新需求，全国大中城市公安机关又陆续建立了特警队（防暴队）。特警队作为又一个新的警种，迅速成为公安机关快速反应机制框架下的一支精锐力量。

2. 建立人民警察巡逻制度。

1984年，公安部提出严密控制治安局面，公安机关应当把基层的大部分警力摆在街面上。1985年，公安部要求，省会城市、百万人口以上大城市和沿海开放城市要建立由机动车、自行车、徒步等多种巡逻方式组成的治安巡逻网。1991年11月召开的第十八次全国公安会议进一步明确，要尽快完善以人民警察和武警为主体的城市治安巡逻制度。1994年，公安部发布《城市人民警察巡逻规定》，对巡警的职责、权力等作了详细规定，标志着人民警察巡逻制度的正式建立。巡警作为一个新的警种迅速发展壮大，并在防范和打击街面现行犯罪中发挥了重要作用。同时，还积极探索调整基层勤务机制，大力推行弹性工作制、错时工作制、四班三运转等勤务模式，最大限度地实现了警力部署的全时空覆盖。

3. 以刑侦和派出所工作改革为重点，努力探索建立社会治安打防长效机制。

1997年，公安部相继推出刑侦和派出所工作改革两大举措，提出派出所以“社区警务”为载体，主要做好防范管理工作，同时建立“覆盖社会面的责任区”刑警队，专职破案工作，并实施“侦、审（预审）体制合一”，建立打防并举，“两轮齐转”、“两翼齐飞”的新型打防工作模式。2002年6月，公安部下发了《关于改革和加强公安派出所工作的决定》，提出改革警务机制，积极实施社区警务战略。

2006年，在中央作出关于推进社会主义新农村建设的重大决策后，公安部随即出台了《关于实施社区和农村警务战略的决定》，明确要求大力实施社区和农村警务战略，努力构建与新型社区管理体制和社会主义新农村建设相适应的新型社区和农村警务机制。社区和农村警务战略的实施，进一步延伸了公安机关管理服务的触角，最大限度地实现了警力下沉、警务前移。广大社区和驻村民警扎根社区、农村，认真履行开展群众工作、掌握社情民意、管理实有人口、组织安全防范、维护治安秩序等职责任务，使城乡警务室真正成为了维护稳定的第一道防线、服务群众的第一个平台、巩固基层政权的第一层基石。

4. 实行“交巡警合一”或多警种联动的新型警务机制。

全国一些市、县公安机关将交警和巡警合二为一，交通管理和治安巡逻由合并后的一个警种负责。有的地方则采取交警、巡警、刑警和派出所民警联勤协同的模式，打破警种之间的分工界限，赋予不同警种在执勤时享有其他警种相应的执法权。这些探索有利于整合有限的警务资源，形成预防打击犯罪的合力。

5. 推进公安信息化建设，实施信息主导警务战略。

1998 年 9 月，公安部向国务院报送《关于实施公安信息化工程——金盾工程的请示》，首次提出了“金盾工程”的概念。在“金盾工程”一期建设中，全国公安机关以需求为导向，以应用为核心，坚持通过信息化手段解决公安工作面临的难题。2006 年 11 月，“金盾工程”一期通过验收。2008 年 2 月，国家批复同意“金盾工程”二期项目建议，标志着公安信息化建设和应用进入了深化阶级。①

2003 年开始，公安机关紧紧依托“金盾工程”建设，全面加快了公安信息化建设的步伐，不仅有效降低了警务运行成本，提高了打击犯罪、侦查破案的能力和行政管理的效率，而且引领了公安工作理念的更新和警务运行机制、队伍管理机制的变革。2008 年，根据形势、任务和工作要求的变化，公安部提出了进一步推进公安信息化建设的指导意见。各级公安机关坚持以信息主导警务，让警力部署始终跟着不断发展变化的警情走，基本实现了信息主导下的主动型警务、效能型警务。

（二）公安行政管理模式改革

改革开放以来，为积极适应经济社会发展的新形势，不断满足人民群众的新需求，公安机关对传统的行政管理模式进行了一系列改革创新。

1. 改革户籍管理制度。本着沟通城乡、放活人才、解民之忧的原则，从 1985 年开始，公安机关对户籍管理制度进行了一系列改革，先后实施了居民

① 公安部人事训练局、公安部科技信息化局：《公安信息化建设基础教程》，群众出版社 2009 年版，第 3~7 页。

身份证制度、城镇暂住人口管理制度，制定调整了专业技术干部家属“农转非”、留学生子女回国落户、大中专学生户口迁移等多项户籍政策。1998 年，国务院批转了公安部《关于解决当前户口管理工作中几个突出问题的意见》，解决了婴儿落户随父随母自愿、父母投靠子女等一些老大难问题。从 2001 年开始，以国务院批转公安部《关于推进小城镇户籍管理制度改革的意见》为契机，各地陆续开展了小城镇户籍管理制度改革，允许在部分小城镇有合法固定住所、稳定职业或生活来源的农业人口申请办理城镇常住户口，促进了农村剩余劳动力向小城镇的转移。

2. 改革道路交通和消防管理工作。改革开放以来，公安机关大力加强和改进道路交通和消防管理工作。道路交通管理部门进一步改进执法执勤模式，撤销公安交通检查站，组建公路巡警队上路统一执法、流动执勤，实现了一警多能。消防部门大力推进多种形式的消防队伍建设，着力强化社会救援职能，突出加强消防特勤队伍建设，不断提升对各种突发紧急情况的应对能力。按照社会化的发展方向，公安机关积极探索推动建立道路交通和消防管理工作新机制，构建了以道路交通安全工作联席会议制度为主要内容的“政府统一领导、有关部门各司其职、齐抓共管、综合治理、标本兼治”的道路交通安全管理工作格局和“政府统一领导、部门依法监管、单位全面负责、群众积极参与”的消防工作格局。

3. 改革出入境和边防管理工作。为解决中国公民出境难、外国人入境难的问题，公安机关对出入境和边防管理工作进行了一系列改革，逐步放宽了出入境限制。为方便公民出国，先后推出了取消我国公民再出国限制、取消出国境申请提交境外邀请函和签发护照时附发出境登记卡等规定，并在全国大中城市普遍推行了凭户口簿、身份证按需申领护照的办法。为方便公民往来港澳台，进一步细化了赴港澳定居审批条件，取消了赴港澳限定通行口岸和短期往来港澳限额审批；简化了台湾地区居民入出境和在大陆居留的手续，扩大了长期居留和多次入出境签注适用范围。近年来，还陆续开办了居民个人赴港澳旅游业务。为方便外国人入出境，先后推出了取消外国人出境签证、对部分国家公民在规定时间内到我国部分地区实施免签证政策等措施，并实施了中国“绿卡”制度，为符合条件的外国人签发在华永久居留证。与此同时，出入境和边防管理工作不断强化服务意识，使工作效率、工作质量和服务水平进一步提高。

4. 推出一系列便民利民措施。公安机关坚持以人为本，根据经济社会发展需要和人民群众要求，相继在行政管理工作中推出了一系列便民利民措施。2003 年 8 月，公安部在户籍、交通、出入境、消防管理等方面推出了 30 项便民利民措施，受到了社会各界和人民群众的欢迎。2005 年，公安部在全国范围内组织开展了公安局长大接访活动，并建立实施了以“一把手”接访制度为核心的信访工作长效机制，有效地维护了群众的合法权益。

公安行政管理工作模式的改革，标志着公安行政管理工作实现了由重管理轻服务向管理与服务并重的转变。

（三）公安队伍管理改革

公安机关秉承政治建警、依法治警、从严治警的方针，作出了一系列不懈探索。

1. 进行公安机关机构调整与改革。1982 年 6 月 19 日，根据《中共中央批转公安部党组〈关于人民武装警察管理体制问题的请示报告〉的通知》的精神，将中国人民解放军担负地方内卫任务及内卫值勤的部队移交公安部门，同公安部门原来实行义务兵役制的边防、消防等警种统一起来，重新组建中国人民武装警察部队。1983 年 4 月，中国人民武装警察部队总部在北京成立。1983 年 6 月，国家成立国家安全部，把原长期由公安部管辖的反间谍和对外情报工作移交给国家安全部，同时把公安机关的监狱、劳改、劳教场所的管理工作整建制移交司法部门。1986 年 10 月，将交通部门掌管的公路工作移交公安机关。2002 年，企业事业单位公安机构体制改革完成，划入国家公安机关。1999 年 1 月，海关总署走私犯罪侦查局成立，受海关总署和公安部双重领导，以海关总署为主，列入公安部序列。2003 年 1 月 1 日，海关总署走私犯罪侦查局更名为海关总署缉私局。2013 年，将国家海洋局及其中国海监、公安部边防海警、农业部中国渔政、海关总署海上缉私警察的队伍和职责整合，重新组建国家海洋局，以中国海警局名义开展海上维权执法，接受公安部业务指导。

2. 完善公安管理体制。1991 年以来，公安机关本着“转变职能、理顺关系、精兵简政、提高效率”的原则，先后对县（市）公安机关内设机构、企事业单位公安机构体制、公安边防检查体制、公安部内设机构及职能任务进行了调整和改革。在改革实践中，经济犯罪侦查、证券犯罪侦查和网络监管、反恐怖、边防、禁毒、国际执法合作等一批新的职能应运而生，并不断得到加强。2003 年，第二十次全国公安会议进一步明确，省、市、县三级公安机关主要领导由同级党委常委或政府副职兼任，城市公安分局、公安派出所由上级公安机关直接管理。2006 年国务院颁布的《公安机关组织管理条例》明确了上级公安机关对下级公安机关的领导、指挥关系。

3. 加强队伍正规化建设。1983 年召开的全国公安改革工作会议，首次提出了加强公安队伍正规化建设的要求。2003 年 11 月召开的第二十次全国公安会议，进一步明确了“四统一五规范”的正规化建设要求。在 20 多年的正规化建设进程中，《人民警察法》、《人民警察警衔条例》、《公安机关组织管理条例》、《公安机关人民警察内务条令》、《关于规范公安机关人民警察职务序列的意见》等一系列法律法规和制度规范陆续颁布实施，人民警察录用、辞退、培训、考核、任用、晋升、奖惩、抚恤以及警种岗位工作规范等一系列配套的具体制度和办法不断完善。

4. 加强队伍专业化建设。1995 年，公安部颁布实施《公安机关人民警察培训暂行规定》，要求民警上岗（任用）、授衔、晋升警衔和晋升职务必须经过培训。2001 年，《公安机关人民警察训练条令》颁布实施，把教育训练与民警的使用、晋升挂钩，实现了教育训练的制度化。2003 年以来，全国公安机关普遍推行了民警上岗和首任必训、职务和警衔晋升必训、基层和一线民警每年实战必训“三个必训”制度，进一步健全了人民警察教育训练机制。2008 年 8 月，公安部又按照中央关于司法体制改革的总体部署，启动了公安院校招录培养体制改革试点工作。

5. 加强公安法治建设。1995 年，《人民警察法》颁布实施，为全面实现公安工作和队伍建设的法治化奠定了基础。进入新世纪，随着依法治国方略的深入实施，公安立法工作进程进一步加快，《道路交通安全法》、《治安管理处罚法》、《居民身份证法》、《禁毒法》等一批涉及公安工作的重要法律法规相继出台。目前，一个以《人民警察法》为主体，以公安刑事法规、治安保卫法规、行政管理法规、组织人事法规、警务保障法规、监督法规和国际警务合作法规等为主要门类，涉及公安工作主要方面的公安法规体系基本形成，公安工作的主要方面实现了有法可依、有章可循。2008 年，公安部制定了推进公安机关执法规范化建设的意见，推动各级公安机关积极探索规范执法行为的有效途径，对公安机关办理刑事案件、治安案件和实施行政管理的程序、形式进行了规范，逐步构建起覆盖各执法领域和执法环节的执法规范体系。

6. 加强和谐警民关系建设。通过实施社区和农村警务战略、提出便民利民措施、建立警风监督员、群众推选最信赖的人民警察、表彰树立构建和谐警民关系亲民爱民的先进典型等形式，不断巩固和扩大公安工作的群众基础。

7. 加强公安队伍思想政治建设和廉政建设。按照从严治警的要求，公安机关恢复重建了纪检监察机构，推出了“五条禁令”等一系列整肃警风的重大举措。1997 年，国务院发布《公安机关督察条例》，公安机关督察制度和督察队伍应运而生，并相继建立健全了警务督察、警务公开、派驻督察专员和督导组、特邀监督员等一系列配套的监督制约机制，极大地提高了公安队伍抓落实的执行力。

改革开放以来，公安工作改革与发展的实践经验概括起来就是“九个必须始终坚持”，即必须始终坚持党的绝对领导、听从党的指挥，必须始终坚持围绕中心、服务大局，必须始终坚持立警为公、执法为民，必须始终坚持打防结合、预防为主，必须始终坚持专群结合、依靠群众，必须始终坚持科教强警、素质强警，必须始终坚持从严治警、依法治警，必须始终坚持强基固本、夯实基础，必须始终坚持解放思想、改革创新。[①]

二、公安工作的改革成效：初步形成了中国特色的公安工作

我国的公安工作自新中国成立以来，逐步形成了不同于西方警察的具有中国特色的公安体制，有着丰富的特色内涵，其中有些特色自一开始便已形成并不断发展与完善，有些是对历史经验教训的总结，有些则是改革开放以来在警务改革的实践中形成的。这些特色既是新中国成立以来，特别是改革开放以来警务改革的成就，也是进行下一步警务改革的现实基础和思想财富。

（一）指导思想之特色：以中国特色社会主义理论体系为指导

中国共产党第十七次全国代表大会提出了中国特色社会主义理论体系的科学命题，明确指出："中国特色社会主义理论体系，就是包括邓小平理论、'三个代表'重要思想以及科学发展观等重大战略思想在内的科学理论体系。"这一理论体系，是对马克思列宁主义、毛泽东思想的坚持和发展，凝结了几代中国共产党人带领人民不懈探索实践的智慧和心血，因此，它也是我国公安工作的指导思想，是引导我国公安工作沿着正确道路前进的行动指南。

（二）警察属性定位之特色：努力实现警察人民性（本质属性）、党性（政治属性）、公共性（权力属性）、法律性（专业属性）的统一

过去，我们对警察的定位谈得最多的是国家机器的重要组成部分，是阶级专政的工具，强调其暴力性，当然这与我国曾经以"阶级斗争为纲"分不开。以"阶级斗争为纲"导致我国出现了"文化大革命"等错误，给国家和人民带来了深重的灾难，也使公安事业遭到极大的破坏。在那时的公安工作中，出现了践踏宪法和法律、不尊重人权等严重问题。

改革开放以后，我们对警察的认识越来越全面，认识到了警察具有人民性、党性、公共性和法律性等属性，逐步能够对警察进行准确的定位。

人民性，是指我国的警察是人民警察，这也是具有中国特色的警察定位，是我国警察的本质属性。这个宗旨开始于中华人民共和国人民警察建立之初，周恩来总理在 1950 年专门把"人民"这个词加在警察前面，指出人民警察来自于人民，同时又是人民群众的一员。在新世纪，我国公安机关树立了"执法为民是公安机关执法思想的核心"这一理念，提出要真正把人民群众的呼声作为第一信号，把人民群众的需要作为第一选择，把人民群众的利益作为第一考虑，把人民群众的满意作为第一标准，要带着对人民群众的深厚感情去执法、去工作，坚决维护人民群众的合法权益。

党性，就是公安机关必须始终坚持党的绝对领导、听从党的指挥。这就要求公安机关必须坚决贯彻执行党的路线方针政策，在思想上、政治上、行

---

① 《改革开放 30 年公安工作的光辉历程》，载《公安教育》2009 年第 1 期。

动上与党中央保持高度一致，围绕中心，服务大局，永葆忠于党、忠于祖国、忠于人民、忠于法律的政治本色，这是由我国人民警察的本质属性所决定的。它不同于西方国家提出的“警察中立论”，是我国警察的特色之一。

公共性，指的是警察的权力属性。权为民所赋，民众通过放弃自身的部分权利赋予公立机构及管理者一定的权力，管理者才能代表民众行使权力管理社会。现代警察权力的合理性、有效性基础得之于权力的公共性。公共权力的所有者是全体社会成员，不是每个人或某部分人。为此，公安机关及其人民警察要切实使用好党和人民赋予的公共权力，切实做到“立警为公”，“权为民所用，情为民所系，利为民所谋”，完成好维护社会稳定和国家安全这一首要任务，履行好职能任务。

法律性，是指警察是国家重要的执法力量，是其专业属性定位。警察机关的基本活动是执法活动，人民警察的基本工作是执法工作，依法履行职责是对公安机关及其人民警察的最基本要求。这就要求警察必须以法律为准绳，积极认同、尊重和遵守法律，做到法律面前人人平等。

我国警察的这四个属性是统一的，不可偏废。

（三）公安机关权力结构之特色：集治安行政管理与刑事司法于一体

一些国家和地区依据警察机关治安管理和刑事侦查两大职能，实行司法警察和治安警察两警分设，使警察治安管理权和刑事侦查权两权分离。

我国公安机关集治安行政管理与刑事司法于一体，这种体制便于统一调度和更好地使用警察资源，可以用较低的单位成本形成强大的国家权力力量，有助于维护社会稳定和国家安全。这种权力结构也是中国特色社会主义警察机关的特色。

（四）司法运行程序之特色：公、检、法三机关分工负责、互相配合、互相制约

在我国，公安机关是国家的侦查机关，人民检察院是国家的法律监督机关，人民法院是国家的审判机关。公安机关在刑事诉讼活动中，与检察院、法院的关系是分工负责、互相配合、互相制约。三机关分别在法定范围内行使职权，不能互相代替；在分工负责的基础上通力合作，共同完成打击犯罪、保护人民的任务；在刑事诉讼中互相制约，防止和纠正可能出现的错误和偏差。

（五）警察体制之特色：能够充分调动和整合社会力量来维护社会秩序与稳定

当前，我国公安机关的领导体制是“统一领导，分级管理，条块结合，以块为主”。公安机关既要受上级公安机关的领导，同时又受同级党委和政府的领导，具有双重领导关系。同时，我国公安机关的行业公安部门，如铁路、交通、民航、林业、缉私、海警等专门公安机关，既接受本部门的行政领导，

还要接受公安机关的业务领导。

这种体制从制度上保证了公安机关在业务上接受上级公安机关的领导，在人、财、物上接受地方党委和政府的领导。公安机关接受双重领导，使其能够充分调动和整合社会力量来维护社会秩序与稳定，使社会治安工作成为地方党委和政府的重要工作，既符合我国国情，又符合集权与分权相结合的科学管理原则，成为中国警察体制之特色。

（六）警察法治之特色：建立了以《人民警察法》为主体，国务院的条例和公安部的规章组成的公安法规体系

我国 1979 年颁布了《刑法》、《刑事诉讼法》，特别是 1995 年颁布实施了《人民警察法》，为全面实现公安工作和队伍建设的法治化奠定了良好基础。此后，一批涉及公安工作的重要法律法规相继出台，一个以《人民警察法》为主体，以公安刑事法规、治安保卫法规、行政管理法规、组织人事法规、警务保障法规、监督法规和国际警务合作法规等为主要门类，涉及公安工作主要方面的公安法规体系基本形成。同时，在公安执法监督方面，在借鉴国外的警察执法监督经验和其他行政执法监督经验的基础上，建立了统一的执法监督机构。

（七）公安队伍建设之特色：实行政治建警、从严治警、依法治警

政治建警是我国公安队伍建设的基本方针，特别是要不断加强对广大民警的思想政治教育和培训，提高民警的政治素质和职业道德水平。同时，公安机关恢复重建了纪检监察机构，建立了督察制度，狠抓反腐倡廉，健全警务督察、警务公开机制，从严治警，初步建立起具有公安特色的惩治和预防腐败体系。特别是 2010 年《公安机关人民警察纪律条令》的颁布实施，有效提升了公安队伍的整体形象。“加强公安队伍建设是做好公安工作的根本保证”，已成为改革开放以来公安工作的基本实践经验。

（八）依靠基础之特色：坚持专门工作与群众路线相结合

这是我国公安机关的传统优势和特色。只有坚持充分相信群众、一切依靠群众、密切联系群众、积极构建和谐的警民关系、广泛组织发动群众和社会各方面力量实行群防群治，才能形成公安工作的强大合力，奠定公安工作的社会根基。

（九）发展动力之特色：满足人民群众的新期待

中国特色社会主义警察发展的动力机制是警务期待，即广大人民群众对我国公安机关及其人民警察应承担的角色期望和对社会治安状况应达到的期望，这些期待随着社会的发展变化往往表现为由低级到高级的动态过程。正是由于这种期待是发展变化的，不同时期的期待是不同的，所以要求警务工作在不同的历史时期要了解人民群众的期待与要求，并把这种期待与要求转化为警务工作的动力。把人民群众的安全感和满意度作为检验和衡量社会治

安工作的根本标准。

（十）决策与执行机制之特色：党委集体领导下的行政首长负责制

这是中国共产党章程规定的民主集中制的领导制度在公安机关决策与执行机制上的具体落实。党委集体领导下的行政首长负责制，是指公安机关的一切重大问题都应由党委集体讨论通过，集体决策，行政首长分工负责执行党委决策并承担相应的责任，其中行政正职主持全面管理工作并对党委负责，副职分工负责分管部门的工作，对行政正职负责。这种领导制度既是一种委员会制，又是一种首长负责制，具有双重性。民警必须坚决服从行政首长的领导指挥。这种机制既保证了党对公安机关的领导，又发挥了首长和每个成员的积极作用；既能够发扬民主，集思广益，弥补行政首长个人智慧难以应付复杂多变局势的缺陷，提高决策的科学性和有效性，又能充分发挥行政首长行动迅速、责任明确、指挥有力的优势，更好地适应公安工作“急、难、险、重”的要求。实践证明，这是一种成功的决策与执行机制。

（十一）决策方法之特色：统筹兼顾，讲究平衡

警务工作要从和谐的角度出发，要讲究平衡，要用科学发展观来指导，从而形成警务平衡理论。在警务实践中，警察始终面临着打击犯罪与保护人权的矛盾，面临着公民自由与社会秩序之间的矛盾，解决这一系列矛盾的出发点就是服务于建立和谐社会，讲究策略的平衡。在依法打击犯罪与保障人权、维护社会和谐稳定和激发社会创造活力之间寻找平衡点。当然，这个平衡点不是固定不变的，而是随着形势的变化而变化的，但不管如何变化，都不应执一端、走片面，而要在平衡的前提下作出适度的调节，使和谐社会的状态得到良好的维持。

第三节 我国公安工作全面深化改革的理念与路径

一、我国公安工作全面深化改革的理念

公安工作改革应以对公安机关权力的规范和对公民权利的保障为目标。公安机关在平衡社会矛盾、维护社会稳定方面客观上有扩张权力的需求，另一方面从法治进程、人权保障的角度为防止警察权的滥用，又要求对警察权进行分解和限制，警务改革的方向是要在秩序控制和制约限制警察权力之间找到平衡点。脱离这一基点的改革，都是不现实的，也不符合我国法治进程推进的需求。这就要求在“以宪法为前提，以民主政治为核心，以法治为基石，以保障人权为目的”的框架下进行警务改革，使警务改革朝着规范警察权力与保障公民权利的方向健康发展。

（一）公安工作全面深化改革要在宪法和法律的框架内进行

警务改革的目的之一就是把警察权关进笼子里，形成制衡警察权的制度。

从建立法治国家的要求出发，我国要改变过去公权力过多、过深、过久地压抑和限制私权利的状态，达到制衡公权力、释放私权利的目的。从某种程度上说，以警察权为重要内容的公权力不能得到有效制衡，私权利就不能得到有效保护，也就不可能有真正的市场经济，不可能真正实现和谐社会。因此，要树立“维护宪法和法律权威是推动警务改革的基础”的理念，并在警务改革时以宪法为根本，依法推进，于法有据。

宪法是所有法律的立法依据和基础，在一国法律体系中位阶最高、效力最强。我国宪法蕴含着民主、人权、法治、和谐等价值，宪法所强调的“依法治国”、“保障人权”、“政治文明”是我国“国家治理体系和治理能力现代化”必须遵循的基本要求。宪法的核心精神是规范公共权力运行以保障公民基本权利的实现，而公民基本权利是一种客观的价值体系，是整个法律秩序的价值判断的原则性规范，是公共权力所应追求的基本目标。警务改革要按照宪法的逻辑思考来进行，严格按照宪法设定的权力范围、确立的原则行使权力。

警务改革要严格遵循依法治国的方略。法治的实质是为了保障公民的自由和权利，其终极价值在于通过创建和维护社会规则和秩序，以保障公民的自由和权利。法治的前提是限制滥用权力的政府行为（包括警察行为），依法治国的核心是依法治“官”，即掌握公共权力的公务人员。①

基于以上理念，当警务改革面临各种利益关系调整和各种矛盾时，特别是面对社会现实与宪法价值冲突时，要采取符合法治精神的做法，即在通过法定途径作出调整之前，决策者不能以现实的合理性为由随意突破现行宪法体制的框架，否则就会破坏既有的宪法秩序，损害宪法的权威，最终不利于维护人民的根本利益。因此，公安工作全面深化改革要依法推进，于法有据。要把顶层设计、代表性区域改革试点与末端治理有机结合起来。在顶层设计方面，要以建立与社会主义市场经济体制相适应、反映公安工作运行规律的公安管理体制为目标，修订《公务员法》、《人民警察法》的相关内容，并以此为依据全面清理现行的公安法律、法规、规章及其他规范性文件，及时提出废、改、立的意见和建议，确保在法治轨道上推进改革。关于公安工作全面深化改革的框架意见经中央批准后，公安部要进行统筹规划，根据国情和区域差异，选择东、中、西部有代表性的省份进行改革试点工作。在末端治理方面，要以县级公安机关的改革为重点，着眼改革和完善基层公安机关的运行机制，其主要方向是：基层更加主动、积极，反应更加灵敏、快速，资源配置更加科学、合理，执法更加规范、透明，运转更加协调、高效，公安

---

① 程小白：《试论中国特色社会主义警察学的逻辑起点与范畴体系》，载《江西警察学院学报》2011 年第 1 期。

工作成效和社会效果更加优质。

（二）公安工作全面深化改革要遵循中国特色社会主义警察活动发展的基本规律

中国的警务改革就像中国的政治、经济、文化改革一样，不能照搬西方国家的一些理念和模式，警务运行机制植根于一个国家的国体、政体以及经济基础与文化传统之中。

我国警务改革在宪法和法律的基础上，必须符合科学执政、依法执政、民主执政的基本要求，必须与党的执政规律、社会主义建设规律高度契合、协调一致。改革时要充分体现我国社会主义警察的基本属性，做到人民性、党性、公共性和法治性的有机统一。[①] 围绕我国社会主义警察的基本属性（人民性、党性、公共性和法治性），对我国警察制度进行顶层设计。

围绕我国社会主义警察的基本属性，警务改革的主要内容应是：如何在公安工作中体现“主权在民原则”（人民性），如何进一步改进党对公安工作的领导方式（党性），如何突出公安机关服务社会和服务公众的职能（公共性），如何科学界定警察权的边界并使之依法履行（法治性）。这就要求警务改革在制度设计上必须包括警察权力的设定制度、程序制度、法律监督制度、法律救济制度和法律责任制度等，以适应“国家治理体系和治理能力现代化”的要求。

二、我国公安工作全面深化改革的路径

全面深化公安改革，要坚持问题导向，以制约公安工作发展的瓶颈问题为改革的切入点和突破口。当前制约公安工作发展的瓶颈问题，是与市场经济体制相适应、反映公安工作运行规律的公安管理体制尚未完全建立和形成。公安管理体制是指公安机关内部各层次、各部门之间，以及公安机关与政府其他行政部门、社会组织之间的责权关系制度化的表现形式，它是公安机关内部运作与协同运作的动力和基本规则。主要包括以下几个方面：①事权划分，事权是政府在公共事务和服务中应承担的任务和责任，谁的事谁负责并且与支出保障责任相一致。它又包括两方面：一是上下关系，即中央与地方事权；二是内外关系，即指公安机关与其他政府部门、社会组织事权，这是公安管理体制的基础。②内部组织结构与警力配置，它决定公安工作运行机制及其效率。③激励与约束机制，它包括体现公安工作职业特点的警察职务序列、职业保障制度、考核制度、监督制度等。

现行的“统一领导、分级管理、条块结合、以块为主”的公安领导体制经历革命战争时期、新中国成立后高度集中的计划经济时期、由计划经济向

---

① 程小白：《试论中国特色社会主义警察学的逻辑起点与范畴体系》，载《江西警察学院学报》2011 年第 1 期。

市场经济转型时期等不同历史时期的渐进演化，始终面临“条”与“块”的关系问题。新中国成立初期，公安工作由中央统一领导，实行以上级公安机关领导为主的体制，20 世纪 50 年代末 60 年代初中央要求下放权力，公安业务工作对下领导改为指导关系。“文化大革命”期间各级公安机关均实行了军事管制。中国共产党的十一届三中全会后，公安编制、干部管理、经费保障等管理权限再次进行了调整下放。1983 年，中央下放干部管理权限，公安部协助地方党委干部管理的范围由之前的“下管二级”调整为“下管一级”；1984 年，党中央又明确公安机关实行双重管理，以地方党委、政府管理为主，形成了现行的领导体制。

随着我国计划经济向市场经济的逐步转型，经济管理体制与行政管理体制改革的不断深化，利益格局发生了重大变化，地方的自主权不断扩大，利益主体呈现多元化，地方治安形势和治安需求呈现较大差异，现行公安管理体制的弊端开始显现：①由于现行公安管理体制领导权过度集中于地方，就形成了执法中的国家利益与地方利益的矛盾、法治统一与地方保护形成的执法壁垒的矛盾。②计划经济时期的政府垄断各种资源，统辖社会生活的各个方面，形成了一个全能政府的管理理念与方式，公安机关也形成了全能公安的管理理念与方式，凡是涉及公共安全方面的相关事务都要管，在工作方式上习惯大包大揽与一抓到底的集中统一的工作方式。在这种理念与方式的惯性作用之下，形成了公安机关上下关系与职责不明晰，公安机关与其他政府部门、社会组织之间内外职责不清，在现行体制下公安机关在履行职权过程中存在职能过宽、职责不清、权限不明、效率不高等问题。全能政府与全能公安的惯性思维及其工作方式与市场经济条件下有限公安与责任公安的矛盾开始出现。③市场经济条件下社会分工的细化要求致使警务工作专业化程度越来越高，由于警察职务序列未形成，需要通过内设机构来解决警察的职务设置，导致警务专业化要求下的内设机构呈现出越来越多越细的趋势，加之缺乏科学规划，同一内设机构其规格也不一致，这就形成了公安机关内部业务交叉、警力分散、行政运行成本高的状况，严重影响了警务效率。

公安工作全面深化改革的思路，是按照社会主义市场经济条件下构建“有限政府”、“责任政府”的要求，进一步明晰公安机关的职能定位：该由公安机关负责的事一定要管好，不该管的事坚决不管；该由市场调节或由社会组织负责的要坚决放开，该由公安机关配合的要尽职尽责当好配角，努力做到不缺位、不越位、不错位。具体的改革路径是：

1. 事权划分要清晰。

首先，要依法规范中央和地方政府以及公安机关的警务的职能和权限。当前的关键是要明确哪些属于中央事权，哪些属于地方事权，哪些是介于两者之间的。从《人民警察法》规定的公安机关的十四项职权来看，笔者认为：

侦查权、警卫权、出入境管理权、国（边）境治安秩序管理权属中央事权，公安部代表中央统一行使公安工作中的中央事权，根据事权与支出责任相一致的原则，凡属于中央事权范围内的工作由公安部具体落实并在经费、装备上予以保障，地方负责协助。《人民警察法》规定的公安机关的治安管理权，交通管理权，消防管理权，危险物品管理权，特种行业管理权，户政管理权，集会、游行、示威管理权，特定刑罚执行权（拘役、剥夺政治权力），治安保卫与防范指导与监督权等属于地方事权。凡属地方事权，由各地公安厅局根据当地的实际情况，具体组织实施，经费、装备等由地方予以保障，中央主要从政策和法律法规上进行宏观领导、监督、检查和信息服务。计算机信息系统监管权与情报信息保障权属中央与地方共管的事权，在装备经费保障上以公安部为主、地方为辅进行合理分担。

其次，要依法规范公安机关与其他政府部门的职能与权限。要牢固确立警察权力是国家行政权力的保障和最后的手段的理念。政府对社会的治理是政府各项行政权力协同作用的结果，只有当政府的其他行政权力的行使遇到严重阻碍时，国家才动用警察权这一最强力的权力来支持。这一理念要在国家警察法及相关法律法规中体现出来，并使警察权的行使遵循授权原则、公共原则、责任原则、比例原则、程序原则。明确滥用警察权和警察权不作为的法律责任，以确保警察权的恰当行使。

再次，要依法规范公安机关在公共服务方面的职能和范围。公安机关践行全心全意为人民服务的宗旨是要通过履行其法定职责来实现的，而不能越俎代庖、包打天下，这与依法治国，服务型法治型政府的治理理念相悖。公安机关的公共服务职能，笔者认为包括五大类：第一，危难紧急的求助服务，包括报警服务、其他求助服务；第二，自然灾害的救助服务；第三，警务知识方面的服务，包括警务咨询、治安宣传、法定相关证件办理服务；第四，化解公共生活的矛盾服务，包括纠纷调解、社区帮教；第五，其他职责范围内的社会性服务。

最后，要依法规范公安机关与社会组织的职能。按照市场经济的要求，公安机关涉及鉴定、检测、评估等方面的职能，要逐步放开并交给社会中介组织去承担。

2. 形成统一领导、事权清晰、条块结合、责任与保障到位的公安管理体制。

这种体制是在现行体制运行基础上以问题为导向的改革，它以事权划分为切入点，在中央的统一领导下，公安机关在维护公共安全与社会秩序中充分发挥“条”与“块”两个方面的主动性与积极性，做到责任清晰、运转高效、保障到位。例如，以侦查权作为中央事权，实行大部制，在公安部成立侦查总局，把管辖危害国家安全犯罪、破坏市场经济秩序犯罪、普通刑事犯罪等履行侦查职能的机构统一并入侦查总局，在省、市、自治区公安厅局成立侦查局，在设区市公安局设侦查支队、在县级公安机关设侦查大队，实行省以下侦查机构人、财、物的统一领导与管理，与司法改革中的检察院、法院改革相配套，真正使侦查、起诉、审判的刑事司法权力运行的各环节有效衔接，最终达到刑事司法去地方化与行政化，形成依法独立公正的运行机制。

3. 建立独立的警察职务序列和职业保障制度。

这是公安队伍建设的关键环节。公安机关是政府的一个职能部门，但又不同于一般的行政机关，公安民警是国家公务员的组成部分，但又不同于一般的公务员。对公安机关的性质与公安民警的职业特点这种特殊性的认识，虽然在理论上有认识，但在党和国家最高决策层还未达成共识并凝聚为具体的运行制度，突出表现在国家制定的公务员法中仍然按照一般公务员的办法对警察进行管理。按照警察职位的性质、任务与特点管理警察队伍是世界各国的通行做法，也反映了警察队伍管理的规律性。世界主要国家对警察队伍的管理大致可分为三种类型：第一种是军警不分，对警察实行与国家武装力量相同的管理办法。第二种是国家制定颁布专门法律进行管理，实行区别于公务员与军队的管理模式，主要以英国及原英属殖民地的一些国家为代表。第三种将警察列入公务员法进行管理，但在公务员法中明确由政府另行颁布法令对警察进行特殊管理，如法国、日本等。我国经过多年的努力与探索，警察队伍管理已实行了一些不同于一般公务员的办法，如实行了警衔制度，2006 年国务院颁布了《公安机关组织管理条例》，明确对警察职务分为警官职务、警员职务和警务技术职务进行分类管理，但仍然是在公务员法的框架内依据机构的规格、编制、职数与结构比例设置公安机关公务员的具体职位。这种按一般公务员的管理办法来管理警察队伍的模式在实际工作中已产生了许多问题，不符合警务工作的运行规律。要通过修订公务员法，明确对警察实行不同于一般公务员的特殊管理制度，并据此建立警察在招收、培训、考核、任用、授衔、晋升、淘汰、退休和职业保障等各方面符合中国国情与警务工作规律特点的切实可行的制度，保证警察权的有效行使和警务工作的效能。

第四编　台湾地区警学理论

第十七章　警察与警察学

目前在学术界比较认同两种警察起源观，一种是自然警察起源观，一种是马克思主义起源观。警察的自然起源观非常强调警察是与人类共生存的社会现象，其主要观点是“警察是随着人类的产生而产生，随着人类的消亡而消亡”。按照马克思主义的警察起源观，警察是特定历史阶段的产物，作为社会历史的特有现象，“警察是随着国家的产生而产生，随着国家的消亡而消亡”。以英国伦敦大都市警察为滥觞的近代警察从其产生那一刻起，就是社会文明进步的产物。一个国家可以没有军队，但必须有警察。当今时代，任何一个国家，警察都是国家的象征，是法治的体现，也是人权的重要保证。

把警察作为一种社会历史现象进行专门的研究已经有一个多世纪的时间了。由于警察和人类社会的关系千丝万缕，因此，关于警察的学问内容丰富，涉及政治、经济、文化、法律、社会、心理、教育等领域。可以说一个国家越先进、越发达，其警察学也必须要先进和发达，同时其警察行政也是先进和发达的。因为，任何警察行政都是要在科学警察学的指导下，也只有在这样的警察学指导下才能有较为完善的警察服务，人民的生命财产安全和社会治安秩序才能得以保障。

第一节　警察的意义、本质、任务及手段

意义指事物存在的作用及其价值。警察代表了国家、法治，代表了权力。警察是国家的象征，是国家权力实体的表现，警察的意义在于阐明警察的本质、任务和手段。

一、警察的意义

我国台湾地区警察学学者对警察意义的界定依据颇多，有的依警察的目的，有的依警察的手段，又有的依警察目的与手段两立论，还有的学者从学理角度与法律角度对警察进行定义。因依警察的目的与手段对警察意义的界定多有重合之处，这里拟从学理、法理的角度，警察与国家行政的关系，警察的时空性对警察的意义进行阐述。

（一）学理意义上的警察

学理意义认为凡具有维护社会安宁秩序或以公共利益为目的，并以命令

强制为手段等性质的国家行政作用或国家行政主体，称为警察。学理上的警察系以警察作用为基础来考量其分类。此为较广义的警察职权，表现于多种行政作用中，并不限于具体形式的警察机关或警察人员所行使。学理上界定警察意义主要有两种观点：

1. 从目的角度定义警察。

界定警察内涵立足目的说，是台湾地区警察学学者的一种观念，其主要观点分述如下：

（1）“警察者，为防止社会之公共危害，直接维持安宁秩序，而限制个人自由之行政行为也。”①

（2）“警察者，以维护社会公共安宁秩序为目的，依一般统治权，而限制人民之自由作用。”②

（3）“警察为达成其所负保护个人生命、身体、财产安全，预防及侦查犯罪，维持公共秩序之任务，必须采取各种实力手段，以排除不法状况与障碍。”③

概括起来，从目的角度对警察进行界定，都鲜明地表达了警察设置的目的是维护社会安宁秩序、防止公共危害，并进一步表达了其限制人民之自由的意思。

2. 从行为和目的角度定义警察。

“警察者，以直接防止公共危害，维护社会安宁秩序，指导民众生活，促进一般福利为目的；并基于国家统治权，执行法令并协助诸般行政之行政行为。”④“凡基于维护社会安宁秩序或公共利益之目的，对于人民以命令或强制，并限制其自由之作用，均为警察。此为较广义的警察职权，表现于多种行政作用中，并不限于具体形式的警察机关或警察人员所行使。”⑤“警察，以直接维持社会之安宁秩序，防止或减少公共危害为目的，根据国家之一般统治权，命令或强制人民而拘束其自然的自由之作用，亦即内务行政上之手段行为。”⑥“警察者，以直接维持社会秩序，防止或减少公共危害为目的，

---

① 胡存忠的警察观，转引自梅可望、陈明传、李涌清、朱金池、章光明、洪文玲：《警察学》，台湾警察大学出版社 2010 年版，第 2 页。

② 范扬的警察观，转引自梅可望、陈明传、李涌清、朱金池、章光明、洪文玲：《警察学》，台湾警察大学出版社 2010 年版，第 2 页。

③ 梁添盛的警察观，转引自艾景：《警察学》，台湾保成文化出版社 2008 年版，第 5、6 页。

④ 李士珍的警察观，转引自梅可望、陈明传、李涌清、朱金池、章光明、洪文玲：《警察学》，台湾警察大学出版社 2010 年版，第 2 页。

⑤ 梅可望：《警察学原理》，台湾警察大学出版社 1970 年版，第 19 页。

⑥ 余秀豪：《警察学大纲》，台湾商务印书馆 2002 年版，第 3 页。

根据国家统治权，命令或强制人民而拘束其自然的自由作用也。”[①]“警察者，乃维护社会安宁秩序或公共利益为其直接目的，基于国家一般统治权，以命令或强制人民之作用。”[②]“警察者，以直接维持社会公共秩序为目的，根据国家一般统治权，而命令强制人民并拘束其自然自由之作用。”[③]

3. 目的、手段和警察的组织形式。

有学者还从警察的目的、手段和警察的组织形式对警察进行界定，分别从广义与狭义两个角度定义警察。这一界定特别强调警察这一社会现象的组织属性。

广义上，警察是指以维护社会公共安宁秩序和公共利益为目的，并以命令强制为手段等特质之国家行政作用或国家行政主体。狭义上，警察组织形式赋予警察定义，而不再以警察之任务或作用为界定警察之标准。因此，以警察机关及其人员合称为警察，是所谓组织上的警察意义，或称形式意义上的警察。组织意义上的警察，受组织形态制约，而组织法的适时修订，机关与人员之消长有其轨迹可循，依此界定警察，较合乎实际，并具可塑性。[④]

从以上观点可以看出，学理上警察的意义主要是维持公共秩序，立足于保护社会安全的消极作用。

（二）法理意义上主要从三种角度定义警察

所谓法理意义上的警察，主要是基于警察合法的角度来进行界定，此类观点紧扣警察和法律的关系，尤其是明确指出警察是执法机关和人员这一特点，同时也明确警察依据法令执法这一特点。

1. 从警察的积极行为定义警察。

法理意义上的警察是依据法令，以维持公共秩序、保护社会安全、防止一切危害、促进人民福利为目的，并以指导、服务、强制为手段的行政作用。[⑤] 这是从警察法中探求警察的意义，依法表现为警察行政中各种积极的警察行为。

2. 从警察的消极作用定义警察。

警察，是基于国家一般法律，限制人民自由，以防止危害，维持社会之安宁秩序为直接目的的行政作用。[⑥]

---

① 邱华君：《警察学通论》，台湾编译馆 1991 年版，第 9 页。

② 陈立中的警察观，转引自邱华君：《警察学通论》，台湾编译馆 1991 年版，第 9、10 页。

③ 邱华君：《警察学通论》，台湾编译馆 1991 年版，第 12 页。

④ 梅可望的观点，转引自艾景：《警察学》，台湾保成文化出版社 2008 年版，第 6 页。

⑤ 艾景：《警察学》，台湾保成文化出版社 2008 年版，第 6 页。

⑥ 胡福相的观点，转引自邱华君：《警察学通论》，台湾编译馆 1991 年版，第 9 页。

3. 由积极作用向积极与消极作用并重定义警察。

警察的意义，随着时代的进步、国家的需要、人民的要求，已进化为消极作用与积极作用并重。警察固然是消极地维持社会治安，要去镇压犯罪、逮捕犯罪、查贼缉盗、管制特殊分子，但除此之外，更要积极地去保护人民、预防犯罪、指导人民、促进社会福利。

（三）警察与国家行政的关系、警察的时空性

一些学者从警察与国家行政的关系、警察的时空性，对警察的意义作了解释。他们认为，警察是国家行政的一部分，如果两个国家同国体、同政治、同风俗，那么两个国家警察的本质、任务与手段虽不尽相同也必定相去甚微，这种因国家地域不同而引起的警察意义互异，是谓警察意义的空间性。另一方面，在同一国家，警察的本质任务和手段，由于政权的转移、国体的改革、新主义的实施，可能有所改变，以致警察的意义随之变更，这种因时代演进而引起的警察变化，是谓警察意义的时间性。警察意义有其时间性和空间性，离开了现实生活的时空因素而谈警察意义，便永远无法获得警察意义的真谛。①

二、警察的本质

本质是事物本身所固有的根本属性。台湾地区警察学学者对警察本质的界定主要依据警察的作用及警察行使其作用的依据。这里非常强调警察执法的依据，并强调警察的行政属性。

警察的本质是以法令为依据的行政作用。② 所谓行政作用是指国家依据行政权所为的一切行动而言，不论单纯动作、法律行为还是公法与私法行为均包括在内。单纯动作又称事实行为，如调查统计、清洁道路、倡导禁烟、反毒等均不直接发生法律效果，所以又称非法律行为。警察属于行政部门，是国家内务行政的重要部分，也是行政权行使的一种形式。警察机关不可在未经立法机关通过前违背法律的规定，公布任何有关人民权利义务的法令（非立法作用）；也不可执行民事或刑事方面的审判（非司法作用）；又不可举办警察官考试或自行认定警察人员的官阶（非考试作用）；更不可弹劾和纠举其他公务人员（非监察作用）。警察仅可在国家行政权范围内行使其职权，且仅可行使属于警察职责部分的职权，不得逾越。警察作用只是行政作用的一种，包括事实行为和法律行为，警察的法律行为以公法行为为主。警察依法行使其职权，若无明文规定，或与法律相抵触，或者破坏法律的规定，或不为法律所许可，这都非警察所应有的行为。警察的本质以法律为灵魂，行诸于外

---

① 黄沛婕：《警察学》，台湾志光文化教育出版社 2009 年版，第 3、4 页。

② 艾景：《警察学》，台湾保成文化出版社 2008 年版，第 7 页。

则是一种行政作用，具体应把握以下两大要件。①

1. 警察是一种行政作用。具体到台湾地区警察，其属于行政部门，是内务行政的重要部分，也是行政权行使的一种形式。

2. 警察是以法令为依据的。法令包括法律及命令。凡属法律所允许或与法律不抵触，而且与警察目的相吻合的行政行为都在警察作用范围之内。

有学者在此基础上更进一步强调了协助主办行政这一特点，认为警察的性质为行政行为，且此行政行为以执行法令并协助诸般行政为范围，警察本质的论述主要有：

1. 执行法令。警察为执行法令的行政行为，国家之一切法令，有赖于警察执行而贯彻于民众。警察执行的法令，不专指警察机关所制定使用的法律命令，其他政府机关所制定的一切法律命令，其实施需用警察力量的都包括在内。警察执行法令的方法，包括指导、保护、救助、纠正、告诫或限制，并非只是限制人民自由。且其限制之自由，仅包括限制人民之自然自由而言，人民在法令范围以内之自由，警察不得妄加限制。李士珍认为，为了融洽警察与民众之间的感情、促进警民合作，非必要时不得使用“限制”手段。

2. 协助诸般行政。警察行政虽为内务行政的一种，但其作用，则及于国家诸般行政，国家诸般行政无一不与警察行政息息相关并且需要警察的协助。

三、警察的任务

（一）关于警察的任务

关于警察的任务，主要的依据是“台湾警察法”、“台湾警察法实施细则”，这里的任务主要是适应于所有台湾地区警察的基本任务。而“都市警察行政”则更为细致地规定了现代都市警察的任务，这是具体的都市警察任务。在这里列出来，主要目的是便于了解台湾地区关于警察任务的具体规定。

1. 台湾地区“警察法”中对警察任务的规定。

根据台湾地区“警察法”的规定，警察的任务在于维持公共秩序、保护社会安全、防止一切危害、促进人民福利。

2. 台湾地区“警察法实施细则”。

“警察法实施细则”规定，警察之辅助任务系指依法协助一般行政机关，推行一般行政而言，其协助并应以遇有障碍，非警察协助不足以排除，或因障碍而有妨害安宁秩序时为限。

依台湾地区“警察法”之精神，警察的任务是积极与消极兼备的。促进人民福利、防止一切危害、保护人民是警察的积极任务，而维持公共秩序、保护社会安全则是警察消极方面的任务。

---

① 黄沛婕：《警察学》，台湾志光文化教育出版社 2009 年版，第 4 页。

3. 台湾地区都市警察的具体任务。

“都市警察行政”列举现代警察的任务有五项:[①]

(1) 犯罪的预防;

(2) 犯罪的镇压;

(3) 罪犯的逮捕;

(4) 失去财物的追回;

(5) 民众各种行为的指导与管理。

(二) 关于警察任务:消极或积极

在有关警察的任务是消极性还是积极性上，台湾地区学者主要有三种观点:积极、消极和积极与消极兼顾。

1. 警察发挥消极行政作用。

国家目的虽因时代不同，然而一般仍以自存、治安、法政、文化四种为主要内容。行政事务，为实现国家目的公务中的大部分;治安作用，通常包括警察、法政（指民事作用)、军政、刑政（刑罚作用）四种。法政、刑政属司法作用，警察、军政属行政作用;从国家施政对象的义务来区别，法政、刑政、警察三者又称为消极作用;军政属积极作用。由此可知，警察是属消极的行政作用。[②]

2. 警察发挥积极行政作用。

警察观念在18世纪末期，已由广泛之意义趋向狭隘之观念，即将内务行政中积极的增进人民福利之保育行政，与消极地运用权力以维持社会秩序之警察行政分别独立。增进或促进公共福利之作用，乃属于内政中的积极保育作用，而非内政中之消极的警察行政，此为“至明之理，已成定制”。[③]

3. 警察发挥积极+消极之行政作用。

单从时代的演进和政府的分工来确定警察的任务是消极的，自有值得商榷的地方:因为时代的演进，并不足以使积极和消极的行政分别聚集在一起;而政府的分工，更不是以积极或消极作为划分的准绳。事实上差不多每一种行政，都既有积极的目的也有消极的目的，无法截然划分。综合各民主国家警察学学者的观点可知，警察积极性任务有保护人民、预防犯罪、增进福利使危害不再发生、促进社会及人民幸福，消极性任务有镇压犯罪、逮捕罪犯、收回失物、维护治安、排除危害。

从根本上说，警察这个名词的本意究竟如何呢?经过几十年的发展，警察意义的范围已更加深化与扩大，即由国家（State）深化并扩大至社会与社

① 艾景:《警察学》，台湾保成文化出版社2008年版，第8页。

② 易敬简的观点。

③ 胡福相的观点。

区之底层（Community）。台湾地区学者认为，警察（Police）是从希腊文与拉丁文的 Politia 演变而来的。所以该名词的原始解释是应该特别受尊重的，警察一词根本上就含有福利的意义。再从政治学的论点来看，警察与福利二者是离不开的。政治学学者把国家目的的变迁分为三个时期：首先是警察国时期（Polizeistaat），其次是法治国时期（Pechtsstaat），最后是 20 世纪发展出的社会国（或经济国）时期（Sozialstaat）。但警察国时期国家的目的在于增加人民的福利，所以又名福利国（Wohlfahrsstaat）时期。近代的经济国是从法治国只注意人民既得权利如何保证，演进到人民未得的福利如何获得，并注意人民获得福利之时应尽哪一种义务，所以学者又视之为“新警察国”时期。著名政治学家萨孟武对此有精简的论断，他说：“今日国家的目的又回到警察国时代么？就内容说，固然相差不远，就形式说，则大有悬殊。第一、什么是人民的福利，在警察国时代，由政府决定。在今日，由人民自己决定。第二、怎样增进人民福利，在警察国时代，政府可任意行政之。在今日，政府须根据法律规定。从以上这些论点来看，警察二字的内涵是离不开福利的。撇开人民的福利而谈警察的任务或目的，是曲解了警察的本意，是错误的，至少是不完全的。因此，从警察的基本含义说，具有积极的意义。”①

拿世界各国和地区警察的任务作综合分析，就能很明白地知道警察的任务在消极性地排除危害外，兼有积极性地使危害不发生，以及促进社会及人民的幸福等内容。如果从台湾地区的现实情形来研究，则台湾地区警察兼有积极与消极双重任务：台湾地区“警察法”第 2 条规定：警察任务为依法维持公共秩序、保护社会安全、防止一切危害、促进人民福利。② 这个条文把警察积极性和消极性的任务规定得明明确确，一点儿也不含混。毫无疑问，促进人民福利是警察积极性的任务，防止一切危害的“防止”二字，也带有相当浓厚的积极意义。而维持公共秩序、保护社会安全，自然是较属于消极方面的作用了。所以，台湾地区“警察法”的精神，对警察的任务是积极与消极兼备并顾的。

简言之，根据“警察”一词的本意、各民主国家警察的思想，与台湾地区相关规定，警察的任务有其积极性，也有其消极性。就台湾地区的时代与环境而言，“警察法”第 2 条所规定的警察任务，实在最能适应世界潮流和时空需要。所以说警察的任务在于依法维持公共秩序、保证社会安全、防止一切危害、促进人民福利，这也是现代警察的目的。③

有台湾地区学者在相关论述中曾进一步论述，其认为台湾地区的民众的知识水准在当时还不是很高，又曾遭受日本帝国主义的压迫，故警察除了要消极

---

① 黄沛婕：《警察学》，台湾志光文化教育出版社 2009 年版，第 8 页。

② 同上。

③ 梅可望、陈明传、李涌清、朱金池、章光明、洪文玲：《警察学》，台湾警察大学出版社 2010 年版，第 9 页。

地保护人民的生命财产外，还要积极地担负从被日本统治的影响中恢复的工作。“自十八世纪产业革命年过后，因财产增加，人民的日常生活亦随之复杂化，当然社会所发现的一切事实，不是天经地义万古不变的，而是随社会思潮与物质进化而变。学者所研究的警察问题，既然以变化无穷的社会现象为对象，则警察任务的复杂可想而知。从人的性格方面来看，古今中外，根本上没有太大的差别。犯罪之动机，从心理学方面来看，大抵可分利己、仇恨与性欲三种，故世界各国和地区的警察问题，根本上是相同的，为易于讨论起见，分重大犯罪、不正当的营业、交通与勤务四大类。警察的任务即包括：侦破重大犯罪、取缔不正当的营业、交通整理与勤务四种。”① 从该学者的相关论述不难看出，随着社会的发展、时代的变迁，警察的任务当然应该是积极、消极兼顾的。

四、警察的手段

所谓警察的手段，是实现警察任务时所使用的方法。台湾地区学者认为，警察以指导、服务、强制为主要手段。处于厉行民主法治的21世纪的今天，警察最重要的手段有三项：②

1. 指导（树信）。

指导是对人民不合规定或足以妨碍他人的行为予以教导、纠正、制止、劝告或说服，使其合乎规定，不致妨碍他人。警察使用指导手段的时机：不需要处罚或强制，便可达到目的。因此，指导手段的运用，以具有下列情形之一者为准绳：①人民的行为有妨碍公共安宁秩序之虞，但尚未构成危害者；②人民的行为不合现代国民的标准，但尚未达触犯相关规定之程度者；③人民不知相关规定或教育程度不够、或不明了当地情形，致有违反安宁秩序、善良风俗、交通流畅或团体生活规范等之虞者；④依相关规定应予指导者，指导是具有教育性意义的手段，也是达到警察目的的重要手段之一，这种手段的妥善运用，最足以增进政府与人民的感情，而且最合乎民主政治的立国精神。所以说，指导是警察的手段。

2. 服务（怀德）。

服务是在相关规定范围之内，为达成警察任务、解除人民困难、促进人民幸福的一种手段。这种手段对于防止危害的发生、人民生命身体财产的保护和幸福康乐的促进，都有极大的效果。警察工作的对象是整个社会与整个人群，不论人民的救助如何琐屑，只要不违反相关规定，只要力之所及，警察都有为之服务的义务。美国警察泰斗奥古斯特·沃尔默（August Vollmer）

---

① 余秀豪：《警察学大纲》，台湾商务印书馆2002年版，第29~34页。

② 梅可望、陈明传、李涌清、朱金池、章光明、洪文玲：《警察学》，台湾警察大学出版社2010年版，第9~14页。

说：警察是人民的公仆，警察人员要以服务为手段，才能取得民众的合作。就台湾地区来说，孙中山先生有“人生以服务为目的”之遗训。服务是警察不可缺少的手段。服务手段实施的准则如下：①

（1）必须在相关规定范围之内：人民不合相关规定的请求，警察自然不能为他们去服务。同时，凡人民依相关规定应该自己做的事，警察也不宜代做。

（2）必须与警察目的有关：举凡有助于社会安宁秩序的维持，人民生命身体财产的保证及其福利的促进等事项，都是警察应该服务的范围。反之，如果与警察任务绝无关系的事务，警察自不必为之服务。

（3）必须是人民有困难或无法做到的事：人民有困难与否或有无能力，警察人员可作客观的认定。如果警察认定其有困难可能发生危险，警察人员即不待人民请求应为之服务。反之，如果人民能力充沛毫无困难，警察明知无服务之必要时，纵使人民请求，也不必为之服务。

（4）必须不辞劳苦：警察的服务是不讲条件的。无论在严冬或盛夏，在深夜或凌晨，警察服务从不中止。而且警察服务也不应该希望任何精神或物质上的报酬，乃是以神圣的责任感和爱心来执行的。有服务的手段，警察才易获得民心，才易完成防止危害，促进福利的庄严使命。

3. 强制（立威）。

所谓强制乃为达到警察目的以权力加诸人民，使其顺从警察的指导和指示。人民良莠不齐，强制手段是对违反相关规定者使之就范的方法。另一方面，在若干紧急情况下，为保证社会公益和人民的生命财产，警察处于不得已时也应使用强制的手段。强制是警察的非常手段和不得已的手段，在今日社会中又是不可缺少的手段，但其运用是有相当条件的，是应该特别小心的。梅可望认为，警察的强制手段并不是限制人民的自由，而是对违反相关规定者的拘束和对紧急情况的处置。

强制是警察使用权力的表现，在若干情况下是导致处罚的先声。西欧各国称警察人员为“执法吏”（Law Enforcement Officer），所以强制也是警察不可缺少的手段。

指导、服务、强制是警察手段的三要素，缺一不可。

三个手段之间的关系：用“指导”才能树信，用“服务”才能怀德，用“强制”才能立威。信、德、威三者具备，警察的任务才容易完成。但三者的重心都是传统文化中的“仁”，也就是要有“爱心”。唯有以“爱同胞”的心情去“指导”，人民才心悦诚服；以“爱同胞”的心情去“服务”，社会才会潜移默化；以“爱同胞”的心情去“强制”，人民才能“有耻且格”！

---

① 梅可望、陈明传、李涌清、朱金池、章光明、洪文玲：《警察学》，台湾警察大学出版社2010年版，第9~14页。

第二节　警察的价值及其分类

一、警察的价值

（一）对国家、社会和人民的三大价值观①

现代警察四大任务的内容分为三部分，来明确警察对国家、对社会、对人民的价值：

1. 维持公共秩序：所谓维持公共秩序，是指将人民的生活行动纳入一定的规范。警察维持公共秩序的任务，应着眼于调整人们的食、衣、住、行、育、乐、社交等发生的复杂现象，改变这种紊乱形式，使社会公共秩序恢复正常。

2. 保护社会安全，防止一切危害：危害是安全的威胁，要保证社会安全，就必须防止危害。

危害的内容，具体来说，其重要者有下列各种：

（1）对国家安全的危害：颠覆活动、间谍活动、叛逆活动、大型群众暴乱活动、伤害国家元首及重要政治人物活动、贪污活动等均属之。

（2）对社会安全的危害：破坏公共事业、集众暴动、非法罢工罢市罢课、卖淫、赌博、贩毒、散播黄色毒素、非法集会结社、少年犯罪均属之。

（3）对个人安全的危害：各种伤害身体、生命、名誉与侵害财产的刑事犯罪属之。

（4）其他危害：包括天灾、水灾、地震、台风、飓风、瘟疫等；及人祸：如空袭、地面战斗、爆炸物爆炸、易燃物燃烧等属之。

警察为完成其任务，对上列各种危害应尽力防止其发生，既发生之后应负责妥为处置，以减少因危害造成的损失，并协助被害人获得心灵上或物质上的安慰。由此可知，大至国家的存亡、社会的福祸，小至个人的利害、风俗的良莠，都与警察工作的成绩有极大的关系。警察在现代社会的重要性，在此获得有利的证明。

3. 促进人民福利：警察促进人民福利工作的实施包括三个主要项目：

（1）老弱贫病残者的协助与临时救济；

（2）人民紧急危难的援助；

（3）诸般行政推行的协助。

---

① 梅可望、陈明传、李涌清、朱金池、章光明、洪文玲：《警察学》，台湾警察大学出版社 2010 年版，第 15 页。

基于上述各点可知警察对人类、对国家、对社会、对民众的重要性。警察工作是一项神圣伟大的事业，这是毫无疑问的。当然，随着社会的发展，对警察相关履行职责的内容也会进行相应的调整，增加或减少都符合相关规范化的要求。台湾地区警政主管部门 2015 年 4 月 20 日宣布，减少 20 项警察的“协办业务”，为全台警察“减负”，包括协助行政机关稽查人员安全维护、协助查缉禁烟场所、协助查缉爆竹烟火、协助学校和民间企业举办活动的安全秩序维护等。狂犬病防治倡导等，未来将以不协助为原则。此外，非警察职员所能处理的，如野外“蛙鸣鸟叫”，以后也不再协助。台湾地区警察向来以态度友善和“乐于助人”著称，原因之一是，相关规定要求警察提供的服务实在种类繁多，如送考生去考场、给居民做“免费安保”，甚至野外“蛙鸣鸟叫”等杂事也得处理。据台湾地区警政主管部门统计，截至 2015 年 3 月底，全台警察总数约有 6.5 万名，但实际约需要 8.6 万名，1 名警察要服务 350 多人。国民党知名人士吴育升表示，台湾地区警察是“带枪的弱势团体”，台北市警民比例为 1∶388，新北市则是 1∶543。即使有超勤津贴，也不能要求警察什么事都要做。国民党知名人士李贵敏称，“警察不是杂役”，警员应专注于维护社会治安与人民安全的本职。①

（二）限制和强制两种价值观②

警察的作用，即警察为维持公共安宁秩序、预防危害，而限制人民自由权力之作用也。具体表现如下：

1. 限制人民自由，命令作为或不作为的作用。具体可分为：

（1）一般抽象的命令作为或不作为的警察法规。

（2）在特定场合，具体的命令作为或不作为的警察处分。

2. 对于不服命令者实行强制，以权力实现警察工作的作用。

此外，为完成警察作用的准备，或为完成警察作用而为之事实上之行为极多，如清查户口、巡逻、守望、禁止交通等。无论从警察工作之分量，或社会之价值上言，均占重要之位置。③

（三）促进国家生存和发展的角度观

从促进国家生存和发展的角度论述警察的作用，认为国家为求生存发展，必须扫除障碍。扫除障碍有两种力量，对外为军队，对内为警察。警察是社会的安定力，有了健全和完备的警察，公共秩序才能维持，社会安全才能保证，公共危害才能防止，人民福利才能促进。社会安定，国家的富强康乐才有巩固的基础，人民的自由权利才有确实的保障。由此可见，警察在国家、

---

① 《台湾警察“减负”》，载新华网，http://news.xinhuanet.com/politics/2015-04/24/c_127726646.htm。

② 余秀豪：《警察学大纲》，台湾商务印书馆 1946 年版，第 13 页。

③ 同上。

社会、人民中一直扮演着重要的角色。[1]

（四）福利作用观

警察工作是一项神圣伟大的事业，警察的重要性如下：[2]

1. 维持公共秩序；

2. 保护社会安全；

3. 防止一切危害；

4. 促进人民福利。

其中，"防止一切危害中"的"危害"指对国家安全的危害、对社会安全的危害、对个人安全的危害及其他危害（如天灾、人祸等）。"促进人民福利"的内容有三种：老、弱、病、残的协助与临时救济，人民紧急危难的援助，诸般行政的协助。

二、警察的分类

依不同的标准对警察的分类亦有不同，主要有从工作内容的角度对警察进行的分类，以及从学理角度对警察进行的分类。

（一）依据工作内容的分类

由于警察工作范围太广泛，在科学技术日渐进步、社会日趋复杂的今天，唯有将警察工作分为若干专业部门，派专门人员去掌理，才可发挥高度的效率。警察的分类，世界各国和地区情形均有不同，综合来说有以下几种分类方式：[3]

1. 因业务性质而分：行政警察、刑事警察、政治警察、保安警察、交通警察、外事警察、专业警察。此外，过去曾有风俗警察、出版警察、营业警察、建筑警察、经济警察、卫生警察等，多属于行政警察的范畴；过去还曾有或现存在之工矿警察、森林警察、渔业警察、铁路警察、公路警察、港务警察、水上警察、航空警察等，多属于专业警察的范畴。

2. 因隶属关系而分：中央警察与地方警察、国家警察与自治警察、联邦警察。

3. 因服务地点而分：水上警察、外海警察、公园警察、国境警察、港务警察、航空警察。

---

① 邱华君：《警察学通论》，台湾编译馆 1991 年版，第 15 页。

② 艾景：《警察学》，台湾保成文化出版社 2008 年版，第 11 页。

③ 梅可望、陈明传、李涌清、朱金池、章光明、洪文玲：《警察学》，台湾警察大学出版社 2010 年版，第 17 页。

4. 因警察人员身份而分：妇女警察、少年警察、义勇警察。[①]

5. 因功能而分：司法警察、行政警察。

从警察工作的内容可知警察的重要性，举凡人民的日常生活权利福祉、社会的安宁秩序，以及国家内部的安全，都与警察有莫大的关系。

（二）从学理角度对警察进行分类

分类标准不同，警察的种类多至不可胜数，有从工作对象及业务性质，或服务地区、时期等区分，也有就其权限范围或制度学说区分者。笔者认为，若从警察形式上区分，则男人充当警察者，称男子警察；女人充当警察者，称女子警察；着制服曰制服警察，反之称为便衣警察。而实质上具有的警察作用，如受检察官调度的警察，以期在形式上并无专设此种人员与机关，反而无法列为警察种类之一，实欠妥当。邱华君所著《警察学通论》以论警察，悉指警察作用而言，警察的分类为学理上的警察的分类，而不以警察形式分类，唯实质上的分类。学者论见，亦各持观点，不相一致。兹仅就世界各国和地区警察作用之主要者，区别如下：[②]

1. 依权力性质分类——行政警察、司法警察、刑事警察；

2. 依服务地区分类——国家警察、地方警察；

3. 依业务分类——保安警察、专业警察、经济警察、消防警察、交通警察、外事警察、政治警察；

4. 依有无穿着制服分类——制服警察、便衣警察；

5. 依时期分类——平时警察、非常警察、战时警察；

6. 依性别、年龄、意愿分类——女子警察、少年警察、义勇警察。

此外，尚有以维护国内河流之安全与秩序为目的之水上警察、领海之海上警察、公路安全之公路警察、铁路安全之铁路警察、国家公园警察、机场安全之航空警察、港口安全之港务警察、出入国境管制之国境警察。

---

① 妇女警察：简称女警，即从事警察工作的妇女。其主要任务在于处理有关妇女及少年的相关问题。

少年警察：警察机关将少年组织起来，使他们从事正当的活动，同时在某些方面（如学校附近的交通指挥）协助警察工作。这种少年组织，常被命名为少年警校。

义勇警察：组织成年男女，加以警察训练，使其在特定情况下（如灾害的抢救、群众集会时秩序的维持等）协助警察工作。

② 邱华君：《警察学通论》，台湾编译馆 1991 年版，第 19~21 页。

第三节　警察学

一、警察学

(一) 警察学的概念①

警察学是研究保障人的安全为主体的科学，内容涵盖警察工作之整体运作、警察与人民之关系，以及犯罪之关系与外界之关系。在这种情况下，警察学的体系，是必须建立而且是不可避免的。警察学是一门综合性的学科，当然要借助其他社会科学的原理。

(二) 警察学与警察行政②

警察行政，是指警察机关依据相关政策和规定，为达成警察任务，对有关人、财、物、时、地等作有效运用之施政行为。简言之，警察行政便是化法令为具体行为的一种过程。此种过程，若就警察行政效能观念来说，即输入法令，经由警察系统输出保护社会安全、防止公共危害、促进人民福利的绩效。

警察学与警察行政之间的关系是密不可分的，它具有如下的特点：

1. 警察学是一种综合性的科学，属于社会科学的一种，其中一部分包含着自然科学中的应用科学。

2. 警察学的综合性，远在其他社会科学之上。其中包括组织学、教育学、军事学、社会学、法学、数学、物理学、化学、医学、心理学精神病学、工程学等。

3. 警察学并不是这些科学的混合体，而是化合体。在预防及消灭犯罪的大前提下，在保障安全为民服务的总目标下，警察学将这些科学的有关部分予以吸收消化，变成警察学不可分割的部分。例如，物理学一部分被吸收成为默默通信术；数学一部分被吸收成密码术与警察记录、犯罪统计等；法学一部分被吸收变成警察法学及各种警察规章；工程学一部分被吸收变成交通管制；军事学一部分被吸收变成对罪犯作战及处理暴动的技术；行政学一部分被吸收变成警察机关与人事管理；组织学一部分被吸收变成民众组训；心理学一部分被吸收变成测谎侦查学与侦讯术；社会学一部分被吸收变成了犯罪分析与警民关系等；医学一部分被吸收变成了法医检验及毛发血液骨骼之鉴定；教育学一部分被吸收变成了警察教育与训练……

4. 警察学是各种警察学术的概括名词，也是各种警察学术的基础。正如

① 转引自黄沛婕：《警察学》，台湾志光教育文化出版社 2007 年版，第 24 页。
② 梅可望等：《警察学》，台湾警察大学出版社 2008 年版，第 21 页。

心理学之于变态心理学、犯罪心理学、群众心理学、社会心理学，物理学之于力学、磁学、光学、电学，法学之于刑法、民法、刑诉法、民诉法等一样。

5. 警察学是各种警察学术的总称。从警察学本身看，警察学是一切警察学术的总称。

6. 警察学是经验与研究的累积。百余年的警察工作经验，使警察工作的执行已有一定的原则可循。如果不遵循这些原则，而独出心裁、自以为是，警察业务的结果必定大受影响。例如，警察勤务必须以外勤为中心，外勤以巡逻为中心，巡逻又有一定的方法与内容，这是根据经验而得到的原则。假定警察勤务忽视了这个原则，勤务的效率就会大为降低。又如，警察人员的升迁，以自下级选拔，则有提升为原则，这是从教训中得出的经验。如果警察机关的人事管理违背了这个原则，警察人员的士气必将大受打击。经验是警察学的重要支柱之一，但不是整个的基础所在。另一个支柱是不断的研究，研究也是警察学的基础所在。所谓研究，是对警察学问题或警察业务不断地检讨、深入地发掘，期待获得更彻底的了解与更完美的处理办法。过去的经验也可作为研究的工作和资料，而且除经验以外，各种假定、学说、科学方法、科学器具都是研究所必需。例如，①量身法。19 世纪，警察对个人识别颇感困惑，首先经过法国刑事学家伯特隆的研究，发明了量身法。②指纹制度。美国的亨利发明了指纹制度，后来，又发现了 DNA 的鉴识，于是个人鉴识获得了完满的解决。③交通“三 E”政策。对交通事故的防止，在本世纪初仅仅停留在增加交通警察、增加交通岗亭、设置交通指挥灯而已。后经美国交通警察专家克姆尔等的研究，创造出了举世闻名的“三 E”政策，交通警察业务才有了飞跃式的进步。

7. 警察学是警察行政之“体”，警察行政是警察学之“用”。警察必须“体”“用”合一。没有警察学，警察行政就如盲人瞎马，失去引导；没有警察行政，警察学也不过是空洞的原理，对实际也没有意义。

8. 若干警察学的理论，也常从警察行政的经验中得来。

9. 警察学、警察行政是相辅相成的。

10. 良好的警察学，是良好的警察行政的先驱；良好的警察行政，也可使警察学更为充实。

二、警察学的研究方法

所谓警察学的研究方法，可以分为两个层次：

一是方法论层次。所谓方法论，所涉及的主要是科学研究方法的基本假设、逻辑及原则，其目的在于探讨科学研究活动的基本特征。

二是研究法层次。研究法指的是某种研究工作所实际采用的程序或步骤。研究法的层次教方法论更低，主要指进行研究时所采用的方法。

有关警察学的研究方法，有以下几种经常被运用：

1. 理论与实事研究方法。

早期的警察学学者、专家注重于理论探讨，即在对复杂的警察现象作系统的研究时而建立的所谓的理则与通则，以作为普通的应用，其中心思想为“金科玉律”的思想，认为只要用一句他们所定的法则或理论去处理警察机关的业务，那么该警察机关的业务就能保证获得成功。这种研究的方法过于注重价值判断。实际上，并没有什么金科玉律，很多时候，警察执法行为受制于许多主客观条件的制约，尤其是受制于社会历史条件、风土人情与历史渊源等，警察执法绝不会单纯用一律的方法来处理，更何况时代的变迁会使价值观念发生变化，过去的所谓原理、原则在当今时代都已经不能相适应。

最近的警察学研究则注重事实的研究方法，只提供实施，不建立法则，一切都留给当事人自己去处理，也就是凡能有效地解决警察机关问题的便是实用的，不必拘泥于原理、定律，这才是注重“是什么”的观念。要解决所面临的警察问题或者是社会治安问题，必须先要了解社会治安问题的症结，所以要用客观的方法来收集资料、分析情况，才能找到问题的症结。

2. 观察法。

观察法的两种形式：实验观察和自然观察。实验观察是研究者将欲观察的对象放在某种可控制的情景之下，观察其变化及结果。自然观察是在自然状态下进行观察。

3. 历史法。

历史法的意义在于，运用合乎科学的方法（如归纳法、比较法、类比法等）去探寻历史史料，检验历史记录及遗迹，追求事实真相，并寻求其相关性，再据以诊断。就历史法而言，其所称之历史，应该是指长期。同时，还指过去的具有特殊意义的事。当然，经长期研究及资料收集，才是历史法的真谛。

也有学者把历史法明确界定为“历史比较法”，认为历史比较法是一种较不科学的研究方法，却是人类现存最宝贵的知识奠基的一种研究方法。历史比较法以人类过往的经验记录为素材，进行跨时间序列、跨文化过度的比较分析，期望从历史过程中找寻人类社会进展的规则与根本原因，从不同的文化经验中发现相似和相同的特性。其可用的资料来源广，涉及一切有记载可保存的文化记录。[①]

历史法的不足在于，掌握资料者不肯合作，或者资料具有寂寞性，甚至资料不够翔实，容易导致研究偏差。

---

① 王宽弘等：《警察学总论》，台湾五南图书出版股份有限公司2000年版，第247页。

4. 内容分析法。

就是从已收集的长期、大量的资料中，分析其内容借以了解问题的真相。内容分析法最可应用的，是从大众传播媒介所传播的资讯中加以分析。内容分析法应用在报纸上，其基本假设是认为报纸的新闻空间是一定的，若刊载了某类新闻，则其他新闻势必被淘汰。如果新闻内容有了变化，或分配比例有了变化，必然暗示某种意义。

5. 区位学法。

区位学法（Ecology）一词，就目前而言，至少包括两方面的研究领域：一是动物区位学或植物区位学，用以描述环境对动物或植物之影响。二是人文学。社会学者将这种对自然区域之研究方法，运用于社会环境上。

区位学法的基本假设：

（1）人类之生活环境如同动物或植物一样，呈现出某种形态的分布，研究者即根据分布形态来研究。

（2）在研究上，应该注意的是：①区位组织，包括区位分布、区位单位与区位星座、优势与影响、易动与流动、区位距离。②区位过程：集中、集中化、隔离、侵入、接续。③自然区。④都市区位结构模式等情况。

（3）应用于警察勤务运作之警察机关（犯罪状况斑点图、交通事故斑点图）。区位法学的应用性高、实用性强，所得之结论也较具体，可以常用。

6. 人物访谈法。

又称深度访谈法。其与调查研究方法中的当面访问不同，面访的用意在于确认填答者的意见表示，补充结构性问卷所谓能虑及的资料；深度访谈的目的则侧重在如何切入研究对象的生活世界、获取相同的诠释架构，已进行真实深入的理解。所以深度访谈属于一种质性的访谈，为摒除先入为主的观点，研究者并不依赖事前拟定的问题与问题范围，在弹性的原则下，欲拟的问题旨在引发受访者的互动，而在互动的过程中进行不断地分析、假想、验证与修正，从而逐步接近真实。

7. 个案研究法。

所谓个案其意义并非如想象中的狭隘。个案可以是一个人、一件事、一个案例、一个特殊的过程或一个特点的单位。针对研究对象，如一个人，可以通过对其个人的简历、日记、传记、信札、公函、记录等入手，配合外界环境的变化，以分析、解释研究对象，这就是个案研究。起步当然是从收集资料开始，从开始到分析、解释以至研究结果的呈现，都必须在谨慎的状态下进行。个案研究法本质上是一种质的分析，也是定性分析。因此，可以作仔细深入的研究。

8. 调查研究法。

调查研究方法的主要目的在于探求有关变项之间的关系，运用一个清晰有利的逻辑关系来了解诸变项的因果关系。在实际运用时，调查研究法是基于一个假设，即对某一事件完全了解与完全不了解的人，是呈常态分配的。整体上所呈现的常态分配特性，经抽样后，对多样本进行调查，以推及整体。理论上对于欲调查的整体，普查是最好的方法。但是由于受制于人力、财力、时间，很多研究者都无法负担，因此代之以抽样调查来代替普查。总之，只要样本是随机的，理论上就可以具有代表性，进行少数到多数的推及应用。因为不是普查，自然会有误差值，但误差值是在允许的范围内。调查研究可称为是一种比较好的调查方法。当然，在这里样本的选取是十分重要的一环。在进行抽样调查后，如果样本存在不足，还应当配合其他的调查方法进行，如随机访谈法等。

9. 实验法。

实验法，就是在控制可能影响结果的因素之下，探求自变项与依恋项之间的关系。这种方法的最重要之处在于，控制可能引起干扰之变项。在实际应用时，往往有很大的困扰，主要是受制于社会科学的相关变量很难控制，或者说对一种变量的控制可能会引起其他变量的变化或受其影响，因此，实验法是一种很难客观、科学实施的方法。

相比较自然科学的实验法，社会科学实验法的科学性要略差一些。自然科学的实验法不但可以在妥善情境的控制下，探求自变项与依恋项的关系，更可以借助实验结果，进一步说明变项之间的因果关系。因此，自然科学界大多采用实验法。

10. 模拟研究法。

模拟研究法是将真实系统模型化的设计过程，并通过模型的操作实验以了解系统的行为或评估系统作业的各种策略。

三、警察学与其他学科的关系

警察学无论从内涵还是外延，都向人们昭示着其是一门综合性的、涉及范围非常广泛的学科。研究警察学、警察行政都必须要置警察学、警察行政于一个宏大的环境中，或者说使其置身于其他学科之中进行研究，不可孤立地、单一地看待警察行政和警察学研究。

（一）警察学与政治学

政治学是研究政治的学问。包括国家与政府的起源、性质、目的、制度、组织的原则、施政的方针以及国家和政府兴盛衰败的演进等。而警察是政府的重要组成部分，按照马克思主义的警察起源观，警察是随着国家的产生而产生，随着国家的消亡而消亡的。如果按照社会契约的观点来理解警察和国家的关系，警察同样是国家不可分割的一个组成部分。警察学是研究保障人的安全为主体的科学，研究警察机关的警察行政现象、行政行为及事实，并借以对公务处理获得最公平、公正、有效及经济的原理原则，而圆满完成警察的任务。所以警察学是借警察政治学为其指引方向的。

（二）警察学社会学

社会学是研究社会现象的学问，主要研究社会事实（客观事实：社会行为、社会结构、社会问题等；主观事实：人性、社会学心理等）的拥有多重范式的学科。社会学属于社会科学的范畴。警察学属于社会科学的一种，研究警察学，必须将警察现象置身于社会现象作为研究对象，才能获得较为完善的研究答案。任何一个警察现象都不是孤立的，都和其所处的社会时代、历史文化、人文环境发生着关系，任何一个警察行为的发生，警察法律、法规和政策的制定都需要综合考量多种社会因素。这些社会因素也将对警察行为产生影响和制约，对警察法令、法规的制定发挥着作用。警察作一个客观合理的分析，成为警察决策的参考，甚至这些社会因素对警察调整所采取的措施会提供一些依据。因此，警察学与社会学两者之间的关系非常密切。

（三）警察学与经济学

经济学是研究经济现象的学问，主要指研究人类个体、社会有关财富的生产、消费、分配、交换的各种经济关系的活动。二者的关系体现在：首先，保驾护航。在这个经济体系中，不可避免地也会和警察发生关系，警察在这个过程中，无疑为其保驾护航。其次，防范打击。为确保经济秩序不被破坏，警察也要对经济活动进行关注，尤其是承担经济犯罪侦查的警察，不但要研究预防犯罪，更要研究打击经济领域的犯罪活动。最后，警察资源的经济化。在警察机关内部，同样离不开经济学的知识，如警察机关在可以掌控的经济资源中，如何对其有效、合理地支配，有效地利用以达到利益最大化，更好地服务民众，也是警察学所应研究的范畴。总之，当今警察机关的各种警政措施，几乎无一不与人民的警察活动及利益有密切的关系，警察不得不深入研究经济学从而有利于警察学的应用与发展。

（四）警察学与统计学

统计学是对各种现象的数量资料进行收集、综合、计算和分析，借以判断现象之间的关系和发展趋势。警察学所研究的若干现象与事实，借以其性质的特殊和内容的复杂，需要借助统计学的知识与方法的应用，才能探求明确的结论，作为警察采取措施和制定该政策的依据。诸如犯罪发案和破案的综合分析、某种犯罪发案的详细情况的趋势、甚至警察为民服务的相关数据统计等，都需要借助统计学的知识和方法来进行更为精准的分析和研究。随着社会的发展，社会治安问题日益复杂化，警察工作借助统计学知识的范围和手段将越来越广泛和丰富。

（五）警察学与犯罪学

警察和犯罪是一对冤家，犯罪是破坏社会秩序的行为，警察是打击犯罪保护人民的战士，两者之间的关系不言自明。犯罪学是研究犯罪现象的学问，是研究犯罪人、犯罪发生行为与犯罪现象的科学。警察打击犯罪、保护人民，首当其冲要对犯罪现象进行研究，借助犯罪学的理论、知识及犯罪学的研究方法打击犯罪；同时透过犯罪现象分析犯罪发生、发展的规律，找到犯罪的原因和根源，并做好犯罪预防工作，更好地保护人民。因此，警察在打击犯罪保护人民的过程中需要借助犯罪学的知识和理论及方法策略进行精准打击，当然警察学也要借助犯罪学丰富警察学的相关理论。

（六）警察学与心理学

心理学是研究人们心理现象的学问，心理学的研究对象是人，包括人的知觉、认知、情绪、人格、行为、人际关系、社会关系等许多领域，也与日常生活的许多领域——家庭、教育、健康、社会等发生关联。心理学一方面尝试用大脑运作来解释个体基本的行为与心理机能，同时也尝试解释个体心理机能在社会行为与社会动力中的角色。心理学是一门研究人类心理现象、精神功能和行为的科学，它既是一门理论学科，也是一门应用学科。警察学的研究对象当然也包括人，从警察组织内部看，任何警察组织都离不开人，对警察个体心理的研究，可以引导积极心理，达成警察组织的目标；当然，对于警察的负面心理可以及时进行管理和疏导，尤其是一些比较严重的心理问题可以及时采取措施，从而规避一些问题的发生。从警察与外部的关系看，警察需要研究的对象还有两大类：一类是人民群众，警察的服务对象，通过对广大民众的心理研究，可以在一些事件、事故、案件中，及时地分解出一部分民众，化解一些矛盾。另一类要研究的重点人群是犯罪人。对其犯罪心理的研究，有助于瓦解犯罪人的底线，达到快速打击犯罪的目的。

（七）警察学与行政学的关系

行政学是研究行政组织与管理的科学，也是一门比较新兴的科学。行政学的主要目的是希望对行政组织内的人、事、财、物作最有效的分配，以达到行政的目的。而警察学所关注的警察机关和人员是在兼具行政机关一般特性的基础上又与一般行政机关与人员相比具有特殊的性质和职责要求，如特别强调其纪律性、具有机动性特点，再加上各种警用武器和器材的使用，使得警察的工作更加不同于一般行政机关，具有更特殊和更高的要求。但警察学和行政学两者之间的关系总是有很大一部分交叉在一起，即两者是不可分割的。

第十八章　台湾地区警察史

第一节　台湾地区警察的发展阶段

读史可以使人明智，亦能以史为鉴。了解警察的历史发展过程，不仅可以了解警察的方方面面，而且可以为未来警政的发展提供借鉴意义。

目前关于古代警察的说法不一，主要是局限于关于警察的文献考证不一，或者是无从考证而已。我国在唐虞以前，并没有与警察相同的官制。唐虞时代的司徒、司空等官，有了类似现代警察的功能等。[①] 本章主要呈现的是我国台湾地区警政主管部门和台湾警察大学关于台湾地区警政发展史的最新研究成果。[②]

一、现代警察之雏形

现代警察的出现可以追溯到清末时期。光绪二十六年（1900 年），安民公所设立，主要职能是管理各区的行政工作；安民公所撤销后，光绪二十七年（1901 年），又设立善后协巡营，这是警察的开端；治安环境的迫使，使善后协巡营遭到撤除，建立工巡总局，以维持当地的治安秩序；光绪三十一年（1905 年），建立了巡警部，又在各省设立了警察督办。

中国现代警察的产生，是在清末甲午战争失败后，“有识之士，咸以国势阽危，非变法无以图存，非立宪不足以救亡，而欲改变之效，行宪之基，又非厉行警政不为功”，于是纷纷倡议设置警察。“警察”一词，遂见诸章奏，而警察制度，亦渐具雏形。乃因戊戌政变，竟遭中挫。光绪二十六年（1900 年），北京被攻陷，八国联军分领区域内，各设安民公所，以掌理其区内之行政事务。翌年和议告成，联军退出，北京之安民公所亦随之撤销，惟变乱之余，地方治安，更感重要。因袭法安民公所之遗制，自设善后协巡营以继之，旋改为工巡总局，使掌管警察事务，维持京师地方安宁秩序。同时由和议全

① 梅可望、陈明传、李涌清、朱金池、章光明、洪文玲：《警察学》，台湾警察大学出版社 2010 年版，第 25 页。

② 章光明：《台湾警政发展史》，台湾警察大学出版社 2013 年版。

权大臣庆亲王奕劻，与日本人川岛浪速订立合同，开办警务学堂，训练巡警，以为实施警政之用。

二、日据台湾地区时期警察的发展

日据时代台湾地区的警察发展可以分为三个时期。初期：1895 年至 1920 年；中期：1921 年至 1937 年；末期：1938 年至 1945 年。

初期（1895—1920）：1895 年 8 月开始实施军政，也就是“宪兵的警政”。当时，日本政府派遣了陆军大将桦山资纪担任第一任台湾总督，宣布施行军政。当时日本政府制定了台湾总督府官制，设民政、海军、陆军三军，把全台划分为台北县、台中民政支部、台南民政支部 3 个行政区。并开始创立台湾地区的警察机关，总督府从日本招募警察管理人员 70 名、巡查 700 多名，配置到台湾地区各地派出所，初步形成了统治台湾地区的警察网络。由于台湾地区各地民众不断反抗日本殖民统治，因此当时的日本在台湾地区建立的警察制度只能走军警一元化的道路。按现在的理解，当时的警察帮助军队“剿匪”，打击地方的顽固势力，而军队帮助警察在地方扎根和生存，军警双方互相往来、相互帮助。由于当时日本为了维持对台湾地区的殖民统治，不惜血本，大量派遣军队入驻台湾，军方的力量自然是强大的，因此，在辅助警察维持地方治安方面，可以用“提供强大、坚实的后盾”之说。当时日本殖民军队在一定意义上对警察享有绝对的领导权。这个时期的警察职责界定也不是很清晰，或者说是比较混乱也是在所难免的。直到 1896 年 3 月，台湾地区第二任总督桂太郎根据日本政府新公布的《台湾总督府条例》，将维持社会治安的警察权逐步由军队或宪兵移交给警察机关。5 月，“台湾总督府”颁布《警察规程》，被称为台湾地区地方警察第一个正式组织的文件。警察开始逐步摆脱军宪附庸的角色。到台湾地区第三任总督乃木希典上任后，于 1897 年 6 月推行“三段警备制”，即把台湾地区划分为三个地域，分别进行警备。一等地是“武装反抗最为厉害的山地地带”，由军队及宪兵警备。二等地是“介在两区域的中间地带”，由宪兵及警察共同戒备。三等地是“抗日扰乱较少的平地街庄”，由警察警备。三个地域简称为：以军宪管理治安情形最严重之一等地，以警、宪并管须警戒之二等地，以警察维持平静之三等地的治安。同时在总督府内撤销军务局，增设“民政局”，作为最高警政机关；另设地方警察署代替宪兵，组织保甲制度，作为警察制度的辅助。“三段警备制”的实施，初步实现了日本在台湾地区警察制度由“军事警察”到“政府警察”的转变。1898 年第四任总督儿玉源太郎上任后，正式宣布废止“三段警备制”，大力推动警政建设，把警察权从军队和宪兵手中集中到警察机关，使警察机关的指挥系统更加明确，建立起了比较系统、全面的警察制度，并于同年发布“保甲条例”及其施行细则。在警察组织发展上，前半段

(1895—1901) 以地方为主，总督府内务部设有警察课，掌管警察事务，将全岛划分为三县一厅，县设警察部、厅设警察课，并于扼要处所设警察署及分署；后半段以发展中央组织为主（1901—1920），总督府下设置警察本署，置警视总长（后称为警务局局长），内分为警务、保安、卫生三课，掌理全台警察事务。自此台湾地区完成了由“军事警察”到“政府警察”的转变。当时，全岛共有警察机构 1500 多处，警官 7740 人，警察 2653 人。这个时期的警察权力很大，掌管一般警务，掌握户籍、管制居住、移动、旅行，控制文教，监视海外留学，管制言论，督促纳税，摊派劳役，甚至是没收土地，枪支贱卖农产品，强迫购买日本商社商品及加入人寿保险，强制负担“政府”公债及邮政储金等。住在“番地”的警察，集军、警、政、教大权于一身，常以统治者自居，横暴贪婪，无恶不作，被称为“草地皇帝”。1920 年，台湾地区第一任文官总督田健治郎提出改革警察制度，重新划分一般行政事务与警察行政事务，使警察机关能够专职从事警察事务管理，进一步完善了警察制度。

中期（1921—1937）：日警在台机构组织最充实之时期，总督府下设置警务局、州设警务部、厅设警务课、市设警察署、郡设警务课，重要地方并设警务课分室，其下辖派出所及番地设驻在所。中央警察权下移至各市郡，警察事务之执行，由郡守与警察署长掌理。此时期的重要业务措施包括：管理特种营业、执掌卫生行政、加强消防组织及设备、整理户籍、治理蕃族、取缔流氓、刑事侦查科学化等。当然，这个时期也出现了一些比较极端的警察现象，为了镇压台湾地区的民族民主运动，总督川村竹治于 1928 年 7 月创设了高等警察，即思想警察，① 对台湾地区的民众进行思想控制。高等警察检查出版物，禁止书刊发行，监视或解散民众集会，是一种公开或半公开的特务。他们残暴贪婪，作威作福，对稍有不满的人，动辄加以“行为可疑”、“违反政令”等罪名，任意拘捕监禁，轻者罚款，重者施以重刑。

末期（1938—1945）：正值第二次世界大战期间，对台湾地区的统治也进入了经济统治时期。警察组织架构延续前期，但纳入战时体制，此时期的警政特点有二：一为警察权极度扩张，凡刑事、兵事、防空、经济等都为警察所管辖；二为机构与人员的增添。② 1938 年 3 月，创立了经济警察，警察不但从事取缔违反警察统治的工作，还从事大米及其他物资的配给和经济动员。这个时期的警察是台湾地区经济行政的重心，许多警察政策通过警察进行贯彻。

---

① 高等警察又称为思想警察，是一些政府实行极权统治的需要，如 20 世纪初日本的特高（特别高等警察）、德国的盖世太保和苏联的契卡（克格勃）等。

② 梅可望、陈明传、李涌清、朱金池、章光明、洪文玲：《警察学》，台湾警察大学出版社 2010 年版，第 29、30 页。

日据时期，台湾地区警察的职权：

1. 执行法律和维持公共秩序。暴扣刑事、违警、交通、保安、正俗、卫生、消防、救灾、户口、外事等有关警察事项。轻罪以下案件，可由警察官吏“即决”处理，没有任何理由可以无数次限制地拘留民众28天。管理特种行业，具体范围如戏院、游乐场、游船、旅馆业、火药枪制造贩卖、饮食业、娼妓业。设置高等警察官负责对民众的思想进行监控，对新闻出版物进行检查、取缔。

2. 协助地方政府推行一般行政事务，如协助相关当局的政策、收税等。日本殖民统治时期台湾地区的卫生机构不健全，各地方医药、卫生保健等事务均由警察负责。

3. 管理范围无所不至。台湾地区相关部门先后设置了10多种专业警察，甚至连一般老百姓自家举办的婚丧嫁娶祭奠庆典、民间娱乐活动、人际交往等事宜，也要事先报告，否则就会招致警察的盘查、刁难，甚至会进行干涉、查禁。

三、20世纪50年代以来台湾地区警察的发展

台湾地区光复之初，承袭日本统治时期的警政制度。就警察组织体系而言，普遍实施警管区制；就勤务来说，采用日治时期“散在制”的方式；警察人事则以刑事警察与保安警察的扩充最为快速，显示出当局汲取“二二八事件”和“国共内战”战局逆转的教训后，以这两部分警力的增强，作为确保台湾地区治安的措施之一。1949年，全台实施戒严，宪兵与“军队”加入维护社会治安的行列。

戒严时期的警政有几个特色：上级领导、“军人”首长、保卫政权、业务庞杂。戒严时期最值得一提的是由台湾地区警政主管部门领导孔令晟（1976—1980）推动的“警政现代化”（Modernization of Policing），其主要立意在于：改造警察的组织、勤务方式以及提升警察人员的素质。此时，警察角色乃从维持秩序的功能，转向抗制犯罪的角色。“改进警政工作方案”是孔令晟警政现代化的具体规划。“改进警政工作方案”之后，警政革新持续进行，1985年至1995年推出“五年警政建设方案”及“后续警政建设方案”。

第二节　台湾地区警察发展史简介

甲午战争的失败，使清政府与日本签订了《马关条约》，条约规定割让台湾地区及所有附属岛屿、澎湖列岛与辽东半岛给日本。警察是国家的机器，在日本长时间占领台湾地区期间，警察便是其最重要的统治力量。在日本侵占时期，台湾地区的警察制度与日本本土是不同的，警察执行自己本职的警

务工作，一般性的行政事务也需要警察辅助执行。

对于台湾地区这一特殊的殖民地警察体系，殖民统治者自己的评价是："台湾的警察官是一手提剑，一手持经典，于捕盗断讼之余，还见其从事教育、慈善这些高尚的事业。因此，今日台湾的警察官，为因应新领土的状况，不唯在固有的警察事务方面，其职务范围还较台湾内地广泛，其对于其它一般民政事务，助力也不少。彼等不仅从事普通的警察、卫生事务，台湾户政官员从事的事务，彼等亦从事之。其拥有的犯罪即决权权限较我国（日本）内地为大，其所管业务不仅包括保甲事务、鸦片行政、笞刑处分的执行、蕃人蕃地的管理、清国劳工的管理，且还包括利用保甲制度协助征税、土木工程、奖励殖产，特别是促进糖业发展，即连教育、救恤措施也是无所不与。台湾现时的情况是，若不藉用警察之力，大概就无法推行任何业务。"① 可见，当时台湾地区警察职能范围如此之广，日本统治台湾地区时期的最大特点就是使用警察所行使的行政权力。

国民党到来之后，沿袭了日本统治时期的警察制度。具有统一的领导，并且创新了警察制度，制度更加完善与规范。

1949 年 5 月，"警察总署"裁撤，设立"警政司"。1976 年，台北市升格为"直辖市"，"省市"分家，以省"警务处"为首脑的警察一元化已在法理上无法维持，故有处长兼局长的权宜措施，究非法定的制度，为统一指挥所有警察机关发挥整体功能，在 1971 年制定相关组织条例。1972 年 15 日，台湾地区警政主管部门成立，真正建立起警察一元化领导体制。②

国民党政府为顺利完成战后对日接收台湾地区的工作，于 1944 年成立台湾调查委员会，并于次年以台湾地区行政长官公署及"警备总司令部"前进指挥所，接收日军武装与警察权力，掌握军警政的一元化领导。国民党政府将台湾地区警察干部之储训，交由台湾警察大学负责，开办台湾地区警察干部训练班，先后培训 932 位警察干部及基层警员。台湾地区"警务处"为主管全省警务最高机关，辖警察训练所、警察大队、铁路警察署、警察电讯管理所及警察协会等 5 个附属机关。1948 年 8 月实施户警联合办公，各区分设办公处于警察派出所内，第二批改办刑事业务（原保安业务并一科），第五科改为办理总务，并增设外事、户口两股。同年 10 月订颁《台湾省各县市户政机关与警察机关办理户口查记联系办法》，警察机关办理活动人口登记、特种人口、户口查察、失踪人口查寻等业务。1949 年 7 月颁行《台湾省各县市户政机关与警察机关联合办公办法》，由各县市将乡镇公所户籍员配置于警察派

---

① 李理：《日本殖民台湾的秘诀——警察政治的特点》，载 http://blog.163.com/lily9210@126/blog/static/1306985002010031528l3161/。

② 邱华君：《警察通学论》，台湾编译馆 1991 年版，第 28 页。

出所办公。[①]

在台湾地区光复后的警政发展过程中，警察角色的演变主要经历了工具性、现代化和独立性三个阶段。第一阶段的从台湾地区光复后“以军领警”，历经第二阶段的警政现代化，一直到“解严”、终止动员战乱、台湾地区“警备总司令部”裁撤的体制转型，警察角色在“军警”业务转移下，形成了警察专业与行政中立的独立性功能。未来台湾地区警政将随着政治民主化和国际全球化的趋势持续发展。[②]

第三节　台湾地区警察发展史内容

台湾地区警政的发展主要分为：警察业务、警察组织、警察教育、警察政策等。本节将从国民党来台后，“以军领警时期”及“专业领导时期”两个阶段为基础，遵循历史发展的主要脉络，分别介绍台湾地区警政发展的历史轨迹。

一、警察业务发展史

（一）“以军领警”时期的警察业务

警察业务的目的是完成警察任务，必须依靠警察人员通过警察勤务来完成。“以军领警”时期是从1945年到1987年，国民党政府迁台承续了日本殖民地旧制，接收了日本殖民之时的机构设置，具有典型的日据特色，由军人担任警察首长，领导警察，维护地区安全，其警察业务具备军人的思想。

警察业务的主要功能主要体现在：“保卫政权稳定”、“执行基层侦防”及“协办行政业务”三方面。

第一，自清末创办“京师警务学堂”培养警察专业干部起，一直到1991年8月，警界一直都是由“军方”所领导。国民党政府迁台以后，自1949年至1962年期间，强调一元化领导下的运作机制。1949年5月20日，台湾地区实施戒严，9月1日“保安司令部”成立。1958年5月15日，简化了治安机构，成立台湾地区“警备总司令部”。[③] 户警也是警察业务的主要部分，在国民党政府迁台的时间里，户籍登记与户口管理工作实行双轨制，都由警察机关与民政机关管理。1973年7月1日，户警合一正式实施，将户政业务由

---

① 陈宜安：《台湾威权体制与警政发展——以1950年代为范围》，载《警学丛刊》2010年第6期，第43页。

② 台湾警察大学：《台湾警政发展史》，台湾警察大学出版社2013年版，第23、24页。

③ 台湾警察大学：《台湾警政发展史》，台湾警察大学出版社2013年版，第159页。

民政单位划归警察机关主管。[1]

第二，戒严时期的台湾地区警察职责除了依据“警察法”所规定的维持公共安全秩序的相关任务，尚须配合国民党“反攻大陆”的军事任务，包括与军事相关的演习工作。最后，当时警员担负的工作项目繁多，警察为掌控与治理该地区的利器，警察应有的职务因而产生变化，成为行政事务最终的执行者。[2]“在以军领”警时期，警察受到“军队”官僚体系的制约，警察与军人的角色不易分辨，并且警察承担的工作业务繁多，能忠实完成领导交付的任务，协助办理行政业务。

（二）专业领导时期的警察业务

1987 年“解严”与 1991 年动员戡乱时期终止后，国民党情治机关开始了与公共安全相关组织的“法制化”、“去政党化”，以及保持行政中立、“依法行政”等作为；因人权保障所衍生对社会的安全威胁，却成为警察所必须面对的新挑战，因之有“严正执法”与“依法行政”的要求；警察作为政府工具以控制社会秩序的色彩逐渐减退，过去警察业务“包山包海”的情形，亦随着社会的变迁与民主化的发展而有所调整。[3] 警察机关在“解严”后，分别于 1988 年执行集会游行业务、1992 年自行主导安检业务与检肃流氓业务、1994 年纳入野生动物保育业务、1995 年执行儿童及少年性交易防制业务、1997 年执行性侵害防治业务及 1999 年执行家庭暴力防制业务等。[4] 可见，国民党政府迁台以后，为适应政府治理的需求，警察的业务随着社会治安的变化而改变，不断地增加与创新，教育、工商、文化都涵盖其中，具有打击不法分子和社会服务工作的双重角色。

二、警察组织发展史

（一）“以军领警”时期的警察组织变迁

戒严期间，军事权力地位高，警察受到军事指挥的制约。警察在此阶段的角色是维护社会治安秩序稳定和犯罪控制，但在“以军领警”后期，服务的职能角色逐渐突显出来。本时期的警政管理思维亦受其影响、优秀军事将领转任警政首长，强化与重视警察组织的合理性，层级节制的结构、分工、“依法行政”等科层制观念落实于警察组织；同时，警察组织的用人作业亦有深刻改革，实绩制的采行，使警察人员的晋升与升迁愈加重视合格与合用的具体条件。警察组织的运作除受政治影响外，还越来越重视效率、廉政等管

---

① 台湾警察大学：《台湾警政发展史》，台湾警察大学出版社 2013 年版，第 161 页。
② 台湾警察大学：《台湾警政发展史》，台湾警察大学出版社 2013 年版，第 163 页。
③ 台湾警察大学：《台湾警政发展史》，台湾警察大学出版社 2013 年版，第 171 页。
④ 台湾警察大学：《台湾警政发展史》，台湾警察大学出版社 2013 年版，第 172 页。

理议题。“以军领警”时期的特征可归纳如下：

1. 环境：实施戒严及“党外”民主运动。
2. 职权来源：警政相关规定。
3. 功能：秩序维护及犯罪控制。
4. 组织设计：“以军领警”及国民党“中央集权”。
5. 运作策略：防处群众运动、快速反应。
6. 警察绩效：稳定的社会秩序及行为的公正。
7. 警政管理的理论框架：官僚模式。[①]

（二）专业领导时期的警察组织变迁

到了近代，警察组织鼓励、联合社会力量，与社区资源以警民合作方式共同维护社会秩序。警察与社区组织、民间团体等建立合作关系，扩大为民服务的范围。20世纪末，品质管理应用在警察工作中，并且在问题导向警政概念的引导下，警察组织的运作策略更加理性；随着现代技术的不断提高，大大加强了警察组织的效能。专业领导时期的特征可归纳如下：

1. 环境：解除戒严、社会结构改变、科技精进、两岸关系的变化。
2. 职权来源：有关规定、地方政治、民意。
3. 功能：犯罪控制、秩序维护、社会服务。
4. 组织设计：行政中立、“军警”分离、分权趋向、区域合作。
5. 运作策略：提高建警率、迅速及机动化反应、社区与问题导向警政。
6. 警察绩效：犯罪率、破案率、民众治安满意度。
7. 警政管理的理论架构：警民共同营造良好的社会秩序、行为学派观点、品质管理。[②]

三、警察教育发展史

（一）“以军领警”时期的警察教育

台湾警察大学前身——中央警官学校成立于1936年9月1日。在该校成立之前，有关警察的教育虽间有办理，但并不完备。1918年，国民政府内务部为确定全国警察最高教育机关，以培养警察干部人员，遂将欠缺规划之地方警察传习所，更名为警察高等学校，专司高级警察教育。该校于1934年3月13日获准迁设于南京，并于1936年8月30日改组为中央警官学校。另有浙江警官学校成立于1928年夏，实施警察高等教育，培养中上级之警察干部，该校亦于1936年合并于中央警官学校。“台湾光复”（1945年10月25

---

① 台湾警察大学：《台湾警政发展史》，台湾警察大学出版社2013年版，第47、48页。

② 台湾警察大学：《台湾警政发展史》，台湾警察大学出版社2013年版，第59、60页。

日）初期，中央警官学校第二分校曾开办“台湾警察干部训练班”，台湾地区行政长官公署依照“台湾接管方案”，于10月27日设立“台湾省警察训练所”，台湾地区警察教育即奠基于此。1947年，台湾地区“警务处处长”王民宁建议学校设立“台湾警官训练班”。1948年4月1日，“台湾省警察训练所”改组为“台湾省警察学校”，开办警员训练班。[①] 学校成立后，积极开展警官教育，于1957年增设四年制大学部教育；1970年春，开办警政研究所。[②]

（二）专业领导时期的警察教育

1991年台湾地区警政主管部门实施五年警政建设后续方案，修订“警官学校组织条例”，1995年12月20日警官学校正式改制为台湾警察大学。台湾警察大学增设学士班四年制学系，设置两年制技术系，警政研究所分组转为系所合一架构，研究所增设博士班，成立学院、组织扩充与深造教育。依据1985年6月24日制定公布的“各省市警察学校组织通则”，“台湾省警察学校”于1986年7月1日改制为“台湾警察学校”，改隶于台湾地区警政主管部门，进行警察基层干部教育；2003年4月16日，“警察常年训练办法”发布，使其成为警察人员常年训练的专属场所。[③]

四、警察政策发展史

（一）“以军领警”时期的警察政策

1945年抗日战争胜利后，国民党为迅速适应实施宪政法治之需要，促使警政急图改革，拟订“五年建警计划”及实施办法；1949年4月因“国共战争”，国民党政府南迁广州，厉行机构紧缩，又将警察总署缩编为警政司；国民党政府迁台后，造成人口激增、业务增繁，是时警察任务的重点在于加强肃清窃盗抢夺、户口清查与入出境管制、登记私有枪支、取缔散兵游民、加强入山管制等。[④] 戒严前期（1949年至1976年）的警察政策主要有户口查察

---

① 台湾警察大学：《台湾警政发展史》，台湾警察大学出版社2013年版，第82～86页。

② 邱华君：《警察学通论》，台湾编译馆1991年，第442页。

③ 台湾警察大学：《台湾警政发展史》，台湾警察大学出版社2013年版，第94～99页。

④ 台湾警察大学：《台湾警政发展史》，台湾警察大学出版社2013年版，第117、118页。

与户警合一制度、造产运动、[1] 日新专案、[2] 交通政策、刑事侦防政策；戒严后期（1976 年至 1987 年）的警察政策主要有改进警政工作方案等，如五年警政建设方案，其目标为全面提升警察工作能力，主动打击、消灭犯罪，加强整理交通秩序，努力防救各种灾害，积极推动为民服务，圆满达成警察任务，确保社会安全。[3]

（二）专业领导时期的警察政策

1987 年“解严”后，警察服务型功能虽仍处于萌芽阶段，但随着 1991 年 8 月由警察系统出身的庄亨岱出任警政主管部门领导，警察角色已正式由“以军治警”转换到“官警自主”，各项警察政策方案的推出，显示出属于专业领导时代的来临。[4]“解严”前期的警察政策主要分为大型警政计划和重要警政策略与作为。大型警政计划包括五年警政建设方案、后续警政建设方案，重要警政策略与作为包括全民治安、加强为民服务、报案三联单制度、强化警察勤务功能策进做法。法治整备时期大型警政计划包括警政再造方案、警政精进方案、警政发展方案，重要警政策略与作为包括治安策略（改善治安年、受理刑事案件报案单一窗口、四合一专案、提升社会治安维护力行动方案、维护专案、全民拼治安行动方案、改善治安强化作为）和行政措施（实施“ISO 验证制度”、编制警察机关常用程序汇编、建立定期民调制度、“家户访查”制度）。[5] 现代警政经营模式随着社会治安秩序不断变化，警察定位仍然是维护治安稳定的主要角色，但需联合社会和民间力量并形成合力。警察角色从打击违法犯罪的执行者，转换为以提供服务为导向的社会工作者，以期提高人民群众的满意度。

在这个时期，典型的治安管理包括开展“全民拼治安”行动、建立“空中派出所”、建构数位化社区警政和试版骑警巡逻等。“全民拼治安”的行动方案是台湾地区行政主管部门于 2004 年 2 月提出的，内容是：优先填补警力、提升警察组织地位及职务等级、加速执行增加刑事警察配置，落实勤务执行，提高见警率，加强侦办电话诈骗或恐吓犯罪，注重体会民众的感受。

---

① 造产运动：1970 年，相关人士提出开展“警察造产运动”。要求每一个警察单位都要全体动员种植有经济价值的果树，也可以养殖鱼虾，把所得利润分配给警员，以改善警员福利。

② 日新专案：1962 年，相关人士提出“日新专案”计划，主张撤销派出所，集中精力在分局，以便机动运用。

③ 台湾警察大学：《台湾警政发展史》，台湾警察大学出版社 2013 年版，第 119~127 页。

④ 台湾警察大学：《台湾警政发展史》，台湾警察大学出版社 2013 年版，第 128 页。

⑤ 台湾警察大学：《台湾警政发展史》，台湾警察大学出版社 2013 年版，第 129~146 页。

有关当局领导苏嘉全于2004年2月22日在台湾地区警政主管部门召集台湾地区各县市局局长签署了《全民拼治安行动宣言》，决定从3月1日起以肃窃、反诈骗、反暴力犯罪为三大强化治安主线，协调地方政府配合打击8个行业的违法活动，“拼治安行动”为期半年，希望民众共同维护治安，打击犯罪。过去台湾地区各县市的治安状况一直用各种“案件发生数”和“破案数”等数字来表示，常被人称为“玩数字游戏”。尤其是台湾地区警察机关以破案率作为各种治安状况考核的重要依据，破案高的就能升官、记功、得奖金，导致全体警察一切向破案率看齐。对于如何做到预防犯罪则无人问津。2002年，台湾地区警政主管部门仿照经济景气指数的办法，开始对各县市治安情况实施“治安信号”的管理考核办法。蓝灯表示当地治安状况很好，绿灯表示当地治安状况尚可，紫灯表示当地治安状况普通，黄灯表示当地治安状况差，红灯表示当地治安状况很差。如果当地表示治安状况的信号灯颜色达到黄、红两种颜色，警察局局长将面对免职的处罚。“空中派出所”是台湾地区警政主管部门为了处理重大紧急治安事件于2004年成立的，但凡民众遭遇重大紧急事故，需要立即请求协助，便可以拨打电话向“空中派出所”报案。而“数位化社区警政”的构建以无线微波宽频网络系统（社区联防系统）为标志，应用数位化科技系统在交通要道、社区治安要点，执行24小时空中即时监控，发挥吓阻犯罪行为之作用，使犯罪者无所遁形。结合警察局线上巡逻警网、义警、民防、交通义警、村里社区守望巡守队、无线电台出租车等民力，完成严密的“天罗地网”专案勤务，彼此联系，相互支持网络，有效联合执行治安防护工作。骑警巡逻主要是为了带动旅游、观光并维护旅游景点的治安，台中市政府参照台北县政府的做法建立骑警巡逻。

在这个时期，体现警政改革的另一个亮点是警察服务，包括采取多种便民措施和树立典型。为了改进警察服务民众的工作。台湾地区警政主管部门推出了市民全家外出后警察保护住宅，保护民众提款、存款安全，建立警察志工服务网，建立机动派出所、“空中派出所”等诸多便民措施，希望民众能够肯定警察为民、为治安所作出的努力。台湾地区警政主管部门要求警察同人必须调整心态，要将“民众的小事”当作“政府”的大事，以人民的感受为感受，从民众的角度思考，以问题为导向，用于思考问题、解决问题。警察必须认识到为民服务和治安交通维护都是警察的神圣使命，永远都是警察必须背负的“十字架”。当时规定台湾地区社区警察的职责具体为：

1. 住户有急、难需要救助，或有纠纷需要排解的事项。
2. 对辖区住户家庭中子女有不良行为或偏差行为的进行辅导矫正事项。
3. 传达地区治安信息及状况，提供安全防范常识及技能。
4. 发现有可疑或不寻常的会影响治安的人、事、物、地。
5. 其他警察职权范围内的可处理事项。

6. 对居民反映的非属警察职权范围之事，代转之其他相关单位处理。

当时设立的为民服务中心，是基于警察为维护良好社会治安，需要民众充分的配合。在以服务为导向的民主潮流下，警察机关更应该以亲切、积极的服务，争取与民众的合作，协力维护社会治安。而和蔼亲切地受理报案，迅速反应处置得当，除能掌握破案契机，更能博得民众好感，并建立良好的警民关系，促进警民合作。当时树立的典型是台东县警察局。其主要是因为在社区警政工作中积极探索、努力工作，而成为全台湾地区社区警政工作的先进单位，并于2003年获得台湾地区行政主管部门落实品质研发奖。其主要经验如下：

1. 首先是理念更新，主要是让各级警察机关，尤其是及基层警察机关明白构建警民伙伴关系的重要意义。局长亲自深入分局、派出所及社区进行治安讲座、研讨会等，让基层警察了解加强基层社区警务的意义。通过具体举办警民治安会议的形式，让警民共同发掘存在的治安问题，解决治安隐患，提升社区品质，建立亲密、合作、互信、互赖的警民关系。

2. 运用社区经营的方式管理社区。运用现代管理的SWOT法找出自身的优势、弱点及外部环境的机会及威胁，充分了解自身的优势及环境中的机会，减少自身弱点以规避环境中存在的威胁，进而找到成功的策略。具体说就是运用观察—分析—反应—评估模式，寻求社区内问题解决途径。要求社区警察掌握解决问题的模式，让社区居民与警察共同对社区内问题进行广泛的思考、分析、放映、评估，寻求解决的方案。

3. 善于有效整合社区的资源。将“警点”软化为“景点”，将派出所“公园化”、“人文化”，使之成为社区民众的派出所，而不是警察的派出所，警民连成一个共同的生命体。

第十九章　台湾地区警察业务

第一节　警察业务的概念与基本原则

一、警察业务的概念

台湾地区警察学学者或依字典解释，或从目的与手段的角度，或从组织层级与规划的角度对警察业务进行解释。

1. 字典解释。

从字典解释来看，业务是指职业上的一切事物，警察业务是指所有警察工作。邱华君在其《警察学通论》一书中也是依字典解释对警察业务进行定义的，即警察业务也就是警察工作。①

2. 警察业务与警察任务、警察勤务角度的解释。

台湾地区警察学学者多从警察业务与警察任务、警察勤务的角度对警察业务进行论述。

陈立中与郑文竹从警察的具体行为对警察业务进行了定义。陈立中认为，警察业务乃政府为达成警察任务，对人、事、物、地、时依法实施维护、管理、禁制，而行政客体——人民亦依法负有作为或不作为义务的警察活动，为警察行政行为。此种行政行为包括规划、执行、督导与考核。② 因此，执行警察业务必须透过警察勤务实施，并依法规行使警察职权，以警察处分达成警察任务。郑文竹认为，警察业务是警察机关与警察人员为达成警察任务，对外规划维护治安活动即勤务之指导作为或直接发布行政命令，另与指挥、督导、训练等内部管理之行政作为。郑文竹对警察业务的定义进行了具体的分析，他认为，业务成为对外维护治安活动即勤务之指导作为，是对治安事项规划具体作为后透过勤务执行或直接发布行政命令来达成警察任务的，如日本外勤警察对外之营运管理；另外指导、督导、训练等内部管理之行政作为，是为维持警察机关内部之运作，而处理机关外部不具拘束力之作为，如

---

① 邱华君：《警察学通论》，台湾编译馆 1991 年版，第 513 页。

② 陈立中：《警察行政法》，台湾文化大学出版部 1984 年版，第 439 页。

日本外勤警察对内之行政管理。[①]

丁维新与杨清江从警察业务的依据来理解警察业务。丁维新认为，警察业务为警察职责内的事务，亦即警察机关及警察人员为达成警察任务，履行警察职责，依法所处理的事务。[②] 其内涵要件有：①必须具有警察机关的地位；②必须具有警察人员的身份；③必须为达成警察任务；④必须是依相关规定确定的作为。杨清江认为，警察业务是警察行政工作的核心，亦即警察机关为达成警察任务，以相关规定确定其具体做法的警察勤务以外的持续性工作。其分析如下：①警察业务是警察行政工作的核心。②警察业务以达成警察任务为目的，即警察机关的一切公务处理，其效力仅及于机关内部而对于机关外部不具拘束力之作为；又有属于为达成机关设置目的的作为。③警察业务是以相关规定确定其具体做法的持续性工作。④警察业务是警察勤务以外的警察工作。[③]

从以上分析来看，几乎所有为警察业务下注解的人都认为，警察业务的目的为达成警察任务，而警察业务须以勤务活动的执行方可完成。也就是说，警察为完成其存在之目的（任务），衍生出具体工作项目（业务），而业务的推行又必须透过各种活动（勤务）的实施。任务、业务、勤务三者之间的逻辑关系，已成为台湾地区警察的通念。

从组织层级与规划的角度来看，警察任务是策略性规划层次，即目标的掌握与方向的制订；警察业务是功能性规划层次，系根据目标决定工作内涵，并加以分工；警察勤务是操作性规划层次，重在实际的执行活动。三者之间是紧密的关系，缺一不可。

警察所追求的价值须借警察业务加以实践。价值本身具有抽象性，将抽象价值具体实践的过程，必须在警察业务的层次上处理。此外，各种价值之间常是相互冲突的，各种价值冲突之调和则有赖于警察业务的设计并在执行过程中加以落实。

警察任务与警察价值对警察业务具有引导作用，警察业务的执行又涉及警察勤务。在谈到警察业务与勤务的关系时，郑文竹接受日本学者小掘旭的观点，将警察工作简单地区分为对内与对外两种：对内指警察组织内部管理之行政行为，对外则成为维护治安活动之指导作为。也就是说，业务是勤务的指导作为。[④]

综合言之，警察业务即警察工作；警察业务的范围在扩大；从任务、业

---

① 郑文竹：《警察业务之未来走向》，载《警学丛刊》1998 年第 3 期。

② 丁维新：《行政警察业务》，台湾警察大学出版社 1990 年版，第 1 页。

③ 杨清江：《警察业务概说》，载《警政学报》1985 年第 8 期，第 15、16 页。

④ 郑文竹：《警察业务之未来走向》，载《警学丛刊》1998 年第 3 期。

务、勤务三者之间的关系思考，易于帮助我们理解警察业务的概念。

二、处理警察业务的基本原则

台湾地区具有代表性的观点认为，处理警察业务有以下五项原则。①

（一）事前预防胜于事后处置

预防乃是警察工作的根本，梅可望引用沃尔默的话："因犯罪所造成的悲剧，并非惩罚犯罪者所能补救于万一。"台湾地区曾有警察学学者对警察两字解读为"警之于先，察之于后"，体现了事前预防胜于事后处置。这一观点也在世界其他国家得以验证。在1829年英国近代警察创立时，罗伯特·比尔就率先提出了这样的观点，这也与20世纪70年代以来社区警政典范的信念一致。事实上，目前多数学者都比较赞同这个观点。

（二）主动重于被动

警察人员处理各项业务应事事站在主动的地位，而非被动等待，这样才能预防犯罪的发生，也才合乎效率原则。1970年以来，基于对20世纪60年代以前之专业化警政的反思，"问题导向警政"模式的影响所及，在勤务策略上提出了主动先发式巡逻，取代先前的反应式勤务策略，正说明了这项原则的重要性。"问题导向警政"模式即所谓的SARA模式，它包含扫描（Scan）、分析（Analyze）、反映（Respond）、评估（Assess）四个阶段，根据这个模式，警察工作须经全面扫描、逐一分析，找出该辖区重要犯罪、重要时段、犯罪热点（Hot Spots）与重要治安顾虑人口，并主动配置警力资源在这些重点之上加以回应，以预防犯罪，而不是被动地等待犯罪的发生。目前波及全球的社区警务战略就是基于这样的原则。事实上，无论从纠纷的调解、治安案件的查处，还是刑事案件的查处和打击，都体现了主动重于被动。例如，一个轻微的治安案件，如果警察在接到报警后，能够主动、快速处理，对于当事人双方来说都具有意义。反之，被动地等、靠、要，严重的甚至推诿、扯皮，其结果可能会造成更严重的治安事件或刑事案件。

（二）经常重于临时

警察业务是一种经常性的工作，切忌"头痛医头，脚痛医脚"。经常性的警察工作做得好，临时性的警察事故就会降低，这便是现代"策略管理"的精髓。策略管理是一种长期性的计划作为，它能正确指出警察组织的方向与愿景，并按部就班地从现状迈向未来目标，它采取预警式管理方法以避免危机的发生。警察组织中的危机发生越多，专案就越多，也就越没有时间规划处理长期工作。可惜的是，中外警察组织均过于重视临时性的危机管理，而

---

① 梅可望、陈明传、李涌清、朱金池、章光明、洪文玲：《警察学》，台湾警察大学出版社2010年版，第67~69页。

忽视了经常性的策略管理。从社区警政工作我们同样可以设想一种情形：一个社区警察能够走访社区，了解社区的问题、发现纠纷的苗头，进行及时的处理，就能够把问题消灭在萌芽状态，或避免问题的发生，达到预防的目的。反之，碎片化的、时断时续的社区防范工作常常不能发现问题，自然就无法规避问题的发生。

（四）最先五分钟重于最后五分钟

警察处理犯罪案件，特别重视证据的搜集，而证据搜集之难易，与警察到达现场的快慢有明显的关系。世界警务改革的现代化阶段主要是基于这样的理念，才提出的警察现代化观。警察的快速反应、快速到达犯罪现场，一方面可以最大限度地制止犯罪行为的继续，发现犯罪嫌疑人；另一方面还可以发现证人，为案件的侦破提供较为翔实、严密的证据。因此，缩短反应时间以提高破案率，乃为专业化警务的内涵。

（五）运用民众力量与运用警察力量并重

“警力有限，民力无穷”，警察业务的完成须依赖民众的参与，才能事半功倍。社区警政便以建立良好的警民关系为策略，设法取得民众对警察的信赖，进一步邀请民众共同解决社区的治安问题。此观点与公民社会及现代公共管理的治理趋势一致，公民社会强调人民的社区意识，公共治理则重新界定代表政府的警察与民众之间的关系，警民之间不应是上令下从的权威关系，而是一种平行的伙伴关系。在非营利组织力量高度展现的现代社会，以上理论再度说明了这项原则的有效性。

综上所述，警察业务处理的基本原则，应以预防、主动、经常、迅速及善用民力五者为重点。此外，邱华君还提出依法、正确、整体、实效、科学五项警察业务处理的原则。这些原则将确保警察业务的执行更能实现警察任务的人权、秩序、公平等价值。

第二节　警察业务的范围与种类

从范围来看，也就是整体宏观地看，可了解警察工作内涵的全部，并掌握到警察工作的重心，工作重心则可能基于许多内外在原因而改变。

从分项来看，也就是对警察业务作个别的观察，则涉及组织分类问题。根据部分学者的定义：警察业务就是警察工作内容的分类。

一、警察业务的范围

（一）大陆派和海洋派警察业务的差异

大陆派和海洋派的划分是早期国际警学的一种划分方法。宏观上主要划分依据是其采用的不同法系。采用大陆法系的国家，属于大陆派警察制度，如法国、德国等。采用海洋法系的国家，属于海洋派警察制度，如美国、英国等。台湾地区学者邱华君[1]在研究两派划分标准时，采用八大要素作为划分参照系：①组织。大陆派集中领导，全国统一组织；海洋派以地方自治为主。②权力。大陆派警察权力范围较大，海洋派限制警察权力的范围。③业务。大陆派警察业务广泛，包含许多行政管理的内容；海洋派警察业务以治安预防犯罪为主。④服务。大陆派不强调警察的服务精神，以执行法令为主要内容；海洋派注重警察的服务与福利，保持良好的警民关系。⑤人事。大陆派中央警察机关支配地方人事任免；海洋派警察是人事分权，中央与地方的警察各自独立。⑥教育。大陆派警察的教育经费与计划均由中央警察机关划拨与制定，海洋派警察教育经费与计划由中央、地方两级承办。⑦勤务。大陆派警察的勤务单位为警勤区，分局下设派出所；海洋派的警察勤务以巡逻为主，分局下设巡逻区。⑧经费。大陆派警察经费由中央统一编制预算，海洋派警察经费由中央和地方两级负担。

（二）警察业务的范围

在归纳世界各国和地区警察业务的内容之后，台湾地区警察学学者提出学理上十大重要警察业务。[2]

1. 国家安全的保障。

台湾地区学者认为，现代国家应该庄严地面对保卫国家安全的神圣使命。国家安全的保障，是警察最为重要的业务。虽然军队也体现出这样的业务范围，但警察和军队最大的不同是一个对内、一个对外。军队更多的是在对外方面，主要是抵御其他国家对自己国家的侵略。而警察则更多的是通过维护国内社会安宁秩序，达到维护国家安全的目的。具体到警察的警种，内部安全工作部门更多地体现出直接维护国家安全的业务特性。台湾地区学者还认为国家安全的业务范围包括：国家元首的保卫、国家机密的防护、政治情报的搜集、忠贞调查。

2. 犯罪预防。

关于犯罪预防，分为广义和狭义的理解。凡指　切有利丁防治犯罪的所有犯罪防范措施都属于广义犯罪预防的范畴，如与犯罪相关的社会、政治、经济、教育等制度因素所形成的导致犯罪的因素。宏观的犯罪预防是一个庞大的制度体系，警察在这个体系中只是其中一个重要的组成部分，但绝不是犯罪预防唯一的力量。也就是说，警察并不能解决一切犯罪预防问题。基于这样的观点，犯罪预防就是一个系统的防范问题。而狭义的犯罪预防主要是指针对当前的一时一事的具体防范，尤其是直接组织犯罪发生、发展的举措。

---

① 邱华君：《警察学通论》，台湾编译馆 1991 年版。

② 梅可望：《警察学原理》，台湾警察大学出版社 1996 年版，第 70~72 页。

狭义的犯罪预防是警察业务的重点所在。也就是警察要对犯罪可能发生的重点地域、时间、相关人口、所涉及的物品等所应采取的措施。

3. 犯罪制压。

按照业务工作的流程来界定犯罪的制压，主要是指犯罪发生后，警察应采取的处置。通常指犯罪侦查和犯罪的鉴识工作。犯罪的侦查包括：现场侦查、收集证据、逮捕人犯、讯问、询问、送检察机关等。鉴识是一种鉴别，鉴识证据的过程是犯罪侦查的延伸和完善，具体主要指运用生物、化学、医学等学科知识进行指纹鉴定、笔迹鉴定、测谎、验血、验尿和验枪等工作。

4. 交通管制与交通事故的处理。

关于交通管理与交通事故的处理，在台湾地区主要包括交通教育、交通工程与交通执行。三者环环相扣，不可分割。从交通执行环节来看，又可分为交通取缔、事故调查与交通整理三项。交通取缔的目的在于预防与减少交通事故；事故调查的目的在于判明事故责任；交通整理的目的是在于疏导交通流，使交通畅通。

5. 公共安宁秩序的保护。

台湾地区学者认为这一项实质上是指实务上的保安业务。具体内容包括特种营业的管理、民众组训、特定行为的管理（群众活动、集会游行等）、特殊物品的管制（枪炮、弹药、刀械等）及特定场所的警戒等。

6. 善良风俗的维持。

台湾地区学者认为这一项实质上是指实务上的正俗业务。具体内容包括对赌博、色情及毒品等的管制。

7. 灾害的防治与抢救。

各国关于对灾害的防止与抢救，首先是将灾害区分为自然灾害和人为灾害两种。但无论哪种灾害发生，警察总是第一线的回应者和及时的处理者。“9·11”事件发生后，恐怖活动成为国际性威胁，各国警察无不在反恐救灾中扮演着重要的角色。美国警察的快速反应以及伤亡的严重情形都印证了警察在灾害的防治和抢救业务中的重要性。台湾地区虽然在1995年设立了专门的消防警察，但在一般警察业务中仍然把灾害的预防与抢救列为警察的业务之一。

8. 家户访查。

“9·11”事件以后，世界警务出现了所谓的“情报导向警务”理念，台湾地区警察秉承世界警务理念，在相关的“警察勤务条例”中明确：“勤区查察……以家户访查方式，担任犯罪预防、为民服务及社会治安调查等任务。”台湾地区的相关领导仍期待着警察能够透过警察家户访查，发挥预防、服务与调查的多元功能。

9. 为民服务。

台湾地区警察学学者也认为为民服务是最为琐碎的事务，其表面是无关宏旨的，但从为民服务的效果来看，实在是影响深远的工作。据统计，历年来台湾地区共受理 38.3537 万件失踪人口及行为不明案件。为了解决这个问题，警政主管部门下的户口组于 2003 年成立了一个“寻人高手小组”，专门负责台湾地区失踪人口和无名尸体的查询工作。小组由来自台北县、台南县、吉隆县、桃源县的 6 名警察组成，他们都精通计算机、擅长分析，认为寻人这项工作是寂寞而没有掌声的，全靠一股爱心、耐心和热情。通过小组警察的努力和全体警察的通力协作，截至 2003 年年底，共有 368530 人被找到。其中，2003 年全体警察找回 39132 名走失的小孩、流浪汉，使 3 万多个家庭获得团圆。6 名寻人高手于 2004 年 1 月 1 日上午接受来自 18 名家属的致谢，他们表情腼腆，直说“做功德，做功德”。①

10. 诸般行政的协助与其他行政执行事项。

二、警察的具体业务

与警察有关的规定是了解台湾地区警察业务的重要途径。首先，“警察法”第 5 条规定，下列台湾地区警察业务，须归警政主管部门掌管：保安警察、外事警察、边境警察、刑事警察、水上警察及专业警察。但警政主管部门更完整的业务执掌，则要参考“警政署组织条例”第 3 条的规定才能看得出来。②

“警政署组织条例”第 3 条（2005 年 11 月 30 日修正）：

本署掌理“警察法”第 5 条所列台湾地区警察业务，并办理下列事项：

1. 警察制度之厘定、职权调整、机关设置、裁并及警力调配之规划事项。

2. 警察业务之正俗、市容整理、特定营业管理及协助推行一般行政之规划、督导、协调事项。

3. 预防犯罪、协助侦查犯罪、检肃流氓及处理违反社会秩序维护法案件之规划、督导事项。

4. 警卫安全、警备治安及义勇警察、民防团队等编组、训练、运用之规划、督导事项。

5. 枪、炮、弹药、刀械之管制及自卫枪支管理之规划、督导事项。

6. 人民集会、游行许可及其秩序维持之规划、督导事项。

7. 警察教育、训练、进修、考察、心理辅导之规划、督导及警察学术研究事项。

---

① 董纯朴：《中国警察史》，吉林人民出版社 2005 年版，第 516 页。

② 梅可望：《警察学原理》，台湾警察大学出版社 1996 年版，第 73 页。

8. 户口查察之规划、督导事项。

9. 入出境与飞行境内民用航空器及其载运人员、物品安全检查之规划、督导事项。

10. 涉外治安案件处理、各国使领馆及代表机构、官员安全维护及促进国际警察合作之规划、督导事项。

11. 空袭防护、演习、防情传递、警报发放之规划、督导事项。

12. 交通安全之维护、交通秩序之整理、交通事故处理之规划、督导及交通统计、记录、通报事项。

13. 协助查缉走私、漏税、仿冒等经济犯罪及财经动态调查之规划、督导事项。

14. 警察机关设定标准之厘订、装备之规划、统筹，调配、管理及本署财产、庶务、出纳、档案事项。

15. 警察业务、勤务之督导及警察纪律之督察、考核事项。

16. 社会保防及社会治安调查之协调、规划、督导事项。

17. 警政相关规定之整理、审查、协调、编纂及宣导事项。

18. 警民联系、警察公共关系、警政宣导及警民合作组织之辅导事项。

19. 警政资讯电子处理、警察通信之规划、发展及督导事项。

20. 重大、突发、紧急案件处理及勤务之指挥、管制、督导、支援及与有关机关之联系、协调事项。

21. 其他有关警政业务之规划、督导事项。

台湾地区“警察法”第9条第1项第7款规定，警察依相关规定行使职权事项包括下列警察业务：保安、正俗、交通、卫生、消防、救灾、营业、建筑、市容整理、户口查察、外事处理等事项。这个条款一方面说明处理警察业务需依相关规定；另一方面也隐含着“职权”与“业务”是一体两面的本质，也就是行政学中的“权责相符”原则。其中，卫生、消防、救灾、建筑等如今已非台湾地区警察机关之业务，警察管理的“营业”范围也限缩许多，由此可以观察到台湾地区警察业务的历史痕迹。至于业务之实际内容，根据“警察法实施细则”第10条第1项第6款的规定，以警察组织相关规定之指掌为主。

另外，台湾地区警察业务中还有“协办业务”的概念，根据旧有“警察法实施细则”第10条第1项第6款后半段及第2条第2项的规定，警察协助其他行政机关事项符合下列三者之一：

1. 相关规定有明文规定者。

2. 其他行政机关与遇有障碍非警察协助不足以排除或因障碍而有妨害安宁秩序时。

3. 经行政相关部门同意之他种行政命令有规定者。但在1999年“行政程序法”通过之后，有关警察协办业务已可适用“行政程序法”第 19 条之规定，因此上述“警察法实施细则”中有关协办业务的部分已经被删除。不过，一般行政机关仍存在将其主管业务中干涉的取缔事项以各种方法交给警察机关的做法，这仍是当前台湾地区警察业务的问题之一。其他行政机关每每在执行其业务而须以强制力取缔时，便设法推给警察，警政主管部门或成立专责机关处理，或运用既有业务单位处理，警察核心任务与工作之运行因此受到挤压与影响。

“警察法”第 9 条第 1 项第 8 款规定，警察业务也包括其他应执行相关规定之事项。依“警察法施行细则”第 10 条第 1 项第 7 款所作解释，其他应执行相关规定之事项，指其他有关警察业务，亦即第 7 款的业务知识列举，实际业务范围还有其他。

三、警察业务的分类

依据业务性质可将警察分为：行政警察、刑事警察、政治警察、保安警察、交通警察、外事警察、专业警察等。尽管如此列出，但实际上并不能完全列举。①

与国外警察分工相比，台湾地区警察分工在逻辑上较无明显瑕疵的区分方式，将业务大致分为“行政警察”与“刑事警察”两类。广义的行政警察，即制服警察，以预防犯罪发生为主要目的，工作内容是巡逻、守望、查察、取缔、交通指挥及管理等工作；刑事警察，台湾地区以前称之为“司法”警察，负责侦查犯罪，通常着便衣。在这两大主轴下，还可以借警察组织的横向分工，再作更精细的区分。

行政警察方面，因时代与社会之演进，交通警察、外事警察、经济警察等先后设置，使行政警察之职责范围随之缩小。如前所述，从台湾地区警察实务观察，狭义行政警察的业务内容与警政主管部门行政组、“直辖市警察局”行政科、各县市警察局行政科的业务大致相当，包括娼妓管理、落实勤务、警察职权、警察勤务、警察服制、警械管制、协助一般行政的行为等。

第三节　警察业务的影响因素分析

警察业务是警察任务之具体工作项目，随着时代的发展，社会生活的不断丰富，警察业务范围和内容存在增加和减免的现象都是正常的，那么影响警察业务变革的因素有哪些？郑文竹作了如下分析。

---

① 梅可望：《警察学原理》，台湾警察大学出版社 1996 年版，第 75、76 页。

一、社会形态的转变

随着时代的发展，台湾地区的社会生活已经发生了巨大变化，如工业化的不断推进，使生活环境越来越脱离过去的形态，旧的农业社会秩序渐为新的工业社会秩序所取代；人们的生活、言行、举止作为及价值观念等意识形态也大不同于过去；台湾地区已从一个贫穷、无知、病疫、单一、封闭的社会，转化为一个富裕、知识、健康、多元、开放的社会。尤其是近几年来，有关工业升级、科技发展的方向，资本密集与精密技术工业的建立，资讯工业的开发，以及人口膨胀、都市化、生态保育与环境污染、都会区规划、消费者保护等问题和日趋工商化所引发的种种问题，正在影响着警察工作形态。例如，农业社会民众安居乐业、重礼尚义，不轻易犯罪，警察仅仅是缉捕盗贼，指导、规划民众的生活方式，实践作之君、作之亲、作之师之工作，其业务包括卫生稽查、饮食物检查、屠宰验印、协助推进民众补习教育等；进入工商业社会后，社会弥漫着一股短利激进作风，赌博、色情、欺诈、帮会及组织等犯罪层出不穷，伴随着民主自由、环保意识盛行，人权理念高涨，而形成诸种犯罪形态与运动，使警察改变形态及内容，以求适应，如枪炮弹药管制、流氓检肃、稽查走私、玩具枪查禁、集会游行维护等。

二、政治制度的发展

警察是政治的产物，在不同的时期需要满足不同的政治需求。政治是国家意志的体现，所显现的是透过各种制度来表达其行为功效，因而是可预期的，政治制度的发展也会影响警察业务。

三、警察角色的调试

警察工作包罗万象，有针对犯罪的抗制工作，也有与犯罪无关的服务工作，警察人员在这些角色上的扮演，并非自由决定，而是在整个社会、社区互动下演变而来的产物，因此，不同的政体、法律体系、政府政策、利益团体、社区特性等，都会影响警察的角色定位。

随着警察机关组织与外部环境的互动，社区特征、治安环境等对警察角色的期望不一，警察机关当然也要调整本身的角色定位，才能符合组织目标及民众要求，诚如当代政治学者派克（Michael S. Pike）所说：当警察在执行公权力或强制力时，其衡量之标准，即此种公权力之执行，是否符合多数人民之共识与认同，这也是民主制度的可贵之处。[①] 因此，警察角色的调整，是

---

① 刘京定等：《现代警察的起源、警政模式及角色争议》，载《警察行政学概论》，台湾三民书局 1996 年版，第 31 页。

在适应社区民众的期望，或两者相辅相成，当然也会随之影响警察业务。

关于警察的“刚”“柔”并济角色观：[①] 警察在社会中被民众期待表现出来的活动或行为，就是警察的社会角色。换句话说，就是警察的工作本质。

根据台湾地区“警察法”第 2 条的规定：警察的任务为依法维持公共秩序，保护社会安全，防止一切危害，促进人民福利。足见警察行为的目的在于以上四项。为了完成这四项任务，均必须在相关规定规范内行使。

警察是政府组织的一环。一方面，必须依法行政，实施各项干涉、管理、取缔的社会秩序与社会安全的维护工作；另一方面，又得柔性服务民众，为社会大众谋得福利。可以看出，干涉、管理、取缔与柔性服务有其极端差异性的存在，前者具有侵略性与惩罚性，而后者是软性与温和，警察时刻都在扮演这两种互相冲突的角色，缺失难为，但不可否认，警察必定要伸张社会正义，保护社会安全，而且这也是警察无可推卸的责任。

四、执行政府政策

政策是执行行动的指引，它是一个人、团体或政府在固定的环境中，所拟定的一种行动计划。[②] 政府政策是政府执行行动所拟定的一个行动计划。对于社会从事权威性的行为，应该只有政策才能代表。

政府决定政府政策，往往对社会有权威性价值分配，而使短视民众、利益团体无利可图，或反对团体为反对而反对，从中作梗，妨害进度进行时，警察就要增加业务，或反客为主，广纳为自己的业务，维护政策达成的既定目标。

五、职务协助的配合

职务协助，系就警察协助一般行政机关推行一般行政而言，有关规定如台湾地区“警察法实施细则”第 2 条第 2 款之所谓辅助任务，及同细则第 10 条第 1 项第 6 款，“但协助其他行政事项，除另有规定及本细则第二条第二项之限度外，应以经内政部同意之他种行政命令有规定者为限”。综合这两个规定可知，警察协助其他行政机关之情形有三：其一，相关规定中有特别规定者；其二，经相关部门同意之他种行政命令有规定者；其三，于一般行政机关推行一般行政，遇有障碍，非警察协助不足以排除，或因障碍而有妨害安宁秩序者。

职务协助方法及形态极多，可略分为职务协助行为不发生外部效果及发

---

① 黄沛婕：《警察学》，台湾志光教育文化出版社 2007 年版，第 8 页。

② 林水波、张世贤：《公共政策》，台湾五南图书出版股份有限公司 1987 年版，第 8 页。

生外部效果两类。前者，如消息传送、档案文件寄送、办公厅舍人员提供，鉴定报告供给、参与关系人听证程序或担任鉴定人等，此常发生于一般行政机关之间。后者，如协助行政强制执行或其他干预性质之处分，为警察职务协助中之特殊形态。[①] 有学者将警察职务协助分为：预防性、侦察性、防卫社会安全之处分、司法行政。[②]

第四节 警察业务之未来走向

"凡事预则立，不预则废。"对于警察业务，如何让其提供前瞻性、整体性、规划性、可行性及必要性之原理原则，将作为警察机关未来遵循的方向。对此，郑文竹有以下观点。

一、加强实证研究

警察机关从1978年起，为促进警政现代化，分三个阶段实施改进警政的方案，警政革新有计划、有成效地在进展着。台湾地区的警政革新在加强研究发展的策略上，除应强化警政主管部门各组的业务研究功能之外，亦应落实警政主管部门企划委员会之组织与业务进度。另外，亦应成立县市警察局研究发展单位，或鼓励成立研究基金或协会，以补企划委员会之不足。只有这样，警察业务才能适应时代的需求。

二、加强警察专业化

美国警政专家沃尔默和威尔逊努力建立的专业警察模式如下：[③]

1. 警察权力——来自法律，以确保警察中立。

2. 警察功能——将范围广阔的警察社会服务角色，缩减至犯罪控制之功能地位，致使警察业务大量减少。

3. 组织设计——以科层体制的集权方式，整合组织之资源、情报或训练机构。

4. 服务形态——担任专业抗制犯罪的角色。

5. 环境之关联性——为了防止警察人员贪污、腐化，及发展专业素养，而孤立及疏远外在民众之接触。

---

① 李震山：《论警察协助一般行政机关推行一般行政》，载《警察业刊》1990年第1期，第4页。

② 许文艺：《警察职务协助类型之研究》，载《警察业刊》1990年第4期，第5~15页。

③ 蒋基萍：《论警察专业化，警察学专题研究》，台湾好泉企业有限公司1985年版，第68、99页。

6. 技术、科技方面——以汽车巡逻代替步巡，并强调快速报案、弹性反应，以处理民众报案。

7. 工作评估——以犯罪控制的效果作为治安好坏的标准，并以此评定警察之工作表现。

除此，美国传统的价值观念、科技的发明及应用、科学实证的理论等，也使警察专业化的过程更为顺利，并走向专业性服务如维护治安与交通工作。

上述警察专业化的模式，是发挥警察功能、减少警察业务的努力途径。

三、警察职务协助的规范

职务协助是在行政机关各有职司之前提下，但彼此之间又有互相支援必要而形成的，因此，明确职务协助规范，可以调和行政权之分工与统合两个对立之现象，亦可弥补组织规定不能适应社会变迁之疏漏。

除有特别规定，或相关部门同意的其他种行政命令另有规定者外，职务协助应合乎被动性、临时性与辅助性等原则，如此才能消极制约治安权力的过度扩张与滥用，进而积极督促一般行政机关增加执行力，避免因过度依赖警察执行协助之现状持续不断，使警察不好的行政形态复现，有损警察形象。另外，相关规定制定机关在制定相关规定、赋予警察职务协助之任务前，应确认警察任务之本质在于保障人权与维护治安，不得因图行政效率一时之便，逾越规定的范围，经以立法手段赋予警察协助义务，而影响警察执行本质任务之能力，并紊乱警察机关与一般行政机关间任务、职务及管辖权之界限。①

因此，警察职务协助之规范在于：

1.“执行协助”单独规定。

2. 职务协助为“被动性”特质，明订于条文中。

3. 明定警察拒绝职务协助之要件，应明确化。

4. 确定职务协助行为之责任归属与救济。

5. 考虑将职务协助之条文提升至一定位置。

四、适时检讨协办业务，建议移交

警察协办业务繁多且复杂是不争的事实，早期警察机关凡事都“管”，行政机关不能离开警察而单独行使较具有干涉、强制性职权的潜在意识情节，随着政府行政日益复杂，以及组织日益庞大，其应自由担当，不要再寻求警察机关协助，让警察做好自己的主要业务——治安工作，才是社会之幸。

行政机关如果能独立自主，不需要警察协助，则原本存在的警察机关的

① 李震山：《论警察协助一般行政机关推行一般行政》，载《警察业刊》1990 年第 1 期，第 9 页。

协办业务便可进一步检讨并适时移交，或者不合时代需求之协办业务，也可检讨移交。从历次精简警察业务之过程来看，最常用的模式是透过警察机关与一般行政机关之协调方式，而协调功能之彰显与否，又常因警政首长之能力而定，此种“人治”色彩浓厚的做法，在当前民主法治社会之行政运作并非上策。如何将警察协助业务透过制度化或法治化，以作为日后精简之标准，乃是当前警察职务协助规划之主要课题。

五、因应业务需要，培训专业人员

精简警察业务是未来的走向，随着时代的变迁，社会环境会发生难以想象的治安问题，或因新科技的发明与使用带来治安的冲击，如现存的电信干扰、电脑网络犯罪、经济犯罪等，层出不穷的犯罪形态扰乱着当今社会，并考验着警察维护治安的能力。

为适应阶段性治安的需要，警察机关除妥善规划业务外，也要聘请专家学者培训警察人员，来处理科技、文明带来的治安问题。

在警政政策上，必须以民意的取向为依据，并且坚守为民服务、行政中立等原则，使警察的公共政策符合最大多数人的需要。另外，警察人员的执行观念，要讲求“效果”之企图心，即在执行技巧与执行态度上都要讲究，以期建立警察新形象及增进警民关系。

六、结语

警察业务是警察机关为达成警察任务所为的具体工作项目，由于这些项目的规定与规划，使警察机关与警察人员有策略、有目标可依循，不致迷失了方向，在时代进展过程中，警察业务因社会环境的变化等因素，有增加或减免，增减部分有主办业务，也有协办业务。警察机关好比一辆时代列车，在既有的轨道上行驶，进站、出站，停停靠靠；有上车的旅客，也有下车的旅客，有满怀理想的旅客，也有茫然不知所踪的稚子……不过，由于业务增进项目太多，以致影响了本身治安勤务的进行，这是必须正视的问题。因此精简警察业务、回归警察机关的主要业务——维护治安、交通，是未来的走向，其他阶段性、协办性业务，随着社会环境、政治制度的变化，应立即检讨，主动沟通协调，移交给有关单位，才能充分发挥警察功效。

第二十章　警察权

第一节　警察权的概念

一、警察权的含义

台湾警察大学行政警察学系教授洪文玲认为：国家为维持社会安宁秩序，有时得对人民行使命令强制之权力，即为警察权。从这个简单的界定可以看出警察权的几个要素：

1. 警察权为国家所享有，属于治权（统治权）的一种。
2. 警察权的行使有其特殊目的，即维持社会安宁秩序。
3. 警察权对人民有命令强制的效果，人民不得抗拒。
4. 为达到警察目的不一定要行使警察权，在有必要时才可行使。[①]

洪文玲教授所概括的这个警察权的含义虽然在一开始就指出了警察权行使的目的是维持社会安宁秩序，但是仅仅为了这一个目的不免有失全面。根据台湾地区“警察法”所确定的警察四大基本任务：维持社会公共秩序、保护社会安全、防止一切危害、促进公民福利，所以在这里叙述警察权行使目的的时候有必要描述得更加全面一些。除此之外，洪文玲教授的这个警察权含义指明了警察权的来源是统治权的一种，以及警察权的几个最主要的特点：强制性、特殊性。

除此之外，邱华君教授在《警察学通论》中也给出了自己的关于警察权的含义。他认为：警察权是基于国家一般统治权，为达警察的目的之必要，以命令或强制方式而发动的权利作用。包括以下几个要素：

1. 警察权者，基于国家一般统治权力作用。
2. 警察权者，为达警察的目的之必要而发动的权力作用。
3. 警察权者，以命令或强制之方式而发动之权力作用。
4. 警察权行使的效果具有法定效力。

---

① 梅可望、陈明传、李涌清、朱金池、章光明、洪文玲：《警察学》，台湾警察大学出版社 2010 年版，第 97 页。

5. 警察权行使之客体不限于人民，而行使时依需要而斟酌。[1]

这一警察权的概念与洪文玲教授的相比较，有一个很大的突破就是将警察权上升到了法律的层面，赋予了警察权法律的效力。然而，对警察权的行使目的一条却略显空洞。根据梅可望教授等人编著的《警察学》一书中的描述，警察权深受政治、经济、警察制度、法律派系等因素的影响，具有空间差异性。基于台湾地区的警察制度和政治制度、法律派系等因素，以上两条关于警察权的概念在总体上把握得还是比较一致的。

二、警察权与警察职权概念的比较

警察权（Police Power）的原本含义是指“国家为维持公共安全与秩序，对人民行使命令强制的权力”。第二次世界大战以后，警察权的分散化运动相对形成了“警察职权”的概念，专指依据法律规定警察机关行使的权力。

邱华君在《警察学通论》一书中将警察权与警察职权的区别概括为：

警察权出于政治原则，其所肯定的，警察职权不宜否定。警察职权依据政府法令，其所肯定的，警察权可以否定之。也就是说，警察权包括警察职权，而警察职权却未能包括警察权。

1. 在意义方面，警察权是基于国家统治权为维护社会秩序与保护人民生活之安全为目的，所行使命令强制力量；警察职权是警察机关与警察人员基于执行（行政）权而行使之权力。

2. 就行使机关而言，警察权是所有行政机关，警察职权是警察机关。

3. 范围而言，前者最广，后者依法令规定。

4. 就表现形态而言，前者政治意义较重，后者法律意义较重。

5. 就行使权力的本质而言，前者为政府对人民的命令强制行政作用，后者为依据法令对人民的命令强制行政作用。

6. 就行使目的而言，前者为维护社会安宁和保护公共利益，后者为达成警察任务。[2]

我国大陆警察学学者认为，警察权分为广义的警察权和狭义的警察权，在某种意义上，狭义的警察权即警察职权。具体理解如下：

（一）警察权与警察职权的概念

1. 广义的警察权。

在我国，警察权一般是指国家有关警察活动的一种权力，它属于国家基本权力的组成部分，包括国家关于警察工作的立法权、决策权和执行权。另有学者认为广义的警察权是指国家警察机关的一切权力，包括履行警察刑事

---

① 邱华君：《警察学通论》，台湾编译馆 1991 年版，第 231、232 页。

② 邱华君：《警察学通论》，台湾编译馆 1991 年版，第 233 页。

职能和行政职能中所运用的一切权力。[1] 抑或者，警察权是指国家赋予公安机关、国家安全机关、监狱、劳动教养管理机关的人民警察和人民法院、人民检察院的司法警察的一切权力，包括履行警察刑事职能和行政管理职能时所运用的一切权力。[2]

权力的内容和表现形式是由国家性质和国情决定的。在英美国家中，警察权的概念被定义为：警察权（Police Power，又称治安权）是指在一个主权国家所享有的，为维护公共安全、公共利益、公共卫生、公德和社会正义，由法律规定的内在和绝对的权力。它是政府所必需的一项基本权力，不能为立法机关所放弃或从政府中转移。[3] 或者是，警察权属于国家的基本权（或称固有权）中的自卫权和管辖权，又属于一般的统治权和管理权。[4]

2. 狭义的警察权。

关于狭义的警察权主要有以下几种观点：

（1）狭义的警察权是指由国家宪法、法律赋予警察机关及其警察人员执行警察法律规范、实施警务活动所拥有的权力。我们通常所说的警察权，是指狭义的警察权。[5]

（2）所谓警察权，是指由国家宪法、法律赋予警察机关执行警察法规范、实施警务活动的权力。警察权源于国家的赋予，是国家权力的组成部分和分设形态，是警察机关依法取得并依法在警务活动中实施的权力。[6]

（3）狭义的警察权是指法律赋予警察机关及其警察人员实行警务活动时拥有的权力。通常所说的警察权是狭义的警察权。这种狭义的警察权是一种抽象的国家权力。但在现实生活中，警察权是以具体形态存在的，它的行使往往由具体的警察机关来落实，这种被配置到警察机关的权力就是所谓的警察职权。[7]

综合上述各种观点，警察权作为国家权力的重要组成部分，是由宪法和法律所赋予的，用于打击各种违法犯罪行为，维护社会安全和公共秩序，由

---

① 高文英：《我国社会转型期的警察权配置问题研究》，群众出版社 2012 年版，第 20 页。

② 胡平、刘秀琼：《中国警察权思辨》，载《上海公安高等专科学校学报》2002 年第 6 期，第 58 页。

③ 安徽省合肥市公安局包河分局课题组：《论我国警察权行使的法律规制》，载《第二届中国警学论坛文集》2011 年版，第 874 页。

④ 王屏：《论警察权的本质》，载《湖北警官学院学报》2006 年第 4 期，第 70 页。

⑤ 李锋：《构建我国有限警察权的困境及对策》，载《江苏经管学院学报》2011 年第 2 期，第 146 页。

⑥ 惠生武：《警察法论纲》，中国政法大学出版社 2000 年版，第 127、128 页。

⑦ 王屏：《论警察权的本质》，载《湖北警官学院学报》2006 年第 4 期，第 70 页。

警察机构在警务活动中所行使的各项权力的总称。其内涵具体应包括以下几部分：①属于国家权力的一种。由于警察机构是国家暴力机器的组成部分，是强制性的国家权力，因而警察自诞生之日起就被深深地烙上了政治工具的烙印。②从历史发展来看，警察权具有动态性，是一个不断发展演进的过程。在不同的历史时期和不同的国家地区，警察权的大小和具体形式存在差别。例如，大陆派国家警察的权力大于海洋派国家。③从法律方面来看，警察机关是法律的执行机构，是法律的实施者和捍卫者。警察的权力是由法律规定的，这就决定了警察权力来源的合法性和正当性，同时也决定了警察权不是可以随意变更的，在一定的时期内具有稳定性和持续性。

（二）警察权与警察职权的关系

厘清警察权与警察职权二者的关系，首先应当确定警察职权的概念。台湾地区学者古奠基认为：警察职权为国家所赋予，由法律加以规定，警察机关与警察人员在法律规定范围内，依法定的程序，行使其职权，则其行使职权之作为即为对外所为公法的意思表示，并发生公法上的效果。[①] 我国大陆学者张兆端认为，警察权具体到某个警察职位上则称之为警察职权。[②] 综合以上观点，可以认为公安机关及其人民警察正确履行工作职责，需要国家以法律法规的形式予以明确，具体到不同的岗位和部门，就是警察职权。也就是说，警察职权是国家警察权法律转化形式，是警察机关实施国家警察行政事务管理活动的资格及权能。[③]

警察权与警察职权既有区别又有联系，不能简单地认为警察职权就是警察权。对于二者的关系，一方面警察权与警察职权来源相同，共同服务于国家和人民，完成国家赋予警察的任务。国家通过立法的方式设定了警察权，并规定了警察职权的具体内容以维护国家统治。另一方面，职权是职责与权力的有机统一，承担一定的职责，必须赋予相应的权力作为保障，有责无权只会导致权责尽失。警察职权来源于警察权，是警察权的具体化。警察权作为抽象、原则上的国家权力，只有通过明确具体的任务和职能转化为部门职权，才能体现为现实意义上的警察权。

三、警察权行使的依据

从权力来源来看，以前对警察权力的理解强调警察权源自国家统治权，

---

① 张洪波：《警察职权的范式构建》，载《江苏公安专科学校学报》2001 年第 6 期，第 122 页。

② 张兆端：《警察哲学——哲学视阈中的警察学原理》（第二版），中国人民公安大学出版社 2010 年版，第 253 页。

③ 王缨军、付俊华：《浅论警察权与警察职权》，载《铁道警官高等专科学校学报》2002 年第 51 期，第 80 页。

自18世纪以来，法律大多用“概括条款”的方式授权警察机关行使警察权。例如，1974年《普鲁士法典》第2章第17节第10条规定：“为维持公共安宁、安全和秩序，排除对公共团体或其成员造成之危险而采取必要措施，乃警察之职务。”不过，因为概括条款的不明确性和欠缺可预测性，该方式频受批评。

在传统专制集权国家中，警察权的基础是为国家实施统治权而服务。通过对警察授予一般性、包括性的授权，来肃清异己从而达到巩固政权的目的。然而，在当前的民主法治国家中，警察权力的基础直接源自宪法以及依据宪法而指定的法律（包括行政命令、规定、地方法规等）。

当国家发展进入法制时期之后，国家权力来自法律的赋予，其行使方式、对象、范围都受到法律规定的约束。近年来，立法者归纳警察常用的权力行使方式并将它们类型化，每一种行为都有与其相对应的个别条文，规定其发动要件、应遵循的程序以及对不法行为的约束。

警察权的行使依据分为以下几条：①

1. 宪法。

宪法为规定国家之基本组织、人民之权利义务及基本国家之根本大法。故而宪法自然是警察权行使的依据。

2. 法律。

法：属全国性、一般原则性、基本性或长期性事项之规定者，如民法、刑法、警察法。律：属于战时军律。条例：属于地区性、专门性、特别性或临时事项之规定。通则：属于同一类事项共同适用之原则或组织之规定。

凡法律有明文规定者，均是警察权行使的依据。

3. 命令。

命令依据通说可分为职务命令与法规命令。所谓命令指法规命令，依性质可分为委任命令、执行命令、紧急命令三种。

委任命令：行政机关依据法律的特别委任，而制定之命令。所谓法律的特别委任，指法律就特定事项，不自规定，而委任命令规定之情形，此时委任命令指法律所未规定之事项，加以补充，故也称补充命令。

执行命令：指行政机关由于执行法律之必要，辅助法律的实施而指定的命令，其内容在于执行法律的必要程序及细节，属于补充法律的缺漏，亦有法律条文规定由某机关定之。

紧急命令：即国家遇有紧急事变必须为极速处分，而国会又在闭会期间内，由国家元首发布紧急命令，以代替法律。

---

① 邱华君：《警察学通论》，台湾编译馆1991年版。

凡是警察机关基于法律授权或依法定职权所定的规章或行政命令，均是警察权行使的依据。

4. 法之解释。

阐释法律条文之疑义、补充法令之不足，依据法律制定目的推陈出新，以适应社会需要之作用。

5. 国际法。

国际法是国际社会共同遵守的规则。由于它对国际社会具有约束力，所以从广义上解释，它是一种法律，因此，警察权的行使必须遵守国际法的规定。

6. 条约。

条约是国与国相互同意订定的章则条文，其内容是规定彼此间某些权利义务的法律关系。①

另有将警察权的行使依据分为成文法和不成文法两种。②

（一）成文法

1. 宪法。

宪法规定人民权利义务及国家机关的权力分配。警察权属于限制人民自由权力的国家活动，须符合宪法之要求，如有滥用，则应负宪法的国家责任。此外，中央与地方警察权限划分则受宪法之制约。

2. 法律。

指立法机关通过的法律，是警察权主要的依据。

3. 命令。

警察机关依法律明确授权制定的法规命令，或本于职权订颁的行政规则，都是填补不足之一般抽象性规范。

4. 自治规章。

指依据地方制度法，由地方立法机关制定的自治条例及行政机关制定的自治规则，在自治区域内，规范居民的权利义务。

（二）不成文法

除成文法外，警察权的发动尚应遵守行政法的一般法律原则。主要有：

1. 法治国原则。

指以实质的法律治理国家，国家的行为须受法律的约束，国家权力的行使必须以形式上及实质上都合宪的法律为依据。

---

① 邱华君：《警察学通论》，台湾编译馆 1991 年版，第 237~243 页。

② 参见梅可望教授等人主编的《警察学》。

2. 依法行政原则。

（1）法律优位原则，指行政行为不可违反法律规定（又称消极的依法行政）。

（2）法律保留原则，指行政行为应有法的依据。行政机关限制人民自由权利，应有法律依据。

3. 行政法一般法律原则。

（1）正当法律程序原则。美国要求行政机关在作出行政决定之前必须经过下列法定程序：

A. 偏见排除原则：其意义为任何人不得为自己案件的裁判官。

B. 公正的告知。

C. 理由的说明。

D. 陈述意见期间或听证。

台湾地区并无类似于美国宪法的“正当法律程序”，其以示例方式阐述内涵，如作出处分应经机关内部组成立场公正的委员会决议、处分前并应给予受处分人陈述及申辩机会、处分书应附记理由，并表明救济方法、救济期间及受理机关等（可供参考）。

（2）处罚法定原则。警察机关对人民行为的处罚，须以行为时法律有明文规定者为限。故禁止溯及既往、禁止类推解释。

（3）明确性原则与授权明确性原则。法律的核心内容，包括法律的构成要件与法律效果必须合乎明确性原则。其目的在于使人民对该干预性法律有可预见性及可信赖性，并使执法者有法律适用的一致性，而形成法的安定性。

行政机关在从事行政活动时，须有法律的依据或法律的授权，始得为之。法律若授权行政机关以命令为补充的规定者，其授权之目的、内容及范围均应具体明确，此所谓授权明确性原则。

（4）平等原则。警察行使职权，应符合相同的事件应为相同之处理，不同的事件则应为不同的处理，除有合理正当之事由外，不得为差别待遇。因此，对于过失违法者或轻微违法者有不同的处理方式。

（5）比例原则。又称禁止过当原则。为大陆法系国家宪法的法律原则，拘束立法、行政与司法权的运作。

其内涵是行政行为依下列原则为之：采取的方法应有助于目的的达成（适当性原则）；有多种同样能达成目的的方法时，应选择对人民权益伤害最小者（伤害最小原则或必要性原则）；采取的方法所造成的伤害不得与达成目的的利益显失均衡（狭义比例原则或均衡原则）。

（6）诚信原则。警察职权之行使，应讲求诚实信用，不得使用诈欺骗术，破坏政府的威信，损害人民对警察的信任。故警察使用陷害教唆等诈欺方式取得的证据，不具有证据能力。

(7) 不当连接禁止原则。警察机关为追求特定之行政目的，得采取课予人民一定之义务、负担之手段，唯该手段与所追求的目的间，须具有实质的内在联系或合理正当的连接关系（如游行批准，附带卫生清理要求，不能要求捐款）。①

四、警察权的裁量

警察权须以法规为依据，但成文法势难包罗无遗，故法律在某种程度内，得许警察自由裁量，为避免警察权的滥用或误用，需有一种警察职权运用的原则，作为警察权行使的界限（国家在如何的限度内自由行使警察权）。② 邱华君将警察权裁量应遵循的原则概括如下：

（一）警察责任的原则

警察权的行使，仅及于对发生警察责任者。所谓警察责任，乃指对违反警察义务而应负其责任之谓，对于不负警察责任者，除于有紧急之必要为法规所特别认许者外（如消防上的警察紧急权），不得发动警察权。

刑法以个人之理论的价值为判断，警察乃以个人之社会的外面表现为判断，客观的有警察违反的状态时，即得加以制裁。故此状态能对于其人的生活范围发生时，不问基于其故意或过失与否。亦不问其为自然人或法人，均应负警察责任。所谓其人的生活范围，乃指其所支配之人动物及物的全体，本人固不待论，其子女、家属、被监护者，使用人其家畜与其他所有或占有一切之物，均包括在内。因此，对于自己生活范围内之第三者，亦负其责。

1. 包括对于人的责任：对于有法定支配他人行为者，对其受支配者，发生违反警察义务者，亦应负责警察责任。

2. 对于物的责任：物之所有人，对于所有之物亦负有警察责任，如依"道路交通管理处罚条例"第30条第1项第1款之规定，汽车装载货物渗漏、飞散或气味恶臭能防止其泄露而不能防止者是。

3. 对于动物之责任：动物之饲主对于其所饲养之动物亦负有警察之责任，如依社会秩序维护法之规定，于道路溜饮牲畜，或疏于牵系，妨碍交通者是。

（二）警察公共的原则

警察依法维持社会秩序，以保护社会安全、防止一切危害为主要任务，对于不直接影响公共安全者，都以不加干涉为原则，可分下列两种情形：

1. 私生活自由的原则。凡是人民的私生活若不加妨碍公序良俗或公共安全者，警察都不加干涉，如在家宅内裸露身体者。但个人的私生活或活动已

---

① 梅可望、陈明传、李涌清、朱金池、章光明、洪文玲：《警察学》，台湾警察大学出版社2010年版，第109~116页。

② 邱华君：《警察学通论》，台湾编译馆1991年版，第273~279页。

足以影响公序良俗或公共安全，则仍需依法行使警察权，如上例其个人于道路、公共场所，或公众得出入之场所，任意裸体，或为放荡之姿势者，即可以“违警罚法”（现已废除）加以处罚。

2. 不干涉民事法律关系的原则。警察的法律行为，系以公法行为为主，因此，对于单纯民事上的法律关系，如对于契约的不履行或财（遗）产的继承等，均受司法权的保护，非警察所得干涉。但若出于双方当事人的自动请求居间调停，为民排难解纷，则亦非所禁止。往例有极少数警察人员对此原则不甚了解，认为警察以不干涉民事法律关系为原则，致使对民众有关民事法律系请求调解以此搪塞、拒绝，殊不知有悖此原则之立意，更违为民服务之要旨。

（三）警察比例的原则

比例原则体现在如下三个方面：警察唯为除去维持社会公共秩序上不容许的妨碍，或发生妨碍的直接危险，而且于为此所必要的最小限度，得限制个人的自由。也就是说，警察权发动的条件及其形态，与其应被除去之危害的对比，在一般社会见解中，应为可容许的程度，是谓警察比例原则，可分两点说明。

1. 警察权的发动条件，即采取的手段与目的要成比例，不能为达成小小的目的而使用激烈的手段，使人民所受迫害所得应成比例，所谓杀鸡焉用牛刀，“打小鸟不要轰大炮”。应兼顾社会公益与人民权益之维护，以适当之方法为之。

2. 警察权发动须为“必要”程度，如果超过“必要”的程度，则为法令所不许。例如，“警械使用条例”中有规定：警察人员使用警械，应基于急迫需要，不得逾越必要程度，并应事先警告，但因情况危急不及事先警告者，不在此限。

（四）警察目的的原则

警察的目的即在维护公共秩序，保护社会安全，防止一切危害，促进人民福利，如果与警察目的无关者，自毋庸行使警察权。今日警察的目的已随着福利国思想，由消极的禁止和干涉，渐渐扩张到积极地为社会服务与谋福利，因此警察权行使的场合亦有渐增的趋势。

（五）警察平等的原则

法律之前人人平等，不得有所偏颇，此为警察平等之原则。

（六）警察时间的原则

时间可区分为过去、现在与未来三者，警察为维持现在的公共秩序社会安全而存在，故警察权的行使，仅限于维持公共之现在的必要场合。维持现在的公安，固能影响于未来，但除法律有特别规定外，不能对于未来仅凭臆想而为维持，而对于过去，已成陈迹，更无回忆之必要。此即警察时间的原则。

（七）直接原因的原则

警察权的行使必须以有“直接”危害到公序良俗或公共安全者为限，不能对“间接”之因素加以行使，否则人民自由权利受拘束的范围可能扩至无穷。例如，某电影院所放映的电影很卖座，影迷购票者大排长龙影响到交通秩序，警察人员只能维持购票者的秩序以免妨害交通，不得下令该电影院停止放映。

（八）警察标准的原则

此系以防止人为危害为目的的必要上所加的界限，欲判定其是否对于社会公益发生危害，应以普通之社会人为标准。换言之，就是以普通人的行为能力作为判定的标准，即以普通人的行为标准而定危害发生之有无，如欲判定有无公然猥亵行为，应以一般人之观念行为标准为准，而不宜以操贱业者之观念行为标准为准。

（九）违法遇阻的原则

所谓“违法遇阻”即行为之外形，具备刑事法规所规定之犯罪构成要件，但因另有法律上的原因，而不认为其为违法者，学理上又称之为“排除违法之事由”。就台湾地区而言，违法阻却原因之行为，理论上大致分为两类：一为正当行为（又称权利行为），二为紧急行为（又称放任行为）。前者即基于相关规定所赋予之权利，而为阻却违法之原因，如依相关规定之行为（“刑法”第21条第1页），依所属上级公务员命令之行为（“刑法”第21条第2页），业务上之正当行为（“刑法”第20条）、正当防卫行为（“刑法”第23条）；后者即相关规定容许个人为排除侵害之行为，而为阻却违法之原因，如紧急避难行为（“刑法”第24条）。梅可望教授关于警察权裁量这一专题研究得更为仔细与全面。他将警察权裁量分成警察裁量的意义与运用、警察裁量的因素与监督两个方面来阐释。

1. 警察裁量的意义与运用。

警察裁量的意义：民主法治国家警察的权力来自法律的授予，然而因为立法能力的有限性，为了法律有弹性，能适应社会现实妥善处理个案，于是创造出“裁量”这种机制。

警察裁量的运用：警察机关在法律授权范围内，根据自己的意志和判断作决定的过程，称为警察裁量。裁量可分为决定裁量和选择裁量。裁量规定之模式有三种，即赋予决定裁量而无选择裁量、赋予选择裁量而无决定裁量、同时赋予两种裁量。

2. 影响警察裁量的因素与监督。

影响警察裁量的因素包括警察人员的认知与心态和警察组织或首长的要求。①

（1）警察人员的认知心态。例如，警察的选择性执法，不同的人由于不同的认知心态，选择重点不一样。

（2）警察组织或首长的要求。警察有三种行为风格（观察型、依法处理型、服务型），以何种风格为主取决于机关首长的偏好与要求。

对于警察裁量权的监督有：

（1）法的监督。基于法治原则，行政裁量权之行使不是行政的特权，并非毫无界限，而须受法的制约，不能为所欲为。台湾地区“行政程序法”第10条规定行政裁量的义务，警察裁量亦有其适用。不得违背相关规定授权之目的或超越授权之范围，或违背比例原则、平等原则等任一原则，是为合义务之裁量。违反裁量义务的，属裁量瑕疵。

裁量瑕疵分三种情形：

一是裁量逾越：指行政机关所选定之“法律”效果超越“法律”授权之裁量范围。

二是裁量怠惰：指行政机关怠于行使“法律”赋予之裁量权。其原因可能是因过失而不知有裁量权存在，或故意而不行使裁量权。

三是裁量滥用：指行政机关作成裁量处分，抵触“法律”授权之目的，或漏未审酌之观点，或掺杂与授权意旨不相关之因素或动机等。

（2）上级监督。来自警察机关内部官僚体系的监督，包括上级机关透过诉讼救济程序对警察权行使进行的监督，以及本机关首长、单位主管、督查或政风系统的监督。

（3）民意监督。包括民意机关与媒体舆论的监督。②

第二节　警察权的行使

一、行使警察权的方式

警察机关或警察为了完成法定任务，要采取多种类型的行为方式，这些行为方式可以分为：①行政警察活动：包括意思表示的决定和公权力措施。前者有警察命令、警察处分等，后者有身份证查询、治安资料收集、监视措

---

① 梅可望、陈明传、李涌清、朱金池、章光明、洪文玲：《警察学》，台湾警察大学出版社2010年版，第113~117页。

② 梅可望、陈明传、李涌清、朱金池、章光明、洪文玲：《警察学》，台湾警察大学出版社2010年版，第117~120页。

施、通知、即时强制、使用警械等。②司法警察活动：包括布线、侦查跟踪、监视、约谈等各种犯罪调查行为，以及协助检察官侦查犯罪，执行搜索、扣押、传唤、逮捕等刑事上的保全犯罪证据的强制性行为。梅可望在《警察学》一书中将警察权行使方式作了如下分类。

1. 行政警察行为。

（1）事实行为，指行政主体直接发生事实上效果之行为。大体上分为四类：

一是内部行为：如警察值班、处理公文。

二是认知表示：如函复人民陈情案件、说明事实或叙述理由。

三是实施行为：如执行罚金催缴。

四是强制措施：各种公权力措施，如拦停、查证身份。

（2）“法效”行为，即意思决定行为，如制定颁布警察命令、作出警察处分、缔结行政契约等。

2. “司法”警察行为。

为辅助“司法机关”实现刑罚权，协助检察机关侦查犯罪，依据“刑事诉讼法”及“调度司法警察条例”，包括犯罪调查行为和协助侦查犯罪行为。

（1）犯罪调查行为，指执行基于犯罪调查目的的跟踪、监听、约谈、询问、讯问、封锁犯罪现场、及时勘查等行为。

（2）协助侦查犯罪行为，指执行搜索、扣押、拘提、逮捕等刑事上保全犯罪证据之强制行为。①

这种分类法有条理地把警察行为归结为两种，让人一目了然，除此之外，也对警察权的行使方式作了更为详细的解读。他认为：警察依相关规定行使职权，担任“司法”警察，协助侦查犯罪与执行搜索（警察权行使的形态或警察运用形式）。②

警察行为乃警察机关基于警察行政权，对于所为公之意思表示而发生公法上效果之活动。包括以下方式：

1. 警察命令。警察命令属于行政命令，所谓命令乃指凡不经相关部门完成规定制定程序，而由各机关依其职权或基于相关规定授权，制定具有强制力量之公法上的意思表示。简言之，指警察机关所订之规章。

2. 警察处分。指警察机关基于职权就具体事件，所为公法上单方的意思表示，依其意思表示，而发生“法律”效果之谓。其成立要件包括：

---

① 梅可望、陈明传、李涌清、朱金池、章光明、洪文玲：《警察学》，台湾警察大学出版社 2010 年版，第 123~130 页。

② 邱华君：《警察学通论》，台湾编译馆 1991 年版。

（1）实质要件。①处分须有处分及权限。为警察处分的警察机关，须有公法上的能力，并须属于权限内的事项。所谓警察机关须有公法上的能力，是指须有合法的组织与健全的意思，人员须经合法任用；所谓属于权限内的事项，指在事物的种类、管辖区域、权利行为客体，均属于其权限内之事项。②处分的内容须适法，且非不明或不能之事项。

（2）形式要件。警察处分须有由外部足以认识其内容的表现形式，因此警察处分的成立，必须具备一定的形式。

3. 警察强制。警察强制，包括警察强制执行（及行为或不行为义务之执行）及警察即时强制两类，其意义是指警察机关或警察人员，为达警察上之目的，依据相关规定的警察处分赋予人民的一定作为、不作为或忍受义务，而当其违反义务时，对其身体或财产，以自力强制手段促其履行；或依法于紧急必要时，以非常的措施排除其抗拒，而实现警察必要状态之行为。应注意以下几点：①警察的强制执行有间接强制处分及直接强制处分。②警察的即时强制，乃基于警察权的作用，对于人民的身体或财产经加以实力的拘束或侵害，以实现警察行政目的所必要的特定状态。③警察紧急权的即时强制，以止于必要的最小限度为原则。

4. 警察罚。指为维持社会公共秩序，对人民课以警察义务，于其违反义务时，对之所加以制裁。其处罚应具备以下要件：

（1）警察罚之主体——自然人及有行为能力之法人。

（2）警察罚之客体——自然人或法人、物、动物等。

（3）构成要件该当行为——以作为可罚行为之前提。

（4）行为之有责任——有责任能力及条件，并对于过去义务之违反。

（5）行为之违法性——违反“警察法令”义务为前提。

5. 其他。除上述警察权行使形态外，尚有“准法律行为”的警察行为，谓不以效果意思为其构成要素，而由于警察观念表示，及其他精神作用之表现，成立之警察行为。其种类大体有：

（1）确认行为：警察以公权威，判断或认定争执或疑义，而公告于众之行为。

（2）公证行为：对于特定之“法律事实”，或“法律关系”的存在，予以公告的证明为目的之行为。

（3）赏罚行为：对警察人员职务上的行为区分善恶加以奖惩。

（4）通知行为：对于一定事实之观念及判断之表示，如执行罚告诫。

（5）受理行为：是以他人表示，为有效之表示，而受理之行为。例如，诉愿书之受理、扣押、拘提、逮捕之司法作用外，均为警察行政行为，简称警察行为（广义的警察行为）。

二、警察权的救济

有权利就有救济，宪法保障人民的权利，无论遭遇政府还是其他人民的侵害，每位公民都有权利请求有关机关排除侵害或弥补损害。由于警察权的行使，导致人民权益受到损害，无论警察行为合法与否，都要有相应的救济。

一般而言，行政救济以提起诉愿或行政诉讼为主，但有某些法律，立法者权衡权利的具体内涵、诉讼案件的性质以及诉讼制度的功能等因素，对于具有专门性、技术性或处罚轻微、数量巨大等特殊性案件的特性，基于效率，有必要设计特别的救济程序来进行处理。梅可望认为，行使警察权的救济分为一般的行政救济和特别的行政救济两种。在一般行政救济中，他根据行政处分形态的不同又将其分为诉愿、行政诉讼、国家赔偿、国家补偿等四种一般行政救济行为。[①] 具体如下：

1. 诉愿。人民因警察机关违法或不当的警察处分，致其权利或利益遭受损害时，请求原处分机关的上级机关，以行政上的程序审查该项处分，并作一定的决定，谓之诉愿。

2. 行政诉讼。凡是人民与警察机关之间产生的公法上的争议，都可以向行政法院提起行政诉讼救济。台湾地区“行政诉讼法”规定了各种诉讼类型，依照诉讼内容的不同，共定有三种诉讼类型，分别为撤销诉讼、确认诉讼及给付诉讼。

3. 国家赔偿。国家赔偿者，乃中央或地方自治团体之公务员，于执行职务行使公权力时，因故意或过失不法侵害人民之自由或权利；或公有公共设施因设置或管理有欠缺，致人民生命、身体或财产受损害时，国家应负之损害赔偿责任。

4. 国家补偿。行政上的损失补偿，乃行政机关基于公益目的合法实施行政权所谓之补偿，与国家赔偿是对于违法之侵害者不同。

与梅可望有所不同的是，邱华君直接将警察权救济归为行政救济的一种。警察行政救济，系人民对于警察机关违法或不当的警察行为的救济方法，亦称警察行政诉讼。根据台湾地区现行规定，其方式包括：

1. 诉愿。人民因警察机关违反相关规定或不当的警察处分，致其权利或利益遭受损害时，请求原处分机关的上级机关，以行政上的程序审查该项处分，并作一定的决定，谓之诉愿。

2. 行政诉讼。警察机关的违反相关规定的处分，致人民的权利受损害时，请求行政法院，以审判程序，审查该项处分或决定，而为一定裁决，谓之行

---

① 梅可望、陈明传、李涌清、朱金池、章光明、洪文玲：《警察学》，台湾警察大学出版社 2010 年版，第 123~130 页。

政诉讼。

3. 声明异议。依据“道路交通管理处罚条例”第87条第1项规定：受处分人不服第5条主管机关所为之处罚，得于接到裁决之翌日内，向管辖地方法院声明异议。同条第2项规定：不服第2项之裁定，法院受理前项异议，以裁定为之。同条第3项规定：不服第2项之裁定，得为抗告，但不得再抗告。由此得知，声明异议为行政救济之第三种方法。

4. 政府赔偿。警察人员执行职务行使公权力时，因故意或过失侵害人民之自由或权利；或警察机关之公有设施因设置或管理有欠缺，致人民生命、身体或财产损害时，警察机关应依相关规定负损害赔偿责任。[①]

---

① 邱华君：《警察学通论》，台湾编译馆1991年版，第291~299页。

第二十一章　警察组织

关于警察组织这部分内容，台湾地区学者的观点基本一致，在其论述中都把警察组织这一部分放于著述的前几章，篇幅较长，模式工整，不同之处在于侧重点不同。综览台湾地区警察学学者的书籍，可以将警察组织大体分为四部分：第一部分是有关组织与警察组织的概念、类型、沿革等基础内容，关于概念的表述大同小异，在类型的分类上也少有差异。第二部分是警察的组织原则。组织原则是警察组织的重要部分，世界各地的学者都对组织原则进行了阐述。第三部分是台湾地区现行的警察组织，从“最高警察机关组织”、台湾警察大学、现行区划警察组织等几个方面论述。由于此为描述实况，所以这部分内容基本相同。第四部分即各家所言侧重不同。邱华君的《警察学通论》介绍了现行警察组织的病象与诊治；而余秀豪在其《警察行政法》中则增加了警察机关之权限的内容；李士珍的《警察行政研究》侧重于警察机构相对于过去的调整变化，增加的是有关乡村警察的内容；梅可望则增加了增进行政效率的组织因素这部分内容。

第一节　警察组织的概念

一、对警察组织作广义与狭义两种说明

广义警察组织：系指由一切属于警察权作用的机关相互结合而成的组织体，亦即整个警察行政体系。其中有纵的隶属关系，又有平行机关间横的联系，且不仅包括最高警察机关，亦包括地方警察机关在内。

狭义警察组织：乃指警察行政体系中个别警察机关本身的构成，亦指各个警察机关内部的组织结构。[①]

警察行政组织简称警察组织，为行政组织之一，乃警察行政主体——各级自治团体为行使警察职权，所构成各警察机关及其关于各机关为警察行政活动的人、财、物之总称。

警察机关包括主管警察的行政官署，与其所属执行警察行政事务及掌理

---

① 邱华君：《警察学通论》，台湾编译馆1991年版，第80页。

警察业务之机关——“警政署（司）”、警政厅（处科）、警察局（科）及各所属警察机关。一般所称的警察机关，乃执行警察行政事务及掌理警察业务的机关。①

二、警察组织的内容（要素）

警察人员：警察组织为人的结合，故必须以警察人员为构成基础，而警察人员即为警察组织最重要的因素。

警察事项：亦即警察行政事项，警察组织的成立目的在于推动警察行政、执行警察业务，故警察事项或职权构成警察组织的要素。

警察公物：警察组织为推动其行政事务、处理业务工作，往往需要各种设备及物质以供使用，故必须拥有公物，始能推展。②

第二节　警察组织的基本原则

警察行政是政府行政之一环，警察组织亦是行政组织之一，一般行政组织原则如讲求效率、符合人性、适应环境，便于决策、顾及平衡等，自亦适用于警察组织，唯因警察之特性有别于一般行政机关，所以各种行政组织的原则自不能完全适用警察组织。

一、现代警察组织基本原则观③

该理论认为，“单一性的指挥、统一性的体系、全面性的分布、深入性的生根、落实性的扎根、整体性的配合与督导性的加强”等原则，在建立警察组织时是必须要考虑的。单一性的指挥，可以增进工作效率；统一性的体系，可以增加协调合作；全面性的分布，使警察组织易于提供服务；深入性的生根，可以结合民力；落实性的扎根，使警察组织更易发挥主动性；整体性的配合，使警察力量得以有效发挥；督导性的加强，使警察风纪更得以清明。依这些原则所建立的警察组织，才能符合时代的需要。

要想机关组织产生与生理组织同样的效用，就先要具备下面五种典型的性质：明确的目的、一定的职掌、固定的制度、弹性的运用、有机的长成。再进一步研究一般组织体应有的构造：以需要决定组织、以个体巩固整体、建立组织中心、区分组织范围、设置组织系统、增强幕僚机能、决定层次单位。如何使组织功能得到充分的发挥，这是关系组织运用的问题，可分为：

---

① 余秀豪：《警察行政法》，台湾警察大学出版社 2002 年版，第 69 页。

② 邱华君：《警察学通论》，台湾编译馆 1991 年版，第 81 页。

③ 梅可望、陈明传、李涌清、朱金池、章光明、洪文玲：《警察学》，台湾警察大学出版社 2010 年版，第 135～141 页。

集中与一致、统一与节制、均衡与协调、透过（过滤）与渗透、自动自发、新陈代谢、传递交代。

二、警察组织的具体原则观[①]

（一）体系性原则

1. 单一性指挥。

单一性指挥的基本含义是，“警察机关应该由一个人指挥，而不是由一个委员会或一个集体指挥。更重要的是，这种指挥是绝对没条件的、不能相对或附带条件的。具体说，一个警察组织只能有一个首长，且是实实在在的首长，而非形式上或部分的首长”。其意义在于，这位首长具有绝对的权威和能力。“警察首长的指挥权如果受到侵害或剥夺，就算侵害或剥夺很少，都可能使整个机关陷于分崩离析。”

台湾地区学者在研究警察组织的单一性指挥方面还援引了著名学者斯宾赛的观点：“警察是单独作战的军人，军人是联合作战的警察。”该观点清楚地表达了军人和警察的共同之处都是要求统一——单一指挥。

警察指挥的单一性从两个方面来体现：一是警察组织的纪律性。警察组织强调纪律性，更多的是体现在上级以身作则、树立威信，才能达到令行禁止。“如果警察的纪律性是果，那么单一指挥就是因。”如果警察组织机关的发令人不是一人，那么，接受命令的人就会无所适从，难以协调这些相互不一致的命令，从而导致行动的不一致，其结果就是纪律的涣散和紊乱。警察组织的纪律涣散将导致警察组织的最终瓦解。二是警察业务的紧迫性特点，决定了警察组织的指挥必须要遵循单一性原则。警察业务内容繁多，常规的警务除个别特殊情况外，大多遵循先到先处置、先来先服务的原则。但在多数情况下，警察的职业属性决定了警察面临的大多数警务属于紧急业务范畴，如处置暴恐事件、抓捕犯罪嫌疑人、治安灾害抢救或救助等。面对如此紧急的警务情形，如果通过一级一级的上传和下达、一个一个的会议研究来决定，便会发生贻误战机和造成不必要的伤亡，损害人民群众的利益。而单一性的体系可以在遇到紧急警务的时候当机立断、迅速决策，并以极快的方法指挥行动。因此，要想保障行政效率，希望警察机关有能力处理紧急警务，就必须将指挥权交给一个首长。

2. 统一性的体系。

警察组织的统一性体系，是指警察机关自上而下，脉络一贯。警察机关遍布各地，散布在不同的行政组织之中。如果各个警察组织各自为政，没有一个统一的体系，必将错综复杂、矛盾重重，甚至发生严重的纠纷和问题。

---

① 台湾地区学者陈永清的观点。

建立完整统一的警察组织体系，才能实现步调一致、协同合作，共同履行好维护社会秩序并为公众提供良好的治安环境，也才能完成警察的任务。

警察组织的体系统一形式有三种：

（1）地域性的分层统一。主要指各级警察机关上下贯通、一致。表现为所有的警察机关上下是一个体系，上下警令畅通；全省的警察业务，由省级警察机关统筹安排；全市的警察业务，由市级警察机关自行决定；全县的警察机关业务，也同样由县级的警察机关自行决定。统一性的结果，必然是上下一致、警令通畅，故工作效率比较高。

（2）业务性的单独统一。主要是作主管的业务范围为组织的基础范围，虽然警察组织常常以地域划分为基础，但业务范围也是考量的一个因素，尤其是对于一些专业警察而言，如铁路警察以保护铁道安全的业务为基础。同样的，刑事警察局主要以侦查重大的犯罪为工作范围。在业务范围之内，省、市、县有统一的业务范围体系，而且这个体系是独立于其他警察组织之外的。

（3）地域与业务的综合体系。这种综合的体系，容许业务的单独统一，分为不同的业务范围，但就整体而言，上下层级的警察组织和由于业务不同而划分的不同业务范围都不能违背整体的统一性原则，各级警察机关要求都必须在最高警察机关的统一领导下，不能有任何脱离领导的情况发生。

3. 全面性的分布。

首先，警察是行政作用的一种，代表国家行使部分的统治权，统治权及于国家每一寸土地，有赖警察组织作全面性的分布。其次，警察是通过执行法令保障人民的，所以凡属国家法令行使的地区以及人民活动的地区，也应该是警察组织存在的地区。警察机关在所有地区的分布，正是现代警察组织的必备条件。

警察组织全面性的分布主要包括：一是警察组织要分布到国家领土的每一寸土地上。由于国家领土包括陆地、山川和河流，包括领空和领海，甚至还包括本国的船只、飞机和航空器。凡属国家主权可以达到的地方，警察组织都必须达到。世界各国建立的外海警察、航空警察以及水上警察都是基于此原则。二是警察组织的分布不以是否有人居住为必要，而是遵守以“空间”为主体分布这样的原则。国家领土包括的范围非常广泛，如一些沙漠、孤岛或其他人类不易生存的地方，从理论上讲这些都是警察组织分布的地方。三是警察组织的分布以警察主权为进退。警察组织是执行国家法令的重要组织，是国家主权的象征。国家主权所及的范围即为警察组织所达到的范围。警察组织所达到的范围随着国家主权的进退而进退。当国家主权扩张时，警察组织便跟着扩张；当国家主权撤退时，警察组织也跟着后退。这在世界各个国家都是一个通用情形，尤其是在两国交战时，国家主权扩张的领域范围，一定要有警察组织进行实际的控制，如美国在19世纪向西部的领土扩张，其警察组织随着军队亦步亦趋地向前推进，就是比较典型的实例。四是警察组织依民众的需要而存在。任何国家的民众都需要警察组织强有力的保障，来维护社会的安宁秩序，从而保护人民的各项权利。警察组织的全面性分布，除了以空间为主体，还必须要顾及人民的权利保护，即顾及人民对警察的需要。警察组织，以全面保障人民的权利为必要。

全面性的警察组织，是全面保护国家主权和人民权力的有力保障。不然，如果警察组织是片面的、部分的、残缺不全的，那么国家行政就无法普遍推行，全国人民也无从获得等量的警察保护、警察服务。现代国家无不致力于全面建立警察组织。

4. 深入性的扎根。

主要是就警察组织与民众结合来说。现代社会复杂多变，警察组织的周密完善也不能保证警察的权力所及都能保护民众的权利。尽管警察的业务范围十分宽泛，警察都在竭尽所能达成为民服务的目的，但警察的服务对象庞大，以及紧急和特殊的自然灾害的发生等，导致警察组织常常不能满足所有民众的需要。因此，需要警察深入性的扎根，警察组织与民众力量进行联合，一方面是经常协助警察工作，万一事出非常又能动员大量的民力，共同解决危难。那么警民如何结合呢?

(1) 由警察机关主动纳民众于警察组织中。警察机关根据自身工作的需要，从民众中选拔适当的人选，并根据相关法令进行训练、编组并使其协助警察工作，目前台湾地区的义勇警察组织就是属于这一类型的警民结合组织。

(2) 基于人民的志愿，将其纳入警察组织中运用。这一类型的警民合作组织，主要是基于一些民众热爱警察职业、热心公益并自愿参加协助警察工作，警察组织对其进行培训和编组，进行一些辅助性的警察勤务。类似于美国的辅助警察组织。

(二) 结构的原则

1. 完整统一，机关的结构简单紧凑，事权集中，体系严整。精简内部单位，巩固组织重心，健全基层组织。职掌分配要合理，将相类似的工作或相同之目的、程序、方法，或对象相同之职责，纳入一个或两个以上单位，置于一个主管节制之下。禁止任何单位管理其不应管的业务。

2. 经济合度，机关的结构繁简得体，多寡适当。适应需要与目的。机关的多寡，必须根据事实的需要；编制的大小，必须适合机关的目的。结构应依业务而不依人员为准。

3. 幅度与阶层适当。一人所直接指挥的单位或人员，不得超越其所能管理之限制。横的分工单位不能过大，大则监督难周，必须保持小的控制幅度；总的阶层应尽量减少，多则传递缓慢，应保持短的传力线。

4. 事权明确，职有专司，人有专责，使全体人员均确实明了其职责之所在，每一单位的职掌须确切明白，权利与责任相称平等。

（三）运用的原则

1. 指挥灵活，首长总持大体，不宜多管细务，而各构成单位及其成员必须负起责任；命令统一，分层负责，自动自发；固定的制度，弹性的运用。组织的效用有赖人员的配备，唯有把适当的人员安置于适当的岗位，才可使工作效率提高。

2. 一致协调，各部门之分工是为整体工作，应具有与全部事业一致的方针。各部门主管对同一问题，有一致看法、做法，凡事成功的荣耀，归于整体。组织的基本原则，是越精简越实在，越统一越有效，最高的组织准则是：指挥统一如军队，分工配合如机器，合作协调如生理。

第三节　警察组织的设计

在进行警察组织设计的过程中，首先要了解警察组织分类以及警察组织本身的一些基本情况。

一、警察组织的类型①

基于内勤与外勤职能之研讨，中外警察组织大概可分为三种形态：

（一）外勤组织形态

此项组织被认为系最老及最简单的组织，仍流行于小的机关组织，包括小的警察机关，在此类形态组织的警察机关中，系警察局局长或警察局局长助理直接负责监督机关中的全体官员，通常所有人员均执行多种工作，专门化几乎不存在。

（二）内外勤形态

该形态从其内勤幕僚单位组织而加以区分，其产生通常在机关业务扩张至需要增减单位并指派人员，借以协助业务执行单位。故将巡逻勤务、交通管理、刑事侦查、少年辅导及风化管制视为业务执行单位。内勤幕僚单位为：拘留所、记录、通信、人事、设计及研究。尚有其他单位之设置者，则要视机关的大小及其需要而定。

（三）职能内勤形态

职能内勤形态组织的产生，系本着给予具有学识之内勤幕僚人员以权力，使其学识之运用更有原则，亦即专门化之实施。

此项职能单位除设计外，还负责业务之管制，在警察机关，职能形态的组织比较新，那些在内外勤形态组织之外勤单位，变成了职能内勤单位。这

---

① 酆裕坤的观点。

些单位通常负责交通管理、少年管制、风化管制及刑事侦查。为负责策划及指导这些业务，会在局内指派一小部分人员充任之，而业务之实际执行则委交各个警勤区的外勤警员。在台湾地区则分别成立专业警察队，以执行各项业务，在总局专门单位的官员，并无直接指挥外勤人员之权，但经由工作成绩之检查，及对于外勤单位计划及命令之准备透过警察局局长，分别实行管制。

现代警察组织的纵剖面，可分为三种不同机构：①

1. 首脑机构。警察组织的首脑机构是该机关的最上层，也是该机关的重心所在，首脑机构以驾驭、领导、决策、号令等为主。在一个警察机关内，首长为最高指挥监督者。

2. 幕僚机构。警察组织的幕僚机构是首脑的辅佐。幕僚必须尽其所知提供意见和资料，供首脑机构选择。对下级而言，幕僚机构是首脑机构的化身，一切根据首脑机构和命令行使。幕僚又分为：行动性幕僚，主管警察业务执行的监督与考核，如警察机关的督查单位和分局等；设计性幕僚，主管业务设计、资料收集分析管理，如警察局下各科室。

3. 执行机构。警察机关的执行机构，是法令的直接推行者，是直接与民众发生接触者，其任务为秉持首脑机构的意旨，受幕僚机构的指导和督促，来执行诸般警察业务。执行机构的工作是多方面的，其勤务是二十四小时不能间断的，所以警察执行机构本身必须有科学化的分工。

二、现行警察组织

世界各个国家和地区的警察组织，由于受法系派别的影响，警察制度有所谓的大陆派、海洋派、社会主义派之分。自第二次世界大战以来，由于交通的发达与文化的交流，彼此相互影响，更需适合各国及各地区之实情，演变至今日，实已具其特色。台湾地区现代警察的创立，初则仿自德、日等国，继而学习英国等国。因此，警察之组织，即因他国警察组织的演进与台湾地区政治制度的递嬗而变革，并无体系的确立。直至 1953 年 6 月 15 日“台湾警察法”公布以后，才确定台湾地区警察组织的体系是均权体制。

台湾地区警察机关组织体制，依“台湾警察法”第 4 条至第 8 条及第 15 条之规定，分“最高警察机关组织”、“省警察机关组织”、“县市警察机关组织”、“直辖市警察机关组织”。

（一）“最高警察机关组织”

警察行政为内务行政之一种，依“内政部组织法”第 1 条规定：“内政部掌管内务行政事务，对于各地方最高级行政长官，执行其主管事务，有指示

① 梅可望的观点。

监督之责。”第5条规定：“内政部设警政署，执行警察行政事务，统一指挥、监督警察机关、执行警察任务。”第8条规定，“内政部”设警察大学，“办理警官教育、研究警察学术”。

欧美各国无论国体是立宪民主还是集权，其警察组织均由分权而趋于集权，由集权而日趋强化。台湾地区警察之警权尚未集中，组织系统亦欠完整，自难积极推进警政。“欲得统一指挥，发挥效能，以负荷目前警察之任务，自非扩大警察职权，而采用集权制不为功也。”现经拟定警察组织系统如下：

1.“警政署”及其所属机关。

(1)“警政署”。

为统一指挥监督台湾地区警察机关执行警察任务及加强战地警政之实施，1972年7月15日，将“警政司”改制为“警政署”。“警政署”统一指挥监督警察机关执行警察任务，并掌理“警察法”。

(2) 所属机关。

具体包括：入出境管理局、刑事警察局、航空警察局、公路警察局、空中警察队、公园警察队、台湾警察专科学校、保安警察总队、警察机械修理厂、警察广播电台、警察电讯所、民防指挥管制中心。

(二) 台湾警察大学

台湾警察大学办理高级警察教育，研究警察学术，并依“大学法”之有关规定，兼受教育主管部门的指导。

(三) 现行“省市警察机关组织”

台湾地区“政府警务处”及其所属机关。

1.“省政府警务处”。

2. 所属机关。

(1) 刑事警察大队。

(2) 铁路警察局。

(3) 公路警察大队。

(4) 基隆、高雄、台中、花莲港务警察所。

(5)“省保安警察总队”。

“省警务处”设立附属机关，掌理初级警察教育、各种“全省性”警察业务及辅助警察工作。

第一，警察学校。

第二，各种警察（总、大）队：①台湾地区保安警察第一总队；②台湾地区警务处刑事警察大队；③台湾地区警务处直属警察第一大队；④淡水水上警察巡逻队。

第三，各种专业警察局、总队、大队、所：①台湾地区铁路警察局；②台湾地区保安警察第二总队；③台湾地区保安警察第三总队；④台湾地区保安警察第四总队；⑤台湾地区公路警察大队；⑥台湾地区警务处直属警察第二大队；⑦基隆、高雄、台中、花莲港务警察所。

第四，其他附属机关：①台湾地区警务处警察电讯所；②台湾地区警务处警察机械修理厂；③台湾地区警察广播电台；④台湾地区警务处民防指挥管制中心。

省警务处及其隶属机关之组织：警务处之组织、保安警察队之调整、水上警察局之组织（内河）、省会警察局之组织、特种警察队之组织（森林、矿业、渔业）。

（四）“直辖市政府警察机关组织”

1967年7月1日和1979年7月1日，台湾地区先后将所辖之台北市、高雄市改制为“直辖市”，依台湾地区“警察法”第8条之规定，各该“直辖市政府”均设市警察局，其名称为台北市政府警察局、高雄市政府警察局，掌管全市警察行政及业务。其单位有行政科、保安科、训练科、后勤科、民防科、外事科、督察室、秘书室、保防室、公共关系室、资讯室、勤务指挥中心、安检科。此外，警察局还设会计室、统计室、人事室。

警察局设保安警察大队、刑事警察大队、消防警察大队、交通警察大队、少年警察队、女子警察队、民防管制中心，执行各种警察任务与民防管制事项。高雄市政府警察局设船舶大队及通讯队。

警察局下设分局（台北市十四个分局，高雄市八个分局），分局下设派出所，但区未设分局，设分驻所。分驻（派出）所谓勤务机构，依据辖区划分若干警察勤务区，为警察勤务基本单位。分局内设各组、勤务指挥中心及警备队。

（五）“县市警察机关组织”

台湾地区“警察法”第8条规定县市政府设警察局（科），掌理各该县市辖区警察行政及业务。其施行细则第9条规定县市政府以设警察局为主，如全县市人口未满四万，警额未满八十人，县之乡镇未满八个，市之区未满四个者，设警察科。台湾地区各县市政府设警察局，掌理警察、警卫、民防、动员事项，并受台湾地区政府警务处之指挥监督。依台湾地区县市警察局组织规程之规定，各县市警察局依各县市辖区人口、面积、交通及治安情况有三种编制：

1. 市警察局：基隆、台中、台南为甲种编制。

2. 新竹、嘉义为乙种编制。

3. 县警察局：台北、桃园、台中、彰化、台南、高雄为甲种编制；云林、屏东为乙种编制；宜兰、苗栗、南投、台东、花莲、澎湖为丙种编制。

警察局设置局长一人，市警察局及甲、乙种警察局置副局长两人，丙种县警察局置副局长一人。警察局内设下列课、室、中心：行政课、保安民防课、训练课、后勤课、户政课、秘书室、督察室、保防室、勤务指挥中心、沿海县（市）警察局设安检课；市警察局及台北、桃园、新竹、台中、南投、彰化、嘉义、高雄、屏东、花莲等十一县警察局设外事课，未设外事课之县（市）警察局得于行政课设外事股。县市警察局得于保安民防课设民防股及保安股，安检课设安检股及船舶股、保防室设调查组。

警察局得视辖区治安状况设分局。县分局区分甲、乙种编制；市分局及县甲种分局设五组办事，县乙种分局设四组办事，山地地区之分局设三组办事；沿海的分局得增设一组办事；分局设勤务指挥中心及警备队。分局以下设分驻（派出）所，并依法划分警察勤务区。

警察局为执行各种警察业务，设下列各种警察队及船舶大队、民防管理中心，包括：保安警察队、刑事警察队、消防警察队、交通警察队、船舶大队、民防管制中心。

（六）乡（镇）警察组织

在新县制中，对于乡（镇）警察之组织并未规定，应于警察所下设置分驻所。至警察所以下，仅规定在乡镇公所设警卫股，保办公处置警卫干事，此警卫股、警卫干事，虽含有警察之意，但无警察之实力，警察效能无从发挥；故宜在各乡镇区域内置适当地点，分别设分驻所（或派出所），每分驻所下得参酌人口之繁简、面积之广狭，划分为若干警管区（乡村区域约以纵横二三里，在两小时内，按步巡行管区一周者，为一管区）。以为警察执行职务之基本单位，平时每警管区设警士两名，轮流担任勤务。

民众组织之辅助机构。包括义务警察队之组织、“在乡军人”队之组织、壮丁队之组织、僧道队之组织、贫民队之组织、自新队之组织等。

三、警察机关的分类

（一）就每个警察机关整体论

警察机关、警察机构、警察官署等名称，乃为警察相关规定上所习见之用语。但均无明确之界说，仅从学理上及习惯上求其概念。凡构成警察机关内部之各单位，成为警察机构，如警察局之科（课）室；综合各单位之整体，则称为警察机关或警察官署。

“警察机关”一词为一广泛概念，学者对每个警察机关所持观念，亦包含“警政署”、警政厅（处）、警察局等独立的整体及其所属组成单位——科、室、队、所等，通称为警察机关。只因独立的整体与其所属组成单位的权限不同，学者将警察机关分为警察官署与警察辅助机关、警察执行机关等。所以，警察机关为警察官署、警察辅助机关、警察执行机关等的总称。

1. 警察官署。警察机关或警察官署指每个警察机关之整体，有单独规章制度、编制及预算，并得以对外行文，以行使其职权者言。但虽无单独规章制度或预算，而得以对外行文以行使其职权者，亦称警察官署或警察机关，如警察分局。警察官署为处理行政及业务，得设置辅助、执行、附属等机关，因其属于警察官署组成部分，如科、室，纯为幕僚单位，并无决定意思表示于外部的权限，一般谓之机构。

2. 警察辅助机关。警察辅助机关，乃隶属于警察官署之下，承警察官署之命办理其主管事务，以辅助警察官署。例如，警察局之科（课）室组等，通常称幕僚机构或幕僚单位。

3. 警察执行机关。警察执行机关系受警察官署之命令，以实力执行警察任务之机关，如各县市警察局之各种警察队及分驻（派出）所等。如果其有独立之组织规程，则为附属机关，如公路警察大队。

因此，机关包括官署与机关（机构）在内，官署与机关（机构）系机关内部之其一机能单位，此乃集体主义说明机关之概念。此外尚有持单独主义之观念，如以“警政署署长”、警察厅厅（处）（处）长、警察局局长为警察官署，以科长、室主任、科员、局员、督察员、巡官、警员为辅助机关、执行机关。不论其集体主义或单独主义各有论据，只作为学理上的研讨而已。

（二）就各级警察机关体系论

警察机关属于最高政府者，为最高警察机关；属于地方政府者，为地方警察机关，而地方警察机关包括省（直辖市）警察机关及县（市）警察机关。不论最高警察机关还是地方警察机关，都可分为警察行政机关、警察专务机关与警察教育机关等。

1. 警察行政机关。警察机关掌理警察行政及业务者，为警察行政机关，其所掌警察行政及业务之性质为综合性、一般性或全部性，不以某种业务之单纯性、特殊性或个别性为限，所以又称一般警察机关，亦称普通警察机关。

2. 警察专务机关。警察行政机关之下设置执行某种专一警察业务之机关，谓之警察专务机关（作者之拟称，包括特种警察机关与专业警察机关）。警察专务机关系由警察业务之分工而产生，所掌之业务性质仅以某种特殊性或专门性之业务为限，故称为警察业务机关，亦称为特种警察机关（参照“违警罚法”第34条）。警察业务范围颇广，各级警察行政机关，除依“警察法”第5条有列举规定外，地方得应设立各种专务机关，掌理各警察业务。例如，保安警察机关、外事警察机关、边境警察机关、刑事警察机关、水上警察机关、交通警察机关、消防警察机关，以及铁路、航空、工矿、森林、渔监等警察机关，均为警察专务机关。

以上警察行政机关及专务机关，若依相关规定对于警察行政及业务诸事物之全部或一部有决定之意思，并表示于外部者，则为警察官署。但警察行政机关若不能将决定意思表示于外，则为警察辅助机关。警察专务机关，若无决定意思并表示外部者，仅受警察官署之命令以实力执行任务者，则为警察执行机关。此外，附带说明警察机关之执行勤务人员集中于警察机关，直接派遣服勤者，称为警察勤务集中制，如将执勤人员分别散驻于各勤务执行单位——勤务机构，服从勤务者，称为警察勤务散在制。

3. 警察教育机关。警察行政机关为教养警察专门人才所设置之学校，称为警察教育机关。此外，警察行政机关为加强配合警察行政及业务之实施，得准设置电讯所、电台、机械厂、被服厂等，办理各该管理事务。

因为警察机关之分类关系，所以在各种警察机关服务之警察人员，亦有不同之分类。在警察行政机关者，谓之行政警察人员；在保安警察机关者，谓之保安警察人员；在刑事警察机关者，谓之刑事警察人员；在警察教育机关者，谓之警察教育人员；其余可类推。通常将警察机关与警察人员统称为警察（“警察法施行细则”第10条第1项规定：“本法第九条所称依法行使职权之警察为警察机关与警察人员之总称”）。所以，将警察行政机关称为行政警察，亦将行政警察人员称为行政警察，或将两者合称为行政警察。又如，将刑事警察机关称为刑事警察，亦将刑事警察人员称为刑事警察，或将两者合称为刑事警察。但此所谓的行政警察，乃指与专务警察者相区别而言，并非与“刑事诉讼法”中“司法”警察相对称之行政警察。

四、警察机关间的关系

警察机关在行政系统上，有隶属关系和不相隶属关系；合之则为整个警察组织系统，分之则为各级警察机关。

警察机关上下级有其隶属关系者，隶属者为上级警察机关，受隶属者为下级警察机关。隶属关系又称隶属系统，由行政上指挥监督作用所生。警察机关有无所属机关、应隶属于何机关、在地位上之系统如何，均在组织规定中明确体现。

警察机关由隶属关系而发生隶属机关间之指挥监督关系，即上级机关有指挥权与监督权以指挥监督所受隶属之下级机关。警察机关有隶属系统关系，即使未规定指挥监督字样，亦必有指挥监督之关系。有业务指挥监督之关系，未必即有隶属关系，所以不相隶属之机关，要有业务指挥监督之关系，必须以特别规定为依据。警察机关有隶属关系除必有指挥监督外，尚有下列关系：

1. 隶属机关间的行文关系。

2. 隶属机关间的命令服从关系。

3. 警察机关在行政系统上无隶属关系者，警察机关与警察机关间之关系，各警察机关间之关系，有下列两种情形：

（1）有指挥监督关系者。

（2）无指挥监督关系者。

4. 警察机关与非警察机关之关系，有下列三种情形：

(1) 有指挥监督关系者。

(2) 有指挥关系者。

(3) 无指挥关系者。

5. 警察机关间的不相隶属关系，除上述依法就其主管业务有指挥监督或指挥关系者外，尚有下列关系：

(1) 行文关系。

(2) 权限之互相尊重关系。

(3) 公务之互相协议关系。

(4) 行政行为之互相承认关系。

(5) 事务之协助关系。

(6) 事务之委托关系。

警察机关间及与非警察机关间之关系，如此复杂；更因随战时任务加多，不论指挥警察机关还是指挥警察人员，均有刻不容缓之情势。如何简化指挥关系、统一警察权责实为改进当前警政的一个课题。各级警察机关，均应只有一个直属上级机关，行使直接指挥监督权。其他有关机关，如需传达命令或指示，应透过其上级机关行使；其不在警察组织系统者，则应透过警察之指挥系统。

五、警察机关的权限

所谓警察机关权限，乃警察机关在相关规定的层面上代表各级政府或机关表现警察行为之范围。

1. 最高执行者。

(1) 掌管整个台湾地区警察行政及整个台湾地区警察业务。

(2) 指导监督各“省（直辖市）”警政之实施。

2.“省”执行者。

“省政府”为“省自治执行机关”，亦称为“省自治行政机关”，因其执行最高层委办事项，同时亦具有“最高行政机关”之性质，所以“省政府”的职权为办理“省自治事项”、执行最高层委办事项、指导监督“县市自治”事项、指挥监督“县市”执行最高层或“省”委办事项。依“警察法”的规定，其事项如下：

(1) 掌理全“省”警察行政及业务。

(2) 指导监督各“县（市）”警卫之实施。

3.“县（市）”执行者。

“县（市）政府”为“县（市）执行机关”，亦称“县（市）自治行政机关”，因执行最高层委办事项，同时亦具有“最高行政机关”之性质。所以“县（市）政府”之职权为办理“县（市）”自治事项、执行最高层委办事项。依“警察法”之规定，其事项如下：

（1）设警察局（科）执行警察行政事务，并掌理“全县（市）”之各种警察业务，得依法设置各种“县（市）警察机关”，“县（市）政府”设警察局及各种警察机关属于警察局，如设警察科，则直属于“县（市）政府”。

（2）执行警察制度——警察官制、官规、教育、服制、勤务制度及其他。

（3）执行“省”警政之实施。

（4）执行“县（市）”警卫之实施。

（5）发布警察命令。

执行权限不论属于最高层抑或属于地方，从机关角度个别观察，关于警察机关权限之划分界限，有下列两种方式：以事务为划分之界限（属事管辖权），以地区为划分之界限（属地管辖权）。

第四节　台湾地区警察组织的发展变化

一、现代警察组织的病象

警察组织乃为处理业务执行勤务而对其警察人员的相互关系，经由任务与权责的分配，所作的有系统的安排。简言之，警察组织是一种权责分配体系，由若干不同部分作适当配合而构成的完整体。①

这也是警员为达成其共同目的和任务所必须凭借的手段，但是警察组织是生长的，所以在其生长的过程中，自然不免有许多偏差，必须时时加以矫正，否则组织便不能维持其既定的目标。

一个警察组织正如人类身体器官或机器一般，不管当初设计时如何完善，经过一段时期的运转与发展，再加上外在环境冲击的影响，就不免生病或渐生故障，于是就需要对警察组织加以诊断并加以改进，目前已产生了所谓的“组织诊断学”，对组织的改进具有莫大的贡献。

现代警察组织的发展，已经使其本身造成了不少的特殊现象并连带引起一些副作用，我们可称这些副作用为现代警察组织的病象。综合言之，学理上分析有下列几点。

（一）组织结构

1. 由于“组织庞大”所引起的病象。

现代警察组织由于业务繁难，其组织日趋庞大，不仅警察数量增加，而且内部单位也增多，造成空前未有的规模，这不仅是警察组织所具有的现象，而且各公私机关也有同样的情形，这种高架式组织结构过于庞大的现象，容

① 邱华君：《警察学通论》，台湾编译馆 1991 年版，第 142 页。

易造成以下病态:

(1) 警员之间沟通不易，增加了彼此了解的困难，往往一个警察机关的人（警员）互不相识，因此缺乏团体意识，不能为共同的目标协同一致地工作。

(2) 警察首长的控制幅度［或称管制（辖）范畴］过大过细，影响其监督和指挥的效果。甚至会产生过去那种“天高皇帝远”的现象。

(3) 在庞大的组织中，个人显得更为渺小，微不足道，在这样的环境中长久工作的警员，就日渐失去了抱负和志气。认为自己只不过是薪水名册上的一员而已，对于警察机关而言，多一名少一名无足轻重。如果人人皆有此种想法，则警察机关的活力便要大打折扣。

(4) 组织庞大，势将造成“警察首长独裁”的现象，因为大家缺乏抱负，不愿负责，所以把一切的决定权都推到警察首长身上，造成首长万能，无事不管，首长成为一个“独裁者”(此处独裁者说系指独自一人决定或作全部事推之最后最终决定)。

(5) 警察个人的创造性及工作潜能不易得到发挥，大都依一致性与制度化的原则来工作，个人即使有才能，也不愿表现出来。

(6) 警察机关变成一个毫无“人情味”的组织，警员与警员之间的感情淡薄。

2. 由于“规章森严”所引起的病象。

为了实行民主，防止专断滥权，主管警察机关本身并不会参与制定许多规章，这种规章为有理有据及增加效率而设，但却造成更多的问题，于是又要制定其他的规章来矫正。因此就规章森严所造成的具体病象而言，有下列几点:

(1) 警员一切依规章办公，循列行事，自己毫无主见，日久天长，警察人员便成为了一个缺乏自动自发精神与创造性的“机器”，完全在被动的、机械化的状态下工作。

(2) 规章的修正往往很费时日，有的需要最高机关的通过，有的需借上级单位的核准，所以不能非常配合社会变迁及时代进步的需要，以致增加了处理的困难。

(3) 规章森严造成行政手续的烦琐，一件很普通的公文可能要经过好多人的盖章，造成了严重的形式主义，降低了警察行政效率。

(4) 规章往往呆板与硬性，不能使机关作随机应变及因事制宜的适应，造成了机关的僵化与硬化。

(5) 规章森严容易造成官僚制度及科员政治，因为这些人员对于规章最为熟悉，上级人员往往要受他们的影响，科员成为警察机关最具影响力的人员。

（6）规章森严容易形成“红包政治”，污染了警察风纪。因为规章森严，一般人不会通晓其内容，于是承办人得以“玩法”、“弄权”、有求于他们的人为了求得事务的顺利通过，就想办法打通关节，“红包”之风与此有莫大之关系。

3. 由于权力集中所引起的病象。

（1）警察首长一人能力有限，而且见识不够广博，所作的决定往往有偏颇或者不够周全，这样的决策对于警察机关而言，具有很大的危险性。

（2）缺乏民主精神，使下属不能充分发挥自己的长处，阻塞了其上进之心。

（3）警察人员多以接受命令而工作，自己不主动去做事，缺乏责任心。

（4）增加下属的自卑感，甚至对于工作机关产生厌倦心理。

4. 多轨的控制体系。

台湾地区警察机关内具有“一条鞭”的独立体系，但不能完全受首长的控制，这种破坏指挥统一原则的警察组织结构，会产生首长的权威之被分割、“多头马车”的领导形态及挟持独立权力以自重等不良影响。

然而，在实务运作上，依其所见及体会各有不同，分析如下：

1. 台湾地区现行警察机关组织缺失有：[①]

（1）上层组织过分庞大，基层脆弱无力。

（2）分层负责逐级授权未能认真实施。

（3）科室本位主义太浓，下级无所适从。

（4）分驻所、派出所编制不符合实际需要。

（5）分局缺乏机动警力，无法应付意外事故。

（6）现行警察机关编组，由于强求一律，遂致形同僵化。

2. 目前台湾地区警察组织有几个问题不合乎警察组织原则：[②]

（1）权责不够确实，未能把握机能一致的原则。

（2）组织头重脚轻及无效人力过多。

（3）偏重“中央集权”的组织形态，影响地方基层警员工作情绪。

（4）使用名称混乱，体例不一。

（5）警察机关组织规章过于硬性，不足以应付实际需要。

（6）都市（直辖市）因分局依行政区域划分，则警察机关官警编制形成直筒型。

（7）警察机关扩大，造成人事震撼。

（8）警察机关之间仍然缺乏完整统一的协调行动。

---

① 王志和：《警察行政》，台湾警察大学出版社 1989 年版，第 64~68 页。

② 邱华君：《警察学通论》，台湾编译馆 1983 年版，第 78 页。

(9) 县市警察机关之组织及警力配置过分原则性。

(10) 警察机关人员之间沟通不足。

(11) 过分强调规章与制度的重要性。

依警察行政研究小组研究，台湾地区警察组织编制综合检讨如下：①

1. 署处幕僚合一之得失，署处上下权责是否明确合理，工作效率是否增进，均值得检讨。

2. 指挥幅度过大之设计：从台湾地区现行警察组织系统中，可以清晰地看出：最高层、省、市警察机关首长所管辖之单位，较之任何国家和地区都更多。

3. 人事管道拥塞之病象：根据现行警察编制人员资料统计分析，台湾地区警察组织编制不合理，造成警员升迁困难，如此足致警察士气低落、效率不彰。

4. 多元指挥系统之导误：台湾地区警察除受上级机关内部指挥监督外，还易受警备、动员、情治、联合警卫等多元指挥之节制，不独形成“一地三公，吾谁适从”之困局。

(二) 组织运作②

1. 警察业务动、静态复杂、庞大。

2. 扮演牙科医师的角色，人民有事才找上门，犯罪不是病，但是多而严重却是要“政府的命”。

3. 具有“立即法官”的性质，一旦遇有案件，必须立即处理，无法层层请示，延误时效。

4. 刑事优越。因警察最重要的工作为逮捕犯人，犯罪侦防形成了刑事优越的地位。

(三) 组织气候

所谓组织气候，就是机关的风气。易言之，组织气候就是机关构成的工作感情、态度、思想、精神所表现出的或所造成的一般的持久的行为气象。就组织心理层面而言，警察机关组织气候有：

1. 非正式组织强势。

2. 彼此因升迁不满，相互算计者多。

3. 工作具有危险性，猜忌者为多。

4. 人员流动性大，素质不齐。

5. 风纪不严整，观念因压力而有偏向。

6. 不相信制度，相信人为因素。

---

① 张周天等：《警察组织编制之研究》，台湾编译馆 1986 年版，第 9~12 页。

② 邱华君：《警察学通论》，台湾编译馆 1991 年版，第 149 页。

（四）组织发展

就生态方面而言，警察组织一如有生命的个体，不断地生长，持续地发展，故为防止机关老化，应予以新陈代谢。

1. 警察业务成长快速，组织需求扩大。

2. 人员新陈代谢，新成立单位年轻有冲劲。

3. 配合各项建设需要，组织因应其变迁。

4. 为显现对警察工作的重视，除给予正面价值肯定外，在其体制位阶上也要逐渐提升。

二、警察机关组织改进

警察组织是警察机关为达成其任务，对于其所用之警察人员及工作性质，加以层级节制与功能的分工，并且使各单位、各警察人员之间形成一种整体的合作与密切的配合。并以促进组织的改革，使警察组织驶向理想而完善的境界。然而，对警察组织改进之道，相关学者各有不同看法。警政主管部门原负责人之一的陈立中主张："台湾既已确立均权统一的警察体制组织，均权统一制设立与指挥监督，权限均权统一制划分，人员均权统一制教育与任用，经费均权统一制编列，必须遵循基本制度建立起健全的警察组织……维持公共秩序，确保个人、社会……的安全。"

首先，建立强劲之警政领导机关。台湾地区的警政主管部门，应加强其人力、权力，实际负起统一指挥监督警察机关，管理警察人员，统筹警察通信、交通等之职责。

其次，健全地方警察组织与政制配合。警察组织为行政组织之一，地方警察既不能离开行政而独立，亦不可与自治体脱离，无论"省（直辖市）"、县（市），均设立警政主管机关，掌理各该辖区警察行政与业务。乡镇为法人，乃县以下的自治体，今后政治与民主的结合基础建立在乡镇，所以警察机关的基层组织也应该建立在乡镇并行使职权，以巩固警察基层组织。

最后，实行分层授权负责，调整内部编组，政府机关设官分职，各有专司，对于公务之推行，各级主管人员均应依规章负责并行使职权，毋庸事事请示机关首长，以减轻首长的责任，使其全力去考虑比较重要的政务及监督所属执行任务。

第二十二章　警察的选用与教育训练

随着社会的发展与法治的不断完善，“大社会，小政府”的管理理念得到认可和推广。警察机关作为政府的一个重要职能部门，其对于贯彻法治的理念与履行打击违法犯罪行为的职能等作用在现代社会日益显现。人们对于自身安全感的要求、对于自身得到的服务需求，赋予警察打击犯罪的战士和人民公仆的双重角色，使得警察的职能随社会发展不断调整与变化，从而完成角色的转变与适应。所有这些都需要通过长期的训练与锻炼，培养警务工作人员扎实的业务素质与适应时代发展需要的应变能力和适应能力，以满足维护社会公共安全的需要，完善警察组织结构，打造一支高水平的警察队伍。

第一节　台湾地区警察必备的核心能力

目前台湾地区有警察 8 万余人，警察与人口的比例为 1∶250，远远超过国际上 1∶400 或 1∶500 的警察人口比。[①] 人数众多并不意味着执行任务水平的提高，反而对警务人员的素质和能力提出了更高的要求。台湾地区对警员的能力和素质方面尤其看重，并制定了一套较为严格和完善的考选与培训制度。

人，是警察组织中最宝贵的资源。人力资源管理认定组织应重视每个员工的价值，警察人员需要警察组织长期投资。人力资源管理强调组织人力的提升与运用，以配合组织的需要，其目的在于为组织求才、育才、用才与留才。警察人员在警察队伍中极其重要，必须在内部融合、融洽与合作，才能达到外部的公平、公正与满意。[②]

一、警察组织人员的分类观

台湾地区警察组织人员的分类：台湾地区警察人员为公务人员，乃警察机关依警察人员管理条例及有关规章遴选任用或遴派，执行警察任务之警察

① 马藜：《台湾的警察教育》，载《公安教育》1996 年第 1 期，第 43 页。

② 余秀豪：《警察行政法》，台湾警察大学出版社 2002 年版，第 185 页。

官与持警佐待遇的警察基层人员。[1] 警察人员关系所产生的效果，就以警察人员对于政府所负的特别义务为最重要，这种义务是规范警察人员务必在一定标准之下执行其任务，且此种义务因任用行为成立当然发生。警察人员既已同意于任用，则应愿意担当特定义务，也是应遵守警察的纪律。可见，台湾地区警察的任用之严格、上任之规范，亦用相关规定来规范自己的权利与义务。余秀豪在《警察行政法》中谈到了台湾地区警察人员管理的相关依据：依照“公务员服务法”、“警察人员管理条例”及其他有关规定，可分为六种：

1. 恪守誓言之义务。

2. 执行职务之义务。

3. 服从命令之义务。

4. 严守秘密之义务。

5. 保持品格之义务。

6. 不为一定行为之义务。

如有违反义务者，则按情节之轻重分别予以惩处，如该管长官疏于监督或知情而不依规章查明处分者，亦应负连带责任与受惩处。[2]

台湾地区警察通过警察特考进行遴选与任用，具备高素质、高专业化的品质，台湾地区警察人员应必备核心的处理各种警务工作的能力。这些核心能力贯穿并渗透到了警务活动的各个方面，提高了人们的满意度，并在多年的发展中形成了较为完善的、具有自身特色的警务核心能力体系。

在警察的招录与选用方面，其追求的主要目标就是选拔能胜任警务工作的警员，这也是提升警务工作效率、优化警察机构人员组成的前提，同时有利于警察人员的个人发展。无论是担任第一线工作之外勤警员，还是负责外勤勤务督导、内勤业务规划幕僚等中间层之干部，乃至于负责决策之领导阶层，均应具备足以胜任职务的能力。[3] 所以警察应该具备的核心能力是，在所处岗位上具备能够承担职务的能力。针对台湾地区的基层警察具备的能力，基层警察在街头执勤，必须具备正确娴熟的相关规章知识，方能以专业知识发挥作用，依相关规章行政；遇到歹徒持械顽强抵抗，必须具备精湛的技能与过人的胆识能力，方能制服凶徒，保护民众；以技能实施强制力，贯彻公权力；还要有伦理和有为有守、刚正不阿的品操，才能抗拒威胁利诱，确保品行操守，认真尽责完成机关赋予之任务。警察职司治安维护，具备以上足

① 余秀豪：《警察行政法》，台湾警察大学出版社 2002 年版，第 191 页。

② 余秀豪：《警察行政法》，台湾警察大学出版社 2002 年版，第 235 页。

③ 梅可望、陈明传、李涌清、朱金池、章光明、洪文玲：《警察学》，台湾警察大学出版社 2010 年版，第 173、174 页。

以胜任职务的核心能力，才可能正确行使裁量权，填补相关规定的空缺，实现个案正义。①

二、警察工作六手段说

根据人、事、物、地、时，提出了警察工作中需要具备的六个手段。②

1. 命令——系指警察下令（下令处分），乃命（告知）负有某些行政义务之特定人，为某事或不为——限制、禁止某事之行为。并非“警察法”第9条第1项第1款“发布警察命令”之命令。

2. 强制——乃以实力拘束特定人之身体或财物，而实现警察上必要之状态作用。

3. 服务——依情理代替或协助民众办理事务，以达成警察任务之方法而言。

4. 劝导——应如何做某事（作为）或不做某事（不作为），并不以处罚或强制而达到警察目的。

5. 维护——凡须警察机关派遣警察人员以各种警察勤务方式——守望、巡逻或驻（守）卫，维护秩序与安全等均属之。

6. 管理——社会治安工作不可能均由警察单独所能负担，对于人、事、物、地、时之维护，亦须对相关之人、事、物、地、时实施管理，而使各该行政客体依规章负有特定之作为或不作为之义务。③

三、警察核心能力说

警察需要具备的核心能力，包括知识、技能与伦理，三者缺一不可。

（一）知识

警察机关在政府部门中掌理之事权范围，依“警察法”及各警察组织、作用之相关规定，包括维持公共秩序、保护社会安全、防止一切危害，显较其他机关更为宽广，警察人员执勤时间须比一般公务员更长、更不固定，且警察工作特别着重命令、强制权之实施，尤以使用警械、执行逮捕、拘提、搜索、扣押等警察强制处分权对人民权益的影响更为直接、重大，故警察人员必须具备行使职权达成任务所要求之知识、技术、品格等能力，有别于其他公务员，须以特别规章就任用资格、教育训练做特别之规定。为发挥警察的功能，警察人员需要有法律方面的能力，而这些能力的培养应该与笔录制作、警械使用、交通取缔等实际警察工作相结合。此外，具体任务的执行功

---

① 梅可望、陈明传、李涌清、朱金池、章光明、洪文玲：《警察学》，台湾警察大学出版社2010年版，第174、175页。

② 余秀豪：《警察行政法》，台湾警察大学出版社2002年版，第48页。

③ 余秀豪：《警察行政法》，台湾警察大学出版社2002年版，第49~51页。

能也涉及犯罪侦查工作，由于警察无法回避刑事现场与侦查的压力，警察人员皆应具备犯罪与刑事鉴识的能力。①

台湾地区警察采用的是大陆法系的警察体制，大陆法的警察制度中警察的权力范围大，指挥分工明确，不仅有维持秩序的职能，还会有一般行政工作的辅助。台湾地区警察人员较之政府，管理的事务极其广泛，涉及面广而复杂。要应对此状况，警察人员必须具备一定的知识，即具备较强的法律知识。只有具备了一定的法律知识才有利于具体工作的开展，人民群众的满意度才会提高，警察人员的形象也会高大；反之，则警务工作的效率也会降低。

（二）技能

警察机关提供二十四小时不间歇的服务，外勤警员执勤时间比一般公务员冗长且不固定，非具备相当的体力与耐力，不足以应付突发状况。加上警察工作常需使用强制力，以排除抵抗、制服歹徒、追捕嫌犯、镇压群众暴动，有时遇到意图自杀者或精神病患者，在实施管束时，须以腕力排除抵抗，或解除其攻击武器，故担任第一线执法工作的外勤警员必须具备武术技能，与不畏危险的勇气和胆识。一般而言，有三项技能为警察人员所必备：

1. 体技能力：指基本体能、防身术、综合逮捕术、警棍镇暴训练、心肺复苏术、急救术、水上救生术等技能；

2. 射击能力：含各式警枪的基本射击、应用射击等；

3. 驾驶能力：含基本驾驶证照的取得，及紧急状况下的车辆操作，如急转弯驾驶技巧。②

在警务工作中，警察不仅要能说得过人们，还要必须具备相应的警务技能。综上所述，台湾地区警察必须具备体技能力、射击能力和驾驶能力。体技能力是警察必不可少的，在面对歹徒的暴力与对抗时，可以运用自己的技能与战术制服歹徒，以暴力制暴力；在遇到突发情况时，人们可能会发生危险或面临威胁，警察应具备相应的救援能力或心理疏导技能。射击能力是警察必不可少的能力之一，警察作为打击犯罪的战士，应具备精准的射击能力，在实战中能以迅雷不及掩耳之势制服歹徒。在追捕歹徒的过程中，驾驶能力方面对警察提出了新的要求，警察具备的驾驶能力要求很高，包括对急转弯驾驶技巧的要求。

（三）伦理

警察教育须设法培养警察人员“认真负责”、“言行一致”、“勤劳不懈”、“遵守纪律”等的工作价值，教育单位在设计相关养成教育课程时，应将之列

---

① 梅可望、陈明传、李涌清、朱金池、章光明、洪文玲：《警察学》，台湾警察大学出版社 2010 年版，第 175 页。

② 梅可望、陈明传、李涌清、朱金池、章光明、洪文玲：《警察学》，台湾警察大学出版社 2010 年版，第 176 页。

为施教重点，并考虑施教方式，以培养从业人员认真服勤的态度、良好服务的态度、以身作则的态度。台湾地区警政主管部门曾于1998年针对基层勤区警员、派出所所长、分局长与局长等四种职务及其所需能力做过调查分析，调查结果与理论的预测符合。综合资料可发现：

勤区警员的重要工作有：勤区查察、受理民众报案与处理、回应民众请求服务、未破刑案侦办、交通取缔与整理。为应对这些工作，勤区警员须具备的职能有：熟悉刑事相关规定、认真服勤的态度、良好服务的态度、以身作则的态度、掌握辖区动静、正确使用警械等。派出所所长的重要工作是：勤业务管制、了解辖区动态、枪械管理、了解警员动态、了解警民关系、为民服务。而重要的职能有：领导能力、以身作则的态度、掌握辖区动静的能力、熟悉刑事相关规定、沟通协调能力、良好的人际关系等。分局长的重点工作是：了解辖区动态、勤业务管制、了解部属动态、未破刑案侦办。分局长最重要的职能是“领导能力”，依次为：以身作则的态度、掌握辖区动静的能力、沟通协调能力、突发事件处理能力，当然，刑事相关规定也是分局长必备的素养之一。局长的重要工作则为：组织发展、了解辖区动态、与其他单位沟通协调、了解部属动态及警民关系、议会答询。对局长来说，领导能力、以身作则及沟通协调是三种最重要的能力，且调查意见的共识程度更高。①

伦理就是对警察品行素质的要求，要求警察具有高素质、高纪律性、高专业化的品质。在对警察进行招募与选拔时，首先考虑的就是警察人员的态度与品行。其中，警政主管部门在1998年做过的调查分析显示，基层勤区警员、派出所所长、分局长与局长四种职务所需的能力都应具备的是：熟悉刑事相关规定、以身作则的态度与沟通协调的能力。所有任务都要围绕局长的命令执行，局长还要具备很强的领导能力。可见，在警察人员中，层级越高的领导人员，越需要较强的行政管理能力。

故深入分析警察人员的核心能力，应按照其所担任的职位层级与工作内容加以区别，大致上可分为：①勤务性能力，指担任第一线工作的外勤警员执行勤务的能力；②业务性能力，指负责外勤勤务督导、内勤业务规划等中间层干部执行业务的能力；③任务性能力，指负责决策的领导阶层所应拥有的高瞻远瞩、睿智果断的能力。②

---

① 梅可望、陈明传、李涌清、朱金池、章光明、洪文玲：《警察学》，台湾警察大学出版社2010年版，第176~178页。

② 梅可望、陈明传、李涌清、朱金池、章光明、洪文玲：《警察学》，台湾警察大学出版社2010年版，第178页。

第二节　警察教育训练的基本理念

警察教育奠定了警务工作的未来。放眼世界，各国及各地区警界纷纷在警察教育的改革与发展上投入了大量的人力、物力和财力。警察教育的途径主要有两种，一种是学历教育与训练，另一种是培训与实战训练。一些国家将警察学历教育作为为国家培养优秀预备警官的主要方式和途径。警察培训包括将考选入警的人员进行集中培训，也包括对于在职警察的再教育，为适应社会的变化接受教育，从而更好地应对警务工作。

台湾地区学者章光明认为，警察任务能否达成，应视警察人力素质的高低，而专业的警察教育及训练则是提升警察人力素质的不二法门。教育训练是让新进人员融入警察组织这个小型社会，因此是一个社会化的过程，所以警察教育的目的是使警察能胜任其所从事的工作。梅可望也认为一个优秀的警察人才绝对不是天生的，而是受过长期良好教育的结果。①

一、教育与训练的区别

邱华君在其编著的《警察法规》一书中，给出了警察教育的概念。警察教育系培养警察技能，灌输警察新知识的总称，亦即警察教育有两个意义。

广义的警察教育泛指有关警察人员的一切教育。换言之，凡警察人员的养成教育、在职补修教育、专修教育、常年教育、机会教育及升等教育均属其领域，范围至为广泛。

狭义的警察教育仅指有关养成教育、常年教育及补充教育等而言。

教育（Education）与训练（Training）的概念较为接近，常合并使用，但实有不同，二者区别如下：

1. 功能不同：教育的功能在于发展人才，重心在人，也就是个人能力的发展；训练则在于配合组织当下的需要，重在工作，也就是个人能力在工作上的应用。

2. 目的不同：教育的目的在于适应一般需要，训练则在于适应特殊需要。

3. 需求不同：教育的应用价值在未来可能需要，训练则是立即需要。

4. 内容不同：教育是立身处世等各种事理方法的学习，内容为基本知识；训练是某种特别事理的传授，内容为专门知识与技能。

5. 范围不同：教育范围较广，训练范围较窄。

6. 时间不同：教育所需时间长，训练所需时间短。

教育与训练属于人力发展阶段，但若细究，教育、训练与发展仍有不同：

---

① 参见张继元所著《两岸警官教育制度之研究》之文章。

教育，是知识的改变（change in knowledge）；训练，是技能的改变（change in skills）；发展，则是态度或价值的改变（change in attitude or value）。

教育，指的是通过学校进行课程教育，重点在于讲授与传授知识，只要是能陶冶人的情操、增长人的知识，就都可以是教育。警察是一个特殊的行业，具有特殊性，警察教育则是灌输适应警务工作的知识与技能，同时不乏通识教育，增强警察的品行素质，适应以后警务工作发展的需要。训练，重点在于警务技能的培训，指的是警察机关工作的需要，以此对于警察人员施以知识与技能的培训（专业化的培训），培训时间较短。

二、台湾地区警察教育制度

台湾地区的警察教育制度自成体系，形成自上而下的教育体制，主要由台湾地区两所主要的警察大学培育，分别为：台湾警察大学和台湾警察专科学校。

台湾警察大学主要培育高级警官，是高级警官的教育机构，偏重于传授警察科学知识与学术研究；台湾警察专科学校主要培育基层的警察，是初级警察教育机构，偏重于基层警员的上岗培训。

警察教育分养成教育、进修教育、深造教育，“台湾警察法”第15条第1项规定在最高层设警察大学，各“省（市）”设警察专科学校或警察学校。目前现行的警察教育及分别由台湾警察大学及台湾警察专科学校两校办理，其他大专院校尚未设置警政相关学系。

（一）台湾警察大学

台湾警察大学设下列科、所、班：

1. 本科：修业年限四年，成绩及格者，取得学士学位。其应考资格须为公立或已立案之私立高级中学或同等学校毕业，或具有同等学力者。

2. 研究所：修业年限，硕士班二至四年，博士班二至六年，成绩及格、符合“学位授予法”者，分别授予硕士或博士学位。其应考资格，由相关主管部门会同教育主管部门定之。

（3）二年制技术系班：修业年限二年，成绩及格者，取得学士学位。其应考资格须为经警察专科学校警员班毕业。

（4）警佐班、专业班：办理现职人员进修教育。

（5）警正班、警监班、研究班：办理现职人员深造教育。

（二）警察学校

设警员班级预备班。警员班修业年限一年，应考资格须为公立或已立案之私立高级中学或同等学校毕业，或具有同等学力者。预备班修业三年，成绩及格者，高级中学毕业资格，经甄试合格者升入警察专科学校专科警员班；其成绩特优者，经考选保送台湾警察大学本科。应考资格须为公立或已立案之私立中学或同等学校毕业，或具有同等学力者。

（三）警察专科学校

设专科警员班，修业年限两年，成绩及格者，取得专科毕业资格。其应考资格与上述警员班相同。

（四）警察常年训练

2003 年 4 月 16 日发布的“警察常年训练办法”，成为办理警察人员常年训练的专属规定。

常年训练目前的运作模式是由警政主管部门之教育组负责警察训练的策划、督导、考核，县市训练科负责执行与测试。依照“警察常年训练办法”，训练区分为学科、术科两种类型。①

1. 个人训练：分学术两科。

（1）学科方面，训练对象为全体警员，训练课目为：精神教育、品德教育、规章纪律教育、实务教育、生活教育、案例教育。训练编组区分为警务组和研究组两组，曾受警察教育的现职人员均属警务组，警正二阶以上人员为研究组。实施方式为印发课本自行研读或采用电化教育集中实施。为考查自我训练成效，除由警政主管部门派员采抽测方式，不定期实施口头或书面测试外，每年还举办正式测验一次，各局级单位每半年测验一次，测验成绩优良者予以记功嘉奖等奖励，成绩低劣者则予以记过申诫等处罚。

（2）术科方面，训练对象为警务组五十岁以下之警员，训练课目为：射击、柔道、擒拿、警棍、跆拳道、综合运用拳技等。射击每月实施实弹射击训练一次，用弹十至十五发；体技训练则以每一警员每月至少实施八小时以上为原则，列入勤务表，严格管制实施。为考查训练成效，警政主管部门每年定期实施测验比赛一次，各局级单位每半年一次。训练成绩优劣之奖惩与学科同。

2. 组合训练：训练对象为各级机关，所有担任外勤之警员均应纳入编组。训练课目为：执行巡逻、路检临检等勤务要领，及取缔、检肃。

3. 特勤训练：训练对象为各县市警察局、航空警察局及保一总队特勤机动警。训练课目为：跆拳道及综合应用技术训练，柔道、夺枪、夺刀、擒拿、警棍复习、各种应用射击，思想品德教育。此项训练由保一总队成立训练基地，制订详细计划并负责实施，各县市警察局负责特勤警纲编成，送往基地训练完成后仍须结合日常勤务反复磨炼，保持训练成果。另有干部训练、专案训练、师资训练等，由于警员自杀案件频传及警员心理咨询辅导需要，特别将警员心理咨询辅导工作纳入教育工作之一环。②

---

① 章光明等：《台湾警政发展史》，台湾警察大学出版社 2013 年版，第 98 页。

② 邱华君：《警察法规》，台湾警察大学出版社 2002 年版，第 259～262 页。

台湾地区的警察教育不仅有学历教育，还有常年训练，主要针对在职警员进行技能训练。台湾地区的警察教育涉及面较广，不仅对于知识有高要求，更对警员技能进行培训，以适应警务工作的需要。台湾地区警察教育制度自成体系，其主要内容更是涉及德、智、体、美等的综合全面发展。

第三节　台湾地区警察教育的内容与特色

一、台湾地区警察教育的内容

邱华君在《警察学通论》① 中把台湾地区警察教育的内容范围大致划分如下：

（一）灌输正确思想

思想是行动的指针，有了正确的思想，才能引导一个人走向正确的途径。警察人员为重要的干部，必须有坚定不移的信仰，所以思想研究教育非常重要。

（二）陶冶高尚品德

道德为社会的规范，品格为个人行为的准绳，一个人品德的好坏关系他一生事业的成败，警察人员要保护民众、服务民众，更要移风易俗，而所处工作环境非常复杂，因此品德修养尤为重要。为了陶冶学生具有高尚的品德，除要求学生厉行“诚”以外，还要特别重视孔孟学说的研究；并以高尚坚贞、廉洁清白、负责任、重荣誉、创造、力行、牺牲、奋斗的革命精神，作为品德教育的内容。

（三）充实实用知识

丰富的知识，是警察人员为社会服务应具备的最基本条件，当前是人类知识爆炸的时代，知识的领域已随之无限地扩张。为了使在校学生获得实用的知识，不论警大还是警校，以下都是必须修习的课程。

1. 警察课程方面：警察学、犯罪学、犯罪侦查学、刑事监狱学、警察业务、警察勤务、非常事故群众处理等。

2. 政治课程方面：政治学、政府等。

3. 法律课程方面：刑法、刑事诉讼法、民法、民事诉讼法、行政法、警察法、国际法等。

4. 辅助课程方面：心理学、社会学、经济学、统计学、行政学、哲学、人群关系等。

（四）熟练应用技能

警察人员除暴安良，随时都有遭受暴力侵袭的危险。为了完成任务，必

① 邱华君：《警察学通论》，台湾茂昌图书有限公司 1991 年版，第 448~453 页。

须具有各种技能，才能排除危难，制服暴力的危害，所谓“艺高人胆大”。有了熟练的技能，在执行任务时自能得心应手，顺利完成使命。因此，在校学生对于手枪射击、柔道、擒拿等，必须达到一定的标准才能毕业。而游泳、救生、驾驶等，也是必须学习的技能。

（五）锻炼强健体魄

警察人员职繁任重，要有强健的体魄，才能担当重任。为了学生在校修业期锻炼健全的体魄，应加强其各种体技训练和体育活动。此外，为调剂学生的身心，应经常举办各种交谊活动，以培养学生活泼的精神与愉快的情绪。①

二、台湾地区警察教育的特色

大体说来，警察具有准军事（Quasi military）的性质，因此警察教育的教法，可以说有文武兼修的特色，并成一格，梅可望将其重点分述如下：

（一）潜移默化

警察教育最重要的方法是潜移默化，身教重于言教，要使受教育者在不知不觉中，无须干涉与处罚，自然养成良好的品性习惯与风度。为了达到潜移默化的效果，应严格要求担任教育工作的人员，无论是教育行政人员还是教师与队职官，都应该在思想品德和生活行动方面，做学生的模范，使学生受感召而知所取法，不知不觉、自然而然也步入正轨。

（二）生活锻炼

警察人员必须在受教育的时候，养成良好的生活习惯，通过对在校学生一律实施生活教育，以启发学生自动、自发、自治、和平、亲爱、互助的精神，其主要措施如下：

1. 实施生活管理：生活管理采半军事生活方式，学生入校后，即行编队。队下设区队，区队下设班，分别设置各级队职干部，执行生活管理事宜，并与军事训练相辅实施。

2. 采行自治制度：以高年级领导低年级之自治方式，分别设置各级学生自治干部协助执行生活管理。

3. 实践生活规范：生活规范即遵照“新生活运动纲要”、“民众生活须知”，并参照相关礼节规则而订定，用于甄别学生言行优劣，并予记录，以为学生操行评定之重要依据。

4. 塑造达德典型：以思想正确，道德崇高、精神旺盛、态度亲切、体魄健全、学问精博六事，与能想、能讲、能看、能写、能做，为学生塑造的典型。

① 邱华君：《警察学通论》，台湾编译馆 1991 年版，第 448、449 页。

5. 建立辅导记录：每一名学生自入校时起，即建立完整的记录。包括学生动态、静态资料、各项成绩、优劣事迹、奖惩情形、健康记录、性向分析等，平时由各级辅导人员详细记载，作为个别辅导考核之资料。

（三）实务练习

警察教育以实用为主，所以各科知识和技能，都必须求其合乎实际可用。所以实务练习成为最重要的教学方法。

1. 实习：对于各种警察学科，以业务实习为其主要教育方法，学生在受教育期间，分别在教育实务机关实习。

2. 实验：对于刑事监狱学科，以实验为其重要教育方法。例如，对指纹、枪弹、毛发、痕迹、笔迹、照相等的鉴别，均需到实验室中亲自动手实验，才可明了底蕴，求其实用。

3. 演习：对于各种警察故事，为使教育者获得实际处理之经验，以假设之各种情况，从事演习，以期熟练。

4. 参观：为使受教育学生对一般行政机关、生产机构、社会组织等获得真切了解，均利用教育期间前往参加访问。

（四）注入与启发警察教育的方法

从技术上说，应该注入与启发并重，相关规定的条文警察人员必须熟记，而常识的广博又为警察人员所必需。因此注入式的教育方式不可放弃；警察业务与社会现象千变万化，绝非呆板的办法，因此启发式的教育方式必须使用。

（五）指导与考核警察人员服务社会，一言一行都要做民众的楷模

在受教育期间，必须不断地给予适当的指导与正确的考核，使其思想、言行、学识和技能都能合乎一定的要求，成为一个符合现代化标准的警察人员。①

综上所述，台湾地区警察教育更加注重实战的培训，灵活与启发式教育相结合，并且还要具备广博的法律知识。正如前面所提到的台湾地区警察人员必备的核心能力中的知识所要求的，需要通过教育提升警察的个人能力。

第四节　台湾地区警察教育与考选制度

警察人员的品行素质既是执行警务工作的必备素养，又是提升社会公信力的条件。如果选用的警察人员素质低下，缺少对于警务技能的了解，并且态度恶劣，不能做到以身作则，那么在工作期间，不仅是浪费了教育资源，更是失去了人们对于警察人员的信任与支持。所以，制定一整套严格缜密的

① 梅可望：《警察学原理》，台湾警察大学出版社 1970 年版，第 158~193 页。

选任制度，选用优秀的警察人员，是警察考选的重中之重。台湾地区通过严格的选拔制度与晋用制度，培育出了一批批优秀的警员。

一、台湾地区警察考选、招募的程序

考选招募的程序是多阶段（Multiple-hurdle Approach）的。

（一）台湾地区警察的报考条件

首先，报考者须符合一般条件（general requirement），如年龄、身体状况、视力、听力、学历、公民身份、素行资料等，这些条件皆与警察工作有关；其次，一般警察机关考选人员的方式包括：笔试、口试、性向（心理）测验、测谎、体适能测试（Physical Fitness Exam）、健康检查（Medical Exam）、身家背景调查等。①

（二）台湾地区警察特考

1. 过去的规定。

在台湾地区，要想获得警察资格，必须通过警察特考。警察特考系公职考试的一个组成部分，由考试及人事主管部门组织，每年冬、夏季各组织一次。

冬季特考，专门面向普通高等院校毕业生组织。

夏季特考，主要面向台湾警察专科学校毕业生组织，同时允许普通高等院校毕业生参加。面向普通高等院校毕业生的招录人数，根据警察机关缺额数，扣除台湾警察专科学校通过警察特考、取得警察资格的毕业生数确定。这部分普通高等学校毕业生取得警察资格之后，要进入台湾警察专科学校学习，进行警察专业理论和技能训练，学制 18 个月，毕业后亦为基层警员。

在台湾地区，警察要取得警监、警正、警佐三个衔级的资格，也需要具备相应条件的人员通过考试院组织的考试方可获得，警察机关无权决定。各级警察机构出现刑警、外事警两个警种的空缺，也是由相关警察机构通过公开组织考试的方式，从有 2 年以上基层警察经历的人员中择优选拔。②

可见，不管是入警还是警察人员的晋用，都需要经历一系列的考试，不同级别考试的类型与内容也不相同，并且还需具备相应的考试条件。

台湾地区警察的考选制度体现了公平公正，透明化程度高，人为干预较少，有利于选拔优秀的高素质的警察人员。台湾地区警察人员考选制度严格，诚然，其绩效考评系统也相当完善与规范。

2. 最近的规定。

警察人员考试，采双轨制——警大、警专生与一般生分开考试。③

---

① 梅可望、陈明传、李涌清、朱金池、章光明、洪文玲：《警察学》，台湾警察大学出版社 2010 年版，第 181 页。

② 王离京：《台湾警察教育制度初考》，载《山东警察学院学报》2010 年第 1 期。

③ http://info.public.com.tw/ExamName_Content.aspx? tid=2&nid=5.

台湾地区考试相关部门领导赖峰伟表示，为改进警察人员考试制度，以选拔适合专业人员从事治安维护工作，研修警察特考及基层警察特考二项考试规则的重点为：警大、警专生与一般生分开考试，原警察特考供警校生报考；原基层警察特考更名为一般警察特考，并增加二等、三等考试等别供一般生报考。

有关警察特考及一般警察特考需用名额的合理比例部分，经考试及人事主管部门综合审酌各项因素后，决定三等考试一般生与警校生之录取比例为14%与86%；四等考试一般生与警校生之录取比例为30%与70%，3年后重新检讨分流比例。①

二、台湾地区警察的绩效考评

台湾地区警察系统有一套比较严密、规范的绩效考评系统。所有警察的工作业绩、立功受奖、考核等级等情况，全部在电脑系统量化后排定名次，并且相对公开。官员与警员的晋升、向好的岗位调动交流等，完全按名次进行，人为的因素很少。

台湾地区各级警察机构的正职出缺后，副职是不能直接升任为正职的，而是必须经过一番比较曲折、迂回的路径，方可达到正职的位置。据称，这样做是为了避免正副职之间相互拆台打压，造成内耗。②

台湾地区警察机关在遵守“公务员考绩法”原则性规定的前提下，按照各种职务性质的具体情况，分别制定考核细目或标准进行量化考核，考绩等次分为甲、乙、丙、丁4级，各等次分数如下：甲等80分至100分、乙等70分至80分、丙等60分至70分、丁等不满60分。据介绍，台湾地区警察年终评比70%以上的人员可以评为甲等，较好地反映了大部分警察是称职优秀的客观情况。同时，日常考评结果与警员业绩、晋升直接挂钩。其轮岗晋级制度注重在不同单位相应岗位职务的历练，警察晋级必须轮岗任职期满。升迁者应具备相关规定确定的最低条件，按职务顺序循序递升。警佐以下升迁依资绩计分（学历、考试、年资、考绩、奖惩），由主管机关遴选报升；警正以上人员晋升，以考核保荐为主、资绩计分为辅，原则上只要升迁人员无违法犯纪的情形，遇缺即可获得升职。台湾地区警察注重常年教育、升职教育、专业教育和深造教育，如规定每位警员的体能技能训练每月不少于8小时，公共训练项目实施网上在线学习，根据不同警种开设专业课程或研讨班。为考察训练成效，还定期实施测验，成绩优良者予以记功嘉奖等奖励，成绩低劣者予以记过等处罚。台湾地区高阶警察65岁退休，有的警察五六十岁还在

---

① 资料来源：节选自1999年9月10日考试相关部门网站。

② 王离京：《台湾警察教育制度初考》，载《山东警察学院学报》2010年第1期。

攻读硕士或博士学位。[①]

三、台湾地区警察的任用

警察人员任用之范围，可略分为初任、升任、调任、改任、转任、兼任及复任等，台湾地区学者蔡庭榕将其分述如下：

1. 新进任用（初任）：系警察机关将有资格适任于缺额或增额的新进人员，就考试及格人员中遴用之，遴用后先予试用或实习，期满考核合格者，始得正式任用。

2. 升等任用：系指警察人员任用满一定年限，考核成绩及品德操行系属优异，予以提高其职位及待遇或较高的地位与声誉之谓。升等任用宜采选、训、用合一制度，使有学识及能力之人才，在严密之训练与考试之下，渐次晋升，在此学识、能力之差别下，低级人员不得不服从高级人员，并力争上游。台湾地区现行警察人员升职训练仍为贯彻实施。

3. 迁调任用：系指在同一警察机关或不同警察机关，不因升任或降任，而由此一职位转向彼一职位的更动，使警员不中断任用期间而能继续其工作关系。[②]

台湾地区警察具有专业化、正义感与服务的理念，并且具备精细而规范的警察考选制度与绩效考评系统，这些先进的管理理念与有效的实践经验相结合，为台湾地区警察队伍的规范化与正规化建设奠定了坚实的基础。

第五节　台湾地区理想警察教育的原则[③]

各国和地区警察教育制度各有长短，警察教育培训的终极目标是培养理想的警察或者培养满足人民大众最大期望的警察。理想警察的原则是保持优点、规避不足、扬长避短。因此，建立合理健全的警察教育制度的基本原则，主要有以下几个方面：

一、警察人员的教育水平最高原则

警察工作是现代专门行政工作之一，而专业化的警察人才，绝不可能在三五个月内完成对其的教育和培训。日本和英国的警察学院，虽有大学之名，却无大学之实。日本近年虽延长其警察大学本科教育时间为 1 年，但与大学 4

---

① 闽公福：《台湾警察精细化规范化管理的做法与启示》，载《公安研究》2012 年第 2 期，第 78、79 页。

② 蔡庭榕：《警察考教用配合问题之研究》，载《警学丛刊》1992 年第 20 期，第 67 页。

③ 邱华君：《警察学通论》，台湾茂昌图书有限公司 1991 年版，第 452~456 页。

年相比较仍相差甚远。美国各大学设置了警政学院或刑事司法学院，固然略可补救，但 FBI 国家训练学校教育期间仅仅 11 个星期，而美国西北大学交通班仅仅为 10 个月至 1 年。警察教育期限的短暂，不仅影响教育效果，而且使从事其他事业的人轻视警察人员，因为外界人士总难免有“短期训练就是粗制滥造”的感想。因此，警察教育中的各级警察学校在教育的期限上，必须与各级普通学校（如研究所、大学、专科、中学等）有同等的比重。

二、警察干部的培养，自己提升与外界吸收应等量齐观

英、美、日等国的警察干部，绝大多数自基层开始层层提升，尤其以英国做得最为彻底。警察干部自基层提升，当然有其诸多的优点，如可以提振士气、干部对基层的业务比较熟悉等；但警察干部的逐级提升也不完全是最全面的选择，也要适当地从系统外部汲取新鲜的血液。英国警察学学者哈德士在其名著《英国警察》中说：“英国政府承诺汉登学院对外招生，曾经是若干优秀人才参加警察阵容，这些优秀分子，如非汉登学院招生，决不能步入警界之门。可惜英国政府深恐引起基层警察人员的反感，与高级警察干部的反对，致使国家警察学院关闭了对外招收警察之门，非常遗憾。”事实上，警察干部所应具备的条件，与基层人员颇不相同，而近代警察工作如刑事鉴识、交通管理、犯罪侦查、少年犯罪处理等，则需要种种专门人才，单纯从下级选拔是远远不够的，为求警界永葆朝气蓬勃、充实专门人才、培养高水平的主管，警察干部教育必须对提升下级与吸收外界优秀分子两者并重，才能达到预期的目标。

三、警察教育制度必须自成体系

在台湾地区，警察的教育培训相对独立、自成体系，包括养成教育、进修教育、深造教育及常年训练，涉及入警、升职、晋衔、调岗等各环节。其中，常年训练由警察实务机关分层负责，或集中基地轮训，或结合勤务磨炼，无论个人还是组合，多着眼于提高工作技巧。而台湾警察大学、台湾警察专科学校则承担着养成教育（ 即大陆的学历教育）、进修教育和深造教育（类似大陆的在职培训），是警察教育培训的主干。

警察人员是安定社会维护政权的主力，故警察人员的选拔与培养，必须特别注意：首先，对一个人的了解与改造，以教育期间为有效。警察教育自成体系，不难制定完整的训练与考核标准，任用合乎标准者，淘汰不合乎标准者。假设用普通大学办理警察教育，学术研究虽然有丰厚的资源可资利用，但警察人格陶冶自然会不足。其次，警察教育的特质决定了一般院校在课程安排上无论如何周全，但在技术的锻炼、纪律的要求、风气的培养方面都有不足。警察教育自成体系，自基层到高层教育机关，做法一致，受教育者在

这样的环境下熏陶，习惯成自然，在言行举止、办事方法都可一致，在无形中可大大增加警察的工作效果和行政绩效。最后，警察教育自成体系，无论从教学内容、设备的扩充还是师资的培养等方面都有其优势所在。所以，理想的警察教育制度，必须是自上而下成为完整的教育体系。

四、中高级警察人员，必须有充分的受教育机会

一般情况下，职位越高的警员受教育的机会相对越少。这种现象也是制约警政发展的因素之一。

警察教育要想进入理想警界，就必须力求使各级警察人员都有受教育的机会。尤其是中级或高级警察干部，不可使其只知教人，而不被教。只有这样，中高级警官才不至于落后，警察学术研究才能日益进步、发扬光大。

五、警察教育制度与升职教育制度配合

警察教育制度必不可少，而警察的升职教育制度也必须认真落实。各级警察人员的责任不同，其所需要的知识能力也不同。为使各级警官的教育切合实际，应搞好升职前教育，升职教育与一般教育制度密切配合，不仅要加强教育效果，还要提升其能力。

六、各大专院校法律政治社会等学系开设警察学、犯罪学、少年犯罪等课程

由于警察组织本身已逐步发展为开放性组织，警政进步除靠自身努力外，还需靠社会大众督促，其督促的最佳方法是开放警政科学研究，让知识分子也同样知道及参与警政学术的研究，进而提出改革意见，促使警政学术的蓬勃发展。

七、基层行政工作执行技术能力的培养及高等警察政策规划人才的培育并重

执行与规划是一体两面，有良好的警政规划人才，配合优秀的工作执行者，不但可以达成警察任务，而且可以赢得公众的公信力。因此，两者之人才培育务必并行与并重。

警察教育制度如果根据上述七大基本原则从事设计，则警察教育效率的提高、优秀警察人才的培养以及警察人员社会地位的提高，都可拭目以待。

警察教育是培养优秀的警察人员，而优秀的警察人员，又是健全警察行政的基础。警察教育的重要性及警察教育的重要价值，可以用“警察多一份教育，人民多一份保障”来概括。因为唯有受过良好教育的警察人员，才能恪尽其除暴安良、维护公序良俗的神圣职责。

第二十三章　警察人事行政

人事行政的主要目的，是以有效管理方法，使事得其人、人尽其才，发挥高度行政效率。诚如美国社会学者帕森斯（T. Parsons）所说："组织之目的在于解决四个基本重要问题，即组织目标之达成，对外在环境之适应，内部之整合及组织文化模式之维持。"但是，如何能顺利解决上述问题，关键在于正确操作人行政。

现代政府的职能扩张，所任用之公务人员人数亦日益膨胀，认识行政之范围各家说法不一，以台湾地区所规定的人事行政的范围为例，有"考试、任用、铨叙、考绩、级禄、保障、褒奖、抚恤、退休、养老"十项。[①] 此乃传统的人事行政。时至今日，由于环境因素变换，现代的人事行政学者更深入探讨人员人格尊严、平衡与满足、才能发展、人性管理、行为激励、态度调查、工作士气等问题。

第一节　警察人事行政策略

一、警察人事行政概述

（一）人事行政

"人事行政乃是一个机关或团体为完成其使命，对其工作人员作最适切最有效的选拔、使用、教义、维护、督查考核、奖惩时所需的知识、方法与实施。"[②] 其目的在于："人尽其才"，即人的内在潜能之最高发挥与利用；"事竟其功"，即以最经济之手段获得最大之效果。人事行政一向是行政的主导、管理的灵魂，即一机关为完成其任务及目标，对机关内人员，做适当的选拔、任用、教育、监督、考核、奖惩激励以及退休、养老、抚恤等行为措施。人事行政通常与人事管理通用。但就字义而言，仍有不同之处。人事行政，指人员选拔与使用的政策、组织及程序，注重理论，层级较高，并偏重于政策

① 许新枝：《行政学与行政问题》，台北幼狮文化公司1980年版，第144页。

② 张金鉴：《云五社会科学大辞典》第七册——《行政学》，台湾商务印书馆1989年版，第140页。

性且范围较广。人事管理，指人员选拔与使用的技术即方法，注重实务，层级较低，并偏重于技术性且范围较小。人事行政的目的在于提高行政效率，达成行政上的需求。换言之，人事行政的目的在于以最经济的手段及代价，获得最高效率与最佳效果。人事行政本身只是一种工具，视为达成各项行政上要求的一种工具，其目的是以人事方面协助其他各项行政，进而经济有效地圆满达成其任务。[①] 人事行政所包括的范围如下：

1. 人事机构；
2. 职位分类；
3. 职员选用；
4. 薪给；
5. 考勤；
6. 考绩；
7. 训练；
8. 人群关系；
9. 抚恤；
10. 退休。[②]

人事行政素来是行政的主导、管理的灵魂，亦即一机关为完成其任务及目标，对机关内之人员，做适当的选拔、任用、教育、考核、奖惩激励以及退休、养老、抚恤等行为措施。

（二）警察人事行政

邱华君在《警察行政》一书中指出，警察行政包括职位观念与组织设计、人员等。职位方面包括官职分立及为事择人。组织设计方面包括编制及编阶。人员方面则有：遴选，为事择人，适才适所；任用贤能，因材器使；铨叙，人事配合，才识相称；俸给，同工同酬，责酬相当；考绩，综合名实，奖优汰劣；训练，增进知能，培育人才；褒奖，奖拔优秀，增进经历；保障，保障权益，勇于任事；保险，安定生活，增进福利；福利，调剂生活，促进效能；抚恤，体恤生前劳绩，安抚遗族生活。[③]

蔡庭榕、蔡进阅在《警察行政专题》中说，警察人事行政包括选调、奖惩、考绩、待遇、退休优抚、保障。[④]

（三）警察人事行政的现状

"警察人员管理条例"颁布实施后，警察人事即走向制度化，亦能针对警

---

① 邱华君：《警察学通论》，台湾编译馆 1991 年版，第 307 页。

② 张金鉴：《云五社会科学大辞典》第七册——《行政学》，台湾商务印书馆 1989 年版，第 140 页。

③ 邱华君：《警察行政》，台湾警察大学出版社 2009 年版，第 215 页。

④ 行政警察学系：《警察行政专题》，台湾警察大学出版社 1998 年版。

察工作之特性，适应当前警政需要配合建警目标，在警政当局的努力耕耘下并配合时代潮流的演进，不断革新，始有今日。现行警察人事制度如下：

1. 官职分立制。警察官采官职分离制，其官等分区为警监、警正、警佐，官受保障、职得调任，非依相关规定不得免官或免职；并配合官等，其服制依官等配阶。

2. 初任年龄限制。初任警察官，警监、警正、警佐分别以不超过五十、四十五、四十岁为限，以保持警察阵容之精壮。

3. 任用资格与考试。为贯彻考训用合一之精神，规定警察人员考试与官警二校（台湾警察大学是培养警察干部，台湾警察专科学校是培养一般警察）的毕业时间配合举行，以达学以致用之目的。同时，警察官之任用，除了必须具备升官等考试及格，职务等阶最高列警正三阶以上，应经警察大学或警官学校毕业或训练合格；职务等阶最高列警政四阶以下，应从警察大学、警官学校、警察专科学校或警察学校毕业或训练合格。

4. 实施调任制度。包括有职期、地区及经历调任。

5. 升选公平、合理化。对于警察人员之升职，有“警察人员升选要则”乙种加以规定，除有特殊功绩外，均按照此要则执行。

6. 提高年功俸。警察人员因受教育及员额限制而缺少机会，为励士气，奖其久任，对于基层警队（员）、巡佐等之年功俸提高至相当警正一阶一级本俸最高级。

7. 严密考核制度，厉行重奖重惩。为严肃警察人员阵容，并奖当其功、罚当其过，有严格的停、复、免职规定及警察人员标准奖惩表办理奖惩案件规定事项以资遵行，严密考核制度。另对于具有特殊功绩者，予以特殊功绩升职，并给予特别休假，鼓励工作士气。

8. 完善的待遇福利。为鼓励士气使其无后顾之忧勇赴事功，还有特有的“警勤加给”、比一般公务人员略高的“专业加给”、依实际“超勤加给”。警员因工伤残退休者，加发退休金基数；执勤殉职者，加发抚恤金、“警察人员执行勤务死亡、残疾特别给付金”、“警安基金” 等。①

二、警察人员的考绩奖惩

（一）考绩

邱华君在《警察行政》一书中指出，考绩是确定一个警察人员在他服务机关中应具价值的依据。换言之，系指考核警员服务成绩并予以评价。

陈达炜在其硕士论文中提到，考绩系以达成组织职责为目标，就组织内员工之工作成绩与服务形式，予以定期考核与评估，以为人事管理运用之

---

① 参见陈立中文章《如何健全警察人事制度提振工作士气》。

依据。

邱华君在《警察行政》一书中指出：考绩的项目主要包括工作绩效、品德操守及其与业务有关之项目。

考绩程序有专案考绩及平时考核，遇有优劣事时随时办理。至于年绩考核与另予考核，则需经由一定程序并于年终时办理。其程序为：

填表（受考人填具有关事宜）→主管人员评拟（主管在受考人考核项目评定分数）→考绩委员会初核（受考人考绩总分由考绩委员会合议）→机关首长核定（经首长核定，如不同意交回复议，再有不同意时应注明事实理由）→铨叙机关审定通知（受考人等次确定后造册送铨叙机关审定，核定后通知书送达受考人）→考核等次异议重新审定。

（二）奖惩

奖惩二者乃一物的两面。奖为积极方法，惩乃消极作用，二者互为作用，其目的在于促进或维持各警察人员的工作效率，前者在于利用人的竞进心鼓励其勤奋，后者在于利用人的畏惩心以严律其守职。奖的意义欲使警察人员竭其全力达到最高限度的成绩，惩则在于强迫警察人员维持其最低限度的服务效率及工作标准。

警察人员之考核奖惩悉依“警察人员管理条例”、“警察人员奖惩标准表”及“警察机关办理奖惩案件规定事项”暨有关规定办理。

奖励的方式包括：

1. 物质上的奖励，即收入上的变化，主要包括：①加薪，依相关规定晋职俸级；②奖金，如功绩奖金，考绩奖金、破案奖金、研究奖金。

2. 精神上的奖励，也称冗余性的奖励，主要包括：①勋章。政府为酬谢有勋劳于社会的人，曾经颁布“勋章条例”，分别规定应具备的条件。请勋需要经过一定的程序方可获得。授予勋章之人员包括公务人员、非公务人员、友邦元首及外国人。②褒扬。政府为褒扬德行优异、热心公益者，公布有“褒扬条例”。褒扬方法分匾额及葆章两种，申请葆章者需经过一定的程序。③奖章。警察机关对所属警察人员中具有一定的特殊成绩或任职很久而成绩优良者，制定颁发警察奖章的规定，奖章分为一等、二等、三等、四等，每等分三级。④奖状。警察机关对所属警察人员在工作上有特殊表现者亦偶有发给奖状的规定。奖状又可依其事迹的不同分为功绩奖状、久任奖状及考成奖状。⑤特保最优。各政务机关所属人员，有救灾克难等重要功绩者或有特殊发明或著作确有显著贡献者，逐级呈报保举最优人员，由相关领导召见并颁发荣誉纪念章。⑥模范警察表扬。警察机关表扬所属优秀警察人员，亦订立“表扬办法”，对工作上有特殊表现或任职很久且工作成绩优良者，予以公开表扬，并发给纪念简章或出境旅游等。⑦嘉奖、记功、记大功。各级警察机关对所属警员，经平时考核认为绩效优异或有优良事迹者，得视其事迹情节，予以嘉奖、记功或记大功的奖励。

3. 职务及工作本身的奖励：在奖励方面，还包括其他的方式，如给予假期、赠送旅费等。

惩罚的方式：

1. 精神上的惩罚。①行政上：申诫、记过、记大过。警员在行政上有所违背或过失、行为不检或工作不力的，均应收惩罚，以资惩儆。依据是“警察人员奖惩办标准”。②惩戒法上：记过、申诫。依据是“公务员惩戒法”。

2. 物质上的惩罚。收入上受损失。减俸：在一定期间内减支其俸给。

3. 职位身份上的惩罚。①免官：依“警察人员管理条例”第 31 条之规定凡有内乱外患等罪予以免官。②免职：依据“警察人员管理条例”第 31 条及“考绩法”第 7、8 条之规定凡内乱外患罪者予以免职。③撤职：依“公务人员惩戒法”之规定，有违规、失职或废弛职位及其他失职行为者。④休职：依“公务人员惩戒法”之规定，休其现职务。⑤调职：视其违职失职情节，调地方或平调非主管职务以儆效尤。⑥降级：依“公务人员惩戒法”之规定，降低其层级，以示惩罚。⑦停职：尚未构成免职条件，先行停职处分。

三、警察人员的俸给

（一）俸给的意义、性质、目的、原则

1. 俸给的意义。政府给予警察人员服务酬劳以维持其生活，是为俸给。（韩彦直：俸给者，政府对警察人员服务的报酬，以充足警察人员相当地位的生活费用为主旨，在警察人员关系存续期间，所负担的公法之上的金钱债务。）警察人员享有领取俸给的权利。

2. 俸给的性质。世界各国和地区关于俸给的性质有以下三种说法：

（1）表示地位的高低与责任的轻重。地位高、责任重者俸给高，反之则低。此乃诱导激励作用。

（2）表示工作量的多寡与技术的精粗。工作量多、技术精者俸给多，反之则少。

（3）用于维持生活者。

3. 俸给的目的。政府对于警察人员与社会公众均有责任，而且这两类责任是合而不分的，因此，警察人事行政的目的，就在于调和社会公众的期望值抑节预算。只有照顾警察人员的俸给，提出两全其美的均衡政策，方能赢得民意机关的支持，因此，警察人员的俸给不仅是属于涵盖技术、政策与制度的课题，亦是警察人员行政达到政治艺术境界的保障。

一般而言，对警员给付俸给的目的是：酬劳其服务，安定其生活，维护其地位。

4. 俸给的原则。关于警察俸给的原则，许多学者都有自己的观点，下面

简要地作一个列举。

理想俸给原则为：

（1）平等性——同工同酬；

（2）适应性——俸给与物质指数保持平衡；

（3）平衡性——公务员与社会上其他行业保持平衡；

（4）效率性——不但维持其温饱，而且促其工作效率提高；

（5）年资性——年资深、经验丰富，其俸给自亦提高。①

根据各国和地区警察人员待遇，诸警察人员俸给的原则如下：

（1）满足最低限度的生活要求；

（2）与他种从业人员的待遇平等；

（3）因生活指数而增减；

（4）警察人员彼此间待遇合理：同工同酬，年阶优先，劳险加给，上下接近，额外收入禁止。②

梅可望主张合理有效的俸给，应该注意如下原则：③

（1）报酬相当原则——报酬与负责人职责的大小成正比；

（2）同工同酬原则；

（3）比较原则——同性质相互比较报酬，谋求平衡；

（4）激励原则——保持适度弹性，有刺激才能努力争取绩效，获较高俸给；

（5）实惠原则——实际报酬的增加，提高购买能力。

邱华君的观点——俸给原则：

（1）要能维持工作效率；

（2）要顾及警察人员的社会地位；

（3）要与工商企业机构员工的俸给水准相平衡；

（4）要有一个客观的根据或标准；

（5）要有考量普遍一致的工作实量的水准；

（6）要有弹性增减的机制。

（二）俸给的种类

警察人员的俸给，依“警察人员管理条例”第22条的规定，分为本俸、年功俸及加给，均以月记。本俸及年功奉的俸级及俸额，依“附表”的规定，分述如下：

1. 本俸，指警察人员的基本俸。本俸共有三十级，分属警监、警政、警

---

① 行政学者张润书先生的观点。

② 梅可望：《警察学原理》，台湾警察大学出版社1977年版，第202页。

③ 赵其文的观点。

佐三个官等中。警监分九级，警政分十二级，警佐分为十五级。

2. 年功俸，指对于受俸给限制因而无级可晋的警察人员，为奖励其老绩，所晋的俸给。依照“考绩法”的规定，公务员在考绩年内记大功或累积两次，未依规定抵消者，晋级一级，并给予一个月俸给总额的一次奖金，已经晋之本职最高俸级者，晋年功俸一级并给予一个月俸给总额的一次奖金。已供年功俸最高额者，给予两个月俸给总额的一次奖金。“警察人员管理条例”第33条规定，警察人员在本官司阶职务满十年未能进阶或升等任用，而已晋到本阶职务最高俸级者，其考绩列甲等、乙等的奖励，如下：

甲等：晋年功奉一级，给予一个半月俸给总额的一次奖金。已晋至年功奉最高额者，给予二个月俸给总额的一次奖金。

乙等：晋年功奉一级，给予一个月俸给总额的一次奖金。已晋至年功奉最高额者，给予一个半月俸给总额的一次奖金。

3. 各种加给及津贴。因为警察人员的职务或任职地区的不同，于本俸、年供奉之外，另有加给给予。分述如下：

（1）勤务俸给：对警察勤务者分级给予之。

（2）技术加给：具有专门性工作及不易罗致的人才，给予俸给。

（3）地域加给：对服务边远地区或危险特殊地区的给予。

（4）眷属津贴：为安定警察人员的生活，对于其眷属，是以计口给予津贴。

（5）房租津贴：为解决警察按人员住的问题，对公务员给予若干数目的房租津贴。

（6）加班津贴：凡在正规上班时间以外工作者，应发给加班津贴（超勤津贴）。

（7）其他：交通费等。

四、警察人员的保障

（一）警察人员保障

警察人员保障是指警察人员在职期间所享有的身份、工作、生活、职务、请假、人事处理及其他各项权益，并受保障。如其权益遭受违反规章或不当之处分，得以陈述、申诉、再申诉、调处、复审、协议及仲裁诉愿、行政诉讼等途径寻求救济。

（二）保障的功能

1. 保障合理权益。

2. 发挥行政统治作用。

3. 促进行政“司法”化。

4. 促进机关团结和谐。

5. 提高行政运作效能。

（三）警察人员权益之保障对象

1. 身份。

（1）具有公务人员任用资格，依相关规定任用警铨叙审定合格者担任现职警察人员，其身份非依相关规定不被剥夺，基于身份之请求权亦受保障。

（2）依相关规定被停职之人员，于停职事由消减后三个月内，申请复职。

（3）因机关裁撤、组织变更或业务紧缩时，上级机关或承受其业务之机关对留用之警察人员应办理转任或派职，必要时并应先予辅导、训练。专任或派任时，其官职等应与原任职务之官职等相当，如转任或派职同等内低职等职务者仍以原职等任用，并叙原俸级或同数额俸点之俸级。

2. 工作条件。

（1）各机关应提供警察人员履行职务必要之设备及良好工作环境。

（2）各机关对警察人员之履行职务，应提供安全及卫生之防护措施，以保障其安全。

（3）警察人员依相关规定履行职务涉诉讼或遭受伤害时，其服务机关应延聘律师为其辩护及提供协助。

（4）警察人员经指派于上班时间以外执行职务者，服务机关应给予加班费、补休假、奖励或其他相当之补偿。

3. 官职等级。

（1）经铨叙审定之官职等级，非依相关规定不得变更。

（2）经铨叙审定之俸级，非依相关规定不得降级。

4. 俸给。

（1）经铨叙审定之俸级，非依相关规定不得减俸。

（2）警察人员依其职务种类、性质与服务地区，所应得之加给，非依相关规定不得变更。

5. 管理措施。

（1）警察人员对于长官监督范围内所发之命令有服务义务，如认为该命令违反相关规定，应负报告之义务；该长官如认为其命令并未违反相关规定，而以书面下达时，警察人员即应服从；其因此所生之责任，由该长官负之。但其命令有违反刑事方面规章者，警察人员无服从之义务。

（2）不改变警察人员身份、关系之不当惩处或考绩评定等。

五、警察人员的福利

福利，亦称为附加福利，即除薪俸以外的待遇。

福利与俸给不同，概括如下：①

（一）意义不同

福利在俸给以外，作用为谋求警察人员身心健康、增进团队精神、提高工作效能，具有辅助俸给改善警察人员生活的意义。俸给为服务公职之报酬，并不涉及警察人员身心健康及俸给之外的心理享受。

（二）范围不同

福利的范围涵盖警察人员的食、衣、住、行、育、乐各方面，项目众多，有物质层面和精神层面的，俸给只是本俸、年功俸、加给三项而已。

（三）标准不同

福利项目众多、内容繁杂，甚至难以统一标准，但是基于增进团队精神的目的，常用平等原则，即不分员工、不论阶级均一视同仁，享受同一福利。俸给之标准，依据职责轻重大小、工作繁杂简易、技术性之稀少性及危险性，及所作贡献之程度诸因素而定，等级差距高低不一，福利服务与文康设施应尽量避免个人特殊享有。

（四）依据不同

福利大都是依行政命令实施。俸给所依据的“公务人员俸给法”已经完成创造程序。

警察人员福利的范围依“公务人员福利互助办法”之规定分为经济性、娱乐性、设施性、教育性四大类。福利的项目具体包括：①福利互助；②急难贷款；③举办集团婚礼；④健康检查；⑤员工自理及文康活动；⑥辅助购置房屋贷款；⑦生活津贴；⑧公教眷舍配住；⑨优惠存款；⑩员工消费合作社。

第二节　警察组织人事的规划

一、警察人事

（一）警察人事的定义

警察人事者，乃警察机关为遴选优秀的警察人员，并使之适才适所，所需之各种理论技术及实施程序者。

（二）警察人事规划的原则

人事运作是一种艺术，其原则有发展、人力、功绩、人性、参与、科学、激励及弹性原则。

（三）警察人事规划的目的

警察的任务艰巨而繁重，因此要想圆满完成警察任务，则必须加强警察

---

① 章为海：《中华民国铨叙制度——福利》，台北正中书局1983年版，第243页。

人员管理。从警察人事管理的意义，即可获知警察人事管理的目的为：

1. 广罗人才。亦即希望优秀的并有志于从警的人才，都能为警察机关所罗致，从而达到“为事择人”与“能者在位，贤者在职”的理想境界。因为贤能者在位，庶政咸熙，公私实而受其力，也唯有贤能者，始能运用其卓越的才智，造福和贡献于社会。

2. 才当其位。每一个警察人员的性格有别、才智有异，其学问根基亦有深浅、识见亦有广狭之分。因此要做到适才适所，便须明了每一位警察人员之性质，才能知其优劣所在，进而把其安置在每一个适当的职位，使其“人地相宜”、“人事相宜”，所谓“非能优劣得所，不能尽其才”是也。

3. 人尽其才。就是要用各种完善的制度与鼓舞的方法，使每一个警察人员的才能发挥得淋漓尽致。使每一个警察人员充分发挥内在潜能，全部用之于警察工作上，而且愿为警察工作贡献一己之生命，毕生从事于警察工作，乐不知疲，劳而不怨。所谓“尺有所短，寸有所长，天下无全才，也无废才，人各有其短，也各有其长，去短取长，在于善用”的意义即在于此。

4. 事尽其功。警察人事管理的最终目的，即在于使每一个警察人员发挥最大潜能，提高办事效率，从而圆满完成警察任务。

（四）警察人事规划的范围

警察人事应包括职位观念与组织设计、人员等。职位方面包括官职分立及为事择人。在组织设计方面包括编制及编阶。在人员方面则有：

遴选，为事择人，适才适所；

任用，任用贤能，因材器使；

铨叙，人事配合，才识相称；

俸给，同工同酬，责酬相当；

考绩，综合名实，奖优汰劣；

训练，增进知能，培育人才；

升迁，奖拔优秀，增进经历；

保障，保障权益，勇于任事；

保险，安定生活，增进福利；

福利，调剂生活，促进效能；

抚恤，体恤生前劳绩，安抚遗族生活。①

（五）警察公务人力规划

指为配合组织及业务未来的发展，以科学方法预测所需人力并适时、适量地加以罗致及培育的一种过程。

---

① 邱华君：《警察行政》，台湾警察大学出版社 2009 年版，第 215 页。

1. 目标。

因应业务需求，预筹经历来源；

维持供需平衡，消除无效经理；

提高警力素质，健全经历结构；

经济运用警力，节省人事经费；

发挥主导功能，实施计划人事；

有效精简编制，合理精简人员；

划定员额设备标准，适时组织员额评鉴。

2. 作业体系与要领。

警力现状分析，预估所需警力，计划获得培训，有效运用警力。

二、警察人力资源规划

警察人力资源是无限的，警察人力资源具有“自我生产”的功能，所以警察人力资源如未能适当善用，不仅是警察机关之损失，亦构成整个社会的损失，其视“人”为一种珍贵资源。

社会科学发展，有由总体之研究迈向个体之研究。就警察人力资源规划之发展而言，有由总体趋向个体人力资源规划发展。

（一）总体警察人力资源规划

1. 对当前警察人力供需及制度调查研究、分析及评估。

2. 据经济发展计划，对未来警察人力需求之展望及预测。

3. 据警察人力成长供需情形，研订计划与方案，充分运用现有警力寻求未来经理供需之平衡发展。

（二）个体警察人力资源规划

1. 个体警察人力资源规划目的。

（1）规划警察机关组织之警力发展；

（2）合理配置警察机关警力；

（3）配合警察机关发展需要；

（4）减低警察机关用人成本。

2. 个体警察人力资源规划原则。

（1）根据长期警察业务计划之分析，确定各种各类业务的经理需求；

（2）适应警察机关组织变革需求。

3. 分析现有警察人力的素质及年龄、性别分配、异动率的高低、退离状况等，预备作未来警力需要。

（三）警察人事规划方面的改进

健全人事制度之基本要求，在于建立合理的文官制度，使公务人员之进、退、升选、调、补均有明确的轨道可循，灵活但不致紊乱，循规而不流于呆板，以促进人力之有效运用。故警政当局应加强人事整顿，办理警察人事规划，配合人事管理，使两者相辅相成，发挥警察人事行政之功能，使进、训、用、退合而为一，达成“计划人事”之目的。[①] 兹将台湾地区现行警察人力资源规划待改进之处说明如下。

1. 警力估计。

台湾地区现行警察机关员额设置标准分为两类，即“市、县警察局人员”及“消防人员”，分别依“警察机关员额设置标准”及“直辖市、县政府消防机构组织编制及车辆装备配置标准”办理；至于其他专业警力则未订定员额设置标准，而由各专业单位依实际警卫安全工作需要设置警力。然而正确估计警力需求，作为警察人力资源规划依据，则实属重要。以上所述两种标准之设计粗糙，台湾地区行政主管部门为合理调整地方警察机关警力，虽制定“地方警察机关员额设置参考基准”乙份，要求各警察机关参酌治安状况及上开参考基准，依规定程序办理修编，但仍无法全面推估警力需求，影响警察人事行政至巨；另由于历史原因，曾大量进用警力，影响经历素质，并使警察平均年龄大幅降低，退休离职人员亦大幅减少，及考试及人事主管部门对警察转任其他公务人员之限制等情形，未来警察人力结构老化、人事升选停滞等问题，是可预期的，其不仅将影响警察士气、工作绩效，更可能造成警察风纪之败坏。改善之道，则宜先确立警察任务，明确警察主、协办理业务范围，配合组织编制体系与原则，以科学方法预估警力需求，做好近、中、长期警察人力资源规划，使警察人事行政系统且循序渐进地运作，避免如人口问题中之“龙年效应”的不良影响等的惨痛教训。[②]

2. 职位结构。

台湾地区目前新修订的警察职务等阶表分配人数情况为：警监一阶有 8 人，警监二阶有 27 人，警监三阶有 36 人，警监四阶有 98 人；警正一阶有 610 人，警正二阶有 2092 人，警正三阶有 8755 人，警正四阶有 9621 人；以及警佐、警员、侦查员有 29480 人。由上述资料统计可知，列警正二阶以上的人数偏低，造成多处升选瓶颈。[③] 宜合理检讨调整警监、警正、警佐，及各官阶人员比例，使职位结构趋于合理。

3. 人力资源培训。

目前警察人员之升选制度，悉依“警察人员升选要则”等规定办理，该要则虽于第 4 条规定“各级警察机关现职人员之升选，应与教育训练及考核

---

① 高政升：《警察人力规划之研究》，台湾警察大学警政研究所 1985 年硕士学位论文。

② 何正成：《警察人员管理的现况与展望》，载《警学业刊》1993 年第 1 期，第 19 页。

③ 《警政改革建议书》，台湾警察大学出版社 1998 年版，第 3 页。

相配合，期能有效运用并拔擢人才”，但仍未落实有效运用。依人事行政、训练理论与目前状况，宜配合考试及人事升选建立警察人员学历、经历管理体系，[①] 亦即严格规定升职人员必备之学习经历，并与升职考试相配合，使之历练各种职务，并完成各种教育训练，俾能胜任新职，发挥功能。而为使警察人员之遴选、教育训练与任用、升迁配合实施，应制定甄试、教育、训练、任用、升迁之标准作业程序，建立警察人事教育发展体系，落实警察人员“考、教、用合一制度”。[②] 并鼓励警察人员参与一般大学之课程选修，突破封闭式警察教育，以适应多元化的社会。

① 《五年警政建设方案——精实教育训练工作计划》，1987 年 8 月 20 日台湾地区行政院主管部门制定颁布。

② 蔡榕庭：《警察人员考教用配合问题之研究》，载《警政学报》1992 年第 20 期，第 84 页。

第二十四章　警察政策

第一节　警察政策概述

一、警察政策概念

台湾地区学者对于警察政策概念的提出主要是基于对西方学者观点的总结和概括。台湾地区学者梅可望在其著作《警察学》中认为警察政策是指“政府（警察机关）为解决社会治安问题所采取的作为和不作为”。①

梅可望在讨论警察政策时，借用了贝利探讨社区警政的四个核心要素CAMP，与政策的形成、执行与评估三者相连接：

1. C是consultation，乃咨询之意，指警察在制定政策的过程中，应定期且系统性地咨询民众之需求，此乃有关政策形成部分。

2. A是Adaptation，指透过警察的授能（empowerment）与分权（decentralization），使地方与基层警察得以弹性调整作为，回应民众需求，这是政策执行面中有关警察组织内部的问题。

3. M是mobilization，是动员社区民众、整合社区资源，以解决社区治安问题，此乃政策执行面中有关警察组织外部的议题；以上对内健全管理，对外结合社区，是政策执行的两个主轴。

4. P是problem solving，意指排除治安问题的根源，此则赖政策评估，了解政策或方案的执行成效，作为修正政策的参考。②

二、警察政策的形成面

在民主社会中，警察政策的形成是受多方面因素影响的，包括：政治系统外的人民、政党、利益团体、媒体、学者专家，及政治系统内的政府其他部门、民意代表和警察人员。由于在现实生活中，各个因素之间相互作用，

---

① 梅可望、陈明传、李涌清、朱金池、章光明、洪文玲：《警察学》，台湾警察大学出版社2010年版，第353页。

② 梅可望、陈明传、李涌清、朱金池、章光明、洪文玲：《警察学》，台湾警察大学出版社2010年版，第353、354页。

导致政策的产生极其复杂，究竟其中哪一个最为重要，台湾地区学者和西方学者的看法也不一致，因此，为了便于理解，政策学者发展出许多模式来描述政策形成的过程。“这些理论模型包括：系统理论、制度论、过程论、团体理论、菁英理论、博弈论、公共选择理论、理性主义、渐进主义……”① 下面我们将逐一进行介绍讨论。

（一）模式分析

1. 系统理论。“公共政策的制定处在政治系统社会的中介面，社会和警察政策有关的构成分子，将其喜好传达至系统内，再经由政治系统的运作，整合利益，制定相关警察政策。”②

2. 制度论。“强调政策即政策的产出，易言之，政府制定的结构对政策结果发挥重大的影响力。”③

3. 过程论。“政策即政治活动，也就是利益关系人的活动。”④

4. 团体理论。“是多元主义政治下的产物，Truman（1951）以为，在美国，政策主要透过利益团体向政府施压而做成，Latham（1956）进一步指出，政策的合法化隐喻了团体之间的竞争，确定了赢家联盟的胜利，并以法律表现出放弃、妥协和征服的条件。”⑤

5. 菁英理论。“许多警政政策，如实验三班制勤务的放弃、绩效挂帅路线等，皆政治菁英与警察系统内官员的价值与利益。”⑥

6. 博弈论。“是两个或两个以上参与者之间在某一情境下选择，而其选择决定于对方之选择，这可以说是一种理性抉择的形式，只是他用在竞争的情境中。”⑦

7. 公共选择理论。“是应用经济分析来探究公共政策的制定，因为它假定所有的利害关系人在做集体决策时，就像在市场一样，寻求个人利益的极大化。”“该理论承认政府在市场失灵时，必须介入矫正。”⑧

（二）两种典范

在通常情况下，理性模式与渐进模式却是政策分析中的两大典范。

---

① 梅可望、陈明传、李涌清、朱金池、章光明、洪文玲：《警察学》，台湾警察大学出版社 2010 年版，第 354 页。

② 梅可望、陈明传、李涌清、朱金池、章光明、洪文玲：《警察学》，台湾警察大学出版社 2010 年版，第 355 页。

③ 同上。

④ 同上。

⑤ 梅可望、陈明传、李涌清、朱金池、章光明、洪文玲：《警察学》，台湾警察大学出版社 2010 年版，第 356 页。

⑥ 同上。

⑦ 同上。

⑧ 同上。

1. 理性模式。

“理性模式有其思考程序：决策者首先要确定目标，其次寻找所有可以达成该目标的方法，第三个步骤则是评估每个方案的有效程度，最后选择出最有效的方法。”①

2. 渐进理论。

“从另一个角度观察组织决策，指出决策者并不会重新去审视问题，也未确定目标，而是以现行做法为基础，做出渐进的、局部的、小小的调整，这是因为组织系统的决策过程中包括组织内外许多权力竞逐的结果。”②

由于理性模式和渐进理论都存在分析政策解释力上的不足，因此，“社会政策设计途径认为，为使政策有效达成目的，政策过程中包容理性模式和渐进模式，并应展现此二途径的相关性”。③

（三）政策分析者的能力

要制定一个成功的政策并不是一件容易的事情，在这个过程中分析人员扮演着十分重要的角色，他需要具备若干能力才能胜任。

“根据以上讨论，政策分析必须同时具备理性模式与渐进模式所需的知识，理性模式需要有理性思考的素养，渐进模式则要有在社会互动（social interaction）过程中求生存的能力。”④

第二节　警察政策的执行与评估

一、警察政策的执行

任何政策的制定，并不意味着任务已完成，而是另外一个阶段——执行——的开始。关于政策执行的研究，学者们见仁见智，得出的政策执行理论也是种类繁多。某些政策执行理论仅仅强调组织内部条件，某些理论则强调内外环境之间的互动关系。现分别对其进行讨论。

（一）政策执行的内部因素

“授权基层、分权警政、上下沟通、扩大参与、激励士气等调整传统警政

---

① 梅可望、陈明传、李涌清、朱金池、章光明、洪文玲：《警察学》，台湾警察大学出版社 2010 年版，第 357 页。

② 同上。

③ 梅可望、陈明传、李涌清、朱金池、章光明、洪文玲：《警察学》，台湾警察大学出版社 2010 年版，第 359 页。

④ 梅可望、陈明传、李涌清、朱金池、章光明、洪文玲：《警察学》，台湾警察大学出版社 2010 年版，第 360 页。

指挥结构的作为，是警察在执行政策时不可或缺的组织内在条件。”①

（二）政策执行的外部因素

组织不可能独立于环境而存在，外部环境对于警察政策执行的影响不可忽视，因此，许多学者都对其做了卓有成效的研究。“如 Easton 所倡导的系统论在产生影响后开始强调从环境中反馈及修正的重要性”、“Smith 以为政策本身受到执行机关、标的团体及环境因素的影响”、“Sabatier 和 Mazmanian 的理论以执行过程为依变项，以环境为自变项”、“强调环境对政策执行之重要性的还有 Nakamura 和 Smallwood，他们将环境分为政策形成环境、政策执行环境、政策评估环境，这三种环境皆会对执行层面造成影响，而三种环境在功能上彼此具有关联作用”、“Forester 认为执行者须能创造有利的环境，以有效执行政策”、“晚进警政发展越来越强调警察要发现问题，动员社区资源，以解决社区治安问题的能力，便是这个道理”。②

二、警察政策的评估

“评估，是一种判断作为。政策评估，是以政策作为判断的对象。政策，会以方案或计划的形式表现。政策评估，就是评估这些政策或方案的绩效。”③下面将讨论和分析政策评估理论的演进及内涵。

（一）政策评估理论的发展历程

“政策评估理论自 1960 年代初期开始发展，当时的思维方式受到实证论观点的重大影响，实证论以研究自然科学的实验方式来研究社会科学，仰赖严谨的量化研究的方法，决定方案目标的相对达成程度，并将此等发现应用在政策过程，强调评估者在客观、中立、理性的基础下，获致研究成果，至今，实验典范在评估方法上，仍具有举足轻重的地位。”“实验设计的目的在于评估政策或方案实际产生的影响，即一般所谓的政策影响评估。评估者透过实验设计所欲衡量的是政策的净效果，所谓净效果，是排除其他因素后，确系归因于政策干预造成的效果。”“评估理论的发展过程已由成果评估，导向融合使用取向的评估，再发展至整合性的批判理论。”④

---

① 梅可望、陈明传、李涌清、朱金池、章光明、洪文玲：《警察学》，台湾警察大学出版社 2010 年版，第 365 页。

② 梅可望、陈明传、李涌清、朱金池、章光明、洪文玲：《警察学》，台湾警察大学出版社 2010 年版，第 365~367 页。

③ 梅可望、陈明传、李涌清、朱金池、章光明、洪文玲：《警察学》，台湾警察大学出版社 2010 年版，第 367 页。

④ 梅可望、陈明传、李涌清、朱金池、章光明、洪文玲：《警察学》，台湾警察大学出版社 2010 年版，第 369、370 页。

（二）警察政策评估的演进历程

警察政策评估有以下现象：研究途径从结果评估导向过程评估，研究设计则从实验设计导向非实验设计，研究工具也从量化方法导向质化方法。

1. 研究途径：从结果评估导向过程评估。

传统上，警政研究者多采取结果评估的研究取向，但是，近年来警察政策评估研究的学者们逐渐意识到，方案的规划和执行之间存有落差，没有任何方案是完全按照它原来设计的意旨被执行的，因此，警察政策评估者们开始对过去被视为主流的结果评估产生质疑，而导向使用过程评估以了解相关问题，如计划如何被执行、计划如何运作、警民关系等。

2. 研究设计：从实验设计导向非实验设计。

在真正的警政研究中，很难操作真正的实验，这是因为受限于时间、预算、研究伦理、缺乏警察组织或民众的支持、政治压力等。所以有一部分学者认为非实验设计是真实的评估，符合科学真实主义。他们认为实验设计并不适合用来评估警察政策，尤其不适合评估社区警政方案，因为社区警政并没有清楚的定义。

3. 研究工具：从量化方法导向质化方法。

“警政研究者在评估警政方案时所选择的方法论工具也有所改变，早先，研究者通常仅适用量化方法进行评估”，但是，在警政文献方面，随着过程评估与非实践设计的增加，使用质化方法论工具的研究者也有越来越多的趋势。①

① 梅可望、陈明传、李涌清、朱金池、章光明、洪文玲：《警察学》，台湾警察大学出版社 2010 年版，第 375 页。

第二十五章　警察文化

一个组织的文化，是在组织的发展过程中，为了顺应组织发展的需要而逐渐形成的，由其价值观、信念、制度、符号等组成的特有的，被组织成员认为有效而共享的一种文化形象。

第一节　警察文化形成概述

一、警察制度基础上的警察文化形成

台湾地区的警察文化是一个多方面共同作用的结果。不仅我国各朝各代类似于警察的官职为它留下了印记，同时由于日本的占领，日本的警察制度对台湾地区近代警察组织及文化的形成和发展也产生了重要的影响。

警察文化的建立，要基于警察制度的形成。现代警察制度的建立发端于清朝末期，约在我国引进现代警察制度的同时，台湾地区被割让给日本。日本殖民台湾地区半个世纪，最主要的统治力量便是警政。台湾地区全面推行的现代警察制度早于祖国大陆，日本军政对台湾地区警察制度的发展有着重要的影响。

在蒋介石退守台湾地区之后，初期承袭日治时期的警政制度。1976～1980年，台湾地区警政主管部门领导孔令绳推动“警政现代化”，成立警务指挥中心系统，实现基层警力的机动化，并建立自动化报案系统，确立集中制与分散制并用的警务制度，积极推动警校改革警专。

但是，台湾地区的警察体制改革并未停滞不前，而是在发展的过程中不断革新，逐步形成了具有自己独特之处的特色警务文化。

二、警察的工作性质对警察文化的影响

由于警察工作以人为对象，以建立公共秩序、维护法律尊严、保障人民生命财产和权益为职责，其一言一行都受到人民的注视，因此警察文化的建立，必须比一般社会团体或企业结构更为谨慎。其所树立的标准，亦势必较社会团体、企业机构及一般行政机关更高，否则便难以满足社会和民众的期待。

第二节　警察文化的形成及内涵

一、警察文化的形成

警察组织的外在环境与警察工作的特性是形成警察文化的主要因素，兹分述如下。

（一）警察组织的外在环境

警察组织是一个开放性的公共组织，是与其他外在的“制度性环境”保持一种高度互动关系的组织系统。就警察组织而言，其制度性的环境因素主要有：政治、法治和社会环境等因素。

1. 警察的政治环境。

警察组织是政府行政组织的一环，其运作受一国的政治体制所影响。譬如在独裁专制的政治体制下，警察只是统治者的工具，警察的所作所为，大多基于对上级命令的服从，而较欠缺对工作伦理的自主判断。然而在民主政治体制下，为了消极确保人民神圣的自由权利不受侵害，以及积极使人民获得最大的幸福，出现了政府权力的分权与制衡之机制。因此，民主国家的警察，不仅要接受其民选的行政首长的领导与监督，也必须面对立法部门和司法部门的考绩。

2. 警察的法治环境。

在现代民主法治国家，警察组织基于依法行政原则的要求所做行政裁量：在程序上，必须遵守法律优位和法律保留之原则，不能违反宪法或法律之规定；在事实上，警察所作之个别判断，亦应遵循诚信原则、平等原则及比例原则等一般法律的原则。

3. 警察的社会环境。

在民主社会，警察组织被人民期待具有能力去解决社会的犯罪问题，并能提供一个治安良好的生活空间，只有这样警察组织才能获得社会大众的支持和获得警察行政权的正当性。因此，警察在每日实际面对大量的治安案件时，自然而然地发展出一套必要的运作制度，以资因应。①

（二）警察工作的特性

对警察本身而言，由于警察工作的特性具有危险性和不确定性，所以会发展出独特的工作性格，这种工作性格不是指个人的人格，而是指警察集体

---

① 梅可望、陈明传、李涌清、朱金池、章光明、洪文玲：《警察学》，台湾警察大学出版社 2010 年版，第 320、321 页。

的职业认知。[①]

斯考尼克（Skolnick）首度指出：警察工作环境中的危险、权威和效率三个要素会影响警察的工作性格。[②]

首先，在危险的认知要素上，警察人员在工作中随时保持高度的警觉，对周遭可能犯罪或违法的人和事物，常报以怀疑的心态。因此警察人员成了疑心很重的人，而影响其正常的社交活动，使得警察被孤立于社交之外。其次，在权威的认知要素上，警察肩负执法工作，需处理酗酒闹事、妨害风化及交通违规等案件，俨然扮演着具有高尚情操的道德工作者的角色。[③] 最后，在效率的认知要素上，在台湾地区，警察曾被期待扮演“作之君、作之亲、作之师”的高尚角色，但是实际上警察又被政治人物所掌控，扮演着威权统治的工作性角色，以至于被社会大众瞧不起，甚至被孤立。所以，早期台湾地区警察界流传着“期之如圣贤，防之如窃贼，驱之如牛马，弃之如敝屣”之说法。由此可见，警察为打击犯罪的任务和效率起见，在工作上对危险和权威有异于社会大众的认知，导致警察与社会大众渐行渐远而有被孤立感，进而形成警察的团结守密、保守心态及犬儒主义等性质的工作性格和组织文化。[④]

二、警察文化的内涵

关于警察文化的内涵，可以从警察文化的层级范围和内容结构两个方面说明。

（一）警察文化的层级范围

警察文化在层级范围上包括警察团体的次文化和警察组织文化。所谓警察团体的次文化，是指在警察组织中的次级团体因工作性质之不同，各自所形成的工作文化。所谓警察组织文化，则是指警察组织整体成员所共享的一套基本的价值观和制度。换言之，组织文化是深深内化到组织成员心中的一套行为、情绪及心理的架构，这套架构随着组织的不同而相异。[⑤]

（二）警察文化的内容结构

警察文化在内容结构上亦可分为器物层、制度层和理念层三个主要层次。

---

① 梅可望、陈明传、李涌清、朱金池、章光明、洪文玲：《警察学》，台湾警察大学出版社 2010 年版，第 321 页。

② 同上。

③ 梅可望、陈明传、李涌清、朱金池、章光明、洪文玲：《警察学》，台湾警察大学出版社 2010 年版，第 322 页。

④ 同上。

⑤ 梅可望、陈明传、李涌清、朱金池、章光明、洪文玲：《警察学》，台湾警察大学出版社 2010 年版，第 324 页。

第一，警察文化在器物层的表现，如警察所使用的科技产品或装备设施的推陈出新，或各警察组织所设计的警察制服、臂章或其他符号形式等。

第二，警察文化在制度层的表现，如美国警察从警察是政治工具时期（1840—1900），演进到警察的专业化制度（1900—1970），再到警察社区化制度（1970 年以后）。这些特定的制度是随着外在的政治环境、社会环境及法律制度等的变迁而逐渐改进的，各个警察组织不尽相同。

第三，警察文化在理念层的表现，如警察的角色功能、任务或价值等方面的理念。该层次的警察文化是最为核心的，它可以主导警察文化在制度层和器物层的表现，但却是内隐无形、很难观察到的。例如，警察的功能包括秩序的维持、法律的执行和为民服务等，若在不同组织中对这些警察功能的重视程度不同，就会衍生出各种不同的警察勤务制度或绩效考核制度，进而塑造出不同的警察文化来。①

第三节　警察文化的影响

台湾地区的警察文化在其不断的发展过程中，也存在着正、反两方面的影响。

一、警察文化的正面影响

首先，组织文化总可以向人们展示某种信仰与态度，它影响着组织成员的处世哲学和世界观，而且也影响着人们的思维方式。因此，在警察组织内部，警员们总是会被警察组织内部的文化所影响，它起到了“黏合剂”的作用。团结、正义、公平、公正等警察文化符号，能够激发组织成员的士气，并且使其产生对本职工作的自豪感、使命感、归属感。

其次，警察文化一旦形成，就会产生一种定式，这种定式就自然而然地把警员引导到警察组织目标上来。组织提倡什么、抑制什么、放弃什么，警员的注意力也就转向什么。

再次，组织文化的约束功能是通过员工自身感受而产生的认同心理这一过程而实现的。它不同于外部的强制机制，这种强制性的机制是组织管理的基本法则。而组织文化则是通过内省过程，使组织成员产生自律意识，并自觉遵守那些成文的规定。

最后，组织文化不仅对组织内部产生着强烈的影响，其通过自己的行为，通过组织内部人员的传播，还会把自己组织的精神和形象昭示于社会，有的

---

①　梅可望、陈明传、李涌清、朱金池、章光明、洪文玲：《警察学》，台湾警察大学出版社 2010 年版，第 324、325 页。

还会对社会产生强烈的影响。不断树立警察的正面形象、宣传警察组织的文化，会让社会产生对警察的好感，构建良好的警民关系。

二、警察文化的负面影响

警察组织中充斥着一些集体的负面信念，导致警察孤立、守密且团结的封闭文化，从而造成负面的警察伦理表现。例如，绝大多数警察人员从养成教育开始，即被过度渲染地灌输“警察工作是危险的”这种刻板式的信念，并花很多时间接受体技和设计方面的训练。一旦毕业后，却发现现实工作所具有的危险性，与之前被灌输的思想有差异。但由于警察人员在警校所接受的多是体技方面的训练，在人权及伦理等方面受训较少，从而使警察人员产生错误的理念。①

同时，警察组织的文化倾向于团结和保守秘密的文化，且这种封闭性的组织文化形成了警察同僚间的非正式压力。当警察内部出现问题时，大多数警察人员会遵守“沉默法则”的团体规范。

---

① 梅可望、陈明传、李涌清、朱金池、章光明、洪文玲：《警察学》，台湾警察大学出版社 2010 年版，第 325 页。

第二十六章　警察伦理

关于警察的伦理问题是台湾地区警察学的一个重要内容，同祖国大陆常常使用的“道德”一词其实质意义是一样的。出于尊重台湾地区警察学研究的习惯和俗称的考虑，这里仍然沿用伦理来表达台湾地区警察学的观点。

第一节　警察伦理的含义与内容

在台湾地区，人们已经非常习惯过去的说法——“警察是人民的保姆”。台湾地区警察制度的产生和发展，有赖于警察机关和警察人员在打击犯罪和服务民众的过程中同民众建立的良好的关系，警察权力的行使和警察勤务的运行也都直接或间接地关乎人民大众自由权利的保障。在这样的互动关系中，警察机关和警察人员为完成警察任务、维护社会安宁秩序、保障人民的福利，不仅要有良好的素质、能力及优良的警务保障，还要具备一个品质的保障，那就是警察要讲究伦理。

一、警察伦理的含义

伦理（Ethics）源自希腊语（Ethos），原意为“习惯”或“习俗”，与道德一词含义相同。但在一般意义上，道德的范畴在个人层次上，而伦理的范畴则常常涉及社会层面。

（一）伦理

有学者认为，伦理是区别善恶的一种习惯。依据这样的理解，伦理可以界定为：“有关道德上的对错好坏的一些哲学观念或出世原则。当人们透过伦理来反省时，才能更自觉澄清一些基本假定的对错好坏。”

（二）伦理的含义

第一，伦理是有意义的行动，而非关注受刺激的行为。

第二，伦理是正当合理的行动，而非在解释其行为。

第三，伦理要认清应然与实然间的差距。

此种伦理道德的生活习惯，有助于人类社会秩序的维持。因此，在人类的各种文化或宗教中，常蕴藏着各种不同的伦理思想，同时也兴起了对伦理学的研究。

二、伦理学

伦理学又称为道德哲学，是以哲学分析方法研究道德或价值的一门学问。伦理学的价值至少有这样四点：

第一，伦理学告诉人们，某些原则和其他原则不能同时成立，有利于人们厘清自己的道德主张，而避免自相矛盾。

第二，伦理学可以发现自己的实际伦理原则是什么。人们可以比较不同的伦理观，来确认自己到底属于哪种观念、接近传统道德观的哪一种派别，也可以因此知道这种观点的优点和不足。

第三，伦理学可以使人们了解观念的复杂性，可以使人们对社会中的一般伦理观念有一个基本的判断，进一步地进行批判性的理解，并对各种风行的道德观念进行优劣评估。

第四，关于伦理或道德本质的探讨，可以使人们更了解为何社会都需要道德或伦理，以及道德或伦理的理性基础。

在社会生活中，人们常常用好、坏、对、错来对人或事情进行一些基本的评价，甚至进一步探讨下列的问题：

1. 我应该做什么？

2. 一个人具备的什么样的品德，能够被划归为社会道德中的好的品德？

3. 一个社会是如何形成的？有哪些组织？这些组织在这个社会中应当崇尚什么样的道德标准？

4. 什么是有价值的生命？人们应该有什么样的生命体验？也就是说，人们应该过怎样有价值的生活？

5. 人们面对社会价值的不同层级如何抉择？当人们在社会生活中遇到相互冲突的价值选择时该如何决断？

6. 人们在社会中该做一个什么样的人？代代相传的人类社会传承的是什么？什么是一个有伦理的人？该怎样做一个有伦理的人？

这些问题都是伦理学要回答的问题，对这些问题的回答和解释，即规范伦理学的理论观点和问题。

那么，在警察基础理论范畴中介入伦理学的理论问题，也是警察学理论和实务发展的结果。警政伦理学能够告诉人们如何正确理解警察工作或生活中面临的特殊问题，将此类问题的答案提供给即将或已经是警察的从业人员，能使他们充分分析问题、了解自己所依据的原则，作出更加明智的判断和抉择，继而承担起后果。

三、警察伦理的内容

警察伦理的内容，包含应然和实然两个方面，限于警察伦理的高度价值判断成分，这里仅从警察个人和警察组织的规范方面来分析警察伦理的内容。

（一）警察个人的伦理内涵

根据警长协会制定的“执法伦理守则”，对警察个体执法的伦理作如下的规定。

1. 基本职责。

（1）服务社会；

（2）保障人民的生命与财产安全；

（3）保护无辜者免受欺骗，保护弱势者免受压迫或威胁，保护爱好和平者对抗暴力和失序；

（4）尊重人民有关自由、平等和正义的权利。

2. 工作生活方面。

（1）保持私生活的纯洁而足以为全民作表率，且行为规矩不致引起别人对警察或警察单位的质疑；

（2）保持勇气般的冷静以面对危险、蔑视或嘲弄，培养自制能力，并时时关怀别人的安宁；

（3）在个人和警务工作中，要有诚实的想法和行动，并成为服从警察规章的模范；

（4）保守工作秘密。

3. 工作态度方面。

绝不擅用职权行事。

此外，台湾地区警察学学者陈明传还认为，警察工作的性质是以相关规定为依据的一种行政作用，而其任务即依相关规定维持公共秩序、保证社会安全、防止一切危害及促进人民福利，因此，规范警察伦理的范畴可分为两大类：其一即组织内部之警察工作伦理，其二即警察对外行使公权力时之伦理。克莱宁则在其所著的《警政伦理学》（*The Ethics of Policing*）一书中，将警政伦理分为下列三大类型：

1. 专业伦理（Professional Ethics）。探讨警政的道德基础、专业化、警察角色和职业伦理等内容。

2. 个人伦理（Personal Ethics）。探讨制度文化和个人品格、警察裁量、武力的使用、欺骗的使用、诱捕、贪小便宜和贪污，以及公共角色和私人生活等内容。

3. 组织伦理（Organizational Ethics）。探讨权威与苛责、伦理与伦理守则，以及伦理挑战和警察管理等内容。

综上所述，对警察人员伦理内涵的分类，首先，在警察伦理的性质上，主要包括警察工作、生活和品操三大面向。在工作面向上，又涵盖了基本职责、工作态度及专业能力等；在生活面向上，又涵盖私生活和个人修为等；

在品操面向上，则强调廉洁、不贪污、不受贿和不贪小便宜等。其次，在警察伦理的层级上，主要包括警察人员个人、警察团体及警察组织三个层级。不过，大多数的文献都集中在警察人员个人伦理层次上的探讨，而较少在警察团体或警察组织伦理层次上作论述。学者卢伟斯认为：就伦理教育的取向来说，文献集中在伦理价值、伦理思辨和伦理法典三种主题上，而组织伦理方面仍有待开发，这种现象多少反映出儒家德性教育的传统，倾向于以教示性的方法来要求伦理行为。本节下段将对警察组织的伦理内容作一探索性的介绍。

（二）警察组织的伦理内涵

警察组织面对其外在环境的各种冲击，亦应强调组织与管理的伦理原则，才能使组织层次的政策或行动符合伦理的标准。现就民主行政及民主警政的观点，说明警察组织伦理的内容。

1. 就民主行政的观点而言。

警察组织属于政府行政组织的一环，因此其组织与管理亦应符合民主行政的原则。公共行政学学者全钟燮（Jong S. Jun）提出，民主行政应具备以下六点特色：①

（1）公共利益的表达。公共行政应在日常的公务推行过程中，强调体现民众最大利益的责任感。

（2）代表性。行政机关的人力组成结构应该具备社会母群体人口的组合特性，且应公平、有效地让社会各阶层、各群体的价值及期待，经由公务人力的广泛代表，而融会于政府的政策及计划中。

（3）开放性。为了体现主权在民的民主精义，公共行政在专业上拥有资讯优势时，应开诚布公，让民众有各种管道来获取他们所想要的资讯。

（4）超越派阀集团。公共行政的精神既在体现公共利益，就不可徇私某一党派或团体。

（5）严防专业主义（Professionalism）对民主原则的伤害。应让行政机关的技术官僚在决策阶段多与民众沟通对话，不要因过度依赖专业而伤害民主精神。

（6）参与。让与政策相关的各群体、各阶层的利害关系人参与政策制定，才可增加民众的认同感和顺服度。

2. 就民主警政的观点而言。

警察组织除应具有上述民主行政的特色外，尚应就警察工作的特性，追求诚如贝利和希林所主张的民主警政的三种公共利益：正义（justice）、平等保障（equality of protection）和服务品质（quality of service）。

---

① 本书拟从民主行政的特色中，找出警察组织的一些伦理内涵。

（1）正义（justice）。警察组织最重要的目标在于实现正义的价值，譬如警察依法执行法律，以预防和控制犯罪、维持公共秩序（包括维持交通秩序和解决冲突事件），并保障人民的自由权利（尤其要保护生命、财产和身体的安全）。至于实现正义的制度设计可依据约翰·罗尔斯所提之正义原则，[①] 再针对警察的工作特性作出适当的安排。

（2）平等保障（equality of protection）。警察组织应遵守宪法对人民平等自由权利的规定，公平对待每一个国民。所谓“公平性”是指：民众是否得到了他所需要得到的，而不是指民众是否得到他们所付费需索的。

（3）服务品质（quality of service）。警察组织的角色功能应以为民服务为导向，且应不断改善警察的服务品质。警察不能只把为民服务当成达成警察任务的手段，尚应把为民服务当成警察工作的目的之一。尤其是要帮助那些无法自我照顾的人，并创造出一种社会安全感，使民众免于恐惧，提升生活品质。

总之，上述警察人员个人及警察组织的各项理论标准，可以说是警察是否赢得社会大众尊敬的关键指标，所以，警察组织与管理的重点，应摆在警察伦理价值的追求上。

上述警察个人和警察组织的伦理内涵，系属规范的性质，并非放之四海而皆准的伦理原则。根据约翰·罗尔斯的说法，并不存在一种可谓大家共同接受的、普遍的正义理论。普遍的正义观只会因为增加独断的可能性而引发冲突，我们需要的是对各种主张的理解（知）和在进行裁量时的合法程序与选择的正确（行）。因此，约翰·罗尔斯基本上认为：

1. 人性倾向于服从互惠的公平安排，社会是一个“合作的体系”，人类存在是一种展现“自由平等”的多元文化。

2. 所有的理论都应当满足“反思平衡”（reflective equilibrium）的观点，“平衡”是指原则和判断相互调整后取得和谐一致，“反思”意味着能够了解判断是根据何种原则，而这种“反思平衡”不是一种稳固的状态，而是在反复思辨的训练时于历程中显现的特质。因此，警察人员应对警察伦理的内涵作自我的察觉与省思，并透过同僚间的分享与对话，激荡出可为多数人所接受的伦理共识。

---

① 约翰·罗尔斯为政治学和伦理学奠定“最适宜的道德基础”，就是以两个正义原则来捍卫人的基本人权：第一个原则是，每一个人都具有和他人同样的最广泛的基本自由之平等权利（平等自由原则）。第二个原则是，为改善社会和经济的不平等需满足下列条件：（1）社会中处境最不利的成员获得最大的利益（差异补偿原则）；（2）职务和地位对所有人开放（公平机会原则）。

第二节　警察伦理的困境与改善途径

警察在了解警察伦理的含义与重要内容之后，必须将其落实在警察工作和生活实践中，才能发挥其价值。然而，在实际的警察工作环境中，普遍存在实践伦理道德的困境因素，亟待深入探讨。

一、警察伦理的困境

大多数的道德问题都是在一种“义务冲突”的情况中引起的，亦即当有两种以上不同的道德原理或规则要适用时，必须决定哪一条规则有高于其他规则的优先性来解决问题。但是，如果警察人员在执勤中碰到一个棘手的问题，而不知如何处理、左右为难时，就是陷入了一种伦理的困境中。

警察所执行的法律规定常有不够明确之处，警察的工作性质常需要其单独执勤，以及警察的各项资源有限等因素，致使警察在无法充分执行法律的情况下，必须行使裁量权。不过，紧接着的问题是，警察在行使裁量行为时，常发生“伦理的两难困境”（ethical dilemma)，包括：警察有时在某些特殊的情境中，不知道什么才是正确的作为；或是警察知道了正确的作为方式，但却无法付诸执行；甚至警察明知是错误的作为，却无法抗拒它的诱惑；等等。警察一旦行使裁量权而发生伦理的两难困境，就极易造成失控的裁量行为，而产生下列几种结果：

1. 违反正当程序的精神；
2. 违反法律平等保护人权的原则；
3. 伤害警民的关系；
4. 无法切实考核绩效；
5. 妨害计划和政策的发展。

例如，波洛克和贝克尔就对某警察局的警察人员做过此类的研究。他们首先邀请参加练习的警员写下自己所经历过的伦理困境（ethical dilemma)，然后再请同一批警员写下心目中最重要的一条伦理守则。结果发现有五项伦理守则最常用在警察实务上，它们分别是：“依法执行”的伦理守则常伴随着“裁量”的伦理困境；“为民服务”的伦理守则常伴随着“警察职责”的伦理困境；“诚实”、“忠诚”的伦理守则常伴随着“揭弊”和“贪取现场财务或接受贿赂”的伦理困境。其中最严重的两组伦理困境是“忠诚对揭弊”和“某些情境很难行使裁量权”，值得我们研究。

又有警政学者内鲁德指出，21 世纪的警政发展已面临新的转型和危机，尤其是有关警察伦理方面的出版品越多时，更显示出此新的危机所关注的一些议题，具体如下：

1. 警察专业化的问题：警察在使用强制力时，是否兼顾到人权的保障?

2. 警察裁量的问题：警察在执行中行使裁量是必然的，但应如何加以规范，才不会逾越警察的权限?

3. 卧底警察的问题：卧底警察牵涉到警察欺骗和渗入私人生活领域的问题，同时也会引发卧底警察的角色冲突之问题。

4. 警察贪污的问题：由于警察的工作环境充满诱惑，若警察的意志不坚定，极易发生警察贪污行为。

二、造成警察伦理困境的原因分析

上述警察伦理的困境，可能是由警察组织造成的，也可能是由警察个人自己造成的，兹分述如下：

（一）警察伦理困境的组织因素

在政治和行政的体系中，特别强调组织成员对组织的忠诚，甚至有人将成员对组织的忠诚视为道德的最高形式。因此，行政人员往往以服从为天职，宁可展现个人的忠贞，也不愿以自省的态度处理棘手的议题。成员们所表现出的服从，可能源自他真正的忠诚，但也有可能只是惧怕一旦不服从，他将失去工作与名望。这种将组织忠诚和团队立场置于个人意识之上的观点，被怀特称为“组织伦理”（the organization ethic）。这种组织伦理显然对其成员造成了一种负面的压迫，不仅抹杀了成员的自由意识，对组织的发展也是一种妨碍。

行政人员若想在重要关头坚守公正或道德，便会被贴上“不务实”、“不切实际”或“理想主义者”等标签，而这一切都在刺痛行政人员的心。在一个主要权利掌握在民意代表，而民意代表又须每隔几年寻求连任的情形下，有太多的压力迫使行政部门追求显著效能与短期成就。因此，行政人员被迫执行“快速但不够光明磊落”的解决方案，此种做法往往得牺牲伦理规范或舍弃专业标准。这种情形亦常发生在警察机关，如警察机关必须承受上级政治首长或民意代表所施加的治安绩效压力，而被迫只追求短期能立竿见影的专案目标，或选择性地执行某些特定的警政政策，从而抹杀了警察的专业性，且牺牲掉了警察的行政伦理。

（二）警察伦理困境的个人因素

除上述警察组织因素会对警察伦理造成影响之外，个别警察人员的因素也会影响警察的伦理表现。根据英国内政部的一项实证研究显示，具有下列属性的警察人员是贪污犯罪的高危险分子。

1. 在工作方面，会发生风纪行为者（或常被检举者）、违反工作纪律者，及工作绩效明显良好者。

2. 在工作以外方面，交往复杂者、有吸毒或酗酒问题者，及有财务困难者。

而且，上述有违法倾向的警察人员，并不限于基层警员，亦有可能发生在中高阶警察人员身上。

三、警察伦理的改善途径

上文介绍了警察伦理的困境，现拟进一步提出警察伦理的改善途径。要改善警察伦理，可从两个面向着手。第一个面向是着眼于警察伦理行动的主体，包括个人、团体及组织等三个层级，而且应特别强调团体这一个层级的作用，因为它介于个人和组织之间，能够联结彼此的伦理指引。第二个面向是着眼于警察伦理指引的方式，包括属于外控性质的对话方式和属于内控性质的自省方式。

上述对话与自省两种方式各有优缺点，且二者之间具有动态的交互作用关系。这些交互作用关系，建构出提升警察伦理道德的四种可能途径，包括：警察伦理的公开论辩、警察内在道德的发展、警察伦理的向外对话及警察伦理的往内自省。

（一）警察伦理的公开论辩

所谓警察伦理的公开论辩，指涉及个别警察人员、警察团体与警察组织三者的公开对话，并针对不同的伦理判准或警察的伦理困境作价值上的论辩。亦即警察人员在特定的情境下，会依据什么准则来处理事情，并据以评断其好坏或对错，乃牵涉到道德哲学上的问题。一般而言，有两种重要的伦理学理论可供参考：义务论的伦理学和目的论的伦理学。

1. 义务论的伦理学。此派认为：伦理行为不应该追求任何目的，而应该为义务而义务，这样才能显示出伦理道德的高贵与尊严。例如，警察应坚持诚实的普遍性义务，不管此种坚持会发生什么不良的后果，都不允许有任何例外。

2. 目的论的伦理学。此派主张：伦理行为是为了追求某些目的，不管是追求利益、幸福，还是人生全面的实现或德行的完成，都是根据目的来判断善的伦理行为。此理论包括效益论和德行论。

（1）效益论。指一个行为能达到最大的效益时就是善的，善恶是根据所达到的效益而定的。但效益论最大的问题是，有时最大的效益很有可能是违反正义的。

（2）德行论。德行论属于目的论伦理学的另一个理论。它重视人本来具有的良好能力的发挥，而且在发挥自我的过程中，也注意到良好关系的实现。它重视伦理的判断，知道在什么样的情况下判断是非，而不只是遵守义务，重点是能判断是非善恶，培养实践智慧，并且养成良好的习惯。

综上所述，各种伦理学的理论所强调的价值各有不同，如义务论较强调行为动机的纯正性，德行论较强调行为手段的确切性，而效益论较强调行为的目的性、效益性。而当警察在特定情境中欲行使一个裁量行为时，若碰到不知如何是好的伦理困境，究竟采取何种伦理学理论作为判准，则是值得公开论辩的试题。例如，学者林丽珊认为在裁量思辨的过程中，据以判断的准则的顺序为效益原则、正义原则、自律原则、仁爱原则及人权原则。但是，这种列举出来并将之排序的伦理原则的组合，可能会因见仁见智，而难有实质上的共识存在。亦有学者鲍曼等人认为，狭隘而过度地强调义务论的伦理学，可能只会苛刻地遵守规则而已，而忽略其可能发生的不良后果。所以，对有争议性的警察伦理议题，可透过公开对话的方式，寻求最大的共识，以避免“一人一把号，各吹各的调”的问题。

（二）警察内在道德的发展

所谓警察内在道德的发展，指涉个别警察人员、警察团体与警察组织三者之间互相分享伦理的价值或文化之谓。譬如从伦理道德心理学来看，科尔伯格提出了著名的道德发展论，他认为道德原则是每个人根据自己的经验（例如，对待人际关系以及参与各类团体时，在这些团体中扮演各种角色所得到的体验）建构出来的。他又认为一个人在道德成规后期，会根据其自身人生观与价值观的伦理原则作道德判断，而这些原则是普遍、哲学及抽象的，诸如正义原则以及尊重人类基本尊严等普遍性原则。由此可知，科尔伯格的道德发展理论模式，是以个别组织成员为发展的起点，走向团体和组织中，进而渐次发展出成熟的品德。

反向观之，若以组织本身为伦理发展的起点，将其所建构的组织文化透过各种仪式等活动，内化到个别组织成员心中，亦可使所有成员分享到组织的价值。诚如组织理论学家达夫特所言：组织价值主要是经由价值领导（value-based leadership）来加以发展与加强的。价值领导是领导者和员工之间的一种关系，根基是领导者所提倡及实行的共享及参与的价值观。领导者可以借由组织愿景的传达，或利用符合价值观的教条、礼仪、演讲、标语及身教的方法，来影响成员的价值观。

综上所述，警察人员内在伦理道德价值，可透过内省的方式，通过由个人到组织或由组织到个人的两种进路，得到充分的发展。

（三）警察伦理的向外对话

所谓警察伦理的向外对话，指警察人员将其所抱持的伦理价值观，借由各种管道，向外去表达或与外在的人员对话。例如，组织成员不满组织内部他人的伦理行为时，为求社会大众重视，而径直向外界媒体爆料或向内在的司法机关检举等做法，乃属由内而外的伦理对话方式。

这种组织内部向外部所进行的伦理对话，通常缘于成员对组织其他成员的不满，或是对组织的领导与管理者的不信任或无力感，进而为解决其伦理上的困境所采取的激烈手段。这些手段包括检举、离职或忍气吞声等，均属于道德性的行为。但必须留意的是，上述这些激烈的手段，虽为成就伦理道德的目的而发，却会对组织或他人带来很大的伤害，所以应审慎为之。较为可行的做法是依据比例原则的精神行之，即警察人员向外对话的手段（如检举）必须符合伦理的目的；所采的手段是伤害最小的必要手段；采此手段所造成的伤害程度，若远大于追求伦理目的所获致的效益程度，则应放弃此手段。

（四）警察伦理的往内自省

所谓警察伦理的往内自省，则指警察人员对其组织所颁布的伦理守则进行一种内省的检讨过程，以有利于内化这些伦理守则，同时也可以借经验的分享，来修正不合时宜的伦理守则。

兹举日本传统警察伦理的往内自省功夫为例，说明此途径的重要性。日本经过战国时代的混乱后，由德川家康所开创的江户幕府统治日本250年之久。在这段长达两百多年的期间内，由于和平及秩序得以维持，致使武士失去了发挥其勇武善战的机会。但在江户时代，由于幕府及各藩都秉持贯彻和平的理念，且致力于将武士转换为文官，于是制造出了一个学问或文职技术在身比武艺在身更容易出头的环境。因此，武士开始自我的内在修炼，竞相致力于追求如朱子学的道德学问，尤其强调不要以权力来统治人民。以德服人和安贫乐道的儒教思想，俨然成为当时武士道的精神。之后又由于明治时代成为警察的大部分人都是士族出身的缘故，故朱子学的思想就成为日本警察的精神。直到今天，日本警察的伦理修为仍为其国人所肯定，值得他国向其学习。

综上所述，四种提升警察伦理道德的途径，各有不同的作用，警察组织可就其需要作出选择，但其最终要达到的目的是提升警察伦理判断的能力，进而使得警察组织风纪更为清明。

第三节　建立以伦理为中心的优质警察文化

警察的核心理念攸关警察文化与伦理之良窳。就个别警察人员而言，其所抱持的核心价值理念，大大影响其态度行为的表现；就整体警察组织而言，其所解释的核心政策理念，大大影响其组织文化的品质。因此，以“伦理”为警察的核心理念，进而提升警察人员的伦理修炼，并强化警察组织的伦理政策，可以塑造出优质的警察文化。

一、提升警察人员的伦理修炼

警察人员的伦理修炼，包括警察人员的道德修养及道德判断等两个要素，分述如下。

（一）在道德修养上培养“3Q”并节制“3P”

警察文化的内涵，最需规范的是“警察人”的个人道德修养；唯有通过个人的道德修养不断提升来建立优良的形象，才能为社会大众所敬重、所接受。然而，“警察人”是“人”，是有血有肉、有思维、有情感的“人”。所以，“警察人”的修养，应该讲求知能智商（IQ）、情绪智商（EQ）和道德智商（MQ）即“3Q”的卓越性。知能卓越才能认识社会，洞察人心；情绪正常才能掌握自我，不致逾越；道德高尚才能不受诱惑，卓尔不群。其中在道德智商（MQ）方面，约瑟夫森认为具有普世价值的道德标准有下列六项（6 Pillars of Character），可作为警察人员的基本德目。

1. 值得信任（Trustworthiness）。警察人员必须具有廉洁、诚实、守信和忠诚等德行，才能赢得社会大众的信任。

2. 尊重别人（Respect）。警察人员应对所有人表示尊重、礼貌和专业，不能有任何歧视行为，同时也应节制使用警察强制力。

3. 恪尽职守（Responsibility）。警察人员应以专业和熟练的知识及能力，认真负责地执行警察工作。

4. 公正无私（Fairness）。警察人员应公正无私地对待每一个人，避免偏见和徇私的行为。

5. 热忱帮人（Caring）。警察人员应热心帮助需要帮助的人，表示同理心和慈悲心。

6. 公民精神（Citizenship）。警察人员应遵守公民的义务，不仅要遵守法律规范，还要积极参与社区事务。

此外，警察人员对金钱、权力与色情这三种情欲、必须严加约制和掌控，才能免受诱惑，洁身自爱，树立良好形象。

首先，警察人员处于制度执行者的地位，如果他对自己金钱的欲念不能严格掌握，把它规范在“善”的范围之内，一旦使欲望成为脱缰之马，其危害社会、危害警界之深远，实难以估量。所以，警察人员在金钱方面的贪污案件，各国和地区都有发生，严控“钱”的欲念是21世纪警察文化最应凸显的重点。其次，在行使权力方面，有少数警察人员为了私欲私利，过度行使权力来彰显自己的威风，甚至损害他人或社会的法益，那就变成“权力滥用”了。滥用权力的结果，是警察人员摇身一变，由“民众的保姆、社会的屏障”，成为人民的公敌与社会的毒害。因此，21世纪的警察文化势必要将“滥用警权”变为禁忌！而严格控制“权力欲”才是最正确的做法。最后，古人虽然说“食色，性也”，但古今中外因性欲失控而亡身、亡家、亡国者不可胜计！警察人员把为民服务当作天职，当然不能让性欲泛滥，妨害工作，毁损名誉。因此警察人员应深刻体会“色字头上一把刀”的道理，做一个受尊敬的新世纪“警察人”。总之，警察人员必须冷静面对金钱、权力和色情三大欲念，即必须对三个“P”（Passion）有严格的规范。综上所述，塑造优质警察文化基于警察个人的道德修养，尤其应以培养“3Q”（知能、情绪和道德智商）及节制“3P”（金钱、权力和色情欲念）为重点。

（二）在道德判断上区别善恶，为善去恶

警察人员在作道德判断时，必须区别什么是“善”（Goodness）、什么是“恶”（Evil），以及如何在善恶冲突之间作出正确的选择？

美国萨姆休斯敦州立大学刑事司法学院的绍拉尔教授认为：善的观念代表上帝般的本质，[①] 而道德意味着善观念的具体化。因此，善的观念是研究伦理的中心议题。他进一步指出，善的种类可分为“本质善”（Intrinsic goodness）和“非本质善”（Non-intrinsic goods）两种。“本质善”乃指目的价值或第一顺序的善，它们本身就是善，而不是作为追求其他善的工具。譬如生命、正义、自由及幸福等，皆属“本质善”的范畴。而“非本质善”乃指工具价值或第二顺序的善，它们之所以具有价值是因为它们可作为追求“本质善”的工具，金钱、食物、纪律及个人忠诚等均属之。同理，恶的种类亦可分为“本质恶”（Intrinsic evil）和“非本质恶”（Non-intrinsic）两种。“本质恶”乃指事物本身即是恶的，死亡、奴隶、不正义和残暴等均属之。上述四种价值依善恶的程度依序排列为：“本质善”、“非本质善”、“非本质恶”及“本质恶”，此外，尚有一种终极的善，称为“至善”（Summum bonum）。此种至善，虽然没有定于一尊的内涵，[②] 但它是道德中的道德、伦理中的伦理，好比伦理道德行为的灯塔或指南针。

警察人员道德判断应遵守的原则：

1. 规范“非本质恶”，避免造成“本质恶”。

警察人员的基本任务在于保证人民生命、身体及财产的安全，所以，警察人员在使用致命性武器或执行公权力时应遵守规范，才不会让“非本质恶”的行为演变成残暴或贪污等本质恶的不良后果。

2. “本质善”和“非本质善”之两善相权取其重。

警察人员在工作和生活中，应积极追求生命、正义、自由及幸福等“本质善”，并坚持不断地精进自己的德行，使其臻于“至善”的境界。且一旦面临“本质善”和“非本质善”两种善之间的冲突时，则应选择“本质善”，

---

① 善（Goodness）的形容词是“good”，其字根是“god”（上帝），意指人类所知道的圆满（completeness）、完美（perfection）之意。

② “Summum bonum”是拉丁文，原意为终极的善，故称为“至善”。每一位哲学家对“至善”的主要内涵的诠释各有不同。例如，苏格拉底认为至善的主要内涵是“知识”（Knowledge），柏拉图认为是“正义”（Justice），而亚里士多德则认为是“德行”（Moral character）。由此可见，有关“至善”的主要内涵并无定于一尊的说法。

放弃“非本质善”，这才是正确的道德判断。例如，警察人员理应对长官忠诚，也应追求正义，但当长官命令属员去做一件不正义的事情时，属员应选择属于“本质善”的正义，而不得不放弃属于“非本质善”的对长官忠诚。

总之，警察人员在道德判断方面，应在心上做功夫，从而能区别善恶，并切实为善去恶。诚如哲人王阳明先生所言：“知善知恶事是良知，为善去恶是格物。”这句话也可以作为警察人员伦理修炼的座右铭。

二、强化警察组织的伦理政策

在民主社会，警察组织必须以“伦理”为核心理念，推动“伦理的警政”（Ethical Policing），才能赢得民众的信任。兹举一些伦理警政的具体做法为例。

（一）训练警员作出合乎伦理的裁量决定

由于警察的工作情境非常复杂，所以，警察在执勤时必须衡情度理，依据当时所处的情境作出合乎伦理的决定，才称得上是专业的警察。例如，警察在审讯犯罪嫌疑人时，不可用欺骗或威吓的手法逼供，但也不必诚实地将所知案情完全透露给嫌犯。由此可知，警察处事虽应以“诚实”为原则，但在某种特殊情境下允许有例外。根据当时情境的不同作出的有弹性而合理的做法，才能成为合乎伦理的裁量。

绍拉尔提出下列公式，作为警察人员裁量的准则。其中 E 代表合乎伦理的裁量决定（The Ethical Decision），P 代表道德原则（The Principle），J 代表情境的正当性（The Justification of the Situation）。

$$E = PJ^2$$

在此公式中，警察的自由裁量决定是否合乎伦理，是由道德原则（如诚实）和使用该原则的情境因素所共同决定的，然而由于道德原则是常数，所以主要由情境的正当性来决定。而公式中对情境的正当性用二次方的数学式表示，其意义在于说明同一个道德原则（如上例中的诚实），在某些情况下适用该原则具有很大的正当性（如不可用欺骗或威吓的手法逼供），此时 J 值大于 1 时，其平方值大于 J 值，表示此种情境适用该道德原则的正当性很高；但在某些情况下适用该原则却不具正当性（如警察诚实地将所知的案情完全透露给嫌犯），此时 J 值小于 1，其平方值小于 J 值，表示此种情境适用该道德原则的正当性不高。今后警察机关应加强训练警员参考上述公式，在实际执勤中作出合乎伦理的裁量决定。

（二）改善警察绩效文化

警察长期以来都以“犯罪的克星”自居，致力于打击犯罪，因而形成了重视“破大案，抓要犯”的绩效文化。此种强调量化的犯罪侦查绩效，易导致警察人员作假绩效，容易导致“重侦查不重预防”的问题发生，从而影响警察服务的品质与形象。

这种过度重视破案绩效的文化，也会导致刑事警察人员的优越感以及制服警察人员的失落感，从而破坏内部团结。因制服警察忙于快速反应民众的报案，以及勤区动静态的检察和犯罪预防，无暇争取刑案绩效，且一旦受理刑案，亦很快交由刑警做后续的侦办处理，因此制服警察的破案绩效和奖励远不如刑事警察。所以，有学者认为制服警察好比是蓝领阶层，刑事警察好比是白领阶层，二者工作性质及团体亚文化不同，从而影响了警察整体的团队精神。因此，欲塑造优质的警察文化，必须从警察绩效文化的改善着手，兼顾犯罪预防与侦查，增进制服警察与刑事警察的合作关系，使其共同发挥警察团队精神。

（三）强化警政课责机制

警察机关是一个典型的“官僚组织”（Bureaucracy），强调层级节制、专业分工、依法办事及永久保障的管理方式。这种官僚组织是理想型的组织设计，借由理性化及非人性化的结构与目标安排，在技术性的工作活动中最能有效协调与控制复杂的关系网络，有助于行政效率的提升。但是，由于官僚组织太过强调“技术”的理性，而忽略“人性价值”，所以迪马奇奥和鲍威尔严厉指责官僚组织为禁锢人性的“铁笼”（Iron Cage）。例如，在警察机关由上而下的层级服从系统中，在上层易形成“官大学问大”和“目标错置”等问题，在基层则易发生“便宜行事”和“用枪不当”等行为。此种劣质的警察行为与文化，严重背离自由民主的精神。因此，探讨警政伦理的许多文献开始关注警察实际运作的一些问题，包括卧底警察和使用警械等衍生的伦理问题。所以，应透过公民参与监督警政的方式来改善精神的实践问题。

综上所述，监督警察的方式依其来源及控制的程度来分，包括官僚、法律、专业及政治的课责机制四种。第一，官僚的课责机制，其监督来源是组织内部，且控制的程度较高。例如，警察机关内部的主官督导或督察制度。第二，法律的课责机制，其监督来源是组织外部，其控制的程度亦较高。例如，透过相关警察规章来规范警察职权的行使界限，并由法官和检察官负责进行对警察实施课责的程序。第三，专业的课责机制，其监督来源是组织内部，但控制程度较低。例如，警察机关通过领导、训练和组织专业文化的培养，使警察人员具有专业能力及专业的精神，以防范其工作出现偏差的做法。第四，政治的课责机制，其监督来源是组织外部，但控制程度较为中等。例如，透过民选的议员或行政首长对警察机关的预算或人事作审查，来监督警察的施政是否偏离民意的做法。上述各种不同的课责机制，可综合应用在对警察的监督上，若能强化这些课责做法，将有助于警察优质文化的形成。

总之，本章探讨伦理的目的，在于期待警察机关今后能建立以伦理为中心的优质警察文化。其具体的做法有两大方面：首先，在提升警察人员的伦理修炼方面，要使警察人员在道德修养上培养“3Q”并节制“3P”，并使其在道德判断上能够区别善恶，为善去恶。其次，在强化警察组织的伦理政策方面，包括训练警察人员作出合乎伦理的裁量决定、改善警察绩效文化，以及强化警政课责机制等具体做法。

第二十七章 台湾地区警民关系

第一节 台湾地区警民关系的相关理论

一、警民关系的相关概念

（一）警民关系的概念

警民关系是有关警察和群众的关系，若要深入理解，可以对警民关系、警察公众关系、警察公共关系三个概念作一个简单的比较。

首先，从警民关系的民的广义理解来看，民即人民大众，警民关系应该包含警察公众关系和警察公共关系。

其次，从警民关系的民的狭义理解来看，警察公众关系和警察公共关系是为了建立良好警民关系而进行的一系列工作。

（二）国外关于警民关系的概念

1. 国际警长协会（International Association of Chiefs of Police）在其于1979年所编印的《警察参考书》中采取这样的定义：“警民关系是唯一双向的传播系统，其运作恰似电话一般，每一端皆能传出信息，也能接受信息。透过此程序，警察与民众能互相讨论并改变其观点。”

2. 美国司法部长顾问委员会（Attorney Generals Advisory Commission）认为：警民关系是警察提供服务的哲学，其为了联合民众与警察共同决定如下问题而采取权限内的所有活动：警察应该提供何种服务、如何提供服务、警民如何解决彼此一致等。

3. 美国加州大学警察学院院长威尔逊则说：“警察公众关系，能改善人民态度，是有利于警察机关公务的执行，帮助警察工作的完成。”

4. 美国内布拉斯加州立大学教授塞缪尔·沃克认为：“警民关系可作广义和狭义的解释。从广义来说，它包括警察同公众各个方面的关系。”“狭义的警民关系是指警察同社区中与之关系紧张并常发生冲突的那一部分居民的警民关系。”①

（三）台湾地区关于警民关系的概念

1. 台湾学者李涌清在《台湾地区警民关系之调查研究》一文中提到：“基于形象互动论的观点，认为：（1）警民关系是警察与民众之间的互动过程。（2）警民关系的变化，取决于警民之间的素质、态度与行为。（3）警民关系的最终目的，在于预防制压犯罪。”②

2. 钟同生在《论良好警民关系对犯罪侦防的价值》一文中采用的定义：“所谓警民关系，乃是警察机关为达成警察任务，必须谋求其任务之对象，对该任务之完成予以协助，以增进彼此关系的了解与融洽而言。”

二、警民关系构建的相关因素

建立良好的警民关系，获得民众的理解与支持，需要警察人员和公众共同的努力。

（一）警察人员必须具备的基本要求③

1. 建立与公众坦诚沟通的正确观念。警察人员是人民的公仆，公仆的内涵包括：①对于主人（公民）的服务。②对于工作（公务）的服务。③对于时间（期限）的严守。④对于金钱的操守。为了让民众确实了解政府的所作所为，以建立共识，只有以真诚恳切的态度与民众保持良好的沟通关系，才能有良好的成效。

2. 建立制度化的警民关系组织体系。

3. 建立一贯化的警民关系工作程序。第一阶段确定民众对象，探求民众意见。第二阶段为从事计划与确定方案。第三阶段为实际行动与有效沟通。第四阶段为工作成果评价。

4. 建立民众正确的警民关系观念。警民关系不能只是一种宣传、广告、社交活动，而且要有诚恳的态度与实际的工作。

（二）具体警民关系构建方略

依据王志和的观点，警察机关的方略和各级警员应有的做法必须双管齐下，才能收到良好的效果。

1. 警察机关的方略。

（1）简化办事程序，切实便民利民；

（2）设立服务台，解答民众请求；

---

① ［美］塞缪尔·沃克：《美国警察》，公共安全研究所外警研究室译，群众出版社1989年版，第222、223页。

② 李涌清：《台湾地区警民关系之调查研究》，台湾警察大学行政警察研究所1982年硕士学位论文。

③ 邱华君：《警察学通论》，台湾茂昌图书有限公司1991年版，第671页。

（3）举办民意调查；
（4）举办警民座谈会；
（5）举办记者招待会；
（6）招待各界参观；
（7）举办业务展览；
（8）举办警技表演；
（9）设立广播站，为民服务；
（10）组织各种球队；
（11）组织警察乐队；
（12）协助地方建设；
（13）鼓励警察同人参加各种正当社团活动；
（14）遴选警员到各学校、社团进行演讲；
（15）加强与大众传播、民意各机关的联系；
（16）妥善运用警察之友会；
（17）帮助鳏寡孤独及受灾民众；
（18）编印服务手册。

2. 各级警员应有的做法。

积极方面：

（1）经常整肃仪容；
（2）随时照顾老弱；
（3）济助急难意外；
（4）解答民众询问；
（5）热心照顾儿童；
（6）协助解决困难；
（7）亲切招呼问好；
（8）注意电话礼貌；
（9）经常访问请教；
（10）供给民众有关生活消息；
（11）慎选警员及民防人员；
（12）从宽处理轻微违警（章）事件。

消极方面：

（1）不向民众借钱；
（2）不向上级赊欠；
（3）不与坏人为伍；
（4）不收民众红包；
（5）绝不开口骂人；

(6) 绝不动手打人；

(7) 不在路上吸烟或吃零食；

(8) 不占他人便宜。

杨道村认为，建立良好警民关系的方法有：

1. 实践亲民、爱民、助民的三大目标。

2. 改善平日工作技术：以劝导代替管教，以服务方式避免干涉，以教育方式减少惩罚。

3. 树立良好的服务态度：加强本身修养、确定服务观念、控制情绪、注意礼貌、态度诚恳，培养副业的幽默感，要有守正不阿的廉洁精神。

焦先民认为，改善警民关系的途径有：

1. 治本方面：重建警察威信——①做到公平公正。②了解操守。强化为民服务——①确立服务观念。②培养职业修养。③加强教育训练。

2. 治标方面：①实施服务态度侦测。②加强警民情感交流。③推行礼貌微笑运动。

综上，警民关系是否良好虽受主客观因素的影响，但警民关系的改善，仍在于警察人员本身的敬业精神、对自身角色的认知以及和蔼的服务态度，唯有警察人员自我积极主动改善，才能建立起良好的警民关系。

第二节 台湾地区警民关系的历史与现状

台湾地区警民关系的历史与现状，是一个相对比较复杂的问题，在此只是选取国民党退居台湾地区到“解严”前后一些有关警民关系的案例和警察公共关系的具体策略措施，来对台湾地区警民关系的历史和现状进行初步的探讨。

一、台湾地区警民关系的历史

(一) 台湾地区“解严”前的警民关系历史

从1949年国民党政权移居台湾地区开始，国民党政权一直企图反攻祖国大陆，但也非常致力于台湾地区的稳固建设，而警察自然是首当其冲地充当“政权”的忠实维护者，发挥着不可撼动的作用。

从国民党退居台湾地区到20世纪70年代的这几十年里，当地反对派人士始终站在国民党的对立面，虽然经历了艰苦的斗争，但效果不佳甚至给自己也带来了危险。到了20世纪70年代末，台湾地区要求改革的呼声越来越高，在那个年代，社会上反对国民党的声浪从小涟漪成为小水波，越来越大，但国民党仍然坚持一贯的统治态度。[①] 这也直接导致了一些不满台湾地区当局反动统治的刑事案件的发生，如 1977 年王幸男邮包爆炸案件。[②] 由于目睹台湾地区当局的戒严高压统治，王幸男决定效法原以色列总理比金主持过的爆炸复国行动，以暗杀方式向当局发出“警讯”。1976 年 10 月，王幸男把“国语”辞典制作成炸弹邮包，将邮包寄给谢东闵、李焕与黄杰。其中，寄给谢东闵的邮包在被拆封时爆炸，谢东闵被炸断一臂；而李焕当时也收到了邮包，炸伤手指，并立即通知各社会要员，黄杰因此逃过一劫。台湾地区警察当时为查清案件，将台湾地区已服役男子的指纹资料逐一清查核对，几乎所有的大学生也都被进行清查核对。经过对几十万份资料一份一份核查，最终将王幸男抓获。后经查明，王幸男系因不满政治情势而做出如此举动。但王幸男作案后逃离了台湾地区。之后，台湾地区当局将王幸男的家属捕入保安处开始侦讯，并准备以“贩毒”或“匪谍案”之罪名查办，以胁迫王幸男回台。王幸男于 1977 年返台，后被捕。随后于 1977 年 1 月 28 日被判处无期徒刑，被囚禁于“绿岛”。1990 年 5 月 5 日，王幸男获得假释。

台湾地区学者廖信忠先生在其所著的《我们台湾这些年》一书中，对当年台湾地区警察的形象和其在民众中的地位进行了如实的记载。书中反复提到当年台湾地区流行的一句俗语：“每个人心中都有一个小警总。”[③]“警总”是一个神通广大的机构。作者的父亲有一天回到家中，看到有两个人坐在家里，他们看到主人回来，非但没有任何惊慌，还把主人带到一个地方“喝茶”，轮流盘问了 24 个小时，因为当时有一起“王幸男邮包爆炸案”，王幸男与作者的父亲在同一家药厂工作。同样，1981 年，31 岁的海外学者陈文成回台探亲，因为曾经给党外杂志《美丽岛》捐款，被“警总”约去“喝茶”。次日，陈的尸体在台湾大学研究生图书馆旁边被发现。当局声称他是“畏罪自杀”，但是书中这样写道：“只要国民党一说是‘自杀’，民众久而久之已经培养出一种敏感———这其中肯定有什么猫腻。”陈文成的遭遇，让台湾地区的民众意识到在海外留学生中存在“职业学生”，他们大多领取国民党中山奖学金去留学，负有“照顾”其他学生的任务，一旦看见越轨之举，便立即

---

① 廖信忠：《我们台湾这些年》，重庆出版社 2009 年版，第 1 页。

② 王幸男邮包爆炸案件的直接对象是“台湾省主席”谢东闵。

③ “警总”，台湾地区“警备总司令部”的简称，国民党在祖国大陆时就有这样的机构。在台湾地区戒严时期，“警备总司令部”担负着治安、民防、动员任务，并兼管出入境管理事务，部分角色与今天的警察类同，但其权力又远远凌驾于警察之上，可以说是在当时时空下所产生的不符合体制的“怪物”。因其业务繁杂，而且深入民众生活各个层面，严密监控人民的一言一行，在“宁可错杀一百”的心理下，也制造出不少冤案，其实，这有点类似于秘密警察机关（参见廖信忠：《我们台湾这些年》，重庆出版社 2009 年版，第 21 页）。

层层上报（2009 年，财团法人陈文成纪念基金会主办了“我的 31 岁”接力写作活动，这段“被自杀”的往事再次获得关注）。

大规模“喝茶”，会让民众产生恐惧，同时又会消解恐惧，人人“喝茶”，等于人人“不喝茶”。当民众“不以喝茶为耻，反以喝茶为荣”时，心中的“小警总”就消失了，“茶杯”里的风暴就开始了。从某种意义上说，大规模“喝茶”是公民意识茁壮成长的先声。在威权体制下，绝大多数民众喜欢“老婆、老公、孩子、热炕头”，闲时打打麻将，或者“打打酱油”，可是，身边的朋友或者自己陆陆续续地“喝茶”，等于接受了一场触及灵魂深处的公民教育。民众逐渐意识到，公民权利与自己息息相关，并非精英们的独家癖好，民众开始睁开眼睛看台湾，他们不满于台湾地区三家大同小异的电视台，试图通过各种方式获得不同的信息，如自行安装有线电视，尽管警察会不定期地拆线，但民众依然“前仆后继”地安装。①

更为体现台湾地区警民关系历史低谷的当属“美丽岛事件”。1979 年 8 月，台湾地区一批党外人士参与创办《美丽岛》杂志。同年 12 月 10 日，《美丽岛》杂志社以纪念“世界人权日”为由，在高雄市组织集会并举行火炬游行，强烈要求台湾地区当局解除“戒严”，开放“党禁”、“报禁”，遭到国民党当局的镇压，这就是著名的“美丽岛事件”。② 对于当时的国民党政权来说，“美丽岛事件”无疑是一枚重磅炸弹，是对警民关系的一大冲击。台湾地区当局命令警察部门逮捕了一大批当时所谓的“党外人士”。

（二）台湾地区“解严”后的警民关系历史

台湾地区在政治“解严”之后，不论政治抑或是社会经济环境的变化，均较之前既猛且烈。政治民主直接反映在对人民基本权利的尊重上，而一些与之相关的行政概念的落实，便是维护人权的重要机制。对警察来说，具有特权性质的违警情形不复存在。另外，当时实施的“行政程序法”要求政府作为须公开透明，其他许多规范亦陆续完成。面对如此环境，警察活动不得不进行大规模的调整，因而带动了警察功能的变迁，对台湾地区警察和民众关系的影响颇深。

在社会经济环境方面，经济繁荣固然改善了民众的生活水平，却也提供了更多的犯罪诱因与机会；而社会在由一元到多元的过程中，其传统价值受到前所少见的挑战与质疑。同时，经济结构的改变与价值解组又造成家庭功能的式微，凡此现象皆不利于社会控制的维系。犯罪的严重程度，在罪案性质与数量上表现了出来。

---

① 参见觅尔博客：《〈我们台湾这些年〉：你的美丽，我的哀愁》，载：http://xuhua8511.blog.tianya.cn,2010-9-25。

② 陈斌华：《亲历台湾大选》，九州出版社 2004 年版，第 12 页。

政治及社会经济环境变迁的结果，使警察的角色由“解严”前的维护秩序导向转变为“解严”后的打击犯罪。1991 年以后，受到全球社区警政思潮的影响，卢毓钧以后的相关领导开始关注警察的为民服务功能，从早先的家户服务卡，到后来谢银党先生任高雄市警察局局长时推动的护童项目、照顾独居老人、超商服务站等，再到现在号召基层重视预防与服务的警政策略，可以看出警察的服务功能已树立在前。半个世纪以来，台湾地区警察的功能由维护秩序发展到打击犯罪，再到为民服务。

由于台湾地区受到西方民主中基本人权观念的影响，尤其是在“解严”以后，台湾地区更强调对基本人权的保障，台湾地区警察机关不断寻求化解矛盾、凝聚民心、营造和谐的新思路、新方法，在多元化社会中，以服务为依托，加强了警察公共关系建设以改善警民关系，确保了社会的和谐稳定。

二、台湾地区警民关系的现状

台湾地区特殊的人文、地理、历史和政治环境，迫使台湾地区警察不断研究警察公共关系的策略和制度建设。从台湾地区警政主管部门到台湾地区的最基层警察机关，在各级警察机关中均设有公共关系室，专司公共关系工作，从警察公共关系的制度建设上主动适应台湾地区警察建设的需要。尤其是近几年来，台湾地区警察注意学习和借鉴西方国家警察公共关系的经验和具体做法。同时，顺应社会发展和时代价值观念的变革，更新服务理念，强调警察的服务精神。第一，强化警员“顾客导向”的服务理念，反思为何要加强警察公共关系建设，进而塑造优良的警政服务文化；第二，要求各级警员将服务理念化为实际行动，主动收集民意舆情，倾听民众的需求；第三，在充分了解民众的真正需求后，积极创新各项服务，以满足民众多元化的需求；第四，当已尽力服务民众，但因为资源有限而无法独立提供公共服务、无法回应民众时，通过动员社区参与、结合民间资源的途径来补救。①

台湾地区警察的活动资源在目前的政治体制下受到民意代表以及政治人物的控制，因此对民众的意见相当重视。加强警察公共关系建设，是各个级别的警察局都十分重视的任务。近年来，台湾地区警察注意吸收英、美、日等国满足社会民众需求，提升警察工作效率，改善警察公共关系的经验，也不断摸索发展符合自己要求的公共关系建设思路。

1. 发布为民服务的相关文件。台湾地区警察一方面加强了对民众的服务，另一方面更是加强了对于自身在服务领域投入的大力宣传。台湾地区各主要地区的警察局，如台北市、高雄市、花莲县等都发布了为民服务文件，做到

---

① 李敬焕：《台湾警察公共关系的发展动向与借鉴意义》，载《福建公安高等专科学校学报》2005 年第 1 期。

要让民众更了解。

2. 加强与民众的联系，主动收集民意舆情，了解民众需求。一是各级警察机关通过民情访问、警民座谈会、问卷调查、各项社区会议、民意代表以及传播媒体等渠道，了解民众对警察服务的需求，以及民众对警政措施的反映意见。二是针对特定的警政服务议题，广泛邀请专家、学者、非营利组织、社区民众代表以及利害关系人等开会讨论，据以研拟具体可行的服务措施。三是要求基层分驻（派出）所警员主动探访辖区内民众的需求，并提供及时的协助。四是透过社区治安会议及其他咨商渠道，警民共同发掘治安问题。

3. 广开民众建议渠道，妥善处理民众陈情与申诉案件。在各级警察机关设置民众反映信箱、专线电话以及电子信箱，鼓励民众提供警政服务的建言、受理民众陈情与申诉案件，并将处理情况及时反馈给民众。

4. 公开警察服务之资讯。在各种大众媒体上公开警察提供的各项服务项目及做法等资讯，让民众能普遍得知并予以监督。

在日据时代，台湾地区的老百姓见了警察要鞠躬。到了“两蒋时代”，警察仍然拥有至高无上的权威，随时可以抓人。而在现在的服务理念的指导下，台湾地区当局对警察的定位是“人民保姆”，与此同时，警察又时时处于媒体的监督之下，久而久之警察便养成了“打不还手、骂不还口”的好脾气。在很多人眼里，台湾地区的警察是实实在在的“弱势群体”。在当地的电视新闻里，经常能看到民众对着警察大吼：“警察是什么东西!”这时警察只能赔笑脸。有些司机被警察要求停车做酒精检测便开始发酒疯，把几个警察耍得团团转。还有的嫌疑犯，动不动就对警察大吼：“我的某某是大官，你敢对我怎么样?”警察制服嫌疑犯时动作大了点，对方就会立刻大喊：“警察打人!”嫌疑犯持枪拒捕，如果警察开枪杀了或伤了嫌疑犯，其家属便要控告警察使用暴力，甚至召开记者会，并要求当局赔偿。①

除了忍让，警察还要做很多工作以满足“人民保姆”的定位。据台湾地区《联合报》报道，台中县警察的便民服务项目五花八门，如帮民众倒车入库、帮老人取钱、帮失业者找工作等。最让人拍案惊奇的是新竹县警察，当地一女子在大甲溪畔把钻戒弄丢后，警察硬是通过地毯式搜索从乱石堆里找出了钻戒。

尽管台湾地区警察不断进行服务上的改进，但是由于一些社区服务警政方案在纳入到官僚体制后，就具有了强制性，使得社区警政不再是一项改善治安、服务民众的新业务，而是被分解成一项项“僵化”的业务。以全面设置“超商服务站”为例，除了警察又多了一项“业务”必须“应付”，从商

---

① 参见《台湾警察见人赔笑遭讽“太窝囊”》，载网易新闻网中心：http://news.163.com/10/0403/11/63BEIEJN000146BB.html，2010-4-2。

店的角度看，其在乎的只是生意好坏，初期可能还会在表面上敷衍派出所，达到参与的效果，日子久了店员便会失去耐性，原意是促进警民合作的做法，恐将成为扰民的代名词。

此外，整个治安方向不明，也使台湾地区警察要负责的项目太多。每当新官上任时，政治人物为了凸显自己有所作为，就会提出一个新的方案。但旧的方案都没处理完，新旧方案叠床架屋，使警察疲于奔命，这些项目的效用就变成了经济学中所谓的“边际效益递减”，到最后警察没有力量、没有时间达成这些目标时，更遑论维护治安。

这些现象造成了如下影响：一方面台湾地区警察威权性渐失，另一方面大量吃力不讨好的服务性职能分散了警力。虽然台湾地区警察致力于服务民众，但民众并不买账。据台湾地区“中广新闻网”报道，台湾地区当局发布“台湾地区民众对公务机关服务质量满意度的看法”民意调查。调查发现，在台湾地区公务机关的各项服务中，民众对于“警察服务”的满意度偏低，对其表示满意的受访者只有58%，还未达及格线。①

① 参见《最新民调显示台湾警察服务满意度不及格》，载中国日报网网站，http://www.chinadaily.com.cn/hqjs/jsxx/2010-05-14/content_312645.html。